Educación global de periodismo en el siglo XXI: Retos & innovaciones empodera a los educadores de periodismo con el fin de fortalecer esta disciplina mediante la preparación de sus estudiantes —como ciudadanos y periodistas— para que puedan "hacer periodismo" de la manera más efectiva y profesional posible.

Este volumen es una referencia académica única y asimismo práctica y asequible para educadores, capacitadores, periodistas, activistas de los medios, legisladores, fundaciones, organizaciones no gubernamentales, estudiantes y otros que tengan un interés particular en el periodismo de calidad. Ilumina el creciente campo de la educación periodística comparada a nivel mundial, con fundamentos en investigaciones previas y ofreciendo perspectivas conceptuales, teóricas, empíricas y prácticas en relación con el pasado y el presente de este campo, y al respecto de hacia dónde parece dirigirse.

Las conclusiones presentadas en *Educación global de periodismo* están basadas en la experiencia combinada de los investigadores académicos en educación periodística más importantes del mundo, y se ofrecen a través de:

➢ casos de estudio descriptivos que resaltan los retos y las innovaciones de la educación periodística y sus prácticas relacionadas en un amplio número de países de seis continentes;

➢ capítulos conceptuales que examinan el pasado, presente, y las predicciones para el futuro de la educación global de periodismo y su influencia en la profesión;

➢ casos de estudio empíricos que describen detalladamente innovaciones en las aulas a nivel mundial;

➢ un capítulo final con 10 predicciones sobre la educación global de periodismo; y

➢ un epílogo que resalta observaciones finales referidas al estado actual del sesgo de la educación periodística occidental, el etnocentrismo y el pensamiento provincial y los esfuerzos que se están realizando para desoccidentalizar la educación global de periodismo y ampliar el entendimiento de los periodistas del mundo en el que viven.

Robyn S. Goodman es profesora de estudios de comunicación en la Alfred University. Ella enseña una amplia gama de cursos sobre reporteo, medios globales, educación mediática y género, minorías y los medios de comunicación. Sus intereses en investigación académica incluyen la educación global de periodismo, la cobertura mediática en los EE. UU. sobre China y la construcción del conocimiento. Ella publica en una amplia gama de revistas académicas.

Elanie Steyn es profesora asociada y la directora de periodismo en el Gaylord College of Journalism and Mass Communication en la University of Oklahoma. Enseña gestión de medios, mujeres en la dirección de medios y negocio de los medios. Su investigación académica incluye los mismos temas y, más recientemente, ha publicado una investigación sobre diplomacia pública e investigación comprometida como parte de su participación en la iniciativa Diplomacy Lab y el programa de intercambio de becarios profesionales del Departamento de Estado de los EE. UU.

Educación Global de Periodismo

En el siglo XXI:
Retos & innovaciones

Educación Global de Periodismo

En el siglo XXI:
Retos & innovaciones

Editado por
Robyn S. Goodman & Elanie Steyn

Avalado por el World Journalism Education Council
Publicado por el Knight Center for Journalism in the Americas
University of Texas at Austin

Publicado por primera vez en 2018 por el Knight Center for Journalism in the Americas, University of Texas at Austin

Título original:
Global Journalism Education in the 21st Century Challenges & Innovations

Traducción: Lourdes M. Cueva Chacón y Cesar Silva Santisteban

Knight Center for Journalism in the Americas, School of Journalism
1 University Station A1000
University of Texas
Austin, TX 78712
www.knightcenter.utexas.edu
knightcenter@austin.utexas.edu

Copyright © 2018
Robyn S. Goodman y Elanie Steyn por la selección y el contenido editorial;
los autores, individualmente, por sus contribuciones.

Paperback
ISBN-13: 978-0692144930
ISBN-10: 0692144935
Library of Congress Control Number: 2018945395

Este trabajo se publica bajo licencia Creative Commons Atribución-No Comercial-Sin Derivar 4.0 Internacional. Para ver una copia de esta licencia, visite
https://creativecommons.org/licenses/by-nc-nd/4.0/deed.es

Diseño digital por Lourdes M. Cueva Chacón y Cesar Silva Santisteban.
Rediseño de la cubierta basado en el trabajo de Chagmion Antoine y Jasmine Brown. Arte de la cubierta por John Lund, gettyimages®

Impreso en U.S.A.

Exención de responsabilidad: Los editores no se hacen responsables por ningún error o consecuencia que surja del uso de la información contenida en este volumen. Las ideas y opiniones expresadas en esta publicación son propias de los autores; y no necesariamente coinciden con aquellas de los editores, el Knight Center for Journalism in the Americas o el WJEC.

*A los educadores y capacitadores en todo el mundo
que enseñan el periodismo de acuerdo con los estándares más altos
y a los estudiantes que reciben y llevan la posta.*

Nota de los traductores

A menos que se indique lo contrario, las siglas entre paréntesis son las que aparecen en inglés en el texto original. Las referencias textuales en inglés que no tienen versiones publicadas en español se mantienen en el idioma original. Las referencias en idiomas no occidentales están vertidas de su traducción al inglés.

Tabla de Contenidos

Tablas/Figuras/Apéndice	iv
Prefacio	vii
La historia previa: Hizo falta una aldea global	
—Orígenes, desarrollo y producción	
Una nota del editor a la edición en español	xi
Rosental C. Alves	
Agradecimientos	xiii
Introducción	1
La educación global de periodismo:	
¿Avanzando, estancándose o perdiendo terreno?	
Robyn S. Goodman	

PARTE I:
EDUCACIÓN GLOBAL DE PERIODISMO ESTUDIOS DE CASOS POR PAÍS

1 Educación periodística en Australia:	15
Preparando periodistas frente a entornos de noticias inciertos, convergentes y cosmopolitas	
Penny O'Donnell	
2 Educación periodística en Chile:	37
Recorriendo perspectivas y objetivos históricamente diversos	
Silvia Pellegrini	
3 La educación periodística en China:	59
Sirviendo a dos amos	
Gang (Kevin) Han	
4 Educación periodística en Egipto:	83
Estableciendo parámetros entre el desarrollo académico y las necesidades profesionales	
Rasha Allam y Hussein Amin	

5 Educación periodística en India: 103
¿Laberinto o mosaico?
Mira K. Desai

6 La educación periodística en Israel: 125
Entre Oriente y Occidente, tradición y modernidad,
la práctica y la teoría
Yehiel Limor

7 Educación periodística en Rusia: 141
Cómo la academia y los medios de comunicación chocan, cooperan y coexisten
Maria Lukina y Elena Vartanova

8 Educación periodística en Sudáfrica: 161
Asumiendo los desafíos para el futuro
Arnold S. De Beer, Sandra Pitcher y Nicola Jones

9 El Reino Unido hace malabares con el entrenamiento y la educación: 183
Apretujado entre la sala de redacción y el aula
Chris Frost

10 El curioso caso de la educación periodística en los EE.UU.: 203
Salas de noticias que se encogen, aulas que se expanden
Donica Mensing

PARTE II:
CONTEXTUALIZANDO LA EDUCACIÓN GLOBAL DE PERIODISMO

11 Haciendo un balance de la educación periodística contemporánea: 229
El final del aula como la conocemos
Guy Berger y Joe Foote

12 Globalizándose: 247
La educación periodística se pone las pilas
Ian Richards y Charles C. Self

13 ¿Qué tan buenos somos?: 259
Hacia un refinamiento global de la evaluación de los
resultados del aprendizaje en la educación periodística
Joe Foote y Felix Wao

PARTE III:
INNOVACIONES EN EDUCACIÓN PERIODÍSTICA EN EL MUNDO

14 Sobre los medios y el emprendimiento como formas de ser en el mundo: 283
Un desafío para la educación periodística
Mark Deuze

15 Pop-Up Newsroom: 301
Periodismo líquido para la próxima generación
Melissa Wall

16 Volviéndose MoJo: 315
Estudiantes reportando sobre tiempo inclemente, deportes y conflictos raciales
Julie Jones

17 Cuando la realidad alternativa y la realidad real colisionan: 333
De jugar a cubrir eventos del mundo real
Wajeehah Aayeshah

18 Programando el plan de estudios: 351
Educación periodística para la era digital
Cindy Royal

19 Replanteando la producción de noticias: 373
¿Cómo la comprensión de la acción conjunta de actores, actantes y audiencias puede mejorar la educación periodística?
Oscar Westlund y Seth C. Lewis

20 El primer siglo de la educación periodística: 391
Indicadores de progreso
Joe Foote

Epílogo 407
La educación global de periodismo avanza: Su estado mental, su búsqueda de la verdad y su asistencia a la vida ciudadana
Robyn S. Goodman

Colaboradores 413

Tablas/Figuras/Apéndice

Tablas

Tabla 1.1	Asociaciones de periodismo y organizaciones relacionadas más importantes en Australia	34
Tabla 1.2	Programas académicos de periodismo y programas de capacitación profesional más importantes en Australia	35
Tabla 2.1	Asociaciones de periodismo y organizaciones relacionadas más importantes en Chile.	56
Tabla 2.2	Ranking de los 10 programas académicos de periodismo más importantes (América Economía, 2015).	58
Tabla 3.1	Organizaciones periodísticas más importantes en China	80
Tabla 3.2	Programas académicos de periodismo más importantes en China.	82
Tabla 4.1	Asociaciones de periodismo y organizaciones relacionadas más importantes en Egipto.	100
Tabla 4.2	Programas académicos de periodismo más importantes en Egipto.	101
Tabla 5.1	Asociaciones de periodismo y educación periodística en India.	122
Tabla 5.2	Programas de educación periodistica reconocidos en la India.	124
Tabla 6.1	Asociaciones de periodismo y organizaciones relacionadas más importantes en Israel.	139
Tabla 6.2	Programas académicos de periodismo y programas no académicos de capacitación en Israel.	140
Tabla 7.1	Asociaciones de periodismo y organizaciones relacionadas más importantes en Rusia.	157
Tabla 7.2	Programas académicos de periodismo y programas no académicos de capacitación en Rusia.	159
Tabla 8.1	Entidades más importantes relacionadas con los medios de comunicación en Sudáfrica.	179
Tabla 8.2	Instituciones educativas y de capacitación en periodismo más importantes en Sudáfrica	181
Tabla 9.1	Entidades más importantes relacionadas con los medios de comunicación en el Reino Unido.	198
Tabla 9.2	Universidades que ofrecen programas de periodismo en el Reino Unido.	200
Tabla 10.1	Asociaciones de periodismo y organizaciones relacionadas más importantes en los Estados Unidos.	222
Tabla 10.2	Una muestra de programas universitarios de periodismo acreditados en los Estados Unidos (Becker, Vlad, & Simpson, 2013).	225

Tabla 13.1	Análisis de las deficiencias relacionadas con la evaluación de los enfoques de garantía de calidad.	271
Tabla 16.1	Comparación de la estructura de la clase, las alianzas y los momentos claves en todas las cuatro iteraciones de la clase de Periodismo Móvil	322
Tabla 17.1	Las características de Moseley (2008) que se integraron en The Seed ARG	346
Tabla 18.1	Descripción de lenguajes de programación y otros lenguajes relacionados	357
Tabla 19.1	La matriz de trabajo de noticias crossmedia	377

Figuras

Figura 7.1	Puestos de trabajo de los licenciados de acuerdo con la clase de medios	151
Figura 8.1	Percepción de los roles de los periodistas sudafricanos	165
Figura 8.2	Percepción de las influencias en los periodistas sudafricanos	166
Figura 10.1	Especialidades de los alumnos graduados de los programas de periodismo, 2013.	209
Figura 13.1	La brecha de los resultados del aprendizaje.	276
Figura 16.1	Captura de pantalla de StormCrowd durante la cobertura de un tornado categoría EF-1 que tocó tierra en Norman, Oklahoma, el viernes, 1ero de abril de 2012.	324
Figura 16.2	Captura de pantalla de una historia de NewsCrowd. Una de las respuestas de una "persona en la calle" a la pregunta "¿Te sientes escuchado?" que se planteó a estudiantes afroamericanos y musulmanes en el campus.	327
Figura 17.1	*Half the Sky* Movement: The Game.	336
Figura 17.2	*The Seed* ARG	344
Figura 18.1a	Proyecto interactivo de un estudiante interactivo en SXSW Interactive 2015.	359
Figura 18.1b	Proyecto interactivo de un estudiante en Tolkien Fan Quiz. Fuente: Jordon Brown	359
Figura 18.2a	Quejas de música estridente grabadas en Austin.	360
Figura 18.2b	Presencia global en festivales de música.	362

Apéndice

Recursos de programación para educadores	371

Prefacio

La historia previa: Hizo falta una aldea global —Orígenes, desarrollo y producción

La evolución de este libro fue iniciada por dos progresiones paralelas. Una de estas fue el conjunto de esfuerzos de la Association for Education in Journalism and Mass Communication (AEJMC) para internacionalizarse a sí misma y al campo de estudios. Y la otra, el desarrollo del World Journalism Education Congress (WJEC), una reunión sin precedentes de asociaciones de educación periodística y educadores/capacitadores de todo el mundo para mejorar la enseñanza del periodismo —y, por lo tanto, el periodismo en sí— en todo el mundo (Goodman & Hasegawa, 2003).

Joe Foote (University of Oklahoma), expresidente de AEJMC, creó su International Task Force (ITF) en 2001 con la esperanza de una mayor coordinación y el afán de apresurar la implicación de sus miembros en las perspectivas internacionales. La ITF, encabezada por Dennis Davis (Penn State) y Kazumi Hasegawa (University of Maryland, condado de Baltimore), consistió en más de 40 académicos de comunicación de masas de América del Norte y el extranjero, y creó los siguientes cuatro comités: estrategias (para la internacionalización), alianzas (para encontrar y congregar a asociaciones de educación en periodismo en todo el mundo), membresía (para llamar a la acción) y publicaciones (para internacionalizar la investigación de AEJMC). También creó los siguientes siete subcomités de regiones en el mundo, en los que se examinaron la enseñanza y las prácticas del periodismo: África, Asia, América Central y del Sur, Europa del Este, Medio Oriente, América del Norte y Europa Occidental.

Las semillas de este libro se plantaron en las reuniones de reportes de los subcomités, que presentaban instantáneas fascinantes y actualizadas de las prácticas de la educación periodística en todo el mundo. Las asombrosas similitudes e idiosincrasias culturales capturaron la imaginación de todos. La investigación sobre este tema era extremadamente limitada en aquel momento y todos tenían ansias de aprender más.

La ITF aceleró sus esfuerzos de globalización durante una reunión en Londres a mediados del invierno de 2002, con representantes de AEJMC, la Association for Schools of Journalism and Mass Communication (ASJMC) —que es parte de AEJMC— y la Association for Journalism Education (AJE) del Reino Unido. La reunión concluyó con un importante respaldo para la creación del WJEC (Foote, 2011). Poco después, AEJMC adoptó la recomendación principal de la ITF: "apoyar y ser el principal patrocinador de" una conferencia de WJEC[1] (Goodman & Hasegawa, 2003, p. 4). Las reuniones de planificación se realizaron en 2004, 2005 y 2006, con representantes de más de una docena de organizaciones de WJEC. Y en el verano de 2007, en Singapur, tuvo lugar la primera conferencia de WJEC (WJEC-1), patrocinada por el Asian Media Information Centre (AMIC).

En WJEC-1, las asociaciones de educación en periodismo respaldadas por la WJEC se reunieron un día antes que la conferencia se iniciara oficialmente. La reunión fue seguida por una conferencia académica de tres días con más de 450 asistentes. Aunque este volumen, que estaba creciendo orgánicamente, aún no tenía un editor, ya se estaba escribiendo. En WJEC-1 su crecimiento continuó, guiado a lo largo del camino por sus dos editoras originales, Suellen Tapsall (University of Melbourne Commercial, Australia) y Robyn S. Goodman (Alfred University, EE. UU.), y el comité directivo del libro de WJEC, que consiste en los siguientes miembros/asociaciones de cinco continentes: Tapsall (JEA, Australia, Nueva Zelanda); Goodman (AEJMC); Chris Frost (AJE); Sonia Virginia Moreira, Sociedad Brasileña de Estudios Interdisciplinarios en Comunicación (Intercom); Guo Ke, Asociación de Educación del Periodismo Chino; Kaarle Nordenstreng, Red Global para la Educación Profesional en Periodismo y Medios (JourNet); e Ian Richards (JEA). Tapsall y Goodman —quien es miembro del comité ejecutivo de WJEC y que asimismo se desempeña como presidente de la conferencia de WJEC-1— también se reunieron con los autores de los capítulos.

Este texto inspirado en la ITF se convirtió en "el libro de WJEC", la primera publicación académica importante de WJEC. Su primera revisión destacó casos de estudio descriptivos y "temas candentes" sobre educación en periodismo. Su objetivo: comprender la educación periodística en todo el mundo, en medio de trastornos sin precedentes, y ubicarla en su contexto: pasado, presente y futuro previsible. Si bien este objetivo original permaneció, algunas secciones cambiaron a lo largo de los años. Por ejemplo, cuando Tapsall abandonó el proyecto del libro por razones personales y profesionales y Goodman se convirtió en la editora, algunas partes dedicadas al estudio de ciertos países se modificaron y se agregó un caso que destaca el enfoque de cada país en cuanto a la investigación académica y la publicación.

Desde el principio, los editores de este libro buscaron capítulos de países escritos por los principales académicos de los seis continentes, un objetivo que lograron. Los capítulos de los países fueron seleccionados en función de la disponibilidad de dichos académicos y de su voluntad/aptitud para seguir el proyecto hasta de su fase final. También fueron seleccionados para proporcionar una instantánea actual de la educación periodística y el conocimiento relacionado en un conjunto diverso de países del Norte Global y del Sur Global. Estos países poseen economías que van de pequeñas a grandes,

---

[1] Si bien AEJMC abonó inicialmente el dinero necesario para la primera conferencia, hoy ellas se subvencionan mediante las actividades de recaudación de fondos de las escuelas y/o asociaciones anfitrionas y mediante las cuotas de inscripción.

algunos son extremadamente autoritarios y otros tienen gobiernos y sistemas de medios relativamente libres, unos muestran sociedades y culturas conservadoras, mientras que otros son liberales, etcétera.

En la segunda revisión de este libro dirigida por Goodman, se conservaron los capítulos de los países, y la segunda sección —con los temas candentes— se transformó en una que ofrece una perspectiva más completa de la educación global en periodismo como área. Los capítulos de la segunda sección se enfocan en la educación y capacitación del periodismo dentro y fuera de la academia, la internacionalización del área y la evaluación de la educación en periodismo a escala global.

Goodman también agregó una tercera y final sección enfocada en las innovaciones en las aulas. De carácter tanto práctico como empírico, estos capítulos introducen a los lectores a nuevas tecnologías, teorías y enfoques de enseñanza, a menudo gratuitos, de bajo costo y accesibles, que pueden utilizarse para capacitar mejor a los futuros periodistas. Esta tercera sección fue posible gracias a la experta en innovaciones Amy Schmitz Weiss (San Diego State University). Schmitz Weiss, una galardonada innovadora de la educación periodística (ver su biografía para más detalles), nos ofreció los puntos de vista y la orientación necesarios para que la sección fuera lo más sólida, relevante y vanguardista posible. Estamos agradecidos por sus sustanciales contribuciones.

El reconocido académico en la educación global de periodismo Mark Deuze (University of Amsterdam) inicia esta sección final con un análisis de cómo la globalización y las nuevas tecnologías/innovaciones están alterando dramáticamente el periodismo y, por consiguiente, los roles de los educadores de periodismo. Su capítulo es seguido por otros cinco escritos por innovadores y distinguidos profesores de educación periodística. Cada capítulo está redactado de manera altamente accesible, con la esperanza de que los lectores interesados puedan aplicar lo que aprendieron a su propia enseñanza en las aulas, sus proyectos o su investigación.

Empleamos mucho tiempo buscando en el mundo estos capítulos para la tercera sección, y logramos hallar tres del Sur Global y tres de varios países europeos. Dicho esto, tres de estos capítulos no llegaron a buen término debido a una variedad de factores. Aunque lamentamos no tener una mezcla más variada de autores internacionales mostrando sus innovaciones en el aula, y esperamos que futuras colecciones continúen buscándolos, estamos orgullosos de nuestra mezcla vibrante y diversa de temas, de las oportunidades prácticas y aplicables que presentan para los educadores de periodismo y periodistas en todo el mundo.

Hace dos años, mientras se aseguraba a los investigadores para la nueva sección de innovaciones, Elanie Steyn (University of Oklahoma) firmó como coeditora. Steyn, una experta mundial en educación en periodismo y funcionaria de la WJEC de Sudáfrica, ayudó a completar este proyecto con habilidad. Ella lo hizo todo: desde ayudar a encontrar a los autores finales y editar todos los capítulos hasta navegar por los requerimientos de comunicación, organización y producción. Su ética de trabajo impecable y su singular perspectiva global del Sur también resultaron invaluables, al igual que incorporar a Imran Hasnat (University of Oklahoma) de Bangladesh. Hasnat, un excepcionalmente multitalentoso estudiante de postgrado internacional, ayudó a lidiar con todo, incluyendo cuestiones organizativas, de diseño y técnicas. También ayudó a mantener los sesgos del Norte Global bajo control.

Por último, aunque de ningún modo menos importante, encontramos un calce perfecto con nuestro editor, el Centro Knight para el Periodismo en las Américas en la University of Texas at Austin. El Centro, y su distinguido, galardonado innovador en periodismo y director, Rosental Alves (University of Texas, Austin), son muy conocidos por internacionalizar exitosamente la educación en periodismo en las Américas y en todo el mundo. A través de iniciativas innovadoras y los MOOC (cursos en línea masivos y abiertos), ambos continúan educando a decenas de miles de profesores, instructores y profesionales de periodismo alrededor de todo el planeta. La conferencia anual del International Symposium on Online Journalism (ISOJ), con casi 20 años de persistencia, y su especialmente innovadora revista académica en línea, #ISOJ, también promueven significativamente la educación en periodismo y el periodismo a través de un lente global.

Estamos orgullosos de que nuestro libro inicie la aventura del Knight Center en Austin en publicaciones académicas. Esta plataforma ideal no fue imaginada nunca en la inicial concepción del volumen, antes de que el constante desarrollo del WJEC se hiciera realidad (ahora cuenta con 32 organizaciones sólidas y ya está planificándose su quinta convención en París, en 2019 —ver wjec.net—). Y hoy esperamos que *Educación global de periodismo en el siglo XXI: Retos & innovaciones* esté ampliamente disponible; que todos los interesados en mejorar la educación periodística y el periodismo en todo el mundo puedan obtener el tipo de inspiración e información de sus páginas —incluidos contenido, teorías, métodos, herramientas, pedagogía— que ayuden a hacer posibles estos importantes objetivos.

Robyn S. Goodman
Alfred, New York

Referencias bibliográficas

Foote, J. (2011). WJEC highlights development of journalism around the world. *ASJMC Insights*, 8-10.

Goodman, R., & Hasegawa, K. (2003). AEJMC's road to internationalization: A report of the task force. *International Communication Bulletin, 38*(1-2), 2-11.

Una nota del editor a la edición en español

Rosental C. Alves

Para el Centro Knight de Periodismo en las Américas de la University of Texas en Austin es un privilegio, a la vez que un honor, presentar esta edición en castellano de *Educación global de periodismo en el siglo XXI: Retos & innovaciones*, una nueva y cuidadosa iniciativa para difundir la investigación académica internacional sobre el periodismo.

El Centro Knight, desde 2002, ha podido ayudar a miles de periodistas y educadores y estudiantes de periodismo a través de capacitaciones en línea y acceso a muchos otros programas complementarios. El centro fue creado con ese propósito, y para enfocarse principalmente en América Latina y el Caribe, de manera que cada periodista favorecido pueda adquirir las aptitudes necesarias para elevar los estándares del periodismo en su país.

Una de las principales actividades del centro, un programa pionero de la educación a distancia de periodismo, creció exponencialmente a lo largo de las Américas y comenzó a llegar a otros continentes. Baste decir, al respecto, que entre 2012 y 2016 sus cursos en línea masivos y abiertos (MOOC, por sus siglas en inglés) llegaron a más de 85.000 personas en 169 países. Es el primer y todavía único programa en el mundo que ofrece MOOC especializados en periodismo.

Por otra parte, la conferencia principal del Centro Knight, el Simposio Internacional sobre Periodismo en línea (ISOJ, por sus siglas en inglés), que empezó como una reunión nacional, también se ha vuelto global, atrayendo cada año hacia Austin a numerosos periodistas, ejecutivos de medios de comunicación y académicos de todas partes del planeta. Y no es exagerado decir que ISOJ es una conferencia única, singular, que crea puentes entre la academia y la industria de las noticias. Su componente de investigación ha ido creciendo e incluye a *#ISOJ*, una revista académica sin fronteras que presenta artículos examinados rigurosamente, de forma anónima, por especialistas de todo el mundo.

Ahora este libro, en su versión castellana, se suma a la reciente línea de publicaciones de la biblioteca digital del Centro Knight, dedicada a la investigación académica internacional sobre periodismo. Ya hemos publicado 14 títulos —incluyendo la edición original de éste: *Global Journalism Education in the 21st Century: Challenges & Innovations*—, en su mayoría trabajos profesionales que exploran los problemas y obstáculos que enfrentan los periodistas en América Latina y el Caribe, así como sus oportunidades. Investigadores de todos los hemisferios están invitados a publicar en nuestra biblioteca digital. En este mismo sentido destaca, igualmente, *Educación global de periodismo en el siglo XXI: Retos & innovaciones*, ya que acoge múltiples voces, diversas perspectivas, todas respaldadas por comparaciones cualitativas y cuantitativas y reflexiones prolijas respecto de lo que sucede con la enseñanza y el ejercicio del periodismo en numerosos países del globo terráqueo. De manera que es, sin duda, una contribución sólida y única al conocimiento sobre un tema importante que merece más atención, especialmente en estos tiempos de globalización y revolución digital.

Desde aquí agradecemos, por tanto, a todos los autores —que se cuentan entre los mejores y más activos académicos en nuestra disciplina—, y estamos principalmente agradecidos con las editoras del libro, la Dra. Robyn S. Goodman (University of Alfred) y la Dra. Elanie Steyn (University of Oklahoma). He sido testigo presencial de su incansable trabajo junto al Dr. Joe Foote apoyando el World Journalism Education Council y los congresos WJEC, y, además, de los años que la Dr. Goodman y la Dr. Steyn han dedicado a este ambicioso proyecto.

He seguido también, de muy cerca, el largo proceso de traducción del libro original, y sé que veces una sola palabra, para ser llevada del inglés al castellano, ha exigido la consulta de dos o tres diccionarios, no menos enciclopedias y una intensa discusión entre sus dos traductores. De todo ello emergió el placer intelectual de una nueva lectura en este idioma. Y aunque los ensayos van, desde luego, dirigidos a estudiosos del periodismo —desde los puntos de vista pedagógico, deontológico, económico y político—, su alcance es aún mayor, pues las conclusiones de *Educación global de periodismo en el siglo XXI: Retos & innovaciones* atañen a los individuos y las sociedades que se piensan o sueñan con ser libres.

Agradecimientos

Como se mencionó en el prefacio, sin duda se necesitó una aldea global para llevar a buen término este libro. Inspirados por los descubrimientos de los editores de la AEJMC International Task Force y promovidos durante el desarrollo del World Journalism Education Congress (WJEC), numerosos educadores de periodismo, colegas y familiares han brindado generosamente su experiencia, tiempo y apoyo para hacer este libro posible.

Las editoras desean agradecer al coordinador de WJEC, Joe Foote, por establecer el grupo de trabajo, guiar la creación y el desarrollo del WJEC y apoyar este proyecto de libro desde el primer día. Los miembros y voluntarios del comité de WJEC, muchos de los cuales provienen de la International Communication Division (ICD) de AEJMC, también merecen mucho crédito, junto con más de 40 miembros de la fuerza de trabajo y las 32 asociaciones de educación periodística del WJEC en todo el mundo por sus aportes e inspiración.

Los anfitriones de la conferencia anterior de WJEC y sus organizaciones también ayudaron a que este libro se hiciera realidad. En las conferencias de WJEC, las editoras encontraron a autores importantes, recopilaron investigación académica significativa y celebraron importantes reuniones sobre el libro. Los anfitriones no solo organizan las conferencias de WJEC, sino que también las subsidian: el WJEC no tiene presupuesto. En consecuencia, las siguientes personas y organizaciones merecen nuestra profunda gratitud: el anfitrión de WJEC-1 Singapur, Indrajit Banerjee (AMIC); el anfitrión de WJEC-2 Sudáfrica, Guy Berger (Rhodes University); el anfitrión de WJEC-3 Bélgica, Nico Drok (The European Journalism Training Asociación y la Flemish/Dutch Network of Journalism Institutes), y la anfitriona de WJEC-4 Nueva Zelanda, Verica Rupar (Auckland University of Technology).

Va también un agradecimiento especial para Jennifer McGill, directora ejecutiva de AEJMC, a sus presidentes/líderes electos, y a su brazo de evaluación y acreditación, la Association of Schools of Journalism and Mass Communication (ASJMC), por apoyar y alentar el desarrollo de WJEC. Goodman también le agradece a McGill por ayudar a asegurar el financiamiento para una conferencia de AMIC en Malasia, lo que le ayudó a prepararse para su papel como presidenta de la conferencia del primer WJEC.

Las editoras también le están agradecidas a Suellen Tapsall, la editora original de este volumen, por echar a andar el texto y diseñar el formato de los capítulos de países y al comité directivo del libro de WJEC (ver el prefacio para más detalles), que ayudó a promover el desarrollo inicial del libro. Y gracias a Amy Schmitz Weiss, nuestra experta en la sección de innovaciones, que hizo malabares con su increíblemente atareada agenda de trabajo personal y profesional para darnos su valiosa opinión. También son especialmente apreciados Melinda Robins y April Gacek por su hábil ayuda en la edición durante las diferentes etapas del proyecto y los revisores anónimos por sus análisis expertos que mejoraron el contenido de este volumen. Y a Chagmion Antoine y Jasmine Brown por su diseño de la portada del libro.

Los autores de este volumen también merecen mucho crédito por participar del proyecto en sus diferentes etapas hasta que todas las partes finalmente encajaron. Su dedicación a este libro y la educación periodística en todo el mundo es especialmente notable y apreciada. Esto nos lleva al editor del libro (el calce perfecto), Rosental Alves y el Centro Knight para el Periodismo en las Américas en la University of Texas en Austin. Gracias, Rosental, no solo por apoyar este proyecto desde sus humildes comienzos hasta su finalización, sino también por ayudarlo a llegar potencialmente a miles de educadores de periodismo, capacitadores, profesionales y estudiantes de periodismo de todo el mundo. Tu impacto en nuestro campo es legendario, y no podríamos estar más orgullosas de unirnos a tus esfuerzos para mejorar la práctica y el conocimiento de la educación periodística internacional.

Goodman también agradece a su coeditora Elanie Steyn por su arduo trabajo y dedicación a este proyecto de libro, que fue esencial para llevarlo a una conclusión exitosa. Su similar dedicación para ayudar a construir el WJEC y mantenerlo en funcionamiento, junto con su experiencia y formación en educación periodística internacional, la convirtieron en una socia perfecta en esta empresa. Su experiencia en el Sur Global, su perspectiva profesional y su alegre sentido del humor hicieron que trabajar con ella fuera un verdadero placer. Un agradecimiento especial también a su colega, el estudiante internacional de posgrado Imran Hasnat, quien ayudó en todos los aspectos del diseño, la producción y la promoción de este volumen. Hasnat no solo fue un miembro especialmente valioso del equipo, sino que su ingenio, sus perspicaces perspectivas y, en general, su humanidad, ayudaron a alentar al equipo a cruzar la línea final.

Ella también agradece a sus colegas que ofrecieron ayuda y consejos importantes durante etapas claves en el desarrollo del volumen, especialmente Kazumi Hasegawa, Michael Elasmar, Larry Greil, Joseph Straubhaar, Tsan Kuo (TK) Chang, Elizabeth Burch, Eric Freedman y Patricia Fitzpatrick, quien fue instrumental para ayudar a mantener el barco a flote durante los días nublados, también va su aprecio para el difunto Todd Simon, su mentor de Michigan State University y querido amigo.

Además, agradece especialmente a la administración y el personal de la Alfred University (AU), por su apoyo personal y la asistencia financiera. Este generoso apoyo ha ayudado a hacer posibles su WJEC, su libro y, en general, sus esfuerzos relacionados con la educación global de periodismo. Después de todo, ese respaldo le ha permitido asistir y contribuir a la mayoría de las sesiones de planificación de WJEC y a todas las conferencias de WJEC en el extranjero, para mantenerse al día sobre las tendencias educativas mundiales y para trabajar en persona con muchos de los autores de este volumen. Los individuos y subsidios de la AU que la han ayudado a lograr lo anterior incluyen a los siguientes: administradores previos y actuales de la UA y del College of Liberal Arts & Sciences (LAS), Bill Hall, Rick Stevens, Charley Edmondson, Lou Lichtman, Nancy Furlong, Mary McGee, Dani Gagne, Michael McDonough y Pamela Schultz; el personal profesional de LAS, Kaaren Reeder y Pat Sweeney; y el fondo del rector de AU, el fondo Pamela y Gene Bernstein, y las subvenciones para desarrollo de conferencias y perfeccionamiento profesional docente de LAS. AU realmente se preocupa por la educación periodística y porque su cuerpo docente alcance sus objetivos. Ella está verdaderamente agradecida por esos regalos.

Y finalmente, agradece a su familia por soportar sus muchas ausencias durante las vacaciones, eventos sociales y los eventos del día a día para poder terminar este volumen. Ella está especialmente agradecida con sus padres, Larry y Sharlene Goodman, por ser sus mejores porristas y siempre apoyar sus esfuerzos académicos. Su dedicación es legendaria, como lo demuestra su activa asistencia al WJEC: ¡han asistido a las cuatro conferencias de WJEC en el extranjero y planean asistir al WJEC-5 en París en 2019! Sheila Goodman también merece un reconocimiento especial por su increíble aliento y respaldo durante los altibajos del proyecto. Y Teri Goodman también ha apoyado siempre sus actividades académicas y ha ofrecido excelentes consejos de diseño. Agradece a la difunta Khananiya Kaplan y a Sarra Belyakova por su amor y apoyo, y por convertir su sala de estar en un estudio improvisado cada vez ella así lo necesitara, y a su finado hijastro Ilya, por abrir su corazón y su mente de maneras inesperadas. Y por último, pero no por eso menos importante, Irene Belyakov-Goodman, que posee el espíritu de una leona y la paciencia de un santo, merece una inmensa gratitud por su apoyo férreo e incondicional. Este libro no hubiera sido posible sin su cuidado personal y dedicación infinitos para el progreso de la educación periodística y la práctica del periodismo en todo el mundo.

Steyn también agradece a las personas e instituciones antes mencionadas, especialmente a AEJMC y WJEC por ayudar a que este proyecto de libro se hiciera realidad y por las muchas oportunidades profesionales que han brindado. Ella también desea agradecer a Goodman y Hasnat por su paciencia y dedicación a este proyecto durante varios años e iteraciones. Y está especialmente agradecida con sus mentores, quienes le han presentado a las personas, cualidades y habilidades necesarias para su desarrollo profesional y que se han aferrado a ella mientras continúa su viaje profesional y personal.

Steyn agradece a todas las personas que creen en ella a pesar de su incapacidad para dejar pasar una buena oportunidad y a quién ha dicho (y lo ha dicho en serio): "Iré hasta el final del viaje. Contigo". ¡Sabes quién eres!

Robyn S. Goodman, Alfred University
Elanie Steyn, University of Oklahoma

Introducción
La educación global de periodismo: ¿Avanzando, estancándose o perdiendo terreno?

Robyn S. Goodman

> *Si en una etapa de civilización una nación espera ser, al mismo tiempo, ignorante y libre, espera lo que nunca fue y nunca será.* —Thomas Jefferson

En la presente era de gran agitación económica, política, técnica y cultural, los educadores e instructores de periodismo en el mundo tienen una oportunidad sin precedentes para fortalecer y modelar significativamente el futuro del periodismo. ¿Enfrentarán la ocasión equipados con innovadores y efectivos métodos educativos apoyados en la investigación, o dejarán pasar esta oportunidad incomparable? Lo que está en juego no podría ser más importante —apuestan la piel todos los ciudadanos del mundo empeñados en mantener una sociedad democrática o que anhelan vivir en una sociedad más abierta—. Fuertes olas de nacionalismo se despliegan por todo el planeta —incluso en países como el Reino Unido, Francia, los Estados Unidos, Turquía y las Filipinas— y vigorosos asaltos contra la credibilidad de la prensa están incrementando la necesidad de verdad, justicia, ética y sensatez en el gobierno y la vida cívica. Propietarios y defensores de la prensa, hoy comprometidos en una lucha enorme por salvar al periodismo de calidad de la ruina económica, están siendo golpeados lateralmente por una escalada de ataques del gobierno y otros poderosos grupos financieros con el afán de desacreditar por completo al periodismo. La lucha por salvar la reputación del periodismo —y, en consecuencia, su efectividad— está experimentando un nuevo apremio por una arremetida de "hechos alternativos", "noticias espurias" y acusaciones de falsas equivalencias. Los efectos colaterales de esta lucha fueron dramáticamente ilustrados durante la muy disputada campaña presidencial de 2016 en los Estados Unidos, en la cual los debates se vieron afectados por una falta de información consensuada que sirviera de base a la discusión de políticas y posiciones. Y al momento de imprimir este libro, el presidente Donald J. Trump no solo continuaba llamando "noticias falsas" a la cobertura noticiosa con la que discrepa, sino que, además, se refiere a respetadas organizaciones noticiosas como *The New York Times* y CNN como "¡el enemigo de los americanos!" (Trump, 2017).

Como el presente fenómeno de la "posverdad" sugiere, el valor de los hechos, la verdad, la información y el conocimiento —cimientos del periodismo y las sociedades libres— están bajo ataque. Se ha atribuido extensamente la intensificación de esta peligrosa tendencia (y, también, la popularización del término "posverdad" para describirlo) a la retórica contra la verdad mostrada en la controversia del Brexit y los debates presidenciales en el 2016 en los EEUU. Este término se convirtió en la palabra del año 2016 en el *Diccionario Oxford*, y se define como "relacionado con o denotando las circunstancias en las cuales los hechos objetivos tienen menos influencia en la formación de la opinión pública que aquello que apela a las emociones y las creencias personales" (Wang, 2016). Estas realidades posverdad que impregnan a los ciudadanos (especialmente jóvenes) en democracias en las que se cuestiona si otras formas de gobierno no democráticas —incluyendo gobiernos militares— pueden ser más efectivas, envían serias señales de alarma respecto de la salud de las sociedades libres en el mundo (Taub, 2016).

¿Qué es lo que educadores e instructores de periodismo pueden hacer para contrarrestar estas tendencias antidemocráticas en una prensa y un mundo cada vez "menos libres" (Freedom House, 2016)? Un buen comienzo es dar la mejor educación posible a los futuros periodistas y a los defensores del periodismo. Este libro discute cómo esa "mejor educación" es actualmente concebida y cómo debería desarrollarse —uno de los más debatidos temas en la educación en periodismo a nivel mundial—. Ahora mismo, y como progreso, hay algo de acuerdo entre los educadores; por ejemplo, están de acuerdo con que los futuros periodistas deben aprender la manera de encontrar y utilizar herramientas más variadas, sutilmente diversas, con las cuales lidiar en circunstancias cada vez más difíciles. Asimismo, en que necesitan saber cómo llevar a cabo reportajes de investigación de calidad basado en hechos verificables y en medio de ambientes mudables. Necesitan hacerlo utilizando las redes sociales en múltiples plataformas y con la ayuda de la comunidad. Finalmente, necesitan saber cómo reportar de manera más transparente y de forma que se demuestre el valor del periodismo a un público desilusionado.

Los educadores están demandando que una industria unida ayude a alcanzar estos objetivos. Jeff Jarvis, el director del Tow-Knight Center for Entrepreneurial Journalism de la Escuela de Posgrado de la City University of New York, dice sentirse alentado por los crecientes incentivos económicos que produce el trabajo coordinado entre la academia y la industria. Él describe esta atmósfera de beneficios mutuos como una nueva cultura de "abrazo grupal" (Jarvis, 2013). Los educadores también ven como promisorias las crecientes interacciones entre universidades, laboratorios de innovación, fundaciones, centros de entrenamiento, organizaciones sin fines de lucro y entidades noticiosas. Por primera vez en por lo menos 20 años, académicos a nivel mundial parecen concordar en que tienen una oportunidad sin precedentes de darle forma al periodismo de manera proactiva. Este nuevo sentimiento de optimismo fue el enfoque del Congreso Mundial de Educación en Periodismo del 2013 (WJEC por sus siglas en inglés) que se llevó a cabo en Bélgica con el tema "Renovando el Periodismo a través de la Educación".

Pero, ¿es este incremento en la colaboración muy limitado y muy tardío? ¿Están los educadores a nivel mundial construyendo relaciones más exitosas no solo entre universidades pero también con la industria, el público, las fundaciones, las organizaciones sin fines de lucro, agencias de gobierno, etc., con la esperanza de nutrir y orientar un periodismo de calidad?¿ La enseñanza de las "formas de conocimiento" de las artes liberales le sigue el ritmo a la enseñanza de nuevas habilidades técnicas para ayudar a los futuros periodistas a distinguir entre hechos y ficción? ¿Existe evidencia de un incremento en enfoques globales y oportunidades de intercambio internacional para ayudar a los periodistas a entender mejor los prejuicios nacionales y regionales que amenazan la recolección y presentación de información y conocimiento? Y, finalmente, ¿están los educadores en periodismo suficientemente dedicados a su campo —y poseen el suficiente desenfado— para hacer los cambios necesarios y crear innovaciones efectivas? Aunque solo el futuro puede decirlo, este libro apunta hacia historias, tendencias y circunstancias que dan pistas para encontrar respuestas a estas preguntas y otras más.

¿Por qué este libro?

La educación global de periodismo en el siglo XXI: Retos & innovaciones anima a los educadores de periodismo a fortalecer el campo del periodismo preparando a sus estudiantes para "hacer periodismo" —como ciudadanos y/o periodistas— de la manera más efectiva y profesional posible. Este libro es una referencia académica, al mismo tiempo práctica, accesible a educadores, instructores, periodistas, activistas de medios, creadores de políticas públicas, fundaciones, organizaciones no gubernamentales, estudiantes y otros más que tengan un interés particular en el periodismo de calidad. El libro muestra el campo emergente de la educación en periodismo comparado a nivel mundial a través de la revisión de investigaciones serias y la oferta de conocimiento conceptual, teórico, empírico y práctico relacionado con el pasado, el presente y el futuro del campo periodístico.

Las conclusiones que ofrece *Educación global de periodismo* tienen como base la experiencia combinada de muchos académicos de primera categoría en educación en periodismo y se presentan a través de:

- ➢ casos descriptivos de estudio que resaltan los retos y las innovaciones en la enseñanza y la práctica del periodismo en una gran variedad de países de los seis continentes;
- ➢ capítulos conceptuales que examinan el pasado, el presente y predicen el futuro de la educación en periodismo en el mundo y su influencia en la profesión;
- ➢ estudios de casos empíricos que detallan innovaciones en las aulas alrededor del mundo;

> un capítulo a modo de conclusión con 10 predicciones sobre la educación global en periodismo; y
> un epílogo que resalta las observaciones finales relacionadas con el estado actual de los prejuicios, el etnocentrismo y el pensamiento provincial de la educación en periodismo en Occidente, así como los esfuerzos por desoccidentalizar la educación global en periodismo y expandir el entendimiento que los periodistas tienen del planeta en el que viven.

Debido a que la envergadura y el alcance de la educación global en periodismo es tan amplia, este volumen no intenta cubrir todos sus retos e innovaciones. Sin embargo, a la par que el campo del periodismo continúa desarrollándose, esperamos que el libro potencie el entendimiento de los estudiosos y profesionales e inspire futuros estudios e investigaciones para impulsar su mejoramiento.

Investigación en periodismo global de educación: Una breve visión de conjunto

Aunque los sistemas mediáticos, las sociedades, los ambientes políticos y las culturas periodísticas varían enormemente a nivel mundial, el entrenamiento que los periodistas requieren es bastante similar (Gaunt, 1992; Deuze, 2006). Después de todo, como explica Gaunt (1992): "Cualquiera sea el área o el contexto sociopolítico, los educadores de periodismo y los profesionales de los medios han tenido que enfrentarse con los mismos problemas" (p. 2). En consecuencia, los periodistas alrededor del mundo están siendo entrenados, en gran parte, de la misma manera. Como afirmara Gaunt (1992) en su texto emblemático patrocinado por la UNESCO, *Creando periodistas: Manual internacional de entrenamiento en periodismo,* hay patrones en la instrucción que a menudo emergen de las siguientes seis necesidades de comunicación: un entendimiento del propio sistema del ámbito laboral y las funciones especializadas de los diferentes campos de comunicación de masas; una base en ciencias y artes liberales para entender mejor una amplia variedad de temas —incluyendo socioeconómicos, políticos, culturales y técnicos— que afectan a las audiencias; habilidades básicas (buen lenguaje, destreza manual, etc.); habilidades técnicas; y la capacidad de actualizar las habilidades y aprender otras nuevas. Requerimientos similares de entrenamiento y de enfoques persisten, alentados cada vez más por las tendencias universales y los lazos relacionados con la globalización, el Internet y las redes sociales, las nuevas tecnologías e innovaciones, la convergencia de medios, el periodismo comunitario, etc. (Deuze, 2006).

Debido a que los educadores a nivel mundial tienden a entrenar a futuros periodistas de manera similar de acuerdo con necesidades universales —sin que importen las frecuentes extremas diferencias de sus realidades culturales y políticas—, estos continúan trabajando con un "enfoque global de conceptualización de la educación en periodismo" (Deuze, 2006, p. 20). Después de todo, cuanto mejor entiendan los educadores la educación global de periodismo y las tendencias de las necesidades de entrenamiento

—pasadas y futuras—, tendrán mejores oportunidades para imaginar el futuro y orientar el área y entrenar con mayor eficacia a los futuros periodistas. Hasta hoy se hace más nítido el siguiente panorama: a nivel mundial, la educación en periodismo está volviéndose altamente profesionalizada, formal y estandarizada —y, como resultado, altamente homogénea (Obijiofor & Hanusch, 2011; Josephi, 2010; Deuze, 2006; De Burgh, 2006; Fröhlich & Holtz-Bacha, 2003; Gaunt, 1992). En consecuencia, no es de sorprender que la mayor parte de la educación en periodismo tenga lugar en universidades e institutos, sistemas mixtos de nivel universitario y escuelas profesionales, o se oriente hacia esas configuraciones (Obijiofor & Hanusch, 2011; Deuze, 2006).

Mientras que las tendencias en la formación educativa son claras, con frecuencia parece haber una desconexión entre los sistemas de educación y la práctica del periodismo. Como Josephi (2010) descubrió en su análisis de la educación en periodismo en países con libertad de medios limitada —incluyendo Camboya, Palestina y Croacia—, a pesar de recibir un entrenamiento similar, los diferentes ecosistemas periodísticos y sus realidades conducen a diferentes rutinas. Por ejemplo, ella encontró que los periodistas a nivel mundial suelen compartir valores democráticos universales. Sin embargo, aunque el currículo de educación frecuentemente los promueve, las restricciones que fija el gobierno a menudo impiden su implementación. Dicho esto, los periodistas son alentados por su entrenamiento a reportar más libremente cuando se presentan fisuras en un sistema restrictivo. En consecuencia, según Josephi, la educación en periodismo se ha convertido en un importante y "potencial agente de cambio" (2010, p. 259).

Respecto de la educación en periodismo con notoria orientación occidental/angloamericana señalada a menudo, Deuze (2006), preocupado porque la estandarización de la educación en periodismo pueda incrementar esas influencias angloamericanas, sostiene que el tema "requiere investigación" (p. 30). Académicos a nivel mundial (v. g., Wasserman & De Beer, 2009; Breit, Obijiofor, & Fitzgerald, 2013) están de acuerdo con que tales sesgos provinciales —falta de habilidad o de voluntad para contextualizar la información de manera global— amenazan tanto la efectividad de la educación en periodismo como la profesión y la validez del conocimiento en sí mismo. Sin embargo, cabe preguntar si estos sesgos continúan teniendo fundamentos sólidos en un mundo crecientemente conectado y globalizado, en el cual las noticias internacionales están a un enlace de distancia. Si fuera así, ¿cómo pueden ser efectivamente derribados?

Hoy el debate global más común en los círculos educativos de periodismo se enfoca en cómo educar mejor a los estudiantes para que contribuyan a su sociedad (Obijiofor & Hanusch, 2011). Dentro de tales debates relacionados con el currículo, el balance ideal entre los cursos de periodismo profesional y los de artes liberales parece ser el más candente —por lo menos en Occidente (Nordenstreng, 2009). Un incremento mundial en el entrenamiento en periodismo en las universidades sugiere un incremento en la apreciación de las artes liberales. Dicho esto, muchos educadores están preocupados por lo que parece ser una preferencia por cursos de habilidades prácticas/técnicas con un enfoque de entrenamiento orientado a la industria (Mihailidis, 2012). Por ejemplo, Deuze

(2006, p. 30) está consternado por lo que él llama "las consecuencias de promover una cultura de enseñanza orientada al producto en lugar de una cultura de aprendizaje enfocada en el proceso." En otras palabras, enseñanza enfocada más en preparar a estudiantes para conseguir trabajos en la industria que en desarrollar "súper ciudadanos" con habilidades de pensamiento crítico para cambiar la sociedad de manera positiva. Él respalda su preocupación con la siguiente cita de Zygmunt Bauman, uno de los teóricos sociales más prominentes del mundo: "[L]a forma con que se estructura la enseñanza determina la manera con que los individuos aprenden a pensar" (2000, p. 123). Estos son los educadores que están abriendo paso a innovaciones en la educación en periodismo, y que destruyen paredes y silos, físicos y mentales, con la esperanza de reimaginar la educación en periodismo y las formas en que se puede ayudar a los estudiantes a servir mejor a la sociedad. La sección en innovaciones de este libro desarrolla y explora tales temas.

Educación global de periodismo: Estableciendo las bases

Como lo explicara Gaunt (1992), la importancia del entrenamiento en periodismo, especialmente en tiempos de crisis, es clara:

> La instrucción en periodismo perpetúa o modifica las prácticas periodísticas profesionales y moldea las percepciones que los periodistas tienen del rol y la función de los medios de comunicación. Debido a que el entrenamiento en periodismo influye en la selección y el procesamiento de las noticias, también tiene un efecto indirecto en el modo con el que vemos el mundo que nos rodea. En tiempos de crisis... aquellos que procesan las noticias juegan un rol esencial informando a las audiencias masivas y modelando la opinión pública. (p. 1)

Aún así, pocos libros se enfocan en el campo de la educación en periodismo desde una perspectiva global. De hecho, *Educación global de periodismo* parece ser el primer libro en 25 años que provee casos de estudio comparativos de los seis continentes. De modo similar al trabajo de Gaunt (1992), analiza un variado grupo de países del Norte Global y del Sur Global con pequeñas y grandes economías, con sistemas mediáticos autoritarios y libres, con sociedades y culturas liberales y conservadoras, etc., para echar luz sobre el pasado y el presente de la educación en periodismo y pronosticar su futuro. A manera de un bricolaje, se fundamenta en el conocimiento compilado de capítulos y artículos de investigación, reportes, sitios web y libros, incluyendo los siguientes tres prominentes textos comparados de educación en periodismo: *Educación en periodismo en Europa y América del Norte: Una comparación internacional*, de Fröhlich and Holtz-Bacha's (2003) (*Journalism Education in Europe and North America: An International Comparison*); *Educación europea en periodismo*, de Terzis (2009) (*European Journalism Education*); y *Educación en periodismo en países con libertad de medios limitada*, de Josephi (2010)

(*Journalism Education in Countries with Limited Media Freedom*). Mientras que los dos primeros se enfocan en países del Norte Global, el tercero se enfoca mayormente en el Sur Global.

Los sistemas de educación en periodismo a nivel mundial son entendidos mejor —y después mejor comparados— cuando se ubican en contexto. En consecuencia, este libro empieza emulando ese tipo de investigación, que muy a menudo se inicia abordando los sistemas mediáticos de cada país y las características y los valores profesionales, las prácticas y la percepción de los roles de los periodistas. Como Gaunt (1992) señaló: "Los sistemas mediáticos resultan de leyes de prensa, variables económicas y políticas, influencias sociales y políticas y consideraciones básicas como distribución demográfica, nivel de alfabetización o niveles personales de ingresos" (p. 13). Desde la aparición de su libro seminal, investigadores que analizan los sistemas mediáticos han estudiado aquellas variables e influencias (p. ej., Hallin & Mancini, 2004; Josephi, 2010; Fröhlich & Holtz-Bacha, 2003). Dicho esto, los sistemas mediáticos a nivel mundial han demostrado ser más complicados de lo que originalmente se previeron, debido a factores tales como diferencias culturales e idiosincrasias de cada país (p. ej., Nordenstreng, 2009; Obijiofor & Hanusch, 2011). El trabajo emblemático de Hallin y Mancini (2004, 2011) en este tema, aunque respalda las contribuciones hechas por esas investigaciones, alerta a los investigadores sobre el valor limitado de tratar de forzar la categorización de los diferentes sistemas mediáticos. Con todo, los intentos de clasificar los sistemas mediáticos continúan siendo vistos como útiles cuando se trata de determinar tanto las características como la influencia potencial en los sistemas de educación en periodismo y la capacidad de compararlos (Gaunt, 1992; Fröhlich & Holtz-Bacha, 2003; Josephi, 2010; Obijiofor & Hanusch, 2011).

Si la investigación examina las características profesionales, las creencias, los valores, las prácticas y la percepción de los roles de los periodistas, entonces consigue ilustrar cómo estos tienden a seleccionar y procesar la información dentro de los diversos ambientes y sistemas mediáticos. La percepción que ellos tienen de sus roles profesionales confiere una perspectiva única del papel que un país asigna a los medios de comunicación —un reflejo de sus valores más arraigados. Aquellos roles son considerados influencias tan significativas en la cobertura de noticias que "en los estudios de periodismo, ninguna otra área de investigación ha prosperado más" (Hanitzsch & Maximilians, 2013, p. 1). El "Estudio de los Mundos del Periodismo" (The Worlds of Journalism Study, worldsofjournalism.org) ha encontrado que esas variables son tan importantes que su grupo de investigadores voluntarios las investigan y monitorizan constantemente. No hace mucho, mientras recolectaban datos conexos, reportaron haber roto un récord de investigación comparada en comunicación al haber entrevistado a más de 27,000 periodistas en 66 países. Así, muchos educadores consideran que la opinión de los periodistas sobre su papel en la sociedad es tan importante para la práctica del periodismo que, arguyen, los planes de estudio deberían basarse en gran medida en tales consideraciones (Deuze, 2006; worldsofjournalism.org).

Educadores e instructores influyen en los sistemas mediáticos y las creencias profesionales, en la percepción de sus roles y la consecuente cobertura de los periodistas (Gaunt, 1992; Fröhlich & Holtz-Bacha, 2003; Weaver & Willnat, 2012). Por consiguiente, este libro analiza los sistemas mundiales de educación y entrenamiento y sopesa su impacto en los medios, los periodistas y su trabajo. Y puesto que la educación en periodismo se está haciendo más universal y homogénea, también examina esta tendencia. Por ejemplo, organizaciones como la UNESCO y el Consejo Mundial de Educación en Periodismo (WJEC por sus siglas en inglés) promueven activamente estándares universales. La UNESCO proporciona a los educadores de los países en desarrollo programas y asistencia universales basados en sus necesidades. Por su parte, el WJEC se fundó para fortalecer la educación del periodismo como campo global, y para alcanzar este objetivo adoptó la Declaración de Principios en su primera conferencia en Singapur, en 2007. Esta declaración, respaldada por los miembros del WJEC en todo el mundo, "identificó 11 principios que sirven como estándar para la educación en periodismo" (wjec.net/about/declaration-of-principles). Dos de los más importantes son:

> - el periodismo es una iniciativa global; los estudiantes de periodismo deben aprender esto a pesar de sus diferencias políticas y culturales, pues ellos comparten valores y metas fundamentales con sus pares de otras naciones. Donde sea posible, la educación en periodismo tiene que dar a los estudiantes una experiencia directa de la forma en que el periodismo es practicado en otras naciones.
> - A nivel mundial, los educadores de periodismo tienen la obligación de colaborar con sus colegas para proporcionar asistencia y apoyo, de manera que la educación en periodismo pueda fortalecerse como una disciplina académica y juegue un rol más efectivo para ayudar al periodismo a alcanzar su máximo potencial.

Estructura de *Educación global de periodismo* —Partes, secciones y capítulos

Este libro está dividido en tres partes principales. La Parte I, «Educación global de periodismo: Estudios de casos por país», cubre los retos y las innovaciones del periodismo y la educación —pasado, presente y pronósticos del futuro—. Sus diez casos descriptivos están relacionados con Australia, Chile, China, Egipto, India, Israel, Rusia, Sudáfrica, el Reino Unido y los Estados Unidos de Norteamérica.

Estos países no representan el contorno total del paisaje de la educación en periodismo a través de todos los continentes y regiones del mundo; sin embargo, examinarlos y compararlos ofrece un sentido de la historia de la educación en periodismo, de sus procesos e incidentes en algunas de las naciones más diversas desde los puntos de vista histórico, económico, legal, tecnológico, social y cultural.

Para escribir estos capítulos hemos buscado educadores e investigadores de primer nivel en periodismo —dentro de una amplia gama de países—, bien versados en el ambiente educativo de sus naciones. Para asegurar la uniformidad y ayudar a la comparación por países, cada autor cubrió los mismos aspectos de la educación y la práctica del periodismo en sus respectivos países (para más detalles revisar el prefacio).

Las secciones I y II de la Parte I dan una visión de conjunto del sistema mediático de cada país y de cómo los periodistas tienden a operar dentro de él, de manera que puedan contextualizarse los resultados de la educación de periodismo específicos de cada país. La sección III se centra en el contorno del paisaje de la educación en periodismo, con énfasis en cómo los educadores se esfuerzan por preparar a los futuros periodistas para mantenerse a la vanguardia mientras producen periodismo de calidad en un campo en constante evolución. Esta sección también examina los cambios en las relaciones entre los educadores y los profesionales / industria en diferentes países, los desafíos e innovaciones académicas continuas y las posibilidades futuras de crecimiento y cambio. Por último, pero no por ello menos importante, una sección especial sobre investigaciones periodísticas ofrece información sobre cómo los educadores de todo el mundo aprenden sobre nuestro campo y producen investigaciones que a su vez lo influyen.

La Parte II, «Contextualizando la educación global de periodismo», trata de darle sentido a la educación global de periodismo como un campo de especialización. A partir del capítulo 11, Guy Berger y Joe Foote examinan la educación e instrucción global de periodismo dentro y fuera de las fronteras académicas. A la luz de este ecosistema global y cambiante, los autores sostienen que los educadores deben abrazar la lucha e involucrarse más en una educación híbrida del periodismo por el bien del campo.

En el capítulo 12, Ian Richards y Charles C. Self examinan la evolución de la educación global de periodismo como campo de especialización y el impacto de las asociaciones regionales y nacionales en su desarrollo. Ellos concluyen que tales organizaciones, junto a organizaciones no-gubernamentales como el WJEC, están ayudando a la educación en periodismo para organizarse internacionalmente.

En el capítulo 13, Foote y Feliz Wao se dirigen a los educadores e instructores en periodismo a nivel mundial sugiriendo cómo evaluar la calidad de sus programas. Ambos discuten las ventajas y desventajas de tres aproximaciones de garantía de calidad centradas fuertemente en la evaluación de los resultados del aprendizaje, y concluyen que los tipos de evaluación más efectivos son los multifacéticos.

La Parte III, «Innovaciones en educación periodística en el mundo», se enfoca en la introducción de novedades en los salones de clase y más. Estos capítulos, a la vez prácticos y empíricos, presentan a los lectores nuevas tecnologías y métodos a menudo gratis o baratos, además de teorías y aproximaciones a la enseñanza, confiando en que puedan aplicar lo aprendido en sus propios proyectos de enseñanza e investigación.

Esta sección comienza con el capítulo 14, con la introducción que hace Mark Deuze a la nueva era del periodismo y la educación en periodismo en una era de tecnologías e innovaciones en constante evolución: personal, interactiva, líquida, englobadora y en constante cambio. A este capítulo le siguen otros cinco, en los cuales los expertos discuten y demuestran prácticas innovativas en las aulas que les permiten enseñar conceptos y recursos claves del periodismo.

En el capítulo 15, Melissa Wall examina "las maneras en que los estudiantes de periodismo responden a una nueva forma de medios estudiantiles: la sala de noticias *pop-up* (o desplegable), que opera sin un espacio permanente, una jerarquía de edición o un horario tradicional". Sus hallazgos sugieren que los estudiantes utilizan sus propios teléfonos y plataformas de redes sociales para producir periodismo líquido: "una forma de noticias más fluida y conectada".

En el capítulo 16, Julie Jones ayuda a los educadores a explorar "la adopción del móvil" en su plan de estudios o en sus clases, demostrando cómo sus propios estudiantes han cubierto clima severo, deportes y conflictos raciales, y reflexionando sobre las dificultades y tribulaciones que las clases de reportajes con aparatos móviles traen a los programas de periodismo.

En el capítulo 17, Wajeehah Aayeshah discute acerca del modo en que los juegos de realidad alternativa (ARG por sus siglas en inglés) pueden ser exitosamente usados en las aulas para enseñar habilidades cruciales del periodismo de investigación. Ella muestra esta práctica en detalle a través de un caso de estudio que presenta un juego llamado "La semilla".

En el capítulo 18, Cindy Royal examina "las razones por las que los periodistas, estudiantes de periodismo y educadores aprenden a programar y cómo estas habilidades pueden empezar a ser integradas en el currículo". A través de ejemplos específicos y tablas detalladas, ella también ofrece un consejo a los educadores respecto de cómo poner en marcha y sostener tales esfuerzos.

En el capítulo 19, Oscar Westlund y Seth C. Lewis explican cómo entendiendo y describiendo a los estudiantes la potencial interacción entre actores, actantes y audiencias en la producción de noticias puede mejorarse la educación en periodismo.

En el capítulo 20, Foote resume los hallazgos de este libro dentro de una discusión de los tres retos más importantes para la educación en periodismo: la lucha por el reconocimiento y el respeto dentro de la universidad, el acercamiento de las profesiones de periodismo y comunicación de masas a la academia, y el esfuerzo por mantenerse relevante en un ambiente tecnológico y profesional altamente dinámico. Él termina luego con diez predicciones sobre hacia dónde se dirige el futuro del periodismo.

En el epílogo de este libro, en las conclusiones, Robyn S. Goodman ofrece sus observaciones finales relacionadas con lo siguiente: el estado actual del sesgo de la educación en periodismo en Occidente, el etnocentrismo y el pensamiento provincial, y los esfuerzos por desoccidentalizar la educación global de periodismo y ampliar el entendimiento que los periodistas tienen del mundo en que viven. Y, además, ella discute con respecto a si los educadores de periodismo a nivel mundial están demostrando suficiente pasión y habilidad para ayudar a sus estudiantes a convertirse en ciudadanos y/o periodistas globales valiosos.

Referencias bibliográficas

Bauman, Z. (2000). *Liquid modernity*. Cambridge: Polity Press.

Breit, R., Obijiofor, L., & Fitzgerald, R. (2013). Internationalization as de-Westernization of the curriculum: The case of journalism at an Australian university. *Journal of Studies in International Education, 17*(2), 119-135.

De Burgh, H. (Ed.). (2006). *Making journalists: Diverse models, global issues*. London: Routledge.

Deuze, M. (2006). Global journalism education: A conceptual approach. *Journalism Studies, 7*(1), 19-34.

Freedom House. (2016). Freedom in the world 2016, anxious dictators, wavering democracies: Global freedom under pressure. Tomado de http://freedomhouse.org/report/freedom-world/2016/russia

Fröhlich, R., & Holtz-Bacha, C. (Eds.). (2003). *Journalism education in Europe and North America: An international comparison*. Cresskill, NJ: Hampton Press.

Gaunt, P. (1992). *Making the newsmakers: International handbook on journalism training*. Westport, CT: Greenwood Press.

Hallin, D. C., & Mancini, P. (2004). *Comparing media systems: Three models of media and politics*. Cambridge: Cambridge University Press.

Hallin, D. C., & Mancini, P. (Eds.). (2011). *Comparing media systems beyond the Western world*. Cambridge: Cambridge University Press.

Hanitzsch, T., & Maximilians, L. (2013, July). *Role perceptions and professional values worldwide*. Report presented to the WJEC syndicate group on "Role perceptions and professional values worldwide." Belgium: Mechelen.

Jarvis, J. (2013, July). *New relationships, forms, and business models for journalism*. Paper presented at the WJEC3 conference, Mechelen, Belgium.

Josephi, B. U. (2010). *Journalism education in countries with limited media freedom*. New York, NY: Peter Lang.

Mihailidis, P. (Ed.). (2012). *News literacy: Global perspectives for the newsroom and the classroom*. New York, NY: Peter Lang.

Nordenstreng, K. (2009). Soul-searching at the crossroads of European journalism education. *European Journalism Education*, 511-517.

Obijiofor, L., & Hanusch, F. (2011). *Journalism across cultures: an introduction*. New York, NY: Palgrave Macmillan.

Taub, A. (2016, November 29). How stable are democracies? "Warning signs are flashing red." *The New York Times*. Tomado de https://www.nytimes.com/2016/11/29/world/americas/western-liberal-democracy.html

Terzis, G. (2009). *European journalism education*. Bristol: Intellect Books.

Trump, D. [DonaldTrump]. (2017, February 17). The FAKE NEWS media (failing @nytimes, @CNN, @NBCNews and many more) is not my enemy, it is the enemy of the American people. SICK! [Tweet]. Tomado de https://twitter.com/realdonaldtrump/status/832708293516632065?lang=en

Wahl-Jorgensen, K., & Hanitzsch, T. (Eds.). (2009). *The handbook of journalism studies*. New York, NY: Routledge.

Wang, A. B. (2016, November 16). "Post-truth" named 2016 word of the year by Oxford Dictionaries. *The Washington Post*. Tomado de https://www.washingtonpost.com/news/the-fix/wp/2016/11/16/post-truth-named-2016-word-of-the-year-by-oxford-dictionaries/?utm_term=.b02eddff49d0

Wasserman, H., & De Beer, A. S. (2009). Towards de-westernizing journalism studies. *The Handbook of Journalism Studies*, 428-438.

Weaver, D. H., & Willnat, L. (Eds.). (2012). *The global journalist in the 21st century*. New York, NY: Routledge.

PARTE I

**Educación Global de Periodismo:
Estudios de casos por país**

1

Educación periodística en Australia: Preparando periodistas frente a entornos de noticias inciertos, convergentes y cosmopolitas

Penny O'Donnell

En 1919, la University of Western Australia fue la primera en ofrecer clases para periodistas a nivel superior con el apoyo de la Asociación Australiana de Periodistas (AJA) (Coleman, 1992).

A partir de entonces, programas de diplomados en periodismo fueron creados en las siguientes universidades: Melbourne (1921), Queensland (1921), Sydney (1926) y Western Australia (1928) (Lloyd, 1999; Coleman, 1992) (ver Tabla 1.1, que muestra importantes asociaciones y organizaciones relacionadas al periodismo). Para la AJA —un sindicato de trabajadores no manuales formado en 1910 y convertido, en 1992, en la Media, Entertainment and Arts Alliance (MEAA)— una educación superior implicó el ascenso de la respetabilidad social del periodismo. A principios de 1900, el periodismo era considerado como una ocupación de bajo nivel poblada por bohemios "poco respetables" y de "vida dura" (Coleman, 1992, p. 9). Hacia 1940, sin embargo, la mayoría de estos programas pioneros fueron descontinuados debido a que sus currículos experimentales, inadecuadamente financiados, probaron ser impopulares. Otro elemento disuasivo importante fue la creencia dominante en la industria de que "los verdaderos periodistas nacen, no se hacen" (Coleman, 1992, p. 10).

A principios de 1969, la reforma de la educación superior preparó el terreno para la reaparición de los diplomados en periodismo en 10 nuevas Facultades de Educación Avanzada (Stuart, 1996). En 1998, los programas universitarios de periodismo comenzaron a proliferar en el país, y hoy 32 de las 40 universidades australianas los ofrecen (Tanner, M. O'Donnell, Cullen, & Green, 2013). Aún así, los periodistas y académicos australianos persisten en el desacuerdo, ocasionalmente intenso, sobre la mejor preparación para los profesionales en periodismo. Por ejemplo, los periódicos australianos constantemente critican a los educadores en periodismo por enseñar mucha teoría e ideología (Green, 2005). Y en un incidente reciente de alto perfil, la asociación profesional del sector, La Asociación Australiana de Educación e Investigación en Periodismo (JERAA), fue obligada a defender su independencia académica frente a la crítica de la prensa de que los educadores en periodismo estaban "adoctrinando" en lugar de educar a los estudiantes (Ricketson, 2014).

El periodismo en el paisaje mediático

Una amplia gama de medios noticiosos tradicionales y digitales pueblan el paisaje periodístico de Australia, dando empleo a aproximadamente 22,500 periodistas (Department of Employment, 2014). Estos medios de comunicación también le dan a los consumidores de noticias muchas opciones y flexibilidad en el acceso a las noticias. En 2012 los periódicos más importantes cambiaron sus ediciones a digital-first (o "primero lo digital") y ahora tienen una fuerte presencia en línea y en aparatos móviles. Estos medios coexisten con sitios de noticias de presencia exclusiva en formato digital, tales como *The Conversation, Crikey, The Daily Mail Australia, The Guardian Australia, Independent Australia, Buzzfeed, Junkee, Birdee, Hijacked* y *City Journal*.

Tres factores socio-históricos han sido decisivos para dar forma al rol del periodismo en el sistema mediático australiano: el colonialismo, la demografía y las políticas nacionales de medios de comunicación. Primero, la colonial penal británica, establecida en 1788, inicialmente tenía un sistema de prensa autoritario. Los primeros periódicos australianos, *The Sydney Gazette* (1803-1842) y *The Hobart Town Gazette* (1816-1882) fueron publicados "por autoridad" del gobernador. Estas publicaciones eran estrictamente censuradas, e, imitando el modelo de The London Times, financiadas a través de la "saturación" de anuncios y suscripciones (Lloyd, 1999). Los británicos controlaban estrictamente el flujo de información en los seis asentamientos coloniales dispersos a lo largo del vasto continente australiano. Los funcionarios creían que "las discusiones políticas no vigiladas eran impensables en una colonia donde la seguridad pública dependía de la desunión en la población de convictos" (Cryle, 1997, p. 26). Sin embargo, hacia la mitad de la década de 1820, periódicos independientes, tales como *The Australian* (1824-1848), circulaban sin autorización y demandaban el fin de la colonia penal y sus crueldades (Cryle, 1997). Cuando los impuestos en contra de la prensa fallaron en silenciar a estos críticos, los funcionarios optaron por medidas más draconianas, usando leyes de difamación y sedición para procesar y encarcelar a editores subversivos y para limitar el discurso público (Lloyd, 1999). Desde entonces, Australia ha desarrollado una democracia liberal fuerte con un sistema mediático pluralista. Sin embargo, todavía no hay una protección legal o constitucional de la libertad de expresión (Nash, 2003). Además, severas leyes de difamación continúan "enfriando" el reportaje en temas de política y negocios (Kenyon & Marjoribanks, 2008, p. 19).

En segundo lugar, desde que la Commonwealth de Australia declaró su independencia en 1901, factores demográficos han moldeado el desarrollo de los medios de comunicación y el paisaje del periodismo. Estos factores van desde una intensa urbanización pos-colonial y baja densidad poblacional a altos niveles de migración a partir de los años 50. La prensa tiene una estructura descentralizada, con los periódicos más importantes circulando en las capitales de los estados (Tiffen, 2014). Estos periódicos cubren un territorio que abarca una mitad de los 24 millones de habitantes de Australia y a los mercados más lucrativos de publicidad de los medios de comunicación. Por contraste, la población en las regiones más remotas y escasamente habitadas del país dependen de dos servicios públicos de radiodifusión: la Corporación Australiana de Radiodifusión y Televisión (ABC, creada en 1932) y la multicultural y multilingüe Servicio Especial de Radiodifusión y Televisión (SBS, creada en 1980). La Ley de Corporaciones de Radiodifusión y Televisión de 1991 restringe la interferencia del gobierno en las operaciones internas de estos medios de propiedad del estado y garantiza su independencia editorial (Cunningham & Turnbull, 2014). Además, a mediados de 1970 un sector de medios de comunicación comunitarios sin fines de lucro emergió como respuesta a persistentes campañas por parte de las comunidades indígenas e inmigrantes, que reclamaban acceso a sus propios medios de comunicación y oportunidades de autorepresentación. Hoy, alrededor de 400 proyectos comunitarios, operados por 22,000 voluntarios, dan voz a una plétora de perspectivas comunitarias. De otra manera estas perspectivas no serían oídas en un sistema mediático plagado por una de las más altas concentraciones de propiedad de los medios de comunicación comerciales en el mundo (Jolly, 2014).

En tercer lugar, a pesar de las crecientes presiones de globalización y convergencia, las políticas nacionales de medios de comunicación están tratando de mantener a los medios de comunicación inequívocamente australianos (Cunningham & Flew, 2000; Jones & Pusey, 2010). Controles en la inversión extranjera en los medios de comunicación australianos, designados como un "sector sensible" de la economía nacional, apuntan a proteger la propiedad y el control domésticos. Las cuotas de contenido nacional obligatorias para la televisión y radio comerciales respaldan los puestos de trabajo de los medios locales y la producción de contenido mediático que cuenta historias australianas. Las pautas de la industria para la representación de los pueblos indígenas y las comunidades de minorías étnicas promueven la inclusión social y la tolerancia (Australian Communications and Media Authority, 2015). La diversidad de los medios de comunicación, un importante objetivo en las políticas de interés público, se sustenta en que el acceso de la audiencia a una amplia variedad de fuentes de noticias potencia la democracia (Department of Communications and the Arts, 2014). Controles gubernamentales impuestos desde 1987, en parte para promover la diversidad de medios, restringen la propiedad cruzada de medios a dos de las tres plataformas tradicionales de noticias (televisión, radio y periódicos). El gobierno también limita el alcance de audiencia de las licencias de televisión comercial al 75% de la población. Finalmente, se especifica un mínimo de cinco titulares de licencias o "voces mediáticas" en cada una de las capitales de estado (Department of Communications and the Arts, 2014, p. 5). Estas regulaciones, administradas por la Autoridad Australiana de Comunicaciones y Medios (ACMA), no se aplican a los medios de comunicación en línea.

Los altos niveles de concentración de los medios impresos, dominados por News Corp Australia y Fairfax Media, son subproductos no deseados de las políticas de medios. News Corp, la compañía de diarios más grande de la nación, posee siete de los 12 diarios nacionales y metropolitanos más importantes. Esto incluye tabloides exitosos en las ciudades capitales más importantes como Sydney, Melbourne, Adelaide, Brisbane, Hobart y Darwin. Fairfax Media posee cuatro de los cinco diarios más importantes, mientras que Seven West Media posee el diario restante, *The West Australian*, además de la red de televisión comercial más grande de Australia. En promedio, los diarios de News Corp Australia y Fairfax son leídos cada semana por alrededor del 60% y del 36% del público lector australiano, respectivamente (Department of Communications and the Arts, 2014, p. 21). Para los periodistas, el impacto fundamental de este patrón de propiedad oligopólica de los medios de comunicación es una limitada oferta de empleadores. Un problema relacionado es que aquellos que toman posiciones principistas en relación con temas como la interferencia comercial en el contenido de las noticias corren el riesgo de ser despedidos y terminar con sus carreras (Nash, 2003; Aedy, 2013).

Características profesionales

El periodismo es una ocupación mediana en Australia. Ha experimentado un crecimiento fuerte del empleo en la década pasada y tiene un pronóstico positivo del panorama de empleos por lo menos hasta el 2018 (Department of Employment, 2014). Casi el 75% de los periodistas están empleados a tiempo completo. Ellos trabajan un promedio de 40 horas por semana y tienen un ingreso semanal superior al promedio (aproximadamente US$ 1.100). La edad media de los periodistas es 39 años (alrededor del 14% tiene menos de 24 años de edad, mientras que alrededor del 5% es mayor de 65 años). La mayoría de los trabajadores en esta ocupación tiene un grado universitario (48,8%) o posgrado (32,6%) (Department of Employment, 2014).

Los medios de comunicación informativos y las telecomunicaciones son los principales sectores industriales que emplean a periodistas, con la mayoría de puestos de trabajo en los estados orientales de New South Wales, Victoria y Queensland. Sydney es "la capital" indiscutida de las noticias de Australia. Los niveles de empleo se han mantenido estables a lo largo de la década pasada y las perspectivas de trabajo para los periodistas son consideradas "promedio". Los puestos vacantes son principalmente el resultado de periodistas que cambian de trabajo o que dejan la ocupación. Solo el 2,1% de los puestos vacantes se debe al crecimiento del empleo (Department of Employment, 2014).

Mientras que el número de hombres (53,4%) sobrepasa al de mujeres (46,6%) en esta ocupación (Department of Employment, 2014), hoy existe una mayor paridad de género que a principios de los 70 —en aquel entonces, solo una de cada 10 periodistas era mujer— (Henningham, 1998). Los hombres también predominan en los puestos gerenciales y ejecutivos: en la década de los 90, solo el 3% de las periodistas trabajaban como editoras o directoras de noticias, comparado con el 12% de los periodistas hombres (Henningham, 1998).

El monoculturalismo en las salas de noticias de los medios más dominantes es un problema de antigua data porque contrasta considerablemente con el multiculturalismo y el multilingüismo de la sociedad en general. Alrededor del 20% de los 24 millones de habitantes de Australia son inmigrantes de primera generación y su lenguaje nativo no es el inglés. (Australian Bureau of Statistics, 2012). Sin embargo, como Jakubowicz (2010) plantea, "los medios de noticias australianos típicamente tienen editores y personal superior anglos dirigiendo a personal de menor rango (que tal vez no sea de origen anglo) en el encuadre de las noticias, la selección de fuentes y las perspectivas periodísticas." El problema atrae incluso comentarios en los propios medios, con titulares como "En ABC, diversidad significa contratar periodistas británicos" (Cleary, 2015) y "¿Blanqueo? Ese no es el color de los estatutos de SBS" (Vatsikopoulos, 2015). La investigación académica sugiere que las salas de noticias necesitan de diversidad para asegurar la inclusión social y mejorar la cobertura de temas de inmigración y ciudadanía (Jakubowicz, 2010; Deuze, 2005; Forde, 2005).

Estudios comparativos internacionales indican que las percepciones de los periodistas australianos de la función y el rol del periodismo en la sociedad imitan a las encontradas en otros países democráticos de Occidente. Un estudio que cubría 18 países (Hanitzsch et ál., 2013) clasificó a Australia junto con Austria, Alemania, España, Suiza y los Estados Unidos como con "culturas periodísticas con sesgo occidental" que valoran "la independencia, la objetividad, la vigilancia del gobierno tanto como procurar información política interesante para motivar a la gente a participar en actividades cívicas" (p. 281). Curiosamente, los periodistas de Australia y los Estados Unidos están más comprometidos que Austria, Alemania y España con el reportaje interpretativo pero basado en hechos (Hanitzsch et ál., 2013, p. 283). En cambio, cuando se les compara con sus pares estadounidenses, los periodistas australianos están menos inclinados a seguir reglas éticas universales y están más dispuestos a aceptar consecuencias perjudiciales de su trabajo en aras de alcanzar el bienestar público (Hanitzsch et ál., 2013, p. 285).

De acuerdo con el último estudio de la fuerza laboral periodística en Australia (Hanusch, 2013a), el periodista típico australiano hoy en día es probablemente mujer, mayor, mejor educada, más experimentada y con opiniones políticas más sesgadas a la izquierda que hace 20 años. Sin embargo, a pesar del creciente número de mujeres en periodismo, la paridad de género en puestos de poder o salarios todavía sigue siendo esquiva. El número de periodistas con orígenes étnicos ha cambiado muy poco en 20 años, y algunos grupos minoritarios permanecen todavía "drásticamente subrepresentados" (Hanusch, 2013a, p. 39).

Educación en periodismo, entrenamiento profesional e investigación

Existe una demanda nacional alta de ingreso a programas de periodismo y el interés de los estudiantes por las carreras en periodismo es impresionante. Las matrículas en programas de periodismo se incrementaron en un 42% en el período 2001-2008, comparado con un incremento de 27% en las matrículas totales en programas de educación superior (Scanlon, 2009). Esta demanda está relacionada con el optimismo respecto de las oportunidades de empleo para los egresados y por la fascinación con los medios de noticias (Putnis, Axford, Watson, & Blood, 2002). Estudios de investigación indican que un factor estimulante es la presencia de percepciones ilusorias con respecto a oportunidades de trabajo de alto perfil —el glamour y la riqueza supuestamente provenientes de las carreras periodísticas— (Alysen & Oakham, 1996). Además, muchos egresados de periodismo aspiran a trabajar en diarios de metrópolis. Una encuesta en el 2011 mostró que el 57% de los estudiantes de último año buscaban trabajo "reportando en periódicos" (Callaghan, 2011). Sin embargo, estas salas de noticias ofrecen muy pocas oportunidades para recién egresados (Cokley, Edstrom, McBride, & Ranke, 2011; Cokley, Gilbert, Jovic, & Hanrick, 2015); como consecuencia, muchos de los graduados en periodismo que ingresan al mercado de trabajo cada año (Hirst, 2010) tienen que aceptar otros tipos de trabajos relacionados o no con los medios de comunicación (v. g., revistas especializadas, relaciones públicas).

Enseñanza y entrenamiento de los futuros hacedores de noticias

Treinta y dos de las 40 universidades de Australia, así como institutos privados, ofrecen programas con licenciaturas en periodismo a nivel de pregrado y/o posgrado. (Tanner et ál., 2013; ver Tabla 1.2 con la lista de los principales programas de entrenamiento académico y no académico). En el 2008, el año con las cifras disponibles más recientes, 4 288 estudiantes estudiaron periodismo —3 624 estudiantes de pregrado, 664 estudiantes de posgrado— (Scanlon, 2009).

El estudio reciente más exhaustivo de los programas de pregrado de periodismo ofrecidos por universidades (Adams & Duffield, 2006) encontró que existen muchos caminos divergentes que llevan al título de periodismo. Los 25 programas estudiados estaban orientados a la formación de profesionales y reclutaban a sus educadores desde la misma industria (también conocidos como "periodistas-académicos") quienes enseñaban en puestos de titularidad permanente (Bromley, 2013, p. 5). No se conoce el número exacto de profesores de periodismo. Sin embargo, JERAA reporta una membresía estable de 120 educadores de periodismo, incluyendo más de 60 con doctorados (P. O'Donnell & Van Heekeren, 2015).

Los programas de periodismo usualmente requieren que los estudiantes a tiempo completo finalicen 24 unidades de estudio (seis créditos-hora por unidad) en tres años y participar en una estructura de tres partes conocida como el modelo curricular de la "licenciatura en humanidades" (Adams & Duffield, 2006). Este modelo consiste en hasta ocho unidades de estudio en humanidades seleccionadas por la universidad, entre 8 y 12 unidades obligatorias enfocadas en destrezas periodísticas y tecnológicas (Nielsen, 2015), y opciones para una subespecialización consistente en 4-8 unidades de estudio de disciplinas semejantes. Sin embargo, las ofertas de cursos dentro de esta estructura varían ampliamente entre los programas de acuerdo con la historia institucional y el enfoque disciplinario. Por ejemplo, se pueden encontrar programas de periodismo en facultades de negocios, comunicación y multimedios, industria creativa e informática tanto como en las facultades tradicionales de arte, humanidades y ciencias sociales (Adams & Duffield, 2006).

Los grados en periodismo también varían en el contenido curricular que combina las habilidades de la profesión y el conocimiento. De acuerdo con Adams and Duffield (2006), las unidades o cursos obligatorios en periodismo son redacción de noticias, edición y publicación de medios impresos y estudios introductorias de periodismo/medios de comunicación. El periodismo en línea es un tema obligatorio en 14 de los 25 programas de periodismo que se estudiaron. Leyes de prensa y/o ética también son temas comunes en este grupo. Al margen de la selección de cursos, se espera que todos los graduados en periodismo conozcan sobre el valor informativo de las noticias, la ética periodística, las leyes de prensa, política e historia de la prensa australiana (Adams & Duffield, 2006).

En el 2015, un estudio de 19 programas de periodismo australianos exploró la cuestión de la empleabilidad de los graduandos, preguntando si los egresados de periodismo contaban con las destrezas y el conocimiento que las organizaciones noticiosas buscaban en sus nuevos reclutas (Nielsen, 2015). El estudio no encontró consenso entre los programas con respecto a qué hace a una persona estar preparada para el trabajo de periodismo. Más aún, se encontró que existe un cambio constante en las plataformas y prácticas periodísticas, lo que hace no solo difícil sino improbable la tarea de encontrar algún consenso (Nielsen, 2015, pp. 56-59).

La educación de profesionales apunta a iniciar a los estudiantes en el conocimiento y las prácticas existentes de una ocupación específica y proveerlos de las calificaciones necesarias para empezar a trabajar (McGuire, 1992). Basados en el conocimiento de la enseñanza y el aprendizaje, los educadores australianos de periodismo han adoptado cinco acercamientos a la educación profesional en periodismo (P. O'Donnell, 2002; P. O'Donnell & Van Heekeren, 2015). El primer modelo, y el más común, se enfoca en entrenar para puestos a nivel de principiante en la industria noticiosa y se apoya en la comunicación de masas como la disciplina afín. Los programas en periodismo ofrecidos por J-School, Macleay College y Australian College of Journalism —proveedores privados de educación en periodismo— adoptan este enfoque. El segundo modelo se concentra en el periodismo de soluciones y ha desarrollado un modus operandi periodístico basado en el trabajo en equipo y la inclusión social. El tercer modelo desarrolla la práctica reflexiva o la reflexión crítica sobre la experiencia en el lugar de trabajo como una capacidad fundamental (Sheridan Burns, 2002) y se enfoca en el proceso de toma de decisiones éticas en ambientes dinámicos de creación de noticias. El cuarto modelo se concentra en el rol intelectual público de los periodistas —que conecta las noticias con los debates sobre política pública— y enfatiza la destreza en el periodismo de investigación y los principios periodísticos tales como el derecho del público a saber (P. O'Donnell, 2002). El último modelo se centra en el reto que presentan las nuevas tecnologías; por ejemplo, los investigadores en periodismo de la University of Wollongong han estado atendiendo demandas de renovación curricular, involucrando plataformas de noticias digitales y participación del usuario, a través de un modelo convergente de prácticas más idóneas (M. O'Donnell, Tanner, Cullen, & Green, 2013).

En suma, la diversidad curricular refleja un campo de estudio que goza de buena salud. No obstante, puede ser confusa para los futuros estudiantes de periodismo, y es necesaria una investigación adicional para establecer la concordancia entre las aspiraciones de los estudiantes y las ofertas de los programas (Putnis et ál., 2002).

Investigación académica en periodismo

En Australia, la investigación académica en periodismo usualmente recibe más críticas que elogios por parte de la comunidad académica en general. Esto se debe a que, históricamente, los educadores en periodismo han padecido para construir una cultura de investigación académica tradicional (Bromley, 2013; Turner, 2011). Turner (2011) afirma que la calidad y la cantidad de investigación en Australia es "pobre" comparada con los Estados Unidos o el Reino Unido. Turner (2011) agrega que esto se debe a que la educación australiana en periodismo mantiene "una relación particularmente complaciente" con la industria de noticias, y es excesivamente timorata con respecto a desarrollar perspectivas de investigación críticas del desempeño de los medios de comunicación; por tanto, ha fallado en realizar la transición de una disciplina de entrenamiento a un campo de investigación (p. 6). Bromley (2013) confirma la falta de maduración en el campo australiano de periodismo, pero lo atribuye a problemas internos y externos, además de a una "vorágine de cambio" (p. 4) en las universidades desde la década de 1980, a las recientes políticas gubernamentales —que obligan a un incremento de auditorías de la producción y la calidad de investigaciones— y a las presiones que soportan los profesores de periodismo acerca de practicar investigación que sea más "científica" (p. 13). Bromley (2013) encontró que el cuerpo docente australiano, que incluye muchos facultativos, tiene problemas para alcanzar los objetivos institucionales.

En la actualidad, JERAA lidera el cambio de dirección en la investigación académica en periodismo, que durante las pasadas cuatro décadas ha evolucionado de una manera ad hoc gracias a conferencias anuales, colaboraciones con la industria y publicaciones. Una de esas publicaciones, *Australian Journalism Review*, es la revista arbitrada líder del sector (establecida en 1978). Otras revistas académicas editadas por académicos australianos incluyen *Asia Pacific Media Educator, eJournalist,* y *Global Media Journal: Australian Edition* y *Pacific Journalism Review*. A mediados del año 2015, la asociación decidió tomar un liderazgo más decidido en el desarrollo de la disciplina a través de la publicación, por primera vez, de una Declaración Nacional de Investigación de Periodismo en Australia (P. O'Donnell & Van Heekeren, 2015).

Según esta declaración: "El periodismo, como disciplina académica, contribuye al cuerpo del conocimiento académico sobre contextos, herramientas, creación, distribución, consumo, impacto y relaciones sociales del periodismo a través de los estudios y la práctica del periodismo" (JERAA, 2015). Lo cual implica entender la práctica del periodismo como un paradigma de investigación. Desde el año 2011, el Consejo Australiano de Investigación —el principal organismo de Australia que financia la investigación académica— ha aceptado portafolios conteniendo reportajes periodísticos de calidad como productos de investigación no tradicionales (NTROs, por sus siglas en inglés). Esta parece haber sido una decisión favorable para un área de estudio que cuenta con experiodistas como gran parte del personal. Aún así, la idea de que la práctica del periodismo deba figurar como investigación sigue siendo controversial, con escaso acuerdo sobre cómo medir la calidad y el impacto de las NTROs (Turner, 2011). La declaración de investigación académica de la JERAA puede verse como un intento importante de articular un punto de partida para continuar con el debate de esta "particularidad poco convencional" del campo de investigación de periodismo australiano (P. O'Donnell & Van Heekeren, 2015, p. 15).

Existe evidencia de que muchos educadores australianos de periodismo tienden a priorizar una investigación orientada a la industria, prefiriendo pasar por alto la erudición crítica, menos práctica, en favor de una investigación que apoye su tipo de docencia y contribuya a mejorar el entrenamiento profesional, procurando elevar de esa manera los estándares del periodismo (Bromley, 2013; Richards, 1997). El sector de educación en periodismo, en colaboración con la industria, ha desarrollado varias iniciativas de alto impacto diseñadas con el fin de responder a las preocupaciones de la comunidad en cuanto a las limitaciones del periodismo. Tales iniciativas incluyen aquellas relacionadas con una mejor cobertura de suicidios, salud mental y minorías.

El proyecto Reportando Diversidad (www.reportingdiversity.org.au) ofrece un amplio paquete de recursos para la educación en periodismo, incluyendo pautas y protocolos para reportar de manera antirracista, apuntando a la corrección del problema de la demonización mediática de indígenas australianos y de musulmanes provenientes del Medio Este (Phillips, 2011; Jakubowicz, 2010; McCallum & Posetti, 2008). Del mismo modo, en la última década el proyecto Mindframe (www.mindframe-media.info), que continúa abordando el problema del comportamiento imitador que surge tras la cobertura periodística de los suicidios, ha cambiado significativamente las prácticas de periodismo que, al respecto, ejercían los reporteros. La investigación ha encontrado que ahora los informes de noticias usan un lenguaje más preciso, son menos sensacionalistas e incluyen rutinariamente enlaces a servicios de prevención del suicidio (Skehan & Laybutt, 2009).

Más aún, la crítica de las prácticas noticiosas y la búsqueda de un mejor periodismo son los temas prevalentes en muchas monografías sobre las prácticas y la política en el periodismo australiano. Estos incluyen los siguientes:

> - *Ethics for digital journalists: Emerging best practices* (2014), por Lawrie Zion y David Craig.
> - *Mindful journalism and news ethics in the digital era* (2015), por Shelton Gunaratne, Mark Pearson y Sugath Senarath.

- *Australian journalism today* (2012), por Matthew Ricketson.
- *Rupert Murdoch: An investigation of political power* (2012), por David McKnight.
- *Islam and the Australian news media* (2010), por Halim Rane, Jacqui Ewart y Mohamad Abdalla.
- *The gendered newsroom: how journalists experience the changing world of media* (2009), por Louise North.
- *Giving ground: Media and environmental conflict in Tasmania* (2007), por Libby Lester.

Conexiones profesionales en la educación periodística

Las universidades australianas están interactuando con la industria principalmente a través de programas de pasantías en el lugar de trabajo, grupos de referencia de la industria y el empleo de periodistas profesionales como tutores a tiempo parcial. Además, existen numerosas actividades de colaboración, por ejemplo, premios a trabajos estudiantiles con jurados compuestos por miembros de la industria, conferencistas invitados, o seminarios públicos sobre temas clave como la libertad de prensa, la cobertura de los medios de comunicación sobre el cambio climático y el futuro de la fuerza laboral.

Actualmente no existen vínculos formales entre los programas de periodismo y las organizaciones de noticias (Green & Sykes, 2004). La industria de los medios de comunicación australiana está notoriamente desinteresada en la educación en periodismo, un problema que tiene raíces en la influencia del lugar de trabajo (Ricketson, 2001). Muchos ejecutivos de noticias, periodistas de alto nivel y reclutadores de la industria comenzaron sus carreras en periodismo en un momento en que la entrada a la redacción requería una pasantía de tres años (antes del boom de los programas de periodismo de nivel universitario de los años 90). Como resultado, las generaciones más viejas de periodistas tienden a creer que la formación en el lugar de trabajo, o lo que se denomina eufemísticamente "la escuela de los golpes duros: la universidad de la vida" (Ricketson, 2001, p. 95), es la única manera real de aprender el negocio. Además, el sindicato de periodistas, el MEAA, ha fijado siempre las tasas de remuneración y los criterios de promoción de los periodistas basándose en la experiencia profesional y los logros periodísticos, más que en las calificaciones educativas. Como efecto, los graduados en periodismo incorporados en puestos de redacción suelen ganar, durante su primer año, salarios del mismo rasero que los aprendices y todos los demás enrolados, cualificados o no cualificados, y no reciben ningún reconocimiento especial por su educación en periodismo (Green & Sykes, 2004). En el 2004, JERAA intentó, sin éxito, desarrollar una relación más productiva con la industria y el sindicato mediante conversaciones sobre un esquema de acreditación nacional, similar al que ha establecido el Consejo Americano de Acreditación en Educación en Periodismo y Comunicaciones de Masas (ACEJMC por sus siglas en inglés) (Green, 2005). Sin embargo, los principales proveedores de educación en periodismo se opusieron a la medida temiendo que la supervisión de los programas por parte de la industria hiciera poco por elevar los estándares de periodismo, al tiempo que las corporaciones de medios recibirían un poder injustificado para reestructurar el currículo de acuerdo con sus necesidades. De tal forma que la acreditación de programas de periodismo sigue siendo controvertida, a pesar de dos décadas de debate (Green, 2005; Henningham, 1989; Herbert, 2002, Patching, 1996).

Al mismo tiempo, los académicos de periodismo suelen reclamar la formación de vínculos profesionales más fuertes con importantes empleadores de la industria, en particular con editores de periódicos metropolitanos (Cullen, 2014, Green, 2005, Oliver, Bethell, Fernández, Harrison & Breit, 2011, Ricketson, 2001, 2014). Por ejemplo, Green (2005) propuso utilizar los mecanismos existentes, tales como los grupos de referencia de la industria, para desarrollar interacciones academia-industria más frecuentes y eficaces. Y Ricketson (2001, 2014) sostuvo que una relación de trabajo más estrecha requiere que la industria respete la independencia de los programas de periodismo. Ricketson (2001) también enfatizó que los programas de periodismo deben "apartarse de la industria para estudiarla, cuestionarla y ofrecer formas nuevas y diferentes de hacer periodismo" (p. 98). Por otro lado, Cullen (2014) reportó cierto éxito en la apertura de un nuevo diálogo entre los académicos de periodismo y los editores de noticias sobre la empleabilidad de los graduandos.

Impacto profesional de la educación en periodismo

Mientras que el empleo es solo uno de los frutos del estudio universitario, los académicos y los graduados en periodismo juzgan por igual el éxito y el impacto de la educación en periodismo por el número de graduados que obtienen trabajos de redacción cada año. Sin embargo, la tasa de éxito es difícil de cuantificar. Las universidades no rastrean los lugares de empleo de sus estudiantes egresados, por lo que no hay estadísticas institucionales sobre los resultados de graduarse en periodismo. Los datos longitudinales nacionales sobre las tendencias del empleo de los egresados, recopilados por la Graduate Careers Australia, la principal autoridad nacional, no detallan los logros de los graduados en periodismo como una categoría separada. Por lo tanto, los académicos del periodismo confían en reportes informales de los estudiantes y empleadores para monitorizar su impacto en la industria. Un inconveniente de este tipo de información anecdótica, ya señalado por Putnis et ál. (2002), es que no refleja necesariamente los resultados obtenidos por la mayoría de los estudiantes. Después de todo, tiende a centrarse en estudiantes y destinos de trabajo de alto perfil. La investigación indica, por ejemplo, que solo el 1% de los egresados encontrarán trabajo en un diario metropolitano (Alysen, 2007; Cokley et ál., 2015). Además, se sabe que los empleadores son inconsistentes y los egresados de periodismo a veces compiten con egresados de economía, derecho, deportes, política o ciencia para publicaciones o secciones especializadas. Los periódicos regionales, la radio, la televisión, las revistas y otras publicaciones de especial interés son las fuentes más seguras de primeras oportunidades de empleo para recientes egresados de periodismo (Green & Sykes, 2004).

Sin embargo, los académicos de periodismo han recopilado datos de encuestas sobre destinos de empleo para egresados de algunos programas específicos de periodismo, como la Charles Sturt University, la University of Technology, Sydney y la University of Queensland (Green, 2005; Patching, 1996). Estas encuestas consistentemente encuentran que aproximadamente un tercio de los egresados de periodismo obtienen un puesto de redacción en el plazo de un año después de su graduación, mientras que los dos tercios restantes encuentran empleo en los sectores de relaciones públicas y publicidad o en industrias no relacionadas con los medios de comunicación. La buena noticia es que los graduados en periodismo tienen excelentes perspectivas de empleo incluso fuera de su ocupación elegida. Después de todo, sus habilidades y experiencia son atractivas para una amplia gama de empleadores. Además, como señala Green (2005), los graduados en periodismo pueden ser inusualmente tenaces. Su investigación ha encontrado evidencia de que los primeros trabajos insatisfactorios no siempre atenúan las aspiraciones de los egresados, y muchos demuestran una "obstinada determinación" (p. 186) para seguir adelante y realizarse en la industria de los medios de comunicación.

Mucho del debate actual se centra en el desequilibrio entre la oferta de egresados de periodismo y la demanda de las salas de noticias de nuevos reclutas (Callaghan, 2011). Mientras que algunos críticos culpan a las limitaciones estructurales, como la volatilidad de las industrias basadas en las ICT o los cambiantes perfiles profesionales (Putnis et ál., 2002), otros sugieren que las universidades australianas podrían estar "engañando" a los posibles estudiantes exagerando las posibilidades de empleo de las carreras periodísticas al promover sus programas de periodismo (Cullen & Callaghan, 2010, p. 117). Sin embargo, los egresados de periodismo tienen, en general, mejores perspectivas de empleo que los egresados de otras carreras más generalistas porque su especialización se adecúa una amplia gama de roles profesionales (Putnis et ál., 2002).

Posibilidades futuras

Los "resultados del aprendizaje" y la "empleabilidad de los graduados" son dos frases clave que están configurando la dirección futura de la educación periodística australiana, mientras el gobierno se mueve para garantizar resultados mensurables de la educación y la formación en periodismo. La Tertiary Education Quality Standards Agency (Agencia de Estándares de Calidad de la Educación Superior), un organismo gubernamental regulador, ahora requiere que todas las universidades proporcionen pruebas de los resultados del aprendizaje de los estudiantes de posgrado que cumplen con el Australian Qualifications Framework (Marco de Cualificaciones de Australia, AQF). Para los estudiantes de pregrado, el AQF especifica tres resultados: familiaridad con un cuerpo amplio y coherente de conocimiento, capacidad de aplicar ese conocimiento en una variedad de contextos y preparación para la práctica profesional y/o aprendizaje adicional (AQF Council, 2013, p. 16).

El sector de la educación en periodismo está respondiendo proactivamente a estas demandas de rendición de cuentas. En el 2011, con fondos de la Office of Learning and

Teaching (Oficina Nacional de Aprendizaje y Enseñanza), se creó una red transdisciplinaria de académicos para desarrollar un paquete de resultados de aprendizaje modelo para los programas de periodismo de pregrado en todo el país. Esta Red de Periodismo, Comunicación y Medios de Comunicación (JoMeC, por sus siglas en inglés), iniciada por la ex presidente de JERAA Anne Dunn, funciona como un foro nacional para el debate de temas de aprendizaje y enseñanza, incluyendo estándares de aprendizaje, reforma curricular y el destino de los egresados. En este momento de inestabilidad en la industria de las noticias y de incertidumbre sobre el futuro de la profesión, un punto de discusión clave es la renovación del currículo con el fin de preparar a los graduados para trabajar en el periodismo convergente (Tanner et ál., 2013). Un estudio de 2013 sobre modelos de currículos convergentes de periodismo encontró que los académicos de periodismo australianos tienen problemas para encontrar el equilibrio adecuado entre la educación y la formación en habilidades básicas tradicionales y las capacidades digitales (M. O'Donnell et ál., 2013). Este problema se ve exacerbado por las presiones contradictorias para producir graduados que no solo estén preparados para el trabajo, de acuerdo con las necesidades actuales de la industria, sino también que estén preparados para trabajar en una industria con un futuro desconocido.

Problemas, retos e innovaciones en la educación en periodismo

La escasez de investigación sobre los estudiantes de periodismo australianos es un tema apremiante en la educación del periodismo australiano (Hanusch, 2013b). Significa que la renovación del plan de estudios se lleva a cabo sin el beneficio de datos sistemáticos acerca de lo que motiva a los jóvenes australianos a inscribirse en un programa de periodismo y/o cómo perciben los roles, los valores y las prácticas del periodismo. Significa también que se carece de datos sobre por qué aspiran a entrar en la profesión o respecto del lugar en donde terminan trabajando. Esta situación se repite en el debate público acerca de la mejor preparación para el trabajo periodístico, que, aunque rutinariamente incluye actores de la industria y la universidad, ignora los puntos de vista de los estudiantes de periodismo, como si las perspectivas de estos actores más jóvenes y menos poderosos no tuvieran importancia. Adicionalmente, a través de la investigación en los medios de comunicación, se conoce menos sobre cómo las personas jóvenes consumen e interactúan con el entorno digital de noticias (Daniel, Spurgeon, & Swift, 2011, p. 100) que con respecto a las prácticas del periodismo en línea de las organizaciones de noticias y los periodistas profesionales (P. O'Donnell, McKnight & Este, 2012). Del mismo modo, se sabe poco acerca de si las experiencias en línea de los jóvenes animan o desalientan a que sigan carreras en el periodismo. Sin embargo, la investigación en el campo cognado de los estudios sobre la juventud indica claramente que las oportunidades de interactividad y participación impulsan el compromiso de los jóvenes en la esfera pública, y los medios sociales emergen como un motor de nuevos tipos de "interacciones micro-políticas y conversación política cotidiana" (Vromen, Xenos, & Loader, 2015, p. 95).

Cuando se trata de estudiantes, el verdadero desafío de los educadores de periodismo es tanto práctico como profesional. Primero, en términos prácticos, un plan de estudios que sitúa a los estudiantes de periodismo como estudiantes pasivos en lugar de usuarios en línea involucrados, corre el riesgo de alienar a los estudiantes. En segundo lugar, en términos profesionales, los periodistas y académicos que no buscan directamente los puntos de vista de los estudiantes sobre la mejor preparación para el trabajo periodístico enfrentan la posibilidad de quedarse atrás para discutir sobre cómo adaptarse al cambiante entorno de las noticias. Mientras tanto, los estudiantes simplemente crearán sus propias maneras —diversas y nuevas— de practicar el periodismo en línea. Este resultó ser el caso en una controversia mediática bastante reciente provocada por las afirmaciones publicadas en un periódico nacional, alegando que algunas de las "universidades más prestigiosas" de Australia estaban "adoctrinando a los estudiantes, no educándolos" (Markson, 2014). Mientras que los académicos de periodismo rebatieron las afirmaciones escribiendo artículos de opinión para los principales sitios de noticias en línea (v. g., *Guardian Australia*, *The Australian*, *The Conversation* y *Crikey*), los estudiantes de periodismo adoptaron un papel más crítico y publicaron una serie de noticias, columnas de opinión, tweets, memes y comentarios en sitios de noticias alternativos, usando humor e ingenio para ridiculizar las sugerencias de que se les había "lavado el cerebro" y para mostrar sus impresionantes habilidades en periodismo convergente (P. O'Donnell & Hutchinson, 2015).

El cambio intergeneracional en periodismo, por lo tanto, parece ser una fuerza potencial para la innovación tanto en el periodismo como en la educación periodística. Las posibilidades de éxito se verán más brillantes si la academia de periodismo es capaz de extender su historial exitoso en el desarrollo de materiales curriculares innovadores y basados en la investigación con el objetivo de elevar los estándares profesionales para incluir prácticas de periodismo convergentes. Entre ellos se incluirían reportar sobre temas complejos como el suicidio y la salud mental o conflictos comunitarios derivados de cuestiones de diversidad cultural.

Conclusión: Educando a los periodistas del mañana —El panorama general

Los educadores de periodismo, al formar a los periodistas del mañana, deben tener cada vez más en cuenta la influencia de las tendencias globales sobre la sociedad y la educación periodística locales (Josephi, 2007; Deuze, 2006; Loo, 2006). Por ejemplo, la internacionalización de la educación superior y la consiguiente internacionalización de las promociones estudiantiles de periodismo son factores que impulsan una visión más cosmopolita en la educación periodística australiana. Lo mismo ocurre con la creciente diversidad cultural y lingüística de los medios de comunicación australianos, la aparición de prácticas significativas de periodismo no occidental y el creciente mercado global de empleo en los medios de comunicación. Desde 2007, el Consejo Mundial de Educación en Periodismo (WJEC) ha liderado el debate mundial sobre la necesidad de "internacionalizar" los programas de estudio de periodismo en todo el mundo. Sin embargo, en Australia, como en otros lugares, esto está resultando ser un desafío de renovación curricular más difícil que el periodismo convergente.

Los educadores de periodismo conceptualizan la educación global en periodismo en diferentes términos (Deuze, 2006). En Australia, los enfoques más comunes se centran en los contextos en los que se practica el periodismo, que van desde las comunidades indígenas y multiculturales de Australia hasta Australia como parte de la comunidad internacional (McCallum & Posetti, 2008; Josephi, 2007; Loo, 2006). Las inquietudes constantes sobre el monoculturalismo del periodismo australiano —y los problemas relacionados con el racismo en la labor periodística— centran la atención en hacer la educación periodística más "multicultural" (McCallum & Posetti, 2008). Las recomendaciones de los medios de comunicación de minorías indígenas y étnicas se usan en las aulas para mejorar la cobertura de las minorías. Sin embargo, estas recomendaciones son inherentemente globales, ya que requieren un enfoque intercultural de la enseñanza del periodismo, que fomenta la comprensión y las interacciones entre culturas (Loo, 2006). Además, las estrategias claves de renovación curricular incluyen el uso de oportunidades y asignaciones de aprendizaje basadas en la Web para fomentar perspectivas cosmopolitas basadas en "mirar problemas y asuntos más allá de los límites de (nuestra) comunidad inmediata" (Loo, 2006). El esquema de Josephi (2007) para reconceptualizar un enfoque internacional de la educación periodística sigue siendo la propuesta de renovación más extensa y productiva. Ella sostiene que la enseñanza de la libertad de expresión y de la independencia periodística debe incluir la investigación y la discusión sobre su valor normativo en diversos contextos periodísticos. Los estudios de casos de tales conceptos podrían incluir el análisis del sistema de medios en transición de China y las redes transnacionales de noticias panárabes, como *Al-Jazeera*.

Deuze (2006, p.31) sugiere que la forma en que educamos a los estudiantes y los involucramos en un diálogo significativo sobre el futuro del periodismo influye en las formas en que realizamos el periodismo. La experiencia australiana confirma esta opinión. La educación periodística que prioriza la participación de los estudiantes, la renovación del plan de estudios y los vínculos de colaboración entre la industria y la universidad es la mejor preparación para el trabajo periodístico.

Referencias Bibliográficas

Adams, D. & Dufeld, L. (2006). Profiles of journalism education: What students are being offered in Australia. *Proceedings*, Journalism Education Association Annual Conference, Surfers Paradise: Griffith University.

Aedy, R. (2013, April 12). Interview with Fairfax Media CEO, Greg Hywood. In Media Report [Radio broadcast]. Sydney, Australia: ABC Radio National.

Alysen, B. (2007). A strategy for vocational education in the news media at a time of industrial change: Bridging the contradiction in journalism education. Tomado de http://www.aare.edu.au/pages/publications.html

Alysen, B., & Oakham, K. (1996). The Jana Wendt factor: An empirical study of myths and misconceptions among journalism students. *Australian Journalism Review*, 18(1), 39-53.

Australian Bureau of Statistics (2012). Cultural diversity in Australia. Tomado de http://www.abs.gov.au/

Australian Communications and Media Authority (2015). Industry. Tomado de http://www.acma.gov.au/Industry

Australian Qualifications Framework Council (2013). Australian Qualifications Framework. 2nd edition. Tomado de https://www.aqf.edu.au/sites/aqf/files/aqf-2nd-edition-january-2013.pdf

Bromley, M. (2013). Field maturation in journalism: The role of hackademics as a "motley crew." *International Journal of Cultural Studies*, 17(1), 3-19.

Callaghan, R. (2011). Selling the dream: Are we offering employability or making a vocational offer? *Proceedings of the 20th Annual Teaching Learning Forum*. Perth: Edith Cowan University. Tomado de http://otl.curtin.edu.au/tlf/tlf2011/refereed/callaghan.html

Cleary, P. (2015, July 14). At the ABC, diversity means British journos. The Australian. Tomado de http://www.theaustralian.com.au/business/media/at-the-abc-diversity-means-british-journos/story-e6frg996-1226987539084

Cokley, J., Edstrom, M., McBride, J., & Ranke, A. (2011). Moving away from 'big media': Students, jobs and long-tail theory. *Australian Journalism Review*, 33(1), 107-118.

Cokley, J., Gilbert, L., Jovic, L., & Hanrick, P. (2015). Growth of "Long Tail" in Australian journalism supports new engaging approach to audiences. *Continuum: Journal of Media & Cultural Studies*, 1-17. Tomado de http://dx.doi.org/10.1080/10304312.2015.1099152

Coleman, G. (1992). *Wayward sojourn—Pioneer tertiary journalism education in Australia*. Tesis de maestría. University of Technology, Sydney.

Cryle, D. (1997). *Disreputable profession. Journalists and journalism in colonial Australia*. Rockhampton: Central Queensland University Press.

Cullen, T. (2014). News editors evaluate journalism courses and graduate employability. *Asia Pacific Media Educator*, 24(2), 209-224.

Cullen, T., & Callaghan, R. (2010). Promises, promises: are Australian universities deceiving journalism students? *Australian Journalism Review*, 32(2), 117-129.

Cunningham, S., & Flew, T. (2000). De-westernising Australia's media system and cultural coordinates. En J. Curran & M. J. Park (Eds.), *De-westernizing media studies* (pp. 221-236). London: Routledge.

Cunningham, S., & Turnbull, S. (2014). *The media and communications in Australia*. Crows Nest: Aleen & Unwin.

Department of Communications and the Arts (2014). Media control and ownership. Policy Background Paper No. 3. Tomado de https://www.communications.gov.au/publications/media-control-and-ownership-policy-background-paper-no3

Department of Employment. (2014). Job Outlook—Journalists and other writers. Tomado de http://joboutlook.gov.au/occupation.aspx?code=2124

Deuze, M. (2005). What is journalism? Professional identity and ideology of journalists reconsidered. *Journalism, 6*(4), 442-464.

Deuze, M. (2006). Global journalism education: A conceptual approach. Journalism Studies, 7(1), 19-34.

Flew, T., Daniel, A., Spurgeon, C. L., & Swift, A. G. (2011). Convenience, loyal, and customising users: a survey of the behaviours and intentions of young online news users in Australia. *Australian Journalism Review, 33*(2), 99-112.

Forde, S. (2005). The changing face of the Australian newsroom: Cultural and ethnic diversity among Sydney journalists. *Australian Journalism Review, 27*(2), 119-134.

Green, K. (2005). Journalism education: Towards a better understanding. *Australian Journalism Review, 27*(1), 185-194.

Green, K., & Sykes, J. (2004). Australia needs journalism education accreditation. Tomado de http://portal.unesco.org/ci/en/

Hanitzsch, T., Hanusch, F., Mellado, C., Anikina, M., Berganza, R., Cangoz, I., Coman, M., Hamada, B., Hernández, M., Karadjov, C., Moreira, S., Mwesige, P., Plaisance, P., Reich, Z., Seethaler, J., Skewes, E., Vardiansyah Noor, D., & Kee Wang Yuen, E. (2011). Mapping journalism cultures across nations: A comparative study of 18 countries. *Journalism Studies, 12*(3), 273-293.

Hanusch, F. (2013a). Journalists in times of change: evidence from a new survey of Australia's journalistic workforce. *Australian Journalism Review, 35*(1), 29-42.

Hanusch, F. (2013b). Moulding them in the industry's image: journalism education's impact on students' professional views. *Media International Australia, Incorporating Culture & Policy, 146,* 48-59.

Henningham, J. (1989). Why and how journalists should be professionalised. *Australian Journalism Review, 11,* 27-32.

Henningham, J. (1998). Australian journalists. En D. Weaver (Ed.), *The global journalist: News people around the world* (pp. 91-107). Cresskill, NJ.: Hampton Press.

Herbert, J. (2002). Just think of it as peer review: Industry accreditation will protect the future. *Australian Journalism Review, 24*(2), 173-186.

Hirst, M. (2010). Journalism education "Down Under": A tale of two paradigms. *Journalism Studies, 11*(1), 83-98.

Jakubowicz, A. (2010). Diversity and news in Australia. Tomado de http://andrewjakubowicz.com/

Jolly, R. (2014). Media of the people: broadcasting community media in Australia. Tomado de http://www.aph.gov.au/About_Parliament/Parliamentary_Departments/Parliamentary_Library/pubs/rp/rp1314/Media

Jones, P., & Pusey, M. (2010). Political communication and 'media system': the Australian canary. *Media, Culture & Society, 32*(3), 451-471.

Josephi, B. (2007). Positioning journalism research and journalism education in times of change. *Australian Journalism Review, 29*(1), 3-12.

Journalism Education & Research Association of Australia. (2015). Journalism Research Australia National Statement. Tomado de http://jeraa.org.au/research/

Kenyon A., & Marjoribanks, T. (2008). Chilled journalism? Defamation and public speech in U. S. and Australian law and journalism. *New Zealand Sociology, 23*(2), 18-33.

Loo, E. (2006). Contextualising the teaching of journalism. *Asia Pacific Media Educator, 17,* iii-iv.

Lloyd, C. (1999). British press traditions, colonial governors and the struggle for a 'free' press. En A. Curthoys & J. Schultz (Eds.), *Journalism: Print, politics and popular culture* (pp. 10-19). St Lucia: University of Queensland Press.

Markson, S. (2014, October, 13). Uni degrees in indoctrination. The Australian, 29.

McCallum, K., & Posetti, J. (2008). Researching journalism and diversity in Australia: History and policy. Tomado de http://www.networkinsight.org/events/cprf08.html/group/6

McGuire, C. (1992). Professions education. En M.C. Alkin (Ed.), *Encyclopedia of Educational Research* (pp. 1056-1062). New York, NY: MacMillan.

Nash, C. (2003). Freedom of the press in Australia, democratic Audit of Australia. Tomado de http://www.safecom.org.au/press-freedom.htm

Nielsen, E. (2015). *Evaluating the next generation of news makers: What employers want and universities provide*. (Tesis de licenciatura con honores). Queensland University of Technology, Australia.

O'Donnell, P. (1999). The other 66 per cent? Rethinking the labour market for journalism graduates. *Australian Journalism Review, 21*(1), 123-142.

O'Donnell, P. (2002). The odd couple? Academic research and journalism education. *Australian Studies in Journalism, 10/11,* 58-83.

O'Donnell, P. (2014). Journalism education. En B. Griffen-Foley (Ed.), *A companion to the Australian media* (pp. 225-227). North Melbourne: Australian Scholarly Publishing.

O'Donnell, P., & Hutchinson, J. (2015). Pushback journalism: Twitter, user-engagement and journalism students' responses to *The Australian. Australian Journalism Review, 37*(1), 105-120.

O'Donnell, P., & Van Heekeren, M. (2015). JERAA@40: towards a history of the professional association of Australian journalism academics. *Australian Journalism Review, 37*(2), 5-22.

O'Donnell, P., McKnight, D., & Este, J. (2012). *Journalism at the speed of bytes: Australian Newspapers in the 21st century.* Sydney: Media Alliance/Walkley Foundation.

Oliver, B., Bethell, P., Fernandez, J., Harrison, J., & Breit, R. (2011). Benchmarking journalism courses with a focus on graduate employability. En *Proceedings of the AUQF: Demonstrating Quality.* Melbourne: Australian Universities Quality Agency.

Patching, R. (1996). Development of journalism courses in Australia: Some preliminary findings. *Asia Pacific Media Educator, 1,* 153-161.

Phillips, G. (2011). Reporting diversity: The representation of ethnic minorities in Australia's television current affairs programs. *Media International Australia, 139,* 23-31.

Putnis, P., Axford, B., Watson, L., & Blood, W. (2002). *Communication and media studies in Australian universities: An investigation into the growth, status, and future of this field of study.* Canberra: University of Canberra.

Richards, I. (1997). Assessing our history: two decades of Australian Journalism Review. *Australian Journalism Review, 19*(1), 181-186.

Ricketson, M. (2001). All things to everyone: Expectations of tertiary journalism education. *Asia Pacific Media Educator, 10,* 94-98.

Ricketson, M. (2014, October 24). Media students gain critical skills at uni. *The Australian,* 14.

Scanlon, C. (2009, November 23). All those journalism graduates ... all these jobs. Crikey. Tomado de http://www.crikey.com.au/

Sheridan Burns, L. (2002). *Understanding journalism.* London: Sage.

Skehan, J., & Laybutt, A. (2009). A 10-year review: The Australian media and responses to reporting suicide and mental illness. Ensayo presentado en la Australian Media Traditions Conference, Sydney, 23-25 November.

Stuart, C. (1996). *Our judges' credentials. Development of journalism education in Australia to 1987.* (Tesis doctoral). University of Wollongong, Wollongong.

Tanner, S., O'Donnell, M., Cullen, T., & Green, K. (2013). Graduate qualities and journalism curriculum renewal: Balancing tertiary expectations and industry needs in a changing environment. Tomado de http://ro.uow.edu.au/jer/

Tiffen, R. (2014). The press. En S. Cunningham & S. Turnbull (Eds.), *The media and communications in Australia* (pp. 95-109). Sydney: Allen & Unwin.

Turner, G. (2011). The ERA and journalism research. *Australian Journalism Review, 33*(1), 5-7.

Vatsikopoulos, H. (2015, April 29). Whitewash? That's not the colour of the SBS charter. The Conversation. Tomado de http://theconversation.com/whitewash-thats-not-the-colour-of-the-sbs-charter-40837

Vromen, A., Xenos, M. A., & Loader, B. (2015). Young people, social media and connective action: from organisational maintenance to everyday political talk. *Journal of Youth Studies, 18*(1), 80-100.

Tabla 1.1

Asociaciones de periodismo y organizaciones relacionadas más importantes en Australia

Organización	Descripción	Sitio web
Australian Centre for Independent Journalism	Sus actividades incluyen el periodismo de investigación, la educación continua y el debate en áreas de interés para periodistas.	http://www.uts.edu.au/research-and-teaching/our-research/australian-centre-independent-journalism
Australian Communications and Media Authority (ACMA)	Autoridad reguladora de la Commonwealth responsable de telecomunicaciones, radio, televisión y contenido en línea desde julio 1, 2005.	https://www.acma.gov.au/
Australian Indigenous Communication Association	Representa a los medios indígenas incluyendo 150 instalaciones de radio y televisión de comunidades remotas, 25 estaciones de radio urbanas y regionales y un servicio de televisión comercial.	http://www.aicainc.org.au
Australian Press Council (APC)	Organismo auto-regulador de medios impresos, establecido en 1976 para ayudar a preservar la libertad de prensa.	http://www.presscouncil.org.au/
Journalism Education and Research Association of Australia (JERAA)	Asociación profesional de educadores de periodismo de Australia y el Pacífico Sur que aspira a mejorar la enseñanza, la investigación y las conexiones profesionales del periodismo.	http://jeraa.org.au/
Australian and New Zealand Communication Association (ANZCA)	Asociación profesional de profesores e investigadores de Australia y Nueva Zelandade en las diversas disciplinas en comunicación.	http://www.anzca.net/
Media, Entertainment and Arts Alliance (MEAA)	Sindicato y organización profesional creada en 1992 por la fusión de la Australian Journalists' Association (AJA) y otros sindicatos relacionados.	https://www.meaa.org/
Media Watch	Un programa semanal de la televisión nacional no-comercial establecido en 1989, para analizar las prácticas periodísticas.	http://www.abc.net.au/mediawatch/
Walkley Foundation	Responsable de los premios nacionales más destacados de la industria de los medios.	http://www.walkleys.com/

Tabla 1.2

Programas académicos de periodismo y programas de capacitación profesional más importantes en Australia

Programa	Descripción	Sitio web
University of Queensland	Primera escuela de periodismo de Australia, establecida en 1921, y que ahora prepara a graduados para la sociedad global de la información.	https://communication-arts.uq.edu.au/study/journalism
Deakin University	Provee a los estudiantes de las habilidades y conocimiento necesarios para convertirse en periodistas calificados en radiotelevisión y medios impresos.	http://www.deakin.edu.au/study-at-deakin/find-a-course/journalism
University of Technology, Sydney	Líder nacional en educación periodística por más de tres décadas, ha preparado a muchos de los periodistas más destacados de Australia.	https://www.uts.edu.au/future-students/communication/journalism
RMIT University	Enfatiza la preparación de profesionales en carreras exitosas en medios dentro de un ambiente en constante cambio.	https://www.rmit.edu.au/study-with-us/communication-and-digital-media
Queensland University of Technology	Ofrece un programa completo que incluye opciones de periodismo en línea de vanguardia tales como reporteo, edición y producción.	https://www.qut.edu.au/study/study-areas/study-journalism
J-School	Esta escuela de diplomado de un año ofrece a los estudiantes el conocimiento y las habilidades para aplicar a puestos de trabajo de principiante en periodismo.	https://www.jschool.com.au/

2

Educación periodística en Chile:
Recorriendo perspectivas y objetivos históricamente diversos[2]

Silvia Pellegrini

La opinión sobre el periodismo y los profesionales en periodismo en Chile es ambivalente: Su influencia y prestigio social es muy amplio, pero existe una resistencia y crítica constante a la forma en la cual se desarrolla la profesión informativa. Algunos periodistas son vistos como líderes nacionales, otros como personas poco fiables. A pesar de ello, el periodismo está profundamente arraigado en la historia chilena.

El primer periódico de Chile, *La Aurora de Chile* (www.auroradechile.cl), fue creado en 1812, seis años antes de la independencia de la dominación de España. Aunque duró solo un año, este semanario difundió ideas liberales mediante la publicación de fragmentos de discursos tomados de las revoluciones francesa y estadounidense. El fundador del periódico, fray Camilo Henríquez, fue arrestado durante la Inquisición española, probablemente debido a que leía libros prohibidos (Amunátegui, 1889).

Así, el periodismo chileno se fundó en un activismo por las libertades individuales y en contra de la mentalidad colonial. En 1872 se promulgó la primera Ley de Prensa, sobre la base de principios liberales (Ossandón & Santa Cruz, 2001). Inspirados por esta ley, muchos periodistas abandonaron el activismo y se dedicaron a escribir principalmente sobre cuestiones filosóficas y culturales (Santa Cruz, 1988).

Los primeros periodistas chilenos eran en su mayoría bohemios que aprendieron el oficio trabajando en los medios. No fue sino hasta 1953 que se crearon las primeras escuelas de periodismo en respuesta a la necesidad de control de calidad y estándares éticos. Mientras que la academia trajo actitudes y estándares profesionales al campo, el conflicto entre la recopilación objetiva de noticias y el activismo político nunca desapareció del todo.

En las décadas pasadas, la educación periodística se extendió por todo el país. Pero sus estándares son muy disímiles. Para muchas escuelas, enseñar periodismo solo requiere dominar algunas habilidades básicas, mientras que otras se esfuerzan por desarrollar un plan muy actualizado de estudios académicos.

---

[2] Este texto fue escrito en 2010 y parcialmente actualizado en 2015.

Este capítulo describirá el estado del periodismo en Chile como antecedente para entender el estado de la educación periodística a nivel nacional. De esta manera, pondrá en contexto la educación periodística, y sus muchos desafíos.

El periodismo en el paisaje mediático

Chile es una democracia institucional y económicamente estable y tiene uno de los mercados de medios de comunicación menos regulados de América Latina (Mastrini & Becerra, 2011). Casi no existen impedimentos legales para la propiedad de los medios o para la participación de inversionistas extranjeros en las comunicaciones. La única excepción es que en la misma área geográfica no puede haber dos estaciones de televisión pertenecientes al mismo propietario. Además, el Estado a través del Consejo Nacional de Televisión, otorga derechos de transmisión a las estaciones de radio y televisión por un determinado número de años. El Estado tiene también una cadena de televisión, Televisión Nacional de Chile (TVN), que transmite a todo el país. Un organismo corporativo independiente del gobierno rige esta red, que se financia solo a través de la publicidad.

Si bien la libertad de expresión y la libertad de prensa están garantizadas constitucionalmente y se practican de lleno (Freedom House, 2016), los críticos a menudo señalan un rendimiento inferior al esperado por parte de los medios. Tales críticos condenan la centralización de los medios (Dermota, 2002), la concentración de la propiedad (Del Valle, 2006; Muñoz & Jiménez, 2007; Monckeberg, 2009) y una benevolencia excesiva hacia la comunicación corporativa y el entretenimiento (Santander, 2007; Porath, 2007). También argumentan que los periodistas son demasiado dependientes de fuentes oficiales y anónimas y que no practican un reporteo riguroso y detallado. Además, se postula que los recortes en el presupuesto de las salas de redacción y las prácticas de autocensura, que datan de los años de la dictadura chilena (1973-1989), parecen haber debilitado al periodismo chileno (Faúndes Merino, 1998). Los periodistas creen que la pobre cobertura de noticias es el principal desafío al que se enfrentan en la actualidad (Universidad Alberto Hurtado [UAH], 2011).

Algunos presumen que el periodismo de investigación de los medios tradicionales perdió su agudeza en la década de 1990, después de que se restableciera la democracia en el país. Algunos medios tradicionales dejaron de ahondar en los problemas, un acto que anteriormente se consideraba una forma importante de lucha contra el régimen (Faúndes Merino, 2001). En los últimos años, esta tendencia se ha revertido: el periodismo ahora está desempeñando un papel importante en la mejora de los estándares democráticos a través de la exigencia de un comportamiento ético en los ámbitos político y económico. También se han realizado importantes mejoras públicas y privadas para perfeccionar la cobertura periodística. Por ejemplo, se promulgó una Ley de Transparencia en 2008 para reforzar la libertad de prensa y garantizar el acceso público a los documentos del gobierno (https://www.leychile.cl/Navegar?idNorma=276363).

Adicionalmente, en 2007 se creó un centro privado de periodismo de investigación/medio en línea, CIPER (www.ciperchile.cl). Y dos medios en línea adicionales también compiten para revelar noticias que no son cubiertas por los medios tradicionales: *El Mostrador* (www.elmostrador.cl) y *El Libero* (www.ellibero.cl).

Hoy, el diario principal de la prensa chilena, el icónico *El Mercurio*, establecido en Valparaíso en 1827, es el diario en lengua española de publicación continua más antiguo del mundo (www.gda.com). En 1900, *El Mercurio* comenzó a operar en Santiago "de acuerdo con los estándares y técnicas profesionales modernos" (Bernedo & Arriagada, 2002). Es propiedad de Agustín Edwards, nieto de su fundador, y ha desarrollado una red de 21 periódicos regionales. El otro periódico principal de Chile, *La Tercera*, es un tabloide propiedad de COPESA y es el mayor competidor de *El Mercurio*.

La televisión es, de lejos, el medio masivo chileno más popular. En Chile existen seis cadenas de televisión (www.CNTV.cl) y 10 compañías de cable. La televisión ahora enfrenta grandes modificaciones debido a la introducción de la televisión digital y a cambios de propietarios. El ex presidente Sebastián Piñera vendió Chilevisión a Time Warner, Andrónico Luksic compró una participación mayoritaria en el Canal 13 de la Pontificia Universidad Católica de Chile (UC) y el Bethia Group compró Megavisión en 2012. En consecuencia, los canales de televisión que antes eran propiedad del Estado y las universidades ahora son propiedad de inversionistas privados. La transición hacia la televisión digital, iniciada en 2014, debe completarse en 2020. La televisión, incluida la red pública TVN, se financia completamente a través de publicidad.

Aunque la programación de noticias es muy popular, a menudo los académicos, los políticos y el público critican su calidad. La demanda de la audiencia por mejores noticias llevó a la creación de CNN Chile en 2008, el primer canal chileno con noticias las 24 horas del día, seguido ese mismo año por 24 Horas de TVN. Ambos se ofrecen a través de servicios de televisión por cable.

La radio es popular entre las audiencias chilenas de noticias. Alrededor del 60% de personas de todas las edades y grupos socioeconómicos escuchan la radio. La estación de radio más importante es Radio Cooperativa, seguida de Bio-Bio (Iniciativa, 2011; Ipsos, 2015). Las otras estaciones de noticias importantes son ADN, Tele13Radio y DUNA. La gran parte de las casi 1.000 estaciones de radio son de propiedad privada, mientras que más de un tercio pertenecen a consorcios transnacionales (Ramírez, 2009). La mayoría de las estaciones están principalmente dedicadas a la música. La radio regional está bien establecida y juega un papel importante en el desarrollo social, especialmente en áreas remotas.

Además de los medios tradicionales y sus correspondientes sitios web, hay varios medios de noticias en línea que atraen con éxito al público, especialmente al bien informado, como es el caso de *El Mostrador* (creado en 2000) y CIPER (creado en 2007).

Aproximadamente el 94% de los internautas chilenos visitan sitios de noticias. Los chilenos además lideran las visitas latinoamericanas a sitios comerciales y financieros, en números similares a los de los países desarrollados (ComScore, 2013).

El periodismo ciudadano jugó un papel importante durante el terremoto de 8,6 puntos de magnitud del 27 de febrero de 2010, en el que los chilenos ayudaron a proporcionar información respecto de áreas a menudo inaccesibles (Pellegrini, 2010; Puente & Grassau, 2011). Ocho meses después, existían 57 sitios de noticias —12 de ellos conectados a una red de periodismo ciudadano— que contaban con unos 7.000 periodistas ciudadanos para la cobertura de eventos. Hoy, las redes sociales ocupan un lugar importante y popular en la sociedad chilena. Los chilenos que las usan, que alcanzan alrededor del 90% de la población, comúnmente son utilizados como fuentes por los medios.

Las actitudes de los periodistas hacia las nuevas tecnologías e Internet parecen mixtas. Por ejemplo, una encuesta a periodistas encontró que, aunque el 88,2% dijo que Internet había ayudado a mejorar su trabajo, el 69,5% dijo que Internet también aumentó la cantidad de información falsa publicada (Universidad Alberto Hurtado, 2012). Sin embargo, es más probable que los empleadores contraten a periodistas principiantes que posean nuevas habilidades tecnológicas, a pesar de que muchas escuelas de periodismo solo entrenan en habilidades técnicas tradicionales.

Características profesionales

Hay una gran cantidad de periodistas en Chile: alrededor de 12.000 en un país de aproximadamente 17 millones de personas. Los periodistas son considerados culturalmente más liberales y críticos que los ciudadanos promedio. Más de dos tercios de los periodistas tienen menos de 40 años (Mellado, Salinas, Del Valle & González, 2010) y la mayoría de ellos trabaja en Santiago. Los medios regionales a menudo no pueden encontrar graduados en periodismo para contratar. Como no se requiere un título en periodismo para trabajar en una sala de redacción, a veces se contrata a otros profesionales para cubrir plazas de periodismo, especialmente abogados y economistas. Sin embargo, los graduados en periodismo tienen la mayoría de los trabajos de redacción, incluidos los puestos de gestión de medios.

A pesar de que existe una asociación chilena de periodistas —el Colegio de Periodistas, que existe desde 1956—, los profesionales chilenos no están fuertemente comprometidos con este tipo de acción colectiva., Aunque alrededor de un tercio de los periodistas se unió al Colegio de Periodistas luego de su creación, tan solo un 16% de ellos se considera miembro activo (Mellado, Salinas & Barría, 2010). Los propietarios de los medios también han creado una asociación, Federación de Medios, para salvaguardar sus intereses, especialmente en términos de interferencia y regulación gubernamental. Del mismo modo, los empresarios han fundado un consejo para la ética de los medios (véase la Tabla 2.1 que consigna las principales asociaciones de periodistas y organizaciones relacionadas con el periodismo).

Hace poco más de una década, unos 20 medios de comunicación generaban la mayoría de puestos de trabajo (Délano, Niklander & Susacasa, 2007). Debido a los mayores costos de las salas de redacción y a la disminución de los ingresos publicitarios, ahora los medios de comunicación están compensando importantes pérdidas de puestos de trabajo mediante la contratación de jóvenes para labores en sus sitios web.

Alrededor del 88% de los periodistas cree que Internet ha mejorado el periodismo en la medida en que permite una mejor programación para la cobertura de noticias (25%), un mejor periodismo de investigación (24%) y una mejor detección de noticias frescas (21%).

Los salarios promedio en periodismo han disminuido en comparación con los salarios en profesiones similares. A causa de este descenso, los puntajes de las pruebas nacionales de admisión a la universidad en programas de periodismo han disminuido en un 20%. Los periodistas mejor pagados, el décimo superior, ganan aproximadamente seis veces más que los periodistas peor pagados, el décimo inferior. Hasta hace no mucho, alrededor de 1.200 graduados ingresaban a la profesión de periodismo todos los años. Dos años después de la graduación, aproximadamente el 82% de los periodistas estaban ya empleados y ganaban, en promedio, alrededor de US$ 1.200,00 al mes (Ministerio de Educación, 2013). Se calcula que después de cinco años de experiencia, dichos sueldos aumentan en un 50%.

Muchos estudiantes de periodismo están matriculados en estudios de posgrado en Chile o en el extranjero; algunos incluso eligen la academia como su futura carrera. Solo unas pocas universidades ofrecen puestos de tiempo completo a profesionales experimentados y/o con maestrías o doctorados, aunque muchas contratan a periodistas para puestos académicos de tiempo parcial.

Mientras que los trabajos en medios tradicionales se están reduciendo, la comunicación corporativa y los trabajos de consultoría siguen en auge. El salario promedio para estos nuevos empleos es de casi el doble que el de los puestos de medios tradicionales, por lo que los estudiantes se sienten muy atraídos por ellos. El gobierno también contrata periodistas para trabajos de comunicación y relaciones públicas (Torres, 2003), y los políticos suelen contratarlos como asesores de comunicación.

Los periodistas señalan que el problema ético más importante que enfrentan es el de las comunicaciones estratégicas o corporativas "disfrazadas" como noticias. Otros problemas profesionales importantes incluyen "la falta de periodismo de investigación", "reporteo contrarreloj", "demasiada competencia" y "pérdida de interés en la cobertura de historias complejas" (http://www.puroperiodismo.cl/; UAH, 2011).

Como en todos los países pluralistas, los periodistas chilenos perciben su papel de muchas maneras diferentes (vigilantes, agentes de desarrollo, activistas políticos, etc.), dependiendo de sus intereses personales y la visión editorial de los medios para los que trabajan. A pesar de que el periodismo políticamente sesgado tiene raíces profundas en la historia del país, un papel profesional más imparcial ha ganado mucho respeto entre los periodistas establecidos.

Educación periodística, entrenamiento profesional e investigación

La ley chilena establece que el periodismo solo se puede enseñar en las universidades, ya que un título (de cualquier profesión, no solo de periodismo) es obligatorio para para cualquier persona que quiera ingresar a este campo laboral.

Antes considerada una profesión de élite que requería muy altos puntajes y generaba pocos graduados cada año, ahora el periodismo se presenta en programas que se han expandido velozmente para satisfacer la demanda estudiantil. Hace poco más de dos décadas, solo cuatro escuelas ofrecían estudios de periodismo. Hoy, 31 de las 54 universidades (www.cned.cl) ofrecen esta carrera. Sin embargo, algunas de ellas carecen del personal académico adecuado para garantizar una calidad suficiente. Los estudios de periodismo experimentaron su mayor crecimiento en matrículas en la década de 1990 (367%), seguido por sus mayores pérdidas en matrículas durante el periodo 2000-2009 (-14,9%). Tales cifras se han estabilizado recientemente, y se espera que alrededor del 85% de los estudiantes encuentre trabajo después de la graduación.

Enseñanza y entrenamiento de los futuros reporteros

Aunque el camino normal para ingresar a la profesión de periodismo es a través de la academia, no existen requisitos legales para el plan de estudios, excepto que la licenciatura requiere 400 créditos (el equivalente a unos 130 créditos estadounidenses). Tampoco hay requisitos sobre lo que se debe enseñar en un plan de estudios de periodismo, o cómo enseñar periodismo o cualquier otra materia. Las universidades son profundamente conscientes de su independencia académica. En consecuencia, la falta de requisitos, junto con la falta información oficial pública sobre las prácticas de las escuelas de periodismo, hace que sea difícil rastrear las tendencias en los programas.

Sin embargo, hay estudios que mostraron en su momento que en los currículos de periodismo tendían a existir siete tipos o categorías de cursos: desde cursos introductorios que buscaban corregir las deficiencias de la educación secundaria hasta aquellos que enseñaban habilidades de investigación especializadas. Dichos estudios también revelaron que la mayoría de los diseños curriculares, (del 30% al 40%), se enfocaba en conceptos de periodismo y cursos de habilidades profesionales, mientras que la segunda categoría en tamaño (un 27,7%) se enfocaba en temas de cultura general. Las cinco categorías restantes encontradas fueron: habilidades tecnológicas (14,3%), teoría de la comunicación (11.1%), investigación (5,3%), ética y leyes (4,5%) y gestión (3,7%) (Cavallo, 2001; Muñoz & Guzmán, 2005; Fuenzalida, Escobar, Pizarro, Villegas & Cea, 2004; Délano et ál., 2007). Un estudio reciente de 10 de las escuelas de periodismo más prestigiosas de Chile encontró que alrededor del 45% de los cursos se centran en las habilidades profesionales, incluidas las habilidades tecnológicas y de investigación; alrededor del 20% en cultura general; alrededor del 15% en teoría de la comunicación; y el 20% restante en ciencias sociales, incluyendo derecho, ética, sociología y gestión (Facultad de Comunicaciones UC, 2015).

La tarea académica de la educación periodística se interpreta de maneras extremadamente diferentes. Algunas escuelas intentan preparar reporteros para trabajos de nivel inicial con algunos cursos de artes liberales y solo unas pocas clases de tecnología, mayormente limitadas por el alto costo de establecer laboratorios apropiados. La mayoría de las escuelas considera a la sociología y a la comunicación social como los campos disciplinarios básicos más afines. Otras escuelas, de acuerdo con la tradición del periodismo chileno, se centran en la enseñanza de enfoques políticos y críticos de la sociedad y de las habilidades profesionales.

Los expertos en periodismo tienden a estar de acuerdo con que se necesita un equilibrio entre los cursos de artes liberales y los orientados a la tecnología o a los medios para preparar mejor a los estudiantes. Y el pensamiento crítico se considera esencial para capacitar a los periodistas, hasta el punto de que a menudo se contratan abogados y economistas para enseñarles esas habilidades. Siguiendo la tradición europea, casi todas las escuelas ofrecen un plan de estudios fijo de 10 semestres. Aun así, hay quienes ofrecen nueve o incluso ocho semestres (Consejo Nacional de Educación Superior [CNED], 2010). Algunas escuelas han creado cursos electivos o secuencias de especialización. Otros han agregado capacitación profesional a una licenciatura general de dos años. Probablemente debido al alto costo de implementar un plan de estudios flexible basado en créditos, solo la Pontificia Universidad Católica de Chile (UC) permite a los alumnos elegir libremente cursos de otras facultades dentro de la universidad (bajo ciertas especificaciones). Proporciona hasta 150 especializaciones o certificados de especialización dentro de su licenciatura.

En muchas escuelas, los planes de estudio han evolucionado muy lentamente desde la primera mitad del siglo XX (González, 2003) y están muy rezagados frente a los recientes cambios significativos en los medios y el periodismo. En un intento de actualizar rápidamente la educación periodística, la mayoría de esos planes incluyen ahora cursos de teoría y tecnología de la comunicación y laboratorios de computación. Hay otros que han hecho grandes inversiones en nuevas tecnologías. Sin embargo, menos de una cuarta parte de las escuelas han asumido roles innovadores de liderazgo en la educación periodística.

Para aumentar las oportunidades de trabajo, muchas escuelas preparan a los estudiantes para trabajar en cualquier medio o área de contenido, incluyendo comunicaciones corporativas y relaciones públicas. Este enfoque conduce a centrarse en las habilidades de reporteo y redacción, y es el principal responsable de larga duración de los estudios. Este enfoque general responde a una tendencia en América Latina (Federación Latinoamericana de Facultades de Comunicación Social [FELAFACS], 2005). Sin embargo, en los últimos años algunas escuelas buscaron diferenciarse proponiendo habilidades de gestión como una parte importante de sus planes de estudios (Délano et ál., 2007).

Casi la mitad de las regiones de Chile no tiene escuelas de periodismo. Más de la mitad de las escuelas de periodismo del país están ubicadas en Santiago. En 2005, la matrícula en programas de periodismo alcanzó un máximo de 8.363 estudiantes. Cinco años después, en 2010, este número disminuyó un 25,1% a 6.264 estudiantes, y, a partir de 2015, a 5.986 estudiantes (Ministerio de Educación, 2015). Tanto históricamente como en la actualidad, los estudiantes de periodismo tienden a ser mujeres (Cavallo, 2001). Hacia 2015, el 55,7% de los estudiantes de periodismo eran mujeres frente a un 44,3% de hombres.

Los profesores de periodismo son escasos y costosos de entrenar. En consecuencia, muchas escuelas ofrecen programas de enseñanza que cuentan principalmente con profesionales a tiempo parcial y solo dos o tres a tiempo completo. En 2004, el número total de profesores se estimó en 730: 11,5% de tiempo completo, 9% de medio tiempo y 79,5% profesionales activos enseñando uno o dos cursos (Fuenzalida et ál., 2004). La mayoría de los profesores de tiempo completo trabajaban en universidades más antiguas y tradicionales. Y mientras algunos habían obtenido maestrías, muy pocos habían obtenido doctorados.

Los periodistas no suelen realizar estudios de posgrado, presumiblemente debido a escasos incentivos económicos en el mercado laboral. De todos modos, el número que lo hace ha aumentado en los últimos años. La tradición académica chilena, a diferencia de la del resto de América Latina, es que los estudiantes realicen estudios de posgrado en el extranjero, y normalmente sólo los mejores estudiantes son los que cursan doctorados. Existen becas competitivas y préstamos especiales del gobierno para esos estudios en el extranjero, bajo ciertas condiciones (www.conicyt.cl).

Las universidades chilenas solo comenzaron a ofrecer sus propios doctorados durante las últimas décadas, la mayoría en áreas científicas. Una encuesta reciente indica que solo alrededor del 1% de los estudiantes de periodismo en Chile ingresan a programas de doctorado y casi todos lo hacen en el extranjero. Algo más del 9% ingresa a programas de maestría dentro y fuera de Chile (UC, 2009). El único programa de doctorado en Chile se encuentra en la UC.

Después de obtener una licenciatura, aproximadamente el 7,6% de los estudiantes de periodismo tratan de obtener un diploma adicional o toman cursos de especialidad en diversas asignaturas. Los cursos de capacitación no son muy populares y los medios no los alientan: alrededor del 59,3% de los periodistas informan que nunca han participado en ningún curso de capacitación proporcionado por los medios o la compañía en la que trabajan (www.puroperiodismo.cl).

Solo dos universidades, UC y la Universidad Adolfo Ibáñez (UAI), han creado programas de maestría en periodismo, cada uno muy diferente al otro. Otras escuelas ofrecen maestrías en estudios de comunicación. El programa de UC, una iniciativa conjunta con *El Mercurio*, se enfoca en el periodismo impreso. Combina cursos universitarios teóricos con cursos prácticos de medios impresos, y recibe estudiantes de toda América Latina a través del grupo llamado Diarios de las Américas (www.gda.com).

El programa de la AUI comienza con un plan de estudios regular de pregrado y agrega tres trimestres de cursos teóricos matutinos relacionados con el periodismo y cursos prácticos vespertinos sobre prensa, radio y televisión. Todos los estudiantes luego toman una pasantía, aprobada por la UAI, en algún medio de su elección.

Cuando los estudiantes eligen escuelas, a menudo consideran el estado de acreditación de las instituciones, la imagen de marca y los rankings de medios. Hay dos niveles de acreditación disponibles: uno para cada institución y uno para cada programa. Son proporcionados por el Consejo Nacional de Acreditación a través de agencias privadas, y no son obligatorios (a menos que un programa esté buscando subvenciones y becas del gobierno, especialmente becas para estudiar maestrías o doctorados en el extranjero). La UC fue la primera y, durante muchos años, la única escuela de periodismo fuera de los Estados Unidos con la acreditación del Accrediting Council on Education in Journalism and Mass Communication (ACEJMC). Lo obtuvo hace más de una década. Algunas otras escuelas de periodismo están acreditadas por la Consejo Latinoamericano de Acreditación de la Educación en Periodismo (CLAEP).

Investigación académica en periodismo

No es fácil caracterizar la investigación en periodismo dentro de los programas de periodismo, y mucho menos comparar la investigación académica en periodismo con la investigación realizada en otras disciplinas.

Como en cualquier área académica, la investigación más valorada en periodismo es aquella que genera conocimiento de frontera dentro de la disciplina. Sin embargo, las escuelas de periodismo también consideran como investigación otros aspectos analíticos tales como: reportajes exhaustivos, encuestas, sondeos y *focus groups* relacionados con la profesión; análisis de los medios o de diferentes aspectos de la comunicación. Algunas universidades han creado centros de análisis dependientes o independientes de sus escuelas. Estos centros tienen como objetivo principal fortalecer la presencia externa de la escuela o servir como agencias de consultoría en temas de comunicación. A menudo participan en alianzas estratégicas con investigadores e instituciones públicas o privadas (Dittus, 2010), así como en proyectos nacionales o internacionales. Los críticos afirman que la asociación de los centros de investigación con los patrocinadores corporativos puede eventualmente debilitar su valor académico.

En 1967, Chile creó la Comisión Nacional de Investigación Científica y Tecnológica (CONICYT), para promover y fomentar el desarrollo científico y tecnológico en el país. CONICYT ha contado cada vez con más recursos para promover la investigación de alta calidad, a través de concursos altamente competitivos. Su unidad administrativa, el Fondo Nacional de Desarrollo Científico y Tecnológico, también conocido como FONDECYT (http://www.conicyt.cl/fondecyt/), fue creado en 1981. Actualmente, FONDECYT cuenta con un presupuesto anual de alrededor de US$ 200 millones. Los fondos se asignan a diferentes disciplinas, y las ciencias naturales y exactas reciben la mayoría de ellos. El periodismo, no cuenta con un área propia y comparte un pequeño presupuesto con sociología. En 2014, bajo esta categoría se aprobaron y financiaron solo 23 proyectos de un total de 581. Durante la última década solo se han financiado un total aproximado de poco más de 20 proyectos en el área del periodismo, medios de comunicación o relacionados con la comunicación; todos sometidos a una revisión ciega por pares académicos nacionales e internacionales. Los temas y enfoques de los proyectos son demasiado amplios cómo para determinar qué tipo de investigación tiene más probabilidades de financiamiento. Ese financiamiento dura de uno a cuatro años, dependiendo del cronograma y las necesidades presupuestarias del proyecto.

En 2009 CONICYT creó además un pequeño fondo para apoyar estudios aplicados sobre el pluralismo en la prensa y la radio, incluida la investigación sobre las agendas de los medios y sus ingresos. Se aprueban hasta dos de estos estudios, cuantitativos o cualitativos, cada año por un valor aproximado de unos US$ 120.000 dólares americanos.

En la década de 1990, se creó otro fondo gubernamental competitivo, el Fondo de Fomento al Desarrollo Científico y Tecnológico (FONDEF, http://www.conicyt.cl/fondef/), para aumentar la competitividad económica nacional a través de proyectos de investigación y desarrollo en campos aplicados que pudieran generar resultados sociales y económicos. Uno de estos campos es de tecnología, a través del cual pueden competir los proyectos de comunicación. La Escuela de Periodismo de la UC ha ganado tres proyectos FONDEF que, en comparación con los proyectos FONDECYT, tienen, en general, presupuestos más grandes. Dos de estos proyectos están destinados a modelar los procesos de gestión de la información y la comunicación. Ninguna otra escuela de periodismo ha ganado fondos de FONDEF, hasta la fecha.

Debido a la escasez general de fondos para investigación en periodismo y a la presentación de propuestas altamente competitivas, ganar un concurso FONDECYT o FONDEF se considera algo extraordinario. Los profesores también pueden obtener fondos para investigación al unirse a redes internacionales u obtener subvenciones privadas, que son raras y de montos pequeños.

La investigación debe generar publicaciones. Las publicaciones en revistas indexadas reciben puntajes tanto en los concursos CONICYT como en las universidades. El ISI Web of Science incluye pocas revistas especializadas en periodismo (aunque han ido en aumento), y aún menos de ellas en español. También hay un número significativo de ellas indexadas en SciELO, una biblioteca científica electrónica, o en otros índices menores como Latindex y DIALNET. Y dado que el acceso a las mejores revistas es cada vez más difícil, algunas escuelas han creado sus propias revistas, que poseen diferentes intereses, indexaciones, estándares de calidad y tasas de circulación.

El periodismo académico también contribuye al conocimiento a través de libros impresos y en línea. Los textos más significativos se basan en detallados informes periodísticos de importantes eventos y movimientos sociales, políticos e históricos, como los que tuvieron lugar durante el régimen militar de Chile (1973 a 1989). Algunos de estos libros han sido reconocidos internacionalmente, pero la publicación de libros o capítulos de libros no significa mucho reconocimiento para los investigadores. Esta tendencia de publicación de libros, aunque está debilitándose, continúa en la actualidad.

La calidad de la investigación periodística chilena, junto con su profundidad y amplitud, varía incluso más que los planes de estudios en programas de pregrado. Sin embargo, la investigación basada en encuestas que se ocupa de una amplia variedad de temas de periodismo profesional, como los métodos innovadores de reporteo, supera con creces la investigación orientada teóricamente.

Conexiones profesionales y la educación periodística

Las escuelas de periodismo en Chile generalmente requieren que los estudiantes realicen prácticas profesionales en la industria antes de su egreso, para obtener experiencia de primera mano y contactos profesionales (ver Tabla 2.2 para un listado de los 10 mejores programas académicos de periodismo). Los medios de comunicación eligen a los estudiantes a través de concursos abiertos, que es la manera como se otorgan las mejores prácticas. En una encuesta reciente, dos tercios de los estudiantes dijeron que encontraron su práctica sin la ayuda de su universidad y, a menudo, a través de contactos personales. Solo un tercio de los estudiantes informaron haber recibido ayuda de su universidad (Délano et ál., 2007).

Las prácticas profesionales de los alumnos no son el único vínculo entre los medios y las universidades. Muchas escuelas de periodismo cultivan relaciones con los medios para desarrollar sus propios proyectos, como periódicos orientados a la juventud o programas de radio dirigidos por estudiantes. Además, algunos medios de comunicación confían en las escuelas de periodismo más prestigiosas para recabar análisis y sugerencias éticas, innovaciones en el diseño o en las prácticas periodísticas.

Algunas universidades ofrecen diplomados y cursos breves a profesionales de los medios. Una nueva tendencia entre las universidades es crear *think tanks* (un laboratorio de ideas o grupos de reflexión), donde los profesionales discuten temas innovadores en los medios y otras áreas relacionadas, como comunicación estratégica, publicidad, redes de trabajo y redes sociales. Las universidades contratan normalmente a periodistas profesionales para impartir cursos prácticos o talleres. Y los programas de periodismo invitan a reconocidos profesionales de los medios a impartir conferencias y participar en seminarios y mesas redondas para la comunidad universitaria y el público en general en donde se discuten temas de la actualidad noticiosa. Recientemente, en especial en universidades privadas, las escuelas de periodismo están contratando en cargos directivos a conocidos profesionales de los medios para atraer a más estudiantes de periodismo a sus programas.

Impacto profesional de la educación periodística

El impacto social de la educación periodística en Chile está más dado por el éxito y la visibilidad de sus antiguos alumnos que por sus logros académicos, aunque las mejores escuelas de periodismo gozan de prestigio y respeto. Los rankings de las escuelas de periodismo han aportado nuevas variables a las evaluaciones públicas de los programas, tales como la proporción estudiantes-docentes y la calidad y cantidad de la investigación, pero, aun así, el prestigio de los ex alumnos del programa parece ser el factor más importante para los potenciales estudiantes.

Los graduados de periodismo han tenido éxito en muchos campos: varios ministros de Estado, congresistas y alcaldes han estudiado periodismo, al igual que empresarios, cineastas y el ex presidente de la asociación nacional de fútbol, por ejemplo. Y hay varios periodistas que se encuentran entre los líderes de opinión más importantes del país. Además, los graduados en periodismo están obteniendo un mayor acceso a los puestos más importantes en su campo, como editores principales de periódicos o los directores ejecutivos de redes de televisión.

Es significativo que, a pesar de que la ley no exige un título de periodismo para trabajar como periodista, los medios de comunicación prefieren contratar a quienes sí lo tengan. También es revelador que el público a menudo atribuya errores o inexactitudes de los medios a personal que quien lo escribió "no es periodista" (es decir, que no tiene el grado académico correspondiente).

Aunque, los académicos y los profesionales trabajan bien juntos, siempre hay cierta tensión entre sus enfoques, especialmente respecto de las funciones de los medios y de las prácticas de reporteo. Ocasionalmente, las mejores escuelas capacitan a periodistas a través de programas especiales o preparan seminarios internacionales sobre temas de interés para los medios. Y los profesionales tienden a menospreciar a los académicos aduciendo la falta de experiencia en el campo.

Posibilidades futuras

Al igual que en el resto del mundo, las salas de noticias chilenas y las instituciones de educación periodística comparten el miedo común a un futuro desconocido, especialmente con respecto a la necesidad de una constante adaptación a las nuevas necesidades y prácticas laborales y a la hiperfragmentación de las audiencias. Incorporar tecnología es imprescindible, pero más que el sólo dominarlas, el desafío es determinar la forma más efectiva de utilizarlas para mejorar el desempeño profesional.

Dado que el buen periodismo se basa en la capacidad de los periodistas para seleccionar de manera profesional las noticias, encontrar fuentes diversas y legítimas, analizar críticamente la información reunida, etc., la enseñanza de las habilidades medulares del periodismo debe seguir siendo de importancia decisiva, pero las escuelas requieren abandonar la tentación de enseñar periodismo como en el siglo pasado: un reportear y escribir basados en ciertas habilidades básicas y un poco de cultura general. Es necesario incorporar también las tendencias actuales del periodismo en los campus universitarios — tales como elementos para la buena gestión que incentiven las iniciativas empresariales que surgen crecientemente en los estudiantes, los proyectos web, las agencias de consultoría y el análisis de comunicación para individuos u organizaciones. Estas necesidades requieren ser apoyadas con nuevos cursos o especialidades extraídas del propio periodismo y otras áreas relacionadas con la comunicación.

Un importante desafío sigue siendo a estandarización de los currículos de periodismo y su calidad en general. Y el desarrollo de estudios interdisciplinarios y estudios de posgrado son ahora casi obligatorios para que la educación periodística y la profesión periodística en Chile tengan un futuro exitoso. por último, la convergencia y la innovación en el área son desafíos importantes que requieren una exploración constante.

Problemas, retos e innovaciones en la educación periodística

Los estudiantes universitarios chilenos valoran enormemente adquirir habilidades específicas que puedan maximizar sus oportunidades laborales. Tener en cuenta estos aspectos al analizar cambios basados en las tendencias más recientes en la educación superior, especialmente las que se enfocan en aptitudes, es un aspecto que no hay que olvidar en las decisiones académicas.

El periodismo universitario no apoyaría adecuadamente el desarrollo del periodismo profesional si se capacita a sus estudiantes sólo o principalmente para enfrentar las necesidades actuales de un mercado de trabajo en constante cambio. Por el contrario, se necesita ayudar a predecir y liderar las prácticas futuras de los medios. Las escuelas de periodismo pueden ser excelentes laboratorios para probar sinergias, nuevas tecnologías, cambiar los estilos narrativos o desarrollar prácticas innovadoras para las redacciones. Este trabajo de "laboratorio" puede llevarse a cabo a través de nuevas metodologías dentro de las aulas, pasantías u otras actividades evaluadas académicamente, que también podrían revisarse de acuerdo con los estándares profesionales. La educación en periodismo requiere prestar especial atención a la redefinición del concepto de noticia en relación a la inclusión de los temas relacionados con la cultura y vida diaria, las nuevas formas de creación de redes profesionales y del proceso de reporteo.

Otro aspecto que habría que definir es si la educación periodística debería hacer énfasis principalmente en el foco noticioso o en estudios de comunicación. Si bien la democracia chilena necesita prácticas de reporteo exhaustivas y detalladas, hay que considerar que no hay suficientes trabajos en el periodismo profesional para todos quienes estudian la profesión. Dicho esto, las perspectivas de empleo en comunicación corporativa parecen ser buenas, y últimamente la mayoría de los graduados en periodismo son contratados para tales puestos. El problema es que los currículos suelen no capacitarlos suficientemente para esos trabajos y los complejos dilemas éticos que a menudo involucran.

El énfasis de los medios chilenos en la cobertura deportiva y de entretenimiento crea otro problema educativo. Este énfasis no solo hace que sea difícil conformar el comportamiento profesional de los estudiantes, sino que también aleja sus expectativas vocacionales del reporteo objetivo y profesional.

En el país, tanto los periodistas como los editores afirman que la educación periodística debe incluir valores como el compromiso con la verdad, el pensamiento crítico y la independencia, en lugar de formar periodistas que se sometan a las rutinas establecidas, la falta de autonomía y la tendencia a evitar riesgos (Gronemeyer, 2002).

Por último, la educación periodística también enfrenta el desafío de desarrollar nuevos y relevantes caminos hacia la especialización —un desafío que probablemente habrá de enfrentarse a través de programas de educación continua, desarrollo de calificaciones alternativas, etc. (Muñoz & Guzmán, 2005).

Las metas de la educación periodística en Chile a menudo son difíciles de precisar debido a las variaciones significativas entre los enfoques sobre cómo educar a los periodistas y las enormes diferencias en los recursos disponibles. Sin embargo, algunos desafíos son claros. Por ejemplo, las escuelas necesitan contratar más doctores para apoyar el trabajo académico y deben evitar contratar a profesionales de periodismo como profesores de tiempo completo, si carecen de experiencia docente o de una visión crítica de las prácticas profesionales. Para que la educación periodística en el futuro sea exitosa, las escuelas necesitan encontrar un equilibrio adecuado entre los profesores que tienen experiencia profesional y aquellos que tienen estudios de posgrado. Es también muy necesario mejorar los procedimientos de contratación para garantizar la idoneidad y el pensamiento crítico y creativo en todos los aspectos del plan de estudios.

A continuación, se incluyen ejemplos de tres innovaciones o prácticas exitosas, que se centran en el servicio, la investigación académica y las nuevas tecnologías.

El primer ejemplo, *Más de Chile*, fue un noticiero innovador producido conjuntamente por académicos y locutores locales en 10 regiones diferentes utilizando herramientas Web 2.0. Esto permitió el intercambio de información y control de calidad a través de una metodología conocida como VAP (Valor Agregado Periodístico; Pellegrini et ál., 2009; Pellegrini, Puente, Porath, Mujica & Grassau, 2011). Esta experiencia surgió de un proyecto de investigación y desarrollo destinado a ofrecer cobertura informativa innovadora, especialmente en regiones distantes y con servicios de noticias inadecuados. Fue transmitido durante 2009 a través de TV por cable profesional a un costo significativamente más bajo y de mayor calidad que los noticieros similares. El equipo creó diversos equipos de noticias y productos y procedimientos innovadores, todos basados en resultados provenientes de la investigación aplicada. Este experimento ha conducido a nuevos métodos de enseñanza y prácticas en las salas redacción. El programa recibió una subvención del Consejo Nacional de Televisión, que aseguró su continuación durante 2010, con 15 regiones involucradas. Sus ideas básicas todavía se practican en un programa de CNN Chile llamado *Panorama 15*.

Los dos siguientes ejemplos, presentados por la Escuela de Periodismo de la UC, se centran en iniciativas innovadoras para mejorar las habilidades de investigación y tecnología entre los estudiantes de pregrado. El primero se refiere a las habilidades de investigación científica, que son cada vez más relevantes en los estudios de pregrado. Como tal, la escuela ha establecido una nueva política académica que requiere que cada profesor que tiene un proyecto competitivo de investigación imparta un seminario sobre el tema para estudiantes de pregrado. Su objetivo es inducir a los estudiantes a tener una experiencia directa con la lógica y la metodología científica. Los cursos se ofrecen a un máximo de 12 estudiantes para garantizar que obtengan experiencia de primera mano en el tema y atención personal. El segundo se refiere al uso de la tecnología para mejorar las narrativas periodísticas. Estas habilidades se enseñan a través de seminarios voluntarios muy cortos, que también están abiertos a profesionales. Los dos últimos seminarios se centraron en el uso de cámaras 360° y en las posibilidades y riesgos de informar con drones.

Las innovaciones futuras deberían tener dos objetivos: poder incluir la adaptación creativa a los cambios profesionales externos, por una parte, y responder a los desafíos académicos internos reforzando la enseñanza académica sólida e innovadora basada en resultados de investigación y relacionada con el conocimiento y el conocimiento de frontera, por otra.

Conclusión: Educando a los periodistas de mañana —El panorama general

Si los desarrollos en la industria de la comunicación continúan a la velocidad actual, los desafíos para la educación periodística continuarán creciendo exponencialmente. En el sistema educativo chileno, que es muy libre, no existen los lineamientos para la educación universitaria ni menos para la educación periodística. La calidad se garantiza por medio de procesos de acreditación. Pero, en general, los desafíos universitarios prevalecientes quizá derivan de un conflicto entre elementos epistemológicos y la necesidad de cumplir con los requisitos de la industria y el mercado de trabajo. Se necesita un enfoque innovador en relación con las competencias generales y, específicamente, en las habilidades periodísticas.

Para los estudiantes de periodismo, la convergencia y la sinergia son cuestiones muy importantes. La mayoría de estos graduados probablemente trabajen en áreas no periodísticas, como comunicación corporativa o publicidad, o tengan que preparar contenidos cada vez más entrelazados en diversas plataformas mediáticas. Las profesiones ajenas al periodismo se beneficiarían, además, al tener contacto con profesionales capaces de practicar las competencias fundamentales del periodismo.

La industria del periodismo del futuro probablemente necesitará solo un número pequeño de periodistas que sean expertos en la recopilación veraz de noticias y su análisis, capaces de nuevas y significativas habilidades tecnológicas y que se muevan con facilidad a través de las plataformas mediáticas. Sin embargo, esta fuerza de élite de periodistas servirá también para fortalecer la democracia y establecer agendas, de modo que el potencial de empleo continuará en campos aledaños a la comunicación. En consecuencia, si se amplía la educación más allá de las habilidades periodísticas básicas y se amplían las definiciones epistemológicas, se educará a los estudiantes de periodismo para que asuman roles y funciones profesionales adicionales. Como resultado, no solo aumentará la demanda de estudiantes de periodismo, sino que los estudiantes de periodismo también estarán mejor preparados para sus múltiples roles en la sociedad.

La necesidad de buenas habilidades de lenguaje y escritura seguirán siempre siendo prioritarias en la agenda curricular. Sin embargo, será vital también agregar nuevas formas narrativas en escritura e imagen entrelazadas con habilidades tecnológicas, capacidades analíticas más profundas y gran habilidad en la certificación de datos y fuentes.

Debido a la reducción del mercado de trabajo, los graduados de periodismo necesitarán algunas habilidades empresariales, que incluyen el desarrollo de proyectos y capacidades de gestión, junto con el conocimiento sobre los asuntos legales, gubernamentales y políticos. Estas nuevas habilidades podrían aumentar las oportunidades de trabajo.

Desafortunadamente, la pregunta de cómo aumentar el interés de futuros periodistas por cubrir noticias permanece sin respuesta. Irónicamente, los estudiantes de periodismo a menudo carecen del fuerte sentido de curiosidad que necesitan para cubrir con éxito el mundo que les rodea.

Referencias bibliográficas

América Economía (2015). Ver Ranking. Tomado de http://rankings.americaeconomia.com/mba2015/

Amunátegui, M. (1889). *Camilo Henríquez*. Santiago: Imprenta Nacional.

Bernedo, P., & Arriagada, E. (2002). *Los inicios de El Mercurio de Santiago en el epistolario de Agustín Edwards Mac Clure (1899-1905)*. Historia, 35, 13-33. Tomado de https://scielo.conicyt.cl/scielo.php?script=sci_arttext&pid=S0717-71942002003500003

Cavallo, A. (2001). *Análisis y propuestas para la carrera de periodismo, Universidad Adolfo Ibáñez. Manuscrito interno*. Santiago, Chile.

ComScore (2013). *Informe futuro digital Latinoamérica*. Tomado de http://www.iab.cl/informe-futuro-digital-latinoamerica-2013-comscore/

Consejo Nacional de Educación Superior (CNED). (2010). *Índices: Matrícula primer año y total*. Tomado de http://www.cned.cl/public/Secciones/SeccionIndicesEstadisticas/doc/Estadisticas2010/03_EMMatriculas10.pdf

Del Valle, C. (2006). *Comunicación participativa, Estado-nación y democracia. Discurso, tecnología y poder*. Temuco: Ediciones Universidad de La Frontera.

Délano, M., Niklander, K., & Susacasa, P. (2007). Los periodistas recién titulados y el mercado laboral. *Calidad en la Educación, 27*, 205-234. Tomado de http://www.cned.cl/public/secciones/secciongeneral/noticias/ppts/CSEConferencia01.pdf

Dermota, K. (2002). *Chile inédito, el periodismo bajo democracia*. Santiago: Ediciones B.

Dittus, R. (2010). La investigación sobre mass media en Chile: del ideologismo a la construcción de paradigmas. *Estudios de Periodismo*, 8.

Facultad de Comunicaciones UC, Chile. (2015). *Estudio interno del proceso de admisión*. Subdirección de Asuntos Estudiantiles, Santiago.

Faúndes Merino, J. J. (1998). Una perspectiva estratégica y compleja del periodismo latinoamericano. *Diálogos de la Comunicación, 51*. Tomado de http://dialogosfelafacs.net/wp-content/uploads/2015/51/51-revista-dialogos-una-perspectiva-estrategica-y-compleja-del-periodismo-latinoamericano.pdf

Faúndes Merino, J. J. (2001). ¿Ocaso del periodismo de investigación en Chile y América Latina? *Razón y Palabra, 22*. Tomado de http://www.razonypalabra.org.mx/anteriores/n22/22_jfaundes.html

Federación Latinoamericana de Facultades de Comunicación Social (FELAFACS) (2005). *Informe I Reunión Técnica de FELAFACS: La for- mación de los periodistas en las escuelas de comunicación de América Latina: situación actual, demandas labores y necesidades sociales*. Córdoba: Universidad Nacional de Río Cuarto.

Freedom House (2016). *Freedom of the press: Table of Global Press Freedom Rankings*. Washington, D.C.: Freedom House. Tomado de https://freedomhouse.org/report/freedom-press/freedom-press-2016

Fuenzalida, D., Escobar, D., Pizarro, D., Villegas, C., & Cea, J. (2004). *Proyecto Carrera de Periodismo*. Documento de circulación interna, Valparaiso: Universidad Técnica Federico Santa María (UTFSM).

González, R. G. (2003). 50 años de periodismo universitario en Chile: encuentros, desencuentros y desafíos. *Revista Comunicación y Medios, 14*. Tomado de https://comunicacionymedios.uchile.cl/index.php/RCM/article/view/12096

Gronemeyer, M. E. (2002). Periodistas chilenos. El reto de formar profesionales autónomos e independientes. *Cuadernos de Información, 15*, 53-70. Tomado de http://dialnet.unirioja.es/servlet/articulo;jsessionid=6959F5BA2CB9FDF2DC86FCACD9C8EBC2.dialnet01?codigo=2935348

Initiative (2011). *Ipsos Radio Ranking General de Audiencia*. Tomado de http://www.emol.com/modulos/mediacenter/archivos/InformeRadio_juloct2011.pdf

Ipsos (2015). *Informe Radio*. Tomado de http://www.ipsos.cl/ipsosradioalaire/pagdos.htm

Mastrini, G., & Mellado, M. (2011). Structure, concentration and changes of the media system in the Southern Cone of Latin America. *Comunicar, 18*(36) 51-59. Tomado de https://www.revistacomunicar.com/index.php?contenido=detalles&numero=36&articulo=36-2011-07

Mellado, C., Salinas, P., & Barría, S. (2010). Estructura del empleo periodístico y validación profesional de sus prácticas en el mercado laboral chileno. *Innovar, 20*(36), 91-106. Tomado de http://www.scielo.org.co/scielo.php?pid=S0121-50512010000100008&script=sci_arttext

Mellado, C., Salinas, P., Del Valle, C., & González, G. (2010). Estudio comparativo de cuatro regiones: Mercado laboral y perfil del periodista. *Cuadernos de Información, 26*(1), 45-64. doi: 10.7764/cdi.26.11

Ministerio de Educación, Chile (2013). *Estadísticas por Carrera*. Tomado de http://www.mifuturo.cl/index.php/futuro-laboral/buscador-por-carrera?tecnico=false&cmbareas=5&cmbinstituciones=3

Ministerio de Educación, Chile (2015). *Estadísticas por Carrera*. Tomado de http://www.mifuturo.cl/index.php/futuro-laboral/buscador-por-carrera?tecnico=false&cmbareas=5&cmbinstituciones=3

Monckeberg, M. O. (2009). *Los magnates de la prensa: concentración de los medios de comunicación en Chile*. Santiago, Chile: Debate.

Muñoz, M., & Guzmán, E. (2005). *La especialización del periodismo: un desafío aplicado a los modelos de enseñanza en las universidades chilenas frente a las demandas de la era global, hacia un mejor ejercicio en el siglo XXI*. Tesis para obtener la licenciatura en periodismo. Universidad de Artes, Ciencias y Comunicación (UNIACC), Santiago, Chile.

Muñoz, J., & Jiménez, C. (2007). La estructura de los medios de comunicación en Chile. *Razón y Palabra*, 60. Tomado de http://www.razonypalabra.org.mx/anteriores/n60/varia/jimenes_munoz.html

Ossandón, C., & Santa Cruz, E. (2001). *Entre las alas y el plomo: la gestación de la prensa moderna en Chile*. Santiago, Chile: Lom Ediciones.

Pellegrini, S. (2010). Análisis conceptual del periodismo ciudadano y propuesta metodológica para analizar su contribución informativa. *Palabra Clave, 13*(2), 271-290. Tomado de http://www.redalyc.org/articulo.oa?id=64916989004

Pellegrini, S., Puente, S., Godoy, S., Fernández, F., Julio, P., Martínez, J. E., Soto, J. A., & Grassau, D. (2009). *Ventanas y espejos. Televisión local en red*. Santiago: El Mercurio-Aguilar.

Pellegrini, S., Puente, S., Porath, W., Mujica, C., & Grassau, D. (2011). *Valor agregado periodístico. La apuesta por la calidad de las noticias*. Santiago: Ediciones Universidad Católica de Chile.

Pontificia Universidad Católica de Chile. (2009). *Estudio interno de egresados de Periodismo*. Santiago, Chile: Vicerrectoría Académica, Pontificia Universidad Católica de Chile—Empresas UC.

Porath, W. (2007). Los temas de la discusión pública en las elecciones presidenciales chilenas 2005: relaciones entre las agendas de los medios y las agendas mediatizadas de los candidatos y del gobierno. *América Latina Hoy, 46*, 41-73. Tomado de http://revistas.usal.es/index.php/1130-2887/article/view/2452/2501

Puente, S., & Grassau, D. (2011). Periodismo ciudadano, dos términos contradictorios. La experiencia chilena según sus protagonistas. *Palabra Clave, 14*(1), 137-155. Tomado de http://www.redalyc.org/articulo.oa?id=64920732009

Ramírez, J. (2009). La concentración de la propiedad radial en Chile: las exigencias de nuevos paradigmas entre globalidad y localidad. *Redes.com, 5*, 309-327. Tomado de http://dialnet.unirioja.es/servlet/articulo?codigo=3674199

Santa Cruz, E. (1988). *Análisis histórico del periodismo chileno*. Santiago: Nuestra América Ediciones.

Santander, P. (2007). Medios en Chile (2002-2005). Entre la lucha por el poder y la sumisión al espectáculo. En P. Santander Molina (Ed.), *Los medios en Chile: voces y contextos*, (pp. 11-37). Tomado de http://www.euv.cl/archivos_pdf/medios.pdf

Torres, G. (2003). *La identidad del periodista y los desafíos gremiales y profesionales en la sociedad global y de la información. Informe preliminar para el X Congreso Nacional Extraordinario del Colegio de Periodistas de Chile.* Tomado de http://www.periodismo.uchile.cl/documentos/

Universidad Alberto Hurtado (UAH). (2011). *Encuesta Estado del Periodismo Nacional 2009, Informe de Resultados.* Tomado de http://periodismo.uahurtado.cl/wp-content/uploads/2010/11/Resultados-encuesta.pdf

Universidad Alberto Hurtado (UAH). (2012). *Encuesta Estado del Periodismo Nacional 2011, Informe de Resultados.* Tomado de http://periodismo.uahurtado.cl/wp-content/uploads/2010/10/Resultados-Encuesta-Estado-Nacional-del-Periodismo-2011.pdf

Tabla 2.1

Asociaciones de periodismo y organizaciones relacionadas más importantes en Chile.

Organización	Descripción	Sitio web
Asociación de Escuelas de Periodismo y Comunicación Social de Chile (ASEPECS)	Filial chilena de la Federación Latinoamericana de Facultades de Comunicación Social (FELAFACS).	http://www.periodismo.uchile.cl/asepecs
Asociación Nacional de la Prensa Chile (ANP)	Creada en 1951, reúne a 55 periódicos y 75 revistas que pertencen a 41 compañías editoriales. Apunta a mejorar el periodismo y su reconocimiento social.	http://anp.cl/
Asociación Nacional de Televisión	Agrupa a 18 televisoras regionales para apoyar y promover contenido local.	http://www.anatel.cl/
Asociación de Radiodifusores de Chile (ARCHI)	Creada en 1933, es una asociación gremial que promueve la radiodifusión privada y defiende la libertad de expresión y opinión.	http://www.archi.cl/
Círculo de Periodistas	Creado en 1907 para mejorar las habilidades profesionales y técnicas y para desarrollar la colaboración entre los asociados.	http://circulodeperiodistas.cl/
Colegio de Periodistas de Chile	Creado en 1956, es una asociación voluntaria que defiende los derechos del periodismo, la independencia y al liberta de expresión de la prensa y promueve las prácticas apropiadas del periodismo.	http://www.colegiodeperiodistas.cl/
Consejo de Ética de los Medios de Comunicación Social	Creado en 1990 por la Federación de Medios, es un consejo profesional autoregulatorio que evalúa el desempeño ético de los medios, especialmente a pedido del público.	http://www.consejodeetica.cl/

Tabla 2.1 (cont.)

Asociaciones de periodismo y organizaciones relacionadas más importantes en Chile.

Organización	Descripción	Sitio web
Consejo Nacional de Televisión	Creado por ley en 1970 para supervisar la operación apropiada de los servicios de televisión y sus contenidos.	https://www.cntv.cl/
Federación de Medios de Comunicación Social de Chile	Creada en 1991, junta a ANATEL, ARCHI y ANP con la esperanza de mejorar la cultura profesional y la ética en los medios.	http://www.consejodeetica.cl/
Fundación Chilena de la Prensa	Creada en 2001 para defender a la prensa y la opinion y para mejorar la práctica profesional a través del entrenamiento a periodistas.	n/a
Grupo de Diarios América (GDA)	Creado en 1991, el GDA agrupa a 11 diarios influyentes en América Latina incluyendo *El Mercurio*.	http://www.gda.com/
Mujeres Periodistas	Pugna por convertirse en un lugar de encuentro para mujeres periodistas y escritoras.	http://mujeresperiodistas.cl/
Radios Comunitarias de Chile (ANARCICH)	Promueve el desarrollo de radios comunitarias y defiende la libertad de expresión y opinión.	http://radioscomunitarias.cl/

Tabla 2.2

Ranking de los 10 programas académicos de periodismo más importantes (América Economía, 2015).

Organización	Sitio web
Pontificia Universidad Católica de Chile (Universidad Católica)	http://www.uc.cl/
Universidad de Chile	http://www.uchile.cl/
Universidad Diego Portales	http://www.udp.cl/
Pontificia Universidad Católica de Valparaíso	http://www.pucv.cl/
Universidad de Santiago	https://www.usach.cl/
Universidad Austral de Chile	http://www.uach.cl/
Universidad del Desarrollo	http://www.udd.cl/
Universidad de los Andes	http://www.uandes.cl/
Universidad de la Frontera	http://www.ufro.cl/
Universidad Católica de la Santísima Concepción	http://www.ucsc.cl/

3

La educación periodística en China: Sirviendo a dos amos

Gang (Kevin) Han

Han transcurrido más de 90 años desde el establecimiento de la educación universitaria en periodismo en China (Ding, 1997; Guo, 2010; Wu, 2006; Yu, Chu & Guo, 2002). Desde entonces, la enseñanza del periodismo chino se ha caracterizado por las peculiaridades de sus medios de comunicación y la tensión entre dos enfoques: el de sus comienzos, cuando adoptó "el modelo de Missouri", y el del "modelo soviético", que profesó a partir de la fundación de la República Popular China (Hao y Xu, 1997). La atmósfera política y el cambio social, junto con el "tira y afloja" entre la línea editorial del Partido Comunista Chino (en lo sucesivo, el Partido) y el interés económico de los medios de comunicación chinos, siguen configurando la educación periodística china (He, 2000; Zhao, 1998). Este capítulo analiza el pasado, presente y futuro de la educación del periodismo chino, examinando al mismo tiempo la conexión entre el paisaje mediático y sus vínculos con la educación.

El periodismo en el paisaje mediático

La educación periodística, como parte de la estructura más amplia de la práctica mediática, está intrínsecamente ligada a entornos sociopolíticos y económicos (Wu & Weaver, 1998; Yu, Chu & Guo, 2002). Esta sección se centra en el panorama actual de los medios de comunicación en China, un contexto en el que la educación china en periodismo se forma y se pone al día.

China, la segunda economía más grande del mundo, se está moviendo rápidamente hacia la era de la información con una creciente variedad de medios de comunicación. Los medios de comunicación estatales, propiedad del gobierno y controlados ideológicamente por el Partido, coexisten con formas innovadoras de noticias, iniciativas impulsadas por el mercado y las plataformas emergentes en Internet. Como sostiene Schudson (2000, p. 179), el periodismo chino presenta "patrones mixtos de propiedad y control", con "nuevas mezclas de medios de comunicación estatales, independientes y comerciales".

En 2013 había al menos 2.000 periódicos, 9.000 revistas, 311 estaciones de radio y 374 estaciones de televisión en China (PR Newswire, 2013). Más de 88,03 millones de hogares, aproximadamente el 94,1% de la población, se suscribían a la televisión por cable o por satélite (PR Newswire, 2013).

Medios impresos

Los periódicos han sido tradicionalmente la fuente dominante de información para el pueblo chino. Para poder satisfacer su necesidad de información diversificada, tanto los periódicos como las revistas han gozado de una rápida expansión desde principios de los años ochenta. Por un lado, los medios de comunicación estatales han introducido un contenido más atractivo y menos politizado para las masas, a la vez que han mantenido su función como portavoces del Partido y el gobierno. Por otro, los periódicos orientados al mercado han ofrecido una cobertura más entretenida y sensacionalista para lograr un creciente número de lectores, a pesar de estar sujetos al mismo nivel de censura (PR Newswire, 2013). Para sobrevivir a la competencia en el mercado, independientemente del patrimonio, los medios de comunicación impresos dependen cada vez más de ventas y publicidad antes que de los subsidios gubernamentales.

En años recientes, los periódicos han comenzado a sufrir una disminución de su cuota de mercado debido a la disminución de la credibilidad y la creciente popularidad de los medios basados en Internet. Aunque los medios de comunicación impresos siguen manteniendo su posición fundamental en el panorama mediático chino como una de las fuentes exclusivas de noticias para portales en línea y sitios web de noticias, su total de ingresos por publicidad cayó un 8% —porcentaje sin precedentes— durante la primera mitad de 2013 (PR Newswire, 2013).

Televisión

Con un 76% del total de ingresos publicitarios en China y una tasa de penetración del 97%, la televisión es el medio básico de consumo de noticias en China (PR Newswire, 2013). Todas las estaciones de televisión en China son estatales. Se institucionalizaron a principios de los años ochenta en cuatro niveles administrativos jerárquicos: condado, municipal, provincial y nacional. La Televisión Central de China (CCTV) es la única cadena de televisión nacional. Transmite 20 canales, algunos de los cuales incluyen programación en inglés. A principios de los años noventa, el sistema de radiodifusión de cuatro niveles se reestructuró gradualmente, permitiendo que las estaciones de televisión locales y regionales fueran accesibles a través de servicios por satélite y por cable.

Nuevos medios de comunicación

Desde mediados de la década de 1990, el Internet se ha convertido en una fuente de información cada vez más importante para los chinos, especialmente para los residentes urbanos. Se estima que en el 2016 había 721 millones de usuarios de Internet, o "internautas", en China (Internetlivestats, 2016). Uno de los principales usos del Internet es acceder a noticias e información (CNNIC, 2006). Los portales web, como Sina, Baidu,

Sohu, NetEase y Tencent, están entre los sitios de noticias comerciales más grandes de China y las fuentes de noticias más utilizadas por los jóvenes y personas con altos niveles de educación (PR Newswire, 2013).

El enorme mercado de audiencias y la arremetida de capitalistas de riesgo en China catalizaron la aparición de sitios web de noticias a finales de los años noventa y principios de los 2000. Hay principalmente tres tipos líderes de sitios web de noticias (Han, 2007). El primer tipo abarca los portales orientados al mercado operados por empresas comerciales (v. g., http://www.sina.com.cn/, cuyo propietario y operador es el principal proveedor y portal de contenidos de Internet en China). Para este tipo de portal, las noticias son básicamente cebo para atraer audiencias a los sitios web y los anuncios. El segundo tipo corresponde a los sitios web dirigidos por medios impresos o electrónicos, cuya presencia en línea diversifica sus puntos de venta y ayuda a obtener oportunidades de mercado e ingresos por publicidad (v. g., http://www.people.com.cn/, propiedad de y dirigido por *People's Daily*, portavoz del Comité Central del Partido). El tercer tipo engloba los sitios web operados por los gobiernos locales o los departamentos locales de propaganda del Partido (v. g. http://www.eastday.com/ en Shanghai y http://www.qianlong.com/ en Beijing), que agregan todo el contenido disponible publicado por los medios tradicionales para competir con los sitios comerciales populares como Sina (Han, 2007). Hoy en día, los medios de comunicación tradicionales se están involucrando más activamente en las redes sociales y en las plataformas móviles, buscando nuevas maneras de incrementar el número de lectores para sobrevivir a la competencia con los portales de noticias basados en Internet.

Una tendencia del crecimiento agresivo de los nuevos medios es la dramática adopción de los teléfonos móviles a lo largo del país. De acuerdo con el Ministerio de Industria y Tecnología de la Información de China (Netease, 2014), en marzo de 2013 había, en el país, alrededor de 1,15 millones de usuarios de servicios de móviles. Hacia junio de 2014, el teléfono móvil se había convertido en el medio preferido para acceder a la Web para el 83,4% de los usuarios de Internet chinos (CNNIC, 2014). Más de 100 millones de ellos son usuarios registrados de la tienda de aplicaciones y alrededor de 35 millones usan sistemas de pago móviles. Las aplicaciones de teléfonos inteligentes se han convertido en la principal fuente de información para los usuarios móviles (PR Newswire, 2013).

Sitios de redes sociales

La supresión por parte del gobierno del acceso a ciertos sitios de redes sociales, como Facebook y Twitter, ha llevado a la creación de sitios similares exitosos. En 2014, China tenía 275 millones de microbloggers registrados (CNNIC, 2014). Weibo, lanzado por Sina en agosto de 2009, es la plataforma de microblogging más popular y una fuente de información extremadamente importante para los chinos. Combinando las características de Twitter, Facebook y BBS (sistema de boletín de anuncios), Weibo ha sido la red social de más rápido crecimiento en el mundo (Baidu, 2012), con 368 millones de usuarios registrados registrados en agosto de 2012 (Xinhua News Agency, 2012, 2013).

Desde finales de 2012, WeChat, una nueva aplicación social móvil de Tencent, se ha convertido rápidamente en popular entre los usuarios de teléfonos móviles. WeChat tenía 438 millones de cuentas activas en junio de 2014, convirtiéndose en el principal rival de Weibo, si es que no su sustituto (Agencia de Noticias Xinhua, 2014).

Como se ha descrito anteriormente, los medios de comunicación masivos en China, especialmente los medios de comunicación tradicionales, han sido rigurosamente controlados por el sistema de propaganda del Partido. El Partido, el Estado y sus agentes son propietarios parciales o totales de todos los tipos de medios de comunicación en los mercados locales, regionales y nacionales. El Partido, descrito como un sistema de "mando" por Lee (1990), ejerce un control ideológico riguroso sobre los medios de comunicación de masas en todos los frentes, desde el contenido hasta el diseño de la página. La política y los políticos están profundamente involucrados en el funcionamiento diario de los medios de comunicación chinos, lo que incluye la asignación de recursos financieros o de personal y el establecimiento de agendas. Como agencia del poder político, los medios de comunicación chinos sirven como portavoces de sus propietarios para "articular y apoyar las políticas de gobierno" (Guo, 2010, p. 15), crear y guiar la opinión pública, difundir mensajes en interés del Partido y el Estado, y ayudar a mantener el *statu quo*, ya sea activamente o pasivamente (Han, 2007).

Los cambios en la ecología de los medios de comunicación de China (Lee, 1990, 1994, 2000), debido a las reformas económicas impulsadas por el mercado desde finales de la década de 1970, han provocado cierta relajación en la censura del contenido de los medios de comunicación no políticos. Después de todo, este contenido satisface al público y maximiza la cuota de mercado (Han, 2007). La despolitización, la descentralización y la comercialización de los medios de comunicación locales orientados al mercado han caracterizado el cambio estructural "gradual, decisivo y desigual" de los medios de comunicación chinos (Xin, 2006, p. 2). Sin embargo, al servir intereses políticos y comerciales, los medios de comunicación están inevitablemente a merced de la tensión entre el constante control ideológico del Partido y el deseo de autonomía de los profesionales, que va más allá de la simple obtención de beneficios. Zhao (1998) sostiene que los medios de comunicación chinos contemporáneos están detenidos entre la línea editorial del Partido y el interés económico. Y He (2000) agrega que la tensión también se está sintiendo dentro del propio Partido por medio de un tira y afloja en el que la "prensa del Partido" se está convirtiendo asimisma en "publicidad del Partido Inc." (p. 112).

Características profesionales

El papel de los medios de comunicación chinos, su "modelo propagandista/comercial" (Zhao, 1998) en medio de la polaridad entre mercado y estado, censura y profesionalismo, ha suscitado un considerable debate.

Censura

Hay una lucha constante en China entre el derecho del público al acceso a la información y el control ejercido tanto por el gobierno como por el Partido del contenido de los medios y el flujo de la información. Esta contradicción se refleja parcialmente en la censura institucionalizada, embebida en la producción diaria de las noticias.

Directores y editores en jefe, designados por los departamentos centrales o regionales de propaganda, precensuran a la prensa china. A diario la cobertura normal es supervisada y debe "pasar a través de tres a seis manos antes de... [su] publicación final" (Scharping, 2007, p.104). Lo que no puede aparecer en los medios de comunicación suele ser establecido por las directrices de los departamentos de propaganda y/o las directivas enviadas por escrito o dictadas por teléfono por otros funcionarios a los jefes de redacción (Scharping, 2007). El contenido censurado a menudo trata de informes no autorizados o falsos, casos de corrupción que involucran a funcionarios del Partido o del gobierno, "puntos de vista incorrectos", debates sobre liderazgo, disidentes, disturbios, incidentes políticos o acontecimientos, asuntos o individuos polémicos (Scharping, 2007, p. 105).

Un "Grupo de Lectura Crítica" censura a la prensa *a posteriori*. Este grupo está supervisado por departamentos de propaganda compuestos por funcionarios actuales, cuadros de propaganda retirados y periodistas veteranos. Monitorea la cobertura de los medios de comunicación y escoge los informes problemáticos para su revisión. Sus notas de lectura circulan en boletines internos que son leídos por aquellos que pertenecen a "escalones superiores del Partido" (Scharping, 2007, p. 106). Una revisión desfavorable en "la censura *a posteriori*" a menudo conlleva acciones disciplinarias u otros castigos contra no solo el reportero implicado, sino también contra funcionarios designados por el Partido encargados de la censura previa.

Durante el rápido crecimiento de las plataformas de comunicación basadas en Internet en China, el Partido y el gobierno han extendido el control ideológico y burocrático al ciberespacio para limitar el flujo de contenido en línea (Han, 2007). Por ejemplo, tanto los Proveedores de Servicios de Internet (ISP, como las publicaciones y las organizaciones mediáticas deben ser licenciados por el estado (Coleman, 1999). Mientras tanto, aunque los medios basados en la Web no pueden emplear a sus propios reporteros para escribir noticias, se les permite usar reportes de los medios de comunicación tradicionales. En este sentido, los sitios web comerciales de noticias sirven meramente como mercados de ventanilla única, o "centros de distribución" para la información rempaquetada y aprobada por el Partido (Han, 2007). Por lo tanto, los sitios web comerciales de noticias, junto con otras plataformas emergentes de comunicación en línea, esencialmente comparten la voz de los medios de comunicación o sitios web dirigidos por el gobierno (Han, 2007).

El público es muy consciente de la censura del gobierno cuando se trata de sitios en línea. El "Gran Cortafuegos de China" también filtra noticias, asuntos de políticas, salud, comercio y ofertas de entretenimiento ofrecidos en sitios web extranjeros y en sitios web en chino ubicados fuera de China (Zittrain & Edelman, 2003). Y bloquea la publicación política de materiales "contrarrevolucionarios" (antigubernamentales) y la de sitios de noticias occidentales específicos que a veces son críticos con China, como la BBC y el *New York Times* (Harwit & Clark, 2001).

Profesionalismo

La simbiosis del periodismo del Partido y el "periodismo vendido" (Zhao, 1998) plantea otra preocupación relevante para el profesionalismo periodístico en China. Por un lado, los periodistas chinos tratan de adherirse a la ética y los estándares profesionales en la producción de noticias. Por otro lado, algunos periodistas se aprovechan de los medios de comunicación al utilizarlos como una herramienta de publicidad para buscar beneficios financieros.

Pan y Lu (2003) sostienen que el periodismo chino "no funciona como un sistema apolítico" donde "los medios de comunicación sirven a toda la sociedad y la profesión periodística controla su trabajo" (p. 224). El profesionalismo periodístico en China es "reducido y fragmentado", y la "contradicción [inherente a] los medios como órganos de propaganda del régimen comunista financiados por el mercado inhibe la adopción generalizada de aquella ideología profesional" (Pan & Lu, 2003, p. 224). Los periodistas chinos no aceptan automáticamente las prescripciones del profesionalismo universal. En vez de eso, están "creando su profesión —expresando y comprendiendo sus visiones de profesionalidad periodística— con sus prácticas cotidianas" (pp. 224-225). Por lo tanto, "'deconstruir' un sistema de ideas se convierte, al mismo tiempo, en un resultado y en un medio para que los periodistas chinos desempeñen su profesión" (Pan & Lu, 2003, pp. 224-225). Por ejemplo, Sun (1994) argumenta que el profesionalismo no puede lograrse en China a menos que los periodistas puedan descubrir cómo hacer felices al gobierno y al público. Los periodistas chinos interpretan y justifican su práctica profesional como un derecho otorgado por el Partido (Guo, 1999, citado en Pan & Lu, 2003) para cumplir la función de vigilancia de los medios de comunicación, iluminar al público, presenciar la transición social y, en última instancia, mantener la estabilidad política (Sun, 1994, Pan & Lu, 2003).

Mientras que los periodistas chinos respetan el profesionalismo y, en general, lo persiguen, las noticias pagadas o el periodismo vendido, que cuestiona éticamente el profesionalismo, desafortunadamente siempre ha existido. El periodismo vendido es la práctica de publicar información en forma de cobertura de noticias a cambio de ganancias personales o beneficios materiales para la organización mediática (China Media Project, 2007). "A lo largo de los años, el periodismo vendido ha pasado de ser una práctica individual a una costumbre colectiva" (Zhao, 1998, p. 77) y de ser "no organizado" a ser un "soborno organizado". Para los inescrupulosos, el periodismo vendido consigue dinero en efectivo a través de publicidad, suscripciones, patrocinio, etc. Además, las historias negativas sobre ciertas organizaciones a veces se publican como consecuencia de no haber recibido pago. El periodismo vendido "difumina la línea entre publicidad y editorial" (China Media Project, 2007), convirtiendo un servicio público en una herramienta para el beneficio privado (Zhao, 1998, p. 76).

Con respecto a la educación periodística, Yu, Chu y Guo (2002) afirman que el profesionalismo está ganando mayor atención y promoción porque los educadores chinos "encuentra fe en él" y lo ven como "una herramienta legítima para eludir el control ideológico" (Guo, 2010, p. 24).

A pesar de que se enfatiza el profesionalismo tanto en el ejercicio de la profesión como en la educación, la brecha entre los ideales profesionales de los periodistas y las prácticas actuales se está ampliando, como lo demuestra la creciente autocensura de los periodistas y la disminución de su credibilidad y estatus social (So & Chan, 2007).

La educación periodística, el entrenamiento profesional y la investigación

Esta sección ofrece una visión general de la educación y la investigación en periodismo en China. Se centra en la historia y el estado actual de la educación en periodismo, los programas y secuencias educativos, los tipos de instituciones de enseñanza, el desarrollo curricular, la educación y los vínculos profesionales, y los temas, los desafíos, las innovaciones y las orientaciones relacionados.

Enseñando y entrenando a los futuros periodistas

En cuanto a la educación periodística, los estudiosos sostienen que su desarrollo en China muestra una fuerte correlación con la evolución de los medios de noticias y la industria mediática. La educación periodística también ha sido más sensible a las transiciones sociales en China "que cualquier otro campo de la formación profesional" (Yu, Chu & Guo, 2002, p. 63; Du, 2009; Guo, 2010).

Breve historia. La educación moderna en periodismo en China comenzó a principios del siglo XX. El primer departamento de periodismo se estableció en St. John's, una universidad anglicana en Shanghai, en 1920. En 1923, el primer programa chino de periodismo (de noticias impresas en periódico) iniciado por educadores fue establecido en la Populace University de Beijing. Programas similares fueron establecidos en la Universidad de Yenching en Beijing, en 1924, en la Universidad Fudan de Shanghai, en 1929, y en otras universidades en las décadas de 1930 y 1940 (Hao & Xu, 1997).

Los académicos sugieren que la educación moderna china del periodismo ha evolucionado a través de cinco etapas: las décadas de 1920 a 1940, la década de los años 50, principios de los años 60, de 1966 a 1977 (La Revolución Cultural) y de 1978 hasta nuestros días.

Durante la primera etapa (de 1920 a 1940), cuando programas importantes se institucionalizaron en las universidades de Shanghai, Beijing y Xiamen, la educación del periodismo chino "se modeló" siguiendo a sus precursores y contrapartes estadounidenses (Guo, 2011, p. 2), especialmente mediante la adopción de planes de estudio similares a los de las Universidades de Missouri y Columbia (Hao & Xu, 1997; Cai, 2003; Ding, 1997). Se contrató a profesores estadounidenses de periodismo para capacitar a estudiantes chinos como el primer grupo de periodistas profesionales en estas instituciones. La educación temprana del periodismo chino, con claras raíces estadounidenses, también entrenó a la primera generación de profesores de periodismo. Estos profesores se convirtieron posteriormente en instructores principales en prestigiosos programas de periodismo, como los de las Universidades de Fudan y Renmin, incluso después de que la República Popular de China fuera fundada en 1949 (Guo, 2011). La primera escuela de postgrado de periodismo en China, fundada en 1943 en Chongqing, también reflejó muchos aspectos de la Escuela de Periodismo de la Universidad de Columbia (Chang, 1989, citada en Hao & Xu, 1997).

Durante la segunda etapa (principios de los años 50), después de la fundación de la "nueva China", las facultades y universidades se sometieron a una reorganización y reestructuración a nivel nacional. Después de todo, la educación periodística estaba siendo renovada de acuerdo con el modelo soviético. Esta "terapia de choque", vista como un "punto de inflexión para la educación periodística" que "enfatizó la orientación política en todos los sectores de las ciencias sociales" (Guo, 2011, p. 3), pronto reorganizó los programas de periodismo en China. Las teorías marxistas-leninistas fueron destacadas en los planes de estudios y periodistas comunistas veteranos fueron nombrados administradores e instructores (Chu, 1980). Para mejorar el periodismo partidario y entrenar a los "medios propagandistas", se agregaron más departamentos de periodismo en varias universidades de todo el país (Hao & Xu, 1997).

Durante la tercera etapa (principios de los 60s), la reestructuración de la educación periodística disminuyó su ritmo. Los programas académicos incorporaron más cursos sobre teoría, principios y cultura en el currículo para adaptarse mejor al modelo soviético (Guo, 2011; Hao & Xu, 1997).

Por desgracia, durante la cuarta etapa (a partir de mediados de los años 60), la educación periodística se estancó durante el período más caótico de La Revolución Cultural. En realidad, la educación periodística "sufrió grandes reveses" durante esta etapa (Guo, 2011, p. 4). Los profesores y los estudiantes fueron obligados a irse a las zonas rurales del país para ser "reeducados". Y cuando se autorizó la reapertura de universidades y programas de periodismo a principios de los años 70, la educación periodística puso "aún más énfasis en la formación política de los estudiantes... que en la práctica periodística tradicional" (Hao & Xu, 1997, p. 37).

La quinta y actual etapa comenzó a finales de los años 70, hacia el final de La Revolución Cultural, con la adopción de reformas y la política de puertas abiertas de Deng Xiaoping. Desde entonces, el rápido crecimiento económico y la creciente competencia en los mercados mediáticos han producido una gran demanda de periodistas profesionales que entienden de publicidad y audiencias. Las necesidades del mercado ayudaron a que la educación periodística china volviera a lo básico (Chu, 1980), lo que ha llevado a un crecimiento sin precedentes (Ding, 1997, Hao & Xu, 1997).

Mientras tanto, el reconocimiento oficial de "periodismo y comunicación" como una "disciplina de primer nivel" en las ciencias sociales ha impulsado el crecimiento de la educación periodística en China en las últimas dos décadas (Guo, 2011, p. 6). Inicialmente, las autoridades educativas del estado consideraban al periodismo como un subcampo o concentración de segundo nivel dentro de la disciplina de lengua y literatura chinas, con presupuestos y acceso a otros recursos educativos de manera limitada. Sin embargo, en 1977, el incremento de matrículas de estudiantes y la producción de investigación impulsaron al Estado a reconocer la legitimidad de periodismo y comunicación como una unidad académica independiente, con niveles de doctorado en las ciencias sociales (Han, 2002). El mayor nivel de la disciplina ha ayudado a los departamentos y unidades de periodismo y comunicación de masas a tener mayor participación en las asignaciones presupuestarias del Estado. Este reconocimiento también proporciona a los educadores de periodismo y comunicación una mayor autonomía profesional. Hoy en día, profesores y expertos en periodismo, en lugar de ser profesores de lengua y literatura chinas, se encargan de evaluar y acreditar programas de periodismo (Guo, 2011).

Situación actual. En 1949 había 460 estudiantes de periodismo matriculados en siete universidades y facultades de Shanghai, Beijing, Suzhou y Guangzhou (Hao y Xu, 1997). En 1977, los programas de pregrado de cuatro años en Beijing y Shanghai se reiniciaron tras el fin de la Revolución Cultural. A finales de 2013 (CHESICC, 2013) hubo más de 1.000 programas de pregrado ofrecidos en facultades en todo el país, incluyendo los siguientes:

- periodismo (307),
- periodismo de radio y televisión (228),
- publicidad (350),
- comunicación (55),
- edición y publicación (70),
- nuevos medios (33),
- publicación digital (4).

Las inscripciones en programas de pregrado se estimaron en alrededor de 50.000 al año. Hace siete años, alrededor de 8.000 profesores enseñaban en estas instituciones de pregrado —14% profesores titulados, 27,5% profesores asociados, 38,5% profesores asistentes y 22% instructores (Guo, 2011).

Además, desde 1978, los programas de posgrado también experimentaron una rápida expansión (Cai, 2003). Los primeros estudiantes de doctorado fueron reclutados en 1981 (Guo, 2011). Hacia marzo de 2006, habían cerca de 60 programas de maestría en periodismo y 63 en comunicación, y hay cerca de 21 programas de doctorado en periodismo y comunicación en 15 universidades (Guo, 2011).

Las instituciones educativas de periodismo en China pueden agruparse de la siguiente manera (Cai, 2003):

> ➢ Programas líderes alojados en prestigiosas universidades, como la Universidad de Fudan y la Universidad Renmin de China, cuyos departamentos de periodismo originales han sido elevados a facultades o escuelas de periodismo en todo el sentido de la palabra. La Universidad de Comunicación de China (antes, Instituto de Radiodifusión de Beijing) es otro programa de este tipo. El prestigio de estas tres instituciones tiene mucho que ver con su fastuoso financiamiento, un profesorado experto, planes de estudios bien diseñados e instalaciones bien equipadas.
> ➢ Programas creados hace décadas en universidades emblemáticas, como la Universidad de Wuhan, la Universidad de Nanjing y la Universidad de Sichuan, entre otras universidades de investigación de cuatro años en todo el país.
> ➢ Escuelas de periodismo y comunicación recientemente fundadas en las mejores universidades. Por ejemplo, la Universidad de Pekín restauró su escuela de educación en periodismo en 2001, y la Universidad de Tsinghua estableció su escuela de periodismo en 2002.
> ➢ Programas establecidos en instituciones especializadas, tales como escuelas normales y facultades de deportes, finanzas y negocios, ciencia y tecnología, y politécnicos.
> ➢ Programas de extensión a tiempo parcial ofrecidos por universidades o facultades.
> ➢ Programas establecidos en pequeñas universidades privadas en áreas metropolitanas.

Programas y secuencias. Bajo el amplio término "periodismo y comunicación", además de la tradicional carrera en periodismo impreso, hay diferentes áreas de especialización. En el nivel de pregrado, por ejemplo, hay ramas o especializaciones típicas: periodismo (centrado en los periódicos), radiodifusión y televisión, publicidad, edición y publicación, y comunicación. Dos áreas de especialización, periodismo y comunicación, ahora ofrecen programas de maestría y doctorado (Guo, 2011). Mientras tanto, en las últimas dos décadas, se han expandido secuencias o especialidades diferentes a los medios tradicionales de prensa escrita y radiodifusión —como periodismo deportivo, fotoperiodismo, relaciones públicas y estudios de comunicación— (Guo, 2011). También se han introducido secuencias o concentraciones más actualizadas, tales como la comunicación en la Web y la edición digital (Cai, 2003; Ding, 1997).

Desarrollo curricular. En consonancia con el reconocimiento del periodismo y la comunicación como disciplinas de primer nivel se encuentran una serie de medidas encaminadas a seguir "la tendencia internacional de elevar a los periodistas de técnicos a profesionales" (Hao & Xu, 1997, p. 42). Éstas incluyen una división menos rígida de las especialidades, la reducción de los cursos obligatorios del oficio, y un aumento de los cursos obligatorios en las artes liberales y las ciencias. Las clases teóricas sobre comunicación y comunicación de masas que introducen conceptos occidentales están siendo incluidas en el currículo como cursos requeridos (Hao & Xu, 1997). Mientras tanto, la proporción de cursos electivos está aumentando para que los estudiantes tengan más opciones en sus estudios (Wu, 2006, pp. 152-155). En la actualidad se ofrecen cursos no disponibles anteriormente, como gestión de medios, economía de los medios de comunicación, Internet y comunicación, publicidad y relaciones públicas, y psicología de la comunicación de masas (Cai, 2003).

Al mismo tiempo, ha habido un enfoque implacable en los cursos prácticos. Como mencionan Hao y Xu (1997, p. 42), las habilidades profesionales, enfatizadas en el modelo tradicional de la educación periodística estadounidense, eran una parte integral de los programas de periodismo en China en sus primeros años. Hoy en día, los cursos prácticos siguen gozando de un lugar destacado en la educación periodística. La participación de los estudiantes en la práctica periodística suele llevarse a cabo a través de pasantías en medios fuera de la universidad. Los estudiantes también pueden trabajar en medios de comunicación estudiantiles, tales como diarios o semanarios de las universidades o estaciones de radio afiliadas a universidades, como periodistas o presentadores de noticias a tiempo parcial. Al mismo tiempo, se contratan ex periodistas y se invita a periodistas veteranos a impartir cursos de formación de habilidades con regularidad. Nuevos cursos de habilidades en publicidad y relaciones públicas también se ofrecen para satisfacer las demandas de la industria de la comunicación, que está en rápido crecimiento.

Los libros se actualizan continuamente para reflejar el ritmo de cambio en las prácticas de los medios de comunicación masiva. En las últimas dos décadas han estado disponibles en el mercado varias series de libros y materiales didácticos compilados y publicados por las principales escuelas de periodismo y aprobados por el Ministerio de Educación (Cai, 2003).

Además, muchas escuelas y departamentos de periodismo invierten considerablemente en tecnologías e instalaciones de comunicación de última generación. Los laboratorios de computación y multimedia, los laboratorios de composición tipográfica láser y de edición digital, los equipos para recopilación de noticias y los talleres y laboratorios de publicidad contribuyen a un entorno de aprendizaje interactivo de los cursos orientados a la formación de habilidades.

Todos los rediseños e innovaciones curriculares han seguido cuidadosamente las directrices del Partido para la formación de futuros periodistas. Los cursos requeridos teñidos de ideología, como la historia de la revolución comunista china y la teoría del periodismo basada en las ideas de Marx, Lenin, Mao y Deng, se mantienen intactos en las actualizaciones del currículo (Hao & Xu, 1997, p. 43).

Investigación académica en periodismo

Similar a la evolución de la educación periodística en China, la investigación en periodismo en la China contemporánea, según Yu (1997), puede verse en tres etapas que corresponden a las fases de las transiciones sociales en China.

La primera etapa (1949-1982) coincidió con la era de la economía planificada, cuando el Partido formuló e implementó políticas de desarrollo socioeconómico dominantes. Mientras los medios de comunicación masiva funcionaban plenamente como portavoces de propaganda del Partido, los académicos a menudo citaban los discursos y publicaciones de los principales líderes como respuestas universales a las preguntas de investigación sobre la práctica periodística y la comunicación persuasiva. Cuando se inició la reforma económica a finales de los 70s, se introdujo en China un gran número de conceptos de comunicación occidentales, que "trajeron un conjunto completo y sistemático de terminologías, teorías, metodologías e hipótesis a las academias chinas" (Hu & Ji, 2013, p. 9).

La segunda etapa se inició en la era de la economía posplanificada (1982-1992; Yu, 1997), en la que los estudiosos comenzaron a evaluar cuestiones básicas sobre periodismo y comunicación de masas.

En la tercera etapa, la actual (después de 1992), la investigación académica en el periodismo en China tomó un giro científico y también mostró una "infusión de teorías y conceptos occidentales" (Pan, Chan, & Lo, 2008, p. 199). Este paradigma positivista ha sido bien recibido por los estudiosos chinos, que comenzaron a prestar más atención a las implicaciones prácticas de los medios de comunicación masiva como portadores de información y contribuyentes económicos (Yu, 1997).

Los estudios sobre periodismo y comunicación masiva publicados y financiados por el estado en China continental entre 1993 y 2007 se centraron, principalmente, en los siguientes temas: periodismo en general y temas de los medios de comunicación; gestión de medios y la economía; radiodifusión; nuevas tecnologías de comunicación; políticas, leyes y regulaciones de las comunicaciones; y procesos y efectos de la comunicación de masas (Wang, 2009, p. 45). Wang (2009, p. 47) también descubrió que los proyectos financiados por el estado están guiados por y orientados hacia, primordialmente, las políticas de comunicación o los medios de comunicación del gobierno y las estrategias de propaganda en torno a la opinión pública y la construcción de la imagen nacional.

Según Pan et ál. (2008), los estudios sobre políticas y la investigación sobre la resolución de problemas han sido la "característica más destacada" de la investigación académica sobre el periodismo en China (pp. 205-206) porque:

sistemáticamente no hay espacio intelectual libre de la influencia dominante del [P]artido... [La investigación] básicamente consiste en anotar políticas del [P]artido, proponiendo propuestas viables a los responsables políticos o a los dirigentes de la industria, y elaborando argumentos normativos para justificar tales políticas o propuestas. (p. 203)

Tales políticas o propuestas a menudo tratan con la reconfiguración de las industrias de medios de comunicación, las organizaciones de medios y las prácticas de periodismo, mejorando el desempeño de los medios de comunicación y la adaptación de las organizaciones de medios a Internet y la era digital.

A pesar de los temas motivados en el estado, los académicos chinos ponen un énfasis considerable en los formatos de los medios y su rendimiento (Wang, 2009). Pan et ál. (2008) señalaron que los académicos "están profundamente involucrados en cambiar las prácticas de periodismo y las instituciones mediáticas" (p. 205) a través de la examinación exhaustiva de los periodistas, el periodismo como oficio y los macro contextos de la producción de noticias. Sin embargo, a pesar de que los investigadores chinos han adoptado en gran medida perspectivas de economía política, socio-organizacionales y teórico-culturales, la mayoría de sus estudios "se basan en observaciones impresionistas y son de naturaleza no teórica" (Pan et ál., 2008, p. 201). Wang (2009) añade que los estudios de investigación tienden a carecer de enfoques o marcos teóricos y no están dirigidos a la construcción de teoría.

En lo que respecta a los métodos de investigación, la mayoría de los artículos publicados en revistas académicas chinas son ensayos y reseñas. Esto ocurre a pesar de la investigación clásica sobre el periodismo que se está introduciendo desde los países occidentales y la creciente atención al enfoque positivista. "Los métodos básicos empleados siguen siendo anotaciones de políticas y argumentos analíticos" (Pan et ál., 2008, p.203). La normalización de la investigación académica empleando una metodología de calidad es, por tanto, un reto para los estudiosos del periodismo ubicados en China (Chan, 2008).

Conexiones profesionales en la enseñanza de periodismo

La educación periodística está orientada a la formación de futuros periodistas y profesionales de los medios (Cai, 2003). El rápido desarrollo de las organizaciones relacionadas con los medios y la comunicación (véase la Tabla 3.1 para organizaciones importantes del periodismo) y la economía de la información brinda a los estudiantes amplias oportunidades de trabajo al graduarse. Varios tipos de medios de comunicación; casas editoriales y departamentos de publicidad en organizaciones gubernamentales o en organizaciones o negocios sin fines de lucro; las empresas de publicidad y relaciones públicas; y las instituciones de comunicación en marketing mantienen a los estudiantes de periodismo y comunicación en gran demanda en el mercado de trabajo (Cai, 2003; Ding, 1997).

Los estudiantes de periodismo, especialmente los de las escuelas líderes o de las escuelas de las áreas metropolitanas, son populares en el mercado de trabajo. Según una encuesta de 2002 de los ex alumnos de la escuela de periodismo de la Renmin University of China, por ejemplo, el 78,8% de los encuestados dijo que encontró su primer trabajo por su cuenta; el 72,8% estuvo de acuerdo en que no era difícil conseguir un puesto de trabajo dado que poseían un título en periodismo y comunicación; el 93,9% cree que está completamente o bastante preparado para sus trabajos; y el 68,2% estaban totalmente o relativamente satisfechos con su trabajo actual. En este estudio, los empleadores también hablaron muy bien del rendimiento de los estudiantes de periodismo (Cai, 2003).

Sin embargo, la expansión dramática en curso de la matrícula en las especialidades universitarias de periodismo a nivel nacional está haciendo el mercado de trabajo más competitivo. Por ejemplo, debido a la limitada capacidad del mercado de los medios electrónicos reestructurados, ha sido difícil para los medios de comunicación contratar a la sobreoferta de graduados en periodismo de radiodifusión (Cai, 2003). Otra encuesta realizada en 2001 por el Comité Supervisor de la Disciplina de Periodismo del Ministerio de Educación de China (JDSC), una organización académica semioficial, también informa que el mercado de trabajo en las zonas costeras más desarrolladas de China ya ha visto saturación, especialmente para aquellos especializados en edición y producción en medios tradicionales (Cai, 2003). Por lo tanto, a pesar del rápido crecimiento de los programas de periodismo, ha sido un desafío constante para la educación periodística en China satisfacer las necesidades del mercado de los medios de comunicación en constante cambio.

Impacto profesional de la educación periodística

Qué y cómo se debe enseñar a los estudiantes en las escuelas de periodismo son asuntos importantes para los educadores de periodismo en China (ver Tabla 3.2 para conocer los principales programas académicos de periodismo). Las respuestas a estas preguntas están muy entretejidas en el contexto social de cómo se producen las noticias y cómo se ve la educación (Lu, 2004). Lu (2004) identifica, por ejemplo, que la educación periodística introduce a los estudiantes a las visiones universales de la función ideal de los medios de comunicación en la sociedad. Sin embargo, tal educación no influye directamente en la percepción o comprensión de los estudiantes sobre el papel del periodismo en la sociedad china.

¿Qué tan bien ha preparado la educación periodística a los estudiantes chinos, no sólo como propagandistas del Partido sino, lo que es más importante, como periodistas calificados o profesionales de los medios de comunicación? ¿Y hasta qué punto la educación periodística influye en el crecimiento intelectual de esos estudiantes? Tales preguntas son difíciles de responder.

Posibilidades futuras

Según Wu (2006, p. 144), lo mejor de la educación periodística china es que es "rápida y barata". A los estudiantes de pregrado les toma menos de dos años, en un programa de cuatro, completar los cursos fundamentales de la especialidad de periodismo.

Sin embargo, aunque este modelo educativo entrena técnicos en el trabajo de las noticias, también deja a los estudiantes con una preparación académica e intelectual inadecuada para carreras relacionadas o no con el periodismo.

El enfoque convencional de la educación periodística, dentro y fuera de China, es la formación profesional. Los cursos que abordan el conocimiento práctico están en el plan de estudios básico. Se ofrecen de acuerdo con las necesidades de las habilidades profesionales en las salas de redacción, principalmente clasificadas de acuerdo con el soporte, tales como periódicos, revistas, radio y televisión.

Hoy en día parece haber un cambio en la educación periodística de la formación de periodistas como generalistas a su formación como especialistas o expertos en un tema particular, como la política, economía/finanzas/negocios, deportes y medicina. Mientras tanto, cuando las líneas entre diferentes soportes se difuminan o incluso desaparecen en Internet, se espera que los estudiantes se conviertan en periodistas de todo terreno, que pueden adaptarse a las tecnologías de comunicación de la información en constante cambio. Los estudiosos argumentan que las escuelas de periodismo chinas deben "cultivar a profesionales de la comunicación y del periodismo híbrido" (Wu, 2006, p. 153) y los profesionales híbridos necesitan tener una base sólida en las humanidades, las teorías de la comunicación y las tecnologías de la información con una base de conocimientos multidisciplinarios.

Para lograr este objetivo, los estudiosos (v. g., Wu, 2006) abogan por un equilibrio entre el entrenamiento académico y el entrenamiento de habilidades en programas de periodismo, a través de la expansión de cursos sobre principios, teoría y tecnologías de comunicación al mismo tiempo que se limitan los cursos que enseñan habilidades periodísticas tradicionales. A medida que la educación periodística se demarca de las humanidades y se ha convertido presumiblemente en multidisciplinaria, los programas de periodismo también pueden incluir más cursos de estadística y programación de computadoras para responder a nuevos paradigmas en la producción de noticias (v. g., periodismo de datos y comunicación basada en Internet). Educar a los estudiantes como profesionales de la comunicación, en lugar de periodistas estrechamente definidos, los preparará mejor para un mercado de trabajo cada vez más competitivo. Después de todo, a medida que disminuyen los trabajos en los medios tradicionales y otros relacionados, el crecimiento continuo de los campos de publicidad, relaciones públicas, marketing y comunicación ofrece un número sin precedentes de nuevas posiciones (Han, 2002).

Temas, desafíos e innovaciones de la educación periodística

Temas y desafíos actuales. Durante la última década, después de años de un control ideológico relativamente relajado sobre los medios de comunicación, el Partido y el gobierno han "ajustado gradualmente los tornillos" de estos medios (Denyer, 2014). Al mismo tiempo, la autoridad de propaganda del Partido ha estado fortaleciendo su control sobre las principales escuelas de periodismo en todo el país y, con un entusiasmo revitalizado, ha estado adoctrinando en la visión marxista del periodismo en las universidades.

Por ejemplo, los departamentos de propaganda provinciales y municipales han estado trabajando con universidades para administrar conjuntamente, o "co-construir", escuelas grandes de periodismo. Para asegurar que todo esté en línea con las directivas del Partido, en los últimos años, a menudo altos funcionarios de propaganda o jefes de los principales medios de comunicación han sido elegidos para servir como altos administradores en las principales escuelas chinas de periodismo. Se cree que esta reestructuración administrativa de las escuelas de periodismo en el nivel universitario comenzó en la Universidad de Fudan a principios de los años 2000. Es probable que se realicen reestructuraciones similares en otras escuelas de periodismo en el futuro (Ng, 2014; Denyer, 2004). La tendencia de las autoridades a "recurrir al viejo estilo de... [un] control ideológico" sigue amenazando a la limitada libertad académica de que ahora goza el profesorado bajo la supervisión de sus universidades y el Ministerio de Educación (Ng, 2014).

Dejando el control ideológico de lado, los académicos también están preocupados por los componentes no políticos actuales de la educación en periodismo en China. Los principales educadores en periodismo (Du, 2009) creen que la educación periodística de China está en crisis. En primer lugar, todavía tiene que satisfacer las demandas del mercado de trabajo. En segundo lugar, una serie de escuelas o departamentos están desesperadamente escasos de instructores profesionales y/o periodistas convertidos en instructores académicos. Tercero, la investigación del profesorado necesita avanzar mucho más rápido en muchos programas recién establecidos. En cuarto lugar, los planes de estudio ofrecidos por las diferentes escuelas y programas de periodismo son esencialmente los mismos, careciendo de claves de venta únicos para diferenciarlos. Y, finalmente, el insignificante financiamiento estatal para programas de periodismo está empeorando la situación.

Expectativas sobre innovaciones. Educadores y expertos creen que la educación periodística en China necesita ser reformada de muchas maneras. De acuerdo con las entrevistas de Du (2009) a profesores de 23 programas de periodismo, los siguientes tres temas son cruciales:

> - El equilibrio entre la teoría y los cursos de habilidad. (¿Qué tipo de cursos se debe agregar más a menudo al currículo actual? ¿Cursos teóricos y basados en el conocimiento o cursos de entrenamiento de aptitudes?).
> - Los enfoques de la educación periodística. (¿Deberían incorporarse los cursos generales de comunicación —como la comunicación de masas y la sociedad, la comunicación interpersonal y la comunicación organizacional— en los currículos básicos del periodismo? Muchos educadores de periodismo creen que esta es la dirección correcta. O, a la inversa, ¿debería simplificarse el currículo básico para resaltar los cursos puramente relacionados con el periodismo?).
> - La estandarización de la educación del periodismo chino. (¿Debería todavía tomar prestadas ideas y prácticas de Occidente, especialmente de los Estados Unidos, para mantenerla en línea con las normas internacionales?).

Cai (2003) también describe los principales desafíos que enfrenta la educación periodística en China, incluyendo la necesidad de rediseñar los planes de estudio para diferentes niveles de manera que la calidad académica sea consistente en diferentes instituciones y resolver el problema de la escasez de profesores calificados y la carencia de suficiente inversión en las instalaciones educativas, lo que dificulta la innovación y la reforma pedagógicas.

Estrategias adicionales para impulsar la educación del periodismo chino —además de renovar los planes de estudio, mejorar la educación de las artes liberales y equilibrar los cursos de teoría con los cursos de capacitación— incluyen reforzar la educación en ética profesional y crear más oportunidades de pasantías e interacciones entre educadores y practicantes de periodismo.

No obstante, la pregunta fundamental sobre la educación del periodismo en China todavía puede residir en la elección de enfoques o modelos que puedan encajar con éxito en el sistema mediático chino y su contexto sociopolítico.

Conclusión: Educando a los periodistas de mañana —El panorama general

Al revisar la educación periodística contemporánea en China, los expertos generalmente están de acuerdo respecto de la naturaleza de su evolución. Guo (2010) sostiene que la trayectoria de la educación periodística de China en las últimas tres décadas ha sido "casi idéntica a la de la industria mediática [china], del control totalitario a la autodeterminación mesurada impulsada por el mercado" (p. 28). Esta trayectoria educativa se ha caracterizado por una serie de luchas entre fuerzas opuestas: "conservadurismo político contra liberalismo de mercado, opresión severa contra resistencia táctica… y lo habitual contra el cambio" (Guo, 2010, p. 28).

Hao y Xu (1997) señalan que los educadores de periodismo en China ahora tienen más margen de maniobra en el desarrollo de nuevos programas y en la aplicación de estándares más internacionalizados para actualizar los currículos actuales. La aceptación y difusión del profesionalismo también se adecúa al crecimiento de la industria mediática china impulsado por el mercado. Sin embargo, una línea roja ideológica o política siempre existe en la reforma de la educación periodística en China, regulando implícita y explícitamente lo que puede ser cambiado o realizado.

Hao y Xu (1997) concluyen que los educadores de China todavía no han encontrado un modelo factible para la educación periodística, ya que ni el modelo estadounidense ni el modelo soviético funcionan. Ellos argumentan que, por lo tanto, los educadores necesitan tomar "un enfoque realista y no idealista" (p. 43) para abordar los desafíos de la educación periodística. Los estudiosos parecen estar de acuerdo en que el futuro de la educación periodística de China depende de si puede escapar de las restricciones de la singular transición social de China. Como sostiene Guo (2010), "que los educadores periodísticos reformistas puedan lograr sus metas deseadas [en la educación de futuros periodistas] depende de su capacidad de maniobrar, negociar y, finalmente, atravesar el alambre de púas de las restricciones" (p. 29).

Referencias bibliográficas

Baidu. (2012). *Microblogging*. Tomado de http://baike.baidu.com/view/1567099.htm

Cai, W. (2003). Looking into the training pattern of news communication personnel. *Chinese Journal of International Communication, 1*, 67-73.

Chang, W. H. (1989). *Mass media in China: The history and the future*. Ames, IA: Iowa State University Press.

Chan, J. M. (2008). 中国传播研究的发展困局:为什么与怎么办 [El dilema de la investigación académica en comunicación en China: Por qué y qué hacer.] Tomado de http://academic.mediachina.net/article.php?id=5621

CHESICC. (2013). Information database on undergraduate major programs in colleges in China. Tomado de http://gaokao.chsi.com.cn/zyk/zybk/index.jsp?pageId=1050050301&type=xk

China Media Project. (2007). 有偿新闻 [Noticias pagadas]. Tomado de http://cmp.hku.hk/2007/07/05/422/

Chu, J. (1980). China is "back to basics" in journalism education. *Journalism Educator, 1*, 3-7, 12.

CNNIC. (2006). The 18th statistic report on the Internet in China. Tomado de http://www.cnnic.cn/uploadfiles/doc/2006/7/19/103601.doc

CNNIC. (2014). The 34th statistic report on the Internet in China. Tomado de http://www.cnnic.cn/hlwfzyj/hlwxzbg/hlwtjbg/201407/t20140721_47437.htm

Coleman, S. (1999). The new media and democratic politics. *New Media & Society, 1*(1), 67-73.

Denyer, B. (2004). Chinese journalists face tighter censorship, Marxist retraining. Tomado de https://www.washingtonpost.com/world/chinese-journalists-face-tighter-censorship-marxist-re-training/2014/01/10/6cd43f62-6893-11e3-8b5b-a77187b716a3_story.html

Ding, G. (1997). 大学新闻教育的培养目标与课程体系应该怎样确定? [Cómo formular el objetivo de la capacitación y la estructura del curso en el periodismo universitario]. *Journalistic University*, 70-73.

Du, J. (2009). 新闻传播教育向何处去?—专家意见测量与变革路径分析 [¿Hacia a dónde debe ir la educación periodística?: Análisis de perspectivas de reforma basados en entrevistas con expertos]. Tomado de http://www.studa.net/xinwen/090808/11054318-2.html

Guo, K. (2011). Journalism and communication education in China (Mainland): An introduction. Tomado de http://www.rcgpoc.shisu.edu.cn/picture/article/22/d6/75/99d974884d2d84a8e56c5223fdf5/afa518d9-d959413e-9240-f8883867f6fd.pdf

Guo, Z. (1999). 舆论监督与西方新闻工作者的专业主义 [Vigilancia de medios y el profesionalismo periodístico en Occidente]. *Chinese Journal of International Communication, 5*, 32–38.

Guo, Z. (2010). Through barbed wires: Context, content and constraints for journalism education in China. En B. Josephi (Ed.), *Journalism education in countries with limited media freedom* (pp. 15-32). New York, NY: Peter Lang.

Han, G. (2002). Divergence and convergence: A comparative study of programs and curricula of communication and journalism education in China and the U.S. En G. Zhang & Z. Huang (Eds.), *Communication research in China: Reflections and prospects* (pp. 111-124). Shanghai: Fudan University Press.

Han, G. (2007). Mainland China frames Taiwan: How China's news websites covered Taiwan's 2004 presidential election. *Asian Journal of Communication, 17*(1), 40-57.

Hao, X., & Xu, X. (1997). Exploring between two worlds: China's journalism education. *Journalism & Mass Communication Educator*, 35-47.

Harwit, E., & Clark, D. (2001). Shaping the Internet in China: Evolution of political control over network infrastructure and content. *Asian Survey, 41*(3), 377-408.

He, Z. (2000). Chinese Communist Party press in a tug-of-war: A political-economy analysis of the Shenzhen Special Zone Daily. En C. C. Lee (Ed.), *Power, money and media* (pp. 112-151). Evanston, IL: Northwestern University Press.

Hu, Z., & Ji, D. (2013). Retrospection, prospection and the pursuit of an integrated approach for China's communication and journalism studies. *Javnost-The Public, 20*(4), 5-16.

Internetlivestats. (2016). Internet users by country. (2016). Tomado de http://www.internetlivestats.com/internet-users-by-country/

Lee, C. C. (Ed.) (1990). *Voice of China: The interplay of politics and journalism*. New York, NY: Guilford.

Lee, C. C. (Ed.) (1994). *China's media, media's China*. Boulder, CO: Westview Press.

Lee, C. C. (Ed.) (2000). *Power, money, and media: Communication patterns and bureaucratic control in cultural China*. Evanston, IL: Northwestern University Press.

Lu, Y. (2004). 动机、 认知、 职业选择 —中国新闻教育现状与问题调查 报告 [Motivación, percepción y elección del oficio: Una encuesta sobre educación en periodismo en China]. *Journalism University*, (Winter), 3-8.

Netease. (2014). 中国手机用户数量达到 11.46 亿 [Los usuarios de teléfonos móviles en China alcanzaron 1.146 mil millones]. Tomado de http://tech.163.com/13/0424/17/8T8AR9UR00094MOK.html

Ng, T. (2014). *Propaganda officials to head top-tier Chinese journalism schools*. Tomado de http://www.scmp.com/news/china/article/1385380/propaganda-officials-head-top-tier-chinese-journalism-schools

Pan, Z., & Lu, Y. (2003). Localizing professionalism: Discursive practices in China's media reforms. En C. C. Lee (Ed.), *Chinese media, global contexts* (pp. 215-236). London: Routledge.

Pan, Z., Chan, J. M., & Lo, V. (2008). Journalism research in Greater China. En M. Loffelholz & D. Weaver (Eds.), *Global journalism research: Theories, methods, findings, future* (pp. 197-210). Malden, MA: Blackwell Publishing.

PR Newswire. (2013). Updated white paper from PR Newswire explores China's changing media landscape. Tomado de http://en.prnasia.com/p/lightnews-0-80-9346.shtml

Schudson, M. (2000). The sociology of news production revisited (again). En J. Curran & M. Gurevitch (Eds.), *Mass media and society* (3rd Ed.)(pp. 175- 200). London: Edward Arnold.

Scharping, T. (2007). Administration, censorship and control in the Chinese media: The state of the art. *China Aktuell, 36*(4), 96-120.

So, Y. K., & Chan, M. (2007). Professionalism, politics and market force: Survey studies of Hong Kong journalists 1996-2006. *Asian Journal of Communication, 17*(2), 148-158.

Sun, Y. (1994). What could be thought of and could be done: re ections on "Oriental Time and Space" and "Focused Interviewing". Tomado de http://www.media-china.com/cmzy/xwpj/taofengxinwenjiang/tf07.htm

Wang, Y. (2009). 初探中国大陆新闻传播研究的回顾与展望 [Revisión de la investigación académica en periodismo y comunicación de masas para China continental: Un análisis preliminar]. *Communication and Management Research, 8*(2), 37-78.

Wu, T. (2006). Journalism education in China: A historical perspective. En K. W. Y. Leung, J. Kenny, & P. S. N. Lee (Eds.), *Global trends in communication education and research* (pp. 133-157). New York, NY: Hampton Press.

Wu, W., & Weaver, D. (1998). Making Chinese journalists for the next millennium: The professionalization of Chinese journalism students. *International Communication Gazette, 60*, 513-529.

Xin, X. (2006). Editorial. *Westminster papers in communication and culture 3*(1), 1-10.

Xinhua News Agency. (2014). Tencent reached 12.2 billion profit in the second quarter; *Wechat* gained large increase in number of users. Tomado de http://news.xinhuanet.com/finance/2014-08/15/c_126875228.htm

Yu, G. (1997). 九十年代以来中国新闻学研究的发展与特点 [El desarrollo y las características de la investigación académica en periodismo en la China continental desde la década de 1990]. *Journalism Research, 55*, 272-290.

Yu, X., Chu, L. L., & Guo, Z. (2002). Reform and challenge: An analysis of China's journalism education under social transition. *International Communication Gazette, 64*(1), 63-77.

Zhao, Y. (1998). *Media, market and democracy in China: Between the party line and the bottom line.* Urbana, IL: University of Illinois Press.

Zittrain, J., & Edelman, B. (2003). Empirical analysis of Internet filtering in China. Tomado de http://cyber.law.harvard.edu/filtering/china/

Tabla 3.1

Organizaciones periodísticas más importantes en China.

Organización	Descripción	Sitio web
All-China Journalists Association (ACJA)	La organización profesional nacional controlada por el estado más grande para periodistas y editores.	http://www.zgjx.cn/
China Sports Journalists Association	Organización sin fines de lucro para periodistas y profesionales de medios especializados en deportes.	http://tiyujixie.sport.org.cn/
China Forum of Environmental Journalists (CFEJ)	Organización sin fines de lucro para periodistas y profesionales de medios especializados en temas ambientales.	http://www.cfej.net/
Chinese Society for Science and Technology Journalism (CSSTJ)	Organización sin fines de lucro para reporteros, editores y comunicadores en general —así como para empresarios, funcionarios de gobierno y educadores— dedicados a la ciencia y la tecnología de la comunicación y a la promoción de ciencia y tecnología.	http://www.csstj.org.cn/
Institute of Journalism and Communication Research in Chinese Academy of Social Sciences	Instituto de investigación líder fuera del ámbito de universidades o facultades.	http://www.mediaresearch.cn/
Chinese Society of Journalism History	Asociación académica nacional enfocada en la investigación de la historia del periodismo y la comunicación en China y el mundo.	http://xwsxh.pku.edu.cn
Communication Association of China (CAC)	Asociación académica nacional sin fines de lucro para investigadores y académicos en periodismo y otras disciplinas de comunicación.	http://www.mediaresearch.cn/
China Media Culture Promotion Association (CMCPA)	Sociedad sin fines de lucro controlada por el estado que promueve la investigación en periodismo, la industria editorial y el desarrollo de programas culturales.	http://www.cmcpa.cc/index.html

Tabla 3.1 (cont.)

Organizaciones periodísticas más importantes en China.

Organización	Descripción	Sitio web
China Association of Journalism and Communication Education (CAJCE)	Asociación nacional compuesta por los programas de educación periodística de las facultades y universidades en todo el país, con la misión de promover la educación periodística y de la comunicación en China —bajo la supervisión del Ministerio de Educación.	n/a
Journalism and Communication Discipline Supervisory Committee (JCDSC)	Organismo semioficial bajo el Ministerio de Educación compuesto por académicos y educadores líderes en las disciplinas de periodismo y comunicación provenientes de 40 facultades y universidades en China.	n/a
Journalism and Communication Discipline Appraisal Group (JCDAG)	Sub comité del Comité de Grados Académicos del Consejo de Estado de China compuesto por siete miembros nombrados por el Consejo de Estado, quienes revisan y aprueban la institucionalización de los programas doctorales de periodismo y comunicación en las facultades y universidades en China.	n/a

Tabla 3.2

Programas académicos de periodismo más importantes en China.

Programa	Descripción	Sitio web
Fudan Journalism School	La facultad está formada por cuatro departamentos, seis programas de maestría y cuatro programas doctorales. El departamento se convirtió en facultad en 1988.	http://www.xwxy.fudan.edu.cn/
School of Journalism and Communication, Renmin University of China	El departamento fue ascendido a facultad en 1988.	http://jcr.ruc.edu.cn/
Communication University of China	Formalmente conocido como el Beijing Institute of Broadcasting, es la primera universidad en China dedicada exclusivamente a la educación y formación periodística. También es un centro de entrenamiento para conductores de televisión y técnicos en radiodifusión.	http://by.cuc.edu.cn/
School of Journalism and Communication, Wuhan University	Uno de los mejores programas de periodismo en la China central.	http://journal.whu.edu.cn/
School of Journalism and Communication, Peking University	Fundada en mayo de 2001, es pionera en la educación periodística moderna. Está entre las primeras que ofrecieron cursos de periodismo y publicaron un libro de texto introductorio y una revista sobre periodismo a principios del siglo XXI. Junto a la Tsinghua University, se ha convertido en uno de los programas de crecimiento más rápido entre las universidades más importantes.	http://sjc.pku.edu.cn/
School of Journalism and Communication, Tsinghua University	Fundada en abril de 2002, ofrece una educación interdisciplinaria holística. También es uno de los programas de crecimiento más rápido entre las universidades más importantes.	http://www.tsjc.tsinghua.edu.cn/
School of Journalism and Information Communication, Huazhong University of Science and Technology	Creada en 1983, y fundada oficialmente en 1988. Es una pionera en programas de periodismo y comunicación entre las facultades de ciencia y tecnología.	http://sjic.hust.edu.cn/

4

Educación periodística en Egipto: Estableciendo parámetros entre el desarrollo académico y las necesidades profesionales

Rasha Allam y Hussein Amin

A lo largo de la historia moderna, los medios de comunicación han jugado un papel importante en el desarrollo político, económico y social de Egipto. Durante gran parte de esa historia, Egipto ha guiado al mundo árabe en la práctica del periodismo. El mundo occidental introdujo el periodismo moderno a Egipto, con los misioneros europeos que trajeron las primeras prensas de tipos móviles a Oriente Medio. Napoleón publicó el primer periódico de Egipto después de la invasión francesa de 1798. Y en 1828 se publicó en Egipto el primer periódico del mundo árabe, impreso en árabe.

Tradicionalmente, tanto en prensa escrita como en radio y televisión, el periodismo egipcio ha sido líder en el mundo árabe. Pero hoy en día esa posición de liderazgo está siendo desafiada con fuerza por organizaciones de medios como Al Jazeera, Al Arabiya y los medios transnacionales en árabe —como France 24, Russia Today y la BBC—. El extraordinario ascenso de organizaciones de medios privados y cuasi privados en el Golfo ha originado duros competidores. Hay una multitud de voces regionales e internacionales, cada una luchando por atraer y retener a espectadores, lectores y anunciantes.

Además, Internet y los cambios que las modernas tecnologías de la comunicación han traído al periodismo y a la sociedad han alterado drásticamente no solo el panorama mediático, sino también las expectativas de los públicos nacional e internacional y de la sociedad en pleno. Las crecientes demandas por responsabilidad pública y transparencia, las crecientes preocupaciones sobre el papel de los medios de comunicación, la economía cambiante de las industrias de medios impresos y de radio y televisión y las tecnologías siempre en progreso que eluden el control tradicional del gobierno, exigen que los periodistas de hoy asimilen nuevas habilidades y métodos de reporteo para competir y seguir siendo relevantes.

Las escuelas de periodismo en Egipto están entre las más atractivas en todo el mundo árabe. Las universidades nacionales y privadas ofrecen más de 30 programas académicos de periodismo y comunicación masiva. Estos varían en sus enfoques teóricos y prácticos y en las herramientas educativas utilizadas para enseñar y practicar el periodismo. El Ministerio de Educación también cuenta con cuatro programas académicos, y los principales periódicos ofrecen centros de capacitación internos.

El periodismo en el paisaje mediático

En Egipto, el poder de los medios de comunicación y el del gobierno han estado vinculados la mayor parte de la historia moderna del país, y siguen estándolo. Desde la época del gobierno otomano de Egipto (1517-1798), cuando el representante otomano Mohamed Al emitió un decreto prohibiendo la impresión de prensa sin su permiso y aumentando la censura y el control, el gobierno ha ejercido, hasta hoy, diversos niveles de control sobre los medios de comunicación (Amin & Napoli, 2000).

Los medios de comunicación de Egipto operan bajo un sistema autoritario de prensa, en el que el gobierno controla y supervisa la mayoría de las funciones de los medios de comunicación (Amin, 2002a). La primera legislación para controlar la prensa en Egipto fue emitida en 1881, otorgando al gobierno el poder y la autoridad para suspender y confiscar publicaciones para mantener el orden público, la moral y la observancia religiosa (Amin, 2002a). Durante la ocupación británica de 1882-1952, muchos nacionalistas egipcios utilizaron la prensa como una herramienta política para mantener la presión sobre los británicos pidiendo más libertades. A pesar de que la Constitución de Egipto de 1923 mencionó la libertad de prensa, en la práctica limitó esta libertad al observar que solo estaba garantizada "dentro de la ley" (Amin & Napoli, 2000). Ahora el país es una república presidencial, funcionando bajo la constitución permanente de 1971 (Amin & Napoli, 2000).

Dos de los tres presidentes que gobernaron Egipto después de la revolución (excluyendo al primero, Mohamed Naguib, que encabezó el gobierno de 1952 a 1954 inmediatamente después de la revolución) guiaron el desarrollo de los modernos medios de comunicación de Egipto. El segundo presidente de Egipto, Gamal Abdel Nasser, ejerció un control generalizado sobre los medios de comunicación. Antes de Nasser, los partidos políticos administraban y controlaban la prensa, mientras que muchos extranjeros eran propietarios de las editoriales. En 1960, Nasser, motivado por su comprensión del poder de la prensa para movilizar al público, nacionalizó la prensa egipcia. Los partidos políticos entregaron su propiedad a lo que se convirtió en la única organización política legal, el Sindicato Nacional, que más tarde se convertiría en el Sindicato Socialista Árabe (Napoli & Amin, 1997).

El sucesor de Nasser y tercer presidente de Egipto, Anwar Sadat, liberó a Egipto de un estado de emergencia y dio acceso a los periodistas a fuentes de noticias no controladas por el Arab Socialist Union. Sadat también promulgó un decreto que estableció el Supreme Press Council y lo autorizó para supervisar los asuntos de prensa y conceder licencias a periodistas y organizaciones de medios de comunicación. En teoría, Sadat adoptó una actitud abierta hacia la prensa. Sin embargo, en la práctica, eliminó la censura mientras conservaba el control de los medios de comunicación (Napoli & Amin, 1997).

El ex presidente egipcio Hosni Mubarak levantó algunas de las restricciones y la censura oficial de la prensa. Durante su presidencia, se iniciaron nuevos proyectos, como el Media Production City, una propiedad inmensa con estudios ubicada fuera de El Cairo que alquila espacio a los canales por satélite. Otro proyecto fue Nilesat, un sistema de satélite digital de vanguardia que transmite a través del norte de África y la península árabe. También se tomaron medidas para privatizar y liberalizar los medios de comunicación (S. Al Sherif, comunicación personal, 2 de octubre de 2009). La prensa egipcia bajo Mubarak operaba en un ambiente mucho más abierto que los dos regímenes anteriores y con mayor libertad que en la mayoría de los países de Oriente Medio y Norte de África (Napoli & Amin, 1997).

Bajo la actual presidencia de Abdel Fatah al-Sisi, los medios están experimentando más libertad de expresión (Allam, 2015). Ahora en Egipto hay una gran variedad de plataformas de medios: nacionales, de oposición e independientes. Egipto es testigo de un mayor margen de libertad de los medios bajo el actual presidente que cualquier administración anterior (Allam, 2015).

Dicho esto, los medios de comunicación de Egipto siguen operando dentro de un sistema autoritario de prensa (el gobierno controla y supervisa a los medios de comunicación). Los periodistas deben adherirse a los códigos de prensa del país. Estos códigos exigen el respeto a los principios culturales y a la moral nacional. También prohíben contenidos que critican los principios y tradiciones de la sociedad egipcia o cualquier cosa que cause "confusión social". En Egipto, y en la mayoría de los países del mundo árabe, la censura es fácilmente tolerada e incluso esperada. Se ve como una forma de responsabilidad social. Las políticas nacionales referidas a los medios de comunicación refuerzan las tradiciones y valores culturales y nacionales. La crítica del liderazgo del estado, las fuerzas armadas, y/o aquello que daña la reputación de Egipto no es bienvenida. Los periodistas egipcios no pueden ofender al Islam ni a otras religiones o creencias religiosas. Se prohíbe publicar o difundir cualquier material que pueda causar disputas entre diferentes grupos religiosos, crear confusión social o criticar los principios y tradiciones de la sociedad árabe y egipcia. Esto quizás explique por qué la mayoría de los periodistas árabes ejercen la autocensura y no realizan periodismo de investigación que pueda causar conflictos (Amin, 2002b).

Otro obstáculo que Egipto y la mayoría de los gobiernos árabes han creado para limitar la libertad de prensa es su insistencia en las licencias para los editores de periódicos. El gobierno egipcio tiene el control completo sobre la autorización, renovación o no renovación, y la revocación de licencias. Además de las licencias, el gobierno utiliza los ingresos publicitarios para controlar la prensa. En otras palabras, el gobierno supervisa el flujo de anuncios en los periódicos nacionales. Los anuncios representan un ingreso importante para los periódicos y el gobierno utiliza este apalancamiento para recompensar y mantener un buen comportamiento.

Además, el gobierno restringe la publicación de informes que podrían fracturar el orden social del estado. Sin embargo, hoy se han relajado esas reglas para permitir críticas a los oficiales de seguridad, líderes religiosos y miembros prominentes del gobierno y la comunidad empresarial (H. Ragab, comunicación personal, 13 de enero de 2009), lo que tuvo por efecto varios enjuiciamientos de alto nivel por corrupción y comportamiento criminal.

El gobierno también ha distendido su control sobre los medios de comunicación, como los periódicos nacionales, entre ellos *Al-Ahram*, *Al-Akhbar* y *Al-Gomhoraiah*. Y en la última década ha permitido nuevos periódicos privados, como los diarios *Al-Masry Al-Youm*, *Al-Osboa*, *Al-Dostour* y el periódico financiero *Alam Al-Youm*.

El mercado también es rico en periódicos privados. Aunque su circulación e influencia fueron inicialmente bajas en comparación con el poder y la autoridad de los periódicos del partido gobernante y del National Democratic Party, aquellos intentan presentar periodismo equilibrado y objetivo (H. Ragab, comunicación personal, 13 de enero de 2009). Entre los principales actores en el mercado actual están *Al-Masry Al-Youm*, *Elyoum7* y *Al-Shorouk*.

Características profesionales

La televisión se estrenó en Egipto en 1960. Su sistema poseía tres canales y fue considerado uno de los sistemas de televisión más extensos y efectivos de entre todos los países en desarrollo de Asia y África, particularmente del mundo árabe. El primer contenido que se emitió en la televisión egipcia fueron los versos del Corán, seguidos de un discurso de Nasser. Desde el principio quedó claro que el medio sería utilizado como herramienta de propaganda del gobierno (Napoli & Amin, 1997). Hacia el 2011, más del 95% de los hogares en Egipto tenían acceso a la televisión (Trading Economics, 2015).

El Egyptian Radio and Television Union (ERTU) dirige todos los medios de difusión nacionales. ERTU es un brazo gubernamental, afiliado al Ministerio de Información (ver la Tabla 4.1 que muestra las principales asociaciones periodísticas y organizaciones relacionadas con el periodismo). Se formó y opera bajo la Ley 13 de 1979, modificada por última vez por la Ley 223 de 1989.

Los productos culturales de la radio y televisión de Egipto son, de lejos, los más populares en el mundo árabe, particularmente en una cultura que consume la mayor parte de su entretenimiento en casa. La cultura egipcia sigue siendo considerada la cultura árabe más importante de la región (Tutton, 2011). Por ejemplo, la industria cinematográfica egipcia ha dominado la industria árabe, ya que las películas egipcias se ven en todas partes (Biagi, 2009). Además, debido a que el dialecto egipcio es fácil de entender en los otros países árabes, los programas de televisión egipcios siguen distribuyéndose en toda la región (Rugh, 2004). La televisión es un medio importante en Egipto, ya que la tasa de analfabetismo es del 30%, lo que determina que muchos ciudadanos dependan especialmente de ella (Unicef, 2015, p. 108). Durante las últimas décadas, la televisión egipcia se ha descentralizado; hoy transmite varios canales locales que están obligados a servir a sus propias circunscripciones.

El gobierno está luchando contra una creciente dependencia de las emisiones transnacionales en lugar de la radiodifusión terrestre controlada por el gobierno, tanto con respecto a las noticias como al entretenimiento. Además, el gobierno afronta el impacto de las nuevas tecnologías de los medios de comunicación y las redes sociales en medio de exigencias para hacer frente al fraude electoral y las crisis económica, sanitaria y educativa. Mientras continúa la presión sobre los periodistas y los medios de comunicación, el gobierno está tratando de equilibrar demandas contrapuestas de control de estos medios con el deseo de fomentar un entorno competitivo y vibrante que retenga su posición de liderazgo en la región. Hoy en día, los periódicos, las emisiones y las revistas informan sobre escándalos de corrupción, alegatos de tortura policial y otras historias que hubieran sido inimaginables hace apenas una década. Sin embargo, los periodistas, editores, bloggers y organizaciones de medios de comunicación que empujan los límites de esta actitud más liberal hacia la prensa enfrentan posibles sanciones gubernamentales.

La libertad de prensa en Egipto se enfrenta a retos políticos, sociales, económicos y tecnológicos. Además, los periodistas enfrentan muchos problemas y desafíos adicionales, como salarios bajos y falta de protección legal adecuada (Hafiz, 1993). Los bajos salarios hacen que los periodistas sean más proclives a compromisos que impliquen conflicto de interés y a la corrupción. El estatus del periodismo como profesión se debilita aún más por la percepción de que la mayoría de los periodistas son simplemente portavoces del gobierno; así, la exactitud de la información, incluyendo noticias de la prensa de oposición, es altamente sospechosa. El compromiso con una prensa informativa es débil frente a una prensa dogmática. Las limitaciones políticas, legales y administrativas siguen inhibiendo la libertad de prensa. Los periodistas han informado de su preocupación con respecto a que el gobierno está utilizando nuevas tecnologías de vigilancia para supervisar sus actividades. En su estudio de 1993, Hafiz encontró que la mayoría de los periodistas son monitoreados y son conscientes de este hecho, aumentando así la autocensura.

En marzo de 2004, Mubarak anunció la prohibición del encarcelamiento de periodistas en Egipto. Esta convocatoria generó cierta esperanza de mejora en la libertad de prensa. Pero a pesar de esta prohibición, el encarcelamiento de editores, periodistas y blogueros ha continuado, aunque de forma menos frecuente. Según el Committee to Protect Journalists (2009), el tráfico de Internet en Egipto pasa a través de servidores controlados por el Estado, lo que le permite a este monitorear contenido, posibles fraudes, robo y violaciones de seguridad. Sin embargo, bajo la administración de al-Sisi, bloggers y activistas de medios sociales han alcanzado un techo muy alto en términos de libertad de expresión.

Educación periodística, entrenamiento profesional e investigación

Como se mencionó antes, Egipto cuenta con más de 30 programas de periodismo académico y comunicación de masas en universidades nacionales y privadas, cuatro programas académicos del Ministerio de Educación e importantes centros de capacitación al interior de diarios, algunos de ellos muy grandes, como el Al Ahram Regional Press Institute (ver Tabla 4.2 con una lista de las mejores escuelas y departamentos de periodismo y comunicación de masas). También hay centros de capacitación del gobierno para el Higher Press Council, el Press Syndicate, y la Middle East News Agency, la agencia de noticias del Estado. ERTU, el órgano rector de la radiodifusión egipcia, alberga un centro de formación adicional. No obstante, existe cierto desacuerdo en cuanto a si estos programas tienen calidad suficiente para abastecer al mercado de medios egipcio de periodistas capaces de operar eficazmente en el entorno mediático actual. Egipto también tiene IPSOS, una empresa de investigación de marketing global y un importante centro de investigación, que realiza estudios de medición de audiencia.

Enseñanza y entrenamiento de los futuros fabricantes de noticias

Los programas académicos de periodismo y comunicación de masas comenzaron en Egipto en la década de 1930 en la American University in Cairo (AUC, por sus siglas en inglés). Cinco años después, la Cairo University (CU) estableció una institución para edición, traducción y periodismo. La Facultad de Comunicación de Masas de CU es considerada una de las instituciones de comunicación más importantes del mundo árabe. Por otro lado, el Departamento de Periodismo y Comunicación de Masas de las AUC atrae a estudiantes de élite, debido a que tiene un programa sólido, integral y acreditado internacionalmente. El Departamento de Comunicación de la Al Azhar University se convirtió en una Escuela de Comunicación de Masas con tres departamentos: Periodismo, Radio y Televisión y Publicidad y Relaciones Públicas (H. Ragab, comunicación personal, 13 de enero de 2009).

La mayoría de los departamentos de periodismo y comunicación de masas de Egipto ofrecen los mismos planes de estudios, con la excepción de la AUC. Su programa es uno de los pocos en la región cimentada en las artes liberales. Su programa de lengua inglesa integra la teoría con la formación práctica en tres especializaciones: Periodismo multimedia, Comunicación y Artes de los Nuevos Medios y Comunicación Integrada de Marketing, y enfatiza el pensamiento crítico, la ética, el aprendizaje constante, la ciudadanía efectiva y las habilidades profesionales. Las organizaciones de medios nacionales, regionales y transnacionales reclutan constantemente a sus egresados. El programa, sin embargo, es relativamente pequeño y atrae a sus estudiantes principalmente de la élite académica y socioeconómica de la región. Los currículos para el resto de las escuelas, especialmente los programas rurales, se derivan principalmente del currículo de la Facultad de Comunicación de Masas de la UC. Este currículo se centra en la teoría, con muchos cursos ofrecidos en el desarrollo de la comunicación.

La educación periodística está muy centralizada. Con la excepción de un número relativamente pequeño de estudiantes de la AUC, los que no estudian en el programa principal en CU se consideran periféricos. Casi ninguno de ellos tiene experiencia académica o práctica adecuada. AUC y CU son también las únicas universidades que tienen periódicos semanales producidos por estudiantes.

Egipto cuenta con un sistema muy bien desarrollado de universidades públicas y privadas, de las cuales al menos 15 ofrecen una amplia gama de cursos relacionados con el periodismo. CU es una de las universidades públicas más prestigiosas, con un total de unos 550 estudiantes de estudios de comunicación matriculados en la Facultad de Comunicación de Masas en los niveles de licenciatura, maestría y doctorado. Estos estudiantes son enseñados en tres departamentos—periodismo, radiodifusión (radio y televisión), y relaciones públicas y publicidad. Estudiantes adicionales siguen programas a distancia. Ain Shams University (ASU), como CU, es otra universidad pública que ofrece especializaciones en comunicaciones.

AUC, una de las universidades privadas mejor establecidas, ofrece tres carreras de la comunicación de masas a través de su Departamento de Periodismo y de Comunicación de Masas (dentro de la Escuela de Asuntos Globales y Políticas Públicas). Estas especializaciones son las de Comunicación y Artes de Nuevos Medios (CMA), Comunicación Integrada de Marketing (IMC) y Periodismo Multimedia (MMJ). También ofrece programas de maestría en Periodismo y Comunicación de Masas, y Televisión y Periodismo Digital. Otras universidades privadas líderes que ofrecen programas de periodismo incluyen la Modern Science and Arts University (MSA), la Ahram Canadian University (ACU) y la Modern University for Technology and Information (MTI), todas las cuales ofrecen tres carreras de periodismo similares a las de las universidades mencionadas previamente.

Si bien existe un gran número de libros en árabe, algunas instituciones de medios y comunicación utilizan libros en inglés para algunos temas especializados. También usan libros en inglés para ampliar la gama de puntos de vista y perspectivas disponibles para los estudiantes. CU proporciona un programa completo en inglés de estudios de medios.

Los programas de periodismo y comunicación de masas de las universidades estatales enfrentan muchos desafíos para su desarrollo, tales como un volumen demasiado grande de estudiantes para un número reducido de profesores (Abdel-Rahman, AlMageed & Kamel, 1992). La mayoría de los programas de medios y comunicación solicitan la acreditación de la National Authority for Quality Assurance and Accreditation of Education (NAQAAE). Los programas en las universidades estatales en El Cairo y los programas rurales a menudo sufren de falta de tecnología adecuada y recursos bibliotecarios, un problema que continúa en aumento con los avances en las tecnologías de los medios de comunicación. Además, pocos programas ofrecen capacitación para aquellos interesados en seguir carreras en periodismo en línea y comunicación gráfica. Y la mayoría de las universidades nacionales no pueden darse el lujo de actualizar sus programas con tecnologías caras (El Gody, 2009).

Los programas regionales y rurales de periodismo enfrentan dificultades adicionales en áreas como financiamiento, personal e instalaciones. Además, los programas rurales de periodismo sufren de la falta de instructores de calidad. Últimamente, el interés se ha desplazado hacia la producción, ya que es probable que la mayoría de los estudiantes de los departamentos rurales trabajen para los medios de comunicación de masas egipcios. La introducción de pequeños estudios de televisión, laboratorios de fotografía y laboratorios de informática es esencial para su formación. El alto número de estudiantes admitidos es demasiado grande en comparación con el número de profesores, lo que resulta en poca atención individual. Las bibliotecas universitarias en áreas rurales son extremadamente limitadas en número, calidad de libros, materiales de referencia y revistas académicas. Muchos programas locales en el campo incorporan poca formación práctica en sus programas; la escasez de recursos financieros y de personal de producción capacitado es una barrera para la capacitación práctica. Es necesario que los programas rurales conciban declaraciones de misión y planes estratégicos de largo alcance que proporcionen visión y dirección para el futuro. Estos deben identificar necesidades y recursos necesarios para alcanzar su misión y metas.

La mayor parte de los programas nacionales de periodismo y comunicación de masas en Egipto todavía está en las primeras etapas de desarrollo. Sufren de problemas políticos tanto internos como externos, especialmente en sus relaciones con la esfera política y el Estado. Muchos programas carecen de base en objetividad y pensamiento crítico. Por el contrario, apoyan las metas de propaganda del estado y producen graduados de periodismo mal preparados. Los periodistas sirven como portavoces de los logros del Estado en lugar de ser guardianes del interés público. Asimismo, en el aula son frecuentes la censura y la negación de la libertad de expresión.

El establecimiento de universidades privadas ha mejorado la calidad de los programas de periodismo y comunicación de masas en el país y ha aumentado la competitividad entre ellos. El desarrollo de programas de periodismo y comunicación de masas en la Modern Science and Arts University (MSA), Misr International University (MIU), ACU, y la 6th of October University ha proporcionado un cierto equilibrio con las ofertas de programas nacionales. Además, Akhbar El-Yom Academy, International Academy for Media and Engineering Sciences (IAMES), International Media Institute (IMI), MTI, y el Canadian International College (S. Kilini, comunicación personal, 13 de enero de 2010) están formando un nuevo prototipo de educación mediática en Egipto basado en programas prácticos de capacitación y programas orientados a la producción. La mayoría de estos programas están en inglés y tienen vínculos con universidades europeas o estadounidenses. Muchos de ellos son programas populares y atraen a un buen número de estudiantes, aunque las tarifas de matrícula son consideradas altas para los estándares egipcios. Los currículos se mantienen siempre al día con las tendencias nacionales, regionales e internacionales en periodismo y educación en periodismo, igualando las ofertas de programas similares en universidades europeas, canadienses y estadounidenses.

Uno de los principales problemas que enfrentan estos programas para su desarrollo es que aún no han obtenido la acreditación del Supreme Council for National Universities (SCNU), que evalúa los programas basándose en los currículos y el modelo de la CU. Egipto recientemente lanzó una iniciativa para proporcionar acreditación nacional a programas académicos usando un modelo que se alínea más estrechamente con organismos internacionales de acreditación. El NAQAAE de Egipto, una autoridad independiente que depende del primer ministro de Egipto, es responsable de evaluar más de 50.000 institutos de educación superior (incluyendo educación preuniversitaria y técnica). La autoridad, liderada por expertos en educación, profesores universitarios y empresarios, otorga acreditación a programas que desarrollan mejores prácticas en la enseñanza, la investigación y el desarrollo docente (NAQAAE, 2015).

Las universidades públicas egipcias ofrecen a los graduados contrataciones como instructores, para iniciar sus trayectorias profesionales. Estos instructores deben estudiar maestrías. Una vez que las obtienen, deben obtener un doctorado para ser promovido a profesor, el equivalente de un profesor asistente. A continuación, se convierten en parte del profesorado y continúan a través del proceso de promoción hasta ganar el rango de asociado y profesor titular o principal. El proceso de titularidad de las universidades privadas es conducido por el comité de titularidad y promoción de la CU. Eso es a excepción del proceso de titularidad de la AUC, que sigue estándares de estadounidenses.

Investigación académica en periodismo

La investigación académica sobre el periodismo y la comunicación de masas, junto con la enseñanza, no está bien desarrollada en Egipto. Hay pocas publicaciones en árabe u otros espacios para que los académicos se reúnan y discutan los acontecimientos del ramo. La mayor parte de la investigación académica se distribuye en publicaciones universitarias, donde la mayoría de los profesores compiten ferozmente para publicar su trabajo. Algunos académicos egipcios, sobre todo los educados en occidente, publican su trabajo en revistas académicas internacionales de habla inglesa, no en árabe o en publicaciones nacionales. Esto crea numerosas barreras para los investigadores, en particular para los que manejan un inglés limitado y que están en universidades nacionales con escasos presupuestos para viajes y asistencia a conferencias.

Desde las primeras etapas del desarrollo de la investigación de los medios en Egipto, se ha centrado la atención en la investigación histórica. Uno de los primeros libros que describió y analizó la prensa egipcia, escrita por Qasstaki Elias A'tarah AlHalabi, se titula *Historia y Desarrollo de los Diarios Egipcios*. Este libro, publicado e impreso por Progress en 1928 (Rachty, 1979), sigue siendo uno de los libros de referencia más importantes de la historia de la prensa egipcia. Ofrece una visión general de la prensa egipcia desde su introducción en el siglo XVII (durante la expedición francesa de 1789-1801) hasta la década de 1920.

Otra fuente de referencia importante es una serie de ocho artículos, titulada *El arte del artículo periodístico en Egipto*, escrita por Abd Al Latif Hamza. Trata del desarrollo de la prensa egipcia y del impacto de escritores y editores egipcios en la prensa, y detalla las vidas de los periodistas más influyentes en Egipto, tales como el jeque Mohammed Abdou, Adeeb Ishaq y Abdalah Al Nadeem.

Además de esta investigación histórica, los estudiosos han examinado áreas específicas como los aspectos legales y filosóficos de los medios de comunicación (Rachty, 1979). Desde el establecimiento en 1954 de la Facultad de Arte y Literatura del Departamento de Periodismo de la CU, la investigación en los medios de comunicación se ha ampliado y mejorado. A partir de 2006, este programa cuenta con centros de investigación en opinión pública, documentación y producción, así como con mujeres y medios de comunicación (Amin, 2006).

Hacia finales de los años cincuenta, la radio egipcia comenzó a publicar una revista trimestral, *Broadcasting Art (El arte de la radiodifusión)*, que incluía diferentes tipos de artículos sobre el papel de la radio en el desarrollo nacional y sobre cómo producir un programa de radio. Cuando la televisión fue introducida en Egipto en 1960, *Broadcasting Art* comenzó a incluir artículos que trataban sobre la radio y la televisión. Dado que el Estado posee, controla y opera la radio y la televisión, la mayor parte del contenido del *Broadcasting Art* se enfocaba en el impacto de los medios electrónicos en la cultura egipcia. Específicamente, examinó los efectos de la radio y la televisión en la vida social egipcia, y promovió las decisiones políticas y la sabiduría de los funcionarios estatales. La mayoría de los artículos eran subjetivos y descriptivos. La publicación también tradujo artículos extranjeros al árabe, en particular aquellos sobre ingeniería y otros campos relacionados con las nuevas tecnologías de la comunicación y los diferentes servicios de radiodifusión.

Hoy en día, a menudo, *Broadcasting Art* publica informes del Centro de Investigación de la Audiencia de ERTU. Estos informes se refieren a los hábitos visuales y auditivos de la audiencia, perfiles de audiencia, opiniones y tendencias. Además, a menudo publica informes que analizan la preservación de la lengua árabe por parte de los servicios egipcios de radiodifusión y las preocupaciones de contenido islámico.

Otra revista, con una circulación limitada entre los investigadores egipcios, es la *Revista Trimestral de Investigación de la Comunicación (Quarterly Review of Communication Research)*. La revista es publicada por el Sindicato de Radiodifusión de los Estados Árabes (Arab States' Broadcasting Union, ASBU), establecida en 1968. La Facultad de Comunicación de la CU y la Al Alharh University publican revistas académicas de investigación del profesorado. Sin embargo, CU también publica tres revistas árabes importantes que se enfocan en el periodismo y la comunicación: el *Journal of Communication Research*, el *Journal of Public Opinion Research* y el *Journal of Journalism Research* (S. Al Sherif, comunicación personal, 22 de enero de 2010).

El profesorado de AUC también genera una cantidad sustancial de investigación. La mayoría está en inglés y se publica en publicaciones internacionales y actas de congresos. AUC también es sede de *Arab Media and Society*, anteriormente llamada *Transnational Broadcasting Studies* (TBS), una revista en línea en inglés de gran prestigio establecida en 1998. Cuenta con artículos de académicos y profesionales de los medios de comunicación de todo el mundo.

Uno de los retos más críticos que enfrenta la investigación en periodismo en Egipto es su cultura del secreto, ya que no existe una ley de "acceso a la información". Sin embargo, se espera que el nuevo parlamento apruebe pronto dicha ley. Esta cultura dificulta que los investigadores logren acceso a la información del Estado, así como a la de organizaciones e instituciones públicas y privadas. Existe poca transparencia en el intercambio de información o en los informes públicos de actividades. Hasta ahora, las prohibiciones legislativas y los impedimentos burocráticos han hecho extremadamente difícil conducir investigaciones basadas en cualquier información que las autoridades califiquen como un riesgo a la seguridad nacional.

Las revistas académicas deberían ser más selectivas y eliminar los artículos destinados simplemente a acentuar la propaganda del gobierno. Para promover una amplia gama de ideas y representaciones en la investigación sobre el periodismo, es importante que los líderes del periodismo (educadores, investigadores y profesionales) organicen conferencias que lleven a investigadores occidentales, y del resto del mundo, a Egipto.

Conexiones profesionales en la educación periodística

Aunque la relación entre la mayoría de los programas académicos y la industria es mínima, esta ha ido creciendo en los últimos años. Muchos programas de periodismo han desarrollado pasantías como componentes opcionales o requeridos de sus planes de estudios. El gran número de estudiantes de periodismo es una barrera para la adopción generalizada de este modelo de aprendizaje, que no se ofrece en todas las escuelas. AUC es el primer programa en requerir una pasantía supervisada. El programa de la AUC incluye actividades de reflexión, reportes de estudiantes y una evaluación del supervisor, todo esto dirigido a incrementar la efectividad de la experiencia de aprendizaje.

La Facultad de Comunicación de la CU le lleva la delantera a todos los programas en el número de conferencias y talleres ofrecidos a lo largo del año. La mayoría de los otros programas nacionales tienen una conferencia anual. El Departamento de Periodismo y Comunicación de Masas de la AUC fue anfitrión en el 2006 de la International Association for Media and Communication Research (IAMCR), así como de la Arab-US Association for Communication Education (AUSACE) en 1998, 2004 y 2009. Esta última es la única asociación regional de educadores de comunicación en el Medio Oriente y África del Norte, y acepta trabajos publicados tanto en inglés como en árabe.

La investigación sobre las comunicaciones en Egipto también se ve obstaculizada por las restricciones que tienen las encuestas de investigación y la investigación de audiencias. Las regulaciones gubernamentales establecen que (Napoli & Amin, 1997):

> No se permitirá a ninguna entidad del gobierno, del sector público o privado realizar ninguna encuesta, excepto después de obtener un fallo por escrito de la Central Agency for Public Mobilization and Statistics (CAPMAS). El fallo debe incluir la aprobación del procedimiento, determinar el propósito de la encuesta de investigación y establecer las fechas y los métodos a seguir y hacer acopio de los resultados publicados. (p. 157)

Mientras que los investigadores y los profesionales de la industria solicitan, y a menudo se les otorga permiso, para este tipo de investigación, estas restricciones han creado una barrera para llevar a cabo investigación académica y de la industria, incluyendo la investigación sobre los hábitos y mediciones de audiencia.

Investigación de mercado. Sin embargo, la investigación de mercado está disponible, y los que la realizan en Egipto incluyen lo siguiente:

- La Agencia Central de Movilización de Población y Estadísticas, la agencia oficial de estadísticas de Egipto. Recopila, procesa, analiza y difunde todos los datos estadísticos.
- La ERTU, que tiene un centro de investigación en todas las estaciones de radio y televisión de propiedad nacional en la mayoría de los distritos electorales.
- Taylor Nelson Sofres (TNS) e IPSOS se encuentran entre las principales compañías privadas de investigación de mercado en Egipto. Ellas, y otras, realizan investigaciones relacionadas con la audiencia en emisoras de radio y televisión nacionales y privadas que incluyen mediciones de audiencia, publicidad y otros temas.

Impacto profesional de la educación en periodismo

El valor de la profesión periodística de un país se fundamenta en la disponibilidad de programas académicos de calidad, habilidades profesionales y capacitación ética. Sin embargo, el impacto de la educación periodística se siente mucho más allá de los confines del aula debido al papel crucial que juegan los medios de comunicación en ayudar a desarrollar y mantener una sociedad civil, un gobierno democrático y una gobernabilidad efectiva. Para que los medios se desempeñen cabalmente en tales funciones, las facultades, las universidades y los centros de capacitación deben proporcionar a los periodistas las habilidades, capacidades, conocimientos y estándares profesionales necesarios para operar con eficacia en el panorama de los medios de comunicación actual.

Las universidades egipcias ahora están alojando a programas de periodismo con más libertad académica, especialmente en universidades privadas. Estos programas le están proporcionando a los graduados habilidades actualizadas y un mayor acceso a un mercado que es relativamente más abierto que antes, especialmente en el periodismo de televisión. La cobertura de las actividades de los partidos políticos es más común hoy en día, al igual que la crítica al desempeño del gobierno, que frecuentemente aparece en los canales de televisión por satélite. Las noticias de protocolo, noticias que prestan atención a las actividades de los funcionarios gubernamentales, no son tan extensas como hace diez años. Y los programas de entrevistas que critican las noticias siguen siendo populares entre las audiencias egipcias. Mientras que algunos departamentos de periodismo universitario, como las AUC, han tenido éxito en la difusión de la educación egipcia en el periodismo en la región árabe, todavía se necesita mucha promoción.

Posibilidades futuras

A pesar de los problemas que enfrenta el periodismo y la educación de la comunicación de masas en Egipto, el país aún tiene algunos de los programas más desarrollados, relevantes y exitosos de la región. También alberga a algunos de los estudiosos más importantes y prolíficos en Oriente Medio y el Norte de África. Los académicos egipcios y los graduados han estado a la vanguardia de la mayoría de los principales desarrollos en la industria y continúan teniendo influencia en la formulación de políticas regionales, publicidad, relaciones públicas, radiodifusión y prensa escrita.

Las presiones económicas seguirán presentando desafíos a las universidades, en especial a las universidades nacionales, para invertir adecuadamente en infraestructura, investigación y desarrollo del profesorado. El fracaso en invertir en tecnología y habilidades del siglo XXI es un reto importante. Si no se aborda, provocará que los graduados ya no sean relevantes para la profesión periodística. El número de estudiantes en programas de periodismo sigue creciendo, aunque a un ritmo reducido. Y las universidades nacionales deben absorber este crecimiento. Hay pocos indicios de que la proporción entre estudiantes y profesores disminuirá en un futuro próximo, aunque el crecimiento continuo de las universidades privadas debería compensar parcialmente la demanda por los programas nacionales. Se espera que del aumento de la competencia entre universidades por los mejores estudiantes resulten mejores métodos de enseñanza y planes de estudios, así como el cumplimiento del requisito de acreditación por la NAQAAE.

Desde la revolución de Egipto del 25 de enero (2011), la censura ha ido disminuyendo. También hay un nuevo espíritu de apertura en la programación de la radio, televisión y la prensa escrita que debería reducir la amenaza contra los periodistas. Sin embargo, el nuevo gobierno todavía está luchando para entender muchos de los problemas y desafíos relacionados con las nuevas tecnologías de los medios de comunicación y con las redes sociales, a las que todavía se temen, ya que ayudaron a derrocar al gobierno anterior.

Existe una gran necesidad de desarrollar asociaciones profesionales nacionales y regionales para ampliar el acceso a la investigación académica, incluida la investigación pedagógica, y para publicar en árabe. El gobierno necesita reducir las barreras a la investigación académica y de la industria y revisar las leyes de prensa para expandir la libertad de prensa. Además, Egipto debe desarrollar un código de ética para los profesionales del periodismo y la comunicación de masas y para la industria, de suerte que fomente la adhesión a los estándares éticos. Actualmente, sólo hay un código de ética para los medios impresos, que no se obliga a cumplir ni se actualiza. Y las redes sociales, los blogs y los medios de comunicación móviles deberían encontrar su camino hacia los programas de periodismo, que enseñarán a los futuros periodistas cómo ayudar a establecer plataformas de medios convergentes en las salas de redacción.

Problemas, retos e innovaciones en la educación periodística

Hay una tremenda necesidad de cerrar la brecha entre la academia y la industria actualizando constantemente los programas de periodismo de acuerdo con las necesidades cambiantes de la industria y la sociedad. Los programas deben ser desafiados para que enfaticen las características de desempeño que la industria valora: muy desarrolladas habilidades de escritura, conocimiento amplio, una personalidad integral, comportamiento ético y hábitos de trabajo diligentes. Además, los currículos del programa de periodismo necesitan evolucionar incesantemente a la par que el cambiante panorama de los medios de comunicación. Hoy en día esto significa un mayor énfasis en las habilidades multi-plataforma y en los programas interdisciplinarios que se valen de prensa escrita, radiodifusión, medios interactivos y sociales y plataformas multimedia. El mayor énfasis en las tecnologías de comunicación y medios requerirá recursos adicionales para equipos, software e instalaciones, así como personal docente con los conocimientos y experiencia necesarios para enseñar eficazmente estas tecnologías.

Los programas de periodismo en todo el país necesitan elevar los estándares de admisión para seleccionar estudiantes de mayor calidad. También necesitan trabajar con las escuelas secundarias para mejorar las habilidades en el idioma inglés, disminuir la dependencia excesiva de la memorización y aumentar la exposición al pensamiento crítico. La capacitación en ética debe convertirse en un componente obligatorio de todos los programas de periodismo y se debe alentar a las facultades a publicar estudios de casos para utilizarlos en sus programas y en programas en toda la región. Además, los programas, particularmente los de las universidades públicas, deben garantizar la libertad de expresión en el aula. Los estudiantes deben ser animados a cuestionar y examinar críticamente temas de interés sin temor a repercusiones o sanciones.

Pocos programas apoyan o requieren que los estudiantes hagan pasantías en medios impresos y medios de difusión. La mayoría no tiene consejos de asesoría de la industria y de los exalumnos, ni buscan oportunidades de investigación ni financiamiento. Los estrechos vínculos con las organizaciones de medios de comunicación de la región podrían conducir a un importante aporte al desarrollo curricular, a oportunidades de capacitación práctica de los estudiantes, a empleo para los graduados y a una mayor relevancia e influencia académica.

Otros desafíos que enfrentan los programas de periodismo en Egipto son la contratación, retención y evaluación de instructores cualificados y efectivos. Muchos programas no realizan evaluaciones rutinarias de los estudiantes a los profesores y no tienen recursos para invertir en el desarrollo profesional de la planta docente. La mayoría de los programas no llevan a cabo una evaluación sistemática de los resultados del aprendizaje, y pocos programas tienen recursos para enviar regularmente sus profesores a conferencias profesionales en el extranjero.

Además, la falta de instalaciones educativas adecuadas crea dificultades a muchos programas. Los principales retos de muchos programas de periodismo incluyen un número insuficiente de aulas bien diseñadas y bien equipadas, salas de redacción electrónicas, instalaciones de audio y video digitales, laboratorios de computación y conexiones a Internet.

Los programas de periodismo deben explorar oportunidades para potenciar los escasos recursos y experiencia, buscando vínculos con programas de calidad en todo el mundo. En la actualidad, los programas egipcios de periodismo tienen vínculos con programas canadienses, como los de la University of Ottawa, la University of Windsor y Cape Breton University; asimismo, con programas en el Reino Unido, como los de la University of Wales y la Middlesex University. También deben alentarse vínculos similares con programas de periodismo destacados en los Estados Unidos, Europa, África y Asia.

Conclusión: Educando a los periodistas de mañana —El panorama general

La capacitación de los periodistas de mañana en Egipto va a ser afectada por el estado de la democratización y el ambiente político en el país. Las fuerzas de la globalización y el crecimiento de las tecnologías de la información y la comunicación y las redes sociales podrían tener un impacto masivo en la formación de los periodistas, abriendo el entorno mediático para todas las voces y allanando el camino para una agenda más democrática. Sin embargo, la tecnología por sí sola no va a establecer excelentes programas de capacitación. Todos los programas de periodismo deben modernizar sus métodos de instrucción, planes de estudios e instalaciones para proporcionar a los graduados una educación que sea relevante en el panorama de los medios del porvenir. La capacitación y el desarrollo profesional del profesorado debe ser una prioridad, que requerirá el apoyo de los departamentos y universidades, el sector privado, el sindicato de Prensa y el gobierno. Los vínculos con prestigiosas universidades de Occidente también podrían ayudar a aprovechar los escasos recursos financieros, técnicos y de instrucción. Estos vínculos también podrían ayudar a fortalecer la capacidad de investigación, su promoción y publicación.

Con la relajación de la censura y la mayor libertad creada por las nuevas tecnologías, los programas de periodismo deberán centrarse en el periodismo responsable y la ética del periodismo. Con el aumento de los llamados a la democratización y la rendición de cuentas, los periodistas deben recibir capacitación sobre los roles y responsabilidades de los medios de comunicación. Finalmente, los periodistas deben trabajar juntos, con el apoyo de programas de periodismo, para fortalecer sus organizaciones profesionales, como el Sindicato de la Prensa. Tales organizaciones necesitan proteger y defender los derechos de los periodistas, incrementar los llamados a una mayor apertura y acceso a la información y crear un código de ética profesional al que los miembros tengan que rendir cuentas. Aunque no se debe abandonar la formación universitaria tradicional de los periodistas, debe actualizarse y modificarse para satisfacer las necesidades del paisaje mediático rápidamente cambiante y convergente.

Referencias bibliográficas

Abdel Rahman, A., Abed AlMageed, L., & Kamel, N. (1992) *AlQa'em be Iletissal AlSahafa al Maissrieh* [Comunicador en la prensa egipcia]. Cairo: School of Mass Communication Press.

Allam, R. (2015, March 17). *Masr Al-Mostaqbal* [Egipto: El futuro]. Al-Masry Al-Youm Newspaper.

Amin, H. (1996). Broadcasting in the Arab World and the Middle East. En A. Wells (Ed.), *World broadcasting: A comparative view* (pp. 121-144). New Jersey, NJ: Ablex.

Amin, H. (2002a). Egypt, status of media. En D. Johnston (Ed.), *Encyclopedia of international media and communications* (p. 116). Elsevier: Academic Press.

Amin, H. (2002b). Freedom as a value in Arab media. Perceptions and attitudes among journalists. *Political Communication, 19*(2), 125-136.

Amin, H. (2006, March). *Media Reform*. Conferencista principal, Al Ahram Press Institute. Cairo, Egypt.

Amin, H., & Napoli, J. (2000). Media and power in Egypt. En J. Curran & M. J. Park (Eds.), *De-Westernizing media studies* (pp. 178-188). London: Routledge.

Baigi, S. (2009). *Media/impact: An introduction to mass media*. Belmont, CA: Wadsworth Publishing.

Central Agency for Public Mobilization and Statistics. (2015, December 13). Tomado de http://www.capmas.gov.eg/Pages/StaticPages.aspx?page_id=23

Committee to Protect Journalists (2009, November 30). Bloggers held in Egypt without charge. Tomado de
https://cpj.org/2009/07/bloggers-held-in-egypt-without-charge.php

El Gody, A. (1999, March). "Journalism for the 21st Century." Ensayo presentado en la Fourth AUSACE Research Conference. Beirut: The Lebanese American University.

Hafiz, S. E. (1993). *Ahzan Horiat Al Sahafah* [Aflicción por la libertad de prensa]. Cairo: *Markaz Al Ahram Lel Targamah Wa Al Nasher* [Al Ahram Center por la traducción y la publicación].

Napoli, J., & Amin, H. (1997). Press freedom in Egypt. En F. Eribo & W. Jong- Ebot (Eds.), *Communication and press freedom in Africa* (pp. 185-210). New Jersey, NJ: Africa World Press.

National Authority for Quality Assurance and Accreditation of Education. (December 2015). Tomado de http://naqaae.org.eg/

Rachty, G. (1979). *Al Nozon Al Iza'aih Al Mogtama'at Al Ishtrakayeh* [Sistemas de radiodifusión en comunidades sociales]. Dar Al Fikr Al Arabi Cairo Egypt.

Rugh, A. W. (2004). Arab mass media: Newspaper, radio, and television in Arab politics. Westport, CT: Greenwood Publishing Group.

Trading Economics. (2015). Households with television (%) in Egypt. Tomado de http://www.tradingeconomics.com/egypt/households-with-television-percent-wb-data.html

Tutton, M. (2011, February 12). Egypt's cultural influence pervades Arab world. *CNN*. Tomado de http://www.cnn.com/2011/WORLD/meast/02/12/egypt.culture.influence.film/

Unicef. (2015). Children in Egypt. A statistical digest. 2015. Tomado de http://www.unicef.org/egypt/UNICEF_2015_Children_in_Egypt_Statistical_Digest(1).pdf

Tabla 4.1
Asociaciones de periodismo y organizaciones relacionadas más importantes en Egipto.

Organización	Descripción	Sitio web
Al Ahram Regional Press Institute	El instituto está asociado con el periódico estatal más importante de Egipto, *Al Ahram*. Capacita a periodistas egipcios y de la región en las tendencias actuales del periodismo, infográficos y leyes y reglamente que afectan al periodismo.	http://ahrij.ahram.org.eg/
The Egyptian Radio and Television Union (ERTU)	Este sindicato de propiedad del estado es el organismo regulador de la radiodifusión en Egipto. Fue establecido en 1970 con cuatro areas distintas: Radio, Televisión, Ingeniería, y Finanzas. Cada una tiene un director que reporta directamente al director de la ERTU, quien a su vez reporta al ministro de información. Ha lanzado la red de televisión Nile, que ofrece una red de canales temáticos especializados.	http://ertu.org/
The Egyptian Press Syndicate	Fundado en 1941, juega un papel importante en el desarrollo de la prensa en Egipto y en la preservación y protección de los periodistas egipcios y la libertad de prensa.	http://www.ejs.org.eg/
Middle East News Agency (MENA)	Fue establecida entre 1955-1956 como la primera agencia regional de noticias en la región. MENA fue nacionalizada en la década de 1960 y fue puesta bajo el control del ministerio de información. Su principal objetivo es recolectar y distribuir noticias en la región y en el mundo.	http://www.mena.org.eg/
Higher Council of the Press	Establecido por el presidente Anwar Sadat en 1975 para proteger a la prensa después de la introducción del sistema multipartidario. Este primer consejo duró solo dos años. Fue reintroducido en 1981. Es un organismo independiente del Consejo de la Shura, un consejo consultivo parlamentario cuyos miembros son nombrados por el presidente y que se ocupa de temas relacionados con la prensa y preserva la libertad de prensa. También es el único organismo responsable de expedir licencias para periódicos.	www.scp.gov.eg

Tabla 4.2

Programas académicos de periodismo más importantes en Egipto.

Schools and Departments	Contact
Department of Journalism and Mass Communication, the American University	http://schools.aucegypt.edu/GAPP/jrmc/Pages/default.aspx
Kamal Adham Center for Television and Digital Journalism	http://schools.aucegypt.edu/GAPP/kacj/Pages/default.aspx
School of Mass Communication, Cairo University	http://masscomm.cu.edu.eg/
School of Mass Communication, Modern Sciences and Arts University	http://msa.edu.eg/msauniversity/mass-communication
School of Mass Communication, Misr International University	http://www.miuegypt.edu.eg/academics/faculty-of-mass-communication/
The International Academy for Engineering and Media Science	http://www.iams.edu.eg/
Ahram Canadian University	http://www.acu.edu.eg/
Canadian International College	http://www.cic-cairo.com/cic
Akhbar El-Yom Academy	http://www.university-directory.eu/Egypt/Akhbar-El-Yom-Academy.html
School of Mass Communication, Modern University for Technology and Information	http://www.mti.edu.eg/faculty/4/masscomm

5

Educación periodística en India:
¿Laberinto o mosaico?

Mira K. Desai

La India, una civilización de 5.000 años de antigüedad, ha sido una democracia por más de 65 años. Es una república soberana, socialista y secular con 29 estados, siete territorios y 22 lenguas reconocidas oficialmente. Es geográfica, geológica, climática, cultural y lingüísticamente diversa; una tierra de contradicciones unidas por un complejo marco de política nacional. El sector privado lanzó la prensa, el cine, la radio y las industrias de la televisión transnacional, mientras que las iniciativas gubernamentales lanzaron la televisión y el Internet. El mosaico mediático indio, con su variada propiedad y amplios mercados lingüísticos y de distribución, es representativo de su diversa sociedad.

Los medios impresos en la India han permanecido mayormente bajo propiedad privada, con una participación del gobierno en la propiedad y la circulación limitada a alrededor del 2%. El mercado de periódicos de la India tuvo una tirada diaria de 330 millones de ejemplares en 2011 (World Association of Newspapers, 2011). La circulación ha aumentado en un 288% entre 2004 y 2014 (Government of India, 2014).

India cuenta con 99.660 publicaciones registradas, 850 canales de televisión con licencia gubernamental (413 de noticias y actualidad, 437 con programas de entretenimiento) y las emisoras de servicio público Doordarshan y All India Radio (AIR, www.prasarbharati.gov.in). Además, cuenta con estaciones FM privadas y estaciones de radio operadas por instituciones académicas y organizaciones no gubernamentales o de la sociedad civil. India, con una base de 462 millones de usuarios de Internet, tiene la segunda mayor cantidad de usuarios de Internet en todo el mundo. China, con 721 millones, es la más grande, y Estados Unidos, con 286 millones, ocupa actualmente el tercer lugar (Internetlivestats, 2016).

La educación periodística en la India comenzó en la India preindependiente, con sus raíces en los departamentos universitarios de idiomas. La pureza lingüística y la responsabilidad periodística impulsaron los primeros años de esta educación, que en gran medida fue ignorada por los propietarios de periódicos. Los intereses empresariales posteriores a la independencia y a la emergencia[3] rebasaron el rigor periodístico.

---

[3] La "Emergencia" se produjo entre 1975 y 1977, cuando la primera ministra, Indira Gandhi, declaró la suspensión de los derechos fundamentales, impuso censura a la prensa y silenció a prominentes líde-

Después de la década de 1990, muchas organizaciones de noticias iniciaron escuelas de periodismo.

Hoy en día hay múltiples actores en la educación periodística. Estos van desde universidades públicas y empresas mediáticas que administran escuelas de periodismo hasta asociaciones de periodismo asociadas con empresas y organizaciones sin fines de lucro (ver Tabla 5.1 de asociaciones de periodistas/educadores de periodismo). La educación en periodismo en India es vista como un subconjunto de la educación en comunicación de masas. Hay alrededor de 700 universidades en la India con programas de escala, alcance y nomenclatura variados. La India tiene dos universidades estatales dedicadas exclusivamente al periodismo y la educación en comunicación de masas, y una universidad nacional que alberga una Escuela de Periodismo y enseña estudios de nuevos medios de comunicación. Además, hay cientos de facultades en cada una de estas universidades, que también ofrecen programas de pregrado y a veces de postgrado en periodismo y comunicación de masas.

El periodismo en el paisaje mediático

Durante siglos, la política, no la economía, ha impulsado la prensa india. Pero después de 2000, la política y la economía impulsan a los medios de comunicación (Desai, 2012). La historia de los medios de comunicación de la India está bien documentada (Menon, 1930; Rau, 1974; Hassan, 1980; Raghavan, 1994; Ravindran, 1997; Vilanilam, 2005; Desai, 2012; Tere, 2012). Puede ser categorizada en cinco partes: India antes de la independencia (1780 a 1947), posindependencia hasta la emergencia (1977), posemergencia (1978 a 1990), posglobalización (pos-1991) y poscanales de noticias de televisión (pos-2000). También hay cientos, si no miles, de historias geográficas y lingüísticas de los medios de comunicación de la India (Ravindranath, 2005; Vilanilam, 2005). Mucha de esa información aún debe ser investigada y documentada.

Entre 1977 y 1999 el tiraje diario en la India aumentó alrededor del 500% (Jeffery, 2000). De acuerdo con la Asociación de Periódicos de la India (NAI), el tiraje combinado de la mayoría de los periódicos en lenguas regionales pequeñas y medianas de la India es 11 veces mayor que todos los periódicos en inglés de tamaño similar de la India. Después de 1992, el paisaje televisivo de la India, dominado por estaciones de televisión controladas por el Estado, fue "invadido" por numerosos canales de televisión indígenas y transnacionales (en octubre de 1992, ZEE TV inició la era de la televisión privada en la India).

En 1995 se lanzaron nuevos canales de noticias de televisión. En 2004, TRAI (Autoridad Reguladora de Telecomunicaciones de la India) comenzó a expresar su preocupación por la propiedad cruzada de los medios y la falta de diversidad (www.trai.gov.in).

---

res políticos. Cientos de periodistas fueron arrestados. Ramachandra Guha documentó la Emergencia en su libro *India after Gandhi: The history of the world's largest democracy*, HarperCollins, 2007. Otro libro sobre este periodo es *The Emergency: A Personal History*, de Coomi Kapoor, Penguin Viking, 2015.

Las empresas mediáticas habían concertado arreglos para compartir el contenido y su administración en todas las plataformas de medios. Los periodistas se convirtieron cada vez más en directivos y ejecutivos corporativos en los medios de comunicación, y el control de los propietarios de los medios sobre el contenido editorial aumentó más que durante los tiempos posteriores a la emergencia.

Hasta la década de 1980 los periódicos indios eran tratados como negocios modestos y de pequeño beneficio. Pero todo cambió a finales de los años noventa, cuando se establecieron departamentos de relaciones públicas en las oficinas de los periódicos. Las salas de prensa se preocupaban ahora de obtener ganancias significativas y florecieron las "noticias pagadas" y los "tratos privados", es decir, sobornos para obtener una cobertura positiva (Radhakrishnan, 2010). El gobierno indio, que ve la cobertura de noticias pagadas como una seria amenaza para la democracia, continúa luchando contra esta práctica. En 2009, por ejemplo, la Comisión Electoral de la India imputó a candidatos electorales por la compra de noticias pagadas durante las elecciones generales. Aunque muchos de estos candidatos fueron declarados culpables y castigados, esta actividad ilegal continúa. En 2010, la Comisión Electoral distribuyó directrices y mecanismos para reducir las noticias pagadas (Press Council of India, 2010). Y en mayo de 2013, el Ministerio de Información y Radiodifusión emitió su 47º informe, con investigación de noticias pagadas.

Los académicos han criticado severamente a los canales de noticias de la televisión de la India por cubrir inadecuadamente desastres y tragedias, creando noticias en lugar de cubrirlas y dando pie a investigaciones de las prácticas de los medios de comunicación (juicios a los medios de comunicación; Agrawal, 2005; Sultana, 2008; Thussu, 2007, Cottle & Rai, 2008; Gupta, 2009). Por ejemplo, la cobertura televisiva de los ataques terroristas de noviembre de 2008 en Bombay fue condenada por haber proporcionado inadvertidamente información de seguridad a terroristas. Y en Nueva Delhi, por el caso de violación en grupo de diciembre de 2012, después de que una joven murió a causa de sus heridas, la cobertura de los medios tomó un rol activista al crear conciencia sobre la violencia contra las mujeres. Finalmente, durante las elecciones generales de 2014, los canales de televisión comenzaron a respaldar abiertamente a los candidatos y a tomar partido en los asuntos públicos.

La prensa india continúa produciendo múltiples ediciones y suplementos locales para sobrevivir a las guerras de circulación y para tener participación en la propiedad de los medios de comunicación electrónicos. El gobierno también ha facilitado a los periódicos el acceso a las inversiones extranjeras (TRAI, 2008). La mayoría de los periódicos, incluyendo los periódicos en idiomas indios, ha creado ediciones en línea fácilmente accesibles a través de aplicaciones de teléfonos móviles (Thakur, 2009). Y tales innovaciones continúan. Por ejemplo, en 2011, el grupo multimedia Eenadu del sur de la India lanzó un periódico móvil. Y en 2015, el grupo Rajsthan Patrika inició Catch News, una plataforma digital multimedia de noticias.

En 2015, un informe de la Federación de Cámaras de Comercio e Industrias de la India (FICCI) y la corporación consultora internacional KPMG declaró que el aumento de la alfabetización, el crecimiento del ingreso disponible, la conciencia de marca y el fuerte desarrollo comercial en las grandes ciudades han contribuido al aumento del tiraje de los medios impresos regionales. También indicó que los estudios de hábitos de lectura en línea han encontrado que solo el 35,4% de la población total de la India utiliza Internet y visita los sitios web de periódicos, y solo alrededor del 10% de los usuarios que acceden a la web a diario visitan sitios de periódicos todos los días. Agregó que los periódicos regionales están dialogando con los lectores en sus idiomas locales, lo que lleva a una tasa de crecimiento mucho más alta en los ingresos en comparación con los diarios en inglés de la India.

Desde el año 2015, los periódicos, revistas de noticias, noticias de televisión y las redes sociales han florecido en la India. El mercado de noticias de la televisión india está lleno de idiomas, coberturas y estilos diversos de presentación. Los periódicos en línea son una realidad, y los principales medios de comunicación están utilizando activamente las redes sociales. Existen medios alternativos, pero su alcance y escala siguen siendo en gran parte desconocidos debido a la falta de investigación. Los principales medios de comunicación tienden a centrarse mucho más en la velocidad que en la exactitud y la responsabilidad social. Y los sitios de noticias proporcionan información y perspectivas sobre asuntos actuales de la India (como twocircles.net, indiatogether.org, infochangeindia.org y kafila.org).

Características profesionales

Aunque mucho se ha escrito a través de los años sobre los estándares del periodismo y el profesionalismo en la India (Menon, 1930; Kamath, 1997), los académicos debaten sobre el progreso realizado (Jagannathan, 2005). Por ejemplo, el Índice Mundial de Libertad de Prensa clasificó a la India en el puesto 136 de 180 países en 2015 (en ascenso del puesto 140º que tuvo en 2013), lo que indica que todavía existen luchas significativas por un entorno mediático independiente. Y aunque los especialistas están reemplazando a los generalistas y muchas más mujeres están incorporándose a las salas de redacción de la India (Jagannathan, 2005), todavía hay mucho menos mujeres que hombres en las redacciones (Balasubramanya, 2006) y el personal de las salas de noticias sigue teniendo prejuicios contra las castas inferiores. (Rajpurohit, 2014). Además, el Consejo de Prensa de la India (PCI) sostiene que, aunque los "favores indebidos" (Sanjay, 2006a, p.24) son altamente faltos de ética —y enumera 30 de ellos—, tales prácticas aún continúan. Por ejemplo, a cambio de una cobertura positiva, a menudo los encargados de tomar decisiones confieren favores especiales del gobierno, viajes, nominaciones a comisiones, trabajos para familiares e incluso acciones de la compañía tanto a los periodistas, como a sus agencias y propietarios de medios. Además, hay más presión que nunca sobre los periodistas indios debido a que las fuerzas del mercado —a través de las compañías de medios administradas por los propietarios— empujan a los periodistas a que "negocien las noticias" para facilitar el vínculo entre los políticos y los intereses corporativos y presentar "adecuadamente" las noticias sobre sus proyectos/interacciones (Gupta, 2009; Rao, 2009; Desai, 2012; Secretariat, 2013). Y tal como se ilustra en la "cinta de Radia"[4] y otras controversias de este tipo, los periodistas actuales se están alejando de los roles anteriores a la independencia, y de los roles antisistema, y están abrazando cometidos políticos y económicos.

Los periodistas indios siguen luchando contra una amplia variedad de presiones, incluida la seguridad personal. En 2011, el Sindicato de Periodistas Indios (IJU), que aboga regularmente por la necesidad de proteger a los periodistas, informó que 47 periodistas han sido asesinados en la India desde 1992. Uno de tales casos fue el de Jyothirmoy Dey, Editor de Investigaciones Especiales, asesinado en Mumbai en 2011 después de informar sobre la mafia relacionada con la industria petrolera (Chandavarkar & Srivastava, 2011). Y en 2012, organizaciones de medios de comunicación protestaron contra el maltrato policial del personal de prensa, que fue reportado por la revista *India Today* (Rahman, 2012). La plataforma de libre expresión thehoot.org también ha documentado ataques contra la libertad de expresión y el personal de los medios de comunicación. Ahora se está solicitando una ley especial para que las organizaciones profesionales proporcionen a los periodistas el mismo tipo de protección que a otros funcionarios públicos. Una presión adicional surge del deseo de privacidad de los periodistas en contraste con su necesidad de seguridad y su vulnerabilidad ante el cabildeo político y corporativo, y ante los grupos de intereses creados estatales y locales.

Pero a pesar de las presiones y problemas que enfrenta la profesión periodística, los periodistas locales todavía tienden a disfrutar de respetabilidad. Cada vez más estudiantes aspiran a convertirse en profesionales de los medios de comunicación, lo que lleva al aumento de las matrículas en las escuelas de medios de comunicación. Y los aspirantes a periodistas tienden a preferir trabajar para los medios electrónicos en lugar de los medios impresos. El advenimiento de los medios electrónicos ha traído glamur y aumento de salarios a los periodistas profesionales, y el boom de las puntocom ha proporcionado alternativas para la trayectoria profesional.

El gobierno indio trata de proteger a los periodistas a través de "juntas de salarios", un mecanismo que determina los salarios de los empleados de los periódicos. Después de la publicación de la Ley de Periodistas en Ejercicio de 1955, se crearon seis juntas de salarios bajo el Ministerio de Trabajo y Empleo para proteger los salarios y las condiciones de trabajo de los periodistas de medios impresos (Ministerio de Trabajo y Empleo, nd). Sin embargo, en 1993 se introdujo un sistema de contratos en los medios. Este sistema reduce el poder de negociación de los periodistas y les impide sindicalizarse y

---

[4] En 2010, la revista *Open* sacó a la luz las controversias de la cinta de Nira Radia, exponiendo las relaciones entre políticos, cabilderos corporativos y periodistas sénior. El Departamento de Impuestos a la Renta de la India grabó conversaciones entre un cabildero corporativo, llamado Nira Radia, y tres reputados periodistas, que refutaron las acusaciones de mala conducta.

negociar sus condiciones de trabajo. Curiosamente, las juntas de salarios no se aplican a los medios electrónicos (ABP Pvt. Ltd. y An. V. Union of India & Ors., 2011). Actualmente, los propietarios de periódicos y el gobierno están luchando una batalla legal sobre este sistema de contratos. Los sindicatos de periodistas argumentan que los periodistas, especialmente los recién llegados, son explotados por este sistema, tratados como empleados temporales y desechables (Tambat, 2012; Choudhary, 2014).

En cuanto a la educación formal del periodismo, estudios recientes sobre las redacciones de los periódicos y el personal de noticias de la televisión —aunque constituyen un comienzo importante— todavía presentan información general poco clara, inconsistente y limitada. Por un lado, el estudio de Balasubramanya (2006), una encuesta a 835 periodistas de 11 publicaciones de idiomas diferentes en más de 14 estados indios, encontró que solo el 35% de los encuestados tenía educación formal en periodismo. Consignado esto, el autor añadió: "como país de diversos valores socioculturales, sería difícil presentar un perfil completo de los periodistas en un país tan grande como la India" (Balasubramanya, 2006, p. 48). Por otra parte, el estudio de Gupta (2009) llevado a cabo en Mumbai con respecto a 100 periodistas de medios electrónicos, encontró que la mayoría (entre 65% y 68%) había sido formalmente educada en unas 20 escuelas de periodismo diferentes y tenía experiencia previa en medios impresos. Sin embargo, la industria mediática reconoce la escasez de personal capacitado en todos los medios de comunicación, especialmente en la prensa escrita. Y también hay una clara preocupación acerca de la calidad de las escuelas de periodismo (FICCI-KPMG, 2013).

En general, los periodistas en la India carecen a menudo de calificaciones formales y las redacciones no representan adecuadamente las realidades sociales y económicas. En marzo de 2013, el PCI decidió establecer un comité con el fin de establecer "calificaciones mínimas" para los periodistas. La idea, rechazada por los profesionales de los medios de comunicación, puede ganar más terreno en los próximos años. Históricamente, el periodismo era una profesión de pasión por promover el bienestar público. Ahora, con frecuencia parece más una profesión orientada a la adquisición de sobornos y a asegurar posiciones políticas. Aunque se supone que los periodistas de la India son vigilantes imparciales y facilitadores de información para las masas, "a menudo actúan más como, e incluso se convierten, en cabilderos, profesionales de relaciones públicas, etcétera". (Sharma, 2010).

Educación en periodismo, entrenamiento profesional e investigación

El Centro de Estudios de los Medios (CMS-UKIERI, 2015) afirma que hay 300 instituciones que ofrecen programas de periodismo y comunicación de masas en la India, comparado con poco más de 25 a principios de los años ochenta (Belavadi, 2002). El lenguaje jugó un papel importante a lo largo de la historia de la educación del periodismo indio. Tradicionalmente, la educación en periodismo se estableció en los departamentos de idiomas, centrada más en la pureza del lenguaje que en las habilidades laborales. Académicos capacitados en los Estados Unidos iniciaron la mayoría de los programas de educación periodística, y su enfoque de la educación periodística fue occidental, no local. Esta orientación occidental continúa, junto con la falta de currículos estándar en toda la India. A menudo, los planes de estudio dependen completamente de las decisiones de los profesores y no de variables tales como las necesidades institucionales, la relevancia del contenido y las expectativas de los estudiantes. No hay supervisión ni evaluación específica para programas de periodismo: El Consejo Nacional de Acreditación y Evaluación (NAAC) se enfoca solamente en la calidad general de la educación de las instituciones.

Enseñanza y entrenamiento de los futuros hacedores de noticias

En la India, la educación periodística es llamada mayoritariamente "comunicación de masas" o educación en "medios", y es vista como un subconjunto de la comunicación de masas. Nació de, y es alimentada por, las inversiones del gobierno. Los estudiosos indios han sostenido repetidamente que la industria de los medios indios no hizo una inversión significativa en la educación periodística sino hasta hace poco (Eapen, 1982; Agrawal, 2006). No fue sino hasta después de los 90s, desde el advenimiento de los canales de noticias de televisión y los nuevos medios de comunicación, el periodismo electrónico y de radiodifusión, que la industria ha participado activamente en la educación. La educación periodística/mediática se hizo visible en la década de 1960, después de la independencia de la India, cuando varias universidades tradicionales comenzaron programas de diplomado/pre-grado. Un informe de la UNESCO de 1961 encontró que seis universidades indias, la mayoría en el sur de la India, ofrecían cursos de periodismo (Organización de las Naciones Unidas para la Educación, la Ciencia y la Cultura, 1961). En 1982, la India organizó los Juegos Asiáticos en Nueva Delhi, lo que provocó el inicio de las transmisiones de televisión a color. Luego vino un aumento en la adquisición privada de televisores, junto con el mandato de la UGC (University Grants Commission) de profesionalización de la educación (Yadav, 2003, p.13). Como resultado, la comunicación y el periodismo fueron reconocidas como opciones profesionales viables. En 1981, unas 25 universidades enseñaban periodismo y comunicación de masas. Hoy en día hay unas 70. La mayoría de estos programas universitarios ofrecen programas de pregrado o posgrado. Además, el Instituto Nacional de Desarrollo Rural (NIRD) y alrededor de una docena de universidades agrícolas ofrecen cursos de comunicación agrícola para medios impresos y de difusión en toda la India.

Los programas de pregrado en comunicación de masas comenzaron inicialmente en el sur y luego se extendieron al noroeste. Como explicó Eapen (2007), se suponía que el título de bachiller era de tipo práctico, con estudios adicionales necesarios para reconocer el entorno económico, sociopolítico y cultural en el que existe el sistema de medios. Esto implicó una distinción entre aplicaciones de "habilidades" y "conocimiento".

La Universidad de Mumbai, en el oeste de la India, comenzó en el año 2000 una licenciatura en medios de comunicación con dos especializaciones: periodismo y publicidad. Hacia el 2011 las universidades que ofrecían programas de pregrado crecieron a alrededor de 80. En 2012, cinco universidades afiliadas a la Universidad de Mumbai comenzaron a ofrecer maestrías, lo que sugiere una demanda creciente de la educación en periodismo/medios de comunicación.

El UGC es un organismo legal responsable de proporcionar estándares profesionales en universidades, facultades e instituciones de investigación de la India. En 1977 reconoció a "el periodismo" como un área de investigación académica a través de un panel sobre "periodismo y comunicación" (AMIC, 2002, p. 5). En 2001 el UGC recomendó un modelo de currículo, especificaciones para la ejecución de programas y terminología uniforme de "periodismo y comunicación de masas". También describió al periodismo "como parte de una disciplina más amplia de comunicación de masas" (UGC, 2001, p. 8). Pero la mayoría de las universidades no hicieron ningún cambio, y los académicos debatieron si "la uniformidad era algo bueno" (Sanjay, 2006b, p. 31). En julio de 2014 el UGC requirió que las universidades públicas estandarizaran su terminología, lo que incluía otorgar a sus títulos las designaciones de "artes" frente a "ciencias" a fin de conservar su validez. Este proceso no impactó a las instituciones privadas que ofrecen programas de periodismo.

La Indira Gandhi National Open University, establecida en 1985, comenzó su School of Journalism and New Media Studies (SOJNMS) en 2007, ofreciendo una mezcla de programas de aprendizaje presencial y a distancia. Además, como se mencionó anteriormente, dos universidades estatales se centran exclusivamente en el periodismo y la educación de comunicación de masas: la Makhanlal Chaturvedi National University of Journalism (MCNUJ) en Madhya Pradesh, establecida en 1990, y Shri Kushabhau Thakre Patrakarita Avam Jansanchar Vishwavidyalaya en Chattisgarh, establecida en 2005. (La Haridev Joshi University of Journalism and Mass Communication, con sede en Rajasthan, establecida en 2012, ya no existe: se fusionó con el Departamento de Periodismo de la Rajasthan University).

La participación del sector privado en la educación periodística puede clasificarse bajo cuatro categorías: universidades/institutos privados, empresas/agencias de medios de comunicación, profesionales/organismos profesionales que realizan esfuerzos educativos, y personas individuales que ofrecen programas fragmentarios. Las universidades privadas, como el Symbiosis Institute/University y la Manipal Academy of Higher Education, y las fundaciones, como Bharatiya Vidya Bhawan, administran institutos en toda la India. Estos ofrecen diplomas y programas de pregrado en periodismo y temas afines.

Además, los institutos ofrecen muchos programas de periodismo vocacional. Estos incluyen el American College of Journalism Bombay (ahora Mumbai), el Rajendra Prasad Institute of Communication and Management, el K.C. College of Journalism, y el Horniman College of Journalism.

Los organismos profesionales —como las academias de prensa y los clubes de prensa— ofrecen, en toda la India, programas vocacionales en periodismo para estudiantes de tiempo completo y periodistas en actividad. Ninguna base de datos o agencias/organismos profesionales rastrean la naturaleza y el alcance de estos programas.

Las empresas privadas generan recursos a partir de las colegiaturas de los estudiantes sin ningún organismo regulador para controlar o vigilar sus finanzas. Los críticos argumentan que, si bien las instituciones privadas pueden satisfacer proactivamente las necesidades del mercado y las demandas de la profesión, sus costos, a menudo altos, las vuelven demasiado caras para los estudiantes de orígenes económicos promedio. Y sus políticas con respecto a la inscripción, el reclutamiento, la reforma curricular y la evaluación, parecen arbitrarias en comparación con las políticas de las universidades tradicionales.

Muchos grupos de medios de comunicación tienen escuelas de capacitación internas para sus empleados. En algunos casos incluso están abiertas al público en general. Aunque el propietario del Grupo Eenadu, Ramoji Rao, "envió a su propio hijo al extranjero para estudiar periodismo, a principios de la década de 1990 utilizó su periódico, *Eenadu*, para comenzar su propia escuela de periodismo y pagó a los estudiantes estipendios por trabajar en su publicación" (Ravindranath, 2005, p. 102). Hoy, el Grupo Eenadu tiene presencia en medios electrónicos y posee instalaciones de producción de medios y un parque de atracciones, Ramoji Film City, en Hyderabad. Muchos establecimientos de periódicos ahora tienen sus propios institutos de capacitación, como el Times Center for Media Studies de *The Times of India*, el Asian College of Journalism de *The Hindu*, y la Pioneer Media School de *The Pioneer*. En 2009, la Times School of Journalism se restableció en Mumbai y el Express Institute of Media Studies lanzó su programa de ocho meses en Delhi.

Existen numerosos programas de colaboración en India, muchos de los cuales comienzan en pequeña escala y continúan creciendo. En 1979, por ejemplo, el Ranade Institute de la University of Pune (ahora Savitribai Pule Pune University) comenzó a ofrecer un programa de certificación a tiempo parcial en colaboración con el Pune Shramik Patrakar Sangh (el sindicato de periodistas en Pune). En 1986 elevó su oferta con diplomas de periodismo (en marathi, un idioma regional). En 2003 ofreció diplomas de posgrado a tiempo parcial en periodismo (en inglés), y finalmente añadió, también en inglés, un programa de maestría en periodismo y comunicación de masas (Barve, 2007).

En la década de 1960, empezaron a aparecer organizaciones sin fines de lucro dedicadas a la educación del periodismo, como el Press Institute of India (PII) y el Indian Institute of Mass Communication (IIMC). Para 2013, unos 306 estudiantes de IIMC obtuvieron diplomas de postgrado de sus seis campus, ubicados en Nueva Delhi, Jammu, Dhenkanal, Aizwal, Amravati y Kottayam. Durante los últimos años, han surgido nuevas ofertas de educación en periodismo sin fines de lucro. Los ejemplos incluyen el Journalism Mentor en Mumbai, el International Media Institute of India (IMII) en Nueva Delhi, y el Indian Institute of Journalism and New Media (IIJNM) en Bangalore.

El IIJNM fue fundado en 2001 por BS & G Foundation, un fondo sin fines de lucro dedicado a promover valores e instituciones democráticas en India.

Aunque la Constitución india reconoce 22 idiomas oficiales, se hablan 1.700 idiomas en toda la India. La educación en periodismo se ofrece principalmente en inglés, dentro de programas profesionales o vocacionales. También hay departamentos de idiomas dentro de las universidades públicas que ofrecen títulos de periodismo. El idioma también está vinculado a la clase/casta/región en la India. Muchos idiomas están muriendo y cobrando vida al mismo tiempo debido a las nuevas tecnologías.

Investigación en periodismo

Debido a la propiedad privada de los medios, la investigación en medios impresos se ocupa principalmente de los problemas fundamentales del negocio, como la circulación, el marketing y la promoción de ventas. Y la mayoría de las investigaciones de mercado, llevadas a cabo para calcular la circulación, están basadas en suscripciones y son costosas. Solo entre 10 y 15 universidades en India ofrecen programas de doctorado en periodismo, y los investigadores indios entrenados en el Reino Unido a menudo encuentran difícil contribuir a la mejora de programas indios de periodismo debido a las diferencias culturales y de acceso a recursos, etc. (Murthy, 2011).

La investigación académica en periodismo es obligatoria para las universidades públicas que enseñan periodismo (consulte la Tabla 5.2 para conocer los programas más conocidos de educación periodística). Pero esta investigación, con un alcance y recursos limitados, se realiza más por razones prácticas —para cumplir con los requisitos y obtener un título— que por razones académicas. Esto no es sorprendente, ya que la industria del periodismo parece estar más interesada en las buenas historias que en las habilidades de investigación. Y cuando la investigación académica se lleva a cabo en lenguas indias, a menudo no se distribuye o se hace conocida por varias razones, incluidas la falta de recursos, la competencia bilingüe y la capacidad de contextualizar la investigación para el público mundial.

La mayoría de las investigaciones académicas sobre periodismo en la India se centran en las percepciones, las opiniones y los antecedentes de los periodistas (mediante encuestas sociológicas), la naturaleza y el lenguaje de las noticias (a través del análisis de contenido), y análisis crítico y teórico de las prácticas de producción de noticias. Los periodistas también escriben libros en idiomas indios y en inglés, enfocados en sus experiencias personales de primera mano, y aquellos son, en su mayoría, análisis no académicos de medios o comentarios sociales.

La División de Publicaciones del gobierno publica en 10 (de 22) idiomas oficiales. Su División de Investigación y Referencia publica, anualmente, dos libros de referencia: *India: A Reference Manual* y *Mass Media in India*. Aunque existen revistas académicas, su calidad y estabilidad son motivo de preocupación. Este investigador no pudo encontrar una revista de investigación académica india de larga data, y no existen listados unificados de revistas académicas sobre medios de comunicación. Sin embargo, hay varias publicaciones de larga data relacionadas con los medios, incluidas las siguientes: *Communicator* de IIMC (en inglés), *Sanchar Madhyam* (en hindi), *Vidura* de PII (en inglés), *Grassroots* (en hindi y telugu) y *Media Mimansa* (en hindi e inglés). Además, la University of Calcuta apoya la edición india de *Global Media*, una revista académica en línea. Y en 2010, el Centre for Communication Studies, Orissa, lanzó la publicación bianual *Media Watch*.

Muchos programas de periodismo también producen periódicos y boletines dirigidos por estudiantes. Y muchas instituciones educativas alojan blogs, como Jamia Millia Islamia (Jamia) en Nueva Delhi (*The Indian Medialogue*, 2015). Lamentablemente, no existen bases de datos nacionales que categoricen/cuenten dichos esfuerzos.

Como en muchos países del "tercer mundo", en la India la investigación académica en periodismo adolece de una falta de habilidades, motivación, un lenguaje común y recursos de investigación y enfoque (Eapen, 2000). Murthy (2011) también cita asombrosas prácticas de reclutamiento. Y dado que muchos institutos privados siguen un enfoque de capacitación centrado en los puestos de trabajo, la investigación sigue teniendo una prioridad baja.

Mientras que el UGC apoya la investigación limitada principalmente para aquellos en el mundo académico, el Consejo Indio para la Investigación en Ciencias Sociales otorga becas a periodistas en ejercicio. También hay sitios web, como thehoot.org, que critica la cobertura periodística y depende del apoyo de los lectores para hacerlo. El Mudra Institute of Communication, Ahmedabad (MICA), una escuela privada líder que enseña principalmente publicidad y gestión, eventualmente abrió una filial hermana: el Mudra Institute of Communication Research (MICORE). MICORE criticó la calidad de las escuelas de periodismo en su sitio web (cuando estaba en vivo) y dijo que "aunque hay varias escuelas de periodismo en el país, hay una clara falta de investigación rigurosa y sistemática en este campo" (www.mica.org.ac.in). En 2007, MICORE se fusionó con MICA, lo que indica que las escuelas privadas de medios tienen dificultades para gestionar institutos de investigación académica en la India que no se centren en la investigación de mercado.

Conexiones profesionales en la educación periodística

Históricamente, las administraciones de los periódicos se han mantenido indiferentes a los programas de formación universitaria (Hassan, 1980). Y aunque hoy la industria de los medios de comunicación de la India "espera que los planes de estudios de educación mediática estén a la altura de... las demandas de la industria", no es optimista sobre la "idoneidad de la formación [académica] para los objetivos profesionales a largo plazo" (AMIC, 2002, p. 40). A pesar de que los programas tradicionales de periodismo en las universidades públicas se ubican naturalmente dentro de los moldes académicos del sistema universitario, existen "frecuentes debates sobre... [su] relevancia, plan de estudios, calidad de los docentes, infraestructura y respuestas críticas de los profesionales de los medios" (Sanjay, 2006a, p. 28). El énfasis de la academia en la teoría y la falta extendida de instalaciones y de capacitación en periodismo práctico, continúa distanciando a los medios profesionales de la capacitación universitaria. Aunque algunos investigadores han criticado los programas universitarios por tales prácticas, estas aún continúan (Belavadi, 2002; Aram, 2005; Sanjay, 2006a). Si bien es común que los académicos realicen investigaciones sobre periodismo, no es común que los periodistas retirados o en ejercicio lo hagan. A menos, desde luego, que estén matriculados como estudiantes de doctorado.

Aunque la industria de las noticias no da prioridad a la capacitación académica y la educación de los futuros creadores de noticias, la mayoría de los programas académicos esperan que sus estudiantes estén preparados para un potencial empleo en el periodismo. En consecuencia, requieren pasantías cortas en empresas de comunicación. Dado que la industria no es generosa proveyendo pasantías, los académicos encuentran puestos a través de conexiones personales. Sin embargo, con muchas compañías mediáticas abriendo sus propias escuelas, cada vez es más difícil para los académicos universitarios encontrar tales pasantías. Como resultado parcial, la brecha entre la industria y la academia continúa ampliándose (Barve, 2007).

Si bien es difícil encontrar profesionales con títulos de doctorado que trabajen a tiempo completo en las escuelas de comunicación, es igualmente difícil encontrar instituciones académicas con docentes con experiencia en los medios (Belavadi, 2002; Pereira, 2003; Rangnathan, 2006). Aunque la mayoría de las escuelas de comunicación reclutan profesionales jubilados, estas personas a menudo tienen dificultades para enseñar prácticas más nuevas (Pereira, 2003).

Independientemente de la experiencia de los educadores, la mayoría de las escuelas de periodismo dependen, en parte, de los periodistas en ejercicio que visitan las aulas. Pero la continuidad y la sostenibilidad de tales esfuerzos depende de las redes interpersonales, no de los arreglos institucionales. Para resolver parcialmente este problema, muchos periodistas en ejercicio se han convertido en educadores de periodismo a tiempo completo. Ellos también han ayudado a resolver el problema de la producción limitada de libros de periodismo indio mediante la publicación de nuevos textos.

Aunque hay muchas asociaciones de periodismo en India, no hay muchas asociaciones indias de educadores de periodismo/medios de comunicación. La primera Asociación India de Educación Periodística se formó en 1956 en Calcuta, en la Punjab University (CMS-UKIERI, 2015). En la actualidad, la mayoría de las asociaciones de educadores de periodismo existen principalmente a través de grupos de correo electrónico, Facebook y WhatsApp. Si bien se han realizado múltiples esfuerzos para crear una verdadera asociación nacional de educadores de medios, todavía no existe tal organización.

Impacto profesional de la educación periodística

Como la cobertura del periodismo indio está altamente localizada, las universidades tradicionales ofrecen programas de periodismo en lenguas autóctonas para ayudar a los futuros periodistas a prepararse para las organizaciones de noticias pequeñas y medianas. Pero, aunque los medios de comunicación en lenguas indias nativas se han expandido en términos de alcance y circulación, este no ha sido el caso para los periodistas que trabajan en los periódicos en lenguas vernáculas. Además, los periódicos en inglés a menudo no contratan graduados en comunicación. Como explica Aram (2005):

> los medios vernáculos no se pueden permitir pagar (mejor dicho, no pagan) mucho. Y la mayoría de los medios que pagan bien son los medios en inglés, que son los únicos que prefieren la especialización universitaria. Pero dada la escasez de conocimiento del idioma inglés entre los estudiantes poscoloniales, los medios prefieren a los graduados de literatura inglesa en lugar de los graduados en comunicación de masas. (p. 85)

Finalmente, la aceptación de la educación periodística por parte de la industria es un sueño lejano (FICCI-KPMG, 2013). Benerjee (2009, p. 170), haciendo referencia a Asia en general, señala que "esta situación [ha] alentado a los estudiantes a estudiar en el extranjero porque descubrieron que el nivel de enseñanza, investigación y conocimiento en sus propios países es demasiado deficiente para darles suficiente credibilidad en su desarrollo académico y profesional". En consecuencia, los estudiantes que estudian en el extranjero a menudo promueven la continuidad del dominio occidental en la educación e investigación del periodismo en la India en lugar de investigar las realidades locales. Como resultado, la educación periodística en el país y en el extranjero no es tan significativa como podría ser.

Posibilidades futuras

La educación periodística y la profesión del periodismo en India continúan creciendo y ganando atención. En 2010, la Universidad de Mumbai tituló su conferencia nacional "Periodismo en la India: de la misión a la profesión —de 1947 a 2010". Hoy en día, el periodismo escrito tradicional a menudo comparte plataformas con la radio, la televisión y los nuevos medios. La privatización y la globalización están agregando muchos nuevos actores privados a la escena educativa, actores que no siempre están dispuestos a cumplir con los mandatos estatales. Los mandatos de las universidades públicas controlan las tarifas para que los estudiantes más pobres puedan pagar su educación (Hassan, 1980; Yadav, 2003; Ranganathan, 2006). Y hay un mayor interés en la investigación y el análisis de la educación en periodismo y medios de comunicación (AMIC, 2002; Lal, 2002; Belavadi, 2002; Gupta, 2002; Yadav, 2003; Aram, 2005; Sanjay, 2006a; Desai, 2008; Maheshwari, 2009; Desai, 2012; CMS-UKIERI, 2015).

Pareciera que los periodistas se están capacitando más en tecnología y habilidades que en desarrollar un pensamiento crítico y contenido. A diferencia de sus predecesores de la India colonial, hoy las organizaciones de noticias a menudo tratan a los periodistas como obreros en lugar de intelectuales que contribuyen a los objetivos nacionales. Esto ha impactado en la naturaleza de la profesión periodística. Los nuevos periodistas se ven obligados a decidir entre buscar dinero y poder o servir a la sociedad.

Problemas, retos e innovaciones en la educación periodística

Nomenclatura y alcance. Los principales desafíos que enfrentan los académicos de educación periodística incluyen determinar si los programas de periodismo pueden conservar suficiente independencia en los departamentos de comunicación, si deben ser más vocacionales o académicos, y si deben pertenecer a las humanidades o a las ciencias sociales. Mientras tanto, los programas de periodismo están ubicados dentro de una amplia variedad de departamentos, desde la ciencia doméstica (economía doméstica) hasta las humanidades (Desai, 2008).

Aspectos curriculares. Otro desafío importante se refiere a la especialización. Si bien un programa de diplomado de un año cubre las clases tradicionales de periodismo, el entorno laboral exige especialización. Al mismo tiempo, los programas dedicados a especialidades, como los medios electrónicos o la publicidad, limitan las oportunidades de trabajo y reducen la comprensión entre los estudiantes. En un país diverso como la India, las especialidades en cualquier programa de estudios, especialmente en periodismo, son un desafío y una preocupación. Después de todo, la capacitación en periodismo no solo debe desarrollar habilidades, sino también sensibilidad con respecto a los problemas sociales, como la pobreza, la malnutrición y la desigualdad de género.

La educación periodística en India comenzó con programas de postgrado. Las universidades públicas, como Pune y Nagpur, todavía ofrecen programas de posgrado de un año (Barve, 2007). Muchos académicos han examinado críticamente el contenido y el diseño de dichos programas y sus cursos (Solomonraj, 2006; Ranganathan, 2006; Maheshwari, 2009; Murthy, 2011; CMS-UKIERI, 2015). Usualmente, estos afirman que los elementos curriculares, pedagógicos y estructurales de estos programas tienen como resultado, estudiantes que "ni se convierten en periodistas capacitados ni en buenos investigadores" (Belavadi, 2002).

La falta de actualización de las instalaciones técnicas es otro problema importante. Las universidades públicas tienen dificultades para mantenerse al día con los avances técnicos de la industria de los medios de comunicación debido a una financiación limitada y problemas burocráticos operativos. A pesar de que el UGC distribuye fondos a las universidades para ayudar a mejorar sus capacidades técnicas, a menudo esos fondos son inadecuados e inconsistentes. Las instituciones privadas pueden tener la infraestructura técnica y, sin embargo, pueden no estar interesadas en seguir las pautas de UGC con el fin de cobrar tarifas "razonables" a los futuros estudiantes.

Las empresas mediáticas que ahora ingresan al sector de educación de medios repetidamente se preocupan más por los asuntos comerciales que por la calidad de los futuros periodistas. Como resultado, la educación periodística privada mercantiliza los problemas sociales o no les presta atención. De cualquier manera, esta pedagogía afecta la calidad de los futuros periodistas.

Representación. Si bien los institutos privados cobran tarifas más altas y tienen mejores recursos, la búsqueda de mayor rentabilidad con frecuencia menoscaba las inversiones en recursos de capacitación. Además, el alto precio de tales programas lleva a que estudiantes más acomodados se capaciten como periodistas y a que haya menos diversidad en la sala de redacción (Akhileshwari, 2004; Vij, 2004; Balasubramanya, 2006; Ranganathan, 2006; Sanjay, 2006a; Rajpurohit, 2014). La representación de las diferentes castas, clases y géneros entre los periodistas es un desafío importante para las salas de redacción. La encuesta que aplicó el Centre for Social and Development Studies a 37 organizaciones de medios con sede en Delhi mostró que: "Los hombres de la casta superior hindú Jamia Milia Islamia tienen casi el 71 por ciento de los cargos más altos en los medios nacionales. Las mujeres, las castas no superiores y los musulmanes están extremadamente subrepresentados" (Sanjay, 2006c, p. 29).

Innovaciones. Las innovaciones incluyen nuevas prácticas periodísticas y programas de capacitación especializados de vanguardia. El Asian College of Journalism y los programas de Jamia son tratados con respeto por su innovación pedagógica vinculada a la industria. Jamia ofrece programas tales como una maestría en la gobernabilidad de los medios. La Mumbai University y el Ali Yavar Jung National Institute for the Hearing Handicapped ofrecen un programa de comunicación para personas con discapacidades. La Punjab University ofrece un diploma en periodismo agrícola y comunicación de masas, e instituciones como Journalism Mentor ofrecen cursos de corta duración en periodismo ciudadano.

Además, la Maharashtra Patrakar Sangh, Yashwantrao Chavan Maharashtra Open University y la University of Pune ofrecen programas en colaboración con asociaciones de periodismo, que intentan unir a la academia con la industria. Varios periodistas retirados y en actividad están practicando la innovación, como el ex periodista Shubhranshu Choudhary, que creó CGNet Swara, un servicio de noticias único basado en teléfonos móviles en el estado tribal de Chattisgarh. Ofrece noticias en cuatro idiomas, incluido Gondi, el dialecto tribal local (CGNet, 2015). Y el famoso periodista rural Palgummi Sainath que ha comenzado a documentar la "vida cotidiana de la gente común" (People's Archive of Rural India, 2015). El movimiento de la radio comunitaria en la India también ha mostrado innovación en las prácticas noticiosas locales. El desafío fundamental es institucionalizar y hacer sostenibles tales innovaciones, que exigen inversiones humanas, técnicas y de infraestructura.

Conclusión: Educando a los periodistas de mañana —El panorama general

En los últimos años, muchas empresas de medios de comunicación han creado institutos de capacitación en periodismo y muchas más universidades públicas han ampliado sus programas. Aún así, existe una gran división entre académicos y profesionales del periodismo. Los muchos idiomas de la India complican aún más esta división. Además, la privatización de la educación en general, y una educación elitista del periodismo en particular, obstaculizan los intentos de igualdad social. Las presiones del mercado acentúan la necesidad de favorecer la velocidad a los estándares. Con múltiples actores, idiomas y contextos, el periodismo indio y la educación periodística operan dentro de un laberinto de procesos y un mosaico de prácticas.

A medida que la desigualdad social se profundiza en la India, los códigos éticos del periodismo exigen que los periodistas representen con mayor precisión las realidades sociales. La educación en medios tendrá que responder a tales problemas con competencia y sensibilidad periodística, tecnología apropiada y conocimiento de una amplia gama de campos académicos, que incluyen sociología, política, economía, estudios de género y globalización. Los educadores de periodismo, así como los futuros periodistas, tendrán que seguir esforzándose por ser lo más relevantes posible a nivel local e informados globalmente para que el periodismo esté a la altura de su más alto potencial.

Referencias bibliográficas

ABP Pvt. Ltd. & Anr. V. Union of India & Ors., No. 246. 2011.

Agrawal, B. C. (2005). Reporting news or creating news: The everyday dilemma. *Journal of Communication Studies*, 54-59.

Agrawal, B. C. (2006, September) *Citizen's media movement and education in India: A country report*. Artículo presentado en la International Conference on the Media and Democracy in the Knowledge Society, Seoul.

Akhileshwari, R. (2004). Language media versus English Media. *Vidura, 41*(3), 33-36.

AMIC. (2002). *Communication education and media needs in India: A study*. Singapore: Asian Media Information and Communication Centre of India.

Aram, A. I. (2005). Where go communication studies and media education? *Journal of Communication Studies, 4*(4), 83-102.

Balasubramanya, A. S. (2006). Journalists in India—A profile findings of a national survey. *Vidura, 43*(3), 45-49.

Barve, U. (2007, July). *Cross cultural journalism teaching: Case of an Indian university*. Artículo presentado en la 16th AMIC Conference and First World Journalism Education Congress, Singapore.

Belavadi, V. (2002, July 16). *What ails media education in India? —A teacher's perspective*. Tomado de http://www.thehoot.org

Benerjee, I. (2009). Asian media studies: The struggle for international legitimacy. En D. Thussu (Ed.), *Internationalizing media studies* (pp. 165-174). London: Routledge.

CGNet. (2015). Gondi Reports. Tomado de cgnetswara.org

Choudhary, V. (2014, February 7). *SC upholds Majithia wage board recommendations*. Tomado de http://www.livemint.com/Consumer/PMBDNjXi6e2ovpvss2SQoN/SC-upholds-validity-of-Majithia-wage-board.html

CMS-UKIERI. (2015, August 7). Vision for media and communication education in India. *Vision for media and communication education in India*. New Delhi: CMS Academy.

Cottle, S., & Rai, M. (2008). Television news in India. Mediating democracy and difference. *International Communication Gazette*, 70-76.

Chandavarkar, R., & Srivastava, S. (2011, June 13). Oil mafia killed J. Dey, Suspects Cops. *India Times*. Tomado de http://articles.economictimes.indiatimes.com/2011-06-13/news/29653399_1_oil-mafia-yashwant-sonawane-tankers

Desai, M. K. (2012, July). *Indian media/communication educators: Territories and traumas*. Artículo presentado en la 21st AMIC Annual Conference, Malaysia.

Desai, M. (2008). Reviewing communication/media education in India: Many players, diverse directions but lost focus...?! *Journal of Global Media*, 1(2), 118-131.

Eapen, K. E. (1982). Education for communication: Indian scenario. *Media Asia*, 99-104.

Eapen, K. E. (2000, July). *Problems of research in some third world countries*. Artículo presentado en la 22nd IAMCR conference, Singapore.

Eapen, K.E. (2007, July 15). Journalism Education. *The Hindu*. Tomado de http://www.TheHindu.com/Todays-Paper/TP-Openpage/Journalism-Education/Article2275985.ece

Election Commission of India. (2010). Measures to check paid news during elections i.e. advertising in the garb of news in media. Tomado de http://eci.nic.in/eci_main/recent//PAIDNEWS.pdf

FICCI-KPMG. (2011). *Hitting the high notes, FICCI-KPMG Indian media and entertainment industry report.* Mumbai: KPMG India.

FICCI-KPMG. (2013). *Power of a billion. Realising the Indian dream FICCI-KPMG Indian media and entertainment industry report.* Mumbai: KPMG India.

FICCI-KPMG. (2015). *#Shootingforthe stars Indian Media and Entertainment Report 2015.* Mumbai: FICCI-KPMG. Tomado de www.kpmg.com/in

Government of India (2014). Press in India 2013-14. 58th Annual Report of The Registrar of Newspapers of India. Tomado de http://rni.nic.in/pin1314.pdf

Gupta, G. (2009). *Perceptions and opinions of television news personnel about role of news media.* Department of Extension Education, SNDT Women's University, Mumbai. Tesis inédita de maestría.

Gupta, V. (2002, September 16). *Take journalism graduates more seriously.* Tomado de http://thehoot.org

Hassan, M. S. (1980). Two hundred years of Indian Press: Case of lopsided growth. *Media Asia*, 218-228.

Indian Journalists Union. (2011). Tomado de http://www.indianjournalistsunion.org/press/18.pdf

Internetlivestats. (2016). Internet users by country (2016). Tomado de http://www.internetlivestats.com/internet-users-by-country/

Jagannathan, N. S. (2005). Changed character of Indian media. *Vidura, 42*(1), 7-10.

Jeffery, R. (2000). *India's newspaper revolution: Capitalism, politics and the Indian language press*. New Delhi: Oxford University Press.

Jyothi, K. (2003, January 26). *Is there an online journalism in India?* Tomado de thehoot.org

Lal, M. (2002, July 8). *How useful are journalism courses?* Tomado de http://thehoot.org

Kamath, M. V. (1997). *Professional journalism*. New Delhi: Vikas Publishing.

Maheshwari, P. (2009, July 27). *Mixed media: What ails journalism education in India*. Tomado de http://www.exchange4media.com

Menon, E. P. (1930). *Journalism as a profession.* Tellicherry: The Vidya Vilasam Press. Tomado de https://archive.org/details/journalismasapro035287mbp

Ministry of Labor & Employment. (n.d.). Wage board for working journalists. Tomado de http://labour.gov.in/content/division/majithia-wage-board.php

Murthy, C. S. (2011). Dilemma of course content and curriculum in Indian journalism education: Theory, practice and research. *Asia Pacific Media Educator* (21), 24-42.

People's Archive of Rural India. (2015). Tomado de https://ruralindiaonline.org

Pereira, M. (2003, August). *The changing face of professional media education: A
note*. Artículo presentado en el AMIC Symbiosis Seminar, Pune.

Press Council of India. (2010). Report on paid news. Tomado de presscouncil.nic.in/OldWebsite/CouncilReport.pdf

Radhakrishnan, R. K. (2010). Media in the era of paid news: A perspective. *Vidura, 2*(2), 6-9.

Rahman, M. (2012, December 21). Blowing up in Bombay. *India Today*. Tomado de http://indiatoday.intoday.in/story/bombay-police-go-berserk-with-city-journalists/1/308216.html

Rajpurohit, S. (2014, March 27). *Dalit students and journalists —from classroom to newsroom*. Tomado de http://kala.org/2014/03/27/dalit-students-and-journalists-from-classroom-to-news- room-shivnarayan-rajpurohit/

Raghavan, G. N. (1994). *The press in India: A new history*. Delhi: Gyan Books.

Rangnathan, M. (2006). A statutory body for media education. *Vidura, 43*(4), 31-32.

Rao, S. (2009). Glocalization of Indian journalism. *Journalism Studies, 10*(4), 474-488.

Rau, M. (1974). *The press*. New Delhi: National Book Trust.

Ravindran, R. K. (1997). *Press in the Indian constitution*. New Delhi: Indian Publishers and Distributors.

Ravindranath, P. K. (2005). *Indian regional journalism*. New Delhi: Authorspress.

Sanjay, B. P. (2006a). News media teaching in India. En U. Sahay (Ed.), *Making news* (pp. 28-37). New Delhi: Oxford University Press.

Sanjay, B. P. (2006b). The dynamics of news content in mass media. En U. Sahay (Ed.), *Making news* (pp. 12-27). New Delhi: Oxford University Press.

Sanjay, B. P. (2006c) Limited diversity in media newsrooms, *Vidura, 43*(4), 27-30.

Secretariat, L. S. (May 2013). *Standing Committee Report on Information Technology- Issues related to paid news*. New Delhi: Ministry of Information and Broadcasting.

Sharma, K. (2010, November 30). *Journalism after Radiagate—Second Take*. Tomado de http://www.thehoot.org

Shrivastava, K. M. (2000, July). Indian media: Complex and diverse. Artículo presentado en la International Association of Media and Communication Research Conference, Singapore.

Solomonraj, S. (2006, February 10-12). *Professional education in mass media at the undergraduate level: A Mumbai University experience*. Mumbai: Tata Institute of Social Sciences.

Sultana, N. (2008, March 8). *Where is the news?* Tomado de http://indian-television.com/special/y2k8

Tambat, S. V. (2012). *Review of the press in India (2008-2012)*. New Delhi: The Press Council of India.

Tere, N. S. (2012). Commentary — Increasing journalism education in India: Concern for quality. *Asia Pacific Media Educator, 22*(1), 127-133.

Thakur, K. (2009, November 13). *Marathi newspapers on Internet*. Tomado de http://mediascenceindia.blogspot.com

The Indian Medialogue. (2015). Home. Tomado de http://indianmedialogue.com

Thussu, D. K. (2005). Adapting to globalization: The changing contours of journalism in India. En H. Burgh (Ed.), *Making journalists: Diverse models, global issues* (pp. 127-141). New York, NY: Routledge.

Thussu, D. K. (2007). The 'Murdochization' of news? The case of STAR TV in India. *Media, Culture and Society, 29*(4), 593-611.

TRAI. (2008). *Consultation Paper on cross-media ownership*. New Delhi: Telecommunication Regulatory Authority of India.

UGC. (2001). *Model curriculum in journalism and mass communication*. New Delhi: University Grants Commission.

UNESCO. (2007). *Model curricula for journalism education for developing countries and emerging democracies*. Paris: UNESCO.

United Nations Educational, Scientific and Cultural Organization. (1961). Seminar on journalism training methods in South and East Asia. Tomado de http://unesdoc.unesco.org/images/0014/001473/147390eb.pdf

Vij, S. (2004, June 24). *Caste in the newsroom?* Tomado de http://thehoot.org/

Vilanilam, J. V. (2005). *Mass Communication in India- A sociological perspective*. New Delhi: Sage.

World Association of Newspapers. (2011). Tomado de http://www.wan-ifra.org

Yadav, J. S. (2003). At the cross road. *Vidura, 40*(4), 13-15.

Tabla 5.1

Asociaciones de periodismo y educación periodística en India.

Organización	Descripción	Sitio web
National Union of Journalists (India)	Sindicato fundado en 1972, afirma tener una presencia en cinco zonas a lo largo de India.	http://www.nujindia.com/
Indian Federation of Working Journalists (IFWJ)	Fundada en Nueva Delhi el 28 de octubre de 1950, es el primer sindicato gremial de trabajadores de los medios en la India independiente. Tiene mas de 30.000 miembros principales y asociados trabajando para medios electrónicos, agencias de noticias, y 1.260 periodistas que hablan 17 idiomas en 35 estados y territorios de la unión.	http://ifwj.in/
The Indian Journalists Union (IJU)	En octubre de 1950, periodistas líderes y militantes se reunieron en Nueva Delhi para establecer esta primera organización de periodistas en actividad que abarcaba a toda la India. Sus miembros incluyen a 23.000 periodistas y sindicatos afiliados a lo largo de la India.	http://www.indianjournalistsunion.org/
The Journalist Association of India (JAI)	Una plataforma para cualquier indio que aspire a hacerse conocido en el campo del periodismo y la comunicación de masas a través de programas académicos.	http://www.jaoi.org/
All India Freelance Journalists Association (AFJA)	Created in 2009, its formation is still under way.	http://www.journalistsindia.com/
All-India Newspaper Editors' Conference	Iniciada en 1940, es una organización de los editores de periódicos y otras otras publicaciones periódicas de India.	50-51 Theatre Communication Buildings, Connaught Place, New Delhi

Tabla 5.1 (cont.)

Asociaciones de periodismo y educación periodística en India.

Organización	Descripción	Sitio web
Commonwealth Journalists Association (CJA)	Fue fundada en 1978 por un grupo de periodistas tras una conferencia de organizaciones no gubernamentales de la Commowealth en la Dalhousie University, Nova Scotia, Canada.	http://commonwealthjournalists.org/
The Andhra Pradesh Union of Working Journalists (APUWJ)	Con una membresía de alrededor de 8.000 periodistas activos, es el sindicato de periodistas activos más grande del país.	https://www.facebook.com/APUWJ/
The Network of Women in Media, India (NWMI)	Formada en enero de 2002 a partir del National Workshop on Women in Journalism, agrupa a más de 100 periodistas mujeres en 16 centrps a lo largo del país.	http://www.nwmindia.org/
Association of Communication Teachers of Tamil Nadu and Pondicherry	Un foro profesional de profesores de comunicación en Tamil Nadu y Pondicherry. Su objetivo es mantener altos estándares profesionales en la enseñanza del periodismo y la comunicación a lo largo del estado.	Department of Journalism and Communication University of Madras Chepauk Campus Chennai 600005

Tabla 5.2

Programas de educación periodística reconocidos en la India.

Organización	Títulos	Sitio web
Jamia Millia Islamia Central University, A. J. K. Mass Communication Research Center	Títulos de maestría y doctorado, incluyendo una maestría en periodismo convergente y diplomados. En 2011 inició un diplomado en Started a diploma in tecnología de radiodifusión.	http://jmi.ac.in/ http://jmi.ac.in/aboutjamia/centres/mcrc/introduction
Asian College of Journalism	Diploma de posgrado en periodismo, maestría en periodismo por la Cardiff University.	http://www.asianmedia.org/
Indian Institute of Mass Communication (con centros a lo largo de India)	Diplomas de posgrado en periodismo (Radio, TV) en hindi, inglés y oriya, y en publicidad y relaciones públicas.	http://www.iimc.nic.in/
Xavier Institute of Communications	Diplomados en comunicación integrada, Cinema 4D, periodismo y comunicación de masas, relaciones públicas y comunicación corporativa, publicidad y comunicación de marketing, comunicación de masas en marathi.	http://www.xaviercomm.org/
Yashwantrao Chavan Maharashtra Open University	Diploma en agro periodismo, enseñanza a distancia.	http://ycmou.digitaluniversity.ac/
Indian Institute of Journalism & New Media Opp. BGS International Residential School	Diploma de posgrado y licenciatura en periodismo de medios impresos, periodismo de radio y TV y periodismo multimedia.	http://iijnm.org/
Press Academy of Andhra Pradesh	Entrenamiento en inglés y telugu para periodistas a mitad de su carrera profesional.	http://www.pressacademyarchives.ap.nic.in/

6

La educación periodística en Israel: Entre Oriente y Occidente, tradición y modernidad, la práctica y la teoría

Yehiel Limor

En 2013, la prensa de Israel celebró el 150 aniversario de la publicación del primer periódico en hebreo del país, *Ha'Levanon*. Dos de los tres propietarios-editores de este delgado mensuario no tenían experiencia alguna en el periodismo y solo el tercero tenía cierta experiencia escribiendo para la prensa en el extranjero. Aquella publicación precursora sobrevivió menos de un año.

La contratación no sistemática de periodistas sin entrenamiento formal, académica o profesional ha continuado en las generaciones sucesivas (Caspi y Limor, 1999). Y, no obstante, la prensa contribuyó al incremento de numerosos líderes políticos, quienes dejaron el periodismo y se lanzaron a la arena política (entre ellos, el tercer presidente de Israel, Zalman Shazar). De la prensa incluso ha salido beneficiarios del premio nacional más alto y más prestigioso del país, el Premio Israel (otorgado principalmente a científicos). Aunque en la década de 1960 la Tel Aviv University realizó un intento breve y fallido de establecer estudios de periodismo en Israel, el primer programa académico institucionalizado de educación en periodismo del país no se estableció sino hasta principios de los años noventa. A lo largo de la historia del periodismo, el mundo académico y los medios de comunicación siempre han estado, y continúan estando, en desacuerdo, expresando desprecio mutuo, alienación y desconfianza. Sin embargo, durante los últimos 20 años las primeras señales de cambio en la formación periodística, tanto profesional como académica, se han hecho evidentes. En un proceso lento y gradual, el reclutamiento de empleados finalmente ha comenzado a incluir graduados de instituciones académicas.

El periodismo en el paisaje mediático

Peri (2012) afirma que el sistema mediático israelí podría haber convergido hacia el modelo liberal si la guerra y la cultura de la seguridad nacional no lo hubieran empujado en una dirección diferente. Sin embargo, en retrospectiva, pasados ya más de 65 años, uno puede adoptar este diagnóstico solo de manera limitada: aplicándolo a períodos de hostilidades y emergencia. En tiempos más pacíficos, los medios de comunicación israelíes son independientes, libres de cualquier presión gubernamental e incluso agresivos con el gobierno y la élite política. Tal agresividad fue mencionada recientemente en artículos publicados por destacados periodistas en los principales periódicos de izquierda y de derecha. Por ejemplo, mientras que el periódico elitista de izquierda *Ha'aretz* sostenía que "el miedo a los medios brutales y mordaces se cierne sobre las cabezas de los que toman las decisiones" (Verter, 2015, p. 3), el derechista *Makor Rishon* argumentaba que "uno de los rasgos negativos que caracterizan a los políticos es el miedo a los medios" (Segal, 2015, p. 3).

Desde el establecimiento del Estado de Israel en 1948, los periodistas locales han disfrutado de una libertad considerable, que se ha expandido durante los años hasta casi la libertad total. En su informe anual del 2015 sobre Israel, Freedom House afirmó que "la libertad de prensa es generalmente respetada [en Israel]". Esta descripción es pertinente para los medios israelíes dentro de sus fronteras establecidas desde 1967, pero no para los medios palestinos en los territorios ocupados en Cisjordania.

El nacimiento de Israel como estado democrático ostensiblemente garantiza la libertad de prensa después de muchas décadas de estricta supervisión oficial. Las autoridades otomanas, que gobernaron el país desde el siglo XVI hasta el final de la Primera Guerra Mundial, permitieron solo periódicos con licencia, impusieron una censura meticulosa, sentenciaron a prisión a editores condenados por publicar artículos perjudiciales para los intereses nacionales y cerraron periódicos. A partir de entonces, las autoridades del Mandato Británico (1918 a 1948) practicaron un control estricto y la censura. Los británicos no dudaron en suspender o cerrar periódicos "para evitar noticias impropias y ultrajantes" (Canaan, 1969, p. 31).

Aunque la libertad de prensa ha sido parte de la cultura israelí y ha sido garantizada en las decisiones de la Corte Suprema, hasta la fecha no está arraigada en la legislación. El Mandato Británico dejó a Israel con varios legados legales capaces de restringir a la prensa, como la Ordenanza de Prensa de 1933. Esta ordenanza no solo requiere una licencia para la publicación de un periódico, sino que incluso otorga al ministro del interior la autoridad para cerrar periódicos sospechosos de perturbar el orden público. En 1953, el Tribunal Superior de Justicia de Israel sentó las bases iniciales de apoyo a la libertad de prensa al restringir severamente la autoridad del ministro del interior para cerrar periódicos (High Court of Justice 73/53). En los años siguientes, la Corte Suprema de Israel reforzó la libertad de prensa de facto al defender el derecho de los periodistas a no revelar sus fuentes de información. Por otro lado, las propuestas legislativas destinadas a restringir la prensa fracasaron sin ejercer ningún efecto adverso sobre la libertad de prensa.

Desde su creación en 1963, el Consejo de Prensa de Israel ha desempeñado un papel importante en la protección de la libertad de prensa (consulte la Tabla 6.1 para ver las principales asociaciones de periodismo y organizaciones relacionadas con el periodismo). Una y otra vez, el consejo, cuyos miembros incluyen representantes públicos, editores, editores y sindicatos de periodistas, ha logrado bloquear exitosamente las iniciativas legislativas que probablemente disminuirían la libertad de prensa. En general, estas medidas se vieron frustradas luego de que el consejo de prensa acordó incluir en su código de ética nuevas secciones que dan garantía a la autocontención como remplazo de la supervisión externa.

La prensa israelí de hoy ha sido claramente influida por las tradiciones. Durante el siglo XIX y principios del XX, los primeros periodistas israelíes, que llegaron de Europa oriental y occidental, se vieron afectados por las normas de prensa de Europa occidental y los estilos de escritura de los periódicos judíos publicados en Polonia y Rusia. Además, los periodistas israelíes enviados a Estados Unidos como corresponsales regresaron al país con una clara preferencia por los estilos y procedimientos del periodismo norteamericano. La prensa moderna israelí es en gran parte el resultado de tales encuentros y conflictos israelí-estadounidenses.

Hoy Israel ofrece a sus casi ocho millones de ciudadanos un panorama de medios variados y altamente profesionales, que incluye lo siguiente:

- tres canales de televisión nacionales, uno público (Canal 1) y dos comerciales (Canal 2 y Canal 10);
- una red de cable multicanal (Hot);
- una red de televisión multicanal por satélite (Yes);
- 16 estaciones de radio regionales comerciales;
- 50 estaciones de radio educativas locales;
- 15 diarios matutinos a nivel nacional;
- unos 350 periódicos locales y regionales; y
- cientos de publicaciones periódicas (semanarios, quincenarios, mensuarios, etc.).

Los periódicos vespertinos desaparecieron gradualmente del panorama mediático israelí a fines de la década de 1970, cuando los dos diarios nacionales de la tarde/noche, *Ma'ariv* y *Yediot Aharonot*, comenzaron a transformarse en periódicos matutinos para aumentar su circulación (Limor & Mann, 1997).

La prensa israelí mantiene altos estándares profesionales. Incluso los tabloides israelíes tienden a ser de una calidad mucho más alta que sus contrapartes occidentales, mostrando una atención meticulosa a un amplio rango de contenido y secciones tales como literatura y arte, periodismo de investigación, asuntos económicos y comentarios políticos.

A pesar de ello, la confianza del público israelí en los medios ha ido disminuyendo de manera constante durante los últimos años: del 51% en 2011 al 47% en 2013 y al 29,7% en 2014 (Herman, Lebel, Be'eri, Cohen & Heller, 2015).

La prensa partidista, muy autocensurada y ultraortodoxa, muestra quizás el rechazo más rotundo y franco de las normas convencionales de la prensa libre (Levi, 1989;

Michelson, 1990). Las estaciones de radio piratas ultraortodoxas, que prosperaron en la década de 1990, siguen prácticas similares (Limor & Naveh, 2006).

Características profesionales

Las características profesionales del periodismo israelí se pueden analizar en dos niveles: el de la prensa, a un nivel macro, y el de los periodistas, a nivel micro.

En el nivel macro se pueden discernir tres periodos principales. El primero tuvo lugar durante las primeras dos décadas después del establecimiento de Israel, en el cual los medios y la prensa adoptaron patrones de pensamiento y comportamiento compatibles con el modelo de medios en desarrollo. Muchos de los periódicos eran órganos de partidos políticos cuya operación estaba guiada más por una ideología que por principios profesionales. El segundo periodo tuvo lugar durante las décadas de 1970 y 1980, en el cual, como lo señalaron Tsfati y Meyers (2011, p. 445), "el periodismo israelí cambió de varias maneras significativas debido a los cambios y las crisis en la sociedad israelí [que] contribuyeron al desarrollo de una cobertura crítica de la política." Durante estos años, la mayoría de los periódicos partidistas se cerraron. El tercer periodo, desde la década de 1990 en adelante, está marcado por muchos cambios, especialmente la tendencia de los medios a convertirse en proveedores de información de entretenimiento impulsados por los ratings, como gran parte de los medios en Occidente.

En el nivel micro, varios estudios permiten a los investigadores rastrear algunas de las características profesionales de los periodistas israelíes y su sentido de autonomía profesional. Estos incluyen los siguientes:

> - Una convicción de que "ellos tienen mucho control sobre el trabajo que hacen" (The Worlds of Journalism Study, 2011).
> - Su impresión de que "se les permite tomar parte en las decisiones que afectan su trabajo, y que los propietarios, la presión de los anunciantes o las consideraciones económicas solo influyen levemente en el 'trabajo diario'" (The Worlds of Journalism Study, 2011).
> - Más de dos tercios tienen una educación académica, mientras que solo el 6,5% estudia en escuelas de periodismo (Tsfati & Meyers, 2011).
> - Alrededor de un tercio gana menos del salario promedio en Israel (Tsfati & Meyers, 2011).
> - Un 87% dijo que estaba de acuerdo con la afirmación: "Siento que mis superiores me permiten funcionar libremente" (Tsfati & Meyers, 2011).

El Sindicato Nacional de Periodistas fue, durante décadas, un organismo poderoso. Su poder como sindicato derivó de su condición de organización representativa en las negociaciones sobre los acuerdos salariales, todos los cuales son colectivos en los medios nacionales (Caspi & Limor, 1999). Los cambios en los patrones de contratación y un cambio gradual de acuerdos de trabajo colectivo a contratos individuales debilitaron el estado del sindicato, y gradualmente se convirtieron en clubes principalmente interesados en actividades culturales y sociales.

Una de las características más significativas del periodismo israelí es la existencia de un código de ética redactado por el Consejo de Prensa de Israel, "percibido como el cuerpo supremo de los medios de comunicación dominantes en Israel" (Caspi & Limor, 1999, p. 19). Los sindicatos nacionales de periodistas son miembros del Consejo de Prensa de Israel, por lo tanto, apoyan y promueven su código de ética. El consejo mantiene tribunales de ética, que "juzgan" a medios de comunicación y periodistas acusados de desviarse de la ética profesional aceptada. Cada tribunal está compuesto por tres representantes: un periodista, un presidente o propietario de un medio y un miembro del público, que se desempeña como director. Los tribunales no tienen autoridad real y no infligen sanciones. No pueden imponer multas ni expulsar a nadie de la profesión, y su poder se deriva solo de su autoridad moral. Las decisiones de los tribunales se publican en los medios de comunicación, y todos los periódicos y periodistas son recelosos de dicha publicidad, pues podría perjudicar su credibilidad y perjudicar su posición profesional.

Educación periodística, entrenamiento profesional e investigación

A pesar de que hubo muchos periódicos impresos para la comunidad judía en Palestina antes del establecimiento de Israel, no existían marcos para la formación profesional o académica de periodistas y otros especialistas en medios. En los años siguientes, no se prestó la debida atención a la capacitación ordenada de los periodistas profesionales. Y el periodismo no recibió mucha atención académica hasta el establecimiento en 1970 del primer grado en comunicación y estudios de medios, una maestría en la Hebrew University de Jerusalén y el establecimiento a principios de la década de 1990 de licenciaturas en comunicación en muchas universidades y facultades (ver la Tabla 6.2 para los principales programas de periodismo académico y programas de capacitación no académicos). Numerosos artículos en revistas académicas también llamaron la atención sobre la educación periodística.

Enseñanza y entrenamiento de los futuros hacedores de noticias

A principios de la década de 1960, poco después de su fundación, la Tel Aviv University intentó establecer un departamento de periodismo. El departamento pronto cerró por varias razones. En primer lugar, la universidad tuvo dificultades para desarrollar un plan de estudios académico y profesional adecuado, así como para contratar profesores con experiencia académica y conocimiento profesional en el campo. (Dos profesores de periodismo de EE. UU. regresaron a su país después de darse cuenta de que lo prometido no iba a materializarse, en especial respecto de los recursos financieros y las instalaciones adecuadas). En segundo lugar, las rivalidades personales dentro de la universidad fueron perjudiciales para el departamento en desarrollo. Y tercero, la universidad y el sindicato de periodistas de Tel Aviv discreparon sobre el enfoque del departamento. Por ejemplo, los representantes sindicales se oponían al plan de estudios de estilo americano del departamento, prefiriendo uno basado en las realidades locales. Y el liderazgo de la universidad, a diferencia de los sindicatos, quería que los estudios de periodismo fueran un complemento de los cursos académicos regulares en lugar de un programa de grado (Nevo-Blobstein & Limor, 2016).

A fines de 1964, la Hebrew University of Jerusalén, la universidad israelí más antigua y más grande de la época, nombró un comité especial para discutir el establecimiento de un cuerpo de instrucción e investigación especializado en comunicación y periodismo. Basado en sus recomendaciones, se creó el Communication Institute at Hebrew University, dirigido por el sociólogo e investigador de comunicación Elihu Katz. El profesor Katz aspiraba a que el nuevo instituto abordara tres aspectos importantes del campo de la comunicación: (*a*) investigación académica y teoría, (*b*) investigación práctica relevante para periodistas y formuladores de políticas culturales, y (*c*) capacitación profesional de periodistas (Adoni & First, 2006). Los planes incluían la cooperación con la Israel Broadcasting Authority, que tenía dos brazos, Channel One (el único canal de televisión que transmitía durante esos años), y la radio, la Kol Israel, la estación de radio nacional más grande. (Los medios de difusión se establecieron principalmente en Jerusalén, mientras que la mayoría de los periódicos estaban, y están, en Tel Aviv).

Irónicamente, el Communication Institute, el primero en otorgar certificados de estudios de medios y luego títulos de posgrado, se concentró principalmente en la teoría. No ofreció capacitación profesional sustantiva más allá de algunos talleres bastante cortos y eclécticos en periodismo. Desde principios de la década de 1990, se abrieron departamentos de comunicación y estudios de medios, uno tras otro, en universidades y facultades israelíes. Sin embargo, ninguna de estas instituciones académicas creó un departamento de periodismo o departamentos de radio o televisión.

El abandono de los programas de estudio profesional refleja una disputa que se había estado librando durante algún tiempo en el mundo académico. Se centró en si los estudios de comunicación deberían ser teóricos y estar orientados a la investigación, o apuntar a la formación de cuadros jóvenes para la fuerza de trabajo profesional. Este choque de opiniones ha continuado durante más de dos décadas y aún no se ha decidido. Uno de los resultados es que aún ahora no hay departamentos de periodismo (o radio y televisión) en ninguna universidad o facultad de Israel. El vacío dejado por todas las universidades y facultades ha sido cubierto por empresas privadas, en su mayoría dirigidas por periodistas, que ofrecen cursos semiprofesionales para capacitar a periodistas y otros tipos de personal para medios de comunicación.

A principios de la década de 1990, los estudios de comunicación en Israel sufrieron un cambio dramático. En sólo unos pocos años, los estudios de pregrado en comunicación estuvieron disponibles en la mayoría de las universidades en Israel. Sin embargo, estos programas fueron teóricos, sin ninguna intención de proporcionar una formación profesional adecuada. Algunas universidades ofrecían cursos básicos obligatorios de periodismo o un número limitado de talleres electivos. Pero dado que la mayoría de los estudiantes de departamentos de comunicación estaban interesados en la publicidad y las relaciones públicas, los cursos de periodismo se mantuvieron como una parte marginal del plan de estudios. Si bien muchos profesores de periodismo son periodistas jubilados, algunos son periodistas activos para quienes enseñar es un segundo empleo (Lahav, 2008). Al mismo tiempo, Israel abrió su primera y única escuela privada de periodismo: Koteret. Cada año capacitó a docenas de profesionales jóvenes, muchos de los cuales fueron contratados por los medios locales.

Pero en la década de 1990 la mayoría del personal de los medios llegó a la profesión por casualidad. La capacitación en periodismo se llevó a cabo principalmente en el trabajo: los periodistas aprendían los secretos de su profesión mientras trabajaban, sin ningún entrenamiento sistemático previo.

La década del 2000 mostró los primeros signos palpables de cambio. Algunas universidades reforzaron los estudios de periodismo en sus departamentos de comunicación y, en unos pocos años, a los graduados se les ofrecieron trabajos en la prensa. La Universidad de Tel Aviv, que anteriormente solo ofrecía estudios teóricos en comunicación, adoptó Koteret. Sin embargo, la única escuela de periodismo profesional de Israel no se convirtió en parte integral de los estudios académicos.

Como los estudios de periodismo fueron, y son, todavía considerados relativamente insignificantes en las universidades, los estudiantes solo pueden elegir entre un puñado de cursos prácticos que cubren temas tales como recopilación y redacción de noticias y edición. Solo dos instituciones, Sapir Academic College y Ariel University, ofrecen una "sequencia de periodismo" que brinda capacitación profesional basada en talleres de seis a ocho semestres como parte del plan de estudios académico. Los dos programas, desarrollados por el mismo decano y que se asemejan mucho entre sí, consisten en una serie de cursos que incluyen lo que sigue: reporteo de campo, reporteo de investigación, edición de noticias, edición y redacción de revistas, periodismo de Internet y trabajo práctico para periódicos locales.

Muchos periodistas israelíes todavía comienzan sus carreras durante su servicio militar obligatorio trabajando para los medios de Israel Defense Forces (IDF): en la estación de radio Galei Zahal, en la revista semanal *Bama-hane*, y en otras publicaciones militares. Los medios de comunicación militares sirven como el principal semillero del cual emergen los profesionales de los medios israelíes. Su servicio militar obligatorio —tres años para hombres y dos para mujeres— otorga a los jóvenes soldados una valiosa experiencia profesional. Los "graduados" de medios militares son arrebatados por sus contrapartes civiles. Después de todo, estos jóvenes reclutas están entrenados y ávidos de éxito, y son menos costosos. Tal reclutamiento ha aumentado a lo largo de los años por dos razones principales. En primer lugar, a medida que los antiguos reclutas de los medios militares se elevan en las jerarquías de los medios de comunicación civiles, prefieren contratar personas con el mismo tipo de experiencia profesional. En segundo lugar, a medida que aumentan los problemas financieros de los medios civiles, los reclutas de medios militares, hambrientos de ingresar al "mundo real de los medios" y dispuestos a trabajar por salarios más bajos, son más necesarios que nunca.

Investigación académica en periodismo

Durante las últimas dos décadas, el profesor Katz, el padre fundador de los estudios de comunicación en Israel, ha promovido actividades intensivas de investigación en el campo. Los académicos israelíes participan en casi todas las conferencias internacionales importantes de medios de comunicación, comunicación y periodismo. Y cada año publican muchos libros y artículos, varios de ellos en revistas académicas destacadas. Un número cada vez mayor de profesores israelíes están interesados en la investigación académica en periodismo. Dichos estudiosos se han centrado en una amplia variedad de temas de investigación, incluidos los siguientes:

- el futuro del periodismo (Katz, 1992; Nossek, 2009),
- cobertura de las minorías (Avraham, 2002),
- fuentes de periodistas (Reich, 2009),
- las perspectivas de los periodistas (Tsfati, Meyers & Peri, 2006),
- los medios de comunicación israelíes (Caspi & Limor, 1999; Limor, 2003; Soffer, 2015), o la retórica de los periodistas (Roeh, 1982),
- suplementos literarios en periódicos (Neiger & Roeh, 2003), o periodismo en línea (Caspi, 2011),
- periodismo y guerra (Wolfsfeld, 2001),
- censura militar (Nossek & Limor, 2011),
- las relaciones entre los medios y el ejército (Limor & Nossek, 2006; Limor & Leshem, 2015),
- educación en periodismo (Nevo-Blobstein & Limor, 2016), historia del periodismo (Elyada, 2015; Soffer, 2004),
- medios y terror (Weimann, 2006),
- ética del periodismo (Limor, 2001; Limor & Gabel, 2002; Berkowitz, Limor & Singer, 2004), y
- periodistas israelíes (Meyers & Cohen, 2009).

Hoy existen dos revistas académicas hebreas dedicadas a la comunicación de masas, los medios y el periodismo. La primera, *Kesher*, fundada en 1987 por el programa de estudios de periodismo de la Tel Aviv University (que cerró unos años más tarde), todavía es publicada por el Rosenfeld Journalism and Media Research Institute de la universidad. Esta revista bianual está dedicada principalmente a la historia de los medios judíos en Israel y en el extranjero. Sin embargo, muchos de sus artículos tratan sobre los medios en general.

La segunda revista académica, *Misgarot Media*, fue lanzada en 2007 por la Israeli Communication Association (ISCA), la asociación profesional para investigadores y docentes israelíes en comunicación y estudios sobre medios de comunicación. Esta revista bianual fue fundada en colaboración con la Second Authority for Television and Radio, que patrocinó la publicación. En 2014, dicha Second Authority, el organismo regulador de la televisión comercial y las estaciones de radio en Israel, decidió dejar de subsidiar la publicación. Como resultado, en 2015 comenzó a difundirse solo en línea.

Dos intentos previos para lanzar revistas académicas en hebreo fueron efímeros. La primera, *Dvarim Ahadim*, publicada por el Van-Leer Institute en Jerusalén, sobrevivió nada más que un año. La segunda, *Patuá*, publicada por la Bar-Ilan University, solo produjo cinco números. En ambos casos, las revistas desaparecieron principalmente debido a la disminución de los recursos financieros. Hasta 1999, la Asociación de Periodistas de Tel Aviv había publicado, durante más de 50 años, su *Sefer Hashanah shel Ha'itonaim*. Los periodistas escribieron la mayoría de los artículos, los mismos que trataban temas profesionales. Sin embargo, a veces los volúmenes incluían artículos semi-académicos, escritos por periodistas que trataban temas profesionales centrales como la ética del periodismo, la capacitación profesional y las relaciones entre los periodistas y sus fuentes. En ausencia de revistas académicas del campo, esta fue la única publicación en la que se podían leer artículos e investigaciones sobre periodismo y periodistas.

La razón principal del bajo número de publicaciones académicas en hebreo se encuentra en el proceso de promoción académica en Israel. La promoción depende de la publicación en revistas internacionales arbitradas, con clara prioridad dada a las más importantes. Como resultado, los académicos israelíes envían sus estudios a las principales revistas, especialmente las publicadas en inglés. A menudo publican en revistas tan destacadas como *Journal of Communication*, *Journalism & Mass Communication Quarterly*, *Political Communication*, *Journalism*, *Journalism Studies*, y *Media, Culture & Society*. También suelen publicar en revistas en inglés dedicadas a Israel, como *Israel Studies* e *Israel Affairs*. Muchos artículos que tratan sobre los medios también se publican en revistas académicas hebreas sobre sociología e historia, como *Megamot*, *Soziologiah Yisraelit* y *Cathedra*, una revista dedicada a la historia de Israel.

Conexiones profesionales en la educación periodística

Como se indicó antes, no existen marcos establecidos para la capacitación de periodistas en Israel, ni a nivel académico ni a nivel profesional (excepto la pequeña escuela Koteret, mencionada previamente). Este vacío es llenado de forma irregular, y a menudo al azar, por tres organizaciones que a veces organizan cursos de actualización para periodistas:

> ➢ El Sindicato Nacional de Periodistas Israelíes, el más antiguo de Israel. Su actividad más destacada es su conferencia anual en la ciudad turística de Eilat, a orillas

del Mar Rojo. La conferencia ofrece reuniones formales e informales para periodistas y miembros de los medios y para el debate de diversos temas relacionados con la profesión.

- ➤ La Organización de Periodistas Israelíes. Entre sus objetivos declarados en su sitio web está "organizar eventos profesionales, cursos de actualización y viajes de estudio cuyos objetivos son mejorar las capacidades periodísticas y debatir cuestiones importantes". Entre las actividades de estas reuniones se incluye el examen de la influencia de los medios digitales en el futuro del periodismo y las relaciones entre periodistas y sus fuentes. Y los cursos están disponibles para emisoras de radio y televisión y para entusiastas de idiomas extranjeros. Otras actividades incluyen la organización de viajes de estudio a los Archivos del Estado de Israel.
- ➤ El Consejo de Prensa de Israel. Sus cursos de actualización para periodistas están especialmente dedicados a cuestiones éticas. También inicia o participa en conferencias que abordan diversos temas relacionados con la libertad de prensa y el periodismo como profesión.

Impacto profesional de la educación periodística

Desafortunadamente, el impacto de la educación periodística en Israel durante la segunda década del siglo XXI es mínimo, prácticamente inexistente. Hay tres razones principales para esta situación. En primer lugar, la alienación mutua, incluso la hostilidad, entre el establishment académico y los periodistas profesionales que ha contribuido a una situación en la que los estudios de los medios académicos son poco valorados. Aunque esta situación ha mejorado con el paso de los años, sigue siendo válida en la actualidad. En consecuencia, la mayoría de los empleados de los medios y la prensa carecen de educación académica formal en sus campos.

En segundo lugar, la falta de marcos académicos estructurados y reconocidos tanto por las comunidades académicas como por las profesionales da como resultado graduados que poseen poca experiencia práctica. Esta es la razón por la que los graduados experimentados en medios militares a menudo son preferidos en el mercado de trabajo. Además, dado que la mayoría de los graduados de programas académicos de estudios de comunicación tienen poca o ninguna experiencia práctica profesional, estos no tienen ninguna ventaja real sobre los graduados de otros programas. Por ejemplo, es preferible contratar a un graduado con una licenciatura en economía y capacitarlo como corresponsal económico que contratar a un graduado de estudios de periodismo sin ningún conocimiento de economía.

Y tercero, la crisis económica que azota al periodismo en Israel, como en otros lugares, es una buena razón para preferir personal joven y menos costoso. Aquellos sin educación académica pueden ser contratados por menos.

Posibilidades futuras

En Israel, los medios de comunicación profesionales, los estudios de periodismo y la formación académica parecen tener un futuro bastante sombrío. Las crisis económicas que enfrentan los medios tradicionales —en especial, los periódicos impresos— y muchos medios digitales señalan una tendencia problemática: el cierre de los medios, el despido de muchos periodistas y la reducción de los salarios de aquellos que quedan.

Los bajos salarios y un futuro nublado podrían provocar una disminución continua en el número de estudiantes que deseen trabajar en los medios y estudiarlos. Después de todo, ¿por qué aprender una profesión que tiene poca demanda o un futuro incierto?

Problemas, retos e innovaciones en la educación periodística

La nueva era del periodismo plantea varios desafíos para los medios y la academia.

Primero, ¿cómo podemos educar mejor a los futuros periodistas cuando los que están en la academia israelí todavía están atrapados en silos? ¿Y quién debe dirigir y guiar la educación periodística multifacética y académica de hoy en día? ¿Periodistas y editores de medios impresos, sus contrapartes de medios electrónicos y/o jóvenes académicos nativos digitales?

En segundo lugar, ¿cómo persuadimos a los estudiantes de periodismo para que respeten los códigos de ética periodísticos? Por ejemplo, tradicionalmente la "fecha/hora de cierre" generalmente dejaba a los periodistas tiempo suficiente para recopilar hechos, verificarlos y contrastarlos, y preparar sus informes finales. Esta tarea oportuna, el núcleo mismo de la práctica periodística, es la primera prueba de ética periodística. Sin embargo, en la era moderna de Internet y las redes sociales, ya no existe una "fecha/hora de cierre". La mayoría de la información se publica de inmediato. ¿Cómo puede mantenerse un código de ética, el impulso para obtener la historia correcta, en una era de competencia cruel por ser el primero? ¿Y cómo se educa a los periodistas jóvenes para fomentar las prácticas éticas a costa de perder la exclusividad frente a la competencia?

En tercer lugar, ¿cómo podemos enseñar a los periodistas a permanecer fieles a su profesión? El futuro inseguro del periodismo podría continuar llevando a los jóvenes a utilizarlo como un trampolín para las carreras en relaciones públicas y publicidad. Es cierto que la "puerta giratoria" no es un fenómeno nuevo y existe desde hace mucho tiempo. Sin embargo, se está generalizando en Israel. ¿Cómo puede uno centrarse en el periodismo profesional, justo y ético mientras al mismo tiempo se distrae con su próxima búsqueda de trabajo?

Finalmente, ¿cómo pueden los educadores inculcar en la futura generación de periodistas el sentido de que el periodismo es una misión que debe salvaguardarse y fomentarse? En la nueva era en la que las consideraciones económicas y el cinismo van de la mano, los periodistas y los académicos enfrentan un doble desafío educativo: educar al público sobre "cómo consumir" los medios y formar cuadros de periodistas que verán su profesión como una vocación y una misión pública.

Estos desafíos son aún más pronunciados porque no existe un diálogo real entre las comunidades profesionales y académicas. Sin diálogo, cooperación y comprensión mutua, es dudoso que la academia pueda "producir" y capacitar a los trabajadores calificados necesarios para la industria de los medios de comunicación, en particular el periodismo.

Conclusión: Educando a los periodistas de mañana —El panorama general

Durante décadas, la mayoría de los periodistas israelíes, si no todos, no recibieron educación formal o informal en periodismo o estudios de medios. Esta imagen comenzó a cambiar gradualmente en la década de 1990 debido a la apertura de departamentos de comunicación y estudios de medios en muchas universidades y facultades.

Pero hoy en día hay una gran disminución en el número de estudiantes que se inscriben en programas de comunicación y estudios de medios en universidades y facultades israelíes. Esta situación refleja la triste realidad de la industria de los medios en Israel, similar a la de muchos otros países: cierres de periódicos, grandes reducciones de personal, menores salarios y menores oportunidades de empleo (con preferencia a los empleados jóvenes y menos costosos).

Aunque es difícil predecir hacia dónde se dirige el periodismo como profesión en Israel, la academia, que durante décadas ha sido incapaz de enfrentar los desafíos de educar y capacitar a periodistas, probablemente encontrará que es aún más difícil hacerlo en el futuro inmediato.

Referencias bibliográficas

Adoni, H., & First, A. (2006). *Communications research and instruction: Built-in dilemmas and changing solutions*. Jerusalem: Magnes Press.

Avraham, E. (2002). Social-political environment, journalism practice and coverage of minorities: The case of the marginal cities in Israel. *Media, Culture & Society, 24*(1), 69-86.

Berkowitz, D., Limor, Y., & Singer, J. (2004). A cross-cultural look at serving the public interest: American and Israeli journalists consider ethical scenarios. *Journalism, 5*(2), 159-181.

Canaan, H. (1969). *The war of the press: The struggle of the Hebrew press against the British regime*. Jerusalem: The Zionist Library.

Caspi, D. (2011). A revised look at online journalism in Israel: Entrenching the old hegemony. *Israel Affairs, 17*(3), 341-363.

Caspi, D., & Limor, Y. (1999). *The in/outsiders: The mass media in Israel.* Cresskill, N.J.: Hampton Press.

Elyada, O. (2015). *Yellow world: The birth of Hebrew popular press in Palestine from Hazevi to Haor 1994-1914.* Tel Aviv: Tel Aviv University.

Freedom House (2015). Freedom of the Press: Israel. Tomado de https://freedomhouse.org/report/freedom-press/2015/israel#.VZBlrxuqpBc

Herman, T., Lebel, Y., Be'eri, G., Cohen, H., & Heller, E. (2015). *Israeli Democracy Index 2014.* Tomado de http://bit.ly/1AlDnEH

Katz, E. (1992). The end of journalism? Notes on watching the war. *Journal of Communication, 42*(3), 5-13.

Lahav, H. (2008). If you can't earn enough—Teach. *Journalism Practice, 2*(3), 463-475.

Levi, A. (1989). *The Ultra-Orthodox.* Jerusalem: Keter.

Limor, Y. (2001). The evolution of a conscience: The emergence and development of journalistic ethics in Israel. *Kesher 30,* 66-76.

Limor, Y. (2003). The media in Israel. En E. Yaar & Z. Shavit. (Eds.), *Trends in Israeli society* (pp. 1017-1103). Tel Aviv: Open University of Israel.

Limor, Y., & Mann, R. (1997). *Journalism: Reporting, writing and editing.* Tel Aviv: Open University of Israel.

Limor, Y., & Naveh, H. (2006). *Pirate radio in Israel.* Haifa: Pardess.

Limor, Y., & Leshem, B. (2015). The relations between the Army and the media in Israel. *Kesher, 47,* 76-87.

Limor, Y., & Nossek, H. (2006). The Army and the media in the 21st century: Towards a new model of relationships. *Israel Affairs, 12*(3), 484-510.

Limor, Y., & Gabel, I. (2002). Five versions of one code of ethics: The case of the Israel Broadcasting Authority. *Journal of Mass Media Ethics, 17*(2), 136-154.

Meyers, O., & Cohen, J. (2009). A self-portrait of Israeli journalists: Characteristics, values and attitudes. *Media Frames, 4,* 107-134.

Michelson, M. (1990). The Ultra-Orthodox press in Israel. *Kesher, 8,* 12-21.

Neiger, M., & Roeh, I. (2003). The secular Holy Scriptures: The role of the Holy Day literary supplement in the Israeli press and culture. *Journalism, 4*(4), 477–489.

Nevo-Blobstein, A., & Limor, Y. (2016). The rise and fall of journalism studies in Israeli academia. *Kesher, 48* (forthcoming).

Nossek, H. (2009). On the future of journalism as a professional practice and the case of journalism in Israel. *Journalism, 10*(3), 358-361.

Nossek, H., & Limor, Y. (2011). The Israeli paradox: Military censorship as guardian of freedom of the press. En S. Maret. (Ed.), *Government secrecy* (pp. 103-130). Bingley: Emerald.

Peri, Y. (2012). The impact of national security on the development of media systems: The case of Israel. En D. Hallin & P. Mancini. (Eds.), *Comparing media systems beyond the Western world* (pp. 11-25). New York, NY: Cambridge University Press.

Reich, Z. (2009). *Sourcing the news: Key issues in journalism—An innovative study of the Israeli press*. Cresskill, N.J.: Hampton Press.

Roeh, I. (1982). The rhetoric of news in the Israel radio: Some implications of language and style for newstelling. Bochum: Brockmeyer.

Segal, H. (2015, July 3). *Makor Rishon, Musaf Yoman* [They are the state], 3. Soffer, O. (2004). Paper territory—Early Hebrew journalism and its political roles. *Journalism History, 30*, 31-39.

Soffer, O. (2015). *Mass communication in Israel*. New York, NY: Berghahn. *The Worlds of Journalism Study* (2011). Tomado de www.worldsofjournalism.org

Tsfati, Y., & Meyers, O. (2011). Journalists in Israel. En D. Weaver & L. Willnat. (Eds.), *The global journalist in the 21st century* (pp. 443-457). New York, NY: Routledge.

Tsfati, Y., Meyers, O., & Peri, Y. (2006). What is good journalism? Comparing Israeli public and journalists' perspectives. *Journalism, 7*(2), 152–173.

Verter, Y. (2015, July 3). Come on, step on the gas. *Ha'aretz*, 3.

Weimann, G. (2006). *Terror on the Internet: The new arena, the new challenges*. Washington, D.C.: United States Institute of Peace Press.

Wolfsfeld, G. (2001). The news media and the second intifada: Some initial lessons. *Harvard International Journal of Press, 6*(4), 113-118.

Tabla 6.1
Asociaciones de periodismo y organizaciones relacionadas más importantes en Israel.

Organización	Descripción	Sitio web
Israel Press Council (IPC)	Organismo autoregulado de los medios de comunicación, establecido en 1963 para ayudar a preservar la libertad de prensa. Creó el Código de Ética Profesional.	http://www.moaza.co.il/
Israel's Media Watch (Ha'Agudah L'Zechut Ha'Tzibur Lada'at)	Una organización de derecha de vigilancia de los medios.	http://imediaw.org.il/?page_id=196
Keshev (The Center for the Protection of Democracy in Israel)	Una organización de izquierda de vigilancia de los medios.	n/a
The National Union of Israeli Journalists	El primer sindicato de periodistas israelíes.	Acceso a través de las asociaciones de Tel Aviv o Jerusalem: http://www.jat.co.il/; http://www.jaj.org.il/
The Association of Israeli Journalists (Irgun Ha'Itonaim B'Israel)	El segundo sindicato de periodistas israelíes.	http://itonaim.org.il/
Journalists Association– Tel Aviv	El sindicato profesional de periodistas en la ciudad de Tel Aviv.	http://www.jat.co.il/
Journalists Association– Jerusalem	El sindicato profesional de periodistas en la ciudad de Jerusalem.	http://www.jaj.org.il/
Journalists Association– Haifa	El sindicato profesinal de periodistas en la ciudad de Haifa (y areas al norte del país).	http://www.haifapress.org.il/
The Second Authority for Television and Radio	La autoridad regulatoria responsable de dos canales de TV comercial de alcance nacional y estaciones de radio locales.	http://www.rashut2.org.il/
The Council for Cable TV and Satellite Broadcasting	El organismo regulatorio responsable por la TV por cable y la difusión por satélite.	http://www.moc.gov.il/
Israel Communication Association (ISCA)	Asociaión profesional de investigadores y profesores israelíes en las diversas disciplinas de comunicación.	http://www.isracom.org

Tabla 6.2
Programas académicos de periodismo y programas no académicos de capacitación en Israel.

Organización	Descripción	Sitio web
Ariel University, Ariel	Facultad de Comunicación: periodismo de medios impresos, especialización en periodismo en línea (electivo) y especialización en radio (electivo). Varios talleres obligatorios en cada especialidad.	http://www.ariel.ac.il/communication/en
Sapir Academic College, Shaar Hanegev	Facultad de Comunicación: periodismo con especializaciones en medios impresos y en línea (electivo), en radio (electivo) y TV (electivo). Varios talleres obligatorios en cada especialidad.	https://www.sapir.ac.il/en
Academic College of Management, Rishon Letzion	Facultad de Comunicación: Especializaciones en periodismo, radio y TV. Talleres (en su mayoría electivos).	http://colman.ac.il/
The Interdisciplinary Center, Herzelia	Facultad de Comunicación: Clases básicas de periodismo (no hay especialidad en periodismo).	http://portal.idc.ac.il/
Netanya Academic College, Netanya	Departmento de Comunicación: Habilidades básicas de periodismo (curso obligatorio).	http://www.netanya.ac.il/
Kineret Accademic College, Kineret	Departmento de Comunicación: Habilidades básicas de periodismo (curso obligatorio).	http://www.kinneret.ac.il/
Yizrael Valley Academic College, Afula	Departmento de Comunicación: Habilidades básicas de periodismo (curso obligatorio).	http://www.yvc.ac.il/
Tel Aviv University, Tel Aviv	Departmento de Comunicación: Habilidades básicas de periodismo (curso electivo).	https://social-sciences.tau.ac.il/
Jordan Valley Academic College	Departmento de Comunicación: Habilidades básicas de periodismo (curso obligatorio).	http://www.kinneret.ac.il/
The Hebrew University, Jerusalem	Departmento de Comunicación y Periodismo: Habilidades básicas de periodismo (curso electivo).	http://communication.mscc.huji.ac.il/
Haifa University, Haifa	Departmento de Comunicación: Habilidades básicas de periodismo (curso electivo).	https://comm.hevra.haifa.ac.il/index.php/he/
Bar-Ilan University, Ramat-Gan	Facultad de Comunicación: Habilidades básicas de periodismo (curso electivo).	http://communication.biu.ac.il/
Dan Department of Communication, Tel Aviv University, Tel Aviv	Diploma en studios de periodismo (secuencias de uno y dos años).	https://sec-dip.tau.ac.il/comm-eng

7

Educación periodística en Rusia: Cómo la academia y los medios de comunicación chocan, cooperan y coexisten

Maria Lukina y Elena Vartanova

Este capítulo examina el concepto, la estructura y los principios básicos de la educación periodística en Rusia. En el contexto del entorno cambiante de los medios, las características sociodemográficas de los cuerpos de prensa y las peculiaridades de la cultura del periodismo profesional, las autoras discuten cómo se capacita a los futuros periodistas y cómo las instituciones educativas se asocian con los medios y las organizaciones profesionales.

Desde un punto de vista histórico, la educación periodística rusa ha estado enraizada en la historia posrevolucionaria de Rusia. Antes de la perestroika y las reformas liberales, se la consideraba parte de la base ideológica del sistema mediático soviético. Hoy en día, la educación en periodismo en Rusia tiene como objetivo cumplir con las tradiciones nacionales y los estándares internacionales. Los periodistas en Rusia están principalmente capacitados en universidades estatales o privadas, aunque existen medios de comunicación y organismos no gubernamentales que ofrecen cursos de actualización y de corto plazo. Las universidades ofrecen programas similares al sistema europeo de dos niveles con licenciaturas y maestrías, así como doctorados, y los programas se crean de acuerdo con las prácticas educativas mundiales, el plan de estudios modelo de la UNESCO, la Declaración de Tartu y los requisitos del mercado laboral.

Las renovaciones en la educación en periodismo en la Rusia moderna están enmarcadas por las fuerzas impulsoras de las reformas educativas vinculadas con el proceso de Bolonia y asociadas con la reconfiguración de los currículos, las innovaciones en programación educativa y las oportunidades internacionales para docentes y estudiantes. Las transformaciones en la industria de los medios, las reconstrucciones de las salas de redacción, los nuevos patrones de producción y distribución de contenido y las interacciones con las audiencias también configuran estas renovaciones.

El periodismo en el paisaje mediático

El entorno de los medios da forma a la educación periodística, formando sus fortalezas y debilidades. El panorama de los medios rusos ha cambiado radicalmente desde la disolución de la Unión Soviética. Un mercado segmentado que trajo cambios tangibles en las estructuras de los medios, las prácticas periodísticas, las demandas de la audiencia y los patrones de consumo de medios, reemplazó al sistema de prensa comunista establecido en 1917.

Según las estadísticas oficiales publicadas anualmente por la Federal Agency for Press and Mass Communications (FAPMC, 2015, p. 18), el mercado de la prensa impresa rusa consiste en alrededor de 62.000 ediciones impresas, incluyendo 25.781 periódicos (42%) y 31.714 revistas (51%). Al igual que en otras partes del mundo, el mercado de periódicos ruso está experimentando una disminución en los ingresos publicitarios y la circulación. Durante el primer trimestre de 2015, los ingresos por publicidad en prensa cayeron un 40% (FAPMC, 2015, p. 6). Las suscripciones generales de periódicos y revistas cayeron a 20,2% en el segundo semestre de 2014, y en el primer semestre de 2015 cayeron aún más. Los periódicos nacionales están sufriendo las mayores pérdidas, pero los mercados de la prensa local se mantienen estables con la ayuda de donaciones estatales o inversiones de empresas locales. Sin embargo, tales contribuciones despojan a la prensa local de libertad política y económica.

El sector de las revistas también está experimentando tiempos difíciles. Muchas revistas están dejando el formato impreso, migrando a Internet y utilizando activamente los modos móviles de distribución de contenido y plataformas de medios sociales para comunicarse con el público (FAPMC, 2015, pp. 58-61). Existe una tendencia en desarrollo, además del reciente *boom* de las revistas de entretenimiento, de publicaciones locales más baratas que contienen información práctica para la vida cotidiana relacionada con la alimentación, la salud, las compras, los jardines, la vivienda y los viajes. Algunos de estos medios desarrollan blogs, mientras que otros usan contenido generado por los usuarios o practican financiamiento colectivo —o *crowdfunding*— (FAPMC, 2015, pp. 63-64).

La televisión juega un papel clave en los medios de Rusia. Consiste en un sistema diverso que incluye televisión de señal abierta, por cable y por Internet; analógica y digital; central y regional; libre y pagada; de interés general y especializada; estatal y privada. En 2013, más de 40 canales estaban al alcance de un solo hogar urbano (FAPMC, 2014a, p. 55). Estos canales accesibles se dividen en tres grupos principales: canales federales (nacionales) de interés general —Pervyj Kanal, Russiya-1 y NTV—; canales de cadenas de televisión —STS, TNT y REN TV—; y canales enfocados en temas especiales, como cultura, deportes, música y niños. Una creciente fragmentación de la audiencia televisiva nacional se nota por la disminución de espectadores de los tres principales canales nacionales ya mencionados. Sin embargo, si bien el nivel de audiencia de los canales de cadenas de televisión menos populares se mantiene estable (TNT, STS y 5 Kanal), los niveles de los canales locales han aumentado (FAPMC, 2014a, p. 63).

La televisión y sus canales federales, con señales que cubren casi todo el país, es la principal fuente de información para los rusos, independientemente de su lugar de residencia, estado social o nivel de educación. Esta imagen no ha cambiado en los últimos años: los gustos y las preferencias son estables, a pesar de la fragmentación y la profundización de las diferencias entre los grupos sociales de la audiencia. El entretenimiento es la característica dominante de la televisión rusa. Las películas, las telenovelas, las comedias de situación y los programas de entrevistas prevalecen y dominan dos tercios del tiempo de transmisión en los canales principales, mientras que los programas de noticias en promedio comparten solo el 7% del tiempo de emisión y los programas políticos incluso menos (FAPMC, 2014a, p. 68).

La propiedad de la radio, como en otros sectores de medios, es estatal o privada. Sin embargo, los canales principales son del Estado —Radio Rossii y Mayak—, con contenido de noticias y música. Sus principales competidores son las estaciones de música enfocadas en diferentes tipos de géneros, incluida la música pop occidental, jazz, rock, pop y pop ruso. La mayoría de estos competidores utiliza frecuencias de FM, lo que limita su propagación a comunidades locales o ciudades pequeñas (radiodifusión en Rusia, 2014, p. 58). Varias estaciones de radio ofrecen formato de radio de conversación. El más popular, Echo Moskvy, reivindica la independencia editorial a pesar de su afiliación con Gazprom Media, propiedad del mayor gigante de gas natural de Rusia.

La transmisión de televisión y radio en Rusia se está moviendo hacia una plataforma digital. Un programa nacional titulado "Desarrollos de TV Digital y Radio 2009-2015" respalda la penetración de la televisión digital y la radio en mercados locales, en el extranjero y en territorios lejanos con poblaciones muy limitadas. Hacia fines de 2013 se completó la construcción del primer múltiplex digital, el empaquetado de 10 canales de televisión y radio y la transmisión a través de un solo transmisor (FAPMC, 2014b, p. 9). Y ya el segundo múltiplex, con los próximos 10 canales de televisión, está en camino.

Como es el caso en todo el mundo, Internet es el sector de medios de más rápido crecimiento. La economía rusa relacionada con Internet está creciendo entre un 20% y un 30% cada año (FAPMC, 2014c, página 83). En 2012, Rusia poseía el cuarto mercado de publicidad en línea más fuerte de Europa (FAPMC, 2014c, p. 75). Las nuevas plataformas en línea están afectando las prácticas de los medios tradicionales y forzando la integración de la plataforma, las soluciones convergentes, la interacción con el público y la configuración alternativa de la agenda. Aunque la televisión sigue siendo la principal fuente de noticias para la mayoría de los rusos, Internet y los nuevos medios se están convirtiendo rápidamente en la segunda opción más popular. Además, las redes sociales se están convirtiendo en fuentes de noticias populares y plataformas de distribución para todos los sectores de medios (FAPMC, 2014d).

Características profesionales

El modelo de medios de Rusia difiere de los descritos por Hallin y Mancini (2012) en una dimensión clave y crucial: aquél tiene una relación sólida entre medios, periodistas y Estado, y debe describirse como un híbrido de modelos estatales y comerciales (Vartanova, 2012, p. 141).

No hay datos exactos sobre el número de periodistas en Rusia. Sin embargo, en los últimos años, el Sindicato Ruso de Periodistas ha estimado que unos 150.000 periodistas son empleados en la industria de los medios (Anikina, Dobek-Ostrowska, & Nygren, 2013, p. 21). Varias encuestas a gran escala han descrito las características profesionales de los periodistas postsoviéticos y sus comunidades (Kolesnik, Shiryaeva & Svitich, 1995; Pasti, 2004, 2009; Anikina et ál., 2013; Anikina, 2014; Vartanova & Lukina, 2014).

Por ejemplo, si bien el periodismo era una profesión mayoritariamente masculina durante la época soviética, hoy el periodismo se está convirtiendo en una "profesión predominantemente femenina" (Anikina et ál., 2013, p. 72). En el grupo de más de 51 años de edad hay menos mujeres (47%) y más hombres (53%); en el grupo de 36 a 50 años, aproximadamente un 60% son mujeres y 40% son hombres; y en el grupo de menos de 35 años de edad, aproximadamente 70% son mujeres y 29% son hombres (Anikina et ál., 2013, p. 71). Este ambiente predominantemente femenino es manifiesto no solo en el desglose de género de los profesionales de los medios, sino también en el desglose de género entre los estudiantes de periodismo (Anikina et ál., 2013, p. 72).

La Encuesta Mundial de Periodismo describe a los periodistas rusos como "jóvenes profesionales", ya que su experiencia profesional suele ser inferior a 10 años (Anikina et ál., 2013, p. 25). Con todo, a pesar de su juventud, estos jóvenes profesionales son bien instruidos: alrededor del 95% de ellos tienen títulos secundarios o universitarios. En general, los representantes de los medios sin una educación especializada en periodismo y comunicación masiva conforman solo una pequeña parte de la comunidad periodística (Anikina, 2014, pp. 240-241).

En cuanto al papel de los periodistas en la sociedad, aquellos que ingresaron al periodismo durante la época soviética se describieron a menudo como "propagandistas" y "organizadores", debido a una estrecha alianza entre los medios y autoridades locales, grupos económicos o facciones políticas (Juskevits, 2004). Más tarde, los cuerpos profesionales produjeron otro rol para los periodistas: los periodistas como animadores —un rol que con frecuencia adoptaron voluntariamente las generaciones más jóvenes— (Juskevits, 2004, p. 144). Sin embargo, estudios recientes demuestran que ahora la mayoría de los periodistas son reacios a ejercer ese rol de entretenimiento, y muchos lo clasifican en el último lugar de todos los deberes profesionales (Anikina, 2014, pp. 244-245).

Hoy, los periodistas rusos han adaptado los principios típicos de la cultura periodística occidental como sus principales estándares profesionales, tales como la objetividad, la imparcialidad y la autonomía (Anikina, 2014, p. 244). Aunque el Press Freedom Index clasifica a la Federación Rusa en un puesto bajo —152 de 180 países— (Reporteros sin Fronteras, 2015), los periodistas rusos clasifican a la libertad y la independencia como uno de sus valores más importantes (Anikina, 2014, p. 244). Las obligaciones profesionales de "ser un periodista neutral", "proporcionar información objetivamente", "estar libre de intereses especiales" y "presentar una diversidad de opiniones" ocupan el primer lugar en la clasificación de los deberes profesionales de los periodistas rusos (Anikina, 2014, p. 244). Dicho esto, los periodistas generalmente relacionan la insatisfacción laboral con las presiones provenientes del Estado, los propietarios de la prensa y las empresas (Shiryaeva & Svitich, 2006, pp. 285-288).

Profesionalmente, los periodistas en Rusia están organizados en diferentes formas de alianzas similares a las de otros países: sindicatos y gremios profesionales, fundaciones de derechos humanos e instituciones de apoyo legal.

Educación periodística, entrenamiento profesional e investigación

La educación en periodismo apareció en Rusia después de la Revolución de Octubre de 1917, con una serie de escuelas especiales para periodistas reclutados de la clase trabajadora. En 1921, se estableció el primer Institut Zhurnalistiki (Instituto de Periodismo) en Moscú. Se fundaron instituciones similares en San Petersburgo y otras ciudades para capacitar a los periodistas, mientras que se esperaba que los jefes de redacción y directores de periódicos recibieran capacitación por separado en las escuelas del partido comunista (Shiryaeva & Svitich, 1997).

Después de la Segunda Guerra Mundial, la educación del periodismo ruso se reorganizó y apareció en el marco de las universidades estatales como programas dentro de los departamentos de filología. Por esta razón, los programas de periodismo tradicionalmente incluyen idiomas rusos y extranjeros, literatura y estudios filológicos. Académicos altamente calificados comenzaron a impartir cursos fundamentales, que mejoraron los cursos de capacitación profesional y establecieron peculiaridades que predeterminaron la educación periodística en los años venideros.

A medida que el periodismo evolucionó hasta convertirse en una considerable profesión, la mayoría de estos programas de periodismo se ampliaron y se convirtieron en departamentos de periodismo independientes: alrededor de 23 a lo largo de la U.R.S.S., incluidas universidades en repúblicas de Asia Central, el Cáucaso y los países bálticos. Hasta principios de la década de 1990 y la perestroika, el sistema de educación periodística que se basaba en "la teoría y la práctica soviéticas del periodismo… socializado a través de la membresía del partido" (Juskevits, 2002) fue completamente ideológico y controlado por el Estado. Además, todavía existían escuelas comunistas, especialmente para capacitar a los gerentes de alto rango en los medios.

La perestroika y las reformas liberales en la Rusia postsoviética han transformado la educación periodística en una empresa mucho más liberal. Un mayor número de cursos en temas de artes liberales, la acreditación de instituciones privadas, la cooperación internacional con instituciones educativas de periodismo en todo el mundo y un alineamiento con la teoría y el discurso occidentales han ayudado a generar tales transformaciones. En 2010, esta reforma fue estimulada aún más por la implementación del sistema europeo de Bolonia, que obligó a la academia a revisar viejos programas y configurarlos de acuerdo con la Declaración de Tartu y los modelos curriculares de la UNESCO. Hoy la educación periodística en Rusia está disponible a través de la educación superior, las instituciones de medios de comunicación y las organizaciones no gubernamentales. Sin embargo, los programas universitarios de periodismo, que combinan una amplia educación académica con capacitación práctica, son los principales educadores de los futuros periodistas. De 134 universidades rusas donde se capacita a periodistas, 105 son estatales y 29 privadas. Geográficamente, por lo general se concentran en los centros de negocios y de medios.

Los periodistas también están siendo entrenados en varios medios de comunicación (Kommersant, TASS, etc.), que ofrecen cursos de corta duración, de actualización y de repaso para el personal y los profesionales independientes. En su mayoría están relacionados con multimedia y redes sociales. Las organizaciones públicas y no gubernamentales, como el Sindicato de Periodistas y el Gremio de Editores de Prensa, también desempeñan un papel activo en la educación profesional (consulte la Tabla 7.1 para ver las asociaciones de periodistas y organizaciones relacionadas con el periodismo).

Enseñanza y entrenamiento de los futuros hacedores de noticias

En Rusia, el concepto de la educación universitaria de periodismo contemporáneo se basa en percepciones claras del papel de los medios en una sociedad democrática, de las tendencias de desarrollo en los medios hacia la digitalización y del rol social de la profesión periodística.

Los principios básicos de la educación periodística en las universidades rusas son (a) estudios fundamentales basados en filología (literatura/idiomas/humanidades) y ciencias sociales, (b) una combinación equilibrada de teoría y práctica, (c) formación profesional en clases y durante prácticas profesionales y (d) enseñanza de tecnologías modernas de la información (Shiryaeva & Svitich, 2007, p. 129; la Tabla 7.2 consigna una lista de programas de periodismo académicos y no académicos).

Para abrir un programa educativo en periodismo, las universidades estatales y privadas deben obtener una licencia y ser aprobados por procedimiento de acreditación. El Ministerio de Educación de Rusia es responsable de la acreditación, y expertos provenientes de las principales universidades realizan la revisión de los programas.

Como en todas las demás esferas de la educación, las escuelas de periodismo ruso construyen sus programas y temarios dentro de los marcos y estándares educativos estatales. En 2010-2011 entró en vigor la tercera generación de estándares. Se crearon de acuerdo con las prácticas educativas mundiales: dos niveles de estudios (licenciaturas y maestrías) y una oportunidad para continuar la formación en estudios de posgrado para otras carreras académicas o profesionales. La educación periodística en Rusia, que ahora cumple con los estándares internacionales, es similar a la del sistema europeo, con cuatro años para una licenciatura y dos años para una maestría.

Los requisitos de los planes de estudios incluyen cursos obligatorios y electivos, que en las instituciones locales mantienen un sabor local. Las instituciones académicas rusas ahora pueden construir sus propios planes de estudio y permitirles a los estudiantes construir secuencias educativas personalizadas. El importante crecimiento en los cursos electivos es un indicador importante de la libertad académica. El número de cursos electivos en licenciaturas ha aumentado, por ejemplo, del 12% en la década de 1980 a más o menos el 50% en 2010 (Federal State Educational Standard of Higher Education in Journalism, 2010).

La mayoría de las universidades rusas organizan sus cursos a través de una estructura de módulos. (Un módulo es un grupo de disciplinas de estudios relacionados que tienen como objetivo alcanzar una aptitud particular). Por ejemplo, el plan de estudios para un programa de licenciatura contiene módulos que forman un conocimiento general en humanidades, artes liberales y ciencias sociales, e incluyen cursos de historia, filosofía, sociología, psicología, derecho, ética, política y economía. Y cuando se trata de periodismo, se agrega otro módulo dedicado a él. Este módulo de periodismo se centra en una comprensión más profunda de los medios y su influencia en la sociedad, que incluye la atención a las leyes de los medios, la ética, la historia y la formación práctica, como las pasantías.

Si bien muchos cursos se centran en el impacto del periodismo en la sociedad, las oportunidades de capacitación práctica se orientan a enseñar el trabajo de los periodistas: recopilación de noticias, redacción y narración de historias, estructuras y formatos de texto, producción de contenido y edición. Se presta especial atención a la precisión de la información y la verificación de los hechos, a la distinción entre las noticias de las opiniones, al equilibrio en la información, etc.

Los módulos electivos se enfocan en varios tipos de medios (prensa, televisión, radio, en línea), en la convergencia de medios, el Internet y los nuevos medios. En el pasado, las especializaciones más populares entre los estudiantes eran la prensa y la televisión. Pero hoy las preferencias se han movido hacia el Internet y los nuevos medios. Teniendo en cuenta las tendencias de convergencia de los medios, muchas escuelas de periodismo han actualizado los equipos técnicos y prestan cada vez más atención a la cultura tecnológica de los futuros profesionales (Vartanova & Lukina, 2014, p. 288). Los líderes en educación periodística, como las universidades estatales de Moscú y San Petersburgo y varias instituciones en los Urales y la Siberia, brindan capacitación en salas de redacción convergentes. Algunas instituciones prestan más atención a tipos específicos de trabajo periodístico: gestión editorial, diseño de medios y fotoperiodismo. Otras se enfocan en diferentes esferas de cobertura: política, relaciones internacionales, economía, cultura, deportes, etc.

Los programas de estudio de periodismo generalmente contienen un módulo práctico llevado a cabo tanto en las aulas como en el campo. La producción de medios estudiantiles —periódicos, programas de televisión y radio y proyectos multimedia— generalmente es requerida en todas las escuelas de periodismo. Las pasantías normalmente se llevan a cabo durante el verano y duran de tres a cinco semanas de un semestre.

Una evaluación interna también se lleva a cabo antes de finalizar un semestre, un módulo o una disciplina. Incluye discusiones grupales, pruebas, exámenes, ensayos y trabajos académicos. La evaluación interna final consiste en un ensayo calificado y un examen final. El ensayo debe estar orientado a la teoría, o enfocarse en el trabajo profesional del graduado o en proyectos relacionados con medios. El examen final para la graduación generalmente consta de dos partes. La primera es la presentación de un portafolio profesional, compuesto a lo largo de todos los estudios. La segunda consiste en demostrar que se tiene la capacidad para evaluar críticamente las prácticas de los medios y hablar sobre temas teóricos, la historia del periodismo, las tecnologías profesionales y los géneros y formatos de los medios. Después de que los estudiantes completan con éxito un programa de periodismo, se espera que sean competentes en diversos tipos de actividades profesionales. Las actividades generalmente se obtienen de los reportes de los empleadores. Por ejemplo, los graduados con una licenciatura en periodismo, además de obtener competencia en educación general, deberían ser capaces de:

- participar en la producción mediática usando múltiples tecnologías digitales;
- recopilar, seleccionar y verificar información utilizando diferentes fuentes;
- producir textos periodísticos auténticos para plataformas tradicionales o multimedia utilizando formatos y tecnología modernos;
- participar en el desarrollo del concepto y la planificación editorial de un medio particular o de un proyecto de medios local, y planificar y organizar su propio trabajo, y evaluar los resultados de una manera crítica; y
- trabajar con diferentes grupos sociales, incluidas las redes sociales.

Investigación periodística

El entendimiento de cómo se lleva a cabo la investigación académica sobre medios de comunicación y periodismo en Rusia sería incompleto si no se reflexionara sobre los cambios en los marcos teóricos. Los estudios de los medios en los países socialistas han estado tradicionalmente enraizados en la teoría normativa de los medios soviéticos, lo que justificó un fuerte control ideológico. Después de la disolución del sistema soviético, las teorías importadas de Occidente se convirtieron en el factor más importante en el cambio de los estudios mediáticos de Europa del Este (Vartanova, 2009, p. 120). A mediados de la década de 1980, las teorías libertarias y de responsabilidad social se hicieron muy populares (Mickiewicz, 1988; McNair, 1989; McNair, 1991; Nordenstreng & Paasilinna, 2002). Los académicos rusos han utilizado con entusiasmo el concepto de *glásnost* para desafiar las teorías anteriores y apoyar las transformaciones de los medios basadas en los ideales occidentales de sociedades libres y abiertas (Zassoursky, 1997; Vartanova & Zassoursky, 1998; Nordenstreng, Vartanova & Zassoursky, 2002).

Otro concepto popular relacionado con el debate público y desarrollado originalmente por Jurgen Habermas, se ha convertido también en un concepto importante para los estudios mediáticos rusos (Habermas, 1989). En pocas palabras, los académicos de las universidades de Moscú, San Petersburgo y Yekaterimburg comenzaron a ver los medios como un diálogo entre el estado y los ciudadanos que daría como resultado una mejor gobernabilidad. Recientemente, los investigadores han ampliado la idea relacionada del interés público y la han convertido en un principio básico del periodismo (Vartanova, 2009, p. 127).

El concepto de "sociedad abierta" de Karl Popper (Popper, 1945), en relación con los estudios de los medios, fue un punto de partida para una cooperación extremadamente productiva entre académicos de medios rusos y occidentales. Este concepto se integra bien en el contexto general de la liberalización del periodismo como profesión y la liberación de los periodistas de presiones ideológicas previas. Los académicos de medios rusos están particularmente interesados en temas relacionados. Estos incluyen acceso abierto a la información, rendición de cuentas ante el público ante el estado, nuevos niveles de libertad y responsabilidad de los medios, diversidad de medios, impacto social de los medios participativos y relaciones entre los medios, el estado y las empresas privadas (Zassoursky & Vartanova, 1998; Vartanova, 2009, p. 129).

Sin embargo, los primeros sueños de libertad de prensa irrestricta y una sociedad abierta y sin fronteras han sido ahuyentados por un sistema de propiedad en evolución controlado por oligarcas, impulsado por la comercialización y manipulado por las elites políticas. Una teoría relacionada se ha centrado en el surgimiento del capital mediático-político como una fuerza corruptora. Sostiene que los medios no son solo un negocio, sino una entidad que se integra con las élites políticas dominantes y ejerce influencia política, mientras que no está a la altura de las prácticas y estándares éticos de los medios profesionales (Becker, 2004; Zassoursky, 2002).

A principios de la década de 2000, los académicos rusos comenzaron a aplicar enfoques occidentales a los datos empíricos en términos de conceptos y métodos de investigación.

Los académicos comenzaron a analizar cuestiones como la economía de los medios, la gestión y el marketing, y comenzaron a contrarrestar a los críticos de la economía política al enfocarse en la investigación práctica. Como resultado, los estudios de los medios rusos se han profundizado. Por ejemplo, ahora usan instrumentos de investigación sociológica para conceptualizar el cambio en los hábitos y el comportamiento en el consumo de medios y para predecir nuevas tendencias (Resnyanskaya & Fomicheva, 1999). Y los académicos ahora acuden a las salas de redacción y entrevistan a periodistas y a gerentes de medios para estudiar las culturas periodísticas postsoviéticas y las prácticas de las leyes de medios (Juskevits, 2002; Richter, 2002; Pasti, 2004).

Internet también ha abierto una nueva área para académicos rusos, produciendo estudios que investigan las prácticas de los nuevos medios exploradas bajo de una serie de conceptos teóricos y herramientas de mapeo de medios (Lukina, 2010). Sin embargo, dado que las escuelas de periodismo ruso se originaron en las humanidades, los temas populares de investigación siempre han sido los idiomas y la literatura. Tal investigación, a menudo basada en la historiografía, la semiótica y el análisis lingüístico, se centra principalmente en los textos de los productos mediáticos y la literatura. Los investigadores rusos también colaboran activamente en proyectos internacionales sobre culturas periodísticas, estudiando las competencias profesionales y diseñando modelos de planes de estudios.

Los estudios de medios hoy se llevan a cabo en los departamentos de periodismo universitario, que editan y publican libros, monografías de investigación y revistas académicas. Dichas publicaciones científicas incluyen el *Vestnik de MSU: serija jurnalistika* del departamento de periodismo de la Moscow State university y las publicaciones en línea *Medi@lmanakh* y *Mediascope*. Hay otras varias publicaciones académicas, incluidos *Mass Media: 21 vek* de San Petersburgo y *Akcenty* de la Voronez University. Los investigadores rusos de estudios de medios y periodismo también tienen la oportunidad de publicar sus estudios en revistas de campos relacionados (filología, historia, artes liberales, etc.) incluidos en el Russian Index of Scientific Citation (RINC). Si bien la publicación en revistas académicas rusas es popular, la publicación en el extranjero ayuda significativamente con el ascenso laboral y es una medida importante para la renovación de los contratos en puestos académicos, que tiene lugar cada cinco años.

Conexiones profesionales en la educación periodística

Las instituciones de educación en periodismo están asociadas con las organizaciones de medios profesionales de diferentes maneras. En primer lugar, todos los bachilleratos de periodismo incluyen en su programa actividades extracurriculares y pasantías en organizaciones de medios. Las pasantías representan casi una quinta parte de los estudios de los estudiantes de bachillerato. No solo ayudan a los estudiantes a obtener y dominar las habilidades profesionales, sino que también los impulsan a demostrar su capacidad para desempeñarse en un medio de comunicación en particular. Una pasantía exitosa suele ser el primer paso para encontrar un trabajo. Debido a que la industria de los medios rusos se está desarrollando rápidamente, la colocación laboral todavía no es un problema. Este hecho es ilustrado por las estadísticas de colocación laboral de los graduados de la Moscow State University. De sus 393 graduados entrevistados en una encuesta de 2014, el 53% encontró trabajo en organizaciones de medios, el 28% en relaciones públicas, agencias de publicidad o negocios similares, y el 19% en campos no mediáticos. (La Figura 7.1 brinda detalles adicionales sobre las colocaciones laborales de estos egresados).

La encuesta de la Moscow State University también encontró que, de estos graduados de 2014, el 70% trabajaban a tiempo completo, el 15% a tiempo parcial y el 9% como independientes.

En segundo lugar, los periodistas en ejercicio y los gerentes de medios toman parte en el proceso de enseñanza. Los estándares federales de Rusia en educación periodística recomiendan que las escuelas de periodismo incluyan profesionales en el proceso educativo a través de conferencias, clases magistrales, talleres y calificación. Líderes de la industria de los medios y periodistas prominentes participan en los consejos de las universidades y aportan su experiencia profesional en la elaboración de planes de estudios y en las aulas. Por ejemplo, los miembros del Consejo de Expertos de la Moscow State

University evalúan los resultados de los estudios académicos, brindan sus conocimientos para los programas de estudio, participan regularmente en el proceso de enseñanza y en la selección de educadores.

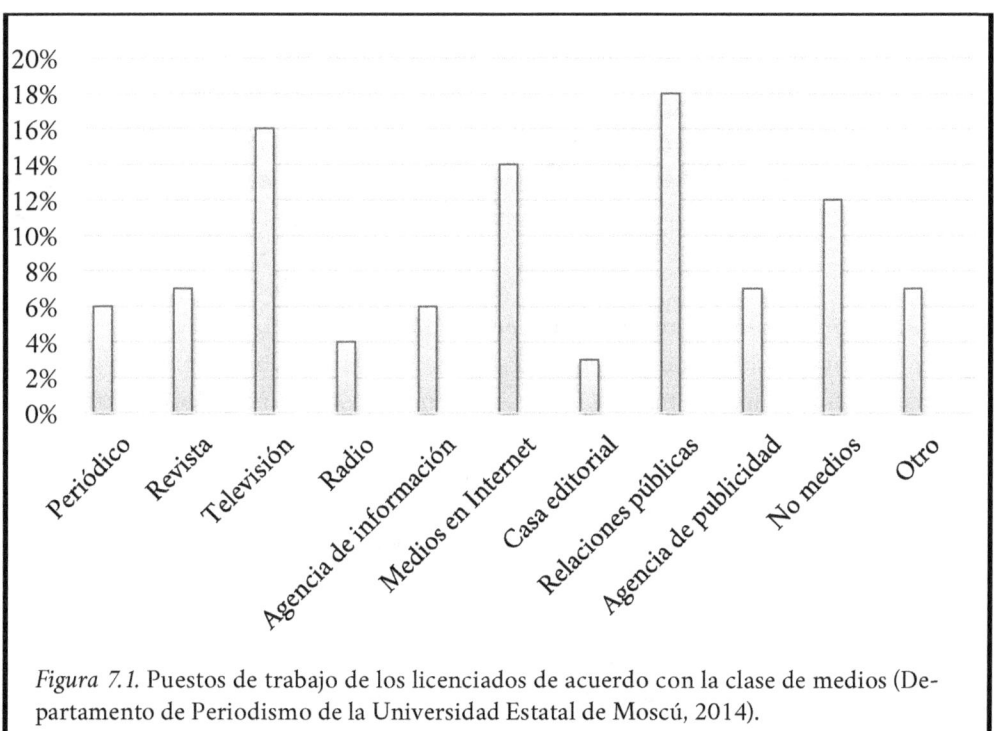

Figura 7.1. Puestos de trabajo de los licenciados de acuerdo con la clase de medios (Departamento de Periodismo de la Universidad Estatal de Moscú, 2014).

Impacto profesional de la educación periodística

La eficiencia de la educación periodística en Rusia se evalúa de diferentes maneras. Una es el control estatal sobre la calidad de la educación. Cada seis años, las instituciones educativas deben pasar por un procedimiento de acreditación. La agencia de acreditación del Ministerio de Educación y Ciencias examina si una institución cumple con los estándares educativos usando pruebas complejas, revisiones de los sílabos y un análisis crítico de las evaluaciones finales. La ley de educación requiere transparencia para todas las partes interesadas en el proceso educativo, y las escuelas de periodismo a su vez deben presentar en línea todos los programas, evaluaciones y cronogramas. Por lo tanto, los expertos generalmente comienzan su examen revisando el sitio web de una escuela. Los expertos también analizan el nivel de satisfacción de los docentes y estudiantes con el proceso educativo, las demandas del mercado laboral y la evaluación que hacen los empleadores de las habilidades y cualidades de los graduados (Vartanova & Lukina, 2014, pp. 224-226).

Las instituciones educativas de periodismo están profundamente preocupadas por su impacto en la formación profesional. Se presta especial atención a la evaluación de las competencias finales que un alumno debe poseer al finalizar sus estudios. Se organizan mesas redondas y debates con los empleadores para obtener información sobre los últimos requerimientos de habilidades profesionales. Además, regularmente se realizan paneles, seminarios y capacitaciones de los maestros administrados por profesionales.

Las organizaciones profesionales, asociaciones y diversos gremios de periodismo y publicaciones participan activamente en las discusiones sobre la calidad de la capacitación en periodismo. Dichas discusiones también se llevan a cabo regularmente durante las convenciones de periodismo, festivales de prensa y dentro de las páginas de revistas especiales de medios de comunicación, tales como *Zhournalist* y *Zhournalistika i Mediarynok*.

Problemas, retos e innovaciones en la educación periodística
En la actualidad, la educación periodística se encuentra repentinamente ante una encrucijada, con diferentes tendencias decisivas en el desarrollo de medios globales. El proceso de digitalización plantea la cuestión de la alfabetización tecnológica de los estudiantes. Los departamentos de periodismo debaten sobre la cantidad de habilidades necesarias y el nivel óptimo de competencia técnica que debería requerirse. En las salas de redacción convergentes actuales, los periodistas deben tener todas las habilidades de los periodistas multimedia y ser innovadores. Esto impulsa a la educación del periodismo a ajustarse al progreso tecnológico y a introducir nuevos cursos que se dirijan a todos los estudiantes, independientemente de la especialización. Encuestas recientes revelan que una gran cantidad de instituciones de periodismo están agregando cursos de tecnologías de la información (TI) a sus programas de estudios y están remodelando sus programas para aumentar su enfoque en las habilidades técnnicas (Vartanova & Lukina, 2014, pp. 221-224).

Debido a la constante evolución de las realidades de los medios, los educadores de periodismo rusos están más interesados que nunca en colaborar con la industria de los medios. Esto podría ayudar a crear nuevos cursos y modelos educativos para satisfacer las necesidades de la industria y anticipar problemas relacionados con colocación laboral para carreras de medios más nuevos. La mayoría de los medios de comunicación están abiertos a trabajar con la academia, a impartir clases magistrales y participar en la producción interna de contenido mediático. Aunque algunos medios de comunicación tratan de enseñar impartiendo sus propias clases a los recién llegados, otros contratan a empleados con títulos de periodismo y luego los capacitan para trabajar de acuerdo con sus propios estándares corporativos.

Acaso el problema más importante que hoy enfrenta la educación periodística rusa es qué y cómo debería enseñarse en las instituciones de educación superior. Por ejemplo, las tradiciones educativas universitarias clásicas, fundadas en cursos de literatura y filología, no se articulan con la demanda de la industria de los medios de obtener graduados prácticos orientados a la tecnología. Aunque los investigadores y profesionales de los medios de comunicación discuten activamente la necesidad de nuevas asignaturas obligatorias de medios digitales (Van Der Haak, Parks, & Castells, 2012), en varias universidades locales los administradores de educación no dan prioridad a dichas materias. En cambio, privilegian las habilidades de redacción y edición (Vartanova & Lukina, 2014, pp. 229-230).

Los desafíos también están relacionados con la reforma en curso de la educación. Después de un salto al proceso europeo de Bolonia y la transición al sistema educativo de dos niveles, es posible que muchas escuelas no puedan obtener la acreditación para programas de maestría. Solo las instituciones que cumplan con los requisitos adecuados de recursos intelectuales, infraestructurales y humanos obtendrán la acreditación a nivel de maestría. Para muchas escuelas eso significa no sólo una reducción en el número de estudiantes, sino también una disminución proporcional del personal docente.

También hay continuos debates sobre la línea que separa los programas de licenciatura y maestría. El desarrollo principal en la educación periodística rusa es la aparición de nuevos programas de maestría centrados en medios en línea, periodismo multimedia, gestión de salas de redacción convergentes, etc. Y más universidades rusas también están mostrando interés en lanzar programas en conjunto con escuelas extranjeras.

Conclusión: Educando a los periodistas de mañana —El panorama general

Los futuros periodistas rusos están siendo educados por dos actores principales. La mayoría está siendo entrenada dentro del sistema educativo superior, obteniendo títulos de licenciatura y maestría. El resto se está educando en organizaciones de noticias y centros de capacitación, en su mayoría afiliados a grandes compañías de medios y orientados a estudiantes con antecedentes profesionales.

Además, la reforma de la educación periodística en la Rusia moderna está enmarcada por dos fuerzas impulsoras: los cambios revolucionarios en los medios y las reformas educativas. Los cambios revolucionarios en los medios incluyen la reconfiguración de la industria de los medios, la reconstrucción de las salas de redacción, los nuevos patrones de producción de contenido y la interacción con las audiencias. Tanto los cursos de la academia como los cursos de la industria están tratando de mantenerse a la vanguardia de las tendencias actuales de los medios. Si bien los cursos ofrecidos por la academia a menudo no son tan de vanguardia ni tan prácticos como los de la industria, el énfasis de la academia en el impacto social y la investigación periodística es esencial para preparar a los futuros periodistas. En cuanto a la reforma de la educación superior, esta alienta a la academia a satisfacer los estándares internacionales en el desarrollo curricular, brinda más libertad en el desarrollo de programas que sintonizan con las necesidades de los mercados de los medios locales y crea oportunidades para intercambios internacionales de docentes y estudiantes.

Afortunadamente, los esfuerzos de reforma educativa ayudarán a enfrentar los desafíos de los diversos mercados de medios, ayudarán a los profesionales de medios a hacer frente a estándares de calidad y preocupaciones financieras, y ayudarán a cumplir el objetivo más importante de los educadores en este campo: producir graduados dispuestos y capaces de cumplir con las obligaciones de servicio público del periodismo.

Referencias bibliográficas

Anikina, M. (2014). Journalism as a profession in the first decades of the 21st century: The Russian context. *World of Media. Yearbook of Russian media and journalism studies*, 2014, 233-254.

Anikina, M., Dobek-Ostrovska, B., & Nygren, G. (2013). *Journalists in three media systems: Polish, Russian and Swedish journalists about values and ideals, daily practice and the future* Moscow: Journalism Faculty, Moscow State University. Tomado de https://www.journalisminchange.com/files/book.pdf

Becker, J. (2004). Lessons from Russia: A Neo-authoritarian media system. *European Journal of Communication, 19*(2), 139-63.

Federal Agency for Press and Mass Communications. (2014a). *Televidenije v Rossii. Sosnojanije, tendencii I perspektivy razvitija.* [La televisión en Rusia: Estado, tendencias y perspectivas de desarrollo.] Moscow: FAPMC. Tomado de http://fapmc.ru/rospechat/activities/reports/2014/television-in-russia.html

Federal Agency for Press and Mass Communications. (2014b). *Radioveshanije v Rossii. Sosnojanije, tendencii I perspektivy razvitija.* [Radiodifusión en Rusia. Estado, tendencias y perspectivas de desarrollo.] Moscow: FAPMC. Tomado de http://fapmc.ru/rospechat/activities/reports/2015/radio.html

Federal Agency for Press and Mass Communications. (2014c). *Internet v Rossii. Sosnojanije, tendencii I perspektivy razvitija* [Internet en Rusia. Estado, tendencias y perspectivas de desarrollo.] Moscow: FAPMC. Tomado de http://fapmc.ru/rospechat/activities/reports/2015/inet.html

Federal Agency for Press and Mass Communications. (2015). Rossijskaja periodicheskaya pechat. Sosnojanije, tendencii I perspektivy razvitija. [Prensa periódica rusa. Estado, tendencias y perspectivas de desarrollo.] Moscow: FAPMC. Tomado de http://fapmc.ru/rospechat/activities/reports/2015/pechat.html

Federal State Educational Standard of Higher Education in Journalism (2010). Moscow: Ministry of Education.

Habermas, J. (1989). *The structural transformation of the public sphere.* Cambridge: Polity.

Hallin, D. C., & Mancini, P. (Eds.), (2012). *Comparing media systems beyond the Western world.* Cambridge: Cambridge University Press.

Juskevits, S. (2001). *Professional roles of contemporary Russian journalists: A case study of St. Petersburg media.* Tomado de http://tampub.uta.fi/bitstream/handle/10024/76288/lisuri00006.pdf?sequence=1

Juskevits, S. (2002). *Professional roles of Russian journalists at the end of the 1990s: A case study of the St Petersburg media.* Tomado de http://tampub.uta./bitstream/handle/10024/76288/lisuri00006.pdf?sequence=1

Kolesnik, S., Svitich, L., & Shiryaeva, A. (1995). Rossiiskii i Amerikanskii Zhurnalisty [Periodistas rusos y norteamericanos]. *Vestnik Moskovskogo Universiteta, Seria 10. Zhurnalistika,* 1-2, 20-27.

Lukina, M. (Ed.), (2010). *Internet-Media: theory and practice.* Moscow: Aspekt Press.

McNair, B. (1989). Glasnost, restructuring and the Soviet media. *Media, Culture and Society, 11*(3), 327-349.

McNair, B. (1991). *Glasnost, Perestroika and the Soviet media.* London: Routledge.

Mickiewicz, E. (1988). *Split signals: Television and politics in the Soviet Union.* New York, NY: Oxford University Press.

Nordenstreng, K., & Paasilinna, R. (2002). Epilogue, En K. Nordenstreng, E. Vartanova, & Y. Zassoursky. (Eds.), *Russian media challenge* (pp. 189-198). Helsinki: Aleksanteri Institute.

Nordenstreng, K., Vartanova, E., & Zassoursky, Y. (2002). (Eds.), *Russian media challenge.* Helsinki: Kikimora Publications.

Pasti, S. (2004). *Rossijskij zurnalist v kontekste peremen. Media Sankt-Peterburga.* [El periodista ruso en un contexto de cambio]. Tampere: Tampere University Press.

Pasti, S. (2009). *Samochuvstvie zhurnalista v professii: konets 2008.* [Being a journalist in the profession: the end of 2008], En P. Gutiontov (Ed.), *Formula doveria. Materialy Mezhdunarodnogo kongressa zhurnalistov.* [Fórmula de confianza: Tesis del Congreso Internacional de Periodistas.] (pp. 69-77). Moscow: Russian Union of Journalists.

Popper, K. (1945). *The open society and its enemies.* London: Routledge. Reporters without Borders. (2014). Press Freedom Index. Tomado de http://en.rsf.org

Resnyanskaya, L., & Fomicheva, I. (1999). *Gazeta dlya vsei Rossii.* [Periódica para toda Rusia]. Moscow: Moscow University Press.

Richter, A. (2002). *Pravovyje osnovy zhurnalistiki* [Fundamentos legales del periodismo]. Moscow: Moscow University Press.

Shiryaeva, A., & Svitich, L. (1997). *Zhurnalistskoe obrazovanie: vzgljad sociologa* [Educación periodística: Un enfoque sociológico]. Moscow: IKAR.

Shiryaeva, A., & Svitich, L. (2006). *Rossijskij zhurnalist i zhurnalistskoje obrazovanij. Sociologicheskije issledovanije.* [Educación periodística y periodismo ruso: Una investigación sociológica]. Moscow: VK.

Shiryaeva, A., & Svitich, L. (2007). *Innovacionnye podhody k proektirovaniju osnovnyh obrazovatel'nyh programm po napravleniju podgotovki vysshego professional'nogo obrazovanija "zhurnalistika"* [Enfoque innovador para el diseño de programas de educación periodística]. Moscow: Moscow University Press.

Tartu Declaration. (June 26, 2006). Tomado de http://www.ejta.eu/tartu-declaration

UNESCO. (2007). *Model curricula for journalism education for developing countries & emerging democracies.* Paris: UNESCO.

Van Der Haak, B., Parks, M., & Castells, M. (2012). The future of journalism: Networked journalism. *International Journal of Communication, 6,* 2923-2938. Tomado de http://ijoc.org/index.php/ijoc/article/viewFile/1750/832

Vartanova E. (2012). The Russian media model in the context of post-Soviet dynamics. En D. C. Hallin & P. Mancini (Eds.), *Comparing media systems beyond the Western world* (pp. 119-142). Cambridge: Cambridge University Press.

Vartanova, E. (2009). *Mass media theory. Current issues.* Moscow: MediaMir.

Vartanova, E., & Lukina, M. (2014). New competences for the future journalists: Russian journalism education executives evaluate industrial demand *World of Media. Yearbook of Russian Media and Journalism Studies,* pp. 209-233.

Vartanova, E., & Zassoursky, Y. (Eds.), (1998). *Media, communications and the open society.* Moscow: IKAR.

Zassoursky, Y. (1997). Media in transition and politics in Russia. En J. Servaes & R. Lee (Eds.), *Media and politics in transition (pp. 213-221).* Leuven: Acco.

Zassoursky, Y. (2002). *Zhurnalistika i obshchestvo: balansiruya mezhdu gosudarstvom, biznesom i obshchestvennoi sferoi.* [Periodismo y sociedad: Equilibrio entre el estado, los negocios y la esfera pública]. En Y. Zassoursky. (Ed.), *Sredstva massovoi informatsii postsovetskoi Rossii. [Medios de comunicación en la Rusia postsoviética]* (pp. 195-231). Moscow: Aspekt Press.

Zassoursky, Y., & Vartanova, E. (Eds.), (1998). *Changing media and communications.* Moscow: IKAR.

Tabla 7.1

Asociaciones de periodismo y organizaciones relacionadas más importantes en Rusia.

Organización	Descripción	Sitio web
Union of Journalists of Russia	Organización profesional pública que reúne a todos los sindicatos de periodistas de la Federación Rusa.	http://www.ruj.ru/
Mediasoyuz	Organización independiente que reúne a todos los sectores de comunicación de masas a lo largo de Rusia.	http://www.mediasoyuz.ru
Glasnost Defense Foundation	Organización no gubernamental que presiona en contra de las restricciones a la libertad de expresión.	http://www.gdf.ru/
Reporters Without Borders	Organización internacional que lucha por la libertad de prensa diariamente desde su fundación en 1985.	http://en.rsf.org/
The Federal Service for Supervision of Communications, Information Technology, and Mass Media	Autoridad ejecutiva federal de la Federación Rusa que controla y supervisa a los medios de comunicación masiva y las telecomunicaciones, supervisa el procesamiento de datos personales, expide licencias de radio y monitorea a los medios en Inter-	http://eng.rkn.gov.ru/
The Union of Publishers (formerly the Guild of Press Publishers, GIPP)	GIPP apunta a crear condiciones favorables para el desarrollo de la industrial editorial.	http://www.gipp.ru/
Association of Independent Regional Publishers (AIRP)	AIRP coordina esfuerzos para la protección de la libertad de expresión. intercambio de experiencias y la protección de los intereses corporativos.	http://www.anri.org.ru/
National Association of TV and Radio Broadcasters (NAT)	NAT protege los derechos e intereses de las compañías de radio y TV, les proveed de garantías legales y coordina sus actividades.	http://www.nat.ru/

Tabla 7.1 (cont.)

Asociaciones de periodismo y organizaciones relacionadas más importantes en Rusia.

Organización	Descripción	Sitio web
Media Rights Defense Centre	Organización sin fines de lucro que protege los derechos de los medios de comunicación de masas y provee de protección legal a los periodistas.	http://www.mmdc.ru/
UMS in Journalism for Russian Universities	Asociación profesional pública para las universidades rusas responsable de mejorar el currículo y la educación periodística y la especialización académica para el progreso de la educaciónn periodística.	http://www.journ.msu.ru/umo

Tabla 7.2

Programas académicos de periodismo y programas no académicos de capacitación en Rusia.

Nombre	Sitio web
Journalism Department, Lomonosov Moscow State University	http://www.journ.msu.ru/
School of Journalism and Mass Communications, St. Petersburg State University	http://eng.jf.spbu.ru/
Journalism Department, the Urals State University	http://journ.igni.urfu.ru/
Journalism Department, Voronezh State University	http://www.jour.vsu.ru/
Department of Philology, Journalism and Intercultural Communications, South Federal State University, Rostov-Na-Donu	http://www.philology.sfedu.ru/
The Higher School of Journalism, Tomsk State University	http://www.newsman.tsu.ru/
Chair of Journalism and Mass Communication, Peoples' Friendship University of Russia	http://www.rudn.ru/en
School of Journalism, South Urals University, Chelyabinsk	http://fj.susu.ac.ru/
School of Journalism and Sociology, Kazan State University	http://ksu.ru/f13
School of TV and Radio Journalism, University of Humanities, Yekaterinburg	https://gu-ural.ru/faculties/tv-radio-journ/
Academy of Media Industry, Moscow	http://www.ipk.ru/
Russian Educational Center for Local TV Journalists, Niznij Novgorod	http://praktika.nnov.ru/
Institute for Press Development – Siberia	http://www.sibirp.ru/
Regional Press Institute	http://pdi.spb.ru/
Journalism Academy at "Kommersant"	http://www.kommersant.ru/academy

8

Educación periodística en Sudáfrica: Asumiendo los desafíos para el futuro

Arnold S. De Beer, Sandra Pitcher y Nicola Jones[5]

El paisaje mediático y el sistema de enseñanza del periodismo de Sudáfrica cambió irrevocablemente cuando el African National Congress (ANC) llegó al poder en 1994 para formar el primer gobierno democrático mayoritario del país. Como señalan Searle y McKenna (2013), "la reconstrucción de las relaciones domésticas, sociales y económicas [tuvo] que erradicar y corregir los patrones inequitativos de propiedad y de riqueza y las prácticas sociales y económicas que se formaron por la segregación y el *apartheid*" (p. 103). También afectó la educación periodística de muchas maneras. Este capítulo resume brevemente los desafíos que enfrenta esta educación como consecuencia de aquellos cambios. Demuestra cómo la educación del periodismo sudafricano se ha desarrollado e interactuado con los medios y la sociedad en general en las últimas dos décadas. En primer lugar, examina el panorama periodístico de Sudáfrica, así como las bases ideológicas pasadas y presentes tanto del sistema de medios informativos como de la educación periodística. A continuación, se analizan los desafíos actuales de la educación periodística dentro de un sistema político todavía en estado de cambio, junto con la relación incómoda entre el gobierno y la profesión periodística del país. Se destaca tanto las fortalezas como las deficiencias de la educación periodística actual. Con una mirada hacia el futuro, se explora cómo podrían adoptarse algunas innovaciones para mejorar la educación periodística en el contexto actual de un entorno tecnológico y de medios sociales en rápida evolución.

El periodismo en el paisaje mediático

El pasado histórico y el contexto social de Sudáfrica han moldeado su sistema de medios actual. Cuando se fundaron los primeros periódicos del país en el siglo XIX, Sudáfrica imitó el sistema colonial británico de práctica periodística. Esta tradición continuó cuando la radio se introdujo en 1936 y, nuevamente, con la llegada de la televisión en 1975. Además, la emisora pública de Sudáfrica siguió la estructura de la British

---

[5] Con la colaboración previa de Gabriel Botma, Pieter J. Fourie, Johannes D. Froneman, Lizette Rabe y Herman Wasserman.

Broadcasting Corporation (BBC; Wigston, 2007). En consecuencia, la educación periodística y el entrenamiento de habilidades imitaban en gran medida la tradición británica y estadounidense. Sin embargo, a diferencia de la BBC, que Hallin y Mancini (2004) describen como operando bajo un "modelo profesional" (es decir, independiente del gobierno), los medios de difusión de Sudáfrica están más estrechamente alineados con la visión de Hallin y Mancini de un sistema de medios bajo un "modelo de gobierno", en el que la South African Broadcasting Corporation (SABC) tiene que informar al parlamento.

Un clima autoritario del régimen de *apartheid* prevaleció hasta la década de 1990, con amplias restricciones impuestas a los medios (Hachten & Giffard, 1984) con el propósito de controlar las creencias de todos los sudafricanos. Los canales de televisión y las estaciones de radio de la SABC reflejaban las políticas de segregación racial del gobierno. Los idiomas autóctonos de Sudáfrica solo se permitían en canales separados reservados para el público negro en los territorios segregados de Sudáfrica (áreas negras autogobernadas al estilo del *apartheid*, Teer-Tomaselli & Tomaselli, 2001).

Tras el fin de la era represiva del ANC en 1990, se produjeron cambios significativos en el panorama de los medios de Sudáfrica. Aquellos cambios los reorientaron dentro de lo que Christian, Glasser, McQuail, Nordenstreng y White (2009) describieron como una democracia más pluralista. Como resultado, el sistema de los medios de Sudáfrica se ha autorregulado en gran parte. Desde mediados de la década de 1990, han pasado lentamente de un sistema autoritario a uno que, en teoría, podría considerarse como un reflejo del modelo de responsabilidad social de McQuail (2010), pero con tendencias de desarrollo emergente (Botma, 2011; De Beer, Beckett, Malila & Wasserman, 2016).

Al mismo tiempo, el Estado relajó su monopolio sobre la radiodifusión y vendió varias de sus estaciones de radio regionales a compañías de propiedad privada participantes del programa "Empoderamiento Económico Negro". También otorgó licencias para lanzar el único canal de televisión de señal abierta fuera de la SABC de Sudáfrica, e-tv, y numerosas estaciones de radio comunitarias (Wigston, 2007).

Debido a la expansión global de empresas sudafricanas como Multichoice, un proveedor de televisión de paga y de Internet, el país ha logrado grandes avances en el mercado internacional, especialmente en el desarrollo de sistemas de medios en otros países africanos y en otros lugares. Tanto es así que Media24, que comenzó con el diario Afrikaans *Die Burger* en 1915, es ahora el octavo conglomerado de medios del mundo, el más grande fuera de los Estados Unidos y China (Rabe, 2015). Los inversores internacionales, especialmente de Irlanda, China e India, también han ingresado al mercado local. Sin embargo, no han sido tan exitosos como la dominación irlandesa de una sección de la prensa escrita sudafricana (BDLive, 2013).

Una marcada diferencia en el panorama periodístico sudafricano anterior y posterior a 1994 es el intento de diversificar las salas de prensa de medios impresos y medios electrónicos y abrir oportunidades económicas y de educación periodística para la población negra sudafricana anteriormente reprimida. Ha habido un aumento en el crecimiento de periódicos en idiomas negros, como *Isolzwe*, así como en tabloides en inglés y afrikaans, como el *Daily Sun* y *Son*. Estos periódicos se dirigen específicamente a la clase obrera en general y la clase trabajadora negra (Wasserman, 2010b). Aunque no pueden competir con la creciente prensa sensacionalista en términos de crecimiento de la audiencia, los periódicos tradicionales establecidos, como el *Sunday Times*, han hecho algunos esfuerzos para llegar a audiencias negras, en su mayoría de bajos ingresos. También han tratado de hacer que sus salas de redacción sean mucho más representativas demográficamente (Daniels, 2013).

Desde 2010, las acciones del Estado han movido la balanza de la independencia de los medios de nuevo en la dirección del autoritarismo. La mayoría de los listados internacionales de libertad de prensa (por ejemplo, Freedomhouse.org) han colocado a Sudáfrica entre los lugares 40 y 45 en la "escala de libertad" mediática mundial de alrededor de 130 países, ubicándose entre las democracias electorales más débiles. Además, ha habido numerosos casos en los últimos tiempos (Harber, 2014) que indican que los medios críticos e independientes están bajo asedio. Especialmente, las salas de prensa impresa enfrentan una combinación de dificultades financieras y presiones del partido gobernante, sus aliados e instituciones estatales, que están subsidiando a los medios de comunicación amistosos y tornándose cada vez más hostiles con aquellos que hacen preguntas difíciles.

El ex presidente sudafricano Jacob Zuma demandó a periodistas de la prensa escrita y a editoriales por imprimir información que, según él, dañó su dignidad y reputación (Swart, 2008). Además, afianzó efectivamente el SABC como una emisora pública para los propósitos del gobierno dirigido por el ANC. Lo hizo nombrando a partidarios leales en posiciones poderosas y censurando noticias o informes que presentaban una mala imagen del gobierno o de Zuma (Reid, 2013).

El ANC gobernante ahora está tratando de aprobar el Proyecto de Ley de Protección de Información. Esta ley en potencia podría criminalizar a los periodistas por exponer información que el gobierno considera "confidencial", incluso si dicha información sirve al interés público —como denuncias de corrupción—. Además, muchos comentaristas también han empezado a cuestionar la autonomía de la prensa sudafricana a medida que más periodistas y editores afirman su lealtad a determinados partidos políticos, por lo general el partido gobernante ANC (Du Preez, 2015; Thamm, 2015).

La reacción del gobierno a las críticas de los medios impresos, a menudo calificadas como "antipatrióticas", podría eventualmente socavar la educación periodística del país. Esto es si a los profesores de periodismo también se les dice que "sigan la línea oficial", como es el caso en en el resto de África (Malila, 2014).

Características profesionales

En 1994, el fin oficial del *apartheid* introdujo una serie de cambios en la cultura de las salas de redacción y las características profesionales, especialmente en concordancia con la transformación racial y de género. Daniels (2013) encontró que, en promedio, el 61% de los periodistas en Sudáfrica son negros, con una división general casi uniforme entre hombres y mujeres. Dos años después, De Beer et ál. (2016) encontraron que el 62% de los periodistas son mujeres y 38% hombres.

Los periodistas entrevistados para el estudio de Daniels (2013) dicen que las políticas de transformación para aumentar el número de periodistas negros están funcionando, y que los periodistas en general están satisfechos con el clima actual de empleo y las condiciones de trabajo en las redacciones a nivel nacional.

Eventualmente, Pitcher y Jones (2014) encontraron que los periodistas solo consideran "poco importante" actuar como vigilantes políticos. En cambio, muchos periodistas defienden que es más importante informar las noticias que atraen a la mayor cantidad de lectores y proporcionar noticias que los lectores encuentren interesantes. Este resultado parece reflejar la crítica actual del gobierno a los medios: que solo están interesados en informes sensacionalistas (Cronin, 2010).

Sin embargo, tras un estudio de 2,200 periodistas, De Beer et ál. (2016) encontraron que los periodistas sudafricanos (N = 371) equilibran su enfoque de periodismo de vigilancia con reportajes que respaldan las necesidades de desarrollo del país. Además, si bien no tienden a verse a sí mismos como adversarios del gobierno, los encuestados le dieron bajas calificaciones a los roles periodísticos de apoyar al gobierno o de mostrarlo con una imagen positiva de liderazgo político. De acuerdo con la teoría del desarrollo, los periodistas sudafricanos consideran que es importante educar a la audiencia, dejar que las personas expresen sus puntos de vista y promover la tolerancia y la diversidad cultural (ver Figura 8.1). En el proceso, consideran que la ética del periodismo es la influencia más importante en su trabajo (ver Figura 8.2).

Sobre el tema de la educación periodística, el estudio De Beer, Beckett, Malila y Wasserman (2016) encontró que alrededor del 75% de los periodistas sudafricanos incluidos en su muestra completaron una licenciatura en periodismo o en otra área que combinó periodismo y otros medios o temas de comunicación, lo que contrarresta los argumentos de los críticos que dicen que la educación periodística tiene poco valor para la práctica del periodismo. Además, muchas organizaciones de medios que se ajustan el cinturón no han intentado retener a los periodistas más experimentados, a menudo despedidos en gran escala. Un resultado es la inexperiencia en las salas de redacción. Esto ha jugado un papel en el cambio en las ideologías de las salas de redacción relacionado con lo que implica el profesionalismo periodístico.

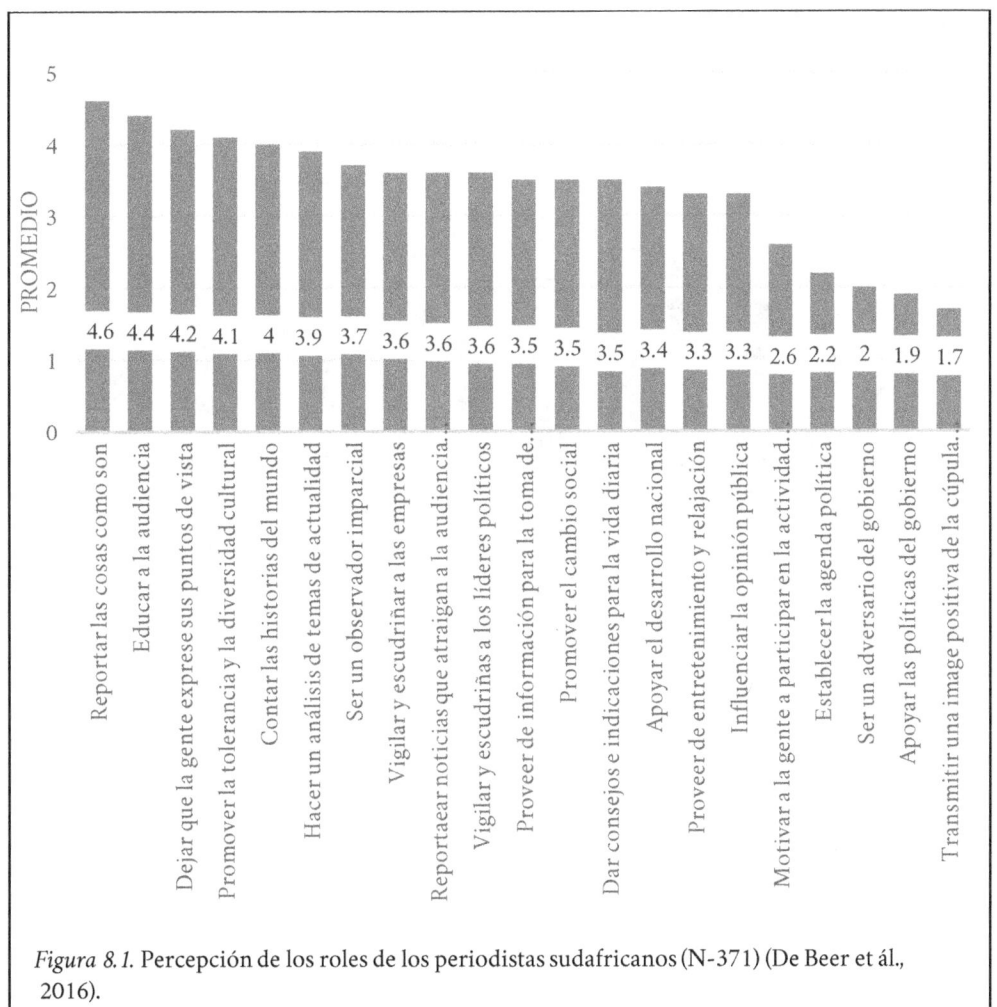

Figura 8.1. Percepción de los roles de los periodistas sudafricanos (N-371) (De Beer et ál., 2016).

Las dificultades financieras han dejado a los propietarios de organizaciones mediáticas intentando regenerar sus márgenes de ganancias. Los editores han comenzado nuevamente a favorecer a los periodistas que tienen muchos seguidores, especialmente en las redes sociales, y periodistas con capacitación de nivel terciario (capacitación periodística después de la escuela secundaria) (De Beer et ál., 2016).

En última instancia, el alejamiento del enfoque de vigilancia de los medios impresos se ve agravada por el impacto de las plataformas de medios sociales y el movimiento concurrente hacia una audiencia de nuevos medios cada vez más creciente, que a menudo actúa como receptor y remitente. La situación política actual y las dificultades financieras por las que pasan los medios de comunicación sudafricanos agravan esta situación. Además, los debates públicos sobre la responsabilidad social y la necesidad de un periodismo que defienda causas han creado una letanía de incertidumbre sobre qué debería representar el periodismo en la "nueva" Sudáfrica y cuáles deberían ser las características profesionales de los periodistas.

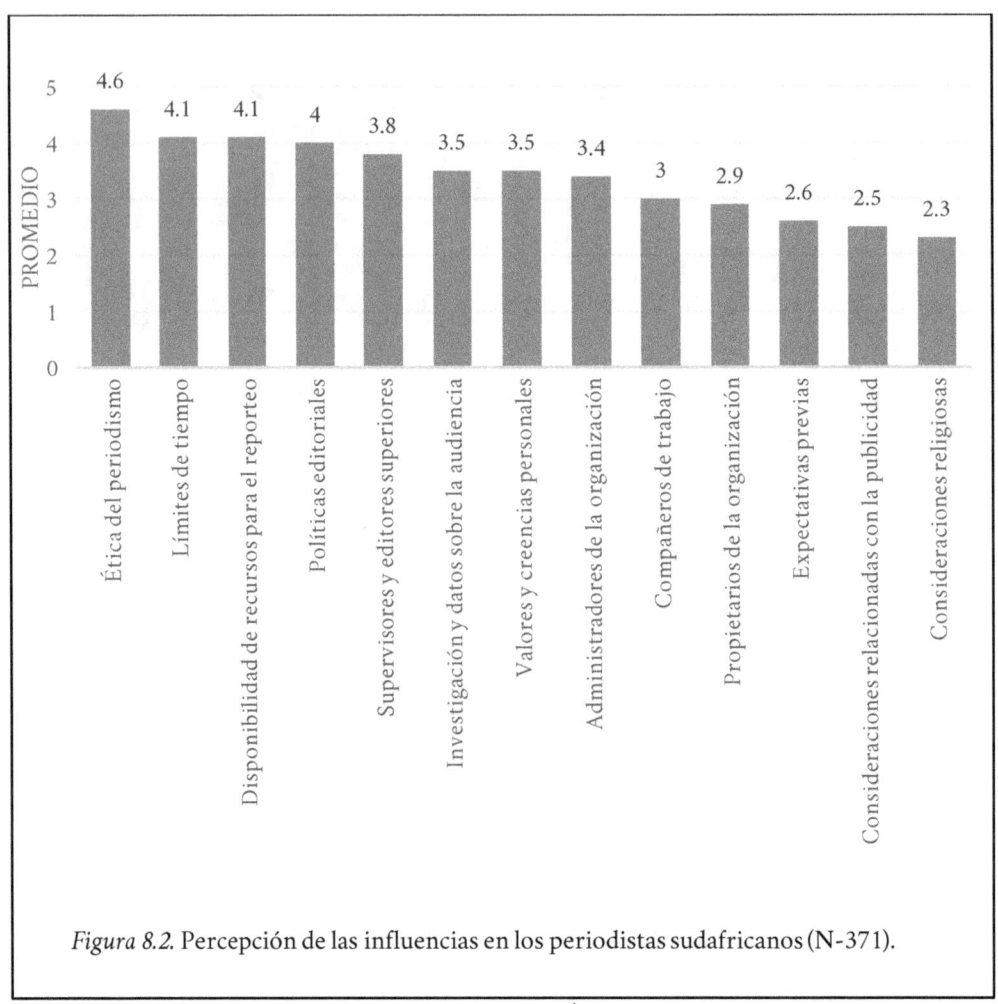

Figura 8.2. Percepción de las influencias en los periodistas sudafricanos (N-371).

Educación periodística, entrenamiento profesional e investigación

La educación periodística en Sudáfrica todavía tiene raíces angloamericanas. Sin embargo, desde la década de 1990 se han hecho fuertes llamados a "africanizar" el plan de estudios de periodismo mediante el desarrollo de material que tenga más en cuenta los sistemas de conocimiento indígena (Fourie, 2008; Dube, 2010). Además, la capacitación en periodismo sudafricano con frecuencia sigue en desacuerdo con las necesidades de la industria de los medios de comunicación, enfatizando el divorcio entre la investigación desde las torres de marfil y los desafíos de la vida real. Esta sección destaca un enfoque que podría disminuir la brecha entre lo que se requiere de la profesión de periodismo en el país —acelerada y en rápido crecimiento— y los fundamentos teóricos de la academia en una democracia multicultural en desarrollo (Wasserman, 2010b).

Enseñanza y entrenamiento de los futuros hacedores de noticias

Se puede decir que Sudáfrica tiene el sistema de educación periodística con base universitaria más antiguo de África, iniciado en 1959 en la Potchefstroom University (ahora North-West University). La década de 1970 vio la introducción de un programa de periodismo en la Rhodes University y programas de comunicación (incluyendo periodismo) en la University of South Africa (Unisa), la Rand Afrikaans University (ahora la University of Johannesburg) y la University of the Orange Free State (ahora la University of the Free State). También se introdujeron programas similares en universidades que antes eran exclusivas para negros, como Fort Hare, Zululand y Bophuthatswana (ahora parte de North-West University). Durante las siguientes tres décadas se expandió la educación periodística a la mayoría de las *technikons* del país (antiguas instituciones educativas cuyo entrenamiento estuvo orientado a la profesión, ahora convertidas en universidades de tecnología), sobre todo a la antigua Pretoria Technikon (ahora la Tshwane University of Technology). Las universidades de tecnología están más orientadas a proporcionar programas de capacitación basados en habilidades que a enfocarse en una educación teórica que culmine en títulos universitarios académicos. Las universidades académicas también ofrecen la carrera en periodismo con especializaciones adicionales en artes y ciencias sociales, como idiomas, sociología, ciencias políticas e historia. Por otro lado, las universidades de tecnología tienden a enfocarse más en especialidades menores del periodismo relacionados con coberturas especializadas, como finanzas, deportes y reporteo en cortes judiciales.

De las tres principales universidades de investigación del país —la University of Cape Town, la University of the Witwatersrand (Wits) y la University of Natal, ahora llamada KwaZulu-Natal—, solo la Wits ofrece un programa de periodismo en un departamento independiente junto con estudios de medios. Las otras dos tienen programas que enfatizan un enfoque de estudios culturales y/o de medios, no uno periodístico. Este es el resultado de la visión tradicional, también encontrada en el Reino Unido y los Estados Unidos, de que el periodismo debe considerarse una habilidad o un oficio, no una disciplina científica (De Beer & Tomaselli, 2000; Banda et ál., 2007).

Los cambios en el paisaje del estado y los medios en Sudáfrica después del *apartheid* también han afectado el discurso sobre la educación periodística. Dos aspectos han sido particularmente importantes en este sentido: la transformación y las alianzas público-privadas (Banda et ál., 2007). El debate global sobre "teoría contra práctica" ha influido indudablemente en estas discusiones. En el contexto sudafricano, es alentador que, a pesar de esta división percibida entre "teoría y práctica", haya un debate animado y continuo sobre el tema. Existe un amplio acuerdo, por ejemplo, sobre la necesidad de que la educación periodística incluya el cultivo de una mentalidad informada y crítica, así como el perfeccionamiento de las habilidades en los cursos universitarios de periodismo (Motloung, 2007).

A pesar de que los objetivos de las corporaciones mediáticas siguen determinados por el mercado, algunos estudiosos de medios y estudios culturales, así como educadores de periodismo, consideran problemática la relación entre el programa de educación periodística y el mercado. Existe una conciencia del impacto que en la educación periodística tienen los sistemas políticos neoliberales, problemáticos en un país en desarrollo y con una dependencia excesiva de la influencia occidental. También existe una conciencia del impacto que tienen la falta de recursos, la capacidad y la infraestructura en la educación periodística (Wasserman, 2005).

Para que la educación periodística siga demostrando su relevancia tanto en imagen como en la práctica, debe garantizar la innovación continua en el mundo de los nuevos medios. Existe un amplio acuerdo con respecto a que los futuros hacedores de noticias sudafricanos necesitan estar familiarizados con las nuevas tecnologías, lo que, entre otras cosas, les ayudará a recopilar, procesar y distribuir información. Más allá de comprender estas tecnologías, los periodistas también deben comprender las implicaciones éticas de su uso (Banda et ál., 2007). Aunque esto es problemático en términos de recursos y acceso a nuevos medios en muchas partes del país, la mayoría de las escuelas de periodismo son conscientes de que necesitan ampliar su gama de secciones de educación y capacitación y, tal vez, su rango de estudiantes. Por ejemplo, aparte de los títulos de pregrado y posgrado de periodismo hasta el nivel de doctorado y posdoctorado, se ofrecen cada vez más cursos para periodistas profesionales que buscan mejorar sus calificaciones y obtener nuevas habilidades (Jones & Pitcher, 2010).

En términos de transformación política y social, el discurso emergente de la educación periodística está definiendo también una identidad académica para la educación periodística que pretende "liberarse de la dependencia de los modelos occidentales de educación y capacitación de periodismo" (Banda et ál., 2007, p. 156). Los educadores de periodismo sudafricanos, por lo tanto:

> no consideran que la desoccidentalización signifique una eliminación completa de las filosofías y epistemologías occidentales del currículo de periodismo. Tampoco ven la africanización [únicamente] como la adopción de valores y normas culturales de las personas negras, [sino más bien] estiman que la diversidad de África en términos de cultura, idiomas y normas debe informar el proceso de africanización. (Dube, 2010, p. 1)

Tanto los académicos como los periodistas a menudo sostienen que los medios tienen un papel fundamental que desempeñar en el fomento de su propia maduración. En el contexto de la educación superior, el periodismo se ubica en la intersección entre el conocimiento intelectual y la formación profesional, demandas que con frecuencia son reducidas a una dicotomía cruda de teoría contra práctica (Prinsloo, 2010). Esta dicotomía es especialmente evidente cuando se examinan varios institutos de capacitación en todo el país. Es evidente una brecha entre el número de universidades privadas que ofrecen capacitación en periodismo y las universidades tradicionales con licenciaturas y posgrados en estudios de medios y periodismo con carácter más holístico. Este contraste podría considerarse uno de los mayores dilemas que enfrenta la educación del periodismo sudafricano en la actualidad.

Las universidades tienden a crear un entorno que enseña habilidades vocacionales y críticas. A menudo incorporan aspectos de otras disciplinas para garantizar que los estudiantes adquieran una comprensión amplia del entorno sociopolítico dentro del cual se ubican el periodismo y los estudios de medios. Las universidades privadas, por otro lado, están menos preocupadas en este enfoque y se concentran en enseñar a los estudiantes solo las habilidades necesarias en las salas de redacción profesionales. Además, tienden a ofrecer servicios más atractivos para los estudiantes, incluyendo clases pequeñas y un entorno con acceso a tutores, hecho posible debido a colegiaturas más altas y una rotación de estudiantes más rápida. Los editores, sin embargo, afirman que las universidades que ofrecen un amplio enfoque de artes liberales, junto con la capacitación especializada en periodismo, crean los mejores candidatos para capacitarse en el mundo real del periodismo, ya que generalmente poseen una más equilibrada experiencia y un historial de estudios teóricos (De Beer & Steyn, 2002; Motloung, 2007).

Como se mencionó anteriormente, Sudáfrica también ha visto un marcado aumento en el número de estaciones de radio comunitarias y periódicos comunitarios de formato tabloide. Esto induce a los educadores a incorporar estas plataformas en sus planes de estudios, ayudando a futuros periodistas a participar de forma crítica desde una perspectiva de desarrollo-comunicación. El énfasis actual en el periodismo de estilo tabloide es un alejamiento del periodismo tradicional occidental de formato grande (Banda et ál., 2007).

El llamado de Hochheimer (2001) a la enseñanza de un "periodismo con significado", según el cual los programas de periodismo deben integrarse a las propias experiencias históricas, culturales y sociales de los estudiantes, no trasciende las murallas de la educación universitaria sudafricana. En los últimos años, un enfoque más funcionalista se ha hecho especialmente evidente en una gran cantidad de instituciones privadas que ofrecen una serie de diplomas y cursos cortos de certificación que se concentran en la práctica y capacitación del periodismo. Tales escuelas vocacionales adoptan un enfoque más práctico en su material y equipan a los estudiantes con destrezas que facilitan las prácticas técnicas de periodismo relacionadas con el mercado, desviándose así del enfoque de estudios de medios que algunas de las universidades de investigación más tradicionales han adoptado.

Solo el futuro dirá si la educación profesional del periodismo, ya sea en universidades o universidades tecnológicas, "será en gran parte impulsada por imperativos industriales y comerciales, en lugar de por un enfoque más cívico y crítico" (Banda et ál.,

2007, p. 165). También es difícil predecir qué influencia tendrá la actual relación de confrontación entre el gobierno del ANC y los medios impresos en la educación periodística. Existe cierta preocupación de que los educadores en periodismo han hecho poco, hasta ahora, para abordar la amenaza eminente del gobierno de restringir la libertad de información.

Investigación académica en periodismo[6]

En Sudáfrica, la investigación académica en periodismo tiende a enfocarse en la situación y la calidad del periodismo contemporáneo, como la representación de la raza en los medios (Wasserman, 2010a; Motsaathebe, 2011). Además, cuestiones como la ética del periodismo, la regulación y la autorregulación en una democracia, son temas de investigación cada vez más comunes. Esta es una respuesta a las amenazas del gobierno contra los medios y la expectativa de que los medios deben "poner su casa en orden" (Wasserman & De Beer, 2004). De manera muy limitada, la investigación académica actúa como una medida de precaución contra el aumento de las amenazas de censura por parte del gobierno al resaltar constantemente las actitudes negativas de este.

Como se mencionó antes, también hay interés en investigar el proceso de africanización del periodismo y la necesidad de encontrar epistemologías indígenas para orientar la educación, la investigación, la práctica y la regulación del periodismo (Fourie, 2008; Dube, 2010; Motsaathebe, 2011).

Si bien algunas publicaciones de investigadores sudafricanos se pueden comparar con las mejores del mundo (Fourie, 2008), solo un pequeño número de investigadores de periodismo han dejado su huella en publicaciones y libros occidentales, internacionales y arbitrados. Esto se debe en parte al sistema de subsidio educativo de Sudáfrica, que solo reconoce el resultado de la investigación publicada en las revistas incluidas en el World of Science (ISI: Humanities and Social Science) e IBSS (International Bibliography of the Social Sciences). Los capítulos de libros (e incluso los mismos libros de texto) atraen pocos subsidios estatales de investigación.

Si bien históricamente la mayoría de la investigación académica en Sudáfrica fue de naturaleza descriptiva o cuantitativa (De Beer, 2000, 2008), recientemente se ha enfocado más en estudios de medios críticos, discursos y estudios semióticos (por ejemplo, Botma, 2010; Fourie, 1991, Wasserman, 2010a).

Dado el número relativamente pequeño de investigadores activos en periodismo, estudios de medios y estudios de comunicación en Sudáfrica, el país tiene una presencia bastante fuerte en revistas arbitradas nacionales e internacionales. Estas incluyen las siguientes:

➤ African Journalism Studies (AJS, previamente Ecquid Novi: African Journalism Studies) (listada en ISI),

---

[6] Los autores desean agradecer a Pieter J. Fourie, de la University of South Africa, ya que gran parte de esta sección está basada en su contribución previa a este capítulo.

- Communicatio: South African Journal for Communication Theory and Research,
- Critical Arts: A Journal of Cultural Studies (listada en ISI),
- Communicare: Journal for Communication Sciences in Southern Africa,
- Communitas: Journal for Community Communication,
- Global Media Journal-Africa, y
- Rhodes Journalism Review (no arbitrada).[7]

En general, la industria de los medios no parece interesada en proyectos de investigación académica centrados en el periodismo. Parece mantenerse alejada de la investigación académica, y los investigadores universitarios normalmente deben solicitar fondos a través de la National Research Foundation. Una excepción a la regla fue la histórica auditoría de habilidades periodísticas de De Beer y Steyn (2002) financiada por el South African National Editors' Forum (Sanef).

La situación y la calidad del periodismo sudafricano contemporáneo a menudo son la base de la investigación para los estudios de maestría y doctorado, cuyos resultados rara vez, o nunca, llegan a los medios o a su agenda. Además, pocos periodistas eligen escribir para revistas de investigación en periodismo o incluso suscribirse a revistas académicas que se enfocan en su profesión (De Beer, et ál., 2016).

Conexiones profesionales en la educación periodística

La mayoría de los educadores de periodismo coinciden en que la educación y la capacitación en periodismo no se pueden enseñar en un vacío académico y que los vínculos con la industria son cruciales. La mayoría de los programas universitarios, como ya se mencionó, intentan combinar la educación conceptual y la capacitación práctica para producir periodistas principiantes capaces. Las instituciones terciarias tienen que equilibrar cada vez más la necesidad de profundidad teórica en la educación con la necesidad de la industria de periodistas principiantes altamente calificados que puedan operar de manera efectiva en una sala de redacción convergente y multimedia.

A lo largo de los años, dos elementos en particular han sido motivo de preocupación en la interacción entre la academia y el ejercicio del periodismo: recursos limitados y un exceso de oferta de estudiantes de comunicación que buscan trabajo en el campo del periodismo.

Muchas instituciones terciarias carecen de los recursos para mantener un ambiente de aula multimedia que funcione adecuadamente para la educación y la capacitación práctica. Solo unas pocas instituciones con enfoque periodístico son capaces de enfatizar el aprendizaje vivencial. Las pocas que lo hacen generalmente imponen pasantías

---

[7] Estas revistas de investigación también están asociadas con algunos de los principales departamentos universitarios de comunicación, periodismo, medios y estudios culturales en instituciones que incluyen la University of Cape Town, University of KwaZulu-Natal, University of South Africa, University of Johannesburg, University of the Free State, Stellenbosch University, y Rhodes University.

que van desde los requisitos de pregrado (alrededor de 160 horas) hasta programas opcionales cortos de cuatro semanas.

Las universidades tecnológicas y las universidades privadas tienden a tener la infraestructura necesaria para exigir una pasantía obligatoria, que va de seis meses a un año. Estas pasantías suelen ser evaluadas por la empresa receptora. Como parte del plan de estudios, algunas instituciones constantemente invitan a profesionales de la industria a dar clases para ayudar a cerrar la brecha entre la teoría y la práctica. La escuela de periodismo de la Rhodes University es conocida por el sustancial apoyo financiero que recibe de la industria de los medios de comunicación de Sudáfrica y otras organizaciones financieras, especialmente de donantes de EE. UU. y Europa.

Impacto profesional de la educación periodística

El impacto de la educación periodística en Sudáfrica va mucho más allá de simplemente el campo del periodismo. Debido a la naturaleza amplia de muchos programas de "periodismo", así como a la reducción del número de empleos para periodistas, miles de graduados con especializaciones en comunicación y medios de comunicación buscan trabajo cada año, lo que es percibido como una sobreoferta. Como resultado, muchos de estos estudiantes obtienen empleos en el gobierno y el sector privado. Trabajan como funcionarios de prensa en los campos de marketing y comunicación corporativa o en relaciones públicas, redes sociales o departamentos de marketing. En 2014, un estudio de graduados de programas de cuatro años de la University of KwaZulu-Natal, en Pietermaritzburg, descubrió que, de 16 graduados de periodismo, tres obtuvieron empleo como periodistas, seis en redes sociales y marketing y cinco continuaron sus estudios para obtener maestrías. Además, un estudiante obtuvo un puesto en el gobierno y otro se convirtió en entrenador de rugby (Jones, 2015). Aunque la población de este estudio es pequeña, estos desgloses parecen ser representativos del empleo disponible para los graduados de periodismo y comunicación en todo el país. Los estudiantes tienden a considerar sus licenciaturas "beneficiosas" si obtienen empleo de cualquier tipo. Y muchos periodistas profesionales están regresando a las universidades para obtener títulos de posgrado para potenciar su carrera, así como para ampliar sus posibilidades de empleo (Jones, 2015).

Posibilidades futuras

Al contemplar el rumbo futuro de la educación periodística en Sudáfrica, los educadores de periodismo, al igual que sus contrapartes en todo el mundo, deben responder a las realidades de su entorno inmediato. Al hacerlo, dos cuestiones son primordiales.

En primer lugar, los editores requieren cada vez más periodistas que puedan operar en entornos de salas de redacción siempre cambiantes sin requerir mucha capacitación adicional. Sin embargo, como se mencionó antes, a menudo los departamentos universitarios carecen de la infraestructura y los recursos necesarios para preparar a los periodistas para esa tarea. Algunos departamentos, al capacitar a los estudiantes en el reporteo de noticias, han superado este desafío mediante el uso de tecnologías móviles asequibles en lugar de una infraestructura costosa. Stassen (2010) promueve este enfoque y postula que, además de la alfabetización en equipos móviles, la alfabetización en redes sociales es ahora un elemento esencial del periodismo y, en consecuencia, de la educación periodística. Por lo tanto, los educadores sudafricanos intentan integrar estos aspectos en sus enseñanzas sobre reporteo, verificación y difusión de noticias.

En segundo lugar, los educadores de periodismo deben preocuparse por la gran cantidad de ciudadanos que carecen de suficiente educación y conocimiento de nivel secundario debido al pasado de *apartheid* del país. Se necesita una base de conocimiento más sólida, "una que incluya una comprensión matizada de la economía global y los intereses a los que esta sirve, así como de las historias de las que surge nuestro país así como otros países del sur" (Prinsloo, 2010, p. 197). Para poner este conocimiento en contexto, es importante que los educadores sudafricanos usen ejemplos de mejores prácticas periodísticas hechas en casa y en otros países africanos en lugar de países occidentales. Además, los periodistas necesitan hablar y escribir en lenguas indígenas a fin de reflejar las necesidades y demandas de la industria posterior al *apartheid*.

Problemas, retos e innovaciones en la educación periodística

En las últimas dos décadas, los periodistas y educadores sudafricanos no solo tuvieron que reorientar sus prácticas profesionales e identidades en relación con un panorama político cambiante, sino que también tuvieron que adaptarse a los rápidos cambios tecnológicos de los medios globalizados. Estas evoluciones a veces se ven como amenazas al periodismo tradicional. También están acompañadas de preguntas sobre el futuro del periodismo, especialmente en un país donde la mayoría de las tecnologías de nuevos medios, además de los teléfonos celulares, todavía son asequibles (y, por lo tanto, accesibles) solo para un pequeño porcentaje de la población.

Como se discutió previamente, los académicos y profesionales del periodismo con frecuencia están divididos respecto de cómo debe practicarse la educación periodística, a pesar de las diversas oportunidades de colaboración que ofrecen las asociaciones y organizaciones de periodismo sudafricano (consulte la Tabla 8.1 para obtener una lista de las principales organizaciones de medios). Sin embargo, los reportes del World Journalism Education Congress (WJEC) de Goodman (2007, 2014) han resaltado un esfuerzo consciente por parte de los académicos para abrazar las realidades de la profesión del periodismo. "Los futuros periodistas [en] la era digital [...] necesitan ser altamente adaptables y alfabetizados en los medios, conocedores de la tecnología y capaces de realizar búsquedas complejas en una amplia gama de bases de datos "(Goodman, 2007, p.12). Sin embargo, parte de la dificultad que muchas universidades sudafricanas tienen para implementar esta idea es el acceso limitado a la tecnología de los nuevos medios. Oates (2008, p. 164) refuerza este argumento destacando que el acceso a Internet "es abrumadoramente un privilegio de los ciudadanos más ricos en las democracias más avanzadas". Muchos estudiantes que ingresan a las universidades no tienen conocimientos o familiaridad con nuevos medios debido a una educación secundaria inadecuada. Como resultado, los educadores a menudo se ven obligados a renunciar a la enseñanza práctica e innovadora y, en cambio, a centrarse en la alfabetización mediática. Aunque esta brecha se está cerrando, particularmente desde una perspectiva de comunicación móvil, la desigualdad en el acceso a los nuevos medios tiene implicaciones significativas.

Los educadores están, pese a todo, empleando esquemas innovadores para acortar tales divisiones creando transiciones más fáciles desde las escuelas secundarias rurales (habitualmente con grandes concentraciones de poblaciones indígenas) a la educación superior. Por ejemplo, algunas universidades han adoptado programas de idiomas indígenas que animan a educadores y estudiantes a aprender e interactuar en algunos de los idiomas africanos más hablados del país, incluido el isiZulu.

Tales innovaciones están remodelando la forma en que las escuelas de periodismo capacitan a los estudiantes para lidiar con una sociedad en constante cambio, sin mencionar la profesión del periodismo.

Conclusión: Educando a los periodistas de mañana —El panorama general

El actual clima político incierto de Sudáfrica (Thornton, 2014), junto con una disminución constante de la circulación impresa (Moodie, 2015) y las amenazas a la independencia periodística (Harber, 2014; Du Preez, 2015), animan a los educadores de periodismo a integrar experiencias africanas con cambios rápidos en las redes sociales y los desarrollos tecnológicos. De mayor importancia es que los educadores conozcan las realidades económicas de la profesión del periodismo para poder crear un plan de estudios que sea relevante para una nueva generación de periodistas y el entorno cambiante de los medios (ver la Tabla 8.2 que dispone una lista de instituciones de educación y capacitación en periodismo). Además, los educadores deben introducir medidas para combatir la falta de alfabetización mediática y las deficiencias en conocimiento global y general de la mayoría de los estudiantes universitarios de primer año (De Beer & Steyn, 2002). También deben enfatizar la necesidad de multilingüismo tanto en el contexto sudafricano como africano. Si bien los educadores de periodismo tendrán que seguir siendo receptivos a estos nuevos desafíos, también se enfrentan a impartir conocimientos críticos y habilidades de pensamiento crítico para combatir las amenazas a la libertad de prensa. Los periodistas en ciernes también deben ser conscientes de los desafíos que les esperan al ingresar a la profesión. Como señala Harber (2014), en Sudáfrica los individuos siempre han necesitado afirmar su agencia en las salas de redacción para proteger al periodismo de la devastación causada por la interferencia de los propietarios, accionistas y funcionarios del gobierno. A la luz de esta realidad, tal vez el desafío más importante para la educación periodística sudafricana sea el fomento del pensamiento crítico individual.

Referencias bibliográficas

Banda, F., Bukes-Amiss, C. M., Bosch, T., Mano, W., McLean, P., & Stengel, L. (2007). Contextualizing journalism education and training in Southern Africa. *Ecquid Novi: African Journalism Studies, 28*(1-2), 156-175.

BDlive (2013, June 18). Irish parent approves Independent News & Media SA sale. *Business Day*. Tomado de http://www.bdlive.co.za/national/media/2013/06/17/irish-parent-approves-independent-news-media-sa-sale

Botma, G. J. (2010). Lightning strikes twice: The 2007 Rugby World Cup and memories of a South African rainbow nation. *Communicatio: South African Journal for Communication Theory and Research, 36*(1), 1-20.

Botma, G. (2011). Going back to the crossroads: Visions of a democratic media future at the dawn of the new South Africa. *Ecquid Novi: African Journalism Studies, 32*(2), 75-89.

Christians, C. G., Glasser, T. L., McQuail, D., Nordenstreng, K., & White, R. A. (2009). *Normative theories of the media: Journalism in democratic societies*. Chicago, IL: University of Illinois Press.

Cronin, J. (2010). Liberals or the Left—who are the real defenders of our constitution? *Umsebenzi Online, 9*(20). Tomado de http://www.sacp.org.za/main.php?ID=3270

Daniels, G. (2013). State of the newsroom 2013: Disruptions and transition. Tomado de http://www.journalism.co.za

De Beer, A. S. (Ed.) (2000). Focus on media and racism. Special edition of *Ecquid Novi, 21*(2), 153-278.

De Beer, A. S. (2008). South African journalism research. Challenging paradigmatic schism and finding a foothold in an era of globalization. En M. Loffelholz, D. Weaver, & A. Schwarz (Eds.), *Global journalism research. Theories, methods, findings, future* (pp. 185-196). Malden, MA: Wiley Publishers.

De Beer, A. S., Beckett, S., Malila, V., & Wasserman, H. (2016). Binary opposites—can South African journalists be both watchdogs and developmental journalists? *Journal of African Media Studies, 8*(1), 35-53.

De Beer, A. S., & Steyn, E. (2002). Sanef's 2002 South African National Journalism Skills Audit. *Ecquid Novi: African Journalism Studies, 23*(1), 11-86.

De Beer, A. S., & Tomaselli, K. (2000). South African journalism and mass communication scholarship: Negotiating ideological schisms. *Journalism Studies, 1*(1), 9-35.

Du Preez, M. (2015, January 15) A letter to Karima Brown. *Daily Maverick*. Tomado de http://www.dailymaverick.co.za/opinionista/2015-01-15-a-letter-to-karima-brown/#.VOWHOjhWHIU

Dube, B. (2010, July). Africanising journalism curricula: the perceptions of southern African journalism scholars. Ensayo presentado en la World Journalism Education Conference. Rhodes University, South Africa.

Fourie, P. J. (1991). *Media, mites, metafore en die kommunikasie van apartheid* [Medios, mitos, metáforas y la comunicación del apartheid]. *Communicatio: South African Journal for Communication Theory and Research, 17*(1), 2-7.

Fourie, P. J. (2008). Ubuntuism as a framework for South African media practice and performance. Can it work? *Communicatio: South African Journal for Communication Theory and Research, 34*(1), 53-79.

Goodman, R. (2007). The World Journalism Education Congress' syndicate reports: Practical tips for improving journalism education today. *International Communication Bulletin, 42*(3-4), 48-58.

Goodman, R. (2014). World Journalism Education Congress explores methods for renewing journalism through education. Tomado de http://asjmc.org/publications/insights/spring2014.pdf#page=27

Hachten, W. A., & Giffard, C. A. (1984). *The press and apartheid: Repression and propaganda in South Africa.* Madison, WI: Wisconsin University Press.

Hallin, D., & Mancini, P. (2004). *Comparing media systems: Three models of media and politics.* London: Cambridge University Press.

Harber, A. (2014). Space for independent, critical media is under siege. Tomado de http://www.bizcommunity.com/Article/196/466/121082.html

Hochheimer, J. L. (2001). Journalism education in Africa: From critical pedagogical theory to meaning-based practice. *Critical Arts, 15*(1&2), 97-116.

Jones, N. (2015). *The University of KwaZulu-Natal's Media and Cultural Studies Postgraduate students' employment trends 2013 and 2014* (Unpublished manuscript). Department of Media and Cultural Studies, University of KwaZulu-Natal, Pietermaritzburg, South Africa.

Jones, N., & Pitcher, S. (2010). Traditions, conventions and ethics: online dilemmas in South African journalism. En N. Hyde-Clarke (Ed.), *The citizen of communication* (pp. 97-114). Claremont: Juta.

Malila, V. (2014). ANC's critique of the media. Understanding media diversity in 20 years of democracy. *Rhodes Journalism Review, 34,* 13-16.

McQuail, D. (2010). *McQuail's mass communication theory.* London: Sage.

Moodie, G. (2015). ABC circulation 10-year comparison: how the mighty have fallen. Tomado de https://www.biznews.com/?s=ABC+circulation+10-year+comparison%3A+how+the+mighty+have+fallen

Motloung, M. (2007, October 16). The best journalism schools in SA. *The Mail & Guardian.* Tomado de http://mg.co.za/article/2007-10-16-the-best-journalism-schools-in-sa

Motsaathebe, G. (2011). Journalism education and practice in South Africa and the discourse of the African Renaissance. *Communicatio: South African Journal for Communication Theory and Research, 37*(3), 381-397.

Oates, S. (2008). *Introduction to media and politics*. London: Sage.

Pitcher, S., & Jones, N. (2014) *Measuring journalists' expectations in the newsroom*. (Unpublished manuscript). Department of Media and Cultural Studies, University of KwaZulu-Natal, Pietermaritzburg, South Africa.

Prinsloo, J. (2010). Journalism education in South Africa: Shifts and dilemmas. *Communicatio: South African Journal for Communication Theory and Research, 36*(2), 185-199.

Rabe, L. (Ed.). (2015). *'n Konstante revolusie: Naspers, Media24 en oorgange* [Una revolución constante: Napsers, Media24 y transiciones]. Cape Town: Tafelberg.

Reid, J. (2013, October 22). No big debate: the SABC, censorship and more censorship on Media Freedom Day. *The Daily Maverick*. Tomado de http://www.dailymaverick.co.za/opinionista/2013-10-22-no-big-debate-the-sabc-censorship-and-more-censorship-on-media-freedom-day/#.VOWDeThWHIU

Searle, R., & McKenna, S. (2013). Teaching excellence in a transforming South Africa. En A. Skelton (Ed.), *International perspectives on teaching excellence in higher education: Improving knowledge and practice* (pp. 103-117). London: Routledge.

Skelton, A. (Ed.). (2013). *International perspectives on teaching excellence in higher education: Improving knowledge and practice*. London: Routledge.

Stassen, W. (2010). Your news in 140 characters: exploring the role of social media in journalism. *Global Media Journal—Africa Edition, 4*(1), 116-131.

Swart, W. (2008, December 18). Zuma sues for R7m over Zapiro cartoon. *The Times*. Tomado de https://www.timeslive.co.za/sunday-times/lifestyle/2009-09-01-zuma-sues-for-r7m-over-zapiro-cartoon/

Teer-Tomaselli, R., & Tomaselli, K. (2001). Transformation, nation-building and the South African Media, 1993-1999. En K. Tomaselli & H. Dunn (Eds.), *Media, democracy, and renewal in Southern Africa* (pp. 123-150). Colorado Springs, CO: International Academic.

Thamm, M. (2015, January 13). True colours shining through: Should journalists be draping themselves in party political colours? *Daily Maverick*. Tomado de https://www.dailymaverick.co.za/opinionista/2015-01-13-true-colours-shining-through-should-journalists-be-draping-themselves-in-party-political-colours/#.WsoA5NN97Vo

University of KwaZulu-Natal. (2011). *University of KwaZulu-Natal*. Tomado de http://celcat.ukzn.ac.za/ccattimetable/2011/PMB/LANs/rindex.xhtml

Thornton, G. (2014). Critical skills shortages, rising crime, political instability and poor government service delivery continue to dampen SA business growth. *Grant Thornton*. Tomado de http://www.gt.co.za/news/2014/03/critical-skills-shortages-rising-crime-political-instability-and-poor-government-service-delivery-continue-to-dampen-sa-business-growth/

Wasserman, H. (2005). Journalism education as transformative praxis. *Ecquid Novi, 26*(2),159-174.

Wasserman, H. (2010a). *Tabloid journalism in South Africa.* Bloomington, IN: Indiana University Press.

Wasserman, H. (2010b). Political journalism in South Africa as a developing democracy—understanding media freedom and responsibility in the relationship between government and the media. *Communicatio: South African Journal for Communication Theory and Research, 36*(2), 240-251.

Wasserman, H., & De Beer, A. S. (2004, April). *A fragile affair: an overview of the relationship between the media and state in post-apartheid South Africa.* Ensayo presentado en el Ethics 2000 Colloquium "Media, Ethics and Politics," University of Missouri, Missouri.

Wasserman, H., & De Beer, A. S. (2012). A fragile affair: The relationship between the mainstream media and government in post-apartheid South Africa. *Journal of Media Ethics, 20*(2-3), 192-208.

Wigston, D. (2007). History of South African media. En P. Fourie (Ed.), *Media studies: Media history, media and society.* (pp. 4-58). Cape Town: Juta.

Tabla 8.1

Entidades más importantes relacionadas con los medios de comunicación en Sudáfrica.

Organization	Description	Website
Broadcasting Complaints Commission of South Africa (BCCSA)	Organismo independiente que regula la industria de la radiodifusión en Sudáfrica.	http://www.bccsa.co.za/
Freedom of Expression Institute (FXI)	Organización sin fines de lucro, no gubernamental que protege y promueve el derecho a la libertad de expresión.	http://fxi.org.za/home
Institute for Media Analysis in South Africa (iMASA)	Organización para la investigación y publicación académica ubicada en Stellenbosch, Sudáfrica, involucrada en la investigación de medios de comunicación nacionales e internacionales y la publicación de proyectos.	http://www.imasa.org/
The Independent Communications Authority of South Africa (ICASA)	Autoridad reguladora de los sectores de comunicaciónes, radiodifusión y servicio postal de Sudáfrica.	http://www.icasa.org.za/
Media Development and Diversity Agency (MDDA)	Organización gubernamental establecida para ayudar a comunidadees históricamente desfavorecidas y para ayudar a obtener acceso a los medios de comunicación a personas que no han sido adecuadamente servidas por esos medios.	http://www.mdda.org.za/
Media Institute of Southern Africa (MISA)	Organización que promueve la independencia, el pluralismo y la diversidad de perspectivas y opiniones, el autosostenimeintos de los medios, la competencia y el profesionalismo en la región surafricana.	http://www.misa.org/
ProJourn Professional Journalists' Association	Defende los derechos de los periodistas activos durante su trabajo profesional y en su reflejo de las voces del público al que sirve.	http://projourn.yolasite.com

Tabla 8.1 (cont.)

Entidades más importantes relacionadas con los medios de comunicación en Sudáfrica.

Organization	Description	Website
Campaign: South Africa's first post-apartheid freedom of expression and access to information movement (Right2Know)	Coalición de organizaciones y personas que promueven el flujo libre de información.	http://www.r2k.org.za/
South African Communication Association (SACOMM)	Asociación profesional que representa a académicos del sur de África que trabajan en comunicaciones y campos relacionados.	http://www.sa-comm.org.za/
The Southern African Freelancers' Association (SAFREA)	Hogar para cientos de profesionales de los medios, incluye a escritores, editores, fotógrafos, diseñadores y videógrafos.	http://www.safrea.co.za/
South African National Editors' Forum (SANEF)	Organización sin fines de lucro cuyos miembros son editores, periodistas experimentados y capacitadores de periodismo de todas las áreas de los medios sudafricanos. Actúa como vocero de sus miembros en sus relaciones con el gobierno.	http://www.sanef.org.za/
The South African Science Journalists' Association (SASJA)	Asociación sin fines de lucro de periodistas especializados en ciencias.	http://sasja.org/
South African Press Council	Mecanismo independiente para regular la conducta de la prensa.	http://www.presscouncil.org.za/
Journalism South Africa	Foro para periodistas en Facebook.	https://www.facebook.com/groups/25601192554
SA Journos from the '70s, '80s, and '90s – and beyond	Foro para periodistas en Facebook.	https://www.facebook.com/groups/128420177290951
Professional Journalists' Association	Página en Facebook de la asociación de periodistas profesionales.	https://www.facebook.com/groups/7221332947
Klaaswaarzegger Nou	Página en Facebook sobre investigación periodística y temas relacionados en afrikaans.	https://www.facebook.com/groups/KlaasWaarzeggerNou

Tabla 8.2

Instituciones educativas y de capacitación en periodismo más importantes en Sudáfrica.

Organization	Website
Cape Peninsula University of Technology	http://www.cput.ac.za/
CityVarsity	http://www.cityvarsity.co.za/
Damelin	http://www.damelin.co.za/
Durban University of Technology	http://www.dut.ac.za/
University of the Free State	https://www.ufs.ac.za/humanities
Monash University South Africa	https://www.msa.ac.za/
Nelson Mandela Metropolitan University	http://www.nmmu.ac.za/
North-West University	http://www.nwu.ac.za/
Rhodes University	http://www.ru.ac.za/jms
Stellenbosch University	http://www.sun.ac.za/journalism
Tshwane University of Technology	http://www.tut.ac.za/
Unisa: University of South Africa	http://www.unisa.ac.za/
University of Cape Town	http://www.uct.ac.za/
University of Fort Hare	http://www.ufh.ac.za/
University of Johannesburg	http://www.uj.ac.za/
University of KwaZulu-Natal	http://mecs.ukzn.ac.za/Home.aspx
University of Pretoria	http://www.up.ac.za/
University of Witwatersrand	http://www.wits.ac.za/
Varsity College	http://www.varsitycollege.co.za/

9

El Reino Unido hace malabares con el entrenamiento y la educación: Apretujado entre la sala de redacción y el aula

Chris Frost

El Reino Unido es un país relativamente pequeño con una población de alrededor de 60 millones. Tiene una fuerte tradición de consumo de noticias que alienta a una industria mediática fuertemente competitiva. Como país, su tamaño físicamente pequeño ha permitido el crecimiento temprano de periódicos y revistas nacionales que han ayudado a definir su estilo de periodismo. La radiodifusión comenzó en la década de 1920, con el lanzamiento de la televisión a mediados de la década de 1930, continuando después de la Segunda Guerra Mundial a través de la British Broadcasting Corporation (BBC). El entrenamiento en periodismo se llevó a cabo directamente en los periódicos durante los dos primeros tercios del siglo XX. Solo a partir de los años setenta y ochenta se trasladó a universidades e institutos de "educación avanzada" —institutos estructurados para prestar ayuda, mediante una variedad de cursos de oficio, a quienes salían de la escuela a los 16 años con calificaciones limitadas—. Enseguida llegaron los diplomas de posgrado y luego, a principios de los 90, llegaron los programas de pregrado. Estos programas crecieron rápidamente, y ahora más de 70 universidades y 20 institutos de educación superior dirigen programas de periodismo de diversos tipos.

El personal contratado que enseña periodismo, en particular la gente más práctica, generalmente proviene de la industria. Dado que pocos de estos profesores tienen estudios de posgrado, han encontrado que es difícil empezar su carrera de investigación. Por el contrario, muchos otros profesores que realizan investigaciones no son experiodistas y son contratados por su conocimiento e investigaciones sobre los medios de comunicación. Esto ha llevado a una división indeseable entre los experimentados en el oficio y los eruditos.

El periodismo en el paisaje mediático

El periodismo se inició en el Reino Unido poco después de la introducción de la imprenta, con periódicos polémicos de gran formato que circulaban entre las clases medias en crecimiento, diseñados en negocios locales y lanzados por empresarios. A comienzos del siglo XX, cuando la clase trabajadora y la creciente clase media desarrollaron hábitos de lectura, las ventas de periódicos eran altas. El periodismo era considerado una parte importante de la vida política y social, apoyando un sistema de medios tan avanzado como en cualquier parte del mundo.

El periodismo en el Reino Unido es una industria madura basada en la tradición liberal occidental. Tiene una historia periodística que se remonta a la invención de la imprenta en Europa. Hoy cuenta con 12 diarios nacionales y 12 periódicos dominicales, con cifras de ventas que van desde poco más de 171.000 ejemplares de *The Guardian*, un periódico de calidad dirigido a profesionales educados, hasta 1,8 millones de *The Sun*, un tabloide infame (Press Gazette, 2015). Estas cifras confirman que la venta de ejemplares ha disminuido significativamente durante los últimos 20 años.

La industria de revistas en el Reino Unido también es fuerte, probablemente más fuerte que los periódicos en la actualidad, en términos de ventas. Mientras que algunas revistas están disminuyendo la venta de ejemplares y convirtiéndose solo en publicaciones en línea —el mercado dirigido a jovencitas adolescentes es un buen ejemplo—, otras están incrementado las ventas. Sin embargo, está claro que las ediciones web son cada vez más importantes para todas las publicaciones, y varias grandes revistas han cerrado o terminado sus ediciones impresas (Press Gazette, 2013).

El Reino Unido se mudó completamente a la radiodifusión digital en 2012, ofreciendo acceso gratuito a unos 70 canales de video y 20 de audio. Además, hay una serie de canales de suscripción a través de cable, internet, video a la carta y por satélite. La BBC, el principal organismo de radiodifusión de servicio público, es financiada por un canon de licencia anual de £ 145,50 (US$ 244,20) pagado por todos los hogares que poseen un televisor. La BBC transmite seis canales de televisión y siete canales de radio, además de varios canales especializados en música, audiencias asiáticas, hablantes galeses y niños. Todos los demás canales de TV, como ITV y Channel 4, están financiados comercialmente a través de patrocinios, suscripciones o publicidad. Muchos están especializados (cocina, estilo de vida, compras, etc.), mientras que otros ofrecen repeticiones y películas. Aunque BSkyB (British Sky Broadcasting), que opera como Sky, es el principal canal satelital del Reino Unido, también ofrece varios de sus canales de entretenimiento general en Freeview (la plataforma de radiodifusión digital terrestre del Reino Unido).

Prácticamente todo el país tiene acceso a banda ancha —de al menos 20 Mb, con gran parte de ella mudándose a fibra óptica y velocidades de hasta 100 Mb—, con sólo algunas zonas rurales remotas y escasamente pobladas que dependen de una conexión telefónica. En consecuencia, los canales de Internet son una fuente importante de noticias para muchas personas, y prácticamente todos los periódicos, revistas y canales de transmisión tienen un sitio web de noticias asociado. Además, los teléfonos inteligentes son ampliamente utilizados, y muchas personas acceden a las noticias a través de ellos, lo mismo que a la televisión o películas. El Reino Unido toma la libertad de prensa seriamente y cree que el periodismo existe para hacer que los poderosos rindan cuentas y para informar al público sobre lo que está sucediendo en sus comunidades. La campaña por la libertad de prensa comenzó temprano en la evolución del periodismo. Mientras que las autoridades controlaban fuertemente los primeros periódicos, la libertad de prensa se extendió en el Reino Unido a partir de mediados del siglo XIX, cuando el parlamento permitió el reporte completo de sus debates y la abolición de impuestos restrictivos para los periódicos. Aunque la libertad de prensa no está garantizada por la constitución o algún estatuto específico, la Ley de Derechos Humanos de 1998 garantiza la libertad de expresión y, por extensión, la libertad de los medios de comunicación. Sin embargo, existen numerosas limitaciones legales en el Reino Unido, incluidas las relativas a la difamación, la cobertura de crímenes y las restricciones aplicadas a la cobertura de cortes judiciales para garantizar la presunción de inocencia y los juicios justos. También se respetan los tratados internacionales sobre derechos de autor, al igual que las normas europeas sobre protección de datos, libertad de información y antiterrorismo.

El Reino Unido ha pasado recientemente por un período particularmente difícil enfrentado no sólo a un colapso de la circulación y la publicidad, sino a un escándalo grave en el que algunos periodistas sobornaron a la policía y piratearon los teléfonos de los famosos. El escándalo comenzó en el *News of the World*, un periódico tabloide de domingo, parte del ex conglomerado de medios de comunicación News International (ahora News UK), propiedad de Rupert Murdoch. Un informe publicado en 1996 por la Oficina del Comisionado de Información ya había encontrado que la mayoría de los periódicos nacionales empleaban detectives privados para acceder a teléfonos móviles y otra información privada, como cuentas bancarias y registros médicos. Pero como se creía que estas actividades solo afectaban a un pequeño número de celebridades, el público aceptó las garantías de News International de que estas eran obra de un reportero deshonesto, que fue posteriormente encarcelado por piratería telefónica. Sin embargo, con la exposición de muchos más de eventos de este tipo que involucraban a las familias de víctimas de asesinato y otras personas en posiciones vulnerables, la ira del público explotó. Murdoch cerró la *News of the World* y reestructuró sus posesiones. El gobierno estableció una investigación pública en julio de 2011, The Leveson Inquiry, para examinar "la cultura, las prácticas y la ética de la prensa" (GOV. UK, 2011). La investigación recomendó un nuevo órgano de regulación de la prensa y otros cambios en las prácticas laborales de los periodistas, policías y políticos.

Características profesionales

Pocos periodistas en el Reino Unido consideran que el periodismo sea una "profesión" más que un oficio. Mientras que desean ser profesionales, los periodistas en el Reino Unido consideran el periodismo como una ocupación o un arte (véase la Tabla 9.1 que despliega una lista de asociaciones y organizaciones del periodismo). En consecuencia, a menudo descartan la formación y la educación como innecesarias. Esto se debe en parte al temor de que esa formación se convierta en un precursor del registro obligatorio o la concesión de licencias a los periodistas por parte del Estado, algo que ha sido sistemáticamente rechazado en el Reino Unido. En general, los periodistas británicos se adhieren a la idea más romántica de ser vistos como disolutos inconformes que no dan cuenta a nadie (Cole, 1998):

> Es un peculiar aspecto del personaje del periodista "aventurero" que él (casi siempre es 'él') sienta la necesidad de reducir una actividad que demanda habilidades muy grandes para hacerse bien, a algo tan fácil que puede lograrse con admirable eficacia mientras se vocifera borracho. (p. 65)

Aunque es dudoso que muchos de estos periodistas todavía existan, el antiintelectualismo británico, junto con el temor al control estatal mediante el registro de licencias, han inhibido fuertemente los intentos de las universidades de desarrollar la educación periodística (ver tabla 9.2 para leer una muestra de programas de periodismo universitario).

La Oficina de Estadísticas Nacionales estima que el número de periodistas en el Reino Unido, hacia agosto de 2015, era de 64.000 (dependiendo de la definición de "periodista"; Office of National Statistics, n.d.). Este parece un número relativamente alto en comparación con muchos otros países. Por ejemplo, el Departamento de Trabajo de los Estados Unidos estima que había 54.400 reporteros, corresponsales y analistas de noticias que trabajaban en los Estados Unidos hacia 2014 (United States Department of Labor, 2015). La cifra del Reino Unido no solo incluye periodistas y corresponsales, sino también editores y gestores de contenidos. El número de trabajos periodísticos tradicionales en los periódicos ha estado cayendo en los últimos 10 años, y muchos han sido reemplazados por trabajos de gestión de contenido editorial en los sitios web de redes sociales.

Un periodista en el Reino Unido típicamente tiene más de 25 y menos de 35 años, es un graduado de la universidad y ha estado en el trabajo por, aproximadamente, cuatro años. Por lo general gana £ 23.254 anualmente (US$ 39.489; Office for National Statistics, 2015). En comparación, el salario medio de los reporteros en los Estados Unidos hacia 2014 era de US$ 37.200. (Office for National Statistics, 2015). La mayoría de los programas de periodismo universitario en U.K. reportan que, actualmente, la matrícula de estudiantes mujeres figura entre el 65% y el 70%. Los periodistas británicos creen que el periodismo cumple un rol social, que los periodistas están para "informar a la sociedad sobre sí misma y hacer público lo que de otro modo sería privado" (Harcup, 2004, p. 2) y para "capturar el principio de la verdad", 2000, p. 1). Sin embargo, muy pocos de ellos son lo suficientemente ingenuos como para creer que este es su único rol. La misión de la BBC, a continuación, probablemente es la que se acerca más al ejercicio diario de la mayoría de los periodistas (prensa escrita, radiodifusión o en línea): el rol del periodismo es "enriquecer la vida de las personas con programas y servicios que informen, eduquen y entretengan" (BBC, 2016).

Educación periodística, entrenamiento profesional e investigación

La formación periodística sistemática y formal y la educación fuera del lugar de trabajo se establecieron en el Reino Unido hace sólo 35 años. Aunque en el siglo XIX esa formación era inexistente en el lugar de trabajo, algunos creen que fue parte de su desarrollo. En 1890 se publicó el libro *Reportaje periodístico: En tiempos antiguos y hoy*, uno de los primeros sobre periodismo. Mostró el trabajo periodístico en sus inicios, antes de la invención del automóvil (Pendleton, 1890):

> Una de las experiencias periodísticas más detestables es asistir a una reunión política similar muy lejana y estar obligado a volver esa la misma noche. Es un trabajo que causa dolor de cabeza y cansancio en los ojos al reportero que transcribe sus notas taquigráficas, por ejemplo, en la furgoneta del guardia de un tren que se sacude por más de cuarenta millas de ferrocarril, sobre todo cuando se le espera en la oficina poco después de la medianoche con su copia "redactada", lista para entregarse a la imprenta. (p. 188)

La taquigrafía era una habilidad importante para los periodistas de aquellos tiempos, y los instructores y editores de periódicos todavía consideran que es así. Por tanto, tiene un lugar sorprendentemente importante en los cursos universitarios británicos, lo que a menudo causa el desconcierto de académicos de otras disciplinas y otros muchos académicos de periodismo en el extranjero.

Enseñanza y entrenamiento de los futuros hacedores de noticias

Si bien los periodistas del siglo XIX tomaron en serio su trabajo, no se les exigió ninguna habilidad especial que no fuera una educación general razonable y taquigrafía. La tecnología se limitaba al telégrafo y a un carruaje tirado por caballos, y muchos reportes se centraban en la cobertura literal de discursos o debates. Ni la ética del periodismo (Frost, 2011, p. 2), ni el entrenamiento formal o la educación de los periodistas se tenían en consideración en aquel tiempo.

En 1919, la London University comenzó un programa de diplomado en periodismo con cursos de periodismo práctico, composición y cursos electivos en política, economía, literatura, historia y lenguas modernas. Carr y Stevens (1931, pp. 10-11) estaban muy impresionados con el plan de estudios: "Los cursos son integrales y el de periodismo práctico es de gran utilidad para el periodista bisoño". Sin embargo, el currículo en periodismo de la London University no sobrevivió a la Segunda Guerra Mundial (Bundock, 1957).

En 1950, Lord Kemsley, un editor, argumentó que era hora de adoptar un enfoque más serio para el entrenamiento periodístico. Él lanzó el Plan Editorial Kemsley, un programa de entrenamiento ambicioso que desarrolló talentos dentro del periódico. En otros lugares, los periodistas a menudo aprendían taquigrafía en las clases nocturnas de los colegios locales, trabajando como secretarios a tiempo parcial para cubrir el costo de la matrícula de taquigrafía. También estudiaban la ley de medios y política. Pero las habilidades prácticas de periodismo se enseñaban generalmente en el trabajo, ya sea en los programas como el de Kemsley o las más comunes pasantías dirigidas por sus competidores. En tales programas de aprendizaje, los periódicos entrenaban a jóvenes (normalmente hombres) que estaban atados a contratos de trabajo y salarios bajos hasta por tres años.

La primera iniciativa de toda la industria que reconoció la necesidad de capacitación llegó después de que la Comisión Real de 1947-49 recomendara la mejora de los "métodos de reclutamiento, educación y capacitación para la profesión" (1949, p. 178). Muchos empleadores, sindicatos y editores de periodismo respondieron a esta convocatoria, supervisando la capacitación en los periódicos y ayudando a iniciar el Consejo Nacional para la Formación de Periodistas (NCTJ, por sus siglas en inglés). En esta etapa, los cursos de formación de periodismo duraban por lo general solo unas pocas semanas, y a veces solo un día a la semana durante un año para los periodistas en entrenamiento. En los años ochenta, el gobierno de Margaret Thatcher retiró todo el financiamiento directo del gobierno para la capacitación de la industria, lo que llevó a los empleadores a reducir su capacitación interna y a las universidades y escuelas superiores de educación a incrementar su oferta de cursos de periodismo preempleo.

Hasta ese momento, las estaciones de radio y televisión contrataban exclusivamente a periodistas capacitados que habían trabajado en periódicos. A partir de entonces, buscaron más a menudo contratar personas con diplomas universitarios, que se obtenían tras un año de estudios como máximo. Dicho esto, todavía se contrataron algunos estudiantes de periodismo de radiodifusión entrenados en la industria, quienes aprovecharon el crecimiento de los canales de radio comerciales independientes —en cuyos recintos se capacitaron— que lanzaron programas de certificación también de un año de duración. El Consejo de Formación del Periodismo de Radiodifusión (Esser, 2003, p. 220) se creó para acreditar tales cursos.

Las nuevas asignaturas de periodismo universitario cursadas antes del empleo cambiaron la naturaleza del reclutamiento en la industria, y los empleadores comenzaron a contratar a graduados universitarios con importantes habilidades profesionales ya adquiridas. Esto empezó a hacer que el entrenamiento dentro de las empresas se convirtiera en una rareza, aunque se produjeron movimientos para reintroducir el entrenamiento en el puesto de trabajo con "pasantías modernas": programas con financiación gubernamental limitada que uno o dos periódicos han aceptado.

Los primeros programas de licenciatura en periodismo se pusieron en marcha en el Reino Unido en 1991. Tres universidades participaron en este nuevo enfoque: University of Central Lancashire, City University y London College of Printing. Hoy más de 60 instituciones ofrecen más de 600 variedades de programas de periodismo en pregrado (UCAS, 2015). Alrededor de 155 de ellos son programas de periodismo de un solo título (donde los estudiantes solo estudian módulos que el departamento de periodismo diseñó o seleccionó para periodismo), mientras que hay un gran número de programas de honores combinados (donde los estudiantes se especializan en dos o más materias). Los programas de honores en el Reino Unido son programas de pregrado de tres años (básicamente una licenciatura). Los estudiantes que completan y aprueban una tesis o un proyecto al final de este programa se gradúan con un título de honor. Sin embargo, los estudiantes pueden graduarse con una licenciatura ordinaria si fallan la tesis o el módulo del proyecto. También hay docenas de cursos de posgrado, la mayoría de ellos orientados a la formación, diseñados para enseñar habilidades prácticas de periodismo a los graduados de programas tradicionales.

La llegada de los programas de pregrado permitió la expansión del plan de estudios, que ahora incluye cursos sobre temas tales como leyes de los medios de comunicación, historia de los medios de comunicación, comunicaciones, política, ética periodística, derechos humanos, relaciones internacionales, regulación de los medios y libertad de prensa. En el pasado, el currículo universitario de un año se centraba en las habilidades prácticas. Los estudiantes pasaban gran parte de su tiempo aprendiendo a escribir reportajes de noticias a través de ejercicios y, hacia el final de sus cursos, recolectando información para historias. Como fuera, leyes y política se enseñaban generalmente en forma de conferencias. Y, aunque había poca discusión sobre ética, se introducían casos éticos cuando surgía la necesidad en las sesiones prácticas.

Los programas de posgrado de un año en periodismo eran, hasta hace poco, populares entre los graduados que deseaban entrenarse como periodistas. La mayoría de los programas de posgrado de periodismo en el Reino Unido son esencialmente programas de "conversión" diseñados para entrenar a aquellos con un grado en una materia para aprender otra. Por ejemplo, aquellos que han estudiado historia pueden aprender a ser periodistas. En el Reino Unido, prácticamente no hay ninguna demanda de magísteres por el lado de los empleadores. Por lo tanto, es normal que los estudiantes que asisten a programas de posgrado los abandonen después de seis meses, una vez que han obtenido un título de posgrado. Sin embargo, si deciden completar el módulo de tesis, pueden obtener un título de maestría. Las reducciones significativas en la financiación de la educación superior, introducidas en 2012 por el gobierno, han puesto en riesgo tales programas. Los académicos temen que, a medida que aumente la deuda de los estudiantes, las aplicaciones a programas de posgrado sigan disminuyendo. El aumento del costo anual de matrícula de £ 9.000 al año (US$ 15.108), por encima de las £ 3.000 (US$ 5.034) en 2011, significa que la deuda universitaria en la que incurrirá un estudiante será de alrededor de £ 60.000 (US$ 100.721), incluyendo sus costos de vida. La deuda estudiantil de pregrado limita el entusiasmo por asumir más deudas con programas de posgrado.

Si bien los nuevos programas de pregrado eran populares entre los jóvenes (Hanna & Sanders, 2007, p. 404), los empleadores inicialmente los recibieron con mucha desconfianza. Sin embargo, los procesos de acreditación del NCTJ y del Consejo de Formación del Periodismo de Radiodifusión (BJTC, por sus siglas en inglés), con su participación en la industria han calmado los temores de que los nuevos cursos sean demasiado teóricos. Ahora la mayoría de los nuevos empleados en periodismo en el Reino Unido son graduados, muchos de ellos de periodismo ya sea de pregrado o con cursos de posgrado. Sin embargo, algunos no tienen ninguna experiencia de trabajo en periodismo. Aunque la introducción de programas de pregrado permitió una expansión en los estudios de periodismo contextual, la mayoría de los cursos de periodismo ha tratado de retener los elementos prácticos de los cursos de formación más antiguos. Esto se debió en parte a la sólida base profesional del personal docente y, en parte, para obtener y retener la acreditación de NCTJ o BJTC.

La acreditación es extremadamente útil para las universidades en términos de marketing, ya que los editores han dicho a los estudiantes más serios y orientados a la carrera que los cursos acreditados funcionan mejor. Para obtener la acreditación, las universidades tienen que demostrar que sus profesores son experiodistas y que el programa incluye suficiente experiencia práctica y recursos adecuados de periodismo, incluidas las oportunidades de trabajo. Y el NCTJ sigue insistiendo en que los programas que preparan a sus estudiantes para la Calificación Nacional en Periodismo además de enseñar los cursos de carrera, deben enseñar taquigrafía.

El estudio universitario en instituciones de R.U. está dividido en módulos de acuerdo con los principios del proceso de Bologna, un sistema europeo de clasificación de grados. En el Reino Unido se implementa a través de licenciaturas que se otorgan tras haber completado 360 créditos ECTS (120 créditos por año). Las universidades suelen dividir los programas en seis módulos por año para un total de 18 módulos de estudio a lo largo tres años. Algunos programas escoceses son de cuatro años de duración, pero por lo general estos conducen a un título de maestría. A diferencia de muchos otros países, los estudiantes de periodismo en R.U. no toman módulos generales de artes liberales a menos que hayan sido específicamente diseñados o escogidos por el departamento de periodismo. La mayoría de los programas de periodismo en el Reino Unido dividen sus estudios en módulos de la siguiente manera: un tercio es de módulos prácticos; otro, de módulos contextuales, como la historia de los medios, los estudios de los medios de comunicación o la teoría de las comunicaciones; y un último tercio es de refuerzo, como la ley de los medios de comunicación, la ética, la política y la investigación académica.

La mayoría de los programas comienza, el primer año, con los módulos prácticos como redacción de noticias y trabajo reporteril básico. El trabajo en esta área se desarrolla típicamente en el segundo año, con la adición de algunos trabajos sobre métodos de producción para diversos medios. Y por lo general se finaliza en el tercer año con un proyecto importante.

Un proyecto final bastante típico implica trabajar en tiempo real en un simulado ambiente de trabajo (Frost, 2002; Davies, 2014; Heathman & Mathews, 2014). Muchos cursos usan periódicos simulados o salas de redacción virtuales para permitir que los estudiantes desarrollen y critiquen sus habilidades profesionales en un ambiente no intimidatorio. Tales tipos de proyectos son esenciales, ya que "los cursos sin elementos prácticos significativos no son apoyados por la industria y, por consiguiente, no son tan populares entre los estudiantes" (Frost, 2002, p. 3). Estos proyectos también permiten la introducción relativamente fácil de nuevos requisitos, como los que se refieren a los medios sociales y la tecnología móvil, sin necesidad de reescribir los programas de los cursos y tener que buscar la aprobación de la universidad cada año. La mayoría de los cursos en el Reino Unido también requieren que los estudiantes participen en prácticas profesionales de hasta cuatro semanas con un periódico o una estación de radio o televisión.

La integración de habilidades profesionales en programas de licenciatura asegura que los graduados estarán bien preparados para las salas de redacción. Lo mismo ocurre con el Examen de Certificación Nacional, que muchos periódicos todavía ofrecen a través del NCTJ.

Investigación en periodismo

La mayoría de los educadores de periodismo universitario ingresan a la academia únicamente con experiencia práctica. Solo unos pocos aúnan experiencia docente y experiencia práctica. La mayoría de los nuevos profesores suelen tener solo la licenciatura, aunque algunos tienen un diploma de posgrado. Las instituciones normalmente esperan que los nuevos profesores de periodismo estudien para obtener un certificado de posgrado universitario después de comenzar su primer trabajo de enseñanza y, luego, iniciar un doctorado una vez que obtengan su diploma. Mientras que los títulos de posgrado no son todavía obligatorios para enseñar en una universidad, la mayoría de las universidades ahora requieren a nuevos participantes que los obtengan. Dicho esto, es probable que se conviertan en un requisito obligatorio en los próximos años. A diferencia del sistema de permanencia (*tenure*) de los Estados Unidos, la mayoría de los profesores del R.U. son contratados de forma permanente ya sea a tiempo completo o parcial. Algunos comienzan a trabajar en la academia como profesores visitantes, pero estos contratos están limitados por la ley a dos años antes de que el personal deba ser empleado con un contrato permanente. Los profesores de periodismo con títulos de doctorado son raros. Se ha desarrollado un conflicto entre los profesores de periodismo sin experiencia práctica en el periodismo —que se abren camino en la academia a través de la investigación académica— y aquellos que han trabajado como periodistas antes de enseñar en la academia (Harcup, 2011, p. 37).

El reciente crecimiento del enfoque académico en la educación periodística, estimulado en parte por el desarrollo de los programas de pregrado, ha conducido también al crecimiento de la investigación en periodismo. Los que participan en la enseñanza del periodismo participan ahora más activamente en investigación. En los últimos 20 años se ha producido una considerable expansión de la investigación sobre el periodismo en el Reino Unido, lo que se ha reflejado en el rápido crecimiento de las revistas académicas dedicadas al mismo. Dicho esto, muchos profesores establecidos están encontrando dificultades para involucrarse en la investigación. Se han identificado varias razones para este fenómeno (Errigo & Franklin, 2004; Harcup, 2011; Greenberg, 2007). Por ejemplo, el miedo, el tiempo y la falta de entrenamiento son factores limitantes. Tales maestros temen que "cualquier asunto que cualquier periodista-académico proponga será rechazado con peyorativo desdén, acaso expresado por otros periodistas-académicos" (Errigo & Franklin, 2004, p. 44). Además, los nuevos maestros de periodismo que luchan por desarrollar nuevos cursos y atender las demandas universitarias carecen de tiempo para desarrollar agendas de investigación activas. Según un académico de este tipo: "Mis horas de contacto (con estudiantes) son de alrededor de 22 por semana, a veces más si es necesario cubrir (otras clases), dejándome con muy poco tiempo para la investigación" (Harcup, 2011, p. 44). El crecimiento de la investigación, por débil que sea, también ha llevado a un crecimiento en el número de libros sobre periodismo producidos en los últimos 15 años. A finales de los años ochenta, solo había un puñado de libros actuales del R.U. usados en cursos de periodismo. Ahora los académicos británicos publican cada año una gran cantidad de libros sobre periodismo.

La mayoría de las nuevas contrataciones que hace la academia tiene una experiencia limitada de investigación académica. Para dicha mayoría, la investigación académica es un desafío nuevo que todos asumen después de obtener sus primeros puestos de trabajo de enseñanza, y muchos trabajan para obtener su maestría o doctorado mientras enseñan a tiempo completo. La investigación que realizan en el camino se utiliza como un trampolín para materializar su portafolio de investigación académica. Quienes inicialmente no se dedican a la investigación, a menudo se involucran más en la enseñanza, la gestión académica o la administración. Estos buscan ascender a través de aquella ruta; en tal situación, más adelante los instructores encuentran casi imposible asumir la carga adicional de la investigación en sus carreras. Este es un problema para los académicos del R.U., ya que muchos quedan atrapados en un sistema que les impide convertirse en investigadores activos. Como resultado, a veces el resentimiento y la rivalidad surgen entre aquellos que se convierten en investigadores activos y aquellos que no pueden serlo. Aquellos que logran concretar un portafolio de investigación y conocimiento pueden buscar la promoción a través de la ruta académica, primero como un "profesor adjunto" y luego como un "profesor", que en el R.U. es el pináculo para los estudiosos.

Por todas estas razones, la investigación periodística en el Reino Unido es mucho más limitada de lo que debería ser. La Association for Journalism Education del R.U. toma esta situación muy en serio. Uno de sus roles cruciales es ofrecer capacitación en investigación a sus miembros y desarrollar una comprensión de la importancia y la necesidad de la investigación. Ella ha financiado varios de los artículos citados en este capítulo y dirige la revista académica *Journalism Education*. Esta revista integra un grupo con otras que se han iniciado en los últimos 15 años y que ofrecen a los académicos una serie de publicaciones internacionales. La investigación está creciendo a medida que crece el número de académicos y su experiencia. La investigación que utiliza métodos cualitativos es la más popular, especialmente la investigación sobre la ética, la práctica periodística y la educación periodística.

A los académicos del R.U. se les pondera la investigación cada cinco años por el Marco de Excelencia en la Investigación (REF, por sus siglas en inglés), el mismo que revisa los cuatro mejores proyectos de los mejores investigadores por disciplina de cada universidad. El periodismo forma parte de un subpanel junto a investigadores sobre estudios de cine, estudios de medios y estudios culturales. Los galardones del REF atraen ingresos y elevan reputaciones.

Conexiones profesionales en la educación periodística

Los organismos de acreditación son importantes en el Reino Unido, estableciendo estándares de educación periodística para las universidades y proporcionando tranquilidad a los estudiantes. El NCTJ fue el primer organismo de este tipo. Ahora es una organización benéfica registrada, que ha cortado sus antiguos vínculos directos con los empleadores y los sindicatos. El NCTJ acredita programas en educación para adultos (colegios comunitarios) y en educación superior (universidades), identificando estándares básicos y currículos para cursos de periodismo. Los alumnos que estudian los cursos acreditados por NCTJ pueden tomar los exámenes preliminares del NCTJ en la práctica del periodismo, la ley de medios de comunicación, la administración pública y taquigrafía. Muchos editores todavía los identifican como eficaces puntos de referencia de la industria. Una vez que los estudiantes se gradúan y se les ofrecen puestos de trabajo en los periódicos locales, sus cursos son registrados en el NCTJ. Alrededor de 18 meses después, pueden entonces tomar los exámenes finles del NCTJ. Los candidatos seleccionados reciben el Certificado Nacional, que puede ayudarles a conseguir trabajo.

Aunque tradicionalmente el BJTC acredita cursos de radio y televisión, ahora está evaluando cursos multimedia. El NCTJ también está tratando de introducir un enfoque basado en multimedia y está acreditando más programas que incluyen un enfoque multimedia que aquellos que simplemente ofrecen radio y televisión. El proceso de acreditación del BJTC se concentra en la identificación de estándares básicos de enseñanza, recursos importantes y programas de admisión, acreditando a los programas que cumplen con sus estándares. Existen algunos otros organismos de acreditación, como Skillset. Skillset, iniciada por el gobierno para establecer cursos de referencia en los medios de comunicación y las artes escénicas, identifica a líderes proveedores de programas de periodismo como Academias de Medios. Por último, el Sindicato Nacional de Periodistas, que ayudó a formar el NCTJ y el BJTC, ha estado involucrado en el entrenamiento y la educación del periodismo desde poco después de la Segunda

Guerra Mundial. Sus representantes siguen participando de diversos comités dentro de estos organismos y realizan su propia formación profesional.

El impacto profesional de la educación periodística

La academia de periodismo sigue orientada hacia la profesión. Los empleos siguen siendo el foco principal de estudiantes, progenitores, gobierno, industria, profesores y el personal universitario. Las nuevas regulaciones de financiamiento del gobierno requieren que las universidades se reúnan y registren tasas de empleo. Sin embargo, en una industria afectada por la recesión, el número de empleos periodísticos continúa disminuyendo. Aunque ahora hay alguna evidencia de recuperación económica, algunas instituciones se han aferrado a decisiones previas de reducir el número de estudiantes en sus programas o de cerrarlos por completo. Sin embargo, otras universidades siguen formando sus programas pues los estudiantes de periodismo siguen obteniendo empleos, aunque menos tradicionales. Existe un debate continuo sobre si es ético aceptar tantos estudiantes cuando todavía existen pocos empleos de periodismo tradicional. Pero como muchos estudiantes todavía quieren estudiar periodismo, las universidades continúan aceptándolos.

Posibilidades futuras

La naturaleza constantemente cambiante de la industria periodística de hoy en día ofrece un verdadero desafío a la educación periodística en el Reino Unido. Sin embargo, es un reto que, según parece, la mayoría de las instituciones de educación periodística acepta con seguridad en sí misma. La naturaleza vocacional de la mayor parte de los programas y sus estrechos vínculos con la industria, a pesar de que a menudo están en conflicto con una vocación orientada a la investigación y el conocimiento, está ayudando a mantener a los estudiantes actualizados y los está familiarizando con los cambios a medida que suceden. Por ejemplo, convergencia, redes sociales, Twitter y otras innovaciones digitales se están incorporando rápidamente al plan de estudios.

Es probable que el Reino Unido pase por sus mayores cambios en la educación periodística en los próximos años. El escándalo de Murdoch y la investigación Leveson han puesto bajo la lupa las prácticas y la ética del periodismo, al mismo tiempo que se ha reducido drásticamente el financiamiento del gobierno para la educación superior. El periodismo en el Reino Unido está destinado a cambiar, y la educación periodística cambiará con él. La necesidad de abordar las preocupaciones éticas de manera más seria y de asegurarle a los estudiantes que se les está enseñando lo que necesitarán saber no puede dar como resultado un enfoque completamente diferente de la educación. Pero debería derivar en un enfoque más riguroso, fuertemente apoyado por una industria y un público que ahora espera mucho más de los periodistas.

Problemas, retos e innovaciones en la educación periodística

El gran problema de la educación periodística británica sigue siendo el debate en curso sobre los títulos de periodismo. La educación en instituciones de educación superior se divide en títulos de pregrado y diplomas de posgrado que consisten en cursos intensivos de capacitación. Estos programas de posgrado, no obstante, son vistos a menudo como los programas emblemáticos con los que las escuelas líderes de U.K. construyen su reputación. Sin embargo, el auge de los programas de pregrado en los últimos 20 años ha confirmado al periodismo como una sólida carrera de licenciatura. Estos programas de pregrado también han demostrado ser populares entre los estudiantes en detrimento de los cursos de posgrado. El aumento de los costos de pregrado en el año académico 2011-12 sugiere que los programas de posgrado sufrirán aún más depredaciones en el futuro próximo, siendo 2015-16 un año académico clave, en tanto que los estudiantes se gradúan con niveles de deuda más altos que nunca.

La industria y, en menor medida, los organismos de acreditación fuertemente influenciados por la industria, todavía buscan regresar a los días en que se realizaba la capacitación en el lugar de trabajo. Sin embargo, dado que la industria no está preparada para pagar tal capacitación, depende de la contratación de estudiantes que se gradúan en universidades o en escuelas superiores. El NCTJ se ha concentrado en los últimos años en los programas de posgrado, educación superior y cursos privados, mientras se aleja de los programas de pregrado. Es probable que continúe haciéndolo a menos que los programas de pregrado comiencen a ofrecer mucho más entrenamiento vocacional que contextual, arriesgando así su acreditación universitaria interna. Para los programas de pregrado es un constante desafío equilibrar, por un lado, los requisitos de la universidad para proporcionar una educación de artes liberales equilibrada y, por otro, las exigencias de la industria de un plan de estudios especialmente vocacional y orientado a la profesión (Hanna & Sanders, 2010).

Conclusión: Educando a los periodistas de mañana —El panorama general

Como sucede con otros países, Gran Bretaña lucha por intentar hacer dinero con el periodismo en la era de Internet. Mientras que las ventas de periódicos están cayendo y la publicidad está migrando a Internet o hacia ventas directas, la financiación de los medios tradicionales está desapareciendo. El fuerte espíritu de servicio público de la radio y televisión en el Reino Unido está actualmente bajo el ataque de un gobierno que preferiría reducir el financiamiento y la influencia de los mismos. Sin embargo, las revistas de consumo siguen siendo boyantes, y todavía hay un mercado para el periodismo que está debidamente empaquetado. Los desafíos que la educación enfrenta para apoyar a una industria en crisis son claros, y los educadores se muestran decididos a asumir el reto.

Referencias bibliográficas

BBC. (2016). Mission and values. Tomado de http://www.bbc.co.uk/aboutthebbc/insidethebbc/whoweare/mission_and_values/

Bundock, C. (1957). *The National Union of Journalists A jubilee history 1907- 1957*. Oxford: OUP.

Carr, C. F., & Stevens, F. E. (1931). *Modern journalism: A complete guide to the newspaper craft*. London: Isaac Pitman.

Cole, P. (1998). Instinct, savvy and ratlike cunning: Training local journalists. In B. Franklin & D. Murphy (Eds.), *Making the local news* (pp. 65-79). London: Routledge.

Davies, K. (2014). Tracking Onslow—Taking journalism out of the classroom and the newsroom. *Journalism Education, 3*(1), 88-101.

Errigo, J., & Franklin, B. (2004). Surviving in the Hackademy. *British Journalism Review, 5*(2), 43-48.

Esser, F. (2003). Journalism training in Great Britain: 'A system rich in tradition but currently in transition'. En R. Fröhlich & C. Holtz-Bacha (Eds.). *Journalism education in Europe and North America. An international comparison* (pp. 333-365). New Jersey, NJ: Hampton Press.

Frost, C. (2002). A study of a vocational group learning project. *Journal of Further and Higher Education, 26*(4), 327-337.

Frost, C. (2011). *Journalism ethics and regulation*. London: Pearson.

GOV.UK. (2011, July 20). PM Announces panel for judge-led inquiry and publishes terms of reference. Tomado de https://www.gov.uk/government/news/pm-announces-panel-for-judge-led-inquiry-and-publishes-terms-of-reference

Greenberg, S. (2007). Theory and practice in journalism education. *Journal of Media Practice, 8*(3), 289-303.

Hanna, M., & Sanders, K. (2007) Journalism education in Britain: Who are the students and what do they want? *Journalism Practice, 1*(3), 404-420. Hanna, M., & Sanders, K. (2010). Should editors prefer postgraduates? A comparison of United Kingdom undergraduate and postgraduate journalism students. En R. Franklin & D. Mensing (Eds.) *Journalism education, training and employment* (pp. 177-192). London: Routledge.

Harcup, T. (2004). *Journalism principles and practice*. London: Sage.

Harcup, T. (2011). Hackademics at the Chalkface. *Journalism Practice, 5*(1), 34-50.

Heathman, K., & Mathews, J. (2014). Workplace not workshop: student reflections on the introduction of a work-based approach to the final year. *Journalism Education, 3*(1), 8-46.

Office for National Statistics. (2015). Tomado de http://www.statistics.gov.uk/statbase/Product.asp?vlnk=1951

Pendleton, J. (1890). *Newspaper reporting n olden time and to-day*. London: Elliot Stock.

Press Gazette. (August 15, 2013). MAG ABCs: Full circulation round-up for the first half of 2013. Tomado de http://www.pressgazette.co.uk/magazine-abcs-full-circulation-round-first-half-2013

Press Gazette (July 10, 2015). Press Gazette Tomado de http://www.pressgazette.co.uk/national-newspaper-abcs-june-2015-most-tabloids-suffer-double-digit-declines-sun-reclaims-sunday-top

Randall, D. (2000). *The universal journalist.* London: Pluto Press.

Royal Commission on the Press. (1947-49). London: HMSO.

The Guardian. (2014, July 11). ABCs: National daily newspaper circulation June 2014. Tomado de https://www.theguardian.com/media/table/2014/jul/11/abcs-national-newspapers

United States Department of Labor. (2015). Reporters, correspondents,

and broadcast news analysts. Tomado de https://www.bls.gov/ooh/media-and-communication/reporters-correspondents-and-broadcast-news-analysts.htm

UCAS. (2015). UCAS. Tomado de https://www.ucas.com/

Tabla 9.1

Entidades más importantes relacionadas con los medios de comunicación en el Reino Unido.

Organización	Descripción	Sitio web
Association for Journalism Education (AJE)	Organización de educadores de periodismo en educación superior que promueven una mejor educación periodística e investigación académica.	http://www.ajeuk.org/
British Broadcasting Corporation (BBC)	Servicio público de radiodifusión.	http://www.bbc.co.uk/
National Union of Journalists (NUJ)	Sindicato que representa a periodistas en el Reino Unido e Irlanda.	https://www.nuj.org.uk/home/
The Office of Communication (Ofcom)	Organismo regulador para la industria de la radiodifusión establecida bajo un estatuto que controla el acceso al espectro de transmisión y para regular contenido.	https://www.ofcom.org.uk/
Independent Press Standards Organisation (IPSO)	Un organismo autoregulado fundado y controlado por la industria para recibir quejas del público sobre el contenido de periódicos y revistas.	https://www.ipso.co.uk/
Regulatory Funding Company	Recauda dinero de la industria para financiar IPSO.	http://www.regulatoryfunding.co.uk/
European Broadcasting Union (EBU)	Alianza de organismos nacionales de radiodifusión reunidos para beneficio mutuo.	https://www.ebu.ch/home
Defence and Security Media Advisory Committee	Organismo gubernamental y de medios de comunicación que alerta a editores sobre temas de seguridad nacional. No tiene poder para censurar pero puede emitir advertencias.	http://www.dsma.uk/
Campaign for Press and Broadcasting Freedom (CPBF)	Grupo de individuos y sindicatos que buscan asegurar la libertad de los medios de comunicación.	https://www.cpbf.org.uk/
MediaWise	Organización benéfica que representa a las víctimas de los excesos de los medios.	http://www.mediawise.org.uk/

Tabla 9.1 (cont.)

Entidades más importantes relacionadas con los medios de comunicación en el Reino Unido.

Organización	Descripción	Sitio web
Scottish Newspaper Society	Representante de los editores de periódicos de Escocia.	http://www.scotns.org.uk/
Broadcast Journalism Training Council (BJTC)	Organismo conformado por distintos sectores industriales que acredita la capacitación periodística en el Reino Unido.	http://www.bjtc.org.uk/
Professional Publishers Association	Organismo de la industria de editores de revistas en el Reino Unido.	http://www.ppa.co.uk/
Skillset	Organismo de la industria que apoya la capacitación y el desarrollo de habilidades para personas y negocios de manera que se asegure la alta calidad de la industria creatva en el Reino Unido.	http://www.creativeskillset.org/
National Council for the Training of Journalists (NCTJ)	Organización benéfica que acredita la capacitación periodística en el Reino Unido.	http://www.nctj.com/
British Society of Editors	Sociedad de más de 400 editores de periódicos, revistas y radiodifusoras.	https://www.societyofeditors.org/
News Media Association	Representa a los editores de periódicoa en Inglaterra, Gales e Irlanda del Norte.	http://www.newsmediauk.org/

Tabla 9.2	
Universidades que ofrecen programas de periodismo en el Reino Unido.	
Nombre de la universidad	**Sitio web**
Birmingham City University	http://www.bcu.ac.uk/
Bournemouth University	https://www1.bournemouth.ac.uk/
Brunel University	http://www.brunel.ac.uk/
Canterbury Christ Church University	http://www.canterbury.ac.uk/
Cardiff University	http://www.cardiff.ac.uk/
City University	https://www.city.ac.uk/
Coventry University	http://www.coventry.ac.uk/
Cumbria University	https://www.cumbria.ac.uk/
De Montfort University	http://www.dmu.ac.uk/
Edge Hill University	https://www.edgehill.ac.uk/
Glasgow Caledonian University	https://www.gcu.ac.uk/
Glyndwr University	https://www.glyndwr.ac.uk/
Goldsmiths College	https://www.gold.ac.uk/
Kingston University	http://www.kingston.ac.uk/
Leeds Trinity University College	http://www.leedstrinity.ac.uk/
Liverpool John Moores University	https://www.ljmu.ac.uk/
London College of Communication	http://www.arts.ac.uk/
London Metropolitan University	http://www.londonmet.ac.uk/
Napier University	https://www.napier.ac.uk/
Newcastle University	http://www.ncl.ac.uk/
Northampton University	https://www.northampton.ac.uk/
Northumbria University	https://www.northumbria.ac.uk/
Nottingham Trent University	https://www.ntu.ac.uk/
Robert Gordon University	http://www.rgu.ac.uk/
Roehampton University	https://www.roehampton.ac.uk/
Sheffield Hallam University	https://www.shu.ac.uk/
Southampton Solent University	https://www.solent.ac.uk/

Tabla 9.2 (cont.)	
Universidades que ofrecen programas de periodismo en el Reino Unido.	
Nombre de la universidad	**Sitio web**
Staffordshire University	http://www.staffs.ac.uk/
Sunderland University	https://www.sunderland.ac.uk/
The University of Sussex	http://www.sussex.ac.uk/
University College Falmouth	https://www.falmouth.ac.uk/
University of Bedfordshire	https://www.beds.ac.uk/
University of Brighton	https://www.brighton.ac.uk/index.aspx
University of Central Lancashire	https://www.uclan.ac.uk/
University of Chester	https://www1.chester.ac.uk/
University of Derby	https://www.derby.ac.uk/
University of East London	https://www.uel.ac.uk/
University of Gloucestershire	http://www.glos.ac.uk/Pages/default.aspx
University of Hertfordshire	https://www.herts.ac.uk/
University of Huddersfield	https://www.hud.ac.uk/
University of Kent	https://www.kent.ac.uk/
University of Leeds	http://www.leeds.ac.uk/
University of Lincoln	http://www.lincoln.ac.uk/home/
University of Salford	https://www.salford.ac.uk/
University of Sheffield	https://www.sheffield.ac.uk/
University of South Wales	https://www.southwales.ac.uk/
University of Stirling	https://www.stir.ac.uk/
University of Strathclyde	https://www.strath.ac.uk/
University of the West of Scotland	https://www.uws.ac.uk/
University of Ulster	https://www.ulster.ac.uk/
University of West London	https://www.uwl.ac.uk/
University of West of England	http://www.uwe.ac.uk/
University of Westminster	https://www.westminster.ac.uk/
University of Winchester	https://www.winchester.ac.uk/
University of Worcester	http://www.worcester.ac.uk/

10

El curioso caso de la educación periodística en los EE.UU.: Salas de noticias que se encogen, aulas que se expanden

Donica Mensing

Desde su fundación como república, los Estados Unidos se han esforzado por proteger el derecho de sus ciudadanos —incluidos los periodistas— a expresarse libremente. Esta libertad se perfiló en 1791 con la Primera Enmienda a su Constitución, que incluye un manifiesto para contrarrestar los "peligros asociados exclusivamente con la interferencia del gobierno en el desarrollo y expresión de ideas" (Ambro & Saer, 2012, p. 400). Desde entonces, los estadounidenses han celebrado, puesto a prueba y disputado los derechos de la libertad de prensa y la libertad de expresión. A los estudiantes de periodismo se les enseña a venerar esta Primera Enmienda. Al mismo tiempo, actúan en un entorno donde los periodistas están sometidos a la presión de los crecientes esfuerzos gubernamentales para proteger sus secretos y los extraordinarios esfuerzos corporativos que promueven intereses particulares. La red de comunicaciones globalizada permite y complica, al mismo tiempo, los compromisos adquiridos con la libre expresión. Los periodistas, aunque empujados al papel de protagonistas democráticos en conflictos internacionales, se ven en situaciones difíciles por la dependencia con las fuerzas del mercado interno. Los educadores de periodismo de EE. UU. están respondiendo a cambios tecnológicos, económicos, sociales y políticos importantes de maneras cada vez más diversas. Participan en todo a su alcance, desde programas de licenciatura que enseñan periodismo social y habilidades empresariales para lograr la participación de la comunidad, hasta, por ejemplo, programas avanzados que se centran en el análisis sofisticado de datos para proyectos de investigación.

El periodismo en el paisaje mediático

Estados Unidos se alinea más estrechamente con el modelo liberal de sistemas de medios de comunicación de Hallin y Mancini (2004): un sistema dominado por el mercado, con una prensa marcadamente profesional, orientada a la información, y que opera en un entorno político cada vez más polarizado. La diversidad geográfica y el gran tamaño de los Estados Unidos han creado un sistema de noticias altamente localizado, con pocos periódicos o revistas impresos de verdadera cobertura nacional. Aunque las principales cadenas de televisión han creado un sistema nacional de noticias, la fuente de noticias más recurrida en las últimas dos décadas ha sido la televisión local (Pew Research Center, 2012a). Finalmente, a pesar de que los estadounidenses tienden a tener opiniones muy negativas de la prensa, califican mejor a las organizaciones de noticias locales de las que dependen regularmente que a las organizaciones de noticias en general (Pew Research Center, 2011).

Cambios en el sistema de medios noticiosos de los EE. UU.

Entre los años 60 y 90, la mayoría de los periódicos estadounidenses operaban como monopolios locales, obtenían grandes beneficios y dominaban el ecosistema de noticias locales (Kaplan, 2012). Con el desarrollo de Internet, la Web y la comunicación digital móvil, tales monopolios han colapsado. En 1990, en los Estados Unidos había 1.611 diarios con una circulación de 62,3 millones de ejemplares; en 2011 ese número se redujo en 229 periódicos y 18 millones de suscriptores, a pesar del considerable crecimiento de la población (Edmonds, Guskin & Rosenstiel, 2011). Como resultado, el personal en las salas de redacción se ha reducido considerablemente: en 2000 había 56.200 empleados trabajando para periódicos (ASNE, 2000); en 2015 esa cifra había descendido a 32.900 (ASNE, 2015).

El crecimiento en la comunicación digital también ha afectado a la televisión. En 2000, 851 estaciones de televisión ofrecían noticias locales en todo Estados Unidos (Papper y Gerhard, 2001); en 2015 este número bajó a 719 estaciones que producían noticias locales (Papper, 2015). Las noticias de la televisión local aún atraen a las mayores audiencias de noticias, y el 71% de los adultos estadounidenses ven las noticias de la televisión local cada mes (Pew Research Center, 2014). Y a pesar de que la industria todavía es rentable, ha experimentado una contracción significativa en los últimos años (Pew Research Center, 2014). El empleo también ha disminuido desde el año 2000, cuando las salas de noticias de TV empleaban a 35.061 personas (Papper & Gerhard, 2001) en comparación con las 27.600 en 2015 (Papper, 2015).

Por otro lado, los productos de noticias digitales, aunque aún producen ingresos mucho más pequeños que los productos mediáticos tradicionales, se están multiplicando. Aproximadamente 468 organizaciones en línea emplearon a 5.000 profesionales a tiempo completo en 2014 (Pew Research Center, 2014). La mayoría de las organizaciones tradicionales también producen productos digitales. Y las organizaciones exclusivamente digitales aglomeran y a menudo producen productos de noticias similares a los tradicionales. Sin embargo, hay diferencias. Por ejemplo, muchas organizaciones exclusivamente digitales, como el *Huffington Post*, *Buzzfeed* y *Quartz*, están creando burós en el extranjero y están centrando más la atención en la cobertura internacional que sus contrapartes tradicionales (Pew Research Center, 2014).

Nielsen Media (Mobile Millennials, 2014) estima que más del 80% de los estadounidenses entre las edades de 18 y 44 poseen dispositivos móviles. Para muchos sitios de noticias importantes, el 40% de todo el tráfico proviene de móviles y, en las noches y los fines de semana, ese tráfico supera al del tráfico de equipos de escritorio (Benton, 2014; Pew Research Center, 2012b). La mentalidad de "lo digital primero" está siendo aceptada cada vez más en las salas de prensa pequeñas y grandes, desde *The New York Times* hasta *Des Moines Register* (Usher, 2015). Las estaciones de televisión locales agregan cada vez más ofertas de video digital y contenido para dispositivos móviles a sus productos, con la esperanza de atraer al gran porcentaje de consumidores de noticias que miran videos de noticias digitales (Pew Research Center, 2014). Y mientras que la radio está resurgiendo debido a que el servicio de *podcasting* y el audio en línea proporcionan caminos para la expansión digital (Kang, 2014), las revistas apuestan a que las tabletas y dispositivos móviles ampliarán su lectoría (Sasseen, Matsa & Mitchell, 2013).

La búsqueda de un nuevo modelo de negocios

A pesar del hecho de que su modelo de negocios se trastocado, la industria de las noticias de los EE. UU. sigue siendo casi exclusivamente una empresa comercial, con muy limitados fondos gubernamentales o caritativos, o sin fines de lucro y de suscripción. La publicidad, la principal fuente histórica de ingresos de la industria de noticias en este país, sigue representando aproximadamente dos tercios de las ganancias de todas las organizaciones de noticias. Dicho esto, la cantidad total de dinero gastada en anuncios en productos noticiosos continúa disminuyendo drásticamente (Holcomb & Mitchell, 2014). Como resultado, la fuerza laboral del periodismo está disminuyendo. Desde 1992 el número de periodistas estadounidenses empleados ha disminuido en un 32%, y ahora hay aproximadamente solo 83.000 periodistas profesionales trabajando a tiempo completo (Willnat & Weaver, 2014). La Oficina de Estadísticas Laborales (2014) proyecta que para 2022 el número de periodistas empleados disminuirá otro 13%. Los esfuerzos para expandir las fuentes de ingresos de la producción de noticias son amplios, incluyendo subvenciones filantrópicas, inversiones billonarias y de capital de riesgo, nuevos modelos de publicidad, eventos y suscripciones digitales (Pew Research Center, 2014). Mientras que algunas organizaciones de noticias están encontrando formas de equilibrar los ingresos con los gastos, muchas otras se mantienen en la precariedad financiera.

Mientras tanto, las redes sociales ahora son una forma común para que los consumidores encuentren y se relacionen con las noticias: aproximadamente la mitad de quienes usan Facebook y Twitter informan que acceden a noticias en estos sitios (Holcomb, Gottfried & Mitchell, 2013). Y los periodistas dependen en gran medida de los sitios de redes sociales para identificar noticias de última hora, para monitorear lo que otras organizaciones de noticias están haciendo, y para promover y distribuir sus propias noticias (Willnat & Weaver, 2014). Sin la confinación a canales únicos, la mayoría de las organizaciones de noticias usan múltiples plataformas para distribuir sus noticias. También usan múltiples plataformas para atraer al público al diálogo, y obtener retroalimentación e información a través del *crowdsourcing* (o esfuerzo colectivo). Dichos cambios están transformando la forma en que los periodistas piensan, trabajan y captan fuentes y audiencias.

Características profesionales

En los EE. UU., desde 1971 se llevan a cabo con cierta frecuencia estudios nacionales de periodistas. La encuesta más reciente (Willnat & Weaver, 2014) muestra que la educación universitaria es la norma para los periodistas: casi todos (92%) de los periodistas estadounidenses tienen, al menos, una licenciatura, y aproximadamente la mitad de ellos se especializaron en periodismo o comunicaciones. Si bien el número de mujeres periodistas está aumentando, las mujeres todavía representan poco más de un tercio de todos los periodistas (aproximadamente el mismo porcentaje que a principios de los años ochenta). Los resultados de la encuesta también muestran que las mujeres tienden a abandonar el periodismo antes que los hombres, y que la mayor brecha de género se presenta entre los periodistas que trabajan más tiempo. Además, en promedio, a las mujeres se les paga un 17% menos que a los hombres. El ingreso medio de todos los periodistas en 2012 fue de US$ 50.000. Y la mitad de los periodistas encuestados informaron que su afiliación política era "independiente": un 18% más que en 2002 (Willnat & Weaver, 2014).

Las preocupaciones sobre el bajo número de minorías en las salas de noticias estadounidenses y su impacto han persistido por más de 30 años. En 1978, el porcentaje de minorías en las salas de redacción de los periódicos de EE. UU. —negro, hispano, asiático americano, nativo americano y multirracial— era únicamente del 4%. Y este número solo ha aumentado a 12,76%, según un informe de 2015 de la American Society of Newspaper Editors (ASNE, 2015).

Aunque estas cifras son similares en la radio (13%), las estimaciones muestran que un porcentaje mayor (22%) de los periodistas en la televisión provienen de poblaciones minoritarias (Williams, 2015). En general, estas cifras muestran una gran brecha entre la población general de los EE. UU. (37,9% de las minorías) y las salas de noticias, que aún son mayoritariamente blancas (Oficina del Censo, 2015).

Los periodistas conservan una fuerte identidad cultural periodística, a pesar de que los límites de su trabajo continúan esclareciéndose (Ryfe, 2012). Una encuesta reciente aplicada a 10.000 graduados de periodismo y comunicación (Rosenstiel et ál., 2015) encontró que poco más del 35% de los encuestados considera "periodístico" el trabajo que hacen, incluso si no trabajan para las organizaciones de noticias. Por ejemplo, el 20% de los graduados que trabajan en puestos de tecnología consideran que su trabajo es periodístico, al igual que el 26% de aquellos que trabajan en empleos educativos y el 19% de aquellos que trabajan en puestos políticos. De los graduados que obtuvieron un título de periodismo, el 42% clasificó su trabajo actual como periodístico y el 52% como no periodístico. Aproximadamente el 35% de la población de la muestra reportó trabajos en marketing, relaciones públicas y publicidad. Del mismo modo, el 25% dijo que estaban empleados en puestos directivos y el 18% fuera del sector de medios.

En el estudio de Rosenstiel et ál. (2015), la mayoría de los graduados que consideraban que su trabajo era periodístico dijo que su propio trabajo había mejorado en los últimos cinco años; solo el 18% afirmó que había empeorado con el tiempo. Sin embargo, los periodistas encuestados cuestionaron la capacidad del público para acceder a información precisa y dijeron que, en general, la calidad del periodismo estaba empeorando.

Asimismo, en el estudio de Willnat y Weaver (2014) se lee que casi el 60% de los periodistas dijo que el periodismo estaba yendo en la "dirección equivocada", mientras que solo el 23% dijo que iba en la "dirección correcta" (17% dijo que "no sabía"). Los periodistas encuestados consideraron que los problemas más importantes que enfrenta el periodismo incluyen "la disminución de ganancias (mencionada por un 20,4%), las amenazas a la profesión por parte de los medios en línea (11,4%), el recorte de empleos y la reducción de personal (11,3%), la falta de un nuevo modelo de negocios y de estructuras de financiamiento (10,8%) y un reporteo apresurado (9,9%)" (Willnat & Weaver, 2014, p. 3). Menos de una cuarta parte de los periodistas informaron que estaban "muy satisfechos" con sus trabajos. Este alto nivel de insatisfacción con el trabajo coincide con una sensación de disminución de la autonomía profesional (Willnat & Weaver, 2014, p. 3).

El papel de los periodistas está cambiando, según la encuesta de Willnat y Weaver (2014), que comparó las bases de datos de 2002 a 2013. Por ejemplo, en 2013 los periodistas enfatizaron más el papel de vigilancia e investigación de los periodistas que en 2002. En 2013, el 78% de los periodistas subrayó la importancia de corroborar las afirmaciones del gobierno (en comparación con el 71% en 2002) y el 69% la necesidad de analizar problemas complejos (en comparación con el 51% en 2002). Sin embargo, también en 2013, el número de periodistas que estuvo muy de acuerdo con la importancia de publicar noticias rápidamente cayó al 47% (del 60% en 2002). Los periodistas de hoy también son menos propensos que en el pasado a aprobar el uso de técnicas de reporteo controversiales. Por ejemplo, aquellos que respaldan el uso de documentos confidenciales, ya sean comerciales o gubernamentales, cayeron al 58% en 2013 (del 78% en 2002, Willnat y Weaver, 2014).

Educación en periodismo, entrenamiento profesional e investigación

Enseñanza y entrenamiento de los futuros hacedores de noticias

Casi todos los periodistas de EE. UU. reciben educación en facultades y universidades (Willnat & Weaver, 2014). Las organizaciones sin fines de lucro son las principales fuentes de capacitación a mitad de la carrera, mientras que la industria proporciona algunas pasantías para la formación inicial y limitadas ofertas para el desarrollo a mitad de carrera. Cerca de 1.000 instituciones (sin fines de lucro, profesionales y educativas) brindan capacitación en los campos de periodismo y comunicación de masas (ACEJMC, nd.; ver la Tabla 10.1 con las principales asociaciones de periodistas y organizaciones relacionadas). El Instituto Poynter, una destacada fuente de capacitación en periodismo de los Estados Unidos, descubrió que al 88% de los periodistas les gustaría recibir más capacitación, especialmente en habilidades digitales (Finberg, 2014). Sin embargo, la falta de tiempo parece ser una barrera importante para tal capacitación.

Educación periodística universitaria. Desde 1987, Becker, Vlad y Simpson (2014a) han realizado encuestas anuales de programas de periodismo y comunicación de masas. La encuesta de 2013 contó 480 programas de periodismo en universidades en los Estados Unidos, con 198.410 estudiantes inscritos y otorgando casi 52.000 títulos universitarios en la primavera de 2013. Otros 5.465 estudiantes obtuvieron maestrías. Los estudiantes de periodismo son predominantemente mujeres (64%) y mayoritariamente blancos (65%). La edad media del profesorado en los programas de periodismo ha aumentado con el tiempo, actualmente poco más de un tercio tiene 56 años o más (Becker et ál., 2014a).

Dado el total de 83.000 trabajos editoriales a tiempo completo en 2013 (Willnat & Weaver, 2014), el hecho de que de los programas académicos de periodismo académico de EE. UU. estén graduando a más de 50.000 estudiantes por año es motivo de preocupación. Ningún órgano institucional limita el número de universidades que enseñan periodismo o el tamaño de sus programas (ver la Tabla 10.2 para una muestra de programas universitarios de periodismo acreditados). El "exceso de oferta", sin embargo, se ve atemperado por el hecho de que muchos educadores y estudiantes se han adaptado con el tiempo y han desarrollado carreras profesionales relacionadas dentro de los programas de periodismo. La encuesta de Becker, Vlad y Simpson (2014b) muestra que solo el 11% de los estudiantes de pregrado de periodismo siguen el camino editorial tradicional. El 89% restante se está especializando en otras áreas del periodismo y de la comunicación estratégica (ver Figura 10.1).

De acuerdo con la encuesta de Becker et ál. (2014b), los graduados están bastante satisfechos con la educación que han recibido:

> Dos tercios de los graduados de la licenciatura declararon estar satisfechos con su elección de carrera, seis de cada 10 dijeron que estaban preparados para el mercado de trabajo, y siete de cada 10 informaron que sus cursos universitarios les suministraron las habilidades necesarias para los centros de trabajo de hoy. (p. 1)

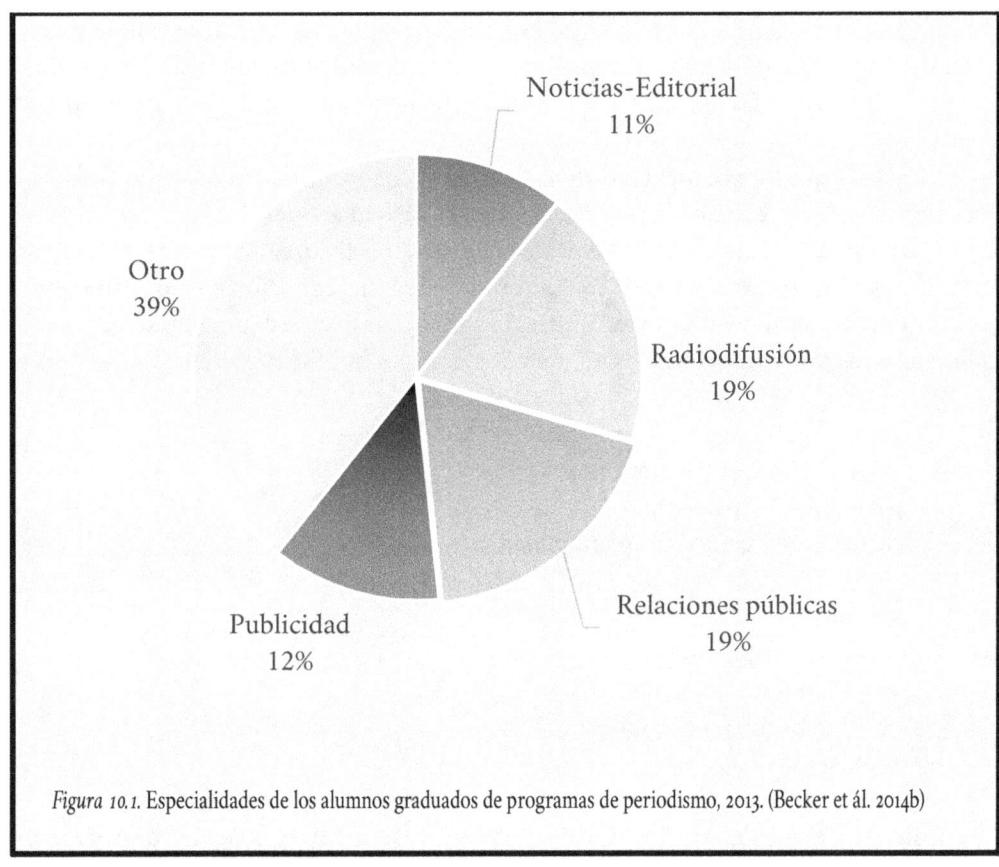

Figura 10.1. Especialidades de los alumnos graduados de programas de periodismo, 2013. (Becker et ál. 2014b)

En 2013, el 74% de los graduados universitarios en programas de periodismo y comunicación masiva informó tener al menos una oferta de trabajo cuando se graduó, y el 90% tuvo al menos una entrevista personal. Casi dos tercios (64%) de los graduados recientes tenía un trabajo a tiempo completo hacia el 31 de octubre de 2013 (última fecha de recopilación de datos del estudio anual). Esto representó un alza desde el punto bajo de empleo en 2009, cuando menos de la mitad de los más recientes graduados universitarios en periodismo reportaron tener empleo de tiempo completo para esa fecha. Sin embargo, cuando se consideran las cifras de raza y grupo étnico, la recuperación ha sido mucho más difícil para algunos estudiantes. En 2013, solo el 55% de los estudiantes de minorías informó tener un trabajo de tiempo completo después de la graduación (en octubre), mientras que el 73% de los estudiantes no minoritarios informó un empleo a tiempo completo (Becker et ál., 2014a).

Acreditación. No existe ningún mecanismo para regular el número de programas universitarios de periodismo y comunicación de masas. Sin embargo, hay un organismo de acreditación que evalúa la calidad de los programas profesionales que ofrecen títulos en periodismo y campos relacionados: el Accrediting Council on Education in Journalism and Mass Communications (ACEJMC). En 2014, ACEJMC enumeró 114 programas totalmente acreditados en su sitio web, aproximadamente una cuarta parte del número total de programas universitarios que ofrecen educación en periodismo. La acreditación es voluntaria, y las escuelas acreditadas incluyen universidades pequeñas y privadas, así como grandes universidades públicas.

ACEJMC, que ha existido bajo alguna forma desde 1945, tiene la autoridad para establecer estándares, establecer políticas y otorgar acreditaciones. Incluye representantes de 11 organizaciones de la industria periodística y seis organizaciones educativas, junto con tres miembros del público. La revisión de la acreditación consiste en una rigurosa autoevaluación y una visita al sitio de varios días por un equipo de acreditación, que evalúa los programas basados en nueve estándares (ACEJMC, 2012):

- misión, gobierno y administración;
- plan de estudios e instrucción;
- diversidad e inclusión;
- facultad de tiempo completo y medio tiempo;
- producción de conocimientos: actividades de investigación, creativas y profesionales;
- servicios estudiantiles;
- recursos, instalaciones y equipo;
- servicio profesional y público; y
- evaluación de los resultados del aprendizaje.

Con todo, una comparación entre la investigación académica realizada en programas de periodismo acreditados y no acreditados no ha encontrado evidencia significativa de que los programas acreditados sean claramente, y mucho menos significativamente, superiores a los programas no acreditados (Seamon, 2010). La razón más citada entre los directores de programas de periodismo que buscan la acreditación es el incremento de la reputación. La razón más citada para no buscar la acreditación es el límite en el número de créditos-hora de periodismo que los estudiantes pueden acumular para obtener sus títulos. Este límite está destinado a garantizar que los estudiantes tengan una amplia exposición a los cursos de artes liberales (Blom, Davenport & Bowe, 2012). Aunque algunos estudios han encontrado evidencia de que la acreditación obstaculiza la innovación en el currículo, la acreditación parece ayudar a los programas a aumentar, hasta cierto punto, la diversidad (Seamon, 2010). Según estos estudios, parece que el porcentaje relativamente bajo de programas acreditados no significa que las escuelas acreditadas sean las mejores. En cambio, las escuelas con acreditación son aquellas que satisfacen con éxito los criterios del organismo de acreditación, los que están relacionados con la estructura del plan de estudios, los métodos de evaluación, los objetivos de diversidad, etc. Los programas no acreditados pueden proporcionar una calidad profesional mayor o menor que sus homólogos acreditados.

Fundaciones. Las organizaciones filantrópicas están teniendo una influencia cada vez más significativa en la educación periodística en los Estados Unidos. Estas otorgan millones de dólares cada año a universidades y organizaciones relacionadas para apoyar iniciativas educativas que se alinean con sus prioridades. Henry-Sanchez y Koob (2013) documentaron aportes de fundaciones de US$ 146,4 millones en subvenciones para la educación en periodismo entre 2009 y 2011. En general, las donaciones filantrópicas para proyectos de periodismo, noticias e información totalizaron US$ 527,3 millones entre 2009 y 2011 (Henry-Sanchez & Koob, 2013).

Un esfuerzo altamente publicitado para examinar la calidad de la educación universitaria del periodismo fue la Iniciativa Carnegie-Knight sobre el futuro de la educación en periodismo. La Corporación Carnegie y la Fundación John S. y James L. Knight lanzaron la iniciativa en colaboración con decanos de cuatro importantes universidades de investigación. Las dos fundaciones dieron casi US$ 20 millones entre 2005 y 2011 para desarrollar una visión para la educación periodística del siglo XXI. El esfuerzo, que finalmente incluyó programas en 12 universidades, se centró en el enriquecimiento del currículo, un programa de mentorías/pasantías llamado News21, y el trabajo del Grupo de Trabajo Carnegie-Knight (King, 2010; Knight Foundation, 2011). El programa News21 continúa como un proyecto de la Fundación Knight, que también ha lanzado el Fondo Desafío para la Innovación en Educación Periodística de US$ 1 millón, en asociación con la Online News Association (ONA). El objetivo de este fondo es "*hackear* el modelo pedagógico de hospital docente y hacer una versión personalizada que derive en el plan de estudios de periodismo" (ONA, 2015). El "modelo de hospital docente" para la educación periodística, un pilar de los programas Carnegie Knight, es el fundamental principio organizativo para la concesión de becas de la Fundación Knight a los programas de periodismo. En una carta de 2012 a los presidentes de universidades, seis grandes organizaciones que otorgan subvenciones defendieron firmemente el modelo de hospital docente como una forma ideal de educación periodística. Advirtieron a los presidentes que "las escuelas que no modernizaran su plan de estudios y actualizaran a sus profesores para reflejar las profundas diferencias de la era digital de la comunicación tendrían dificultades para recaudar dinero de fundaciones interesadas en el futuro de las noticias" (Fundación Knight, 2012). A medida que se reducen los fondos del gobierno para la educación superior, junto con los fondos de la industria para la educación periodística, el apoyo financiero de las subvenciones y los contratos es cada vez más importante. Las universidades tienen un fuerte incentivo financiero para adoptar los enfoques defendidos por sus financiadores. Por lo tanto, examinar los intereses de las fundaciones es importante cuando se considera la dirección general de la educación periodística en los Estados Unidos (Mensing & Ryfe, 2013; Reese, 1999).

Investigación académica en periodismo

La investigación del periodismo en los Estados Unidos creció a partir de las tradiciones de las humanidades y las ciencias sociales. El énfasis de las ciencias sociales en la investigación empírica y cuantitativa, a menudo con una perspectiva normativa subyacente extraída de las humanidades, ha caracterizado a mucha de la investigación en el periodismo en la última mitad del siglo XX (Kamhawi & Weaver, 2003; Singer, 2008). A medida que la investigación en periodismo y comunicación se ha vuelto más diversa y especializada, el abanico de teorías y métodos utilizados en la investigación se ha ampliado considerablemente (Bryant & Mirron, 2004; Steensen & Ahva, 2014). De manera similar, el número de revistas académicas ha aumentado significativamente: de 36 en 1997 a 74 en 2015 (Parry-Giles, 2014).

Una de las revistas académicas más antiguas y de mayor alcance en los EE. UU. centrada en el periodismo y la investigación de comunicación de masas es *Journalism and Mass Communication Quarterly* (JMCQ). Esta revista arbitrada es publicada por la Association for Education in Journalism and Mass Communication (AEJMC), la principal organización profesional de educadores de periodismo en los Estados Unidos. *JMCQ*, establecida en 1924, ocupa el puesto 40 de 74 publicaciones de comunicación (ISI Web of Knowledge, 2014). Un análisis de 2005 de citas y citas compartidas en *JMCQ* mostró que la mayoría de las referencias se citan solo una vez, lo que "puede sugerir solo contribuciones fragmentarias a la generación de teoría o construcción de conocimiento" (Chang & Tai, 2005, p. 687). El campo como un todo depende de fuentes relativamente antiguas y no exhibe mucha "competencia cognitiva" para explicar el mismo fenómeno (Chang & Tai, 2005, p. 688). DeFleur (1998) señaló que, aunque se publicaron varios estudios "importantes" en la investigación de comunicación de masas entre los años 1930 y 1980, él no pudo identificar un estudio seminal de importancia publicado entre principios de los años ochenta y finales de los noventa. Como señaló Singer en 2008, "los paradigmas que surgieron para estudiar el periodismo en las décadas de 1920, 1930 y 1940 siguen siendo dominantes en los Estados Unidos hoy en día" (p. 145).

Sin embargo, varias tendencias sugieren que este período de estabilidad (o estancamiento) puede estar llegando a su fin. Singer (2008) señala que el "primer cambio real de paradigma en los estudios de periodismo puede estar en marcha" (p.145). Varios factores parecen ser catalizadores importantes para esta transformación, particularmente la globalización, el cambio social y las tecnologías digitales. Un gran cuerpo de investigación académica en periodismo se ha centrado en los Estados Unidos, con relativamente pocos estudios comparativos para proporcionar perspectiva y contexto. El alcance cada vez más internacional de las conferencias académicas y más contribuciones internacionales a las publicaciones centradas en los Estados Unidos (Riffe & Abdenour, 2014) están abriendo la investigación académica en periodismo a más perspectivas, teorías y métodos.

Históricamente, los periodistas profesionales han utilizado la investigación académica en muy pequeña medida. A lo largo de los años, AEJMC, otras organizaciones profesionales y diversos esfuerzos patrocinados por la industria han intentado cerrar esta brecha. Un ejemplo reciente es el Journalist's Resource, un proyecto del Shorenstein Center on Media, Politics and Public Policy, en la Harvard Kennedy School (financiado por la Iniciativa Carnegie-Knight sobre el futuro de la educación periodística). En lugar de centrarse en la investigación del periodismo *per se*, el sitio selecciona estudios de investigación sobre una amplia variedad de temas noticiosos y destaca los recientes estudios académicos que son útiles para los periodistas y el público (Journalist's Resource, n.d.). Otras formas de colaboración entre profesionales y académicos se han desarrollado de manera más informal, con profesores o programas haciendo arreglos *ad hoc* para enfocarse en los problemas o temas particulares de las organizaciones noticiosas. Por ejemplo, los programas de posgrado en la Medill School (Northwestern University) y Studio 20 (New York University) han establecido tales arreglos para proporcionar a los estudiantes una experiencia directa del mundo real. Sin embargo, a pesar de tales esfuerzos particulares, ha habido relativamente poca colaboración sistemática en investigación académica entre la industria de noticias de EE. UU. y la educación superior en periodismo.

La financiación de proyectos de investigación a gran escala en periodismo y comunicación es minúscula en comparación con la financiación proporcionada para otras asignaturas, especialmente de ciencia y tecnología. En el periodo 2011-2012, las instituciones de educación superior gastaron un total de US$ 153 millones en investigación en periodismo, comunicación y biblioteconomía, que constituyeron el 0,06% de la investigación universitaria de ese año (Britt, 2013). Aunque históricamente muchas fundaciones han evitado financiar la investigación académica en comunicación para, en cambio, apoyar el incremento de capital, becas y proyectos de reporteo, de todos modos, hay disponible una cantidad limitada de fondos de investigación. Por ejemplo, el Tow Center for Digital Journalism de la Columbia University (http://towcenter.org) ha comenzado a otorgar subsidios para investigación innovadora y está publicando informes bien recibidos por educadores y profesionales del periodismo por igual.

Conexiones profesionales en la educación periodística

La educación periodística en los Estados Unidos mantiene fuertes conexiones con la profesión, alentando, y con frecuencia requiriendo, pasantías profesionales, invitando a profesionales a las aulas y contratando periodistas con experiencia para impartir cursos. Muchas escuelas incluso fomentan múltiples pasantías con el fin de proporcionar los contactos y la experiencia necesarios para tener éxito en el mercado de trabajo. Y los periodistas experimentados enseñan en muchas instituciones como profesores provisionales o profesores permanentes.

En años pasados, las organizaciones conectadas a la industria de las noticias, incluido el Dow Jones News Fund, la American Society of News Editors y la Gannett Foundation, han proporcionado fondos para que los educadores regresen a las salas de noticias para actualizar sus habilidades. Algunos de estos programas se han reducido o eliminado, mientras que han surgido otros. Uno de estos programas, relativamente nuevo, es el International Center for Journalists, que elige cada año a cinco profesores provenientes de instituciones educativas que históricamente han entrenado a estudiantes negros, para que pasen veranos en una sala de redacción (Lichterman, 2014).

Si bien los lazos entre académicos y profesionales han sido tradicionalmente fuertes en el ámbito local, se han tensado a nivel regional y nacional. Gran parte de esta tensión se debe a la propensión de los profesionales a subestimar los títulos de periodismo. Por ejemplo, en una encuesta de 2013 del Poynter Institute, mientras que el 96% de los educadores dijeron que un título de periodismo era "muy importante" para entender el periodismo, solo el 57% de los profesionales dijeron que el título era "importante" (Finberg, 2013).

Impacto profesional de la educación periodística

Casi la mitad de todos los periodistas de EE. UU. tienen títulos universitarios en periodismo o en algún campo relacionado, lo que modela la orientación profesional de las organizaciones de noticias. Los cursos de derecho y ética son comunes, y a menudo obligatorios. Crean un marco poderoso para comprender y definir las normas y prácticas periodísticas mientras el campo está en flujo (Vos, 2012).

La economía política de las universidades estadounidenses también influye en la dinámica dentro del campo periodístico. El modelo de negocios de la educación superior solventado por el pago de colegiaturas ejerce presión sobre los programas de periodismo para que estos aumenten el número de estudiantes matriculados. Esto exige atraer estudiantes y demostrar el valor de un título para obtener trabajos. Por lo tanto, los programas de periodismo están diversificando sus ofertas en áreas con mejores perspectivas de empleo y, en consecuencia, con una mayor demanda de estudiantes. Los cursos nuevos en emprendimiento, periodismo de datos, redes sociales y campos relacionados están preparando a los estudiantes para llevar nuevas habilidades y talentos al lugar de trabajo. Por lo tanto, la educación periodística puede estar afectando la profesión a través de la diversificación de lo que incluye el "periodismo". Esta tendencia contribuye a difuminar las líneas cada vez más borrosas entre periodismo, diseño visual, programación, análisis de datos, relaciones públicas y estrategias de la comunicación.

Posibilidades futuras

Los educadores de periodismo se están adaptando a cambios significativos en su campo, en el contexto de un sistema de comunicación cada vez más complejo. En el proceso, como se mencionó antes, los programas se están diversificando. Mientras algunos programas eligen impulsar el dominio del alumno en la producción de contenido, otros se enfocan en enseñar nuevas competencias en periodismo de datos, diseño móvil y visualización de datos. Y otros, inclusive, se enfocan en los aspectos comunitarios del periodismo, que enseñan el arte de compartir, crear, construir y persuadir, difuminando aún más la línea entre el periodismo y las estrategias de comunicación.

¿Qué significa esto para el futuro? En primer lugar, dada la imposibilidad de continuar con los programas generales asignados a un conjunto cada vez más diverso de carreras factibles, las escuelas de periodismo pueden especializarse cada vez más en áreas específicas. En segundo lugar, algunas universidades probablemente construirán grandes programas relacionados con los medios, con el periodismo incluido como una especialización, entre muchas otras. Y, en tercer lugar, el periodismo puede convertirse en una materia o una asignatura fundamentalmente de estudios de posgrado, con programas de pregrado que proporcionen estudios más generales vinculados con los medios.

¿Qué podría descontinuarse? La educación periodística en su forma actual: el equivalente universitario del periódico metropolitano. En otras palabras, los programas de pregrado podrían dejar de entrenar a los estudiantes como lo han hecho durante décadas: adaptándose a los contornos, pero careciendo de una respuesta estratégica a los cambios significativos que, en la forma en que se comunican las sociedades y la gente, se están produciendo.

Problemas, retos e innovaciones en la educación periodística

El mayor desafío para los educadores de periodismo es desarrollar una estrategia que responda a los cambios disruptivos que enfrentan las universidades y la industria de las noticias. Esta estrategia tiene que abordar las peculiaridades de las instituciones de educación superior y la industria de las noticias en los Estados Unidos. Dentro del contexto de la educación superior, las reglas del proceso de titularidad, las prácticas de contratación y las políticas referidas al currículo hacen que el cambio dentro de los programas de periodismo sea particularmente difícil. También es difícil para los educadores de periodismo decidir qué priorizar en los planes de estudio, debido a los cambios en las definiciones de lo que comprende el periodismo (Lewis & Carlson, 2015) y los cambios en los estándares y prácticas de la industria.

Vistos tales desafíos, los planes para el cambio pueden incluir lo siguiente: desarrollar estrategias para alinear mejor la investigación académica y la enseñanza en el aula, invertir en el desarrollo profesional del profesorado, desarrollar prácticas pedagógicas más efectivas y promover políticas académicas más flexibles en cuanto a contratación, desarrollo curricular y evaluación del profesorado.

Alineación entre la investigación académica y la enseñanza. Proporcionar una enseñanza más impulsada por la teoría ayudaría a acelerar la transformación pedagógica del periodismo. La investigación académica en periodismo, psicología y sociología más relevante necesita ser aplicada en tiempo real a los problemas prácticos del periodismo. Los numerosos experimentos periodísticos que tienen lugar en todo el país —dentro de las organizaciones de noticias, los grupos de interés público y las escuelas de periodismo— crean laboratorios vivientes para ser analizados y aprender. Las innovaciones que se presentan en los subcampos más populares ahora comúnmente enseñados —como el periodismo social, el periodismo de datos y la narración no lineal— están listas para ser examinadas. Estas nuevas prácticas están brindando nuevas oportunidades para examinar y debatir los ideales esenciales mientras las concepciones del periodismo continúan evolucionando. Más investigación aplicada podría catalizar el cambio en nuevas direcciones prometedoras, que podrían no ser evidentes sin un estudio y una observación sistemáticas.

Desarrollo profesional. Se necesitan nuevas competencias en las aulas, con más urgencia de lo que toma contratar idóneos profesores. En consecuencia, el profesorado actual necesita oportunidades tanto para reconceptualizar su entendimiento de cuáles son las funciones del periodismo en una sociedad cambiante, como para desarrollar nuevas destrezas que puedan enseñar a sus alumnos. Será necesario asociarse con profesionales y facilitar el aprendizaje de los estudiantes usando recursos en línea. Desarrollar alianzas para ayudar al desarrollo del profesorado en una época en que los presupuestos se contraen será crítico.

Pedagogía. Debido a los rápidos cambios en la forma en que los estudiantes responden a los diferentes métodos de enseñanza, los educadores deben ser cada vez más sofisticados al diseñar módulos de aprendizaje, cursos y tareas. El aprendizaje basado en proyectos y vivencias ha ayudado a fortalecer los currículos de periodismo. Dicho esto, el desafío principal ahora es diseñar y desarrollar cursos con oportunidades para la autorreflexión crítica y el aprendizaje independiente que aliente la innovación y la creatividad.

Políticas académicas. Finalmente, las dificultades para cambiar las políticas académicas son formidables. Sin embargo, la revisión de las políticas relacionadas con el proceso de titularidad de los profesores, de manera que se reconozca el compromiso con socios diversos y la enseñanza y la investigación experimental e innovadora, infundirán en los programas nuevas energías y enfoques. Además, los esfuerzos estratégicos para contratar docentes con experiencias y procedencias más diversas ayudarán a fomentar el cambio cultural dentro de los programas. Y la creación de unidades de estudios flexibles sobre temas específicos creará un plan de estudios más reactivo y adaptable. Por último, premiar al profesorado que desarrolla formas alternativas de producción del conocimiento, nuevas oportunidades de aprendizaje y beneficiosas asociaciones comunitarias ayudará a los programas a adaptarse a los desafíos que el periodismo y la educación periodística enfrentarán en los años venideros.

Conclusión: Educando a los periodistas de mañana —El panorama general

Como se describe en este capítulo, los trastornos en la industria de las noticias y los medios de comunicación de masas y el desarrollo de un sistema de comunicación en red están originando cambios fundamentales en el periodismo y la educación. El panorama global es que los educadores han reconocido y están respondiendo a estos cambios. Están experimentando, construyendo, revisando y planteando cuestiones importantes sobre el futuro. Algunas de estas cuestiones incluyen lo siguiente:

- ¿Cuáles son los conceptos básicos que los educadores deberían enseñar con el fin de preparar a los estudiantes para una economía incierta y una carrera en constante cambio? ¿Cómo pueden los educadores prepararse mejor para cumplir con estas obligaciones con los estudiantes?
- ¿Qué obligaciones, si las hay, tienen los educadores de periodismo con los estudiantes que no tienen la intención de practicar el periodismo profesionalmente? Dadas las acuciantes necesidades públicas en la sociedad y el valor de ejercitar un discurso reflexivo, ¿qué obligaciones tienen los educadores, en un entorno saturado de contenido mediático, con los demás estudiantes y el público en general?
- ¿Qué obligaciones tienen con sus comunidades los educadores de periodismo? ¿Tienen la responsabilidad de llenar vacíos en el ecosistema local de noticias? ¿Cuál es su obligación respecto de los medios de comunicación locales existentes?
- ¿Qué obligaciones tienen los educadores de periodismo, en general, con la industria de las noticias? ¿Qué obligaciones tienen con el ecosistema cívico o de información emergentes fuera de los medios convencionales? ¿Qué tipo de investigación académica tiene el mayor valor en este entorno, y quién ayudará a financiarlo?
- ¿Qué obligaciones tienen los educadores de periodismo con sus propias universidades y, en general, con la educación superior? ¿Los profesores de periodismo tienen alguna obligación especial de ser proactivos frente a los cambios inminentes en la educación, que replican algunos de los cambios en el periodismo?

Estas no son preguntas fáciles de abordar. Sin embargo, el hecho de que las fronteras y los roles periodísticos cambien rápidamente (Lewis & Carlson, 2015) significa que nunca ha sido tan crucial la necesidad de experimentar, estudiar & enseñar prácticas periodísticas que sean poderosas y motivadoras. El periodismo que facilita el discurso respetuoso, fortalece los mecanismos públicos para la rendición de cuentas y la verificación, empodera a los ciudadanos a actuar y protege el derecho de todos a expresarse, es poderoso y muy necesario. Los educadores y estudiantes de periodismo tienen un papel vital que desempeñar para ayudar a que el periodismo evolucione y se diversifique, a la vez que cumple con su labor habitual de servir a sus numerosos públicos.

Referencias bibliográficas

Accrediting Council on Education in Journalism and Mass Communications. (n.d). Frequently asked questions concerning accreditation. Tomado de http://www2.ku.edu/~acejmc/FAQS.SHTML

Accrediting Council on Education in Journalism and Mass Communications. (2012). ACEJMC Accrediting standards. Tomado de http://www2.ku.edu/~acejmc/PROGRAM/STANDARDS.SHTML

Accrediting Council on Education in Journalism and Mass Communications. (2014). List of accredited programs. Tomado de http://www.acejmc.org/accreditation-reviews/accredited-programs/accreditedreaccredited/

Ambro, T. L., & Sa er, P. J. (2012). The First Amendment, the courts, and "picking winners," 87 Wash. L. Rev. 39

ASNE. (2000). 2000 Census. Tomado de http://asne.org/content.asp?pl=121&sl=15&contentid=172

ASNE. (2015). 2015 Census. Tomado de http://asne.org/content.asp?pl=121&sl=15&contentid=415

Becker, L., Vlad, T., & Simpson, H. A. (2013). 2013 Annual survey of journalism mass communication enrollments: Enrollments decline for third consecutive year. *Journalism & Mass Communication Educator*, 69(4), 349–365. Tomado de http://www.grady.uga.edu/annualsurveys/Enrollment_Survey/Enrollment_2013/EnrollmentReport2013J&MCE_CombinedFull.pdf

Becker, L., Vlad, T., & Simpson, H. A. (2014a). 2013 Annual survey of journalism & mass communication enrollments. Tomado de http://www.grady.uga.edu/annualsurveys/Enrollment_Survey/Enrollment_2013/2013EnrollCombined.pdf

Becker, L., Vlad, T., & Simpson, H. A. (2014b). 2013 Annual survey of journalism & mass communication graduates. Tomado de http://www.grady.uga.edu/annualsurveys/Graduate_Survey/Graduate_2013/Grad_Report_2013_Combined.pdf

Benton, J. (2014). The mobile majority: Engaging people on smartphones is the next big challenge to the news. *Nieman Reports*. Tomado de http://www.niemanlab.org/2014/06/the-mobile-majority-engaging-people-on-smartphones-is-the-next-big-challenge-to-the-news/

Blom, R., Davenport, L., & Bowe, B. (2012). Reputation cycles: The value of accreditation for undergraduate journalism programs. Tomado de https://scholarworks.gvsu.edu/com_articles/4/

Britt, R. (2013). Higher education R&D expenditures remain at in FY 2012. Tomado de https://www.nsf.gov/statistics/infbrief/nsf14303/

Bryant, J., & Mirron, D. (2004). Theory and research in mass communication. *Journal of Communication*, 54(4), 662-704.

Bureau of Labor Statistics (2014). Reporters, correspondents, and broadcast news analysts. Tomado de https://www.bls.gov/ooh/media-and-communication/reporters-correspondents-and-broadcast-news-analysts.htm

Census Bureau, United States (2015). Quick facts. Tomado de https://www.census.gov/quickfacts/fact/table/US/PST045217

Chang, T. K., & Tai, Z. (2005). Mass communication research and the invisible college revisited: The changing landscape and emerging fronts in journalism-related studies. *Journalism & Mass Communication Quarterly, 82*(3), 672-694.

DeFleur, M. L. (1998). Where have all the milestones gone? The decline of signi cant research on the process and effects of mass communication. *Mass Communication & Society, 1*(1-2), 85-98.

Edmonds, R., Guskin, E., & Rosenstiel, T. (2011). Newspapers: By the numbers. *Project for Excellence in Journalism*. Tomado de http://www.pewresearch.org/topics/state-of-the-news-media/

Finberg, H. (2013). Journalism schools need to adapt or risk becoming irrelevant. *Poynter Institute*. Tomado de https://www.poynter.org/news/journalism-schools-need-adapt-or-risk-becoming-irrelevant

Finberg, H. (2014). New newsroom training report shows gaps, some progress. Tomado de https://www.poynter.org/news/new-newsroom-training-report-shows-gaps-some-progress

Hallin, D., & Mancini, P. (2004). *Comparing media systems: Three models of media and politics*. New York, NY: Cambridge University Press. Henry-Sanchez, B., & Koob, A. (2013). Growth in foundation support for media in the United States. Tomado de http://foundationcenter.org/gainknowledge/research/pdf/mediafunding_report_2013.pdf

Holcomb, J., Gottfried, J., & Mitchell, J. (2013). News use across social media platforms. Tomado de http://www.journalism.org/2013/11/14/news-use-across-social-media-platforms/

Holcomb, J., & Mitchell, A. (2014). The revenue picture for American journalism and how it is changing. Tomado de http://www.journalism.org/2014/03/26/the-revenue-picture-for-american-journalism-and-how-it-is-changing/

ISI Web of Knowledge. (2014). JCR Social Science edition, journal citation reports for communication. Tomado de http://wokinfo.com/media/pdf/qrc/jcrqrc.pdf

Journalist's Resource, (n.d.). About journalist's resource. Tomado de https://journalistsresource.org/about

Kamhawi, R., & Weaver, D. (2003). Mass communication research trends from 1980 to 1999. *Journalism and Mass Communication Quarterly, 80*(1), 7-27.

Kang, C. (2014, September 30) Podcasting industry starts to ful ll its nancial potential. *The Guardian*. Tomado de https://www.theguardian.com/media/2014/sep/30/podcast-revival-profits-business-listeners

Kaplan, R. (2012). Journalism history. *The International Encyclopedia of Media Studies, 1*(2), 9.

King, S. (2010). The Carnegie-Knight initiative on the future of journalism education: Improving how journalists are educated & how their audiences are informed. Daedalus, *139*(2), 126-137.

Knight Foundation. (2011). Journalism education reform growing. Tomado de https://www.knightfoundation.org/press/releases/journalism-education-reform-growing

Knight Foundation (2012). An open letter to America's university presidents. Tomado de https://www.knightfoundation.org/articles/open-letter-americas-university-presidents

Lewis, S., & Carlson, M. (Ed.), (2015). *Boundaries of journalism: Professionalism, practices and participation.* New York, NY: Routledge.

Lichterman, J. (2014). Back to the newsroom: A new program lets professors go back to the thick of today's news work. Tomado de http://www.niemanlab.org/2014/03/back-to-the-newsroom-a-new-program-lets-professors-go-back-to-the-thick-of-todays-news-work/

Mensing, D., & Ryfe, D. (2013). Blueprint for change: From the teaching hospital to the entrepreneurial model of journalism education. *#ISOJ Journal, 3*(2), 26-44.

Mobile Millennials. (2014). Over 85% of generation Y owns smartphones. Tomado de http://www.nielsen.com/us/en/insights/news/2014/mobile-millennials-over-85-percent-of-generation-y-owns-smartphones.html

Online News Association (ONA). (n.d.). Challenge fund. Tomado de https://journalists.org/programs/challenge-fund/

Papper, B. (2015). Update: TV and newspaper staf ng, RTNDA. Tomado de http://www.rtdna.org/article/update_tv_and_newspaper_staffing

Papper, B., & Gerhard, M. (2001). News, staff and making money. Tomado de http://www.bobpapper.com/attachments/File/RTDNA_reports/staff2001.pdf

Parry-Giles, T. (2014). Journal impact factors and communication journals: A report from the National Communication Association. *AEJMC News, 47*(3), 8-9.

Pew Research Center. (2011). Press widely criticized, but trusted more than other information sources. Tomado de http://www.people-press.org/2011/09/22/press-widely-criticized-but-trusted-more-than-other-institutions/

Pew Research Center. (2012a). In changing news landscape, even television is vulnerable. Tomado de http://www.people-press.org/2012/09/27/in-changing-news-landscape-even-television-is-vulnerable/

Pew Research Center (2012b). Future of mobile news. Tomado de http://www.journalism.org/2012/10/01/future-mobile-news/

Pew Research Center (2014). State of the news media report. Tomado de http://assets.pewresearch.org/wp-content/uploads/sites/13/2017/05/30142556/state-of-the-news-media-report-2014-final.pdf

Poynter Institute. (n.d.). A brief history of the Poynter Institute. Retrieved from http://about.poynter.org/about-us/mission-history

Reese, S. D. (1999). The progressive potential of journalism education: Recast- ing the academic versus professional debate. *The Harvard International Journal of Press/Politics 4*(4), 70–94.

Riffe, D., & Abdenour, J. (2014). Editorial commentary. *Journalism & Mass Communication Quarterly, 91*(4).

Rosenstiel, T., Ivancin, M., Loker, K., Lacy, S., Sonderman, J., & Yaeger, K. (2015). *Facing change: The needs, attitudes and experiences of people in media.* Tomado de https://www.americanpressinstitute.org/publications/reports/survey-research/api-journalists-survey/

Ryfe, D. (2012). *Can journalism survive? A look inside American newsrooms.* Cambridge: Polity.

Sasseen, J., Matsa, K., & Mitchell, A. (2013). News magazines: Embracing their digital future. The State of the News Media 2013. Tomado de http://www.pewresearch.org/topics/state-of-the-news-media/

Seamon, M. (2010). The value of accreditation: An overview of three decades of research comparing accredited and unaccredited journalism and mass communication programs. *Journalism & Mass Communication Educator, 65*(1), 10-20.

Singer, J. B. (2008). Journalism research in the United States of America. En M. Loffelholz & D. Weaver. (Eds.), *Global journalism research: theories, methods, ndings, future* (pp. 145-157). Oxford: Blackwell.

Steensen, S., & Ahva, L. (2015). Theories of journalism in a digital age. *Digital Journalism 3*(1), 1–18.

Usher, N. (2015, February 23). Will the new Page One meetings finally make the *Times* digital first? *Columbia Journalism Review.* Tomado de https://archives.cjr.org/behind_the_news/page_one_meetings_symbolism_re.php

Vos, T. P. (2012). 'Homo Journalisticus': Journalism education's role in articulating the objectivity norm. *Journalism 13*(4), 435-449.

Williams, A. (2015, July 22). Why aren't there more minority journalists? *Columbia Journalism Review.* Tomado de: https://www.cjr.org/analysis/minority_journalists_newsrooms.php

Willnat, L., & Weaver, D. H. (2014). *The American journalist in the digital age: Key findings.* Bloomington, IN: Indiana University. Tomado de http://archive.news.indiana.edu/releases/iu/2014/05/2013-american-journalist-key-findings.pdf

Tabla 10.1
Asociaciones de periodismo y organizaciones relacionadas más importantes en los Estados Unidos.

Organization	Description	Contact
Accrediting Council for Education in Journalism and Mass Communication (ACEJMC)	Organismo acreditador de programas de periodismo en universidades y facultades.	http://acejmc.org/
Asian American Journalists' Association (AAJA)	Ofrece capacitación en habilidades, programas de desarrollo profesional y orienta a la industria del periodismo en la cobertura de temas relacionados con las comunidades asiatico americanas y de las islas del Pacífico.	https://www.aaja.org/
Association for Education in Journalism and Mass Communication (AEJMC)	Principal asociación académica de educadores de periodismo. Publica un sinnúmero de revistas académicas que incluyen *Journalism and Mass Communication Quarterly*.	http://aejmc.org/
Association of Alternative Newsmedia	Representa a 113 organizaciones de noticias en Norte América. Sirve a sus miembros y refuerza el periodismo alternativo a través de la defensa y la educación.	http://aan.org/
Broadcast Educator's Association (BEA)	Realiza certámenes con jurados que evalúan la creación y la presentación de investigación académica relacionada con los medios electrónicos. Publica el *Journal of Broadcasting & Electronic Media* y *Journal of Radio & Audio Media*.	https://www.bea-web.org/wp/
International Center for Journalism (ICFJ)	Utiliza lo último en tecnología digital para incrementar el flujo de noticias de calidad y sirve como catalizador para el cambio, de manera que sus socios se fortalezcan y los funcionarios públicos se expongan más a la rendición de cuentas.	https://www.icfj.org/
International Communication Association (ICA)	Asociación de académicos interesados en el estudio, la enseñanza y la aplicación de todos los aspectos del proceso de comunicación humana y la comunicación mediada.	https://www.icahdq.org/

Tabla 10.1 (cont.)
Asociaciones de periodismo y organizaciones relacionadas más importantes en los Estados Unidos.

Organization	Description	Contact
Investigative Reporters and Editors (IRE)	Organización de bases sin fines de lucro dedicada a la mejora de la calidad del periodismo de investigación.	https://www.ire.org/
Knight Foundation	Financia proyectos de todos los tamaños que ayudan a alcanzar el objetivo de promover comunidades informadas y comprometidas para así apoyar a una democracia saludable.	https://www.knightfoundation.org/
Local Independent Online News Publishers	Promueve la viabilidad y la excelencia de organizaciones en línea independientes enfocadas en las noticias locales.	http://www.lionpublishers.com/
National Association of Black Journalists (NABJ)	Ofrece programas y servicios de calidad y aboga a nombre de los periodistas negros en todo el mundo.	http://www.nabj.org/
National Communication Association (NCA)	Promueve la comunicación como una disciplina que estudia todas las formas, modos, medios y consecuencias de la comunicación a través de Advances communication as a discipline that studies all forms, modes, media, and consequences of communication through humanistic, social scientific, and aesthetic inquiry.	https://www.natcom.org/
Native American Journalists Association (NAJA)	Sirve y enpodera a los periodistas indígenas a través de programas y acciones diseñados para enriquecer y promover las culturas indígenas.	http://www.naja.com/
Online News Association	Inspira a la innovación y la excelencia entre los periodistas para servir mejor al público.	https://journalists.org/

Tabla 10.1 (cont.)
Asociaciones de periodismo y organizaciones relacionadas más importantes en los Estados Unidos.

Organization	Description	Contact
Poynter Institute	Instructor, innovador, conciliador y fuente de recursos para cualquiera que aspire a entablar conversaciones e informar a los ciudadanos en democracias del siglo XXI.	https://www.poynter.org/
Society for News Design (SND)	Mejora la comunicación en el mundo a través de la excelencia en el periodismo visual.	https://www.snd.org/
Society of American Business Editors and Writers (SABEW)	Promueve una cobertura superior de eventos y temas relacionados con los negocios y la economía.	https://sabew.org/
Society of Professional Journalists (SPJ)	Mejorando y protegiendo a periodistas desde 1909.	https://www.spj.org/index.asp

Tabla 10.2
Una muestra de programas universitarios de periodismo acreditados en los Estados Unidos (Becker, Vlad, & Simpson, 2013).

Nombre de la universidad	Nombre de la unidad	Títulos de pregrado otorgados en 2013	Sitio web
Pennsylvania State University	College of Communications	878	http://comm.psu.edu/departments/department-of-journalism
Michigan State University	College of Communication Arts and Sciences	878	https://comartsci.msu.edu/school-journalism
University of Florida	College of Journalism and Communications	645	https://www.jou.ufl.edu/
University of Georgia	Grady College of Journalism and Mass Communication	599	http://www.grady.uga.edu/
University of Alabama	College of Communication and Information Sciences	561	https://jcm.ua.edu/
Middle Tennessee State University	College of Mass Communication	535	http://www.mtsu.edu/programs/journalism
University of Missouri	School of Journalism	504	https://journalism.missouri.edu/
University of Oregon	School of Journalism and Communication	465	http://journalism.uoregon.edu/
University of Washington	College of Arts and Sciences	450	http://www.com.washington.edu/journalism
Syracuse University	S.I. Newhouse School of Public Communications	409	http://newhouse.syr.edu/
University of North Carolina at Chapel Hill	School of Journalism and Mass Communication	359	http://www.jomc.unc.edu/
Arizona State University	Walter Cronkite School of Journalism and Mass Communication	333	https://cronkite.asu.edu/
Ball State University	College of Communication, Information, and Media	260	http://cms.bsu.edu/Academics/CollegesandDepartments/Journalism.aspx
University of Kansas	William Allen White School of Journalism and Mass Communications	242	http://www.journalism.ku.edu/
Temple University	Klein College of Media and Communication	125	https://klein.temple.edu/academics/
San Diego State University	College of Professional Studies and Fine Arts	123	http://jms.sdsu.edu/

PARTE II

Contextualizando la educación global de periodismo

11

Haciendo un balance de la educación periodística contemporánea: El final del aula como la conocemos

Guy Berger y Joe Foote

En todo el mundo, con la finalidad de proporcionar educación periodística, una amplia variedad de organizaciones de capacitación no académica está adhiriéndose a escuelas de periodismo "tradicionales", situadas en instituciones de educación superior. Esto, entre otras razones, es motivo para que los proveedores "tradicionales" de tales escuelas reconsideren su contexto, su comunidad y su rol. Este capítulo describe desarrollos clave en los nuevos esfuerzos educativos (un concepto amplio que, por lo general, en este capítulo incluye esfuerzos de "capacitación") en los últimos 20 años. El nuevo escenario es uno en el que la oferta de educación periodística se está distribuyendo a través de una gama de proveedores a nivel mundial. Por otra parte, existe una mayor especialización de los servicios, así como una tendencia hacia la internacionalización de muchos programas y estudiantes.

Contexto

La educación periodística a nivel universitario nunca ha sido la "última parada" para la educación profesional, aunque en gran parte del mundo las universidades continúen siendo las mayores proveedoras de educación periodística, especialmente para principiantes. Al mismo tiempo, la pregunta de quién confiere educación periodística y quién es profesor de periodismo continúa modificándose. Por ejemplo, en 2006, una búsqueda de la UNESCO (Organización de las Naciones Unidas para la Educación, la Ciencia y la Cultura) de "posibles centros de excelencia" en la educación periodística africana, dio como resultado una lista de finalistas que incluía no solo escuelas de periodismo en universidades, sino también facultades de capacitación técnica y vocacional que, primordialmente, están involucradas en la formación profesional. Además, una de las finalistas fue una empresa comercial, y otra, ahora desaparecida, una organización no gubernamental (ONG) con un enfoque central en la capacitación (Berger, 2007).

Tales cambios ilustran lo que Deuze (2008, p. 270) dio a llamar un movimiento global hacia un sistema de educación periodística proporcionado más por universidades e institutos independientes que por el autodidactismo o la capacitación exclusiva en el trabajo. El actual incremento de los programas establecidos en universidades también se observa dentro de sistemas que están trascendiendo cada vez más las fronteras nacionales. Y cuando se incluye a los proveedores de cursos en línea, este movimiento se vuelve aún más diverso. A medida que los clientes de la educación periodística aprenden y experimentan con formas cambiantes de periodismo, reciben cada vez más ofertas de servicios de una variedad de proveedores y pueden hallar más oportunidades dispersas.

Los avances están superando la demanda que el estudioso Jan Servaes hizo a la educación periodística para que "saliera de su armazón nacional y se internacionalizara" (2009, p. 530). El plan de estudios modelo de la UNESCO (adaptado en más de 60 países y disponible en nueve idiomas) es un indicador de la creciente globalización de la educación periodística (UNESCO, 2007, 2013). Un asunto crucial que merece mayor estudio y que surge de estos avances concierne a los modelos de educación periodística que se están internacionalizando, a los problemas culturales y de lenguaje involucrados, y a la evolución de cursos que tratan explícitamente sobre globalización y periodismo (Josephi, 2010; Bromley, 2009; Holm, 2002).

Durante la primera mitad del siglo XX, en todo el mundo, la educación y la capacitación en periodismo estaban principalmente confinadas al lugar de trabajo, a menudo bajo el modelo del aprendiz. Pero a medida que la comunicación de masas creció como industria en la segunda mitad de ese siglo, también lo hizo la necesidad de contratar a más personas y de requerir destrezas de más alto nivel para esta industria. Las instituciones públicas de educación superior evolucionaron para satisfacer tal necesidad. En consecuencia, muchos países introdujeron diplomados y programas de licenciatura para preparar profesionales de nivel inicial para el mercado de trabajo. Si bien esto fue, en parte, una respuesta a la demanda de la industria de los medios de proporcionar graduados listos para una carrera en la industria, dichos programas también se adaptaron a las ambiciones institucionales de las universidades de engrosar el número de alumnos en un área de alta visibilidad, con cursos prometedores que lograran más estudiantes matriculados.

Hacia 1950, la educación periodística formal a nivel universitario estaba ampliamente aceptada en los Estados Unidos. No ocurrió así en Europa sino hasta la privatización de los medios de comunicación en Europa Occidental y hasta la caída del comunismo en Europa del Este. Pero ha florecido desde entonces, tanto en el número de programas como en la cifra de mujeres inscritas en ellos (Nordenstreng, 2009). En la década de 1980, el auge de los medios asiáticos y su correspondiente aumento en los medios privados crearon una mayor demanda de educación periodística formal en muchos países de la región. En la década de 1990, hubo un considerable crecimiento de la educación periodística en las instituciones de educación superior en Medio Oriente y África. Y para el 2000, los cursos de educación periodística a nivel universitario eran casi universales (Hume, 2007). En China y la India, los programas de educación periodística continúan proliferando a una velocidad inconcebible. El censo mundial de educación periodística del World Journalism Education Council ha registrado cerca de

3.000 programas a nivel mundial en su base de datos. En 2007, la mayor parte de estos programas se distribuyó de manera bastante uniforme entre América del Norte, Europa y Asia (World Journalism Education Congress, 2007). En áreas donde la educación a nivel universitario tardó en ganar fuerza, algunas organizaciones de medios crearon "escuelas de periodismo" autónomas, imitando determinadas características de las de educación superior. El Reino Unido, Alemania y Dinamarca tienen organizaciones de medios que siguen este modelo.

Este crecimiento explosivo de la educación periodística a nivel mundial también ha atraído la participación del sector privado. En muchas regiones del mundo, y especialmente en los países en desarrollo, las entidades comerciales han entrado a la competencia. Sin embargo, este tipo emergente de educación periodística a veces ha sido susceptible de críticas debido a que presentaba no pocos problemas de calidad y por la posible explotación de los estudiantes.

Al mismo tiempo, los cimientos establecidos a finales de 1900 parecen persistir, ya que todo indica que en la mayoría de los países con sistemas de educación periodística están arraigados en universidades consolidadas, y en menor medida, en facultades técnicas, supervisadas por sus departamentos educativos nacionales. En este modelo, las escuelas de periodismo se anclan en un marco institucional académico más amplio.

Con el tiempo, la "cartera" resultante de graduados de periodismo universitario ha afectado a los medios. Por ejemplo, a principios de la década de 1990, se estima que el 71% de los periodistas en los Estados Unidos tenían algún tipo de educación en medios de nivel postsecundario (Medsger, 1996, p. 7). Su educación a menudo reemplaza o complementa las prácticas de capacitación interna o hechas en el lugar de trabajo. Al mismo tiempo, con frecuencia la industria ha criticado no solo las habilidades de estos graduados, sino también, en general, el valor de la educación universitaria en periodismo.

Sin embargo, muchos programas universitarios han establecido vínculos estrechos con organizaciones profesionales. Las pasantías se han desarrollado como un componente clave de aprendizaje experiencial acorde con el currículo, que a menudo vigoriza las habilidades profesionales. Los profesionales de la industria visitan las aulas y algunos enseñan como adjuntos. Debido a que el sector de los medios es conocido por su baja inversión en capacitación, los programas patrocinados por las universidades han sido, en última instancia, una bendición para las operaciones de los medios al satisfacer cada vez más sus necesidades laborales.

En gran parte de América Latina, las credenciales de educación superior en periodismo solían ser prerrequisitos reglamentarios para trabajar en los medios (International Federation of Journalists, 2010). Esto se debió, en parte, al apoyo sindical, que tenía un interés inherente en limitar la competencia en el mercado laboral para los puestos en los medios. Pero tales requisitos ya no se exigen debido al declive de los sindicatos en América Latina (como ha sido el caso en todo el mundo) y a las opiniones internacionales de prestigio, que se oponen a cualquier membresía obligatoria o a calificaciones para ejercer como periodista (ARTÍCULO 19, 2012).

Sin embargo, incluso con la matriculación y graduación masiva en los programas universitarios de periodismo en todo el mundo, sigue habiendo un número importante de periodistas que no han llevado estos u otros programas básicos. Con todo, esos mismos periodistas a menudo se interesan en cursos académicos y de otro tipo cuando se trata de actualizar sus destrezas, o de aprender otras nuevas, en áreas como el periodismo de investigación, el periodismo basado en datos, nuevas tecnologías de las salas de redacción y la seguridad digital. Esta necesidad ha ayudado a alimentar un mercado para la educación "adicional" o "continua". Por ejemplo, algunas universidades han dirigido ciertos programas especializados hacia periodistas en ejercicio, expandiendo así su ámbito de actividad.

Simultáneamente, las asociaciones industriales, varias compañías de medios individuales y las ONG también han respondido a las necesidades de capacitación a mitad de carrera, elevando y formalizando iniciativas de capacitación *ad hoc* u otras iniciativas ocasionales, y creando academias para los empleados nuevos y los actuales. Por lo tanto, algunos en la industria mediática han confiado en programas internos bien financiados para ayudar a capacitar a sus periodistas. Los ejemplos incluyen Springer Group de Alemania, British Broadcast Corporation (BBC) del Reino Unido, All-India Radio y China Television. En 2013, las tres principales compañías de medios impresos de Sudáfrica administraban programas de capacitación, principalmente con el objetivo de cerrar las brechas entre la educación postsecundaria y las salas de noticias, y proporcionar educación de alto nivel a los empleados existentes. Sin embargo, una de estas compañías, Independent Newspapers, cerró su programa en 2014. Entre los ejemplos de proveedores independientes, vinculados a la industria y no a las universidades, se incluyen el U.S.' American Press Institute, el Poynter Institute y el South Africa's Institute for the Advancement of Journalism. Además, la African Woman and Child Feature Service (www.awcfs.org), una ONG con sede en Kenia, ofrece cursos cortos y material de capacitación para estudiantes de periodismo y periodistas en ejercicio en el este de África. Los temas cubiertos incluyen reporteo sobre el parlamento, la economía, el cambio climático, género, el VIH/SIDA, la salud reproductiva, los niños y temas de desarrollo, y la gestión de la sala de redacción. La UNESCO ha respondido a la necesidad de módulos de cursos especializados cortos con la publicación de una serie titulada *A Compendium of New Syllabi* (2013, 2015), que abarca temas como periodismo global, género y periodismo, viabilidad mediática, reporteo sobre la trata de personas y reporteo sobre desarrollo sostenible.

Los mismos avances que requieren la mejora de los niveles de conocimiento y destreza de los periodistas en ejercicio también han presionado a los periodistas principiantes. Hace diez años, no era esencial para los estudiantes de periodismo saber mucho sobre emprendimiento, propiedad intelectual, gestión de redes sociales, curaduría de contenido o seguridad digital. Y aunque ha llegado a ser importante que los estudiantes aprendan sobre estos temas, muchas escuelas de periodismo del sector de educación superior no tienen la flexibilidad curricular para enseñarlos en profundidad. Por otro lado, varios programas de periodismo de EE. UU. han dado un paso más allá del uso tradicional de libros, y enseñan estas materias a través del uso de ejercicios de aprendizaje de software ofrecidos por compañías en línea como Lynda.com y w3schools.com.

Además, ha habido un desarrollo en la enseñanza relacionado con el surgimiento de lo que podría llamarse la "industria de ayuda al desarrollo". Esta "industria" evolucionó durante la era de la Guerra Fría y se intensificó con los intentos occidentales de fomentar sistemas capitalistas democráticos en lugar de los sistemas políticos fallidos en Europa del Este, África y en otros lugares. Como resultado, surgió una subindustria de proveedores de cursos cortos para proporcionar capacitación especialmente a periodistas en ejercicio (junto con la promesa de equipo, capital y apoyo para la reforma legal) (Hume, 2004; Nelson, 2010). Numerosos casos de educación periodística transfronteriza también ocurrieron. Por ejemplo, se dio financiamiento a estudiantes de las democracias en desarrollo para estudiar en los Estados Unidos, al mismo tiempo que, con frecuencia ya habitual, se destinaban "profesores paracaidistas" para que trabajasen en el extranjero (Ognianova, 1995). Además, los proveedores británicos, incluida la Thomson Foundation y la Reuters Foundation Reuters (fusionadas en 2008 en la Thomson Reuters Foundation), fueron importantes exportadores de educación periodística. Los proveedores de la contraparte estadounidense incluyeron a Internews y a International Research & Exchanges Board (IREX). Grandes fundaciones, como los institutos "Open Society" financiados por Soros, apoyaron la educación periodística y las actividades de capacitación en muchos países. Las fundaciones alemanas, como Konrad Adenauer Stiftung e Inwent, proporcionaron educación periodística a miles de personas en países en desarrollo o provenientes de ellos. En muchas regiones del mundo, los principales organismos de radiodifusión también han establecido instalaciones, como la Radio Netherlands Training Foundation, que ofrece, entre otras cosas, una variedad de cursos a una circunscripción internacional. La Deutsche Welle Akademie, de la emisora internacional alemana, ofrece una amplia formación como parte de su trabajo general de desarrollo de medios.

Además, algunas ONG están ofreciendo una gama de cursos especializados que, por lo general, se relacionan con sus causas particulares, como la prevención del SIDA, la resolución de conflictos (por ejemplo, la ONG "Search for Common Ground") y elecciones transparentes y justas. El Instituto del Banco Mundial también ofrece cursos para reportar sobre finanzas y corrupción.

En el vasto panorama de múltiples proveedores de educación en periodismo, las instituciones, como el Poynter Institute, con sede en EE. UU., han incluido a los profesores universitarios como clientes informáticos, con la esperanza de actualizar o mejorar la educación periodística dentro de la academia.

También comienzan a aparecer asociaciones entre la industria y las universidades. Por ejemplo, el sistema alemán de radiodifusión Deutsche Welle se ha asociado con la University of Dortmund, la University of Bonn, y la Bonn Rhein-Sieg University of Applied Sciences en innovadores programas de maestría. En 2010, *The New York Times*, como parte de su nuevo modelo de negocios, se asoció durante un corto tiempo con la Ball State University para vender servicios certificados en línea de educación en periodismo. Y en Australia, una emisora pública solicitó a las escuelas universitarias de periodismo que produjeran módulos en línea de capacitación editorial para uso interno (Chadwick, 2009).

Iniciativas en línea

Las opciones de educación periodística en línea han ayudado a que el campo conectado a Internet, cada vez más concurrido, sea universalmente más accesible. El escalamiento de Internet ha creado una plataforma en la que la educación periodística se puede proporcionar casi sin problemas a través de las fronteras. El sitio web del International Center for Journalists (www.anywhere.icfj.org) dice que proporciona instructores que pueden dar clases de periodismo en los idiomas locales y que el sitio traducirá los comentarios entre los hablantes de diferentes idiomas. Por su parte, la Commonwealth Broadcast Association, con sede en el Reino Unido, que sirve a las antiguas colonias británicas, ha establecido un "Media Trust" que ofrece cursos en línea sobre liderazgo y gestión de medios. Y hace un tiempo, en septiembre de 2010, CNN anunció una oportunidad de aprendizaje en línea para estudiantes universitarios.

Después de operar programas presenciales de capacitación en periodismo en su sede en St. Petersburg, Florida, durante más de 30 años, el Poynter Institute estableció, en 2005, una "universidad" en línea, la News University. News University, que cuenta con más de 390.000 usuarios, ahora ofrece más de 400 cursos cortos en línea para periodistas y estudiantes de periodismo (www.newsu.org/about). También ofrece programas que van desde cursos secuenciales hasta seminarios web (*webinars*) de una sola vez, que están disponibles para cualquier persona siempre que ellos (estudiantes, bloggers, periodistas en activo, etc.) tengan una conexión a Internet y, en algunos casos, unos cuantos dólares extras. En 2009, el Poynter Institute demostró un gran interés en llevar sus ofertas gratuitas a todo el mundo, y en 2010 News University anunció que serviría como centro de coordinación de intercambios curriculares globales relacionados con la educación periodística.

En 2011, la UNESCO comenzó a implementar una plataforma de "Recursos educativos abiertos" basada en las adaptaciones de su plan de estudios modelo (www.unesco.org). Y en 2005, cuando una controversia británica llevó a la renuncia de los principales directores de la BBC, la organización creó una academia de la BBC y le asignó considerables recursos. En 2009, después de cuatro años de desarrollar material de capacitación para uso interno, la BBC decidió poner muchos de estos materiales a disposición del público a través de un proveedor externo en línea y de la Oxford University Press. Tal material fue "distribuido" a través del acceso pagado en línea en el BBC College of Journalism (http://www.bbc.co.uk/academy/journalism). Sin embargo, en julio de 2014, el BBC College of Journalism suspendió su muro de pago durante un año y anunció que estaba haciendo cientos de módulos de capacitación disponibles en línea de forma gratuita. Tal vez el modelo de suscripción pagado para materiales educativos no fue tan robusto como originalmente pensó la BBC (Looney, 2014). Sus videos y recursos impresos, que ya están disponibles en 11 idiomas, están siendo traducidos a unos 16 más para suministrar los 27 idiomas en los que el Servicio Mundial de la BBC transmite (Looney, 2014).

Muchos profesores de periodismo de todo el mundo también están haciendo que los resúmenes de sus cursos y sus fuentes estén disponibles gratuitamente en línea. Una de las figuras más destacadas es Rosental Alves y su Knight Center for Journalism in the Americas, con sede en la University of Texas en Austin. Su servicio ofrece cursos en línea de periodismo en español a miles de personas, y su uso pionero de Massive Open Online Courses (MOOC) para la entrega masiva de programas de periodismo ha demostrado ser especialmente efectivo. Otras ofertas conocidas de educación periodística incluyen información provista por la colega de Alves, la educadora y periodista estadounidense Mindy McAdams (https://mindymcadams.com/), la U.S.-based Association for Education in Journalism and Mass Communication (AEJMC, www.aejmc.org), y J Source, el Canadian Journalism Project (www.J-Source.ca). Incluso YouTube tiene un canal llamado "Reporters' Center" (youtube.com/reporterscenter), que aloja videos tutoriales sobre temas tales como periodismo de investigación, periodismo ciudadano, ética periodística y cómo realizar una entrevista. Además, hay un sinnúmero de sitios web, que provienen de una amplia gama de fuentes en todo el mundo, que de diversas formas ofrecen instrucción en periodismo o participan en el intercambio de conocimiento a través de debates, discusiones o demostraciones sobre los "cómo" y "por qué" de la práctica del periodismo hoy.

Otro actor nuevo en el mercado de la educación periodística en línea es iTunesU, patrocinado por Apple. iTunesU es un repositorio gratuito que alienta a los profesores universitarios en una variedad de campos a compartir sus cursos y tutoriales en línea. Inicialmente, iTunesU tenía pocas ofertas en periodismo y comunicación de masas, pero a partir de 2015 se han agregado varios cursos.

Desde 2012 se formaron varias empresas (por ejemplo, Coursera, Udacity, edX) para ofrecer libres cursos masivos en línea (MOOC, por las iniciales de Massive Open Online Courses) a audiencias globales. La mayoría de estos cursos son gratuitos, pero algunos son exclusivos y se pueden tomar para obtener créditos universitarios. Es muy probable que la presencia de cursos en línea de periodismo y comunicación de masas tendrá un incremento parecido al de cursos en informática y negocios.

En resumen, la gama de actores que imparte educación en periodismo continúa ampliándose enormemente con el tiempo, y las relaciones entre las diferentes partes continúan evolucionando. Además, las iniciativas transnacionales en el ciberespacio continúan aumentando. Esta nueva realidad influye en el valor de la educación académica tradicional del periodismo, el antiguo bastión de la oferta, así como en el rango de las oportunidades de empoderamiento de los profesionales de los medios.

Problemas

Todos estos cambios en educación periodística y capacitación en medios han ampliado exponencialmente la elección entre universidades y proveedores. Además de los cursos ofrecidos formalmente, la gama actual de oportunidades educativas informales e indirectas en el periodismo es vasta.

Uno de los resultados de tales cambios ha sido una difuminación acelerada entre la capacitación en periodismo y la educación periodística (los "cómo", "qué" y "por qué"). Otro, una evolución del respeto mutuo entre los profesionales de los medios y los educadores. Por ejemplo, anteriormente en los Estados Unidos, la desconfianza entre los profesionales y los académicos era palpable. Sin embargo, las últimas dos décadas han visto un virtual festival de amor entre los dos grupos. Una razón por la que el Poynter Institute ha tenido tanto éxito en los Estados Unidos es este sentimiento relativamente nuevo y fuerte de interdependencia entre profesionales y educadores que permite que los dos se mezclen fácilmente en las ofertas de capacitación del instituto. Su personal parece reconocer el valor del tiempo dedicado a los académicos tanto como lo hacen con los periodistas. Sin embargo, las tensiones aún existen. Se ha producido un debate vigoroso sobre cuán extensamente debe aplicarse un modelo de enseñanza tipo "hospital universitario" a la educación periodística. Varias fundaciones prominentes de EE. UU. involucradas en la educación periodística han abogado por la contratación de más profesionales, al margen de sus credenciales académicas. Si bien la mayoría de las universidades estadounidenses se han adherido a este enfoque, varios académicos han criticado el uso extensivo del mismo.

En gran parte del mundo en desarrollo, la falta de respeto de los profesionales del periodismo por la educación periodística universitaria sigue siendo un desafío formidable e impide una relación más estrecha entre los profesionales y la academia. Solo cuando estas barreras comiencen a desmoronarse en más países, el aumento de las conexiones entre profesionales, universidades y otras organizaciones de capacitación prosperarán. Además, en muchos países en desarrollo, los graduados con educación universitaria pueden obtener salarios más altos en el trabajo de comunicaciones fuera de las organizaciones de medios de comunicación. Dichos salarios más altos contribuyen a una relativa desconexión entre la academia y la industria en muchos países en desarrollo.

En años recientes, las universidades han sentido la necesidad de fomentar las conexiones entre ellas. En 2002, un grupo de asociaciones de comunicación interesadas en la educación en periodismo comenzó a planear un World Journalism Education Congress a celebrarse en Singapur en 2007. Esta primera reunión y su conferencia enfatizaron la coincidencia de los problemas que enfrentan los programas universitarios en este floreciente campo. El impulso obtenido de esta reunión atrajo a 28 organizaciones miembros, y en conjunto se hizo conocido como el World Journalism Education Council (wjec.net) (Foote, 2008). Durante su etapa formativa, las organizaciones, miembro del consejo, decidieron excluir a las instituciones de capacitación, centrándose solo en los asuntos problemáticos que enfrentan los programas de nivel universitario especializados en educación periodística (Berger, 2010). Ahora que este grupo informal se ha definido a sí mismo como una coalición de organizaciones académicas especializadas, está mucho más cómodo interactuando con organizaciones dedicadas exclusivamente a la capacitación en periodismo. Cuando el segundo WJEC se reunió en Sudáfrica en 2010 (wjec.ru.ac.za), la relación entre los dos tipos de proveedores recibió una atención considerable en las discusiones.

Mientras que los grupos de entrenamiento y las instituciones universitarias continúan resolviendo sus relaciones, la proliferación de nuevos actores continúa. En parte, esto refleja el universo cada vez mayor de actores que producen periodismo fuera de los nuevos medios formales, y particularmente aquellos que usan plataformas de medios sociales para texto, audiovisuales, periodismo gráfico, etc. Los conocimientos y habilidades para publicar o transmitir en línea son necesarios, pero no son suficientes para producir periodismo en línea. Con todo, la relación entre los dos dominios, el del conocimiento y el de la habilidad, ha creado un espacio híbrido para el desarrollo de capacidades que emula aspectos de la educación y la capacitación periodística. Hoy hay innumerables tutoriales en Internet que ofrecen capacitación en una serie de objetivos educativos que son relevantes para la práctica del periodismo (así como otras formas de comunicación). El resultado de todo esto es que el mercado abarrotado de la educación periodística va demostrando la necesidad de que los programas tradicionales de educación en las universidades se especialicen para diferenciarse y seguir siendo competitivos.

En general, ambas formas de educación periodística dedicada, y a menudo formal, en línea y fuera de línea han prosperado. La educación periodística se ha convertido en uno de los campos académicos de más rápido crecimiento en el mundo, a pesar de que el número de estudiantes a menudo supera al número de oportunidades de trabajo dentro del sector formal de los medios. Como consecuencia, la mayoría de los programas de periodismo universitario tienen exceso de matriculados. Sin embargo, la proliferación de medios privados en economías de rápido crecimiento, combinada con una creciente "internetización", está ofreciendo nuevas oportunidades de trabajo y, por lo tanto, nuevas oportunidades educativas. Aunque la crisis a la que se enfrentan los periódicos en muchas economías desarrolladas ha creado un conjunto diferente de desafíos y posibilidades, la sed de educación periodística estructurada se mantiene impertérrita, incluso cuando esta educación necesita ser reinventada.

Los proveedores nuevos y tradicionales de educación periodística no son solo competidores, sino también aliados potenciales. Algunas de estas asociaciones se han mencionado anteriormente. Parece que existe un interés común entre los proveedores por promover la educación periodística en general y usar de base el conocimiento de dominio público para mejorar lo que se ofrece. Sin embargo, mucha educación periodística universitaria corre el riesgo de ser superada por proveedores en áreas como el aprendizaje a distancia y en la creación de módulos de instrucción multimedia de alto nivel, que trascienden los límites nacionales públicos y privados.

Implicancias y tendencias futuras

Debido a que las industrias de medios han estado cambiando tan rápidamente, es imperativo que todas las organizaciones de educación periodística se vuelvan especialmente ágiles. En las universidades, esta educación ha estado bajo una considerable presión para cambiar y actualizarse, especialmente en el área de medios en convergencia. Tal realidad presenta una buena oportunidad para evaluar el valor único que las instituciones de educación superior aportan a la causa de entrenar periodistas empoderados y mejor educados. El patrimonio de la educación superior, que no es fácilmente reemplazable, incluye la experiencia en el aspecto comercial de la educación, la acreditación de sistemas y la generación de investigación. Las universidades son especialmente buenas para establecer estándares, proporcionar consistencia y continuidad, presentar marcos conceptuales y exponer a los estudiantes a estudios académicos más amplios.

Los requisitos de la investigación universitaria aseguran el examen continuo de una amplia gama de temas, con procedimientos que la industria de medios y muchas ONG no llevan a cabo. Sin embargo, la educación superior puede ser dolorosamente lenta para cambiar, y a menudo se desvía del camino y se topa con callejones sin salida. Dicho esto, su ventaja competitiva radica en su enfoque basado en el conocimiento, que ayuda a actualizar ideas y habilidades importantes. Incluso los educadores universitarios de periodismo que no son investigadores académicos tienen acceso exclusivo a colegas académicos que se dedican al estudio del periodismo y al entorno cambiante de las comunicaciones globales. Los educadores de periodismo también pueden recurrir a las habilidades y actividades de investigación de académicos con intereses similares en disciplinas afines dentro de sus instituciones. Además, en teoría al menos, los profesionales de la educación periodística que enseñan en las universidades tienen menos probabilidades de ser vulnerables al aislamiento que aquellos proveedores de capacitación establecidos fuera de la educación superior. Esto se debe a actividades universitarias, como las conferencias académicas y las prácticas de revisión de pares, que pueden agitar el crisol intelectual. La importancia de este aspecto de las universidades como instituciones ha sido destacada recientemente por investigaciones que subrayan la necesidad de que los programas de educación periodística reconozcan el papel de las ideologías dominantes, como las basadas en clase, raza, género y nacionalidad. Dichas ideologías funcionan para beneficiar el *status quo* al inclinarse hacia la práctica profesional del periodismo en favor del poder, como en la cobertura de conflictos internacionales o políticas económicas (Jensen, 2014; Patterson, 2014).

Otra ventaja clave de la educación periodística a nivel universitario es la capacidad de experimentar "periodísticamente" sin enormes inversiones. Los programas de periodismo, que existen principalmente para educar y no para producir medios, a menudo se preocupan mucho menos por el riesgo financiero que por la creatividad y la generación de conocimiento. Cuando las escuelas de periodismo generan productos mediáticos, incluso cuando generan beneficios y sirven al público, por lo general expresan sus motivos basados en objetivos educativos y periodísticos, al margen de la utilidad o la difusión.

Sin embargo, durante la última década, se ha vuelto más común que las escuelas de periodismo se asocien con organizaciones de medios para producir contenido. En la Arizona State University, en los Estados Unidos, el periódico *Arizona Republic* mantiene una sala de redacción activa dentro de la Cronkite School of Journalism and Mass Communication. Esta sala de redacción administra la mayoría de las noticias de última hora para la versión en línea del periódico. En la University of Oklahoma, los estudiantes del Gaylord College of Journalism and Mass Communication producen un programa deportivo semanal de 30 minutos para una red deportiva regional estadounidense, Fox Sports Southwest. Con los recursos de la industria cada vez más escasos, es probable que surjan más de estos tipos de asociaciones para la producción de contenido.

Lo que también es importante para evaluar el futuro de la educación periodística proporcionada por la universidad es la noción de que la educación superior tiene un nivel de autonomía con respecto a los medios. Como escribió Bollinger (2002/2003), "una gran escuela de periodismo necesita tener cierta distancia entre ella y la industria a la que sirve". Este es un factor crítico, ya que la industria misma, en algunos aspectos, se ha convertido en un proveedor interesado y rival de la educación periodística, que con frecuencia se puede instrumentalizar para satisfacer necesidades de corto plazo en lugar de tener un criterio más amplio y de largo plazo para la creación de capacidades. La misma externalidad de los programas de la industria establecidos en la universidad podría ser una fortaleza que no solo estimule la educación periodística independiente, sino también permita la crítica necesaria cuando las instituciones mediáticas pierden oportunidades, sufren miopía ideológica o presentan lapsos éticos. Tal externalidad también es un factor relevante cuando, como en los medios impresos de los EE. UU., los trabajos son escasos y se convierte en responsabilidad de las escuelas de periodismo empoderar a los aspirantes a periodistas para que inicien sus propias empresas de medios.

Con todo, la educación periodística universitaria también puede ser manipulada para promover tendencias proteccionistas en la industria. Por ejemplo, en Kenia, la industria de los medios y las principales escuelas de periodismo experimentaron un movimiento hacia la creación de un "sistema cerrado" a través de la concesión de licencias solo a instituciones que estarían permitidas de ofrecer educación periodística (Berger, 2009). Del mismo modo, el gobierno de Tanzania también consideró la posibilidad de otorgar licencias a las personas que podrían trabajar como profesores de periodismo, aunque esta medida finalmente no se materializó (Berger, 2009). Estas medidas monopólicas ignoran la realidad de los proveedores mundiales, que va más allá de las jurisdicciones nacionales y que solo podrían ser eficaces si a los ciudadanos se les prohibiera utilizar fuentes internacionales de aprendizaje relacionadas con el periodismo. También contradicen la noción de periodismo como un ejercicio especializado bajo el derecho más amplio de la libertad de expresión. Como sostiene Hartley (2008), el periodismo debe enseñarse principalmente como un derecho humano y no simplemente como un medio para lograr una carrera institucional. Cuando los gobiernos otorgan licencias para que las instituciones puedan enseñar periodismo, con la excusa de mantener estándares, en realidad están creando "clubes cerrados", con modelos de periodismo que sirven a intereses privados y a quienes pueden enseñarlos. La situación en Rwanda en el pasado reciente se asemeja a este modelo, donde en un momento solo las personas con calificaciones aprobadas por el gobierno podían ejercer el periodismo.

En contraste con tales controles, la verdadera formación universitaria en periodismo no es solo una práctica dentro de la rúbrica de la libertad académica. También debería operar (y a menudo lo hace) para promover los derechos de la libertad de expresión y el acceso a cualidades y plataformas periodísticas para el logro de tales derechos. Otra libertad relacionada con la educación periodística es la libertad de usar la educación recibida. Las habilidades periodísticas son fácilmente transferibles a otros campos. En algunos casos, los alumnos estudian periodismo sin intención de ingresar a la profesión. En su lugar, aprenden destrezas de alto nivel relacionadas con información y comunicación para avanzar en sus estudios de artes liberales o para ejercer una profesión relacionada. No es inusual encontrar graduados de periodismo que contribuyan con valores periodísticos únicos en las carreras de derecho, servicios públicos, mercadotecnia y otros sectores de la información. Solo las prácticas de inclinación totalitaria buscarían obligar a los graduados de periodismo a trabajar en industrias de medios, aunque este es un tema complejo cuando los recursos públicos se utilizan para subsidiar la educación de los jóvenes. La libertad de practicar el periodismo debe ir acompañada de la libertad de no practicarlo, incluso si el objetivo general sigue siendo que la educación periodística contribuya al periodismo.

Un tema adicional que merece discusión es la del objetivo primordial de la educación periodística. Y es que, independientemente de su proveedor, la educación periodística necesita empoderar no solo a los estudiantes, sino también al periodismo en sí mismo. En otras palabras, se supone que la educación periodística de calidad tiene un impacto en la calidad de la ciudadanía y la sociedad. Del mismo modo, la educación periodística puede promover lo que la UNESCO llama alfabetización mediática e informativa (UNESCO, 2014) a través del desarrollo de la capacidad para la participación periodística entre profesionales no relacionados con los medios, como los voluntarios de los medios comunitarios y los usuarios de las redes sociales.

Los programas con tales objetivos se han convertido en elementos importantes en la educación periodística en varios países. Por ejemplo, la Rhodes University de Sudáfrica, con el apoyo de Knight Foundation, ha impartido (mediante vías establecidas en la educación superior) cursos de periodismo ciudadano a residentes locales quienes, por diversas razones, hacen contribuciones periodísticas sin convertirse en periodistas a tiempo parcial o tiempo completo (thenewsiscoming.ru.ac.za). En todo el mundo, muchas universidades requieren ahora un curso de alfabetización mediática para todos los estudiantes. Dichos cursos son vistos como una forma de ayudar a los estudiantes a convertirse en mejores consumidores de contenido mediático y, en algunos casos, para ayudarlos a practicar el periodismo ciudadano y promover el cambio democrático. En Occidente, donde el número de estudiantes de periodismo está comenzando a disminuir, servir a la comunidad universitaria más amplia mediante cursos como los de alfabetización mediática también puede proporcionar una expansión valiosa de la misión tradicional y favorecer una combinación de las fortalezas de las escuelas de periodismo y las de estudios de medios, o sus contrapartes de comunicaciones, dentro de la universidad.

Conclusión

Este capítulo intenta sensibilizar a los lectores sobre el cambiante panorama de la educación periodística y su relación con la producción de periodismo. También tiene el propósito de incrementar la capacidad de los ciudadanos para generar periodismo y comprenderlo. No arroja ningún juicio sobre si un tipo de educación es mejor que otro. En cambio, reconoce una amplia gama de sistemas de conocimiento y de desarrollo de cualidades en operación, que pueden ayudar a los periodistas a brindar un mejor servicio a la sociedad. Este amplio enfoque evoca el famoso aforismo de Deng Xiaoping, que dice que el color de un gato no es tan importante como el hecho de que pueda atrapar ratones.

El modelo de negocio de la educación periodística influye y está influenciado por todo lo anterior. La mayoría de los proveedores tradicionales (es decir, las escuelas universitarias) no han estado ofreciendo sus servicios de forma gratuita. De hecho, los estudiantes y sus padres están pagando matrículas cada vez más costosas, y el número de estudiantes registrados en programas de educación periodística continúa creciendo en la mayor parte del mundo. Los proveedores universitarios y otros que pueden cruzar las fronteras a través del entorno en línea también están experimentando un crecimiento notable. Sin embargo, el éxito incuestionable de la educación periodística también expone su vulnerabilidad. Debido a que muchos programas universitarios, especialmente en países en desarrollo, tienen más estudiantes de los que pueden manejar, ha habido pocos incentivos para maximizar las fortalezas, actualizar e innovar, incluso cuando se enfrenta a la competencia.

Al mismo tiempo, algunos educadores han estado construyendo contenido que posee una utilidad casi universal o, por lo menos, tiene valor a la vez que puede ser adaptado a los idiomas y condiciones locales. A medida que más contenido es publicado en línea de forma gratuita o a precios atractivos, la presión podría empujar a los proveedores académicos tradicionales a revisar sus sistemas de entrega y/o sus estructuras tarifarias. La mayoría de los programas de educación periodística tienen oportunidades cocurriculares sólidas que serían difíciles de reproducir sin la presencia de los estudiantes. Sin embargo, algunos aspectos de esta educación podrían ser ofrecidos de manera alternativa por proveedores alternativos.

Una respuesta a este desafío, que también refleja el interés de la academia en expandir los horizontes de los estudiantes más allá de los contextos nacionales, ha sido la asociación sin fronteras de escuelas élite de periodismo. Un ejemplo clave es el grado de maestría de Erasmus Mundus, que se obtiene en diferentes países europeos (www.MundusJournalism.com). Y recientemente se ha formado una asociación entre las escuelas de periodismo de la Columbia University y la University of Witwatersrand de Sudáfrica. Además, la Medill School of Journalism de la Northwestern University tiene una filial en Qatar, y las universidades australianas con programas de comunicación, como la Monash University, tienen iniciativas similares en el extranjero. Todas las partes pueden ganar valor a partir de tales conexiones. Estas iniciativas podrían analizarse como maniobras defensivas o expansionistas, lo que indica una especie de mentalidad de fortín entre los programas de peso que apuntan a establecer un ecosistema cerrado de bastiones en otros lugares del planeta. Pero también tienen un gran potencial para participar en interacciones abiertas y porosas dentro de un mercado global, enriqueciendo y transformando la "nave nodriza" y volviéndose, en el camino, más internacionalizadas.

Una área que las escuelas de periodismo aún deben abordar apropiadamente es la separación entre la creación de contenido y la entrega de contenido. Las universidades han combinado las dos actividades sin problemas, durante siglos. El mismo profesor autónomo que crea contenido para un curso también lo dicta. Se ha hecho poca distinción entre las dos funciones. Cualquier desafío a esta premisa sacudiría la base cultural de la academia. Sin embargo, las universidades con fines de lucro y los institutos de capacitación están descubriendo la profunda distinción entre las dos y se dan cuenta del gran valor de hacerlo.

Por ejemplo, al invertir sumas considerables en la creación de contenido, las instituciones educativas con fines de lucro pueden producir cursos y módulos intrínsecamente valiosos que luego pueden ser impartidos por profesores-instructores menos capacitados y a un costo menor. Este proceso puede, al menos en teoría, traducirse en productos de mayor calidad y distribución más amplia a costos más bajos. Al invertir en contenido de alta calidad —con áreas de producción multifacéticas—, las organizaciones pueden potenciar su experiencia al máximo. Después de una inversión inicial, las instituciones pueden desplegar repetidamente un curso a un costo reducido. Una ventaja adicional es la habilidad para hacer un control contínuo de la calidad.

Algunas universidades se dan cuenta de que no pueden igualar la calidad del contenido ofrecido por las ONG o los proveedores comerciales en áreas temáticas específicas, especialmente en subespecialidades (como multimedia o reporteo sobre cambio climático) que podrían no ser económicamente viables para su entrega, incluso si el contenido pudiera formarse. Si una ONG o un proveedor de la industria está haciendo un excelente trabajo al proporcionar recursos de aprendizaje en estas u otras materias, hay pocas razones para que una escuela duplique estos esfuerzos. Las asociaciones con un modelo distribuido pueden proporcionar un servicio de educación periodística rico y coherente.

Las universidades están entrando en un momento en que se requieren soluciones híbridas. Ya no pueden, ciertamente, operar bajo la suposición de que son las soberanas de todo el contenido y la práctica de la educación periodística. Sin embargo, no es necesario que se aparten de la mayoría de sus dominios. En su lugar, las escuelas deben orientarse hacia las áreas en las que puedan proporcionar contenido, procesos y relaciones de alta calidad para sí mismas y para su distribución en todo el mundo. También deberían estar más abiertas a usar contenido proveniente de otras organizaciones de capacitación, de creadores de contenido educativo y de instituciones similares. Aunque las universidades pueden continuar ocupándose de la mayor parte del proceso pedagógico, no necesariamente tienen que crear todo el contenido ellas mismas. Las escuelas universitarias de periodismo deben reconocer y dar crédito al excelente trabajo realizado fuera de la academia. Incluso podrían ayudar a tal trabajo ofreciendo su propia experiencia en áreas tales como la pedagogía, el desarrollo de planes de estudio, los recursos de investigación y los vínculos. A través de tales relaciones, las escuelas de periodismo también pueden mejorar en áreas en las que pueden estar rezagadas. Por ejemplo, la educación periodística puede asociarse con la industria para aprender a entregar, monitorear y evaluar mejor el entrenamiento a larga distancia. Los beneficiados serían los estudiantes de periodismo, lo que proporcionaría un valor más amplio a la sociedad.

La situación actual de la educación periodística refleja la situación que enfrentan los consumidores de medios individuales con una mayor cantidad de opciones de contenido. Dichos consumidores también tienen mayores oportunidades de producir su propio contenido, lo que a menudo involucra autoeducación en una base social individual o compartida. Este tipo de autoeducación se convierte en una de las muchas opciones para los estudiantes.

Este capítulo se basa en la premisa de que la educación periodística trata, principalmente, de periodismo, no de las instituciones a través de las cuales se ha sostenido históricamente gran parte de su práctica educativa. El objetivo de la educación periodística no debe enfocarse exclusivamente en los cursos de periodismo para estudiantes dentro de los cursos de medios de comunicación de masas, como tradicionalmente se ha hecho. Se requiere una visión más amplia que empodere a todas las personas que quieren hacer periodismo. Esto significa, de hecho, proporcionar a los estudiantes del campus las aptitudes periodísticas, aunque no aisladas de otras bases de conocimiento relevantes para la práctica de esta disciplina. No obstante, también significa que la educación periodística no debe ignorar las necesidades de aquellos fuera de la universidad que desean aprender, ni tampoco ignorar los recursos para el aprendizaje utilizados por proveedores de fuera del campus. Desde un punto de vista centrado en el periodismo, la educación periodística debe basarse en una amplia gama de actividades y contenidos de educación periodística, conceptual y práctica, que sirve a una variedad de actores dentro y fuera del campus, provenientes de diversos sectores y canales. El resultado puede ser una producción y un consumo de periodismo más rico. Y reforzar este escenario es la consecuencia de un incremento en la complejidad en la práctica del periodismo (como conocimiento del tema, análisis de datos, estándares de verificación, etc.) y el conocimiento de que, por sí solos, los educadores tradicionales de periodismo ya no pueden proporcionar toda la educación ni la capacitación periodística necesarias.

En conclusión, la educación periodística debe verse como un medio para un fin, no como un fin en sí misma. Y el panorama de los proveedores de educación periodística debe verse como un asunto secundario en relación con este panorama más amplio. El vasto contexto global y las comunidades necesitan cada vez más que todas las personas interesadas en el futuro del periodismo presten atención. Esto es particularmente relevante cuando se considera cómo el conjunto complejo y con múltiples actores afecta a las diversas partes individuales, en especial cuando se trata de la educación periodística en las universidades.

Referencias bibliográficas

ARTICLE 19. (2012) Policy brief. International standards: Regulation of media workers. Tomado de https://www.article19.org/resources/international-standards-regulation-media-workers/

Berger, G. (2007). In search of journalism education excellence in Africa: Summary of the 2006 Unesco project. *Ecquid Novi, 28*(1-2), 149-155.

Berger, G. (2009). How to improve standards of journalism education. *African Communication Research, 2*(2), 271-290.

Berger, G. (2010). Journalism teachers building a global community. *Journalism & Mass Communication Educator, 65*(2), 157-167.

Bollinger, L. (2002/2003). *Communications*. Tomado de http://www.columbia.edu/cu/president/docs/communications/2002-2003/030415-journalism.html

Bromley, M. (2009). Introduction. In G. Terzis (Ed.), *European journalism education* (pp. 25-34). Bristol: Intellect.

Chadwick, P. (2009, December). A shared challenge. Contribution to a panel discussion 'Self- regulation and the media,' Perth: Journalism Education Association Conference.

Deuze, M. (2008). Journalism education in an era of globalization. En M. Löffelholz & D. Weaver (Eds.), *Global journalism research: Theories, methods, findings, future* (pp. 267-281). Malden, MA: Blackwell Publishing.

Foote, J. (2008). World Journalism Education Congress, conference report. *Journalism Studies, 9*(1), 132-138.

Hartley, J. (2008). Journalism as a human right: The cultural approach to journalism. En M. Löffelholz & D. Weaver (Eds.), *Global journalism research: Theories, methods, findings, future* (pp. 39-51). Malden, MA: Blackwell Publishing.

Holm, H. H. (2002). The forgotten globalization of journalism education. *Journalism & Mass Communication Educator, 56*(4), 67-71.

Hume, E. (2004). *The media missionaries: American support for journalism excellence and press freedom around the globe*. Miami, FL: Knight Foundation.

Hume, E. (2007). *University journalism education: A global challenge*. Washington, D.C.: A Report to the Center for International Media Assistance.

International Federation of Journalists. (2010). *Unions in touch with the future.* Tomado de http://congress.ifj.org/assets/docs/131/026/f757f8348b2e1a.pdf

Jensen, R. (2014). The ideology problem. Thomas Patterson's failed technocratic dream for journalism. Tomado de https://dissidentvoice.org/2014/01/the-ideology-problem/

Josephi, B. (Ed.). (2010). *Journalism education in countries with limited media freedom*. New York, NY: Peter Lang.

Looney, M. (2014). *BBC makes its training resources free to the public in 11 languages*. Tomado de http://ijnet.org/blog/bbc-makes-its-training-resources-free-public-11-languages

Medsger, B. (1996). *Winds of change. Challenges confronting journalism education*. Virginia, VA: The Freedom Forum.

Nelson, A. (2010). *U.S. universities and media development*. Washington, D.C.: Center for International Media Assistance.

Nordenstreng, K. (2009). Soul-searching at the crossroads of European journalism education. In G. Terzis (Ed.), *European journalism education* (pp. 511-518). Bristol: Intellect.

Ognianova, E. (1995). Farewell to parachute professors in East-Central Europe. *Journalism & Mass Communication Educator, 50*(1), 35-47.

Patterson, T. E. (2014). A rejoinder: The problem with Robert Jensen's "Ideology Problem." Tomado de http://www.mediaethicsmagazine.com/index.php?option=com_content&view=article&id=3999019:a-rejoinder-the-problem-with-the-robert-jensen-s-ideology-problem&catid=187,100&Itemid=486

Servaes, J. (2009). Epilogue. Back into the future? Re-inventing journalism education in the age of globalization. In G. Terzis (Ed.), *European journalism education* (pp. 519-539). Bristol: Intellect.

UNESCO. (2007). *Model curricula for journalism education for developing countries and emerging democracies.* Paris: UNESCO. Tomado de http://unesdoc.unesco.org/images/0015/001512/151209e.pdf

UNESCO. (2013). *Model curricula for journalism education. A compendium of new syllabi.* Tomado de http://www.unesco.org/new/en/communication-and-information/resources/publications-and-communication-materials/publications/full-list/model-curricula-for-journalism-education-a-compendium-of-new-syllabi/

UNESCO. (2014). *Media and information literacy.* Tomado de http://www.unesco.org/new/en/communication-and-information/%20media-development/media-literacy/mil-as-composite-concept/

UNESCO. (2015). *Teaching Journalism for Sustainable Development. A compendium of new syllabi.* Tomado de http://www.unesco.org/new/en/communication-and-information/media-development/journalism-education-and-training/

World Journalism Education Congress. (2007). *World journalism education census.* Tomado de http://wjec.ou.edu/census

12

Globalizándose:
La educación periodística se pone las pilas

Ian Richards y Charles C. Self [8]

A pesar de la vasta literatura sobre el tema, y aunque el periodismo hoy se practica "desde Tierra del Fuego hasta Tombuctú y es accesible desde la televisión hasta la esfera de Twitter" (Richards, 2014, p. 5), lo que "periodismo" significa sigue siendo una pregunta abierta. Esta elusividad tiene muchas implicaciones, sobre todo para la educación en periodismo, que tiene que lidiar con un mundo en el que los enfoques que se toman para la instrucción de los estudiantes están sumidos en la ambigüedad y la contradicción. Este no siempre fue el caso. Cuando comenzó la educación periodística, parecía bastante simple. La idea entonces novedosa de que el periodismo tenía un lugar en la universidad ha sido atribuida a Robert E. Lee, quien dirigió el ejército confederado del norte de Virginia durante la Guerra Civil estadounidense. En 1865, después de la derrota del sur, Lee se convirtió en presidente del Washington College (más tarde Washington and Lee University) en Lexington, Virginia, y estableció programas en química agrícola, negocios y periodismo "para ayudar a reconstruir un sur destrozado" (Washington and Lee University, 2014). A pesar de este inicio prometedor, no fue sino hasta la década de 1920 que la educación del periodismo llegó de forma permanente a Washington and Lee. Mientras tanto, la Ecole Supérieure de Journalisme en París comenzó a enseñar periodismo en 1899, mientras que, en los Estados Unidos, con el apoyo del editor de periódicos Joseph Pulitzer, la causa fue tomada por la University of Missouri (1908) y la Columbia University en Nueva York (1912).

Durante el siglo XX, los programas de periodismo a nivel universitario se multiplicaron en todo el mundo, ya que muchos otros adoptaron la idea de que el periodismo debería enseñarse a nivel universitario. En la India, por ejemplo, la educación formal del periodismo se introdujo por primera vez en la década de 1920, y luego se le dio un gran impulso en la década de 1950. Según Karan (2001), surgió la necesidad de una capacitación formal cuando académicos indios que habían sido entrenados en el extran-

---

[8] Ian Richards ha sido miembro del World Journalism Education Council (WJEC) desde 2004. Charles Self ha dirigido el proyecto de censo mundial del WJEC y ha estado involucrado con WJEC desde 2006.

jero se organizaron, a mediados de la década de 1950, para establecer escuelas de periodismo en unas pocas universidades indias, ofreciendo cursos de posgrado en esa disciplina. Hoy en día, muchas universidades indias tienen departamentos de periodismo establecidos, y más de 50 tienen programas de posgrado, muchos de los cuales ofrecen títulos de doctorado (Karan, 2001, p. 29). El ímpetu para abrir escuelas de periodismo resurgió después de la Segunda Guerra Mundial, y tuvo un impulso adicional hacia el final del siglo cuando el comunismo colapsó en Europa del Este y las economías de China e India se desarrollaron velozmente. De hecho, a comienzos del siglo XXI, se estimaba que la educación periodística en China se expandía a una tasa de aproximadamente 100 programas nuevos al año, y hacia el año 2010 ya existían 650 programas de pregrado de periodismo en China con una matrícula estudiantil estimada en 160.000 alumnos (Guo, 2010, p. 9). Sin embargo, a pesar de esta expansión, había menos diversidad en las modalidades de educación periodística de lo que se podía esperar, porque, como ha señalado Zelizer (2008), el modelo estadounidense de educación periodística se convirtió rápidamente en el "estándar de excelencia para gran parte del periodismo en el mundo" (p. 254).

Sin embargo, existe una gran diversidad de contextos sociales, económicos, políticos y culturales en los que los programas de periodismo operan hoy en día. Esto quizás se ilustra mejor mostrando las diferencias entre el Norte Global (Europa y América del Norte), donde se ubican la mayoría de los programas de periodismo, y el Sur Global (América Latina, Asia, África y Oceanía), donde se localizan relativamente pocos de estos programas. El "Sur Global" no es simplemente una descripción geográfica o un eufemismo para el subdesarrollo, sino que "hace referencia a toda una historia de colonialismo, neoimperialismo y cambio económico y social diferenciado a través del cual grandes desigualdades en el nivel de vida, esperanza de vida y acceso a los recursos se mantienen" (Dados & Connell, 2012, p. 13). No solo existen sesgos epistemológicos y metodológicos que marginan los programas en el Sur, sino que también existen problemas prácticos apremiantes, como acceso mínimo a computadoras, infraestructura inadecuada, apagones de energía frecuentes, peligro físico e inestabilidad política (Richards & Wasserman, 2013). La vida no es fácil cuando (Pearce, 2006):

> se trabaja en una universidad con una biblioteca que no es apropiada y se está desmoralizado debido a bajos salarios y ausencia de equipo básico, como una computadora... con estudiantes alienados que parecen estar constantemente en guerra con las autoridades universitarias o el Estado. (p. 56)

Periodismo y educación

Varias tendencias mundiales que han surgido aproximadamente en las últimas dos décadas han complicado aún más esta imagen. Sterling (2009) ha identificado tres de esas tendencias. La primera es la creciente especialización en docencia e investigación, que se ha centrado en cuestiones como la propiedad de los medios, las audiencias y la ética, así como en enfoques teóricos dirigidos por las ciencias sociales para el estudio de los medios en general. La segunda es un movimiento hacia el periodismo internacional que ha desafiado la dominación estadounidense del campo, ha contribuido al creciente interés en el papel de los medios en el desarrollo nacional y ha estimulado el interés en los estudios comparativos. Y la tercera tendencia es un mayor énfasis en cuestiones de género y diversidad étnica, con implicancias para todo, desde admisiones de estudiantes y personal de la universidad hasta el contenido de los cursos y la demografía de las salas de redacción.

Si bien estas tendencias han cobrado impulso, el periodismo en sí mismo también ha cambiado. Aunque se ha escrito mucho sobre los desafíos que aún enfrenta el periodismo, aquí se mencionarán las dos fuerzas más importantes relacionadas con este capítulo: la globalización y el cambio tecnológico. Marginson (1999, p. 19) ha identificado seis "aspectos de la globalización": las finanzas y el comercio; tecnologías de comunicación e información; movimientos internacionales de personas; la formación de sociedades globales; la convergencia lingüística, cultural e ideológica; y sistemas mundiales de signos e imágenes. Él sostiene que, en cada una de estas áreas, la globalización ha contribuido al surgimiento de "sistemas mundiales que tienen una vida propia distinta de la vida local y nacional, aun cuando estos sistemas mundiales tienden a determinar lo local y lo nacional" (Marginson, 1999, p. 20). A medida que estos sistemas evolucionaron, el surgimiento de Internet y las redes sociales comenzó a socavar la base económica tradicional del periodismo y su rol histórico de vigilancia. El resultado ha sido un desafío fundamental para nuestra comprensión de lo que constituye el periodismo y una búsqueda profunda de "el tipo de entorno de información global que preservaría mejor, e incluso expandiría, la rendición de cuentas, la supervisión y la transparencia que han sido históricamente la función de los medios independientes" (Simon, 2014). El resultado neto es que "académicos, públicos, periodistas y, por lo tanto, educadores de periodismo [han tenido] que reconsiderar sus enfoques, definiciones y funciones en la sociedad" (Deuze, 2000, p. 137).

Para los fines de este capítulo, es útil recordar los cuatro roles más amplios del periodismo delineados por Christians, Glasser, McQuail, Nordenstreng y White (2009). El primero es el rol de monitoreo (del "periodista vigilante" del periodismo tradicional, que recaba y publica información de interés público y distribuye información en nombre de sus fuentes y clientes, lo que incluye brindar información anticipada, consejos y advertencias). El segundo es el rol facilitador (que promueve el diálogo entre lectores y televidentes; que se logra mediante una comunicación que los vincula e involucra activamente; que implica respaldar y fortalecer la participación del periodismo en la sociedad civil —fuera de las instituciones estatales y el mercado—, de manera que se faciliten las condiciones culturales para el pluralismo y la vida democrática). El tercero es el rol radical (que proporciona una plataforma para los puntos de vista que son críticos frente a la autoridad y el orden establecido, y da un apoyo para cambios y reformas drásticos). Finalmente, está la función de colaboración (el desarrollo de relaciones estrechas entre los medios y las fuentes políticas y económicamente poderosas —principalmente, el Estado y sus agencias—). Existe una superposición considerable entre los diferentes roles, ya que todos tienen hilos comunes, como proporcionar información.

Si bien los cuatro roles tienen relevancia para la educación periodística en diversas partes del mundo, los primeros dos (monitoreo y facilitación) han sido los más influyentes. Y a medida que se desarrolló un consenso sobre la naturaleza y el propósito del periodismo, también se desarrolló un consenso respecto de los estándares en la educación periodística (Fröhlich & Holtz-Bacha, 2003). Esto ayuda a explicar por qué la UNESCO ha sugerido que los programas de periodismo actuales tienden a organizarse en torno a tres ejes curriculares o líneas de desarrollo, a pesar de que la educación periodística es "ofrecida de muchas maneras diferentes por muchas organizaciones diferentes con diferentes tradiciones y recursos educativos, en muchos entornos, circunstancias y culturas diferentes, y en numerosas condiciones políticas diferentes (UNESCO, 2007, p. 6). La UNESCO (2007) ha resumido los tres ejes curriculares de la siguiente manera:

- un eje que comprende las normas, valores, herramientas, estándares y prácticas del periodismo;
- un eje que enfatiza los aspectos sociales, culturales, políticos, económicos, legales y éticos de la práctica del periodismo dentro y fuera de las fronteras nacionales; y
- un eje que comprende el conocimiento del mundo y los desafíos intelectuales del periodismo.

Preocupaciones comunes, objetivos comunes

A medida que la educación a nivel universitario se convirtió gradualmente en el método dominante para la formación de periodistas, surgió un amplio debate sobre el papel de los programas universitarios en el periodismo. La relación entre la práctica y la teoría fue una parte central de esta discusión y condujo, por ejemplo, al desacuerdo sobre hasta qué punto los programas de periodismo deberían enseñar técnicas requeridas por la industria mediática y hasta que punto deberían proporcionar una educación más amplia. Las necesidades y demandas particulares de los sistemas mediáticos varían de país a país en todo el mundo, pero tratar de encontrar el equilibrio entre el conocimiento práctico y contextual sigue siendo el centro de atención. Con el tiempo, también surgieron otros puntos de discordia. Estos incluyen los debates de si el periodismo es un oficio o una profesión, si los planes de estudio deben tener un enfoque disciplinario estricto o ser más diversos, y si el periodismo como disciplina académica es adecuado para la academia. Al mismo tiempo, la mayoría de los programas han tenido que lidiar con presiones más amplias que afectan al sector universitario, desde fondos y recursos inadecuados hasta medidas impuestas desde el exterior, diseñadas para garantizar la rendición de cuentas y la calidad.

De vez en cuando, tales discusiones han alcanzado una intensidad que muchos han sentido contraproducente. En Australia, por ejemplo, los años noventa estuvieron marcados por "las guerras mediáticas" en las que muchos de los que enseñaban periodismo a nivel universitario se enfrentaron a los que enseñaban estudios de medios y estudios culturales. Menos localizada fue la respuesta en 2003 al entonces presidente de la Columbia University, Lee Bollinger. Bollinger argumentó que era vital que las universidades cumplieran la labor de generar un periodismo que fuera una profesión con "estándares y valores más fuertes, que armara a sus miembros con una resistencia innata frente a otros valores rivales que tienen el potencial de socavar las responsabilidades públicas de la prensa." (Bollinger, 2003).

Muchos asimilaron las opiniones de Bollinger, lo que llevó a una tendencia de las universidades a desempeñar un papel cada vez más central para contribuir al profesionalismo periodístico y para "actuar como un control importante de algunos de los efectos más nocivos engendrados por el incremento de la comercialización y la desregulación del sector de medios ocurrido en los últimos tiempos" (Nolan, 2008, p. 747). Por lo tanto, aunque durante mucho tiempo se asumió que la educación proporciona una base sólida para las actitudes y el conocimiento de los futuros periodistas, la educación universitaria del periodismo se ha considerado cada vez más como un correctivo para algunas de las presiones más notables ejercidas sobre esta disciplina en los últimos años (Nolan, 2008; Josephi, 2009; Richards & Josephi, 2013).

Tales discusiones tienden a polarizar a los académicos en lo que se refiere a los mejores enfoques para la enseñanza del periodismo. Sin embargo, a los involucrados en la educación periodística no les tomó mucho tiempo darse cuenta de que tenían mucho en común con aquellos que trabajaban en el mismo campo, siempre que estuvieran ubicados en la misma región o país. Ya en 1912, un pequeño grupo decidió establecer la American Association of Teachers of Journalism (AATJ) con el objetivo expreso de celebrar "una conferencia anual entre los interesados en la enseñanza del periodismo, y recopilar estadísticas relacionadas con las escuelas, los cursos y la enseñanza" (AEJMC History, 2014). Dos años más tarde, la National Communication Association (NCA) se fundó como una asociación de profesores de oratoria y retórica. Posteriormente, la AATJ se convirtió en la Association for Education in Journalism and Mass Communication (AEJMC), con un enfoque en la enseñanza e investigación del periodismo y la comunicación de masas. Desde 1965, AEJMC ha tenido una división de comunicación internacional dedicada a estudios de comunicación fuera de los Estados Unidos. La International Communication Association (ICA) surgió de la NCA, en 1950, como la National Society for the Study of Communication. Se convirtió en una asociación independiente en 1967, tomando su nombre actual en 1969, y su identidad internacional ha sido desde entonces un tema clave (ICA History, 2014). En los años siguientes, ICA estableció cinco escaños regionales en su junta para representantes internacionales, trasladó su sede a Washington, D.C., y estableció una estructura tarifaria escalonada para el pago de membresías y el registro de conferencias usando la clasificación de economías del mundo del Banco Mundial. ICA también ha trabajado para aumentar la representación de académicos internacionales en sus comités de publicación. Finalmente, celebra su convención anual cada dos años fuera de los Estados Unidos y copatrocina reuniones regionales en todo el mundo.

Aunque gran parte del debate sobre las preocupaciones comunes tuvo lugar, inicialmente, dentro de organizaciones individuales, países y regiones, esto comenzó a cambiar cuando los involucrados comenzaron a darse cuenta de que enfrentaban conflictos y dilemas similares a los de sus colegas en todo el mundo. A medida que los programas de periodismo comenzaron a establecerse en todo el planeta, asociaciones similares comenzaron a aparecer en muchos otros países. Este fue un proceso gradual, y en muchos lugares no fue sino hasta mucho más tarde en el siglo que las asociaciones de educadores de periodismo comenzaron a establecerse. En 1975, en Australia, por ejemplo, se estableció la Journalism Education Association (precursora de la Journalism Education and Research Association of Australia). En un principio dichas asociaciones tendieron a focalizar su atención en sí mismas, una situación que contribuyó a que los educadores de periodismo de todo el mundo fueran considerados, durante mucho tiempo, como provincianos. Este patrón se ha roto en los últimos años, ya que la educación periodística se ha consolidado en la escena de la educación postsecundaria en la mayoría de los países. Aún así, todavía en la primera década del siglo XXI se apelaba a la educación periodística para que "se liberara de su carcasa nacional y se internacionalizara" (Servaes, 2009).

Todos estos factores ayudan a contextualizar la decisión que tomó AEJMC en 2001 de establecer un grupo de trabajo sobre internacionalización "que aspiraba a interactuar con otras organizaciones afines en todo el mundo" (Foote, 2008, p.132). Dirigida inicialmente por Dennis Davis (Penn State, EE. UU.) y Kazumi Hasegawa (University of Maryland, Condado de Baltimore, EE. UU.), y más tarde por Joe Foote (University of Oklahoma, EE. UU.), las deliberaciones del grupo de trabajo condujeron a la presentación de una propuesta para una conferencia internacional seria dedicada específicamente a la educación periodística. Detrás de esto se hallaba el deseo de convocar a representantes de asociaciones de educación en periodismo de todo el mundo para debatir sobre los muchos problemas que los afectan. Sorprendentemente, tal reunión sería la "primera de su género", pues a menudo la educación periodística se había incluido como tema en una serie de conferencias, pero nunca antes había sido el único objetivo. En palabras del presidente del equipo de trabajo Foote, de este "germen de una idea" surgió un esfuerzo de planificación a gran escala diseñado "para reunir a todas las organizaciones profesionales existentes [a nivel mundial] que representaban a la educación periodística" (Foote, 2007, p. 132). Un grupo formado por representantes de organizaciones educativas de periodismo de todo el mundo comenzó a planificar las convenciones, con inclusión de representantes del Reino Unido, Sudáfrica, Canadá, China, Australia, Finlandia, Arabia Saudita, Israel y los Estados Unidos. El propósito del evento sería explorar áreas de interés común y de preocupación para los educadores de periodismo a nivel mundial, examinar los enfoques básicos de la enseñanza del periodismo en todo el mundo y, si fuera posible, llegar a un consenso sobre principios comunes que podrían formar la base de una Declaración de Principios con la que todas las organizaciones de educación periodística podrían estar de acuerdo (Foote, 2008). El comité decidió reunirse para su primera conferencia en Singapur.

World Journalism Education Congress

Esta primera conferencia, la World Journalism Education Congress (WJEC), se celebró en Singapur en junio de 2007 y fue organizada por el Asian Media Information Center (AMIC) en paralelo a su conferencia anual. Para cuando se hizo esta primera conferencia, el número de organizaciones de educación periodística involucradas con el WJEC había aumentado de 8 a 28, con casi 500 delegados de la primera conferencia (Foote, 2008, p. 132). WJEC Singapur lanzó el "Modelo de plan de estudios para la educación periodística" de la UNESCO (UNESCO, 2007), que describía una serie de planes de estudio de cursos de pregrado que podrían aplicarse en todo el mundo. El día anterior a la primera sesión de apertura del WJEC, los representantes se reunieron y acordaron una "Declaración de Principios para la Educación en Periodismo" (http://wjec.net/declaration-of-principles). Entre sus disposiciones estaba el reconocimiento de que el periodismo es un esfuerzo global y que los estudiantes de periodismo deben aprender que, a pesar de sus diferencias culturales y políticas, comparten importantes valores y objetivos profesionales con sus pares de otras naciones. El WJEC también votó para continuar operando como un grupo que iría a conocerse como el World Journalism Education Council, el cual tendría condición de informal, voluntario y autosostenible, sin una burocracia o administración central.

Las conferencias de WJEC se establecieron como eventos de tres días, con un programa de tres niveles que consistió en sesiones plenarias y simultáneas, talleres y gremios, discusión y análisis en grupos pequeños de temas actuales e importantes relacionados con la educación en periodismo. Los gremios demostraron ser un medio muy exitoso para facilitar la retroalimentación comunitaria (Goodman, 2007). En general, los aspectos formales e informales del programa de Singapur se combinaron para producir un evento "ampliamente considerado como un hito en la educación periodística internacional en términos de compartir conocimiento, experiencia, recursos y habilidades, así como por facilitar innumerables nuevas relaciones y redes" (Berger, 2010).

Sobre la base del éxito de WJEC en Singapur, a pesar de la decisión original de celebrar esta conferencia una sola vez, el consejo decidió celebrar otro WJEC en 2010. En julio de 2010, el WJEC-2 fue organizado por la Rhodes University in Grahamstown, Sudáfrica. Cerca de 300 educadores de 54 países asistieron a este evento, que dio una voz potente a los educadores de periodismo de África. WJEC South Africa también fue notable porque el arzobispo emérito y Premio Nobel Desmond Tutu se dirigió a los asistentes. Tutu cerró formalmente la sesión final del WJEC al firmar la Declaration of Table Mountain on African Press Freedom (Declaración de Table Mountain sobre la libertad de prensa africana) que exigía una prensa africana fuerte, libre e independiente. No fue ya una sorpresa cuando el WJEC decidió celebrar otro congreso en 2013, esta vez en Mechelen, Bélgica. El WJEC-3 fue organizado por la The European Journalism Training Association (EJTA) y la Flemish/Dutch Network of Journalism Institutes (VNOJ). Con el tema de "Renovación del periodismo a través de la educación", el congreso belga logró la asistencia máxima posible de 400 delegados. Su éxito fue una clara demostración no solo del impulso que el WJEC ha logrado desde su inicio, sino también de que el WJEC es realmente valorado y necesario para quienes participan en la educación periodística. Por esta razón, el consejo decidió mantener la tradición de organizar reuniones del WJEC cada tres años.

El resultado fue que casi 250 delegados asistieron al WJEC-4 en la Auckland University of Technology, en Auckland, Nueva Zelanda, en julio de 2016. El comité organizador, dirigido por Verica Rupar, presentó un programa que hizo hincapié en la educación periodística en el sur del Pacífico, e incluyó 16 paneles, 10 sindicatos, 46 sesiones de presentación de investigaciones académicas, dos talleres y una serie de eventos especiales. La reunión del consejo, celebrada durante el evento, determinó que la próxima conferencia WJEC se celebrará en París en 2019. WJEC-5 será organizado por la Paris-Dauphine University, con el apoyo de Theophraste Network, la red internacional de escuelas de periodismo de habla francesa fundada en 1994. El tema será "La enseñanza del periodismo en una época disruptiva", y es probable que la asistencia se vea incrementada por la decisión de la red de escuelas de periodismo francés (CEJ) y EJTA de celebrar sus conferencias anuales inmediatamente antes del evento.

Entre congresos, la junta ejecutiva de WJEC se reúne con regularidad por teleconferencia, y una vez al año en persona. Además de planificar y organizar el WJEC, el consejo ha iniciado una serie de proyectos, incluido un censo mundial de educación periodística. Con el apoyo de una subvención de la Knight Foundation, y liderada por Foote y Charles Self del Institute for Research and Training (IRT) de la University of Oklahoma, el proyecto de tres años tuvo como objetivo localizar y mapear programas académicos que, en todo el mundo, enseñan periodismo y comunicación de masas. Las metas del proyecto fueron: identificar tantos programas de periodismo como sea posible, encontrar información de contacto de estos programas —e información adicional— que permita el análisis comparativo de la educación periodística internacional, evaluar información sobre cooperación internacional y acuerdos de intercambio entre programas de periodismo, y difundir información sobre estos programas del modo más amplio posible (Self, 2007). Los resultados del censo no solo confirmaron la espléndida expansión del número de programas de periodismo en todo el mundo, sino también identificaron las preocupaciones cruciales que enfrentan muchos de ellos. Estos problemas van desde la forma en que se debería definir la educación periodística, hasta la búsqueda de recursos y las maneras de responder al rápido cambio tecnológico.

Conclusión

Parece claro que las cuatro reuniones de WJEC han logrado un éxito rotundo (Foote, 2007). Además, los educadores de periodismo de todo el mundo parecen tener mucho en común. Por ejemplo, muchos lidian con presiones similares y han elaborado respuestas creativas para abordar tales desafíos. El WJEC ha proporcionado un foro especializado en el que los programas pueden compartir sus desafíos y propuestas de solución. Los temas que despiertan mayor interés incluyen equilibrar las demandas conflictivas de la industria y la academia; contenido de cursos, aptitudes y empleos de los egresados; cuestiones de diversidad; respuestas al cambio tecnológico y la globalización; la posición del periodismo en la academia; y la defensa de que la educación periodística debe considerarse como un campo de estudio distinto.

A un nivel más fundamental, también hubo intensas discusiones sobre la naturaleza y los valores del periodismo y de la educación periodística, la división global Norte-Sur y la dirección futura del campo. Zelizer (2008) ha llamado la atención sobre la incapacidad de los académicos, educadores y profesionales de periodismo para escuchar lo que están diciéndose entre ellos. El WJEC ha proporcionado un marco para romper esta falta de comunicación a través de un formato que "permite sesiones de gran impacto y visión panorámica, y sesiones gremiales muy íntimas e interacción personal" (Foote, citado en Bishop, 2010).

El WJEC parece haber contribuido significativamente a erosionar la insularidad y el etnocentrismo que en el pasado empañó el progreso en el campo. Si bien tales actitudes no se han eliminado, las perspectivas de muchos educadores de periodismo parecen ser más genuinamente internacionales debido a sus experiencias con el WJEC. De hecho, algunas iniciativas del WJEC han tenido un efecto multiplicador en varios países. En los Estados Unidos, por ejemplo, el censo del WJEC que demostró el veloz crecimiento reciente de la educación académica del periodismo en el mundo (Self & Schroeder, 2011) ha animado a AEJMC a lanzar varias iniciativas para responder mejor a tal crecimiento. Su reciente "Grupo de Trabajo sobre AEJMC en el Siglo Global" produjo una serie de recomendaciones para alentar a los miembros a entablar un mayor diálogo con sus colegas en otras partes del mundo (Self, 2014). En el otoño de 2015, AEJMC se asoció con la Pontificia Universidad Católica de Chile para organizar una exitosa conferencia regional en Santiago, Chile, que reunió a académicos y estudiantes de las Américas para escuchar más de 30 sesiones de presentaciones en inglés y español para más de 100 investigadores y profesionales de los medios (aejmcsantiago.cl). Y se están planificando más reuniones regionales. AEJMC también comenzó una nueva "Iniciativa de Asia del Sur", que reúne a académicos de toda la diáspora del sur de Asia. Esta iniciativa derivó en un conjunto de presentaciones de un día en su conferencia anual 2016 (http://aejmc.org/events/mpls16/wp-content/uploads/sites/4/2016/07/South-Asia-

Initiative.pdf). Y desarrollos similares inspirados por WJEC han ocurrido en otros lugares.

El progreso de WJEC no ha sido indoloro. Los recursos son una fuente constante de preocupación, como lo es el contexto político en el que operan algunos delegados y organizaciones miembros, especialmente en relación con temas como la libertad de expresión y la libertad de prensa. Lamentablemente, hay algunas partes del mundo donde los entendimientos de "periodismo" y "educación periodística" simplemente no son compatibles con los valores reflejados en la "Declaración de Principios para la Educación en Periodismo" del WJEC. Las tensiones entre la academia y la industria tampoco han desaparecido.

Sin embargo, sería difícil argumentar que WJEC no ha significado un avance positivo para la educación periodística a nivel mundial. Ha proporcionado un foro único para debatir problemas comunes y para desarrollar vínculos más allá de las culturas y fronteras nacionales. Ha facilitado el pensamiento de alto nivel y el contacto personal en una atmósfera caracterizada por lo que Foote describió como "la magia de todas estas personas de tantos países" (Bishop, 2010). El WJEC también ha demostrado que los educadores de periodismo de diversos orígenes culturales, políticos, económicos y étnicos son capaces de trabajar juntos de manera cooperativa y amistosa para abordar los problemas comunes que ellos enfrentan. Todo esto se ha logrado de forma voluntaria, sin una administración central, una burocracia o una fuente de financiación. Claramente, el impulso para que los educadores de periodismo "se organicen internacionalmente" (Berger, 2010) está en marcha. Con el WJEC, que ahora ya es un elemento establecido en el panorama mundial de la educación periodística, los educadores de periodismo tienen una base sólida sobre la cual mantener el ímpetu.

Referencias bibliográficas

Adam, G. S. (2004). The events at Columbia, the design of journalism programs and the sources and nature of professional knowledge. *Australian Journalism Review, 26*(1), 5-18.

Association for Education in Journalism and Mass Communication. (2014). AEJMC History. Tomado de http://www.aejmc.org/home/about/aejmc-history/

Berger, G. (2010). Journalism teachers building a global community. *Journalism and Mass Communication Educator, 65*(2), 157-167.

Bishop, K. (2010). *WJEC 2 is a smashing success. WJEC Report: Journalism education in an age of radical change*. School of Journalism and Media Studies, Rhodes University, South Africa. Tomado de http://wjec.ru.ac.za/index.php?option=com_k2&view=item&id=55:wjec-2-is-a-smashing-success

Bollinger, L. (2003). Statement on the future of journalism education. Tomado de http://www.columbia.edu/cu/news/03/04/lcb_j_task_force.html

Christians, C., Glasser, T., McQuail, D., Nordenstreng, K., & White R. (2009). *Normative theories of the media: journalism in democratic societies.* Urbana, IL: University of Illinois Press.

Dados, N., & Connell, R. (2012). The Global South: Understanding people in their social worlds. *Contexts, 11*(1), 12-13.

Deuze, M. (2000). Re-directing education: considering theory and changes in contemporary journalism. *Ecquid Novi, 21*(1), 137-152.

Foote, J. (2007). World Journalism Education Congress: Its importance to ASJMC administrators. *ASJMC Insights,* 4-8.

Foote, J. (2008). World Journalism Education Congress. *Journalism Studies, 9*(1), 132-138.

Fröhlich, R., & Holtz-Bacha, C. (2003). *Journalism education in Europe and North America: An international comparison.* New Jersey, NJ: Hampton Press.

Goodman, R. (2007). Eight approaches to improving journalism education worldwide. *ASJMC Insights,* 11-18.

Guo, K. (2010, July). Chinese journalism education and Chinese curricula. Proceedings. World Journalism Education Congress, Rhodes University, South Africa.

International Communication Association. (2014). ICA History. Tomado de http://www.icahdq.org/page/History

Josephi, B. (2009). Journalism education. In K. Wahl-Jorgensen & T. Hanitzsch (Eds.), *Handbook of journalism studies* (pp. 42-56). New York, NY: Routledge.

Karan, K. (2001). Journalism education in India. *Journalism Studies, 2*(2), 294- 295.

Marginson, S. (1999). After globalization: emerging policies of globalisation. *Journal of Education Policy, 14*(1), 19-31.

Nolan, D. (2008). Journalism, education and the formation of 'public subjects.' *Journalism, 9*(6), 733–749.

Pearce, C. (2006). Editing an African scholarly journal. *Learned Publishing, 16*(1), 54-60.

Richards, I. (2014). Differences over difference: journalism beyond the metropolis. *Australian Journalism Review, 36*(1), 5-14.

Richards, I., & Josephi, B. (2013). Investigative journalism on campus: the Australian experience. *Journalism Practice, 7*(2), 199-211.

Richards, I., & Wasserman, H. (2013). The heart of the matter: journal editors and journals. *Journalism: Theory, Practice and Criticism, 14*(6), 623-636.

Self, C., & Schroeder, J. (2011). WJEC census of international journalism education provides powerful tool for researchers. *International Communication Research Journal, 46*(1-2), 68-77.

Self, C. (2007). Conducting an international census of journalism education. *ASJMC Insights,* 7-10.

Self, C. (2014). Report and recommendations of the Task Force on AEJMC in the global century. Columbia, S.C.: Association for Education in Journalism and Mass Communication.

Servaes, J. (2009). Back to the future? Re-inventing journalism education in the age of globalization. In G. Terzis (Ed.), *European journalism education* (pp. 519–39). Bristol, Intellect.

Simon, J. (2014). What's the difference between activism and journalism? Tomado de http://niemanreports.org/articles/whats-the-difference-between-activism-and-journalism/

Sterling, C. (2009). Education, journalism. *Encyclopedia of Journalism.* Tomado de http://sk.sagepub.com/reference/journalism/n129.xml

Unesco. (2007). Model curricula for journalism education for developing countries and emerging democracies. Paris, Unesco.

Washington and Lee University. (2014). About W & L. Tomado de https://www.wlu.edu/journalism-and-mass-communications-department/about-the-department/history

Zelizer, B. (2008). Going beyond disciplinary boundaries in the future of journalism research. En M. Loffelholz & D. Weaver (Eds.), *Global journalism research: theories, methods, findings, future.* (pp. 253-266). Malden, Blackwell.

13

¿Qué tan buenos somos?: Hacia un refinamiento global de la evaluación de los resultados del aprendizaje en la educación periodística

Joe Foote y Felix Wao

A la par que la educación superior en los países desarrollados se enfrenta a un escrutinio sin precedentes en cuanto a su calidad, acceso y asequibilidad, la educación periodística enfrenta una mayor presión para demostrar su calidad y valor educativo. En los países en desarrollo, el crecimiento de la educación del periodismo es tan rápido que los consumidores tienen dificultades para determinar la calidad en un entorno educativo tan dinámico. Todo esto ha producido una creciente demanda de rendición de cuentas y pruebas del valor educativo. Si bien las herramientas para la evaluación de los resultados de aprendizaje siguen siendo rudimentarias, se mantiene con fuerza el empeño en la consecución de los objetivos de garantía de calidad. Esto ha llevado a las siguientes preguntas decisivas: ¿En qué medida el currículo de la educación superior de periodismo provee a los estudiantes de las habilidades esenciales que la industria exige actualmente? ¿Y cómo se puede reducir de manera significativa la creciente brecha entre la educación y la práctica del periodismo, y, con suerte, eventualmente cerrarse? Las respuestas parecen apuntar, en parte, a la necesidad de mejorar drásticamente los procesos destinados a mejorar continuamente el aprendizaje de los estudiantes.

La mayoría de las autoridades de educación superior en los países del mundo tienen un sistema para medir los resultados de la instrucción y la investigación. Si bien los esfuerzos de cada país incorporan su propia identidad nacional y cultural, los métodos son con frecuencia similares. Algunos sistemas emplean la acreditación, mientras otros compilan bases de datos con diversos tipos de resultados. En algunos casos los programas se clasifican o califican más allá de tan solo cumplir con un umbral de calidad. Finalmente, existen sistemas que tienden a combinar dos o más enfoques en un intento de maximizar su medida de la calidad educativa. El entorno general de los sistemas nacionales es tan diverso e idiosincrático que no se ha intentado categorizar aquí la multitud de sistemas que abarcan todas las disciplinas.

Considerando lo anterior, el propósito de este capítulo es doble: explorar las instancias con más alto perfil en donde la educación periodística ha creado una identidad y responsabilidad únicas en términos de sistemas de garantía de calidad, y evaluar las estructuras de varios sistemas de garantía de calidad y hasta qué punto los diversos enfoques pueden conducir a la documentación sistemática de las habilidades importantes que se espera que demuestren los graduados de las escuelas de periodismo.

Evaluación de la educación en periodismo

La primera parte de este capítulo se centra en los esfuerzos relacionados específicamente con la educación periodística, examinando los siguientes cuatro entornos en los cuales se evalúa dicha educación (la Tabla 13.1, al final de esta sección, resume estos cuatro entornos):

- ➢ acreditación por la industria,
- ➢ acreditación hecha por pares,
- ➢ estándares voluntarios y planes de estudio modelo, y
- ➢ acreditación gubernamental.

Acreditación por la industria

El primer tipo de evaluación de control de calidad se hizo a través de los sindicatos. El periodismo no se consideraba una profesión, sino un oficio en el que los aprendices se abrían paso en el sistema. Cuando las universidades vocacionales comenzaron a ofrecer cursos de periodismo, los profesionales en el campo establecieron estándares para obtener la acreditación de periodista. Los gremios de periodistas en varios países europeos continúan empleando este tipo de supervisión profesional.

Orígenes en el Reino Unido. The National Council for the Training of Journalists (NCTJ) se fundó en 1951 como una organización no gubernamental en el Reino Unido para supervisar la capacitación de periodistas. Del NCTJ surgió la supervisión de los títulos en periodismo (NCTJ, 2015). El NCTJ celebró su décimo sexto aniversario en 2013. The National Union of Journalists respalda al NCTJ, al Broadcast Journalism Training Council (BJTC) y al Periodicals Training Council (PTC). Los objetivos del NCTJ son los siguientes (NCTJ, 2015):

- ➢ centrarse en las habilidades vitales, que son encontrar y contar historias con precisión y en la fecha límite;
- ➢ mostrar que la mayoría de los periodistas trabajan en un entorno multimedia y que las habilidades "nuevas" y "tradicionales" deben integrarse plenamente e incorporarse en la capacitación y la evaluación; y
- ➢ asegurar que se logren las habilidades básicas esenciales y estas sean evaluadas según un estándar nacional, y que además exista la flexibilidad para especializarse.

El período de acreditación del NCTJ para cursos de periodismo británico es un máximo de dos años. Se requiere una visita al sitio. Para obtener un Diploma en Periodismo, todos los candidatos deben completar cinco materias obligatorias que representan las habilidades básicas para todos los periodistas, además de al menos dos de las especializaciones. Las clases que representan las habilidades básicas son: Reporteo, Fundamentos de Asuntos Públicos, Fundamentos de Ley de Medios, Portafolio y Taquigrafía. La inclusión de la taquigrafía entre los cursos básicos ha sido controversial entre los educadores de periodismo y ha llevado a que varias universidades no busquen la acreditación. Los oponentes argumentan que la taquigrafía es una habilidad que no es relevante para un curso de nivel universitario y es obsoleta en la era digital. El NCTJ, sin embargo, sigue siendo reacio a eliminar este requisito.

Una vez que los estudiantes han completado las materias principales, ellos pueden elegir entre las siguientes especializaciones: periodismo televisivo, negocio de revistas, periodismo deportivo, ley de medios, reporteo de cortes, videoperiodismo en línea y producción periodística (edición).

El NCTJ se jacta de que los programas académicos universitarios con acreditación NCTJ les da a los estudiantes la mejor oportunidad de conseguir un trabajo en periodismo. También ofrece premios de excelencia para estudiantes y recién graduados que eclipsan a otros. Presumiblemente, tales premios también sirven como indicadores de calidad para las universidades.

El NCTJ presenta uno de los esquemas de acreditación más transparentes del mundo. Publica todas las tablas que compila para permitir que los futuros estudiantes tomen decisiones informadas sobre qué programas universitarios son más apropiados para ellos. Cada tabla muestra lo siguiente:

- ➢ nombre del curso acreditado;
- ➢ fechas y duración del curso acreditado;
- ➢ cantidad de estudiantes que completan el curso acreditado;
- ➢ número/porcentaje de estudiantes que obtienen calificaciones de A a E en cada examen, y, en el caso de la taquigrafía, el número/porcentaje de estudiantes que pasan a la velocidad mínima de 60 palabras por minuto (ppm);
- ➢ número / porcentaje de estudiantes que obtienen calificaciones de A a C en cada examen, y, en el caso de taquigrafía, el número/porcentaje de estudiantes que pasan a la velocidad mínima de 100 palabras por minuto; y
- ➢ nombre del centro donde se realizó la prueba.

Un ejemplo de Nueva Zelanda. Nueva Zelanda tiene un sistema similar al del Reino Unido. La New Zealand Journalists Training Organization (NZJTO) reconoce 10 programas de periodismo en el país como programas "aprobados por la industria". La NZJTO dice sobre sí misma (NZJTO, 2014):

➢ Supervisamos la capacitación ofrecida en las escuelas de periodismo registradas.
➢ Operamos un programa de acreditación de la capacitación en el lugar de trabajo.
➢ Promovemos el periodismo como una carrera.

NZJTO supervisa la creación de unidades estandarizadas relacionadas con el Diploma Nacional en Periodismo, el requisito mínimo aprobado para entrar a trabajar en una sala de prensa en Nueva Zelanda (NZJTO, 2014). De este modo, una organización de capacitación respaldada por la industria ha sido capaz de dictar los estándares del organismo nacional que rige la educación superior. Presumiblemente, solo los graduados de los programas de NZJTO pueden ingresar a la profesión, un poderoso incentivo para completar un título de periodismo universitario.

Originalmente, estas normas se aplicaron a siete politécnicos (escuelas técnicas) y tres universidades, pero las universidades ya no participan en este sistema. Frank Sligo, de la Massey University de Nueva Zelanda, se irritó ante la idea de estándares de capacitación basados en competencias (CBT, por sus siglas en inglés) que tienen mucho de "¿qué?" y muy poco de "¿por qué?" (Sligo, 2004):

> La base filosófica de los CBT y las unidades estandarizadas parece ser la noción de que lo que un alumno necesita absorber, como una esponja, puede ser encapsulado en una colección de edictos preempaquetados que, una vez completados, representan la adquisición del conocimiento apropiado. De hecho, este es un modelo imperfecto de transferencia de datos, no una teoría de la educación. (p. 119)

Si bien los estándares impuestos por la industria para la enseñanza del periodismo perdieron gran parte de su vigencia cuando las universidades establecieron programas académicos integrales de periodismo, los estándares sirvieron como un importante indicador de calidad cuando el periodismo pasó de ser un oficio a una respetable disciplina universitaria. Se podría argumentar que estos estándares aceleraron el ascenso del campo durante los años 80 y 90, cuando florecieron los programas de periodismo en la academia. Ahora que la educación en periodismo está más firmemente arraigada dentro de las estructuras universitarias, hay menos tolerancia para los estándares impuestos por la industria.

Acreditación hecha por pares. La acreditación hecha por pares en la educación en periodismo a nivel de disciplina fue iniciada en los Estados Unidos en 1945 a través del Accrediting Council on Education in Journalism and Mass Communications (ACEJMC, 2013). Hoy, ACEJMC acredita a 110 programas académicos en los Estados Unidos y Puerto Rico. Y hay más de seis programas acreditados por ACEJMC fuera de los Estados Unidos, el primero fue la Pontificia Universidad Católica de Chile. ACEJMC modificó recientemente sus estándares para hacerlos menos centrados en Estados Unidos y más aplicables en todo el mundo.

ACEJMC es uno de los pocos programas de garantía de calidad basado en la revisión voluntaria hecha por pares. Los programas académicos se acercan al consejo para solicitar la acreditación. Después de un autoaprendizaje y visitas al sitio, el consejo vota sobre la acreditación, que es por un período de seis años. Sin embargo, puede haber una acreditación provisional por dos años mientras la unidad trabaja en problemas mencionados, o se puede denegar la acreditación. ACEJMC es una ONG no afiliada con el gobierno de los EE. UU. Su membresía se divide por igual entre educadores y profesionales.

La acreditación ACEJMC es un método de acreditación "umbral", que establece estándares que deben cumplirse. Sin embargo, no clasifica ni designa programas que puedan mostrar una excelencia particular, aunque menciona cualidades superiores mencionadas en los informes del equipo que visitó el sitio. Los miembros del Consejo (académicos y profesionales) han desarrollado los siguientes nueve estándares (ACEJMC, 2013):

- Estándar 1. Misión, gobierno y administración.
- Estándar 2. Currículo e Instrucción.
- Estándar 3. Diversidad e Inclusión.
- Estándar 4. Plantel de profesores de tiempo completo y a tiempo parcial.
- Estándar 5. Producción de conocimiento: actividades de investigación, actividad creativa y actividades profesionales.
- Estándar 6. Servicios para estudiantes.
- Estándar 7. Recursos, instalaciones y equipo.
- Estándar 8. Servicio público y profesional.
- Estándar 9. Evaluación de los resultados del aprendizaje.

Hay 12 valores y capacidades a seguir y que son parte de los estándares que el Consejo aprobó en 2000 (ACEJMC, 2013):

- Comprender y aplicar los principios y las leyes de la libertad de expresión y de prensa conforme al país en el que se encuentra la institución que invita a ACEJMC, así como recibir instrucción y comprender la gama de sistemas de libertad de expresión en todo el mundo, incluido el derecho a disentir, a vigilar y criticar el poder, y a reunirse y a solicitar la reparación de injusticias.
- Demostrar una comprensión de la historia y el papel de los profesionales y las instituciones en la configuración de las comunicaciones.
- Demostrar una comprensión de género, raza, etnicidad, orientación sexual y, según corresponda, otras formas de diversidad en la sociedad doméstica en relación con la comunicación de masas.
- Demostrar una comprensión de la diversidad de pueblos y culturas y de la importancia y el impacto de la comunicación de masa en una sociedad global.
- Comprender conceptos y aplicar teorías en el uso y presentación de imágenes e información.

- Demostrar una comprensión de los principios éticos profesionales y trabajar éticamente en la búsqueda de la verdad, la precisión, la imparcialidad y la diversidad.
- Pensar crítica, creativa e independientemente.
- Llevar a cabo investigaciones y evaluar información a través de métodos apropiados para las profesiones de comunicación en las que trabajan.
- Escribir correcta y claramente en las formas y estilos apropiados para las profesiones de comunicación, las audiencias y los propósitos a los que sirven.
- Evaluar críticamente su propio trabajo y el de los demás por su precisión y equidad, claridad, estilo apropiado y exactitud gramatical.
- Aplicar conceptos numéricos y estadísticos básicos.
- Aplicar herramientas y tecnologías apropiadas para las profesiones de comunicación en las que se trabaja.

Una dimensión interesante de la acreditación estadounidense de la acreditación hecha por pares es su proceso de autorregulación. El Council for Higher Education Accreditation (CHEA) con sede en los Estados Unidos, una organización no gubernamental fundada por administradores universitarios, acredita a ACEJMC y a otras 59 organizaciones de acreditación con sede en los EE. UU. (CHEA, 2013). La mayoría de los miembros de la junta son académicos. No hay representación del gobierno de EE. UU., aunque CHEA trabaja en estrecha colaboración con el Departamento de Educación. Un acreditador de acreditadores es importante porque en los Estados Unidos cualquier organización puede convertirse en un acreditador. Sin embargo, solo aquellos que llevan el sello de una organización autorregulada, como CHEA, son tomados en serio.

No hace mucho, la American Communication Association (2013), un pequeño organismo académico fundado en 1993, entabló una iniciativa de acreditación (ACA, 2013). Es similar al proceso de ACEJMC porque tiene criterios de acreditación, autoestudio, visita al sitio y adjudicación. Sin embargo, no es parte de CHEA ni de ninguna otra organización de supervisión. El tiempo dirá cómo le va a esta iniciativa y qué programas le solicitan acreditación.

Estándares voluntarios y planes de estudio modelo. Además de establecer organismos oficiales de acreditación, también ha habido iniciativas para establecer estándares voluntarios con la esperanza de que las organizaciones las adopten y las pongan en práctica. La European Journalism Training Association (EJTA) fue una de las primeras que acogieron aquel enfoque. En junio de 1997, adoptó la Declaración de Tartu, que estableció un marco para evaluar la calidad en la educación en periodismo (EJTA Tartudeclaration, 2013). En la declaración, los educadores dijeron que los periodistas deberían servir al público

- proporcionando detallada información de las condiciones políticas, económicas, socioculturales;

- estimulando y fortaleciendo la democracia en todos los niveles;
- estimulando y fortaleciendo la rendición de cuentas personal e institucional; y
- fortaleciendo las posibilidades de los ciudadanos para tomar decisiones en contextos sociales y personales, en tanto se sienten responsables de la libertad de expresión, respetan la integridad de las personas, mantienen una actitud crítica respecto de sus fuentes y son independientes de los intereses creados, utilizando estándares éticos tradicionales.

El corazón de la declaración consta de 10 competencias para la educación periodística. Al tomar esta iniciativa, EJTA se convirtió en una de las primeras organizaciones en el mundo en enfocarse en la evaluación de programas basada en resultados. A continuación, se enumeran las 10 competencias descritas en la Declaración de Tartu (EJTA, 2013):

- Reflexionar sobre el rol social del periodismo y su desarrollo interno.
- Encontrar temas y ángulos relevantes, de acuerdo con los objetivos públicos y de producción de un medio determinado o de diferentes medios.
- Organizar y planificar el trabajo periodístico.
- Reunir información rápidamente, usando las técnicas y métodos de investigación habituales en la recopilación de noticias.
- Seleccionar la información esencial.
- Estructurar la información de manera periodística.
- Presentar información en un lenguaje apropiado y una forma periodística efectiva.
- Evaluar y dar cuenta del trabajo periodístico.
- Cooperar en un equipo o en un entorno editorial.
- Trabajar en una organización mediática profesional o como un profesional independiente.

Para cada una de estas 10 competencias, EJTA estableció una lista de indicadores que ayudarían a los programas a comprender si cumplían o no con sus objetivos. Por ejemplo, los siguientes indicadores amplían la definición de la competencia bastante vaga de "seleccionar la información esencial" (EJTA, 2013):

- Ser capaz de distinguir entre problemas principales y secundarios.
- Ser capaz de seleccionar información sobre la base de la exactitud, la precisión, la confiabilidad y la integridad.
- Ser capaz de interpretar la información seleccionada y analizarla dentro de un marco (histórico) relevante.
- Ser capaz de seleccionar información de acuerdo con los requisitos del producto y el medio.

> Tener en cuenta el impacto de su información en las fuentes, el público y el debate público.

Otro esfuerzo pionero ocurrió en 2007 cuando la Organización de las Naciones Unidas para la Educación, la Ciencia y la Cultura (UNESCO) reveló un plan de estudios modelo para la educación periodística en África en el primer World Journalism Education Congress (WJEC) en Singapur (UNESCO, nd.). También nombró lo que denominó los Potenciales Centros de Excelencia en la Capacitación en Periodismo en África (UNESCO, nd.). Después de una investigación exhaustiva, 12 instituciones de capacitación en periodismo y medios fueron nombradas en la lista. La UNESCO esperaba que estas 12 instituciones en África fueran un faro para otros y proporcionaran un plan de estudios que ayudaría a los programas a alcanzar la excelencia.

> El plan de estudios modelo de la UNESCO está cimentado en cuatro competencias fundamentales (UNESCO, 2013):
> la capacidad de pensar críticamente, incorporando habilidades en comprensión, análisis, síntesis y evaluación de material desconocido, y una comprensión básica de la evidencia y los métodos de investigación;
> la capacidad de escribir clara y coherentemente utilizando métodos narrativos, descriptivos y analíticos;
> un conocimiento de las instituciones políticas, económicas, culturales, religiosas y sociales nacionales e internacionales; y
> un conocimiento de temas y problemas de actualidad, y un conocimiento general de historia y geografía.

Este plan de estudios modelo incluía planes específicos para cada año de una licenciatura y una maestría profesional para estudiantes que no hubieran tenido contacto con el periodismo. Los sílabos fueron incluidos para cada curso con temas específicos de ponencias, lecturas y tareas. El plan de estudios modelo estaba marcadamente inclinado hacia los cursos de habilidades, pero enfatizaba que los cursos conceptuales eran una parte importante del plan de estudios que no debería excluirse.

Una de las virtudes del plan de estudios modelo era ser lo suficientemente genérico como para ser adoptado por áreas de todo el mundo. Menos de cuatro años después de que publicara su plan de estudios modelo para África, la UNESCO alentó un esfuerzo similar en América Latina. En 2011, en una reunión en Quito, Ecuador, se discutió cómo se podría modificar el plan de estudios para la educación periodística en la región. La UNESCO promovió el plan de estudios modelo (UNESCO, 2013) de la siguiente manera:

un modelo genérico que puede ser adaptado de acuerdo con las necesidades específicas de cada país. Toma conocimiento completo de los contextos sociales, económicos, políticos y culturales de los países en desarrollo y las democracias emergentes, destacando la conexión entre democracia y periodismo, y abogando por un enfoque más interdisciplinario dentro de las organizaciones de capacitación en periodismo.

La última región que ha buscado emplear el plan de estudios modelo de la UNESCO es el Magreb en el norte de África. La iniciativa del Magreb se lanzó en Rabat, Marruecos, en 2011. El esfuerzo, en asociación con varias ONGs de la región, se centra en la promoción de contenidos mediáticos sensibles a las cuestiones de género en la educación periodística. El principal objetivo de este programa es "sensibilizar a los profesionales de los medios, los responsables de las decisiones, los gerentes de instituciones de capacitación y los grupos de la sociedad civil sobre la representación de las mujeres en los medios del Magreb y promover la igualdad de género en los países del Magreb" (UNESCO, 2013).

En 2005, las Fundaciones Carnegie y Knight en los Estados Unidos anunciaron una iniciativa para "potenciar el negocio de noticias de EE. UU. ayudando a revitalizar las escuelas de periodismo". Los tres esfuerzos de la iniciativa Carnegie-Knight (The Future of Journalism Education, 2013) fueron:

> - Enriquecimiento curricular: un proceso dirigido a ofrecer a los estudiantes una exploración profunda y de múltiples niveles de temas tan complejos como la historia, la política, los clásicos y la filosofía para afianzar sus habilidades periodísticas al tiempo que se eleva el perfil de la educación en periodismo dentro de la universidad.
> - News 21: proyectos nacionales de reporteo que se incuban y organizan anualmente y son supervisados por profesores del campus para su distribución a través de medios tradicionales e innovadores.
> - El Grupo de Trabajo Carnegie-Knight: Ofrece a los decanos de facultades de periodismo la oportunidad de discutir sobre temas que afectan la educación periodística y el campo del periodismo.

Cinco universidades fueron incluidas en la iniciativa original. Se han agregado siete universidades más. Las conversaciones con decanos y profesionales del periodismo se convirtieron en el cimiento intelectual de la Iniciativa Carnegie-Knight sobre el futuro de la educación en periodismo. De alguna manera, las 12 universidades designadas como participantes de Carnegie-Knight se han convertido en una lista *de facto* de programas modelo en los Estados Unidos. Ellas son las siguientes:

> - Arizona State University;
> - Columbia University;
> - Harvard University;
> - University of California, Berkeley;
> - University of Maryland;

- University of Missouri;
- University of Nebraska;
- University of North Carolina, Chapel Hill;
- Northwestern University;
- University of Southern California, Los Angeles;
- Syracuse University; and
- University of Texas at Austin.

Otro factor informal que afecta el control de calidad en la educación en periodismo ha sido la proliferación de encuestas de los principales programas y de la satisfacción de los estudiantes. Australia tiene un ranking basado en la evaluación de satisfacción de los estudiantes por un periodo de cuatro años, un sistema que el gobierno usa para anunciar un ranking de programas. NZJTO de Nueva Zelanda ha publicado una lista de las escuelas de periodismo del país reconocidas por la industria.

Algunas revistas y periódicos ocasionalmente han anunciado clasificaciones de programas de periodismo, aunque los campos profesionales populares como negocios, derecho y medicina tienen prioridad cuando se trata de clasificaciones anuales. Estos rankings han tenido un efecto significativo en cómo el público y la academia perciben los programas en algunos campos. Internet incentivó a las personas a crear sus propios rankings subjetivos de programas. Por lo general, no está claro qué criterios son usados en los sitios web que promueven los "programas de periodismo en los 10 primeros lugares" o los "10 principales programas de publicidad". Presumiblemente, son bastante subjetivos. Cualquier persona con una computadora puede pregonar que es un árbitro de la calidad en un campo propio.

Acreditación gubernamental. En la mayoría de los países en desarrollo, el control de calidad de la educación superior está bajo la jurisdicción del gobierno. Si bien las áreas específicas y el alcance de la supervisión gubernamental pueden variar de un país a otro, tales gobiernos suelen verificar y/o tomar decisiones sobre políticas y prácticas fundamentales en áreas críticas relacionadas con institutos y universidades, que incluyen, entre otras, las siguientes:

- número y ubicación,
- misión,
- número de estudiantes inscritos,
- acceso de los estudiantes a programas de instrucción y los requisitos de titulación,
- estándares de calidad esperados en el rendimiento del estudiante,
- calidad de la investigación,
- libertad académica,
- nombramiento y promoción del personal y el profesorado,
- estructura organizativa interna, y

➢ asignación de recursos, incluido el apoyo financiero.

La supervisión por parte de varios gobiernos no solo se aplica a las universidades públicas y las instituciones postsecundarias, sino también a las universidades privadas, especialmente considerando las directrices de política con respecto a su establecimiento, operación y procesos de concesión de licencias. En la mayoría de los países en desarrollo, este modelo de control gubernamental está principalmente orientado a garantizar resultados de calidad a la vez que a promover el desarrollo y la diversidad de ofertas de programas académicos que se ajusten a las necesidades del mercado laboral nacional.

La acreditación gubernamental es la norma en la mayor parte del mundo en desarrollo, donde la educación superior está centralizada. El siguiente caso de estudio ilustra la estructura que muchos países emplean.

Un caso práctico de Kenia

En Kenia, la Commission for University Education (CUE) es responsable de garantizar una educación de calidad en todas las universidades e instituciones postsecundarias. CUE es la única agencia reguladora para planificar y coordinar el crecimiento y la expansión de la educación universitaria en Kenia. La comisión es una agencia gubernamental especializada en el Ministerio de Educación Superior, Ciencia y Tecnología, y sus funciones se pueden resumir de la siguiente manera:

➢ acreditación y reinspección periódica de las universidades;
➢ planificación para la creación y el desarrollo de la educación y capacitación superior;
➢ movilización de recursos para la educación y capacitación superior; y
➢ documentación, servicio de información y relaciones públicas para la educación y capacitación superior.

Los estándares de CUE para los programas académicos, que incluyen varias expectativas e indicadores de calidad centrados en la evaluación del aprendizaje de los estudiantes, están destinados a todos los programas académicos en cualquier universidad de Kenia. Si bien CUE aplica los estándares a nivel institucional, cada disciplina debe cumplirlos en el contexto de amplios objetivos educativos y resultados específicos de aprendizaje estudiantil. Por ejemplo, cualquier institución que ofrezca un título de licenciatura en cualquier área de periodismo y estudios de medios debe demostrar cómo su programa logra lo siguiente (CUE, 2014):

➢ crear una amplia base de conocimiento dentro de una disciplina que implique una comprensión crítica y analítica de las principales teorías, principios y conceptos de la disciplina;

➤ enseñar una amplia gama de habilidades cognitivas y analíticas y su aplicación en diversas situaciones;
➤ demostrar habilidades adecuadas para resolver problemas; y
➤ estimular una conciencia de sociedad y contribuir a su desarrollo general.

Educación en periodismo y medios en Kenia

La educación en periodismo y medios en Kenia se construyó sobre —y continúa reflejando— los intereses de los colonizadores. Como resultado, la capacitación en periodismo diseñada con un plan de estudios que se centra en la cultura africana ha experimentado un desarrollo muy lento. A pesar de que el primer plan de estudios de educación periodística se estableció en la University of Nairobi hace más de cuatro décadas, esta se desarrolló sobre un plan de estudios de estilo occidental. Si bien las últimas dos décadas han experimentado un rápido aumento en las instituciones públicas y privadas de educación superior que ofrecen educación en periodismo (Media Council of Kenya, 2015), los planes de estudio siguen orientados en gran parte hacia Occidente y se centran en géneros como periodismo de apología, radiodifusión, periodismo de datos y periodismo de investigación.

Revisión y acreditación de la educación en periodismo en Kenia

Si bien el número de instituciones de enseñanza superior que ofrecen periodismo y estudios de medios en Kenia ha estado creciendo de manera constante, la medida en que los graduados de estos programas pueden demostrar conocimiento y habilidades periodísticas sigue siendo altamente cuestionable. Como tal, una pregunta clave con respecto a la educación periodística en Kenia es si se debería exigir o no que las instituciones articulen un amplio conocimiento común y un conjunto de habilidades/capacidades que los egresados del periodismo tendrían que demostrar, sea cual fuere su alma máter. Esto no solo conduciría a una revisión sistemática y una acreditación formal de la educación en periodismo (que actualmente no existe), sino que también elevaría la calidad general de la misma.

El Media Council de Kenya (MCK), establecido en 2013, está desarrollando un conjunto de estándares que definirán competencias específicas para todos los títulos (algo similar a los títulos de asociado en los Estados Unidos) y las instituciones que ofrecen cursos certificados. Dado que los nuevos estándares se incorporarán sin duda a los planes de estudio en todas las escuelas de periodismo del país, se espera que se desarrolle un examen nacional estandarizado para evaluar las competencias reflejadas en los nuevos estándares.

Tabla 13.1
Análisis de las deficiencias relacionadas con la evaluación de los enfoques de garantía de calidad.

Enfoque de garantía de calidad	Breve definición	Ejemplos	Impacto	Participación del profesorado	Deficiencias (En la evaluación)
Acreditación por la industria	Tipo más antiguo de evaluación de la calidad del periodismo. Los profesionales de la industria establecen los estándares para calificar como periodista.	New Zealand Journalists Training Organization (NZJTO); National Council for the Training of Journalists (NCTJ).	Los profesionales de la industria juegan un papel importante en la toma de decisiones.	Bajo	El plantel docente se involucra menos en establecer los estándares y evaluar, lo que lleva a una desconexión entre el currículo y los resultados esperados del aprendizaje.
Acreditación por colegas o pares	Una comisión de revisión compuesta por colegas, profesores y profesionales de la industria, establece los estándares de evaluación de la calidad académica de las facultades de periodismo.	Accrediting Council on Education in Journalism and Mass Communications (ACEJMC); American Communication Association (ACA).	Profesionales de la industria y profesores de la disciplina dan considerable información.	Alto	Inconsistencias entre las políticas de acreditación, la interpretación de los estándares de acreditación y los resultados de las visitas de acreditación.
Estándares voluntarios y programas de estudio modelo	Organizaciones (nacionales, continentales, y/o internacionales) establecen los estándares para la evaluación de los programas de capacitación en periodismo y el desarrollo de currículos modelo.	The European Journalism Training Association (EJTA); The United Nations Educational, Scientific and Cultural Organization (UNESCO).	Varias instituciones designan o invitan a profesionales de la industria y profesores a desarrollar estándares y currículos de manera conjunta.	Medio	Aunque este modelo se enfoca en evaluaciones basadas en resultados, la participación del plantel docente en el desarrollo de los estándares o el currículo es todavía mínima.
Acreditación gubernamental	El gobierno establece los estándares para la evaluación de la calidad académica de instituciones de educación superior a través de personas escogidas de universidades, el ministerio de educación o las empresas.	Kenya's Commission for University Education (CUE).	Funcionarios nombrados por el gobierno establecen los estándares para todas las universidades y las instituciones de educación superior.	Bajo	Debido a que el gobierno nombra a todos los acreditadores, el proceso de garantía de la calidad no invita a una participación basada en reflexiones internas de las instituciones para la búsqueda de mejora. Este enfoque es más bien orientado a la regulación y la rendición de cuentas.

Existe una gran expectativa de que los nuevos estándares conducirán a la introducción de cursos sesgados hacia la industria dirigidos a cerrar la gran brecha entre el plan de estudios actual y las competencias necesarias para la industria. Si bien este es un paso positivo, podría inclinar demasiado la balanza hacia las necesidades de la industria. Además, los profesores se sentirán excluidos de la ecuación si no están involucrados en el desarrollo, la implementación o la evaluación del nuevo plan de estudios. No está claro cómo el MCK, que se formó inicialmente para regular la conducta de los periodistas, asumirá el papel de acreditación de las instituciones académicas.

Evaluación de la educación en periodismo

Esta sección del capítulo enumera las deficiencias en cada uno de los cuatro entornos en los que se evalúa a la educación en periodismo. También muestra cómo la estructura de los procesos de garantía de la calidad puede obstaculizar la inclusión y/o implementación sistemática de una evaluación auténtica del aprendizaje estudiantil de los planes de estudio de periodismo, lo que genera brechas entre éstos y la capacidad de los egresados de aplicar los conocimientos y habilidades adquiridos a las situaciones del mundo real. Los autores proporcionan recomendaciones prácticas que se centran específicamente en estrategias prácticas de evaluación. Estas estrategias pueden ser usadas en una variedad de entornos para medir la capacidad de los estudiantes para demostrar el conocimiento y las habilidades adquiridas en su capacitación en periodismo.

Acreditación por la industria

Como se indicó anteriormente, este modelo de evaluación de la calidad educativa se distingue porque son los profesionales de la industria quienes establecen las normas respeto de cómo debe estructurarse el plan de estudios (a menudo para imitar las necesidades de la industria) y diseñan los exámenes que los graduados de periodismo deben aprobar después de completar su educación formal en periodismo. En consecuencia, los profesionales de la industria tienen el control del plan de estudios de periodismo y su revisión. Se espera que el profesorado, en su mayoría, implemente este plan a través de los procesos de enseñanza y aprendizaje desarrollados en cada institución.

La acreditación por la industria refleja la baja participación del profesorado en el proceso de establecimiento de estándares educativos, lo que lleva a brechas obvias entre el plan de estudios previsto, su ejecución y los resultados del aprendizaje que se espera que los graduados de periodismo demuestren.

Los profesores pueden participar activamente en la realización de diversas formas de *evaluación formativa*, que caracterizan a la mayoría de las estrategias no calificadas utilizadas para medir la comprensión del alumno durante las clases (como pruebas frecuentes, cuestionarios, etc.). Sin embargo, ellos rara vez participan en la preparación o el diseño de algunas de las *evaluaciones sumativas* (especialmente, de exámenes nacionales específicos para cada disciplina), que resultan fundamentales, en algunos países, para que los graduados en periodismo obtengan algún tipo de licencia para trabajos en la industria. Dichas evaluaciones serían similares al examen de abogados de los estudiantes de derecho, el que deben aprobar antes de ejercer la abogacía.

El principal desafío con el enfoque anterior es la baja participación del profesorado en la articulación de estándares educativos.

A continuación, dos sugerencias para posibles soluciones:

> Promover un alto nivel de participación de la facultad. Debido a que impulsar la participación de la facultad en establecer estándares de acreditación y diseñar exámenes de periodismo específicos, generalmente vinculados al currículo de periodismo, es fundamental para garantizar el éxito general de los graduados de periodismo.
> Desarrollar programas de pasantías. Puesto que la evaluación de los estudiantes durante sus prácticas o pasantías debe ser una asociación entre los profesionales de la industria y la facultad. Los estándares para evaluar el éxito de los estudiantes durante sus pasantías deben ser diseñados conjuntamente por profesores y profesionales de la industria. Esto no solo conducirá a una mayor asociación entre las escuelas de periodismo y los profesionales de la industria, sino que contribuirá también a una mayor calidad de los graduados de la escuela de periodismo.

Acreditación hecha por colegas

Si bien la acreditación por la industria depende en gran medida de los profesionales en el campo para establecer los estándares de acreditación, algunos sistemas de acreditación hecha por colegas o pares pueden estar totalmente divorciados del entorno profesional. Este es el caso en el sistema de acreditación regional en los Estados Unidos. A nivel de disciplina, la situación es mejor. En la acreditación de periodismo de la ACEJMC, por ejemplo, los profesionales comprenden casi la mitad de su órgano de formulación de políticas y cada equipo de sitio incluye a un profesional. En ACEJMC, podría argumentarse que el enfoque profesional a veces domina al académico. Aunque la acreditación de periodismo en los Estados Unidos se ha beneficiado de una propiedad compartida del proceso, para ser eficaz, la acreditación hecha por pares debe desarrollar un mecanismo dentro del proceso de acreditación que cree un equilibrio entre el aula y la industria. En consecuencia, sería importante incluir la *experiencia profesional* como un requisito de acreditación. Esto garantizaría que a todos los estudiantes se les proporcionen oportunidades de aplicar sus conocimientos y habilidades a entornos profesionales reales, y se produciría una reducción significativa de la brecha en constante crecimiento entre el plan de estudios y la práctica.

Otra dimensión de la acreditación hecha por pares o colegas es la adjudicación de las recomendaciones del equipo de sitio en varios niveles. Un sistema voluntario de acreditación entre homólogos no puede tener éxito sin establecer un alto nivel de confianza en la administración del sistema y su imparcialidad para todos los representados.

A continuación, algunas sugerencias para posibles soluciones:

- ➢ Desarrollar una estructura de acreditación hecha por pares que brinde representación académica y profesional.
- ➢ Establecer una estructura bien definida que elabore claramente los estándares para la acreditación y su administración.
- ➢ Incluir un sólido sistema de adjudicación que aborde las necesidades de los interesados en el proceso.
- ➢ Establecer una estructura de costos que haga que la acreditación sea accesible para la mayoría de las instituciones públicas y privadas.

Estándares voluntarios y el plan de estudios modelo

Este enfoque caracteriza una adherencia informal y voluntaria a un conjunto de estándares, a menudo expresados en términos de resultados esperados del aprendizaje y/o competencias que se espera que los graduados de periodismo puedan demostrar, así como modelos curriculares de estructuras de cursos que serán adoptadas por las instituciones interesadas.

La principal deficiencia en el enfoque anterior es su naturaleza informal. Esto puede conducir fácilmente a una falta de rendición de cuentas, que incluye, entre otras cosas, la posibilidad de no tener las evaluaciones adecuadas (o no tener ninguna evaluación) para examinar los objetivos y los resultados del aprendizaje o las competencias.

A continuación, dos sugerencias para posibles soluciones:

- ➢ Recomendar una lista de enfoques de evaluación apropiados para cada uno de los estándares/objetivos, que pueden ser bastante útiles para los profesores en instituciones y regiones que pueden estar dispuestos a adoptar los estándares, pero no tienen estrategias para evaluarlos.
- ➢ Desarrollar un proceso de evaluación que asegure la mejora continua del aprendizaje de los estudiantes.

Acreditación gubernamental

Este enfoque de la acreditación se caracteriza por el estricto cumplimiento de los estándares y directrices establecidas por el gobierno. Una característica clave es su fuerte enfoque en el cumplimiento de las reglamentaciones en lugar de concentrarse en la evidencia del rendimiento estudiantil para fines de mejoras continuas. Como resultado, la instrucción en la mayoría de las instituciones se centra en un conjunto de normas gubernamentales opresivas. Esto no solo limita la capacidad de los instructores para implementar estrategias de evaluación auténticas y realísticas, sino que también inhibe la creatividad por parte de los estudiantes que pueden ser lo suficientemente talentosos como para pensar de manera innovadora. Esto lleva a la incapacidad de los graduados para demostrar lo que han aprendido. Como Wolff (2005) nota:

> Cuando la acreditación es considerada principalmente como un ejercicio que solo busca demostrar el logro de estándares mínimos y nada más, se convierte en un viaje al dentista: una tarea necesaria pero que debe tomar el menor tiempo posible y causar el menor dolor posible. (p. 87)

Una solución posible a este desafío es que los gobiernos permitan y aprueben la formación de agencias independientes compuestas por profesores universitarios y profesionales en diversos campos del periodismo para desarrollar conjuntamente estándares concretos de calidad educativa, que servirían como base para el proceso de acreditación hecha por pares. Esta medida no solo aumentará los estándares y la calidad de la educación en periodismo, sino que también contribuirá a garantizar la calidad de los graduados y de los programas de periodismo.

Conectando los cambios entre la educación en periodismo, los resultados del aprendizaje y la práctica

El conocido puente entre la educación y la práctica del periodismo no está tan bien construido y es menos efectivo de lo que podría ser. Como miembros de una disciplina profesional, es importante que los académicos de periodismo, la comunidad profesional y las organizaciones profesionales de periodismo (incluidos los organismos de acreditación) reflexionen sobre cuán relevantes son los resultados del aprendizaje para las demandas actuales de la industria. En resumen, es posible que un mecanismo de evaluación adecuado y práctico que involucre a educadores y profesionales deba integrarse de manera intencional y sistemática en el plan de estudios para comenzar a cerrar la brecha entre la educación y la práctica.

Como se muestra en la figura 13.1, las interrelaciones entre la enseñanza del periodismo, los resultados del aprendizaje y la práctica se pueden representar como un triángulo con conexiones bidireccionales con cada uno de los nodos del triángulo.

En la medida en que los académicos de periodismo, las organizaciones de acreditación y los profesionales carezcan de una alineación en sus funciones (incluida la comunicación para mejorar estos enlaces), existirá una brecha en los resultados del aprendizaje. La existencia de esta brecha, en el periodismo y otras disciplinas, ha sido objeto de mucha investigación (Du & Lo, 2014).

La investigación académica sobre evaluación con un enfoque específico en los resultados del aprendizaje, su relevancia práctica actual y, lo más importante, la capacidad de los graduados para demostrar claramente sus conocimientos y habilidades, muestran la brecha entre cómo se concibe el plan de estudios (lo que los instructores preparan o planean enseñar) y los resultados del aprendizaje (lo que los estudiantes pueden demostrar al completar una experiencia de aprendizaje). Esto ha llevado a la aparición de dos comunidades de evaluación diferentes con valores e ideologías muy distintos. Mientras uno cree que debe concentrarse en lo *que* el plan de estudios debería enfatizar, el otro considera importante la capacidad de los graduados para demostrar los conocimientos y habilidades adquiridos a través del plan de estudios establecido y el *alineamiento* de los resultados de aprendizaje con las demandas profesionales.

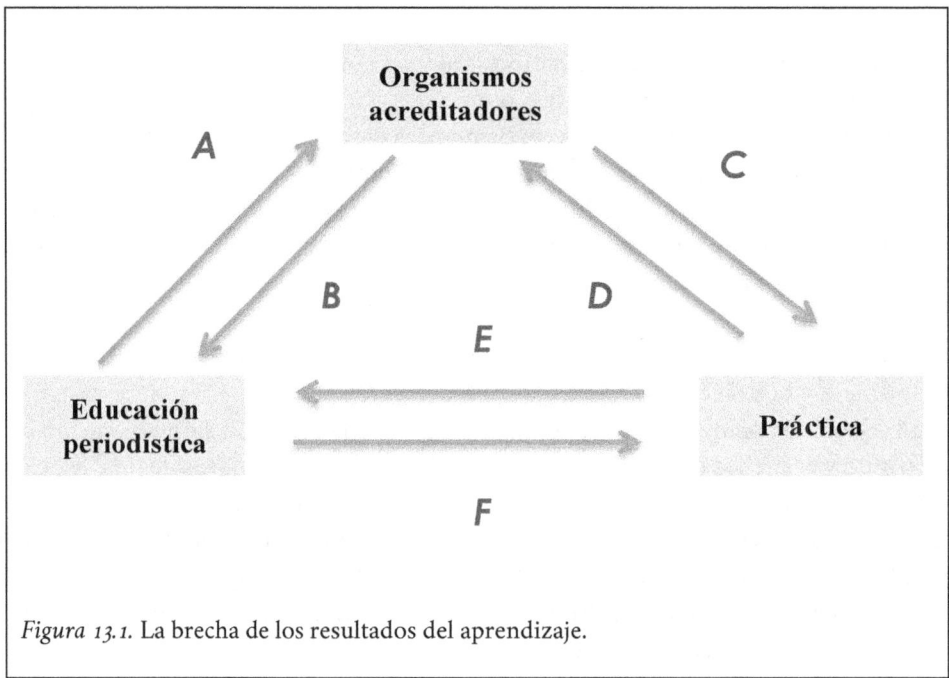

Figura 13.1. La brecha de los resultados del aprendizaje.

La brecha en los resultados del aprendizaje se debe a la falta de participación de profesionales en la identificación de los conocimientos y habilidades necesarios para la industria actual y al fracaso de las agencias de acreditación en la reestructuración de sus estándares relacionados con la evaluación de la satisfacción de las demandas prácticas de la industria actual en términos de conocimiento y habilidades. Las siguientes sugerencias podrían ayudar a reducir significativamente la brecha en los resultados del aprendizaje. Quienes evalúan la educación periodística deberían:

- Ir a la par de las habilidades y capacidades requeridas por la industria, lo que requiere una comunicación mejorada y constante entre los instructores de periodismo y los profesionales de la industria.
- Implementar herramientas de evaluación auténticas, que puedan determinar en qué medida los estudiantes están adquiriendo conocimientos y habilidades.

> Exigir experiencias profesionales para cada especialización: la mejor oportunidad para los estudiantes en cualquier campo profesional es la exposición a un lugar de trabajo real. Por lo general, esto se convierte, para los estudiantes, en la primera prueba en la que pueden demostrar la extensión de los conocimientos y habilidades adquiridos. Para maximizar la capacidad de los estudiantes para demostrar sus conocimientos, es importante organizar múltiples oportunidades para la exposición profesional y evaluar las experiencias prácticas de los estudiantes.
> Comunicar los resultados del aprendizaje a los estudiantes, lo que aumentará enormemente su comprensión de la profesión y promoverá su autoevaluación considerando el plan de estudios.
> Alinear cada resultado de aprendizaje con las necesidades prácticas actuales de la industria. Por ejemplo, los estándares de acreditación deben requerir evidencia de un vínculo claro entre los resultados de aprendizaje y las necesidades de la industria, y los equipos de los sitios deben incluir tanto a los educadores de periodismo como a los profesionales.

Conclusión

Este capítulo exploró la identidad única de la educación periodística en el proceso de garantía de calidad utilizando las tres formas principales de evaluación de programas que se emplean en todo el mundo. Si bien la garantía de calidad en la educación en periodismo adopta una variedad de formas en diferentes países, medir la calidad educativa y el valor de la educación en periodismo sigue siendo un gran desafío en todos los continentes. Sin embargo, es un desafío que debe enfrentarse plenamente para que la educación en periodismo aborde las demandas actuales de la industria y los requisitos de sus propias instituciones académicas. Entre las deficiencias clave se encuentran la falta de participación del profesorado en el desarrollo de normas para el aseguramiento de la calidad y la falta de sistemas de evaluación para asegurar la articulación de resultados del aprendizaje concretos y mensurables, así como las mediciones correspondientes.

Los programas de periodismo deben desafiar a los estudiantes intelectualmente y prepararlos para carreras en la industria. Deben desarrollar procesos de instrucción innovadores que preparen a los estudiantes con habilidades analíticas y de pensamiento crítico. Más importante aún, el profesorado de las instituciones de periodismo debe desarrollar e implementar prácticas de evaluación innovadoras, comunicar los resultados de aprendizaje y las expectativas a los estudiantes, y alinear deliberadamente los resultados del aprendizaje con herramientas de evaluación auténticas, válidas y confiables. Estas prácticas no solo garantizarán la efectividad general de los cursos de periodismo, sino que también garantizarán que los graduados de periodismo puedan aplicar los conocimientos y habilidades adquiridos en el curso de sus estudios a situaciones de la vida real.

Referencias bibliográficas

Accrediting Council on Education in Journalism and Mass Communications (ACEJMC). (2013). Standards. Tomado de https://www2.ku.edu/~acejmc/PROGRAM/STANDARDS.SHTML

Accrediting Council on Education in Journalism and Mass Communications (ACEJMC). (2013). Policies. Tomado de https://www2.ku.edu/~acejmc/PROGRAM/POLICIES.SHTML

American Communication Association (ACA). (2013). Accreditation. Tomado de http://www.ac-journal.org/americancomm/accreditation/

Carnegie Corporation of New York. (2013). The future of journalism education. Tomado de https://www.carnegie.org/about/our-history/past-programs-initiatives/#journalism

Commission for University Education (CUE). (2014). Accreditation Standards. Tomado de http://www.cue.or.ke/index.php/downloads/category/6-standards-and-guidelines

Council for Higher Education Accreditation (CHEA). (2013). Tomado de www.chea.org

Du, R. Y., & Lo, S. C. (2014). The gap between online journalism education and practice: A Hong Kong study. *Journalism & Mass Communication Educator, 69*(4), 415-434. Tomado de http://journals.sagepub.com/doi/abs/10.1177/1077695814554294

European Journalism Training Association (EJTA). (2013). Projects. Tomado de http://ejta.eu/projects/

European Journalism Training Association (EJTA). (2013). Tartu-declaration. Tomado de http://ejta.eu/projects/

European Journalism Training Association (EJTA). (2013). Competence-Goals. Tomado de http://ejta.eu/projects/

Media Council of Kenya. (2015). Colleges offering media and journalism studies in Kenya. Tomado de http://www.mediacouncil.or.ke/en/mck/index.php/programs/mck-accreditation/colleges-offering-communication-in-kenya-2

National Council for the Training of Journalists. (2013). Want to be a journalist? Tomado de http://www.nctj.com/want-to-be-a-journalist

National Council for the Training of Journalists. (2012). Results Tables. Tomado de http://www.nctj.com/journalism-qualifications/diploma-in-journalism/Accreditedcourses?/Resultstables

National Council for the Training of Journalists. (2015). About us. Tomado de http://www.nctj.com/about-us

New Zealand Journalists Training Organization (NZJTO). (2014). Combined expertise secures future for on-the-job training in print, packaging, journalism and sign-making. Tomado de http://www.competenz.org.nz/news/competenz-cmito-announce-merger-2014

Sligo, F. (2004). NZ journalism unit standards: Are they still needed? *Pacific Journalism Review, 10*(1), 191.

UNESCO. (2007). Model curricula for journalism education. Tomado de http://unesdoc.unesco.org/images/0015/001512/151209E.pdf

UNESCO. (2013). *Centers of excellence in journalism education: Nurturing excellence in journalism education in Africa.* Tomado de https://en.unesco.org/programme/ipdc/initiatives/centres-excellence-journalism-education

Wolff, R. A. (2005). Accountability and accreditation: Can reforms match increasing demands? En J. C. Burke & Associates (Eds.), Achieving accountability in higher education (pp. 78-103). San Francisco, CA: Jossey-Bass.

PARTE III

Innovaciones en educación periodística en el mundo

14

Sobre los medios y el emprendimiento como formas de ser en el mundo: Un desafío para la educación periodística[9]

Mark Deuze

Vivimos en los medios. Los medios son para nosotros lo que el agua es para los peces. La naturaleza omnipresente y extendida de los medios contemporáneos no significa que la vida de las personas esté determinada por la tecnología, pero ciertamente sugiere que nuestra comprensión de la sociedad y el papel del periodismo (y la educación periodística) debe comenzar con una apreciación de la profunda mediatización de la vida cotidiana y el mundo de la vida (el mundo que experimentamos) (Deuze, 2014). Esto es tanto más importante cuanto que la naturaleza omnipresente y generalizada de los medios en la vida cotidiana es una función directa de su desaparición en nuestra conciencia activa de ellos. Como Meyrowitz (1998) comentó, "irónicamente, entonces, el entorno de un medio es más invisible cuando su influencia está más generalizada" (p. 106). Sus observaciones sobre la forma en que las personas usan los medios (por ejemplo, los medios como actividades) pueden extenderse a consideraciones sobre los medios como artefactos. Meyer (2011), basado en el trabajo de campo en Ghana, concluyó que "los medios tienden a 'desaparecer' cuando son aceptados como dispositivos que, por así decirlo, se 'esfuman' en la sustancia que median" (p. 32). Su colega antropólogo Miller (2005) sugirió que los medios, como objetos, son importantes porque no los "vemos":

> Cuanto menos menos conscientes estemos de ellos, más poderosamente podrán determinar nuestras expectativas al configurar el entorno y garantizar el comportamiento normativo, sin estar expuestos a cuestionamientos. Ellos determinan lo que ocurre en la medida en que estamos inconscientes de su capacidad para hacerlo. (p. 5)

---

[9] Una versión anterior de este capítulo fue publicada bajo Deuze, M. (2014). Journalism, media life, and the entrepreneurial society. *Australian Journalism Review*, *36*(2), 119-130. La presente versión ha sido editada para contenido y enfoque. Publicado con autorización.

La invisibilidad de los medios, junto con su conectividad y persistencia, forma la condición humana de experimentar y actuar en el mundo.

Los medios y la vida son infraestructuras físicas y emocionales mutuamente implicadas, dado que la experiencia vivida de la gente con los medios se ha vuelto tan entrelazada, ritualista y natural, que hacer distinciones entre "nosotros" y "ellos" parece infructuoso. Cada aspecto de la vida cotidiana se estructura por (y en) los medios, mientras que los medios en la vida de las personas se configuran por la forma en que se integran a su entorno. En el proceso, nuestras relaciones con los medios se vuelven profundamente personales. En una historia que repasa una década de informes que cubren nuevas tecnologías para el *New York Times* (24 de noviembre de 2010), Pogue (2010) considera que uno de los hallazgos más importantes sobre el papel de la tecnología en la vida de las personas es que "[hoy,] los *gadgets* son profundamente personales". No solo utilizamos los medios de manera considerable; realmente también amamos (y odiamos) a nuestros medios. Esto coloca a los medios al mismo nivel que la emoción, la psique y el cuerpo humano: funcionando en el subconsciente, cada vez más invisibles y generalmente dados por sentado. Fortunati combinó este enfoque infraestructural con el pedido de Kittler (2009) de una ontología de los medios, y argumentó que los medios amplifican y sacrifican la afectividad en la interacción humana, ya que las emociones "deben someterse a los límites tecnológicos y los lenguajes de una máquina" (p. 13). Refiriéndose específicamente a las tecnologías actuales, el teléfono móvil e Internet, Fortunati analiza cuidadosamente las diversas formas en que los medios *dan vida* al sistema sociotécnico global que es nuestro entorno comunicativo. Ella sostiene que, al mismo tiempo que esta importante contextualización de nuestra comprensión del trabajo, de la vida y del juego en la sociedad contemporánea nos dirige hacia la materialidad de los medios que tanto nos importan, también nos pide que consideremos su inmaterialidad. A su vez, si reconocemos la desaparición de los medios y su resurgimiento como prácticas y sentimientos, es imperativo observar y tomar en serio la experiencia vivida y la agencia de las personas en su uso de los medios y sus formas de dar sentido a la vida cotidiana.

Con esta introducción, no estoy diciendo que nuestras vidas estén completamente determinadas por los medios, ni que las personas estén necesariamente empoderadas debido al "poder de comunicación" (Castells, 2009) que ejercen mientras usan teléfonos inteligentes, tabletas e Internet. Más bien, me gustaría argumentar que, nos guste o no, cada aspecto de nuestras vidas se desarrolla en los medios (de una forma u otra). Durante este proceso, los medios se vuelven parte de nuestros juegos, aprendizaje, trabajo y amor. En otras palabras, los medios se constituyen en la experiencia vivida de los individuos. En este capítulo exploro entonces esta "vida mediática" (Deuze, 2012) dentro del funcionamiento de las industrias de medios, centrándome específicamente en las prácticas emergentes de los periodistas en el contexto cada vez más precario de las noticias. Al final, los desafíos de articular el periodismo contemporáneo con la vida mediática se exploran con respecto a la educación periodística.

Martini media, polimedios, vida mediática

Al delinear el futuro de la British Broadcasting Corporation (BBC) en mayo de 2005, la directora de Nuevos Medios y Tecnología, Ashley Highfield, sostuvo que el enfoque de la compañía estaría basado en la suposición de que la gente quiere acceder a los medios "bajo sus propios términos, en cualquier momento, en cualquier lugar y como sea —"Martini media"—. Veremos qué programas atraen en este nuevo mundo y cómo las personas buscan, clasifican, comen y saborean nuestro contenido" (BBC, 2005). El concepto Martini se refiere a una serie de comerciales de radio y televisión europeos de los años 70 para la marca Martini, una popular marca de vermut italiano. Los anuncios presentaban un tintineo con las palabras memorables: "Capture un momento —ese momento Martini—; en cualquier ocasión, en cualquier lugar, donde sea, hay un lugar maravilloso que puede compartir, y el correcto, el correcto, ése es Martini".

Highfield evocaba al Director General de la BBC, Mark Thompson (2006), quien predijo que en un futuro cercano los medios y la sociedad estarían basados en el principio "Martini media", "es decir, medios que están disponibles cuando los desees, con contenidos que se mueven libremente entre diferentes dispositivos y plataformas".

Higheld y Thompson sostienen en sus discursos y políticas que los futuros profesionales de los medios necesitarán hacer algo más que publicar y publicitar su trabajo a través de diferentes plataformas mediáticas; también tendrán que reconocer a su nueva audiencia: personas que participan y colaboran encontrando, produciendo, compartiendo, curando, e incluso remezclando contenidos.

Esta visión inicial de la BBC parece respaldada por investigaciones acerca de cómo las personas usan los medios, mostrando consistentemente no solo que las personas en todo el mundo pasan más tiempo con los medios, ahora más que nunca, sino que además están expuestas a múltiples medios al mismo tiempo (Papper, Holmes & Popovich, 2004). Simultáneamente, el uso que la gente hace de los medios tiene un sentido cada vez más "productivo" ya que la mayoría de lo que hacemos con los medios implica producir contenido mediático (que va desde hacer clic en "Me gusta", compartir, subir contenido, hasta reenviar material en línea para crear nuestro propio contenido mediático desde cero —como el *fan fiction*—). Esta mezcla y correspondencia entre el consumo y la producción de contenido mediático dentro del contexto de esta exposición a los medios que ocurre a través de múltiples dispositivos, es lo que Henry Jenkins (2006) considera la cultura de la convergencia. Las audiencias que buscan noticias —tal como las personas a las que les gusta ver televisión en todos sus dispositivos y los anunciantes tratando de llegar a todos en todas partes— usan los medios de maneras que no son estables y parecen fluir y propagarse entre y a través de los medios. La mejor manera de describir lo que las personas hacen y experimentan cuando consumen noticias es a través de su propio vocabulario: "leer, mirar, ver, escuchar, comprobar, picar, monitorear, escanear, buscar, hacer clic, vincular, compartir, hacer clic en me gusta, recomendar, comentar y votar" (Meijer & Kormelink, 2014, p. 3). Del mismo modo, las encuestas anuales en línea del Reuters Institute for the Study of Journalism (en Francia, Alemania, Dinamarca, Finlandia, España, Italia, Japón, Brasil, el Reino Unido y los Estados Unidos, 2016) y el informe anual sobre el estado de la prensa del Pew Research Center, con sede en los EE. UU. (Mitchell, 2014), informan que las personas en todo el mundo usan múltiples dispositivos para acceder y compartir noticias, desplegando cada año nuevos dispositivos (con más notoriedad, tabletas y teléfonos inteligentes) y nuevas plataformas (específicamente, redes sociales) en sus rutinas omnívoras de consumo de noticias.

En el proceso de consumir noticias, las personas despliegan e intercambian múltiples dispositivos, interfaces y plataformas a medida que avanzan en su día. Este comportamiento no es aleatorio, sigue un patrón y no cambia mucho cuando se introducen juguetes nuevos y llamativos. Curiosamente, las encuestas antes mencionadas sugieren que la mayoría de las personas obtienen sus noticias en línea y en sus móviles a través de sus redes sociales "aunque no las hayan estado buscando" (Mitchell, 2014). El desafío para el periodismo es volverse (y permanecer como) parte de esta ronda rutinaria de clics en los botones del *mouse* de la computadora, en los paneles táctiles, en las pantallas táctiles, en los controles remotos, en los teclados (y, algunas veces, en el giro de páginas impresas), y encontrar un equilibrio entre decirle a la gente qué necesitan saber y dejar que las "personas antes conocidas como el público" (Rosen, 2006) participen en el proceso de recopilación de noticias e historias.

Los medios, ante los ojos y las experiencias de los usuarios, siempre han sido un conjunto (Bausinger, 1984), puesto que los diferentes dispositivos y sus usos se mezclan y combinan en las rutinas cotidianas. Esa experiencia, la sensación de medios más o menos integrados (si no siempre fluidos), es típica de la vida mediática. En los últimos años, la observación de Bausinger es evocada en el trabajo de Nick Couldry (2011, p. 220), que defiende la necesidad de conocer las diversas formas en que la gente utiliza los medios, sus "múltiples medios", y cómo esto influye en la forma en que hacen cosas y le dan sentido al mundo cotidiano. Couldry (2004) propone una definición de los medios como una práctica, como formas de actuar en el mundo que son sociales siempre. Couldry proporciona una base teórica para la sugerencia de Meikle y Young (2012) de que "para muchas personas, los medios ya no son solo lo que miran, leen o escuchan; los medios son lo que las personas *hacen* ahora" (p. 10).

Miller y Madianou (2012) van más allá al tomar esta noción de los medios como una práctica, sugiriendo que tratemos el entorno de los medios "como una estructura integrada de posibilidades" (p.4). Introducen una teoría de polimedios para articular el ecosistema de medios envolventes en la vida cotidiana y para considerar "capas adicionales de significado, funciones y consecuencias" (Miller & Madianou, 2012, p. 5) cuando se observa lo que las personas están haciendo con los medios. Este trabajo a su vez se basa en la reciente convergencia de los estudios de mediación y mediatización que enfatizan las formas por las cuales los medios de comunicación transforman los procesos sociales al mismo tiempo que son modelados socialmente (Hepp & Krotz, 2014).

Lo que todas estas industrias y enfoques académicos tienen en común (Martini media, cultura de convergencia, medios como conjunto, polimedios, multiplicidad y prácticas, y mediación y mediatización) es una conciencia creciente de que la comprensión de la vida cotidiana no puede separarse de la apreciación del rol formativo que juegan de medios, reconociendo al mismo tiempo que, en los medios, las personas crean tanto como consumen el mundo.

Nuestro uso de los medios no es solo una serie de actividades individuales o un conjunto de prácticas distintas, sino más bien un fenómeno social específico de la vida mediática. Inmersos en los medios, blandimos todo tipo de herramientas de forma intercambiable para comunicarnos con nosotros mismos y el mundo que nos rodea para hacer que el mundo en el que vivimos encaje y nos sintamos cómodos (o, al menos, hacer de la realidad algo que podamos manejar). Las prácticas de los medios no son ni nuevas ni exclusivas de las formas de nuestra multiplicidad de medios. En cambio, las formas en que usamos los medios, nos expresamos en ellos y a través de ellos y les damos significado, deben verse como un indicio (y conformación) de tendencias sociales, económicas y tecnológicas más amplias.

Selfies y autocomunicación de masas

Como nuestros medios están en cualquier momento, en cualquier lugar y en donde sea, así también estamos. En los medios, presenciamos acontecimientos íntimamente cruciales en las vidas de personas alrededor del mundo. Ya sea un video de la boda de un amigo que vive en el extranjero o la decapitación de un periodista en algún lugar de Siria, una serie de *tweets* sobre un gran concierto al que decidimos no asistir o una actualización de un estado de Facebook con noticias impactantes sobre el suicidio de una celebridad a la que seguimos, nos enfrentamos minuto a minuto con experiencias de vida emocionalmente muy intensas. Nuestro uso de los medios nos convierte, a veces, de personas que oyen y ven historias sobre las vidas de las personas a personas que son testigos de las vidas (y muertes) de otras personas. Una dieta mundana de medios es cualquier cosa excepto algo estable, en términos de a lo que nos expone. Navegamos en un océano de historias que informan, conmocionan y entretienen, entregándonos a nosotros mismos en el camino en forma de datos personales que compartimos directa o indirectamente cuando usamos servicios de medios digitales con contenido que parece multiplicarse todo el tiempo. La vida en los medios es una montaña rusa emocional, que la mayoría de las personas intenta controlar de una forma u otra.

La base para entender la participación inmersiva de las personas en los medios se encuentra en la reconstrucción del "yo como fuente [mediática]" (Sundar, 2008). Basado en su trabajo experimental sobre el uso de los medios de comunicación, Sundar destacó la importancia de nosotros mismos en la coevolución de la tecnología y la psicología, demostrando que la parte más seductora de los medios no es lo que estos ofrecen (en términos de contenido producido profesionalmente o de experiencias preparadas y empaquetadas cuidadosamente), sino su potencial para la personalización y la acción individual. Podemos hacer algo de y en los medios, y los medios hasta cierto punto parecen ponernos en el asiento del conductor cuando nos desplazamos por el mundo que nos rodea.

Una poderosa expresión del yo como fuente mediática es el ascenso meteórico de las redes sociales como el principal "lugar" para estar en los medios. Esta tendencia llevó a la revista *Time* a hacer de "USTEDES" su "Persona del Año" en 2006, presentando una portada con una pantalla de YouTube que funciona como un espejo (Grossman, 2006). Según los editores de la revista estadounidense, las redes sociales han dado a las personas el control de la era de la información, convirtiendo a la Web efectivamente en "un experimento social masivo, y como cualquier experimento que valga la pena intentar, podría fallar" (Grossman, 2006). Este supuesto control se manifiesta principalmente en la expresión individual y lo que algunos llamarían el sobrecompartir nuestras vidas privadas. Los medios que conectan a las personas también nos estimulan a mirarnos más o menos exclusivamente a nosotros mismos. En lugar de hacernos sentir en control de la era de la información, parece inspirar una incesante autobúsqueda y una exuberante exhibición del yo. Por lo tanto, no sorprende que siete años después, en 2013, *'selfie'* se convirtiera en la "Palabra del Año" según el Oxford Dictionary Online (2013) y una serie de asociaciones nacionales en todo el mundo. En lugar de ser el producto de una generación de jóvenes cada vez más narcisista, los selfies se han convertido en la operación predeterminada de la vida mediática propagada por personas tan variadas como el presidente estadounidense Barack Obama (durante una ceremonia de conmemoración del ex presidente sudafricano Nelson Mandela), el Papa Francisco (usualmente durante visitas formales y reuniones callejeras informales), Ellen DeGeneres (durante el programa de televisión en vivo de los Óscar 2013) y todos los demás durante las "Olimpiadas del Selfie", los Juegos Olímpicos de Invierno de 2014 en Sochi, Rusia. De hecho, los selfies se han vuelto tan banales que son lo suficientemente aburridos como para merecer un gran interés (como los números especiales de las revistas académicas y los capítulos de enciclopedias).

En lugar de cumplir una función estricta de auto-documentación, el propósito principal del selfie es el de ser compartirlo con otros inmersos *en los medios*. Castells llama "autocomunicación masiva" a este comportamiento social egocéntrico y a la vez instantáneamente conectado en los medios (Castells, 2007):

> Es una comunicación de masas porque alcanza potencialmente una audiencia global a través de las redes p2p y la conexión a Internet... *Y que autogenera su propio contenido, autodirige sus transmisiones y autoselecciona la recepción de muchos a muchos.* (p. 248, énfasis en el original)

Como notan numerosos observadores, aún cuando los usuarios de los medios están conectados instantáneamente con redes y grupos dinámicos grandes y múltiples, también parecen estar adscritos a un sistema de valores profundamente individualizado y aparentemente egocéntrico. Ciertamente, nuestros medios parecen que nos dejan mostrarnos individualmente, concediéndonos infinitas opciones de personalización —tanto en términos de tecnologías asequibles como de opciones de contenido— en su proceso de adopción del concepto Martini. Al hacerlo, el selfie compartido como un acto de autocomunicación de masas se puede ver como un ejemplo de lo que Sloterdijk considera nuestra "individualidad moderna [es decir] respaldada por un entorno mediático complejo que permite múltiples y permanentes autorreferencias" (2004, p. 235), lo que habilita al individuo para que forme una pareja consigo mismo. Este "yo conectado" es a la vez archivado infinitamente (en los medios) y, al mismo tiempo, transitorio: se debate constantemente entre estar en la nada de los medios y en algún lugar de la vida. De hecho, la conexión entre la autoformación y la ubicación compartida (Thompson, 1996, p. 207) se ha mediatizado integralmente. Sin embargo, esto no necesariamente significa que ya no estamos en contacto con el mundo o con nosotros mismos. Quizá, como Wellman (2002) sugiere: "El cambio a un mundo inalámbrico y personalizado permite el individualismo interconectado, en el que cada persona puede moverse entre lazos y redes. Las personas permanecen conectadas, pero individualmente sin compromisos" (p. 16).

Lo que la gente hace con los Martini media no es solo participar en patrones de consumo cada vez más complejos y, a veces bastante sofisticados, desde ver programas de televisión en "sesiones maratónicas" hasta consumir "bocaditos" de noticias. También son sus propios productores y los productores de sus historias en línea. Sería un error ver el surgimiento de la autocomunicación de masas junto con la producción profesional de los Martini media únicamente como consecuencia de una amplia difusión de nuevas tecnologías de información y comunicación omnipresentes y fáciles de usar. Utilizando datos de encuestas de valores sociales en 43 países, Inglehart (1997) observó un cambio global en los roles ciudadanos de las personas alejados de la política nacional y las élites institucionales y acercándose a una forma de participación ciudadana escéptica, globalmente vinculada pero profundamente personal y egocéntrica. Este cambio se produjo en el contexto de una tendencia hacia valores e ideales posmaterialistas, particularmente entre las poblaciones sobredesarrolladas de los países democráticos de Occidente. Este avance, que surgió a comienzos de la década de 1970, se manifiesta por un cambio en el énfasis de la seguridad económica y física hacia metas personales que enfatizan la autoexpresión y los temas relacionados con la calidad de vida. Del mismo modo, durante la década de 1990, autores como Putnam (2000) y Norris (1998) describieron amplias tendencias sociales hacia actitudes claramente individualizadas, y a menudo claramente antiautoritarias, lo que llevó a Beck (2000) a concluir: "Sin duda, vivimos en una edad antijerárquica" (p. 150). Esto no excluye el compromiso político, como señala Papacharissi (2014). Ella describe el surgimiento de "públicos afectivos" con posturas políticas fluidas y centradas en problemas específicos que se funden en torno a las emociones y los sentimientos de compromiso facilitados por las redes sociales. De la misma manera que los movimientos sociales mezclados con los acontecimientos actuales (como los homicidios policiales) se convierten en etiquetas en Twitter (como la indignación en línea que alimentó las manifestaciones callejeras durante la Primavera Árabe), está claro que las personas se preocupan profundamente por el mundo en el que viven, y los medios personales (y sociales) de hoy amplifican y aceleran ese sentimiento.

La cultura actual de los medios es aquella donde las personas esperan que los medios estén y sean exactamente cuándo y cómo los desean, participando en la autocomunicación masiva a la par que (y a menudo mezclada con) el consumo pasivo y tratando a los medios de manera íntima y afectiva principalmente para explorar asuntos de importancia personal. Debe quedar claro que los medios son fundamentales para la comprensión del mundo. Seguramente, todo esto debe ser una gran noticia para las industrias y profesionales de los medios, y particularmente para los profesionales del periodismo: sus historias alimentan lo que se comparte en línea, su trabajo fluye a través de todos los medios, y sus roles e identidades profesionales los diferencian de sus colegas en publicidad, juegos, música y filme.

La sociedad emprendedora

Las personas pasan más tiempo con los medios hoy que en cualquier otro momento de la historia. El número de canales, formatos, géneros, dispositivos, aplicaciones y plataformas de los medios está multiplicándose. Más medios se producen cada año y pasamos más tiempo expuestos a los Martini media. Al mismo tiempo, las noticias sobre el trabajo en los medios en general, y el periodismo en particular, son menos que optimistas. Los reportes sobre despidos continuos en todas las industrias de medios son de gran importancia, sobre todo en la industria del entretenimiento cinematográfico y televisivo, el periodismo, el desarrollo de videojuegos y la publicidad. Esto sugiere una paradoja: a medida que las personas interactúan con los medios de una manera cada vez más inmersiva, siempre activa, casi instantánea e interconectada, aquellas personas cuyo sustento y sentido de identidad profesional dependen de la entrega de contenidos y experiencias mediáticas parecen estar perdidas sobre cómo idear estrategias de supervivencia. Por ejemplo, se esfuerzan por descubrir modelos de negocios y prácticas regulatorias efectivas, tales como aquellas relacionadas con los derechos de autor y las disposiciones para acceso universal. Y quizás, más específicamente, buscan condiciones de trabajo emprendedoras que apoyen y mantengan el proceso creativo necesario para satisfacer las demandas de la vida mediática.

En el contexto de los Martini media y la autocomunicación masiva afectiva, el ecosistema de las profesiones mediáticas en general, y del periodismo en particular, han evolucionado hacia lo que algunos llaman un modelo de noticias "posindustrial" (Anderson, Bell y Shirky, 2013). Anderson et ál. (2013) sugieren que para que el periodismo se adapte al nuevo entorno de los medios (con sus implicaciones sociales, económicas, tecnológicas y culturales), la profesión necesita nuevas tácticas, una nueva autodefinición y nuevas estructuras organizativas. Ellos aluden a una tendencia marcada por las industrias creativas: un cambio gradual de los modos de producción industrial centralizados y jerárquicos, o lo que Castells (2010) acuña como forma de producción de una "empresa red". Castells argumenta que las relaciones entre el capital y el trabajo en nuestra "sociedad red" —que es a la vez global y local— son cada vez más individualizadas (en lugar de ser más o menos exclusivamente institucionales). Este tipo de modo de producción posindustrial integra el proceso de trabajo a nivel mundial a través de las telecomunicaciones digitales, el transporte y las redes cliente-consumidor. Los trabajadores colaboran o coordinan sus actividades con compañeros de trabajo en diferentes partes de la empresa, a veces ubicados en diferentes partes del mundo, trabajando desde lugares que en la mayoría de los casos son ambientes de oficina formalmente aceptados (cafeterías, bibliotecas, locales industriales renovados, viajando o simplemente en casa).

En el ecosistema actual de medios digitales y de red, los roles desempeñados por diferentes disciplinas profesionales en la producción de cultura —productores de medios, ejecutivos financieros, creativos publicitarios y gerentes de comunicación, incluidos los profesionales de marketing y ventas— están cada vez más entrelazados. Esta característica de las redes también revela la naturaleza a menudo translocalizada del proceso de producción de medios debido a que las industrias mediáticas en el exterior subcontratan y tercerizan varios elementos del proceso de producción para reducir costos y redistribuir el riesgo. En el periodismo, esta práctica se llama "periodismo de control remoto", en el que las organizaciones de noticias mueven ciertas divisiones o departamentos a otra parte del mundo (Deuze, 2006c). La International Federation of Journalists y la International Labour Organization encontraron efectos adversos de la "empresa red" en el periodismo en una encuesta de 2006 entre sindicatos y asociaciones de periodismo en 38 países de todos los continentes. El estudio señaló el rápido aumento del llamado trabajo "atípico" en los medios, documentando que cerca de un tercio de los periodistas en todo el mundo no tienen estabilidad laboral ni contratos permanentes. También encontró que el periodismo independiente, el emprendimiento de noticias independientes y el trabajo no contratado son predominantes, particularmente entre los jóvenes periodistas y los novicios en el campo.

Estas tendencias de trabajo han continuado en los últimos años. En los Países Bajos, por ejemplo, una encuesta nacional de periodistas descubrió que el personal bajo contrato y en puestos permanentes cayó de 77% a 50% entre 2000 y 2010 (Hermans, Vergeer & Pleijter, 2011, p. 15). Además, menos del 25% de los periodistas menores de 35 años estaban "típicamente" empleados. La asociación nacional holandesa de periodistas, tradicionalmente organizada en torno a departamentos que representan a diferentes medios —periódicos, revistas, radio y televisión y periodistas en línea—, hoy incluye al grupo más grande de periodistas "independientes": 2.128 de sus 7.400 miembros. En 2013, varias organizaciones que representaban a periodistas en los Países Bajos colaboraron en una encuesta aplicada a sus miembros *freelancers*, es decir, a los que trabajaban de manera independiente (unos 7.087 reporteros, editores, camarógrafos y fotógrafos). Dos tercios de estos periodistas prefirieron esa clase de acomodo personal a un trabajo permanente de tiempo completo en una sala de redacción. Ellos atribuyeron esta preferencia a la libertad, la flexibilidad, la pasión y la oportunidad. Aunque la mayoría de estos periodistas independientes trabajan en promedio con cuatro clientes diferentes desde su casa o dentro de colectivos editoriales y compañías emergentes de noticias, muchos de estos reporteros independientes trabajan en las salas de noticias de medios tradicionales. Después de todo, los medios tradicionales dependen cada vez más de acuerdos flexibles, a tiempo parcial y temporales o sin contratos para hacer funcionar sus departamentos.

Aunque podemos encontrar cierto optimismo entre los periodistas atípicamente empleados, estudios realizados en Alemania (Ertel, Pech, Ullsperger, Von dem Knesebeck & Siegrist, 2005), Australia (Gregg, 2011), el Reino Unido (Hesmondhalgh & Baker, 2010) y los Estados Unidos (Neff, Wissinger & Zukin, 2005) muestran consistentemente efectos psicosociales adversos, niveles crecientes de estrés y mala salud general entre los trabajadores independientes de los medios de comunicación. Informes basados en entrevistas con empresarios emprendedores en varias ciudades de los Estados Unidos en 2015 sugieren que el "estilo de vida altamente estresante, hipercompetitivo y exigente" del profesional independiente a menudo se relaciona con la depresión (*The Business Journals*, 2015; la etiqueta de Twitter #startupdepression).

La libertad, real o percibida, del emprendimiento tiene un costo para muchos, si es que no la mayoría, de los profesionales de los medios. Esta imagen de las condiciones de trabajo cada vez más flexibles y precarias para los periodistas y trabajadores de los medios coincide con las tendencias del mercado laboral holandés, ya que los datos de 2013 de la Agencia Central de Estadística holandesa (Centraal Bureau voor de Statistiek) muestran un crecimiento continuo de negocios y emprendimientos independientes a pesar de (o inspirado por) la crisis económica en curso. Claramente, esta tendencia no es exclusiva de Holanda ni del periodismo. Parece ser una característica de todo el trabajo de los medios (Deuze, 2007) y una condición estructural del sistema laboral. Por lo tanto, debemos dar un paso atrás y considerar el emprendimiento no solo como un subconjunto de actividades individuales necesarias para asegurar la supervivencia (y la oportunidad) en una economía globalmente conectada, sino también como una experiencia vivida cada vez más específica del orden contemporáneo de la sociedad en general.

Como escribieron Landström y Johannisson (2001), "el emprendimiento [es] un fenómeno que está más allá de los atributos y las capacidades individuales. El espíritu emprendedor abarca, en nuestra opinión, la organización de recursos y colaboradores bajo nuevos patrones que se adaptan a las oportunidades percibidas" (p. 228). Teniendo en cuenta la teoría del emprendimiento presentada por Landström y Johannisson como un fenómeno social, no parece exagerado argumentar que abrirse paso en la sociedad exige, a cualquiera, habilidades cada vez más emprendedoras. Esto incluye recopilar y organizar información, verificar y seleccionar recursos e interactuar con muchos (potenciales) colaboradores. También implica abrirse paso a pesar de que los sistemas, las redes y las personas están constantemente cambiando. Esto es cierto ya sea cuando se está tratando de descifrar el nebuloso sistema impositivo de un país, asegurando un contrato con proveedores de servicios (desde pólizas de seguro hasta acceso a telecomunicaciones), desarrollando una estrategia para el "portafolio de actividades" profesionales (Platman, 2004) o navegando en las frívolas aguas de nuestra vida romántica en un turbulento mundo "posidílico" (Deuze, 2012, p. 212).

Además, el emprendimiento como fenómeno social no puede separarse de un entorno mediático omnipresente y generalizado, que requiere que todos tengan una instrucción avanzada (y crítica) en los medios. Como Hartley (2007) sugirió, "la autopublicación generalizada puede ser tomada en cuenta ahora porque la era de los medios de comunicación de masas y radiodifusión unidireccionales de 'solo lectura' se está transformando en una era interactiva de 'lectura-escritura' multimedia" (p. 137). Un tema fundamental para desarrollar algún tipo de modelo de alfabetización consistente y funcional para la vida mediática es nuestro entorno mediático rápidamente cambiante. Briggs y Burke (2009) concluyeron, después de revisar exhaustivamente la historia social de los medios desde los primeros días de la imprenta hasta hoy (donde las "tecnologías de comunicación son mutuamente convergentes y de alta definición" —p. 12—), que todo el sistema de medios puede entenderse mejor como en un flujo continuo. En otras palabras, los medios de hoy en día son realmente complejos y difíciles de dominar. Y una vez que hemos logrado algún tipo de competencia de lectoescritura, aparece una nueva versión, dispositivo o sistema que requiere un costoso proceso de reentrenamiento. La mayoría de nosotros no tenemos el tiempo ni la inclinación para participar en este proceso. Al mismo tiempo, nuestra relación con los medios se vuelve cada vez más envolvente e íntima.

A medida que la vida transcurre en los medios, no tenemos más remedio que involucrarnos con el entorno mediático; ya nadie está afuera. La mediatización casi completa de la sociedad va de la mano con su creciente complejidad. Yo diría que la mentalidad emprendedora y su correspondiente conjunto de habilidades son necesarios y obligatorios para cualquiera que navegue en nuestra "hipercompleja" sociedad (Qvortrup, 2003). Qvortrup sugiere que la sociedad contemporánea no es una red permanentemente inestable, que constantemente se sale de control. Entonces, para explicar el estado sorprendentemente estable de la sociedad ante los actuales acontecimientos sociales, económicos y tecnológicos disruptivos, tal vez sea mejor ver a la sociedad mundial como un sistema social global que se autoorganiza a través de la comunicación (Luhmann, 1990). La ventaja de este enfoque es que explica cómo la estabilidad y la coherencia de la sociedad mundial se mantienen a través de la comunicación (en lugar de a través de los actos o acciones de cualquier ser humano o grupo de tecnologías), lo cual es particularmente conmovedor en el contexto actual de la vida mediática. Visto desde esta perspectiva, la autocomunicación masiva afectiva de las personas contribuye al mantenimiento del orden social a pesar de que parece —en términos de interminables actualizaciones de estado, *tweets*, publicaciones y mensajes enviados y publicados en un día determinado— ejemplificar el caos social.

En esta conceptualización de la sociedad inspirada por Luhmann, ninguna persona o entidad institucional (o paradigma, como el capitalismo, el comunismo o la ley islámica) tiene el control efectivo mientras la sociedad se adapta y autoorganiza a través de la comunicación para lidiar con una creciente complejidad interna y externa. La capacidad de conectar la presión y el riesgo de gestionar la hipercomplejidad en la vida mediática nos hace emprendedores a todos. La organización de recursos y colaboradores bajo nuevos patrones para enfrentar desafíos y oportunidades es una forma de gestionar la complejidad (en la sociedad) por la complejidad (en los medios), y viceversa.

Discusión y conclusión: Un desafío para la educación

La clave para pensar sobre el periodismo emprendedor como respuesta a (o la consecuencia de) la precariedad en el trabajo mediático es reconocer su vinculación con tendencias más amplias de la sociedad contemporánea. La sociedad se autoorganiza a sí misma a través de la comunicación, y dentro de ella las personas viven sus vidas en los medios, donde las profesiones mediáticas a la vez contribuyen a la experiencia de la complejidad y proporcionan las herramientas (dispositivos y contenido) para administrar esa complejidad. El emprendimiento no es un conjunto de habilidades y actividades que de alguna manera son excepcionales o exclusivas de un tipo particular de individuo. Es más bien un aspecto mundano de la vida, el trabajo y el juego cotidianos.

Comprender el empresarialismo en el contexto de tendencias más amplias en la sociedad, la tecnología y los medios puede ser la clave para que los educadores de periodismo comprendan no solo lo que sucede en el campo, sino también que ayuden a sus alumnos a navegarlo. Las tendencias sociales, tecnológicas e industriales descritas en este capítulo apuntan hacia una mayor complejidad, precariedad y afectividad (como en caso del compromiso emocional) que marca la forma en que las personas son en el mundo (como ciudadanos, consumidores, productores y profesionales). El empresarialismo, en lugar considerarse como solo una categoría particular de la cultura capitalista contemporánea (Sennett, 2006), también puede verse como una forma de explorar los componentes centrales del sistema social y mediático actual. Tal como lo veo, las escuelas y los programas de periodismo tienen un rol específico que desempeñar aquí.

Pero, primero, debe decidirse el paradigma de la educación periodística (Deuze, 2006a, p. 24): ¿Un programa o plan de estudios debería preparar a los periodistas para futuros empleos, o servir para educar a "súper ciudadanos"? Un enfoque en el empleo futuro merma la enseñanza y la capacitación que requieren los estudiantes para internalizar la ideología ocupacional y las prácticas del periodismo tal como están. Cambiar el paradigma para educar súper ciudadanos, y cambiar la industria y su contexto social y tecnológico, debe mirarse, incesantemente, con ojo analítico. El periodismo, en este sentido, debe considerarse como el núcleo de lo que se necesita para desempeñarse con éxito en la era de la información. Yendo más allá de las motivaciones que inspiran a cada estudiante a elegir una educación en periodismo, uno debe notar que las habilidades, herramientas y perspectivas crítico-reflexivas de un periodista beneficiarían a todos en la economía global.

En segundo lugar, dado que la vida mediática y el empresarialismo son partes integrales del periodismo, estas deberían ser consideradas en todas las decisiones del programa (Deuze, 2006a, pp. 26-27). Después de todo, el periodismo no se puede separar de la comunidad en la que existe: las formas íntimas, ubicuas e inestables en que las personas (y los profesionales) navegan en sus "océanos de medios". En términos del ethos profesional del periodismo, los educadores de periodismo necesitan decidir de una vez por todas si el periodista es un observador neutral, una persona ajena al funcionamiento interno de la vida comunitaria o un participante (alguien que trabaja con miembros de la comunidad, siempre teniendo en cuenta sus agendas, prejuicios y, a menudo intereses en conflicto). Un periodista en la vida mediática se ve inevitablemente arrastrado al archivo viviente de (casi) todo lo que es Internet, lo que hace que las organizaciones noticiosas de todo el mundo se apresuren en crear directrices para el uso de las redes sociales. Dado que los periodistas deben participar en la comunidad que cubren para comprender sus temas de reporteo y la cultura mediática contemporáneos, la educación periodística debe enseñarles cómo hacerlo (Deuze, 2006b).

En tercer lugar, unas palabras sobre el empresarialismo como una tendencia popular para muchas escuelas de periodismo de todo el mundo (Baines & Kennedy, 2010; Briggs, 2011; Claussen, 2011). El sentido común parece ser incluir habilidades y conocimientos de negocios en el plan de estudios y agregar cursos sobre emprendimiento. Aunque no estoy cuestionando estas decisiones, las clases de emprendimiento no deberían centrarse únicamente en lograr que los periodistas establezcan sus propias empresas en un mercado precario. Como señalan Storey, Salaman y Platman (2005) (refiriéndose al trabajo de Rosen):

> Una característica importante del concepto de empresa es precisamente que opera en varios niveles: economía/política, organización/institución y el individuo mismo. La empresa actúa entonces como un principio fundamental de integración entre la política, la organización y el individuo. (p. 1034)

Por lo tanto, cualquier curso o modificación curricular debe venir con un método de instrucción y materiales pedagógicos que inspiren una interacción crítica con una forma de estar en el mundo que va más allá de solo una forma de establecerse.

Finalmente, en términos de currículo, la vida mediática y el contexto de los "Martini media" abren posibilidades y oportunidades para lo que Jenkins llama narrativa "transmediática" (Jenkins, 2003). Jenkins define transmedia como "un proceso donde elementos integrales... se difunden sistemáticamente a través de múltiples canales con el propósito de crear una coordinada y unificada... experiencia" (Jenkins, 2007). En 2009 Jenkins creó una lista de siete principios de la narrativa transmediática, enfatizando cómo el profesional contemporáneo debería considerar la capacidad de difusión, la continuidad, la inmersión, la serialidad, la subjetividad, la performatividad y la construcción del mundo al producir contenidos o experiencias en los medios. En 2011, Moloney (2011) se graduó de la University of Denver con una tesis sobre periodismo transmediático, describiendo en su blog cómo los principios de Jenkins podrían aplicarse a la narración periodística. El periodismo transmediático difiere del periodismo multimedia (Deuze, 2004) o del periodismo convergente (Quinn, 2005) en su uso de la audiencia en todos los aspectos del proceso creativo: desde la generación de ideas para historias hasta la recopilación de información, desde la contribución de partes de la narrativa y la investigación hasta ayudar en su financiación y distribución, y desde la promoción del contenido hasta su seguimiento con comentarios y tramas adicionales. Es mi opinión que la distinción entre el periodismo *crossmedia* (también conocido como multimedia o periodismo convergente) y el periodismo transmediático debería ser la base sobre la cual las escuelas y los programas de periodismo reconocen la vida mediática en el futuro. Esto debería reemplazar a la organización tradicional de especializaciones basadas en medios específicos (periódico, revista, radio, televisión y periodismo en línea).

De cierta manera, un currículo de enseñanza que acoja las consecuencias del empresarialismo, de los súper ciudadanos, de la vida mediática, de un modo Martini de pensar sobre los medios y el periodismo transmediático se vería bastante diferente de las formas tradicionales (como silos) de trabajar en las escuelas y programas de periodismo. Esto propugna lo siguiente:

> - integración del trabajo del curso (por ejemplo, combinando casos de estudio del aspecto comercial de la industria con perspectivas desde el marketing y la publicidad);
> - módulos transversales (por ejemplo, integración de diferentes especializaciones en medios a través de cursos tipo laboratorio);
> - El enfoque de la ética y la reflexión crítica sobre el periodismo y el papel de los periodistas en la sociedad como puntos de referencia para todos los cursos; y
> - El reconocimiento del periodismo como una forma de trabajo atípico y afectivo: es un trabajo que tiende a no definirse más por trayectorias profesionales claras (incluidos los beneficios y el apoyo que ofrecen las relaciones estables

entre empleadores y empleados), sino por aquello por lo que los periodistas profesionales se preocupan profundamente.

En todo esto espero y confío en que nos mantengamos conscientes del compromiso afectivo de los públicos con sus comunidades y de los periodistas con su campo, ya que es esa conexión emocional la que determina más intensamente la forma en que estos constituyentes sociales vivencian y dan sentido a sus roles como ciudadanos, consumidores y periodistas.

Referencias bibliográficas

Anderson, C. W., Bell, E., & Shirky, C. (2013). *Post-industrial journalism: Adapting to the present*. New York, NY: Columbia Journalism School, Tow Center for Digital Journalism.

Baines, D., & Kennedy, C. (2010). An education for independence. *Journalism Practice*, 4(1), 1-17.

Bausinger, H. (1984). Media, technology and daily life. *Media, Culture & Society*, 6, 343-351.

BBC. (2005). BBC announced iMP content trial. Tomado de http://www.bbc.co.uk/pressoffice/pressreleases/stories/2005/05_may/16/imp.shtml

Beck, U. (2000). *The brave new world of work*. Cambridge: Polity.

Botton, A. de (2014). *The news: A user's manual*. London: Hamish Hamilton. Briggs, M. (2011). *Entrepreneurial journalism*. New York, NY: CQ Press. Briggs, A., & Burke, P. (2009). *A social history of the media*. Cambridge: Polity. Castells, M. (2007). Power and counter-power in the network society. *International Journal of Communication*, 1, 238-266.

Castells, M. (2009). *Communication power*. Oxford: OUP.

Castells, M. (2010). *The rise of the network society*. Malden: Blackwell. Claussen, D. (2011). CUNY's Entrepreneurial journalism: partially old wine in a new bottle, and not quite thirst-quenching, but still a good drink. *Journalism & Mass Communication Educator*, 66(3), 3-6.

Couldry, N. (2004). Theorising media as practice. *Social Semiotics* 14(2), 115-132.

Couldry, N. (2011). The necessary future of the audience ... and how to research it. In V. Nightingale, (Ed.), *Handbook of media audiences* (pp. 213-229). Chichester: Wiley-Blackwell.

Deuze, M. (2004). What is multimedia journalism? *Journalism Studies*, 5(2), 139-152.

Deuze, M. (2006a). Global journalism education: A conceptual approach. *Journalism Studies*, *7*(1), 19-34.

Deuze, M. (2006b). Participation, remediation, bricolage: Considering principal components of a digital culture. *The Information Society*, *22*(2), 63-75.

Deuze, M. (2006c). Remote-control journalism. Tomado de http://deuze.blogspot.com/2006/11/remote-control-journalism.html

Deuze, M. (2007). *Media work*. Cambridge: Polity Press.

Deuze, M. (2012). *Media life*. Cambridge: Polity Press.

Deuze, M. (2014). Media life and the mediatization of the lifeworld. En A. Hepp & F. Krotz, F. (Eds.), *Mediatized world: Culture and society in a media age* (pp. 207-220). New York, NY: Palgrave.

Ertel, M., Pech, E., Ullsperger, P., Von dem Knesebeck, O., & Siegrist, J. (2005). Adverse psychosocial working conditions and subjective health in free- lance media workers. *Work & Stress: An international Journal of Work*, *19*(3), 293-299.

Gregg, M. (2011). *Work's intimacy*. Cambridge: Polity.

Grossman, L. (2016, December 25). You—yes, you—are Time's person of the year. *Time*. Tomado de http://content.time.com/time/magazine/article/0,9171,1570810,00.html

Hartley, J. (2007). There are other ways of being in the truth: The uses of multimedia literacy. *International Journal of Cultural Studies*, *10*(1), 135-144.

Hepp, A., & Krotz, F. (2014). (Eds.), *Mediatized world: Culture and society in a media age*. New York, NY: Palgrave.

Hermans, L., Vergeer, M., & Pleijter, A. (2011). *Nederlandse journalisten in 2010*. Nijmegen: Radboud University.

Hesmondhalgh, D., & Baker, S. (2010). *Creative labour: Media work in three cultural industries*. New York, NY: Routledge.

Inglehart, R. (1997). *Consuming the romantic utopia: Love and the cultural contradictions of capitalism*. Berkeley, CA: University of California Press. Jenkins, H. (2003, January 15). Transmedia storytelling. *MIT Technology Review*. Tomado de https://www.technologyreview.com/s/401760/transmedia-storytelling/

Jenkins, H. (2006). *Convergence culture*. New York: NYU Press.

Jenkins, H. (2007, March 22). Transmedia storytelling 101. (Web log comment). Tomado de http://henryjenkins.org/2007/03/transmedia_storytelling_101.html

Kittler, F. (2009). Towards an ontology of media. *Theory, Culture & Society*, *26*(2-3), 23-31.

Landström, H., & Johanisson, B. (2001). Theoretical foundation of Swedish entrepreneurship and small-business research. *Scandinavian Journal of Management*, *17*, 225-248.

Luhmann, N. (1990). The autopoiesis of social systems. In N. Luhmann. *Essays on self-reference* (pp. 1-20). New York, NY: Columbia University Press.

Meijer, I. C., & Kormelink, T. G. (2014). Checking, sharing, clicking and liking: Changing patterns of news use between 2004 and 2014. *Digital Journalism*, DOI: 10.1080/21670811.2014.937149

Meikle, G., & Young, S. (2012). *Media convergence: Networked digital media in everyday life*. Basingstoke: Palgrave.

Meyer, B. (2011). Mediation and immediacy: Sensational forms, semiotic ideologies and the question of the medium. *Social Anthropology, 19*(1), 23-39.

Meyrowitz, J. (1998). Multiple media literacies. *Journal of Communication, 48*, 96-108.

Miller, D. (Ed.), (2005). *Materiality*. Durham: Duke University Press.

Miller, D. & Madianou, M. (2012). *Technologies of love*. London: Routledge.

Mitchell, A. (2014). State of the news media 2014. *Pew Research Journalism Project*. Tomado de http://assets.pewresearch.org/wp-content/uploads/sites/13/2017/05/30142556/state-of-the-news-media-report-2014-final.pdf

Moloney, K. (2011). Transmedia journalism principles. (Web log comment). Tomado de https://transmediajournalism.org/contexts/transmedia-journalism-principles/

Neff, G., Wissinger, E., & Zukin, S. (2005). Entrepreneurial labor among cultural producers: "Cool" jobs in "hot" industries. *Social Semiotics, 15*(3), 307-334.

Norris, P. (1998). *Critical citizens: Global support for democratic governance*. Oxford: Oxford University Press.

Oxford Dictionary Online. (2013). The Oxford Dictionaries Word of the Year 2013. Tomado de https://en.oxforddictionaries.com/word-of-the-year/word-of-the-year-2013

Papacharissi, Z. (2014). *Affective publics: Sentiment, technology, and politics*. Oxford: Oxford University Press.

Papper, R., Holmes, M., & Popovich, M. (2004). Middletown media studies. *The International Digital Media and Digital Arts Association Journal, 1*(1), 1-56.

Platman, K. (2004). "Portfolio careers" and the search for flexibility in later life. *Work, Employment and Society, 18*(3), 573-599.

Pogue, D. (2010, November 24). The lessons of 10 years of talking tech. *The New York Times*. Tomado de https://www.nytimes.com/2010/11/25/technology/personaltech/25pogue.html

Putnam, R. (Ed.), (2000). *Democracies in ux: The evolution of social capital in contemporary society*. Oxford: Oxford University Press.

Quinn, S. (2005). *Convergence journalism*. New York, NY: Peter Lang. Qvortrup, L. (2003). *The hypercomplex society*. New York, NY: Peter Lang. Reuters Institute for the Study of Journalism. (2016). Digital News Report 2016. Tomado de http://www.digitalnewsreport.org

Rosen, J. (2006). The people formerly known as the audience. Tomado de http://archive.pressthink.org/2006/06/27/ppl_frmr.html

Sennett, R. (2006). *The culture of the new capitalism*. New Haven, CT: Yale University Press.

Sloterdijk, P. (2004). *Sph ren*. Berlin: Suhrkamp Verlag, 2004.

Storey, J., Salaman, G., & Platman, K. (2005). Living with enterprise in an enterprise economy: Freelance and contract workers in the media. *Human Relations, 58*(8), 1033-1054.

Sundar, S. (2008). Self as source: Agency and customization in interactive media. In E. Konijn, S. Utz, M. Tanis, & S. Barnes, S. (Eds.), *Mediated interpersonal communication* (pp. 58-74). New York, NY: Routledge.

The Business Journals. (2015, March 23). Full coverage: Depression, entrepreneurs and startups. Tomado de https://www.bizjournals.com/bizjournals/news/2015/03/22/full-coverage-entrepreneurs-and-depression.html

Thompson, J. (1996). *The media and modernity: A social theory of the media*. Palo Alto, CA: Stanford University Press.

Thompson, M. (2006, April 25). BBC creative future: Mark Thompson's speech in full. *The Guardian*. Tomado de https://www.theguardian.com/media/2006/apr/25/bbc.broadcasting

Wellman, B. (2002). Little boxes, glocalization and networked individualism. En M. Tanabe, P. Besselaar, & T. Ishida. *Digital cities II* (pp. 10-25). Berlin: Springer.

15

Pop-Up Newsroom:
Periodismo líquido para la próxima generación

Melissa Wall

La inestabilidad en la industria del periodismo en las democracias occidentales se ha convertido en una preocupación creciente, ya que los observadores y los mismos periodistas la llaman una "crisis", lo que implica que el campo se está encaminando hacia una eventual desaparición. O, como se preguntó en un popular libro sobre el estado de la industria de las noticias en Estados Unidos, "¿El último periodista podría apagar las luces, por favor?" (McChesney & Pickard, 2011). Sin embargo, otros sugieren que en realidad no estamos presenciando la muerte sino una transformación vital del periodismo que permitirá que la innovación y la creatividad prosperen (Gillmor, 2013).

Estas preocupaciones y puntos de vista en conflicto se han manifestado en los programas de educación en periodismo en todo el mundo. Las voces del mundo del periodismo profesional a menudo han visto la educación en periodismo como demasiado teórica e impráctica, si es que no como una absoluta pérdida de tiempo. La crisis actual simplemente les confirma que el ámbito educativo no comprende las necesidades de la industria. Eric Newton, un destacado crítico de la educación periodística y ex director de la Knight Foundation, ha reprendido reiteradamente a los programas de periodismo por fallarle a los futuros periodistas (2013). Una encuesta a periodistas profesionales en Estados Unidos llegó a una conclusión similar donde casi la mitad de los encuestados consideraban que la educación del periodismo estadounidense se mantenía al ritmo de los cambios dramáticos en el campo solo "un poco" o "nada" (Sivek, 2013). Los estudios académicos sobre la educación en periodismo sugieren que se están haciendo cambios. De hecho, en su encuesta nacional de programas de periodismo, Becker, Vlad y Simpson (2013) encontraron que, aunque una abrumadora mayoría de los administradores informaron que sus programas habían actualizado sus currículos, más de la mitad informaron obstáculos para el cambio, incluidos resistencia por parte del profesorado y retrasos burocráticos.

Muchos todavía creen que la educación periodística sigue siendo no solo valiosa, sino incluso más necesaria que nunca debido a los rápidos cambios en la industria mediática en su conjunto (Scruggs, 2012). De hecho, muchos educadores de periodismo han respondido al llamado para imaginar nuevos modelos educativos y prácticas para sus programas (Baines & Kennedy, 2010; Berger, 2011; Deuze, 2006; Robinson, 2013). Estos educadores de periodismo con visión de futuro sugieren que sus pares necesitan estar más dispuestos a "experimentar con nuevas formas de creación, distribución y organización de la información" (Mensing, 2011, p. 25), y algunos argumentan que los educadores de periodismo deben hacer cambios a gran escala y "revolucionar el currículo para preparar a los estudiantes para la era digital" (Robinson, 2013, p. 2). Como argumenta Jarvis (2012), los trastornos en la industria deberían verse como oportunidades para repensar la educación en periodismo, incluida la reconsideración de la importancia de los espacios en las aulas para el aprendizaje y las formas de las noticias en sí mismas. Él señala que los educadores de periodismo deberían considerar no "lo que la industria [exige] sino lo que debería estar exigiendo" (Bennett, 2014, párrafo 5). Por lo tanto, los pesimistas y los optimistas parecen estar de acuerdo en que la educación periodística debe seguir evolucionando dramáticamente para seguir siendo relevante.

Este capítulo examina un esfuerzo por repensar cómo se enseña el periodismo a través de la exploración de una iniciativa universitaria, Pop-Up Newsroom (sala de prensa desplegable o emergente). Muchos de los proyectos más promocionados que dicen reimaginar la educación periodística instan a los educadores a que sus estudiantes asuman las responsabilidades del periodismo profesional, llenando los vacíos del mundo profesional cada vez más reducido en lo que se ha llamado el "modelo de hospital" (Newton, 2012). Sin embargo, vincular la educación periodística a las necesidades y valores de la industria de las noticias es precisamente lo que críticos como Mensing (2011) creen que frena a la educación periodística para desarrollar visiones verdaderamente diferentes de lo que podría ser la disciplina. La sala de prensa desplegable ofrece la posibilidad de una dirección diferente. Este modelo enfatiza lo siguiente:

> La creación de una sala de noticias **temporal** que solo busca cubrir un evento o tema durante un corto período de tiempo (a menudo menos de un día), en lugar de establecer una sala de prensa permanente.[10] Pop-up Newsroom imita así la velocidad del mundo digital emergente, donde el nacimiento rápido y el colapso, incluso de las ideas más innovadoras, son comunes.

> El uso de dispositivos multimedia **personales** en lugar de costosos equipos profesionales. Esto proporciona un modelo de cómo ejecutar operaciones de noticias independientes y en solitario, como la cobertura de Tim Pool del mo-

---

[10] Los estudiantes han cubierto eventos en vivo como la maratón de Los Ángeles, las elecciones presidenciales de los EE. UU. en 2012 y los premios Óscar (una historia local en Los Ángeles). También emplearon las mismas técnicas de reporteo en vivo para cubrir historias temáticas, como los conductores de autobuses de larga distancia en Los Ángeles. Los archivos parciales de este trabajo se pueden ver en popupnewsroom.net. Pop-Up Newsroom no funciona con los mismos objetivos cada vez que se abre. Por ejemplo, para las elecciones presidenciales, los estudiantes produjeron sus propias historias y también reclutaron ciudadanos comunes para producir cobertura.

vimiento U.S. Occupy (De Rosa, 2012). Mediante el uso de dispositivos multimedia personales, los periodistas inexpertos pueden aprender sobre las prácticas y los desafíos tanto del periodismo ciudadano como de los mojos (periodistas móviles) independientes.

➢ La confianza en las **herramientas de las redes sociales** como Twitter y RebelMouse. Los estudiantes aprenden los beneficios y desafíos de reportar con las herramientas y los recursos existentes, en lugar del modelo educativo de periodismo imperante que fomenta la Knight Foundation y otros que hacen hincapié en la creación de sitios web, aplicaciones móviles, etc. originales.
➢ El **desarrollo de redes** para su contenido mediante la conexión con otros estudiantes y las comunidades de interés relacionadas con el tema, mientras que también aprovechan sus **redes sociales personales**.

Este tipo de modelo/operación a menudo produce contenido de noticias híbridos —más desarrollado que lo que los testigos ciudadanos ordinarios podrían producir— pero menos pulido que el trabajo de un medio de comunicación profesional o cuasi-profesional. Idealmente, los estudiantes desarrollan la capacidad de trabajar como los autocomunicadores masivos de Castells (2007), quienes pueden ver a las noticias como un fragmento fluido de información que comienza a circular inmediatamente después de la recopilación dentro de una esfera mediática abierta a todos. La falta de una sala de prensa permanente alienta a los estudiantes a depender más de las fuentes y los actores en los sitios desde donde se reportea (Wall, 2014), lo que puede contribuir hacia numerosas conexiones comunitarias como exige Mensing (2011).

Es importante repensar drásticamente las operaciones de los medios de comunicación estudiantiles porque las salas de prensa tradicionales han sido identificadas como lugares de socialización para los periodistas y también como un medio para controlarlos (Tuchman, 1973); prácticas estas que Pop-Up Newsroom trata de evitar. Además, crear versiones para estudiantes de medios de comunicación profesionales implica que los estudiantes de periodismo adoptan los valores del periodismo profesional. Cuando esto sucede, potencialmente se limitan a sí mismos a una interpretación estrecha de lo que puede ser el periodismo.

Periodismo líquido

Este proyecto emplea el concepto de periodismo líquido como el andamiaje teórico para analizar la Pop-Up Newsroom. Bauman (2000/2012) sostiene que la modernidad líquida caracteriza a nuestra sociedad, la cual está tan marcada por el cambio y el flujo que permanece inestable permanentemente, cambiando constantemente de forma y reformándose a sí misma. Él describe esto como "'estar convirtiéndose' para siempre, evitando la compleción, manteniéndose sin una definición completa", mientras que la "búsqueda" de hacerse sólida, irónicamente, mantiene a la sociedad en constante movimiento (p. x). Al adaptar ese concepto a la actual ecología de los nuevos medios, Deuze (2009) argumenta que el periodismo también puede caracterizarse por esas mismas cualidades; sugiere que estamos viendo el ascenso del periodismo líquido, que también se encuentra en un constante estado de cambio que nunca podrá volver a solidificarse dentro de lo esperado. Deuze (2009) conecta dicho periodismo con el concepto pop-up (desplegable o emergente), que ha aparecido ampliamente en todo el mundo (cafés, librerías, galerías de arte, etc. desplegables). De hecho, la conexión de Deuze con el periodismo y el concepto pop-up inspiraron la Pop-Up Newsroom descrita en este capítulo. Deuze (2009) describe el fenómeno pop-up como "intrínsecamente temporal, transitorio, un momento en el tiempo que no se puede revivir" (p. 16).

Bauman señala además que la idea del tiempo cíclico —por ejemplo, los eventos agrícolas anuales como la siembra de cultivos— ya no se aplica a gran parte de nuestras vidas (Deuze, 2007). El tiempo no es cíclico ni lineal y el progreso organizacional requiere pensar diferente sobre el tiempo en una sociedad marcada por "proyectos a corto plazo" (Deuze, 2007, p. 673) dentro de una "sociedad de alta velocidad" (Rosa y Scheuerman, 2009). Bauman usa el término "puntillista", un estilo de pintura, para caracterizar las cualidades inconexas de la modernidad. Partiendo de esta idea, Deuze razona que "el reporteo de noticias es 'puntillismo sin configuración'" (p. 674). Es decir, las noticias están fragmentadas y, por lo tanto, son débiles a la hora de proporcionar una gran imagen panorámica; a diferencia del estilo en pintura, rara vez puede unirse para proporcionar un cuadro coherente más grande. Las cualidades inconexas de las noticias se han vuelto aún más evidentes en una sociedad líquida. De hecho, Rosa y Scheuerman (2009) afirman que hoy participamos en un movimiento tan rápido y constante que no hay tiempo para que se forme una imagen completa.

Como era de esperar, tales ideas atraen particularmente a aquellos que buscan explicar el periodismo digital, lo que ha llevado a algunos investigadores de periodismo a unirse a Deuze para considerar las aplicaciones de la modernidad líquida al periodismo. Sin embargo, cabe señalar que Bauman es bastante negativo sobre las posibilidades de Internet, argumentando que sus posibilidades de conexión son ilusorias. Las afirmaciones generalizadas de que Internet mejora la democracia son, en opinión de Bauman, prácticamente ilusorias (Deuze, 2007). En cambio, Bauman ve muchas pequeñas comunidades de grupos de interés que se reúnen brevemente y se dispersan rápidamente; él sugiere que tales formaciones no pueden crear un cambio real y sostenido en la sociedad.

En relación con el periodismo, Kantola (2013) sugiere que, si bien diarios y televisión nacional desde la época "sólida" todavía existen, muchas organizaciones mediáticas más recientes reflejan un espíritu líquido en términos de su naturaleza temporal y siempre cambiante (p. 608). Ella escribe que "[d]onde ha sido posible, los equipos y proyectos, fácil de separar y flexibles al cambio, han reemplazado a las pirámides organizativas" (p. 609). Esto se aplica no solo a las estructuras organizativas sino también, de manera importante, a los profesionales que son los actores clave en las organizaciones modernistas. Los escalafones jerárquicos están desapareciendo, al igual que los puestos de trabajo permanentes a tiempo completo. Los trabajadores temporales y/o contratados obtienen cada vez más trabajo. En el caso de las noticias, esto significa que las profesiones modernistas tradicionales, como el periodismo, también se encuentran en un estado de agitación dramática. Inicialmente, muchos de estos cambios se consideraban que ocurrían en la periferia del periodismo profesional en forma de blogs y otros tipos de periodismo como el de "mercado negro" o "posmoderno". A menudo se trataba de proyectos secundarios y temporales de periodistas profesionales o incluso de personas no profesionales (Wall, 2005). Pero hoy en día, se han filtrado cambios dramáticos en toda la profesión, particularmente a través del auge de los medios digitales, lo que ha llevado a la absorción de lo que alguna vez fueron prácticas marginales en las prácticas noticiosas dominantes. En resumen, hemos visto la aparición generalizada de las noticias líquidas, "un proceso errático, continuo, participativo, multimodal e interconectado que está produciendo contenido de acuerdo con principios periodísticos" (Karlsson, 2012, página 388).

De hecho, Karlsson y Strömbäck (2010) afirman que las noticias líquidas se producen por las cualidades comúnmente identificadas como clave para el periodismo en línea: inmediatez, interactividad y convergencia. Para estos investigadores, la inmediatez dentro del marco del periodismo líquido significa que ya no existe una noticia permanente. Las actualizaciones constantes cambian una sola historia muchas veces a lo largo de su reporteo en el transcurso de días, horas o incluso minutos. La interactividad también significa que una gama de actores puede contribuir a su producción, lo que puede conducir a más versiones de la historia. La convergencia es la difuminación de los formatos (texto, video, etc.) en línea. Además, afirman que estudiar la "liquidez" de las noticias es bastante difícil porque las noticias en línea están constantemente transformándose a través de los procesos de inmediatez e interactividad y, a menudo, de forma no lineal. Karlsson (2012) concluye que esta forma de crear noticias puede ser radicalmente diferente de los modos tradicionales de producción de noticias, en los cuales:

> el ritmo de publicación ha sido planeado previamente y es predecible, los consumidores han jugado un papel pequeño, si es que alguno, en la producción de noticias, los periódicos se han limitado a contar historias a través de texto y fotos y las noticias han tenido principio y final claramente definidos con una progresión linear entre ellos. (p. 388)

Desarrollando aún más el concepto, Kantola (2013) caracteriza a los periodistas por categorías de liquidez en función a su adaptación a estos cambios: los "sólidos modernos (nacidos entre 1939 y 1955)", los "licuados modernos (nacidos entre 1956 y 1969)" y los "líquidos modernos (nacidos después de 1970)" (p. 614). La primera categoría, los periodistas sólidos modernos, creen en el modelo de la objetividad, que los vincula estrechamente con fuentes que provienen de las élites. Se ven a sí mismos como proveedores de un servicio público. El segundo grupo, licuados modernos, está más orientado hacia las organizaciones de medios para las que trabajan. Se ven a sí mismos como profesionales de carrera. Continúan valorando la objetividad, pero están menos preocupados por el servicio público; su trabajo está guiado por el trabajo de otros periodistas profesionales. Kantola (2013) describe al tercer grupo, líquidos modernos, como "antiinstitucionalista" y orientado en cambio hacia "proyectos y equipos" sin expectativas de que permanecerán en una posición u organización por mucho tiempo (página 614). Rechazan la objetividad y la confianza excesiva en fuentes profesionales permanentes, y consideran que el punto de vista del "hombre de a pie" es igual de legítimo: "Los periodistas líquidos se oponen a las rutinas periodísticas y las convenciones preconfeccionadas de lo que constituye una importante noticia. En cambio, su objetivo es mirar al 'hombre y mujer comunes'" (Kantola, 2013, p. 618).

El concepto de periodismo líquido no deja de tener sus críticas. Rebillard y Touboul (2010) preguntan si el periodismo líquido es de hecho "una teoría empíricamente sólida" (p. 326). Sugieren que es demasiado optimista sobre los niveles de participación ciudadana independiente en los procesos de producción noticias. Por lo tanto, argumentan que debemos ser escépticos del término para evitar sugerir que el periodismo líquido de alguna manera erradica las estructuras de poder. Esto es similar a la advertencia más amplia de McDevitt y Sindorf (2012) sobre los peligros de las tendencias que "subliman lo digital" para reconfigurar la educación en periodismo glorificando las habilidades digitales mientras se ignoran los enfoques más abstractos de la teoría crítica (página 114).

Si bien este capítulo hace uso del periodismo líquido como su marco analítico, no celebra este fenómeno. Más bien, considera que este concepto es una lente potencialmente efectiva para examinar las nuevas configuraciones del periodismo. Como señala el mismo Bauman, a pesar de que la modernidad líquida como concepto tiene imperfecciones, puede ayudarnos a considerar los procesos que tienen lugar a nuestro alrededor. También menciona que tales conceptos tienen la intención de "enfocar los reflectores de una manera que nos ayude a orientarnos y encontrar el camino" (Gane, 2004, p. 17). En otras palabras, aunque la modernidad líquida puede servir como un medio útil para ver fenómenos como el periodismo, no es una explicación completa.

Creando una sala de prensa líquida

Un nuevo tipo de operación de medios estudiantiles, el Pop-Up Newsroom, fue creado en la California State University, Northridge en 2012. Como se explicó anteriormente, su intención era responder a la inestabilidad de la profesión noticiosa, aprovechando el poder de las redes sociales, los dispositivos personales de comunicación y las redes de comunicación fluida habilitadas por tales herramientas. El examen de este proyecto puede ayudarnos a considerar a la vez nuevas formas de enseñar periodismo y, de manera más amplia, contribuir al creciente cuerpo de investigación sobre el periodismo líquido. Mientras que Karlsson (2012) y Karlsson y Strömbäck (2010) han intentado definir a las noticias líquidas y Kantola (2013) ha examinado las cuestiones relacionadas con la liquidez de las identidades de los periodistas, estos investigadores se centraron en operaciones periodísticas existentes y con periodistas profesionales. El proyecto Pop-Up Newsroom explora una sala de prensa no permanente y una categoría de reporteros aparentemente menos estable: periodistas estudiantes. El resto de este capítulo examinará la Pop-Up Newsroom a través del lente de las noticias líquidas aplicadas al periodismo estudiantil.

Las dos iteraciones del Pop-Up Newsroom que se consideran aquí se llevaron a cabo durante el semestre de otoño de 2013 con un grupo de 15 estudiantes de posgrado en una clase de investigación de comunicación de masas. A principios del semestre, la Sala de Noticias Pop-Up cobró vida cuando los estudiantes cubrieron CicLAvia, un evento inspirado en la ciclovía colombiana, en la cual las calles públicas se cierran regularmente a los vehículos para dar paso a los ciclistas.

CicLAvia es un gran evento al aire libre durante un día en el centro de Los Ángeles en el que las calles también están cerradas al tráfico motorizado y los peatones y los ciclistas toman el control. Un mes después, se unieron a estudiantes de otras tres universidades de todo el mundo para informar sobre un tema, la pobreza, durante 24 horas de cobertura constante[11].

La primera pregunta que hizo esta investigadora fue: ¿de qué manera es líquida la Pop-Up Newsroom? Al responder a esta pregunta, ella recurrió a las definiciones producidas por Karlsson y Strömbäck (2010), quienes sugieren que las noticias líquidas son inmediatas, interactivas y convergentes, así como la definición adicional de noticias líquidas de Karlsson (2012, p. 388) "erráticas, continuas, participativas, multimodales e interconectadas". También evaluó las prácticas de la Pop-Up Newsroom mediante el análisis de sus notas tomadas durante las observaciones de la sala de prensa en acción y durante las conversaciones informales de seguimiento con sus reporteros.

La segunda pregunta fue: ¿Cómo respondieron los estudiantes al reporteo para una sala de prensa temporal? Esta investigadora se centró en particular en los beneficios y obstáculos, si los hubiera, que los estudiantes percibieron mientras trabajan sin una sala de prensa física y cómo se relacionaron con el periodismo líquido. También analizó las

---

[11] El Asian College of Journalism en India, la Newcastle University en el Reino Unido y la National Chung Cheng University in Taiwán se unieron a los estudiantes de California. Cada universidad generó independientemente su propio contenido sobre la pobreza, reportando desde su ubicación específica produciendo contenido digital con herramientas tales como Twitter, YouTube y Facebook. Para ciertas partes del día, los estudiantes de cada escuela curaron el contenido que se estaba produciendo. Para hacerlo, usaron la cuenta de Twitter @PopUpNewsroom. Algunas universidades usaron otras cuentas adicionales de Twitter específicas para su cobertura. Todos los programas usaron un hashtag compartido para conectar el contenido: #LivePoverty.

notas tomadas mientras observaba a los estudiantes cuando estos reporteaban y curaban el contenido. Al mismo tiempo, analizó documentos, incluidas notas de campo que los estudiantes escribieron mientras estaban reportando y ensayos de reflexión de los estudiantes escritos después de que la Pop-Up Newsroom dejó de funcionar.

"Desincorporando" la sala de prensa

Una de las características más importantes de la Pop-Up Newsroom es que no tiene ningún espacio permanente. En cambio, los estudiantes, equipados con sus teléfonos celulares o tabletas personales, recopilan información y la difunden desde donde están reportando. Por ejemplo, en CicLAvia, los estudiantes reportaron desde cinco diferentes centros de eventos oficiales repartidos por la ciudad (Chinatown, MacArthur Park [un barrio de inmigrantes de bajos ingresos], etc.). Para informar sobre el tema de pobreza, se posicionaron en lugares como albergues para personas sin hogar u otras agencias de voluntarios o en eventos relacionados con el tema (como una feria de trabajo para personas sin hogar o un partido de fútbol en el que jugaban niñas de comunidades de bajos ingresos). En ambas iteraciones de la Pop-Up Newsroom, no se esperaba que regresaran a una sala de prensa para "finalizar" o actualizar o pulir sus informes. Por lo tanto, el proceso de reporteo se despojó de algunos de los andamios educativos habituales. Algunos estudiantes comentaron que la falta de una sala de prensa permanente aumentó su "movilidad", lo que "les permitió cubrir el evento exhaustivamente". Curiosamente, a la luz del marco conceptual empleado en este documento, otros estudiantes sugirieron que una sala de prensa física habría sido más "estable" (el término noticias líquidas nunca se discutió con la clase).

Además de reportar, los estudiantes también se detuvieron durante ciertos momentos específicos a monitorear la esfera de Twitter en busca de contenido relacionado con su trabajo, incluido el contenido de otros estudiantes. Algunas veces volvían a compartir selectivamente este contenido a través de la cuenta de Twitter @PopUpNewsroom. Durante CicLAvia, el monitoreo se llevó a cabo donde los estudiantes eligieron, a menudo se hizo en un espacio con una conexión inalámbrica que les permitía trabajar desde sus computadoras portátiles, las eran que preferidas a los teléfonos para monitorear y volver a compartir el contenido. Un estudiante eligió un Starbucks para curar contenido, mientras que otra usó su teléfono mientras trabajaba desde su automóvil estacionado. Otro estudiante explicó: "Encontré una pequeña cafetería llamada Tava Primera, que me proporcionó el wifi que necesitaba". Este modo temporal e inestable de producción de noticias encarna una cualidad clave de la modernidad líquida, en la que "los individuos deben sacar de la nada los lugares según avanzan" debido a que viven en una "era de desincorporación" (Gane, 2004, p. 36). Para algunos estudiantes, este arreglo fluído no parecía inusual o difícil de manejar. Uno señaló: "Cuando queremos reunirnos, podemos reunirnos en un Starbucks o en cualquier otro lugar y podemos intercambiar comentarios y cargar nuestros equipos". Una vez que hubieran completado sus tareas o simplemente interactuado, podían avanzar a su siguiente parada.

Dicho esto, algunos estudiantes enfrentaron problemas para curar contenido. En varios momentos durante el día, no pudieron acceder a la cuenta de Twitter de @PopUpNewsroom, ya que un mensaje de error les informaría que habían alcanzado su número máximo diario de tuits. (Twitter limita las cuentas a 1,000 tuits en un período de 24 horas y las apaga a intervalos regulares antes de eso.) En parte, la obstrucción de la cuenta tuvo lugar porque los estudiantes ingresaban y publicaban tuits sin informar a otros exactamente cuándo lo estaban haciendo. Esto aumentó la cantidad de tuits repetidos y de tuits publicados al mismo tiempo. Algunos estudiantes sugirieron que la falta de una sala de prensa física intensificó este problema, con una conclusión: "fue difícil funcionar sin una sala de prensa real" cuando surgían tales problemas. Otro agregó que la falta de espacio permanente combinado con dificultades técnicas ocasionó que algunos estudiantes "se confundieran al no contar con una ubicación central a quien consultar". Por lo tanto, para algunos estudiantes, la propia Pop-Up Newsroom era "errática", una calidad Karlsson (2012) identifica como un aspecto clave del contenido de noticias líquidas. Sin embargo, aquí se aplica a la operación actual de noticias.

En contraste con CicLAvia, para el proyecto temático sobre la pobreza, los estudiantes seleccionaron el contenido de una sala de seminarios en la universidad a la cual trajeron sus computadoras portátiles, ya fuera antes o después del reporteo de campo. Este espacio existió solo mientras los estudiantes estuvieran trabajando. Este no era un espacio de noticias típico, un centro multimedia del campus, ni siquiera un laboratorio de computación. Por lo tanto, tuvo cierto aire de apropiación improvisada. Mientras que para algunos estudiantes se hizo necesario establecer previsibilidad para la resolución de problemas (como se señaló anteriormente), Bauman argumenta que "el aprendizaje [de las rutinas] puede desempoderar a largo plazo" (Gane, 2004, p. 22). En términos más generales, esto plantea la siguiente pregunta: si las rutinas se han considerado cruciales para establecer y mantener las prácticas e identidades del periodismo (Zelizer, 2004), ¿qué sucede cuando el periodismo se vuelve líquido? La respuesta puede estar en lo que hicieron algunos estudiantes cuando se quedaron sin un espacio sólido o una rutina permanente: "[yo] tuve que pensar rápido, resolver problemas imprevistos, improvisar". Hicieron lo que los observadores de la modernidad líquida proponen como una respuesta potencialmente efectiva: experimentar constantemente con los recursos disponibles en ese momento (Gane, 2004).

Fragmentos de noticias multimodales

Las historias que se reportan a través de las redes sociales, particularmente Twitter, a menudo incluyen no solo texto, sino también fotos y videos breves. Un estudiante sugirió que "toma un poco de esfuerzo saltar entre buscar personas/cosas para cubrir, fotografiar y escribir tuits y también retuitear la cobertura del compañero de clase [sic].

Cada una es una habilidad diferente". Si bien esto encaja con la definición de noticias líquidas de Karlsson (2012) como multimodales, él concibió historias de noticias líquidas constantemente evolucionando desde básicamente una cabecera hasta una historia multimedia completamente desarrollada en el transcurso de minutos u horas. Si bien cierto contenido de la Pop-Up Newsroom se extendió más cuando los estudiantes decidieron incorporar su reporteo a Storify.com, esta fue la excepción. En cambio, sus reportes se publicaron lo más rápido posible y luego fueron olvidados a medida que los periodistas avanzaban. Como señaló un alumno, "no hubo oportunidad de contar la historia completa en forma extensa" como lo habría hecho con un medio de comunicación tradicional porque ella misma estaba en constante movimiento: entrevistando, publicando, pasando a la siguiente entrevista, etc. Esto cambió la forma de sus historias: "[E]tiquetas y fotos se usaron para contar historias que normalmente hubiera escrito [usando texto]". Otros también dijeron que cambiaron sus rutinas de reporteo para enfocarse primero en las imágenes y luego en escribir el texto del tuit para la foto o video. El resultado final de tal reporte parecería ser el periodismo como puntillismo —fragmentos mediáticos del momento que nunca se fusionan en un recuento completo—.

En el modelo de Karlsson (2012), el periodista hace juicios adicionales a medida que se desarrolla la noticia líquida. Aquí, los estudiantes hacen juicios precipitados en lugar de continuar recopilando e incorporando más material. Como uno de ellos explicaba, "cuando tuiteas en vivo, tienes que ir con tu 'intuición' en cuanto a lo que es importante y no tienes mucho tiempo para reflexionar sobre ello". En contraste, el contenido de noticias líquidas de Karlsson (2012) pasa potencialmente de reportero a editor u otros en una redacción donde se proporciona contexto y reporteo adicional. Los reporteros de Pop-Up Newsroom observaron que "no hay un editor al que mostrarle [cualquier cosa] antes de tuitear". De esta manera, el periodismo líquido del estudiante parece acercarse más al periodismo ciudadano, o como dijo un estudiante: "Lo vi más como una sala de prensa individual a la hora de reportar tus propios tuits en tu cuenta de Twitter". Los estudiantes se convierten en autocomunicadores masivos. La falta de control o verificación empoderó a algunos ("podemos publicar lo que queremos" y "una sala de prensa física retrasaría el reporteo"), mientras que otros creían que un proceso más sólido podría haber mejorado sus reportes. "El entorno de una sala de prensa física real está lleno de personas a las que uno puede consultar sus ideas". Sin embargo, esto sugiere nuevamente que los estudiantes (como algunos de sus profesores) pueden estar imaginando una sala de prensa bien dotada con muchas manos expertas listas para ayudar a la historia, una visión que no necesariamente coincide con la dramática pérdida de reporteros, particularmente en las industrias de medios impresos. Además, en un nivel conceptual, Bauman (2001, p. 126) ha argumentado que, para la mayoría de nosotros en nuestras vidas hoy en día, "la desincorporación es ahora una experiencia que probablemente se repita un número desconocido de veces". Estaremos constantemente experimentando cambios en lugar de encontrar puntos de parada permanentes.

"Integrado en el reportaje"

La importancia de las personas comunes u otras personas que no son periodistas profesionales que participan en el proceso noticioso ha sido bien documentada por los investigadores en periodismo (Andén-Papadopoulos & Pantti, 2011; Domingo, 2011; Thurman, 2008; Williams, Wardle, & Wahl-Jorgensen, 2011). De hecho, Karlsson (2012) identificó la participación junto con la interconexión como indicadores específicos de noticias líquidas. Con la Pop-Up Newsroom, la conciencia de los reporteros de que estaban compartiendo el espacio de la esfera de Twitter con otros fue evidente al retuitear a sus compañeros de clase, ciudadanos y organizaciones también en las redes sociales. Uno de ellos dijo: "Definitivamente te hace más consciente de las personas que leen tu reportaje, ya que pueden responderte directamente". Otro señaló que "he navegado por Twitter... para ver lo que otros tuiteaban", y luego tuiteó a ciudadanos comunes que también producían contenido sobre su tema. Esto provocó retuits, favoritos y respuestas. Cuando un usuario de Twitter de Noruega respondió a una foto que ella publicó, dijo: "Sentí el poder de la comunidad global en Twitter".

Un aspecto adicional de la participación y la interconexión más allá de lo que ocurre en línea se hizo evidente a través de la Pop-Up Newsroom: algunos estudiantes parecían estar menos preocupados por mantener los límites entre ellos mismos, sus fuentes y sus temas de cobertura. Uno dijo que el formato de espacio temporal de noticias significaba que no solo estaban entrevistando a personas. Él respondió en ese momento: "Estamos interactuando con la gente... [porque] no estamos atrapados en una habitación." De hecho, Kantola (2013) encuentra que los periodistas líquidos no suscriben las expectativas tradicionales de que los reportajes deben depender de fuentes de élite permanentes; en cambio, las opiniones de "el ciudadano de a pie" son igual de legítimas. Por lo tanto, tienden a concentrarse en las voces de la gente común. Aquí, algunos estudiantes explicaron que el Pop-Up Newsroom brindó la "libertad... de experimentar verdaderamente el evento lo que nos ayudó a transmitir el evento a los propios seguidores [sic]".

Del mismo modo, Kantola (2103) sostiene que los periodistas líquidos rechazan la objetividad. Esto parece describir lo que sucedió con algunos de los estudiantes observados aquí. Los estudiantes enfatizaron repetidamente cómo se conectaron, al menos temporalmente, con las personas y los eventos involucrados en las historias que estaban reporteando. Como dijo un estudiante: "La falta de una sala de prensa física nos hizo [a los periodistas] integrarnos más en la historia... personalmente tuve momentos en los que estuve tan atrapado por el entorno que olvidé que tenía que reportar". Por ejemplo, varios estudiantes que reportearon durante el evento CicLAvia se unieron a una clase de Zumba en la calle, mientras que otros estudiantes reportearon sobre un evento para veteranos sin hogar (como parte del proyecto de pobreza) y se convirtieron en "fuentes" ellos mismos cuando fueron entrevistados por Skid Row Radio respecto de sus percepciones sobre el tema. En el periodismo tradicional, los estudiantes aprenden a crear redes de fuentes y mantener relaciones con ellos mientras a la vez buscan una distancia profesional de aquellos sobre quienes reportan. Aquí, los estudiantes no estaban construyendo redes de fuentes, sino que interactuaban con las personas. La diferencia refleja el argumento de Bauman de que en la modernidad líquida las relaciones son inestables, y son los procesos de identificación lo que más importa.

Conclusión

El modelo Pop-Up Newsroom incorpora sugerencias sobre cómo la educación en periodismo podría responder al entorno contingente e inestable por el que todos debemos navegar ahora. Si, como lo sugiere la explicación de la modernidad líquida, establecer rutinas de larga data y respuestas prefijadas se considera ineficaz, los educadores de periodismo deben considerar nuevas formas de preparar a los estudiantes en un proceso sin fin. Al centrarse en proyectos a corto plazo que se activan rápidamente y luego terminan, la Pop-Up Newsroom ofrece una estrategia. La sala de prensa temporal no busca proporcionar una entrega constante de información, una acción que, sin embargo, como fuera llevada a cabo, parece difícil de desvincular de la interpretación tradicional de las noticias.

En cambio, la Pop-Up Newsroom proporciona a sus habitantes un marco fluido para el reporteo, dejando gran parte de la creación y adopción a los propios estudiantes a medida que llevan a cabo sus actos individuales de periodismo. De esta manera, son sus creadores, trabajando brevemente en momentos esporádicos de producción y conexión. La sala de prensa temporal les permite, de hecho, les anima a experimentar, tanto para usar continuamente nuevas formas de producción de contenido como para potencialmente olvidarse de lo que aprendieron tan pronto como terminan: una recomendación clave para adaptarse a la modernidad líquida. Bauman argumenta que las rutinas nunca se fijan, por lo que trabajar celosamente para internalizarlas no prepara a un periodista estudiante para el futuro. Por el contrario, este enfoque representa una especie de nostalgia por una permanencia que está constantemente fuera de alcance. No obstante, lo incómodo que pueda ser tal respuesta para el periodismo tradicional, cuya autoridad depende de prácticas acordadas, el *status quo* no se puede mantener en el entorno de noticias actual. Como dice Bauman, "no contemplar el cambio ya no es más una opción" (Gane, 2004, p.36).

Referencias bibliográficas

Andén-Papadopoulos, K., & Pantti, M. (Eds.), (2011). *Amateur images and global news*. Chicago, IL: University of Chicago Press.

Baines, D., & Kennedy, C. (2010). An education for independence: Should entrepreneurial skills be an essential part of the journalist's toolbox? *Journalism Practice, 4*(1), 97-113.

Bauman, Z. (2000/2012). *Liquid modernity*. Malden, MA: Polity.

Bauman, Z. (2001). Identity in the globalizing world. *Social anthropology, 9*(2), 121-129.

Becker, L. B., Vlad, T., & Simpson, H. A. (2013). 2012 Annual survey of journalism and mass communication: Enrollments decline for second year in a row. *Journalism & Mass Communication Educator, 68*(4), 305-334.

Bennett, E. (2104, July 17). How do journalism schools measure up as a training ground for newsroom innovators. Tomado de http://blog.wan-ifra.org/2014/07/17/how-do-journalism-schools-measure-up-as-a-training-ground-for-newsroom-innovators

Berger, G. (2011). Empowering the youth as citizen journalists: A South African experience. *Journalism, 12*(6), 708-726.

Castells, M. (2007). Communication, power and counter-power in the network society. *International Journal of Communication, 1*(1), 238–266.

De Rosa, A. (2012). Tim Pool: Occupy Wall Street's mobile journalist. *Tech Tonic*. Tomado de http://blogs.reuters.com/anthony-derosa/2012/02/25/tim-pool-occupy-wall-streets-mobile-journalist-tech-tonic/

Deuze, M. (2006). Global journalism education: A conceptual approach. *Journalism Studies, 7*(1), 19-34.

Deuze, M. (2009). Journalism, citizenship and digital culture. En Z. Papacharissi (Ed.), *Journalism and citizenship: new agendas in communication* (pp. 15-28). New York, NY: Routledge.

Deuze, M. (2007). Journalism in liquid modern times: An interview with Zygmunt Bauman. *Journalism Studies, 8*(4), 671-679.

Domingo, D. (2011). Managing audience participation practices, workflows and strategies. En J. B. Singer, A. Hermida, D. Domingo, A. Heinonen, S. Paulussen, T. Quandt, Z. Reich, & M. Vujnovic (Eds.), *Participatory journalism: Guarding open gates at online newspapers* (pp. 76-95). New York, NY: Blackwell Publishing.

Gane, N. (2004). Zygmunt Bauman: liquid sociality. In N. Gane (Ed.), *The future of social theory* (pp. 17-46). New York, NY: Continuum.

Gillmor, D. (2013, December 27). Call me an optimist, but the future of journalism isn't bleak. *The Guardian*. Tomado de http://www.theguardian.com/commentisfree/2013/dec/27/journalism-future-not-bleak-advertising

Jarvis, J. (2012, September 18). Here's a blueprint for radical innovation in journalism education. *Nieman Labs*. Tomado de http://www.niemanlab.org/2012/09/jeff-jarvis-heres-a-blueprint-for-radical-innovation-in-journalism-education/

Kantola, A. (2013). From gardeners to revolutionaries: The rise of the liquid ethos in political journalism. *Journalism, 14*(5), 606-626.

Karlsson, M. (2012). Charting the liquidity of online news. Moving towards a method for content analysis of online news. *International Communication Gazette, 74*(4), 385-402.

Karlsson, M., & Strömbäck, J. (2010). Freezing the flow of online news: Exploring approaches to the study of the liquidity of online news. *Journalism Studies, 11*(1), 2-19.

McChesney, R. W., & Pickard, V. (2011). *Will the last reporter please turn out the lights: The collapse of journalism and what can be done to fix it*. New York: The New Press.

McDevitt, M., & Sindorf, S. (2012). How to kill a journalism school: The digital sublime in the discourse of discontinuance. *Journalism & Mass Communication Educator, 67*(2), 109-118.

Mensing, D. (2011). Realigning journalism education. En B. Franklin & D. Mensing (Eds.), *Journalism education, training and employment* (pp. 15-32). New York, NY: Routledge.

Newton, E. (2013, March 17). How does your school measure up? *Knight Foundation Blog*. Tomado de http://www.knightfoundation.org/blogs/knightblog/2013/3/17/do-universities-hear-critics-journalism-education/

Newton, E. (2012). Reply to Francisco, Lenhoff, Schudson: Promise, peril of "teaching hospitals." *International Journal of Communication, 6,* 4.

Robinson, S. (2013). Teaching "journalism as process": A proposed paradigm for J-School curricula in the digital age. *Teaching Journalism and Mass Communication, 3*(1), 1-12.

Rosa, H., & Scheuerman, W. E. (Eds.), (2009). *High-speed society: Social acceleration, power, and modernity*. University Park, PA: Pennsylvania State University Press.

Scruggs, A. O. (2012, October 11). In defense of journalism education: The 3 essentials it teaches. *Poynter*. Tomado de https://www.poynter.org/news/defense-journalism-education-3-essentials-it-teaches

Sivek, S. (2013, August 12). Do journalists need a journalism degree? Educators, practitioners disagree. *MediaShift*. Tomado de http://www.pbs.org/mediashift/2013/08/do-journalists-need-a-journalism-degree-educators-practitioners-disagree/

Thurman, N. (2008). Forums for citizen journalists? Adoption of user generated content initiatives by online news media. *New Media & Society, 10*(1), 139-157.

Tuchman, G. (1973). Making news by doing work: Routinizing the unexpected. *American Journal of Sociology, 79*(1), 110-131.

Wall, M. (2005). 'Blogs of war'; weblogs as news. *Journalism, 6*(2), 153-172.

Wall, M. (2014). Change the space, change the practice? Re-imagining journalism education with the Pop-Up Newsroom. *Journalism Practice*, 1-15.

Williams, A., Wardle, C., & Wahl-Jorgensen, K. (2011). "Have they got news for us?" Audience revolution or business as usual at the BBC? *Journalism Practice, 5*(1), 85-99.

Zelizer, B. (2004). *Taking journalism seriously: News and the academy*. Thousand Oaks, CA: Sage Publications.

16

Volviéndose MoJo:[12]
Estudiantes reportando sobre tiempo inclemente, deportes y conflictos raciales

Julie Jones

El periodismo móvil, al igual que los términos predecesores "convergencia" y "Web 2.0", se ha convertido en un término de moda en la industria de las noticias (Barthel, 2015; Buttry, 2011). Las conferencias centradas en dispositivos móviles y el creciente número de iniciativas para dispositivos móviles, hacen evidente tanto en el lado educativo de las noticias como en el profesional que el móvil ha ganado una atención notable (Aimonetti, 2011; Herndon, 2014). Lo que es menos claro, sin embargo, es si móvil es simplemente una tendencia, un nuevo canal de distribución o una forma completamente diferente de abordar el reporteo de noticias (Westlund, 2012). Incluso aquellos que priorizan al móvil conceptualizan el periodismo móvil de diferentes maneras y, por lo tanto, adoptan enfoques diferentes a la noción de periodismo móvil. Esta incertidumbre a nivel profesional y académica puede causar confusión en los educadores de periodismo. Por un lado, poder reportar profesionalmente usando un teléfono inteligente parece ser una habilidad que diferencia a los estudiantes de periodismo de otros en el mercado de trabajo o en la sala de prensa (Wenger, Owens & Thompson, 2014). Por otro lado, saber exactamente cómo adoptar la tecnología móvil en las aulas, para qué fines y para alcanzar qué resultados de aprendizaje es menos obvio.

En los últimos cuatro años, el curso Periodismo Móvil de la Gaylord College en la University of Oklahoma (OU) ha experimentado con diferentes estructuras de clase, asociaciones con profesionales y tipos de cobertura de noticias para encontrar el valor inherente de usar dispositivos móviles para la cobertura de noticias. Este capítulo examina las cuatro diferentes iteraciones de la clase de periodismo móvil para comprender mejor qué es lo que el periodismo móvil proporciona a los estudiantes que va más allá de lo que otros cursos de periodismo, basados en habilidades, ofrecen; y cómo estas experiencias se transfirieron al mundo profesional. En resumen, este estudio preguntó ¿para qué es bueno lo móvil dentro de un currículum de periodismo? y ¿cómo los educadores pueden estructurar un curso con resultados de aprendizaje particulares? Para responder a estas

---

[12] "Mojo" proviene de las palabras inglesas *mobile journalist* o periodista móvil, es decir, quien utiliza dispositivos móviles para reportar desde el lugar de los hechos.

preguntas, se entrevistó a ex estudiantes —muchos de los cuales ahora trabajan en salas de prensa profesionales— sobre sus experiencias en la clase y lo que aprendieron en ella. Debido a que se aplicó un enfoque diferente del curso Periodismo Móvil cada año, las reacciones de los estudiantes ofrecen una ventana única para comparar diferentes configuraciones de la misma clase a lo largo del tiempo de manera que se puedan analizar las ventajas que cada versión proporcionó a los estudiantes. Primero, sin embargo, la revisión de la literatura aborda el por qué muchos consideran que los dispositivos móviles son importantes en el entorno actual de los medios.

Argumentos a favor de volverse móvil

Un argumento común para que una organización "se vuelva móvil" se basa simplemente en la rápida adopción y la dependencia mundial de los dispositivos móviles. Actualmente, hay tantos teléfonos móviles (celulares y teléfonos inteligentes) en el mundo como personas (Kemp, 2015; Fernholz, 2014). Por supuesto, esto no era así cuando el primer teléfono celular conectado a Internet, el Nokia Communicator, se introdujo en 1996 (Baguley, 2013). Según el Banco Mundial (2015), tres años después del lanzamiento de Communicator, las suscripciones de teléfonos celulares en Finlandia (sede de Nokia) y las vecinas Noruega y Suecia fueron las más altas del mundo, rondando el 60% de la población de cada país. Las tasas de suscripción de teléfonos celulares 20 años después son bastante diferentes. China, Hong Kong y Kuwait, respectivamente, son ahora las tres regiones más importantes del mundo. Al igual que con las suscripciones a celulares, el acceso a contenido en línea a través del móvil también está aumentando rápidamente y ahora representa un tercio de las vistas de páginas en la World Wide Web (We are social, 2015). El acceso al contenido en línea a través de dispositivos móviles es más destacado en algunas regiones del mundo y para ciertos grupos étnicos. En Nigeria, por ejemplo, los accesos a través de móviles representan tres cuartas partes del tráfico de Internet del país, una tasa tres veces mayor que la de los Estados Unidos o el Reino Unido (We are social, 2015). Los datos de Google (2015) indican que la mayoría de los usuarios en Sudáfrica y Malasia prefieren el teléfono inteligente a todos los demás dispositivos (computadora de escritorio, tableta, etc.) para acceder a contenido en línea y, nuevamente, con una tasa de casi el doble que en los Estados Unidos o el Reino Unido. La percepción del valor de las noticias entregadas a través un dispositivo móvil también varía a nivel nacional y cultural. Por ejemplo, Westlund (2010) encontró que los usuarios japoneses prefieren las noticias móviles más que los usuarios suecos, aunque también es más probable que las consideren demasiado costosas. En los Estados Unidos, el móvil es más importante en la vida de los hispanos, afroamericanos y asiáticos que sus homólogos caucásicos, y esta diferencia prominente también se traduce en mayores tasas de búsqueda y difusión de noticias (Smith, 2015).

También hay un interés creciente en el consumo exclusivo a través del móvil. Los usuarios que solo usan dispositivos móviles han abandonado los modos tradicionales de acceder al contenido en línea (a través de proveedores de Internet) o nunca los adoptaron. En los Estados Unidos, los usuarios que solo usan dispositivos móviles superaron por primera vez a los usuarios que solo usan computadoras de escritorio en 2015 (Lella, 2015). A pesar de que están aumentando, los usuarios que solo usan móviles representan aproximadamente el 10% de la población total en línea de EE. UU. Este grupo depende por completo de los dispositivos móviles para el acceso en línea debido a que tienden a pertenecer a clases socioeconómicas más bajas (Smith, 2015). El acceso exclusivo a través del móvil también es un término que se refiere al tráfico medido en un sitio. Por ejemplo, Facebook anunció recientemente que los usuarios que solo usan dispositivos móviles para acceder a su plataforma superaron a los usuarios de escritorio y a los que usan ambos, a finales de 2015 (Rosoff, 2015; Weber, 2015).

Los sitios de noticias también están encontrando patrones similares en su tráfico. La BBC reconoció que el 65% de su tráfico web proviene de usuarios que solo utilizan el móvil, y 36 de los 50 principales sitios de noticias de EE. UU. fueron accedidos principalmente a través de dispositivos móviles en 2014 (Lee, 2015; Mitchell, 2015). Aquellos que están a favor de volverse móviles únicamente basados en los patrones de consumo tienden a discutir la necesidad de desarrollar aplicaciones, crear sitios adaptables a dispositivos móviles e intensificar los ciclos de noticias a lo largo del día (Bell, 2015; Reilley, 2015). Sin embargo, otros consideran que el poder del periodismo móvil no se basa tanto en los números y patrones de uso, sino en las conexiones que los dispositivos móviles ofrecen entre los periodistas y el público (Mabweazara, 2011; Marymont, 2007; Wei, 2013).

Móvil en términos de ciudadanos, multitudes y comunicación

Otra forma de conceptualizar el periodismo móvil es centrarse menos en el producto final y más en el proceso inicial de reporteo. Incluso entonces, los argumentos para volverse móvil varían desde los centrados en cómo los periodistas ciudadanos agregan valor cuando cubren noticias de última hora hasta las ventajas del crowdsourcing pasando por los argumentos de que el móvil es la herramienta de comunicación perfecta para el trabajo periodístico. Sin embargo, tomadas en su conjunto, las razones para adoptar una estrategia móvil se pueden resumir en una noción simple: las fuentes.

Como los ejecutivos de Twitter enfatizaron recientemente ante sus accionistas, eventos noticiosos significativos —desde el tiroteo de Michael Brown en Ferguson, Missouri, hasta la captura de Osama Bin Laden en Abbottabad, Pakistán— ahora están siendo reportados inicialmente por ciudadanos con teléfonos inteligentes, no periodistas (Allan, 2007, 2014; Robinson & Robison, 2006; Sheller, 2014). Desde el lado del periodismo, estos momentos aleatorios de "periodismo ciudadano" invaden la función central de las operaciones noticiosas: informar y dar testimonio desde el lugar (Snowden, 2012). Los periodistas se preocupan más por el hecho de que el periodismo ciudadano relaja los estándares profesionales de verificación y los principios éticos y, dado el reciente número de despidos en las salas de prensa, amenaza el lado más personal de ser un periodista profesional: estar (y permanecer) empleado (Deuze, 2009). Los ciudadanos, sin embargo, hablan de la emoción de presenciar eventos y están inclinados a ver sus acciones como una forma de compartir más que como una acción periodística, o una amenaza para el periodismo (Cheesman, 2015; Snowden, 2012). El testigo ciudadano, entonces, está actuando primero sobre un impulso natural de compartir un momento clave en el tiempo con sus familiares y amigos (Allan, 2014; Berger, 2011). Solo cuando sus teléfonos se llenan de mensajes y su exposición a las redes sociales crece exponencialmente, se les ocurre la idea de cómo su contenido se valora *más allá* de sus círculos sociales (Zdanowicz, 2014).

Otra forma de conceptualizar la ventaja de los dispositivos móviles para la industria de las noticias es considerarla una herramienta para la colaboración en lugar de para la competencia. El software de fuente abierta para mapeo colectivo, Ushahidi, "testimonio" en swahili, es un ejemplo de cómo las herramientas móviles pueden aprovechar la información de fuentes colectivas para fines noticiosos. Ushahidi fue usado por primera vez para rastrear casos de violencia después de las elecciones de Kenia en 2008. Desde entonces, las organizaciones de noticias, organizaciones no gubernamentales, grupos comunitarios e individuos han usado Ushahidi durante eventos de crisis. Por ejemplo, 30 minutos después de la explosión de la primera bomba terrorista en 2011 en Mumbai, India, un ingeniero de software que estaba de vacaciones creó un mapa de Ushahidi para recopilar informes y tuits de personas cercanas a las explosiones posteriores (A.A.K., 2011). Debido a que las etiquetas de Twitter se incluyeron en el código de programación, el mapa se llenó rápidamente con reportes e información que identificaron lo *qué* estaba sucediendo y *dónde*. Para aquellos atrapados en el evento, este mapa proporcionó información crucial sobre qué partes de la ciudad debían evitarse. De esta manera, los residentes de Mumbai tenían acceso a la información hiperlocal que necesitaban en el momento, de la misma manera que los ciudadanos de Nueva Orleans confiaron en los bloggers para darles información manzana por manzana en los días posteriores al huracán Katrina (Norris, 2006).

La última forma de ver cómo los dispositivos móviles están cambiando las rutinas de producción de noticias es tan básico que a menudo no se menciona. Los teléfonos móviles son, literalmente, teléfonos *que van con usted*. Los teléfonos móviles mantienen a los periodistas conectados a sus fuentes, comunidades y la sala de noticias las 24 horas del día, los 7 días de la semana (Mabweazara, 2011). El acceso constante es tanto una bendición como una maldición. Por el lado positivo, las fuentes pueden rápidamente ofrecer a los periodistas datos sobre información de interés periodístico con una llamada, un mensaje de texto o un mensaje directo a través de las redes sociales. Del mismo modo, los periodistas ya no necesitan lidiar con un sistema de asistentes, pasantes o recepcionistas antes de llegar a la persona a la que necesitan. Los lazos comunitarios también se fortalecen cuando los periodistas permanecen en el campo para escribir y editar sus historias en lugar de regresar a la sala de prensa (Marymont, 2007). Por el lado negativo, la línea entre el mundo del trabajo y la vida personal está desapareciendo rápidamente.

Expandiendo límites: Los beneficios de volverse móvil en el aula

El beneficio de adoptar medios móviles en los programas de periodismo va más allá de seguir las tendencias de la industria. Cochrane, Mulrennan, Sissons, Pamatatau y Barnes (2013) sostienen que los cursos de periodismo móvil crean oportunidades vivenciales al cambiar el foco del aprendizaje del instructor a los estudiantes. De esta manera, el aula se asemeja más al modelo de aprendiz que a un ambiente de clase formal. Además, las plataformas de las redes sociales pueden brindar la oportunidad para que los estudiantes de periodismo observen a los reporteros profesionales. Al adoptar Twitter en su clase, Hewett (2013) descubrió que los estudiantes no solo comenzaron a seguir a periodistas profesionales, sino que, al final del semestre, clasificaron los tuits de los periodistas profesionales como más valiosos que los de los profesores de periodismo.

Periodismo ambiente

La adopción de dispositivos móviles también brinda a los instructores y estudiantes la oportunidad de participar en el periodismo ambiente de Hermida (2010). Hermida sostiene que las plataformas de redes sociales, como Twitter, funcionan como un sistema de percepción "siempre encendido, siempre alrededor" dónde breves "fragmentos digitales de noticias e información de fuentes oficiales y extraoficiales... permiten a los ciudadanos mantener un modelo mental de noticias y eventos a su alrededor "(Hermida, 2010, p.2). Como sugiere la cita, gran parte de la definición de Hermida se centra en el rol colectivo de los individuos al contribuir, comunicar y compartir contenido que crea para los usuarios un referente mental de lo que está sucediendo. Para los periodistas, el entorno ambiental proporciona un medio para descubrir posibles noticias y encontrar fuentes a lo largo del proceso de creación de noticias. Burns (2010) argumenta que la definición de Hermida otorga demasiada credibilidad al lado participativo del paradigma e ignora los valores fundamentales que los periodistas proporcionan, como múltiples fuentes y verificación. Burns agrega que, en este entorno fluido y dinámico, los rumores pueden tomarse como hechos y los motivos estratégicos de los usuarios pueden ser poco claros o intencionadamente oscuros.

Los programas de periodismo deberían usar ambos —la noción de periodismo ambiente de Hermida y las inquietudes de Burns— para experimentar con el periodismo móvil dentro de las redes sociales. Al hacerlo, los estudiantes pueden aprender cómo usar mejor los dispositivos móviles para recopilar información y publicar sus historias en plataformas de redes sociales como Twitter. Los estudiantes también necesitan que se les enseñe cómo monitorear tendencias emergentes, encontrar y examinar posibles fuentes, verificar la información y colaborar con los usuarios mientras se mantienen los estándares profesionales. La pregunta es cómo estructurar mejor un curso para proporcionar este tipo de experiencia de aprendizaje. Este estudio buscó ayudar a responder esta pregunta.

Estudio simultáneo de casos: Cuatro años de periodismo móvil

El curso de periodismo móvil en OU presenta una oportunidad única para examinar el valor inherente de "volverse móvil" para los educadores de periodismo. La autora y un colega comenzaron a conceptualizar la clase Periodismo Móvil en el otoño de 2011. El objetivo era que los estudiantes reportaran eventos noticiosos en tiempo real con dispositivos de "bolsillo", mientras se mantenían los estándares de periodismo y la calidad de los medios profesionales (Jones, 2013). En ese momento, la creación de una clase de periodismo móvil era un concepto novedoso con poca literatura que ayudara a guiarlo (Hernández & Rue, 2012; Väätäjä, Männistö, Vainio & Jokela, 2009). Cada otoño, los instructores consideraron las debilidades de la clase previa mientras diseñaban la siguiente iteración. Estas correcciones al curso, basadas prueba y error, estuvieron lejos de ser simples reajustes. En cambio, cada una de las cuatro iteraciones de la clase de reporteo móvil tuvo su propia estrategia pedagógica, estructura de clase y alianzas con profesionales (ver Tabla 16.1). Estos cuatro enfoques diferentes para una misma clase proporcionan una ventana para examinar los valores pedagógicos únicos que un curso de reporteo móvil ofrece a los estudiantes de periodismo y cómo ciertas estructuras de cursos pueden apoyar u obstaculizar estos resultados. El análisis simultáneo de casos es apropiado para este trabajo debido a la naturaleza comparativa del estudio, el tamaño reducido de la clase (cuatro clases con un puñado de estudiantes de periodismo en cada uno) y la conexión personal entre la autora y el instructor principal de la clase (Minnis, 1985).

A continuación, se presentan las reflexiones de los antiguos estudiantes de periodismo móvil sobre el valor de su clase de periodismo móvil en particular, junto con la descripción de la autora de la estructura de la clase ese año. El curso de periodismo móvil se ofrece solo en el semestre de primavera. Este estudio examinó los semestres que van desde 2012 hasta 2015 (anteriormente conocidos como años uno a cuatro, respectivamente). Aunque 43 estudiantes tomaron el curso desde la primavera de 2012, no todos fueron estudiantes de periodismo, y no todos los estudiantes de periodismo estaban trabajando como periodistas o productores de medios al momento del estudio. Debido a que el propósito de este trabajo se basó en la educación periodística, solo se entrevistó a aquellos que trabajaban como periodistas profesionales o productores de medios en un campo estrechamente relacionado (deportes profesionales, pronóstico del clima, etc.) o aquellos que estaban inscritos como estudiantes de periodismo. Estos parámetros redujeron el universo de participantes potenciales a 17: 10 profesionales que trabajaban (periodistas, productores de medios o meteorólogos), seis estudiantes de periodismo que todavía están en la escuela y un recién graduado que acababa de terminar una pasantía de periodismo. De entre estos, dos no participaron; uno decidió no participar, y otro no pudo ser contactado. Las 15 personas que participaron representaron a las cuatro cohortes de la clase de manera bastante uniforme: cinco fueron del primer año, cinco del segundo año, dos del tercer año y cuatro del cuarto año. Entre los participantes se encontraban los seis editores estudiantiles del curso. Excepto por el primer año, todos los editores habían tomado la clase dos veces: una vez como estudiantes y luego como editores. En las entrevistas, primero se les preguntó acerca de sus experiencias como estudiante y luego sobre sus experiencias como editores el siguiente semestre.

Hubo un parámetro común en los cuatro años: la clase es una práctica de una hora-crédito, y el énfasis está en la *práctica* más que en las conferencias y las calificaciones. Los estudiantes editores, todos voluntarios para este puesto, ejercen como gerentes de nivel medio manteniendo comunicación con el grupo a través de mensajes de texto, dirigiendo a los estudiantes durante la cobertura noticias de última hora, enviando alertas cuando las noticias se están desarrollando (por ejemplo, la cercanía de mal tiempo), asesorando a los estudiantes, verificando fuentes y editando historias antes de que se publiquen en el sitio web de la clase o, en el caso de Twitter, corrigiendo los tuits de los estudiantes cuando el contenido es incorrecto o no está claro. A cambio, los editores reciben crédito como un estudio independiente. Los estudiantes de la clase debían responder de inmediato a las solicitudes de mensajes de texto de los editores (aunque fuera solo para decir que estaban en clase y no podían reportar), estar listos para reportar en cualquier momento, estar atentos a posibles historias a su alrededor, y publicar un número mínimo de historias cada semana. Todos los estudiantes debían crear y usar una cuenta profesional de Twitter.

Todos los participantes fueron entrevistados por teléfono, y sus respuestas fueron grabadas solo con propósitos de recolección de datos. Las entrevistas tardaron entre 20 y 42 minutos en completarse. Para ayudar a refrescar la memoria, se le pidió a los participantes que dijeran si estaban de acuerdo con 11 afirmaciones usando una escala Likert de cinco puntos, donde 1 indicaba un fuerte desacuerdo y 5 indicaba un fuerte acuerdo con las afirmaciones. En el momento del estudio, los participantes que todavía eran estudiantes habían completado al menos una pasantía durante o después de su semestre en la clase. Por lo tanto, al entrevistar a los estudiantes participantes de pregrado, la palabra "trabajo" se cambió a "pasantía" para que coincidiera con sus experiencias. Una de las afirmaciones se refería a si los participantes creían haber experimentado el periodismo ambiente durante el semestre; se les leyó de antemano una definición del periodismo ambiente para aclarar el constructo. Los ítems de Likert se usaron para alimentar los recuerdos de los participantes y como un indicador de las diferencias sutiles en el grado de concordancia entre las cohortes.

Tabla 16.1
Comparación de la estructura de la clase, las alianzas y los momentos claves en todas las cuatro iteraciones de la clase de Periodismo Móvil

Año / Sitio web de la clase	Alianzas	Publicación de video	Redes sociales	Tamaño de la clase	Expectativas semanales	Enfoque noticioso	Momentos noticiosos clave
Año 1: StormCrowd	Compañía de tecnología climática	Ushahidi, YouTube	Facebook, Twitter	16 estudiantes 2 editores	Asignación de guardias	Clima severo	Tornado categoría EF-1 en el campus y alrededores
Año 2: StormCrowd	Semanario comunitario pequeño	Sitio web de StormCrowd	Twitter, Vine	14 estudiantes 2 editores	Asignación de guardias y cronograma para deportes	Deportes de la secundaria Clima severo	Clima severo y un tornado con dirección al campus Video sobre 48 horas en la vida de un pueblo
Año 3: Not applicable	Diarios comunitarios locales	A discreción de la organización	Twitter	3 estudiantes 1 editor	La organización establecía las expectativas semanales	Los periódicos locales establecían la cobertura	Colisión entre un auto y un tren cerca al campus Posible atacante armado en el campus
Año 4: NewsCrowd	No hubo una alianza formal	Sitio web de NewsCrowd	Twitter	7 estudiantes 2 editores	Por lo menos cuatro historias a la semana	Temas raciales Historia sobre la fraternid SAE Clima severo	Video de la fraternidad SAE cantando una canción racista

Nota. El total de estudiantes matriculasdos en el año tres fue seis: tres estudiantes de periodismo, dos de relaciones públicas y uno de radiodifusión. Los estudiantes de relaciones públicas y el de radiodifusión estuvieron asignados a una organización sin fines de lucro de recuperación de desastres. Ellos no fueron incluidos en este estudio porque a) no eran estudiantes de periodismo y, b) tenían asignadas tareas diferentes a las de los estudiantes de periodismo.

Año uno: El año del experimento

El primer año se puede describir mejor como el año experimental. Con el apoyo de una subvención de AEJMC/Knight Bridge, se construyó un sitio web adaptable a dispositivos móviles en la plataforma Ushahidi, que se denominó OU StormCrowd. Weather Decision Technologies (WDT), una compañía de datos meteorológicos y tecnología ubicada en el campus de OU Norman, adaptó la plataforma Ushahidi y alojó el sitio web en sus servidores. El enfoque de la clase fue la cobertura de clima severo, y varios presentadores ayudaron a enseñarles a los estudiantes a reportar sobre eventos climáticos severos (Jones, 2013). El momento más sobresaliente durante el semestre fue un tornado categoría EF-1 que pasó por Norman y el campus de OU (consulte la Figura 16.1 para ver un ejemplo de cobertura de tornados de los reporteros móviles). De acuerdo con el U.S. National Weather Service, este tornado específico tuvo vientos de entre 90 y 100 millas por hora que dejaron un daño moderado en casas, árboles, negocios e iglesias. Aunque 20 personas resultaron heridas en Norman, no hubo víctimas mortales. Fue uno de entre una docena de tornados que azotó el centro de Oklahoma ese día (National Weather Service Weather Forecast Office, 2012).

Los estudiantes móviles del primer año todavía recuerdan su rol como la ejecución "beta" de la clase. Hablaron de estar "animados" y entusiasmados con "vivir el experimento".

Un estudiante dijo que la clase fue la primera en darle una mirada hacia "donde iba la industria… y me empujó a continuar en lo que quería hacer y todavía hago hasta el día de hoy ".

Otro habló sobre cómo la experiencia cambió la dirección de su carrera. "Ni siquiera me gustaba Twitter antes de esa clase", respondió. Sin embargo, desde su graduación, él se ha encargado del mantenimiento de las plataformas de redes sociales para una importante organización deportiva y es un colaborador habitual de Twitter.

Aunque las oportunidades de cubrir noticias de último minuto fueron escasas durante el semestre, todos mencionaron que el haber tenido la oportunidad de cubrir noticias de última hora fue algo que "ninguna otra clase" les enseñó.

"Nunca me obligaron a sentarme a tipear una historia", dijo un estudiante, que ahora trabaja para un periódico de tamaño medio del noreste.

En su vida laboral actual, solo dos hablaron sobre el uso diario de lo que aprendieron de la clase de periodismo móvil. Otros hablaron sobre una mentalidad móvil que los ayuda con los aspectos de sus trabajos relacionados con las redes sociales, como monitorear Facebook o Twitter en busca de contenido. Aunque los estudiantes consideraron que la clase les dio experiencia en periodismo, esta cohorte tuvo el nivel de acuerdo más bajo para con la siguiente afirmación: "Durante mi semestre de reporteo móvil, experimenté la noción de periodismo ambiente". Todos respondieron con un 3 neutral la escala Likert de cinco puntos.

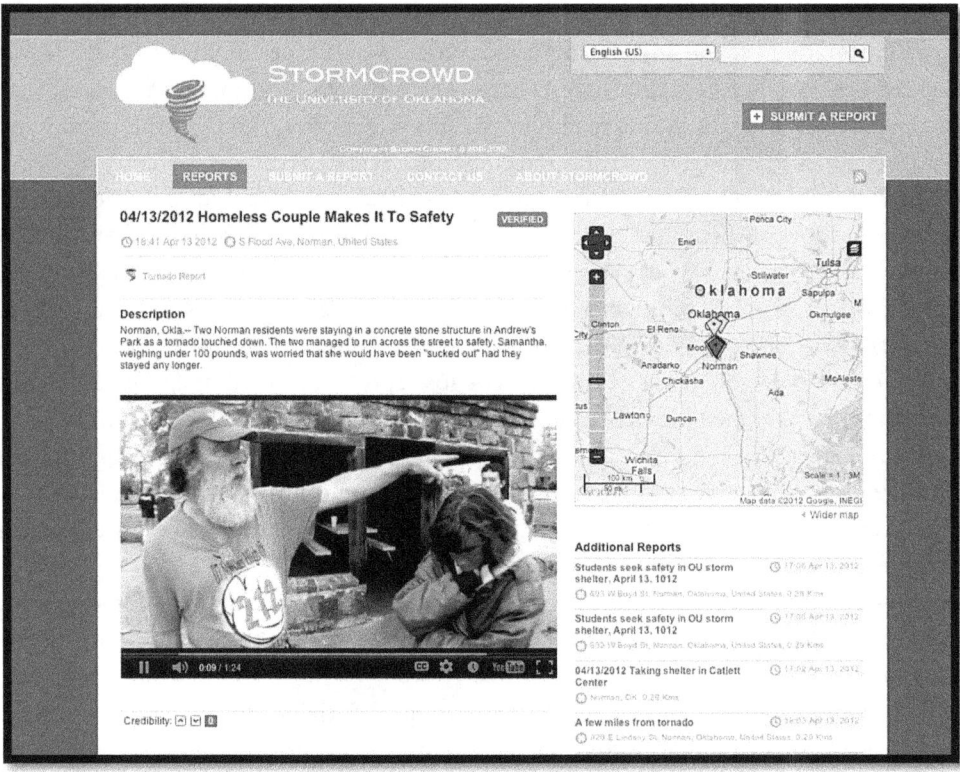

Figura 16.1. Captura de pantalla de StormCrowd durante la cobertura de un tornado categoría EF-1 que tocó tierra en Norman, Oklahoma, el viernes, 1ero de abril de 2012. StormCrowd es un sitio basado en la estructura Ushahidi y hospedado en los servidores de Weather Decision Technologies (WDT).

Año dos: El año de la alianza con el periódico local

La principal lección del primer año de reporteo móvil fue simplemente esto: esperar a que cambie el clima no era propicio para la práctica de las habilidades de periodismo móvil. Para abordar este problema, nos asociamos con un periódico semanal local que presta servicios a una pequeña comunidad cercana al campus de OU. Si bien el clima y las noticias de último momento aún eran prioritarias, la cobertura de deportes de las escuelas secundarias para el feed de Twitter de un periódico se convirtió en la práctica semanal de los estudiantes además de la publicación de contenido en StormCrowd, recientemente diseñado. También se adoptaron nuevas herramientas: una cuenta de GroupMe ayudó a la clase, editores e instructores a mantenerse en comunicación durante toda la semana; un editor animó a los estudiantes a utilizar Vine, una aplicación recién lanzada para capturar videos de siete segundos; y el tuiteo en vivo se convirtió en un nuevo componente de la clase. Los momentos clave durante el semestre incluyeron un tornado que amenazó al campus (Gibson, 2013) y un desafío de fin de semana para producir un video del tipo "un día en la vida de" que debía filmarse y editarse completamente desde el campo. Al igual que con el grupo del primer año, los estudiantes del segundo año hablaron sobre técnicas que aprendieron para cubrir las últimas noticias como lo más valioso que la clase les proporcionó.

"La mayoría de tu trabajo era práctico", dijo un editor que ahora trabaja en el periódico de una gran ciudad. "Había otras clases de habilidades [de periodismo] pero [móvil] era una habilidad más específica. Me encantó que estuviera muy enfocado ".

"El campo, el aspecto móvil del mismo, me dio más experiencia de [reporteo] que otras clases", dijo un ex alumno que ahora trabaja como meteorólogo de televisión. El tuiteo en vivo antes, durante y después de los deportes de las escuelas secundarias fue "genial ... algo que te daba experiencia en redes sociales en lugar de [ir] en vivo".

Otro meteorólogo, cuya estación en un mercado pequeño que sirve a una región del país que a menudo se inunda por un clima lo suficientemente severo como para ser noticia nacional, dijo que la clase móvil ayudó a distinguir su trabajo de otros reporteros de la sala de prensa y meteorólogos.

"Puedo notar la diferencia fácilmente", dijo. "Algunos no tuitean, no usan Facebook, y no tienen mucha interacción con la audiencia. Tienes que hacerlo todo... usar Facebook, Twitter, Periscope, Instagram. Tienes que cubrir todas tus bases ".

Algunos afirmaron que el periodismo móvil para un periódico de un pueblo pequeño tenía valor. Los editores del segundo año notaron cómo la visita a las salas de prensa y el hecho de que los editores profesionales establecieron expectativas fue útil para la clase. Además, trabajar para un periódico local a través del uso de herramientas móviles significaba que los reporteros *permanecían* en la comunidad por más tiempo del que lo harían para otras asignaciones u organizaciones de medios estudiantiles.

"Lo disfrutamos", dijo uno, que comparó la asignación de edición móvil en el campo con el enfoque de la televisión de llevar el video a la sala de prensa de los estudiantes para finalizar una historia. "Pudimos conectarnos más con la gente".

"Fue la primera vez que me conecté con una comunidad", dijo la persona que dijo que era "genial" tuitear deportes en vivo.

A diferencia de la cohorte del primer año, la cohorte del segundo año estuvo muy de acuerdo en que había experimentado algún tipo de periodismo ambiente.

Tercer año: el año embebidos

Aunque no nos dimos cuenta en ese momento, el tercer año de reporteo móvil se alejó lo más posible del reto original de reportar lo más cerca posible al momento y al bolsillo. Debido a que la presión de trabajar para un editor de un periódico "real" fue útil en el segundo año, decidimos ver si más periódicos locales podían usar estudiantes móviles asignados a sus publicaciones. Con solo tres estudiantes de periodismo matriculados ese semestre, un estudiante fue asignado a un diario mediano, otro a un semanario de un pueblo pequeño ubicado a una hora del campus y el último estudiante trabajó con el mismo semanario del segundo año. De los tres antiguos estudiantes móviles, dos aceptaron ser entrevistados para el estudio. Ellos informaron que, a pesar del interés inicial de los periódicos en experimentar con plataformas móviles y sociales, los editores emplearon a los estudiantes para tareas tradicionales.

"Me afectó que [el] periódico fuera muy pequeño y tuviera una plantilla de cinco personas", dijo el estudiante embebido en el periódico más alejado del campus. "Tenían una cuenta de Twitter que quizá habían usado dos veces y una página de Facebook. Pero me emplearon de la forma en que siempre empleaban a las personas... Tenía todo este conocimiento, pero no tenía una aplicación para él".

Las cosas no fueron mejores en el otro periódico. A este estudiante se le asignó escribir historias escritas y para entender el sistema de video del periódico. Recordó que los editores eventualmente le dijeron, "no estamos muy interesados en video, así que te pondremos en noticias locales".

Aún así, ambos estudiantes dijeron que la clase de periodismo móvil les dio una experiencia de aprendizaje única.

Cuarto año: el año de las grandes noticias

Aprendida la lección del tercer año, los instructores retomaron el control editorial para la clase de periodismo móvil en la primavera de 2015. Desde el comienzo del semestre, los problemas raciales fueron las principales noticias en todo el campus. *Unheard*[13], un grupo de defensa de estudiantes afroamericanos recién formado, presentó una lista de agravios al presidente de la universidad en enero. Como su nombre lo sugiere, Unheard afirmó que las voces de estudiantes negros en OU habían sido ignoradas durante mucho tiempo. La clase fue dirigida hacia la cobertura de noticias y eventos relacionados con los grupos marginados en el campus. Durante las semanas con poca actividad, los estudiantes realizaron entrevistas del tipo "persona en la calle" que se centraron en temas de diversidad. La primera de estas asignaciones fue preguntar a los estudiantes afroamericanos y musulmanes si se sentían escuchados en el campus (ver Figura 16.2). A propósito, el semestre se centró en el desarrollo de conexiones con las comunidades de color en el campus. Un nuevo sitio web adaptable a dispositivos móviles llamado NewsCrowd, se creó a través de donaciones y estuvo en funcionamiento desde el comienzo del semestre. Los estudiantes editores brindaron nuevas ideas y habilidades. Uno de ellos impulsó a los reporteros móviles a incorporar el identificador de Twitter de todas las personas que entrevistaran o fotografiaran en los mensajes de 140 caracteres. El otro editor hizo hincapié en el uso de aplicaciones como Ban.jo para encontrar historias y personas cercanas. En años anteriores, los estudiantes usaron kits móviles equipados con un iPod Touch de Apple con marcos que sostenían micrófonos de cañón Sennheiser. Los kits también incluían baterías externas para recargar en el campo. Sin embargo, los estudiantes de cuarto año prefirieron usar sus teléfonos en lugar de los kits móviles.

---

[13] No escuchado antes, también inaudito.

Figura 16.2. Captura de pantalla de una historia de NewsCrowd. Una de las respuestas de una "persona en la calle" a la pregunta "¿Te sientes escuchado?" que se planteó a estudiantes afroamericanos y musulmanes en el campus.

El evento clave de ese semestre fue una historia que se propagó en las redes sociales y, en cuestión de horas, se convirtió en noticia nacional. Los rumores de un video que mostraba a miembros de la fraternidad Sigma Alpha Epsilon (SAE) cantando una canción racista comenzaron a extenderse por el campus el domingo 8 de marzo de 2015. Los editores de NewsCrowd —independientemente el uno del otro— comenzaron a charlar en Twitter sobre el video SAE temprano en la noche. A partir de ahí, los eventos progresaron rápidamente. El editor de guardia alertó a los estudiantes de periodismo móvil y supervisó cuentas clave de Twitter (Unheard, SAE, la universidad, etc.). A los estudiantes se les asignaron tareas para la noche y la mañana siguiente. Tanto los editores como un estudiante de la clase cubrieron una reunión de medianoche; otro estudiante de la clase exploró los momentos controversiales en la historia de SAE; y otros dos se prepararon para cubrir la marcha de protesta de Unheard al día siguiente. Este ritmo agitado continuó durante toda la semana ya que otras protestas, marchas, vigilias y conferencias de prensa ocurrieron con poca o ninguna advertencia.

El cuarto año fue el que estuvo más cerca de nuestros objetivos originales: informar en tiempo real y con un dispositivo que se pudiera guardar en el bolsillo. Los estudiantes mencionaron que aprender a reportar noticias de último minuto era una habilidad valiosa. Esta vez, sin embargo, hablaron sobre "reportar [en] el momento", "reportar exactamente desde dónde estás" y tener "un sentido de urgencia" que no encontraron en otras clases de periodismo. Un estudiante comparó la velocidad de los reportes de la clase con otros medios estudiantiles en el campus.

"Fuimos rápidos", recordó. "Realmente rápidos… Todos los demás no lo consiguen tan rápido [como] nosotros, y pensé que eso era genial e interesante".

Al usar sus propios teléfonos, los estudiantes de la clase fueron los primeros en reportar usando los dispositivos que normalmente llevaban en sus bolsillos (o carteras o mochilas de estudiantes). Dos estudiantes dijeron que el poseer sus teléfonos les ayudó durante sus pasantías. Uno recordó haber cubierto un evento a la medianoche donde no estaban permitidos los trípodes ni los flashes. Mientras que los periodistas profesionales luchaban por adaptarse a una situación de poca luz para sus cámaras, las fotos que tomó con el teléfono fueron "un poco borrosas, pero transmitieron el mensaje".

"Se trata de aprender que puedes hacer mucho más con menos", explicó otro alumno. "Puedes hacer algo en poco tiempo y no siempre necesitas el equipo [profesional]. Eres más independiente".

Twitter, en particular, les permitió a los estudiantes experimentar el periodismo ambiente de varias maneras durante la semana de SAE. A través de sus cuentas de Twitter monitorearon a fuentes oficiales y no oficiales, siguieron la cobertura de sus compañeros de clase y de otros medios estudiantiles, y vieron crecer rápidamente el número de sus seguidores a medida que otros comenzaban a seguirlos y compartían sus publicaciones. Al usar los identificadores de Twitter de las personas que entrevistaron o fotografiaron, su marca personal pareció crecer durante la cobertura. Las solicitudes de parte de organizaciones noticiosas universitarias, nacionales e internacionales para utilizar sus imágenes y/o videos les llegaron directamente casi de inmediato a través de mensajes de Twitter. Además, la marca NewsCrowd ganó credibilidad cuando comenzó a aparecer, sin que los estudiantes ni los editores lo provocaran, en las publicaciones de otros usuarios durante la semana. Ya sea debido a la cobertura de SAE, la atención que siguió en Twitter, o el enfoque de los estudiantes en los grupos minoritarios, esta cohorte tuvo la sensación más fuerte de que los demás estaban siguiendo su trabajo y que las noticias y las fuentes están siempre a su alrededor.

"El [periodismo] móvil es real", dijo un estudiante de segundo año. "Estamos en el campo haciendo verdaderas noticias que las personas van a ver y sentir que su historia está siendo contada".

Lo que aprendimos: Lecciones de una clase de periodismo móvil

Este estudio formuló una pregunta básica: ¿para qué sirven los dispositivos móviles dentro de un curso de periodismo? Aprender a reportar noticias de último minuto fue el principal beneficio en todos los semestres, incluso en años en que estas noticias eran escasas. Móvil, entonces, es ante todo una herramienta para el trabajo de campo que mantiene a los estudiantes en el campo y trabajando en historias en evolución. Cubrir los eventos que están en evolución, incluso potenciales tormentas de nieve o tormentas eléctricas, son oportunidades perfectas para practicar respuestas rápidas, pensamiento ágil y reporteo enfocado mientras se practican los valores periodísticos básicos de uso de fuentes y verificación. Sin embargo, las asignaciones móviles no necesitan de noticias de última hora para obtener beneficios pedagógicos. Los estudiantes a los que se les encomendó la tarea de producir una historia de video en una comunidad de un pueblo pequeño dentro de un plazo de 48 horas aún expresaron que era una experiencia significativamente diferente de las asignaciones en otros cursos de periodismo. Las asignaciones móviles mantienen a los estudiantes trabajando en el campo y conectados con el entorno de la historia aún después de del momento en el que usualmente hubieran regresado al campus para terminar las historias.

Esta observación nos lleva a la segunda lección: móvil es *social*. Sentir una conexión con los demás fue especialmente cierto para los estudiantes que reportaron para el periódico de la comunidad o sobre el video de SAE. Los instructores deben seleccionar una comunidad a cubrir desde el principio y permitir que los alumnos formen sus propias conexiones mientras trabajan en ella durante el semestre. Los estudiantes que reportan desde sus propias cuentas de Twitter, utilizando los identificadores de Twitter de las personas en sus historias y mencionan el identificador de Twitter del curso, ayudan a forjar sus propias conexiones a la vez que aumentan su credibilidad y la del curso durante los momentos noticiosos clave.

Finalmente, móvil es una *herramienta de comunicación*. Desde el segundo año, las clases pudieron mantener una sala de prensa virtual durante la semana a través de sus teléfonos. Más que solo una herramienta de "verificación de estado" para los editores, la conversación en GroupMe les dio a los estudiantes una forma de elogiarse mutuamente, verificar la ubicación de los demás durante los grandes eventos y ayudar a solucionar los problemas.

También hubo tropiezos en el camino. En particular, la clase de periodismo móvil en los años uno y tres no les proporcionó a los estudiantes un ambiente de aprendizaje óptimo. La lección de esos semestres es simple: no espere a que la tecnología o las alianzas con salas de prensa profesionales proporcionen un valor pedagógico. La tecnología móvil es más que una nueva herramienta con la que los estudiantes pueden experimentar mientras reportean, y las salas de prensa profesionales, en nuestra experiencia, no están listas para adoptar completamente nuevas formas de trabajar. A pesar de que los tres periódicos participantes estaban abiertos a la noción de tener estudiantes móviles en sus salas de redacción, las demandas diarias erosionaron el compromiso original de las organizaciones de permitirles usar tales habilidades. Al final, los editores de las salas de redacción pidieron a los estudiantes que reportearan de manera convencional y bajo plazos convencionales. Del mismo modo, pensar en una clase móvil como una forma de experimentar con dispositivos "chéveres" —tal como enfocamos el primer año de Periodismo Móvil— no es útil. Los instructores deben enfocarse en brindar oportunidades para que los estudiantes afinen su *mentalidad* móvil y aprendan qué funciona mejor en sus propias aulas y en los resultados de aprendizaje.

El objetivo de aprendizaje de este curso fue enseñar a los estudiantes cómo reportar desde dispositivos móviles durante el desarrollo de eventos con información y equipo de respuesta rápida, de manera profesional al estilo occidental. Otros objetivos pedagógicos pueden estar más centrados en servir a las comunidades en un contexto particular. Por ejemplo, los estudiantes podrían usar una plataforma de Ushahidi para encontrar información y multimedia publicados por los ciudadanos como un medio para cubrir un problema ambiental específico que es importante para una comunidad geográfica particular. De esta manera, pueden aprender a trabajar con las comunidades, evaluar la información aportada por los ciudadanos y descubrir cómo se pueden usar los datos geolocalizados en los reportajes. Si bien estos objetivos son diferentes a los de enseñar a los estudiantes cómo reportar desde sus teléfonos durante la cobertura de noticias de última hora, la principal lección es similar: los dispositivos móviles combinados con las redes sociales *conectan* a los estudiantes con las personas de una manera rápida y personal. Estas conexiones sociales brindan una experiencia de aprendizaje nueva y profunda a través del dispositivo que está siempre encendido y siempre con usted.

Referencias bibliográficas

A.A.K. (2011, July 25). Online crisis management: A web of support. *The Economist.* Tomado de http://goo.gl/ECcoRL

Aimonetti, J. (2011, December 22). Gannett out ts newsroom with iphones, ipads. *CNET*. Tomado de http://goo.gl/kVXD2L

Allan, S. (2007). Citizen journalism and the rise of "mass self-communication": reporting the London bombings. *Global Media Journal, Australian Edition* 1(1), 1-20.

Allan, S. (2014). Witnessing in crisis: Photo-reportage of terror attacks in Boston and London. *Media, War & Conflict,* 7(2), 133-51.

Baguley, R. (2013, August 1). The gadget we miss: The Nokia 9000 Communicator. *Medium.* Tomado de https://goo.gl/hC9xBX

Barthel, M. (2015, April 29) 5 key takeaways from *State of the News Media 2015.* Tomado de http://goo.gl/S3cMfX

Bell, E. (2015). *The rise of mobile and social news—and what it means for journalism.* Tomado de http://goo.gl/KN29rZ

Berger, G. (2011). Empowering the youth as citizen journalists: A South African experience. *Journalism, 12*(6), 708-726.

Burns, A. (2010). Oblique strategies for ambient journalism. Tomado de http://journal.media-culture.org.au/index.php/mcjournal/article/view/230

Buttry, S. (2011, December 10). How news organizations can create a mobile-first strategy. Tomado de https://www.poynter.org/news/how-news-organizations-can-create-mobile-first-strategy

Cheesman, C. (2015, February 17). Are citizen journalists killing reportage? *Amateur Photographer.* Tomado de http://goo.gl/o7V6kx

Cochrane, T., Mulrennan, D., Sissons, H., Pamatatau, R., & Barnes, L. (2013). *Mobilizing journalism education.* Paper presented at the International Conference on Information Communication Technologies in Education (ICICTE 2013), Crete, Greece.

Deuze, M. (2009). The people formerly known as the employers. *Journalism, 10*(3), 315-318.

Fernholz, T. (2014, February 25). More people around the world have cell phones than ever had landlines. *Quartz.* Tomado de http://goo.gl/1jK3Jy

Gibson, T. (2013). Covering Oklahoma weather one tweet at a time. *NewsOK.* Tomado de http://goo.gl/Gtjtze

Google (2015). *Consumer Barometer with Google.* Tomado de https://goo.gl/4a14mc

Hermida, A. (2010). Twittering the news: The emergence of ambient journalism. *Journalism Practice, 4*(3), 297-308.

Hernandez, R. K., & Rue, J. (2012). *Mobile reporting field guide.* Berkeley, CA.: UC Berkeley Graduate School of Journalism.

Herndon, K. (2014). UGA's Grady College pilots mobile news lab. Tomado de http://news.uga.edu/releases/article/mobile-news-lab-launched-uga/

Hewett, J. (2013). Using Twitter to integrate practice and learning in journalism education: Could social media help to meet the twin challenge of both dimensions? *Journal of Applied Journalism & Media Studies 2*(2), 333-346.

Jones, J. (2013, January 22). How Oklahoma students beat the press with mobile coverage of a tornado. *MediaShift.* Tomado de http://mediashift.org/2013/01/how-oklahoma-students-beat-the-press-with-mobile-coverage-of-a-tornado022/

Kemp, S. (2015, January 21). Digital, social & mobile worldwide in 2015. Tomado de http://wearesocial.net/blog/2015/01/digital-social-mobile-worldwide-2015/

Lee, D. (2015, March). BBC News switches PC users to responsive site. *BBC News.* Tomado de http://goo.gl/U9pcw8

Lella, A. (2015). *Number of mobile-only Internet users now exceed desktop-only in U.S.* Tomado de http://goo.gl/cBzMq8

Mabweazara, H. M. (2011). Between the newsroom and the pub: The mobile phone in the dynamics of everyday mainstream journalism practice in Zimbabwe. *Journalism, 12*(6), 692-707.

Marymont, K. (2007). MoJo a Go-Go. *Quill, Supplement Journalist,* 18-21.

Minnis, J. R. (1985). Ethnography, case study, grounded theory, and distance education research. *Distance Education 6*(2), 189-98.

Mitchell, A. (2015). *State of the news media 2015.* Tomado de http://goo.gl/oBd3Sf

National Weather Service Weather Forecast Office. (2012). Information about the April 13-14, 2012 severe weather event in Oklahoma. Tomado de https://www.weather.gov/oun/events-20120413

Norris, M. S. (2006). The journalistic response to Hurricane Katrina. *Midday*. Tomado de http://goo.gl/QaooKp

Reilley, M. (2015, July 21). 7 tips for building a mobile-first, multi-platform newsroom. *MediaShift*. Tomado de http://goo.gl/YjBvsc

Robinson, W. & Robison, D. (2006). Tsunami mobilizations: Considering the role of mobile and digital communication devices, citizen journalism, and the mass media. En A. Kovoori & N. Arceneaux (Eds.), *The cell phone reader: Essays in social transformation* (pp. 85-104). New York, NY: Peter Lang.

Rosoff, M. (2015, November 5). Facebook is officially a mobile-first company. *Business Insider*. Tomado de http://goo.gl/Q3f3wJ

Sheller, M. (2014). News now. *Journalism Studies, 16*(1), 12-26.

Smith, A. (2015). *U.S. smartphone use in 2015*. Tomado de http://goo.gl/iAtyVV

Snowden, C. (2012). As it happens: Mobile communications technology, journalists and breaking news. En N. Arceneaux & A. Kovoori, (Eds.), *The mobile media reader* (pp. 20-34). New York, NY: Peter Lang.

Väätäjä, H., Männistö, A., Vainio, T., & Jokela, T. (2009). Understanding user experience to support learning for mobile journalist's work. En R. Guy (Ed.), *The evolution of mobile teaching and learning* (pp. 177-210). Santa Rosa, CA: Informing Science Press.

We are social (2014). Social, digital & mobile in 2015. Tomado de http://goo.gl/CijJOp

Weber, H. (2015, June). Nearly half of Facebook's users only access the service on mobile. *VentureBeat*. Tomado de http://goo.gl/HAzgGt

Wei, R. (2013). Mobile media: Coming of age with a big splash. *Mobile Media & Communication, 1*(1), 50-56.

Wenger, D., Owens, L., & Thompson, P. (2014). Help wanted: Mobile journalism skills required by top U.S. news companies. *Electronic News, 8*(2), 138-149.

Westlund, O. (2010). New(s) functions for the mobile: A cross-cultural study. *New Media & Society 12*(1), 91-108.

Westlund, O. (2012). Mobile news. *Digital Journalism, 1*(1), 6-26.

World Bank. (2015). Mobile cellular subscriptions (per 100 people). Tomado de http://goo.gl/bR2iiX

Zdanowicz, C. (2014, January 14). "Miracle on the Hudson" twitpic changed his life. *CNN*. Tomado de http://goo.gl/rBIwQF

17

Cuando la realidad alternativa y la realidad real colisionan: De jugar a cubrir eventos del mundo real

Wajeehah Aayeshah

La educación periodística está atravesando una fase interesante tras los avances en la tecnología digital, los modelos comerciales cambiantes y la naturaleza cada vez más interactiva de la industria. Este capítulo ofrece una discusión sobre juegos de realidad alternativa (ARG, por sus siglas en inglés) como un recurso educativo innovador en periodismo y su uso en la educación periodística. Revisa las fortalezas y debilidades de ARG en el aula. Presenta y discute un ARG llamado *The Seed* como un caso de estudio desarrollado y probado en un aula de periodismo. Y, finalmente, ofrece una justificación y algunas sugerencias para usar ARG en la educación periodística.

Juegos de realidad alternativa (ARG)

McGonigal (2008) define un ARG de la siguiente manera:

> Un drama interactivo que se desarrolla en línea y en espacios del mundo real, durante varias semanas o meses, en el que decenas, cientos, miles de jugadores se reúnen en línea, forman redes sociales colaborativas y trabajan juntos para resolver un misterio o problema que sería absolutamente imposible de resolver por un solo individuo.

Los ARG están ganando gradualmente la atención de académicos de todo el mundo. Utilizados principalmente como una herramienta de marketing y promoción, los ARG son juegos que combinan la mecánica del juego digital con ubicaciones del mundo real, combinando lo digital y lo físico. El juego, como se denota por su nombre, tiene lugar en una realidad alternativa; los participantes deben interpretar a un personaje en una situación en tiempo real que existe en la vida real. Este capítulo revisa algunos de los ARG que la gente académica ha tomado en cuenta y examinado e identifica los retos y beneficios que aquella experimentó después de incorporar los ARG como una herramienta pedagógica.

A diferencia de los juegos digitales tradicionales, los ARG no hacen que un jugador se siente durante horas para completar una misión. Por el contrario, los jugadores deben buscar pistas en la vida real. Para resolver un misterio, deben hablar con extraños, viajar, leer libros, ver las noticias, buscar en Internet y más. En la mayoría de los casos, las plataformas de fácil acceso como Internet, mensajes de texto, panfletos y periódicos brindan la información necesaria para el juego. Aunque se inician individualmente, los jugadores generalmente terminan colaborando para completar el juego dentro de un marco de tiempo específico. Según la International Game Developers' Association, "los juegos de realidad alternativa toman la sustancia de la vida cotidiana y la entrelazan con narrativas que agregan capas de significado, profundidad e interacción adicionales al mundo real" (Martin, Thompson, & Chatfield, 2006, p. 6).

Beneficios pedagógicos de los ARGs

La efectividad de los ARG ha despertado el interés de varios académicos que están explorando su potencial como recurso educativo. Tsvetkova et ál. (2009, p.1) defienden que "los ARG son especialmente adecuados para las necesidades de enseñanza y aprendizaje". Un ARG requiere principalmente que los jugadores resuelvan problemas y desafíos. Debido a que estos problemas se ubican en el mundo real, los jugadores pueden encontrarlos más realistas que los juegos digitales. Siempre habrá una brecha entre un curso impartido en el aula y las experiencias enfrentadas en el trabajo. Los académicos coinciden en que es bastante difícil replicar escenarios de la vida real en un aula (Gossman, Stewart, Jaspers & Chapman, 2007). Sin embargo, el modelo de titiritero utilizado en los ARGs ha puesto al descubierto un nuevo realismo digital: "una especie de realismo psicológico que complementa perfectamente la infraestructura de 'inmersión en la realidad' del videojuego basado en misiones en el mundo real" (McGonigal, 2008).

Por lo tanto, los ARGs pueden permitir que los académicos incorporen entornos de la vida real en un plan de estudios, alineando la narrativa del juego con los objetivos del curso. Un titiritero, el término utilizado para describir a la persona que gestiona un ARG, funciona de manera similar a un gerente de proyecto. Los maestros también gestionan sus cursos académicos de manera similar, administrando el plan de estudios dentro de un marco de tiempo particular. Por lo tanto, la idea de un titiritero gestionando un ARG funciona bastante bien en un entorno académico, especialmente cuando el ARG se basa en una narrativa de juego realista. No se trata de que los ARG sean más interesantes que los juegos digitales, sino que su existencia fuera de la consola de juegos o de la configuración digital se suma al realismo de la experiencia.

Diseñar un ARG lleva tiempo. Requiere una exhaustiva planificación y ajuste de las configuraciones, y la cantidad de tiempo depende de la complejidad del diseño del juego. Sin embargo, también puede ser bastante barato de desarrollar. Phillips y Martin (2006, p.53) sugieren enfáticamente que los ARGs baratos no tienen que ser de baja calidad. Un ARG apenas requiere un software complejo o de mucho tiempo dedicado a la programación. El informe Alternate Reality Games for Orientation, Socialization and Induction (ARGOSI) sostiene que los ARGs "ofrecen una solución de baja fidelidad, basado en tecnologías web establecidas para crear contenido asequible y accesible, con un tema narrativo y visual continuo que vincula los desafíos para crear un juego coherente" (Whitton, 2009, p.5). Mayores recursos pueden hacer que un ARG sea más interesante y atractivo. Sin embargo, un ARG básico puede ejecutarse con un presupuesto reducido. La rentabilidad de los ARG es uno de una lista de atributos muy sólidos, una razón por la cual la academia debería interesarse en usarlos como herramientas educativas.

Los juegos de realidad alternativa se pueden personalizar fácilmente de acuerdo con las necesidades de los estudiantes y su nivel educativo. Tienen la flexibilidad de inculcar diversas narrativas de juego a diversas poblaciones. Como sugiere Whitton, "se pueden modificar o cambiar fácilmente para acomodar tramas generales diferentes que puedan ser más apropiadas para diferentes grupos de edad, ubicaciones o disciplinas temáticas" (2008, p.4). La tecnología simple de los ARGs se puede usar en varias ubicaciones geográficas, y se pueden incorporar fácilmente diferentes exigencias sociales, culturales y/o económicas. *Half the Sky Movement: The Game* 2012 (ver Figura 17.1) es un buen ejemplo de la flexibilidad espacial y lúdica de los ARGs y su adaptabilidad cultural.

Half the Sky (2012) ha obtenido reconocimiento internacional por parte de activistas de derechos humanos y el público en general. Iniciado por los periodistas ganadores del Premio Pulitzer, Nicholas Kristof y Sheryl WuDunn, este ARG es parte de un movimiento más amplio destinado a empoderar a las mujeres en todo el mundo. Los participantes juegan con un avatar femenino de aspecto indio, Radhika, que realiza diferentes diligencias para mejorar su vida. Ella tiene que cuidar a los niños, trabajar para el desarrollo de la comunidad y lidear con su esposo sin romper las costumbres tradicionales en una sociedad patriarcal.

Hay minijuegos, como cosechar cultivos y coleccionar libros, que tienen resultados tangibles. Por ejemplo, a medida que uno juega, la situación financiera de Radhika mejora gradualmente.

Además, a lo largo del juego, los jugadores pueden contribuir con organizaciones sin fines de lucro reales, como Fistula Foundation, GEMS, Heifer International, Room to Read y World Vision. Por ejemplo, los jugadores pueden "desbloquear" un libro gratis mientras juegan a coleccionar libros, y este libro gratis será entregado a una persona real. Del mismo modo, los jugadores pueden donar dinero a *Half the Sky* para ser utilizado con fines relevantes para el contexto del juego. Por ejemplo, cuando Radhika compra una cabra para el desarrollo de la comunidad, se les pregunta a los jugadores si les gustaría pagar US$ 10 para donar una cabra a una comunidad real. El jugador pasará de ser un aldeano común a ser un defensor, un activista, un líder, etc. A medida que cada jugador realiza más tareas, su nivel en el juego y la comunidad mejoran. La United Nations Foundation, la Rockfeller Foundation e Intel apoyan el juego. *Half the Sky* incorpora las redes sociales para crear conciencia sobre los problemas de las mujeres y recaudar dinero para apoyarlas. Según halftheskymovement.org, hacia el año 2013, alrededor de 1,1 millones de jugadores en todo el mundo habían jugado el juego. Se puede acceder a *Half the Sky* a través de Facebook. Como esto implica que los jugadores no necesitan de una consola de juegos y es de acceso gratis, el juego incorpora una estrategia que abarca una nueva generación de jugadores casuales.

Figura 17.1. Half the Sky Movement: The Game.
Fuente: Games for Change, 2016. (http://www.gamesforchange.org/game/half-the-sky-movement-the-game/)

Half the Sky demuestra el atributo de narración transmedia de los ARGs. Esta técnica permite al narrador contar una historia a través de una variedad de medios. Según Jenkins (2006, p.96), la narración transmedia permite que cada medio use sus fortalezas "para que una historia se pueda presentar en una película, se expanda a través de la televisión, novelas y cómics; su mundo podría ser explorado a través del juego o experimentado como una atracción de un parque de diversiones". Esta narrativa transmedia ofrece diversidad en la experiencia y estimula la participación de la audiencia. Esta fortaleza de los ARGs se puede utilizar con fines educativos y permite a los académicos interactuar con los estudiantes nativos digitales del siglo XXI, que están acostumbrados a un flujo de información omnipresente (Adam & Perales, 2015; Bonsignore, Hansen, Kraus, & Ruppel, 2012).

Varios académicos han afirmado que nuestro sistema educativo debe avanzar hacia el siglo XXI y utilizar tecnologías innovadoras en educación (Liu, 2011; Koelher & Mishra, 2005; Oliver & Herrington, 2003). Gene Foreman, periodista y académico de periodismo, apoya firmemente el uso de tecnologías educativas modernas para la enseñanza a estudiantes (Foreman, 2004):

Para mí es sorprendente que, en la era moderna, cuando tenemos tecnologías como Internet y los dispositivos portátiles y las computadoras y los juegos de computadora, todavía estamos enseñando dentro de cuatro paredes, donde toda la información proviene de dentro de esas paredes. (p. 53)

Foreman bien podría haberse referido a los ARGs, ya que permiten a los académicos utilizar todas las plataformas adecuadas para proporcionar los mejores resultados educativos.

De acuerdo con la enseñanza orientada a la acción y la teoría del juego transformativo, cuando los estudiantes están profundamente involucrados en un juego ARG —impulsados por una motivación intrínseca— se benefician aprendiendo. *The Seed* ARG, desarrollado para entrenar estudiantes de periodismo de investigación, utiliza una serie de motivadores intrínsecos, que incluyen:

- competición (un sistema de recompensa por puntos da la impresión de una competición, aunque los equipos en realidad no compitan entre sí);
- narrativa (un escenario basado en la historia de cultivos genéticamente modificados);
- comunidad (trabajo grupal y colaboración a través de Facebook);
- creatividad (redacción de un reportaje); y
- compleción (entrega de un reportaje).

Además, se incorporan diversas plataformas en el ARG, es decir, se incluyen teléfonos móviles, correo electrónico, actividades en el aula y trabajo de campo. Los jugadores pueden beneficiarse del aprendizaje multimodal.

La mayoría de los ARGs educativos deben iniciarse desde cero. No existe una plantilla actual para el diseño de ARG. Los ARGs educativos se desarrollan de acuerdo con los recursos disponibles y se planifican para un marco temporal adecuado. Los juegos existentes nos brindan una visión significativa de la utilidad de los ARGs en la educación. Este tipo de experiencia constructiva de aprendizaje no solo mejora el aprendizaje con la práctica, sino que también aumenta la confianza y la motivación de los estudiantes. En estos juegos se identificaron atributos importantes como una narrativa flexible y diseño del aprendizaje basado en el contexto. Esto formó parte del criterio para incorporar *The Seed* ARG en una clase de periodismo de investigación.

Los ARG y la pedagogía del periodismo

Debido a las tendencias rápidamente cambiantes en la industria, los académicos de periodismo tienen dificultades en preparar a los estudiantes para el campo. Hay una serie de proyectos experimentales en todo el mundo que intentan hacer que las experiencias educativas sean lo más realistas que se pueda y así brinden una experiencia de investigación práctica para los estudiantes de periodismo. Otras habilidades que son difíciles de enseñar en un aula incluyen el arte de generar confianza y desarrollar fuentes y redes. Estos problemas se agravan debido al hecho de que los cursos de periodismo se deben enseñar de acuerdo con un cronograma rígido, en algunos casos con semestres que son tan cortos como 12 semanas. Esto es especialmente problemático para el periodismo de investigación, que a menudo requiere una inversión de tiempo muy superior a la de un semestre normal.

Los juegos de realidad alternativa se han identificado como un género más adecuado de juegos digitales para enseñar periodismo de investigación debido a sus características realistas. De hecho, el realismo es uno de los atributos ARG más importantes que a menudo no se ofrecen en los enfoques tradicionales de enseñanza. La autora de este capítulo usa el término "enseñanza tradicional" en el contexto de la enseñanza lineal y unidireccional en el aula, con un libro, y tanto el maestro como el alumno están presentes físicamente. Los estudiantes de periodismo revisan escenarios hipotéticos en ejercicios de clase (D. Bossio, comunicación personal, 18 de julio de 2011; J. Hollings, comunicación personal, 16 de noviembre de 2011). También toman parte en actividades tales como realizar entrevistas y cubrir eventos. Pero los juegos de realidad alternativa pueden ubicar a los estudiantes en escenarios de la vida real mientras informan eventos de la vida real. Un ARG permite a los estudiantes de periodismo obtener experiencia de campo a través de la naturaleza realista del juego. En consecuencia, esto permite la actualización de las habilidades periodísticas a través de la práctica, las mismas que se requieren para un trabajo periodístico de calidad. Como Sereda (2013) ha declarado:

> Los juegos realistas alientan a los jugadores a ver el mundo ordinario bajo una nueva luz y a cambiarlo. Esto puede incluir acciones que no ampliamente aceptadas *per se*. Por ejemplo, cambiar el color de las luces de la calle, hacer un suéter para una estatua, cambiar el aspecto de un edificio. Los participantes no imaginan ni recrean otro mundo paralelo o dentro de la realidad. Ellos operan en la realidad. (p. 9)

Por lo tanto, un ARG permite que los estudiantes experimenten lo que los periodistas experimentan en sus rutinas diarias. Esta capacidad de combinar el juego con la realidad es el factor clave para su usabilidad en la educación periodística. El ARG que se discute más adelante en este capítulo, diseñado para capacitar a estudiantes de periodismo, se basa en un contexto del mundo real con problemas reales, como los relacionados con cultivos genéticamente modificados que se siembran en Australia.

El diseño de un juego ARG se desarrolla y modifica a medida que transcurre el juego. Por lo tanto, para un tema periodístico que requiere descubrir eventos en tiempo real, cada iteración de un ARG será mejor que la versión anterior. El diseño del juego puede ajustarse continuamente de acuerdo con eventos recientes. Un ARG también permite a los académicos trabajar con un diseño curricular organizado y evaluar las calificaciones, ya que proporciona cimientos sólidos para un semestre de duración más tradicional. También permite la flexibilidad de programar las fechas de entrega del trabajo periodístico de los estudiantes. En el periodismo de la vida real, las entrevistas se posponen, las últimas noticias tienen prioridad en la asignación de espacio, y la idea de cuál es el momento más oportuno para publicar una noticia cambia constantemente. Un ARG es lo suficientemente flexible como para incorporar estos cambios y utilizar estas situaciones de rutina de la vida real cuando sea necesario para los proyectos de los estudiantes.

Un ARG se basa en el trabajo colaborativo. Asegura el aprendizaje colaborativo de los estudiantes mediante la cooperación entre pares y mejora las habilidades requeridas para el trabajo en equipo, una habilidad social obligatoria requerida en el periodismo (K. Moore, comunicación personal, 1 de noviembre de 2011). También puede permitir la interacción con estudiantes fuera de clase. Cualquiera puede enviar mensajes de texto inmediatamente sobre información importante. Esto hace que un ARG se acerque más a la experiencia periodística de la vida real que los ejercicios en clase. Los juegos de realidad alternativa también pueden durar más, abarcando varias semanas, mientras que los ejercicios en el aula tienden a durar solo una clase. Un ARG puede permitir la investigación de historias que necesitan más tiempo e incluso se pueden extender por varios semestres.

Aunque un ARG puede incluir juegos de rol en su narrativa del juego, es diferente de los típicos ejercicios en el aula o los ejercicios de dramatización que los académicos de periodismo usan a menudo. La flexibilidad temporal y espacial de los ARG implica que no están restringidos al aula, a diferencia de un ejercicio de dramatización típico. Además, la narrativa continua del juego no termina cuando termina la clase. También puede incorporar un contexto basado en la realidad. Ambos atributos hacen que los ARGs sean más adecuados para las necesidades de una clase de periodismo que los ejercicios de dramatización. Finalmente, los ARGs incluyen experiencias de juego inesperadas, respaldadas y moldeadas por la participación de los jugadores (Fujimoto, 2010). El final de un ARG basado en la realidad puede tener un resultado diferente al previsto, lo que no difiere de las historias periodísticas.

Debido a que la mayoría de las actividades en un ARG están basadas en problemas, los estudiantes aprenden "haciendo". Este principio importante del constructivismo, junto con las teorías de aprendizaje situado y de la enseñanza orientada a la acción, defiende que "el aprendizaje no es un deporte de espectadores" (Chickering & Gamson, 1987, p. 4) y sostiene que "los estudiantes aprenden mejor a través de la acción que a través de la instrucción y la memorización" (Cameron, 2004, p. 25). Además, muchas actividades emprendidas en un ARG requieren de conocimiento previo, lo que también son elementos del constructivismo como del aprendizaje situado.

En la literatura, un ejemplo exitoso de un ARG utilizado para el periodismo de la vida real es *Investigate Your MP's Expenses*[14], dirigido por *The Guardian*. El periódico había recibido alrededor de 558.832 documentos sobre las cuentas de gastos de los miembros del parlamento en el Reino Unido, e invitó al público a analizar estos documentos. Según McGonigal (2011), el público estudió 170.000 documentos en los primeros tres días del ARG. Según la conclusión del ARG, las historias cubiertas resultaron en renuncias, sanciones y cambios en las reglas y leyes. Otro ejemplo de un ARG diseñado y probado para un curso de periodismo de investigación es *Birds of Paradise* (2005-2006), desarrollado por Stephen Tanner de la University of Wollongong, Australia. El ARG usa un escenario ficticio basado en un problema de la vida real: una red de contrabando de aves en Papúa Occidental. Los estudiantes de esta región, en Port Moresby y Madang, inicialmente participaron en el juego. La primera iteración fue simple e implicó el desarrollo de habilidades de investigación tradicionales y competencia en Microsoft Access y Excel. Los participantes debían pensar en cómo abordarían la investigación. Este enfoque era similar a la mayoría de los escenarios en clase que los académicos usan para enseñar periodismo (B. Birnbauer, comunicación personal, 20 de julio de 2011; J. Hollings, comunicación personal, 16 de noviembre de 2011).

La segunda iteración del juego fue mucho más desarrollada e incluyó contactos de la vida real y entrevistas con expertos para obtener información (Tanner, 2005). Los estudiantes participantes debían rastrear a un contrabandista resolviendo acertijos, usando pistas proporcionadas cada semana, y alimentando la información a un sitio web para avanzar en el juego. También se requirió que estos estudiantes realizaran actividades fuera del aula, aplicando estilos de investigación tanto individuales como colaborativos. También tuvieron que tomar la decisión de si enviaban un informe todas las semanas (a sus instructores) o esperaban y tenían la posibilidad de agregar información tardía. Y necesitaban una comprensión cultural de Papúa Occidental para poder investigar el problema de manera apropiada. La discusión sobre las consecuencias éticas, legales, morales y económicas de las presentaciones fue una parte importante de los requisitos de aprendizaje. El instructor publicó material relevante en el sitio web de Wollongong para que otros académicos también puedan jugar este juego con sus alumnos. El hecho de que *Birds of Paradise* sea repetible se considera una de sus mayores fortalezas. Aunque este ARG estaba muy bien estructurado, su planificación, diseño e implementación llevaron mucho tiempo y esfuerzo. Además, era ficticio. En palabras de su desarrollador, Stephen Tanner (S. Tanner, comunicación personal, 4 de diciembre de 2012):

---

[14] Investiga los gastos de tu Miembro del Parlamento (MP, en el Reino Unido).

aunque estaba bastante satisfecho con los logros de los estudiantes, el tiempo y el esfuerzo invertidos en este proyecto fueron más de lo que yo podría ofrecer de manera conveniente. Por lo tanto, no volveré a trabajar en el desarrollo de un proyecto tal, a menos que haya una forma de facilitar su desarrollo.

Con la idea de hacer que estos juegos sean más accesibles, la autora desarrolló un ARG con un contexto de la vida real para sus estudios de doctorado en la Swinburne University of Technology, Australia. La autora utilizó información de la literatura, entrevistas con académicos y periodistas de periodismo, y comentarios a las presentaciones en conferencias.

The Seed ARG

La autora de este capítulo desarrolló *The Seed* ARG para una clase de pregrado llamada Journalism Practice IV (Práctica de Periodismo IV) en el programa de periodismo de Swinburne University of Technology (Swinburne), Hawthorn campus, Melbourne. La primera cohorte de un programa de tres años de licenciatura en periodismo se graduó en 2012. Esta clase fue organizada por el Dr. Saba Bebawi y asistida por el tutor Dr. Denis Muller. La incorporación de *The Seed* ARG a este curso representa el primer intento del programa de enseñar periodismo de investigación en esta clase. Los objetivos de enseñanza de este ARG respaldaron directamente las metas de la unidad de periodismo de investigación del curso. El Higher Education Research Ethics Committee de Swinburne dio la aprobación ética para probar este ARG. Debido a que formaba parte de un estudio de doctorado, tanto el Dr. Mark Finn (supervisor) como el Dr. Andrew Dodd (supervisor asistente) proporcionaron apoyo continuo a través de discusiones y comentarios. El ARG contenía dos seminarios: el seminario A con 18 estudiantes y el seminario B con 16, haciendo un total de 34 estudiantes en la clase.

Diseño y narrativa del ARG

Existen algunos desafíos de diseño cuando se trata de integrar de manera efectiva un ARG a un contexto periodístico. Estos incluyen los siguientes:

> ➢ ¿Cómo se desarrolla una narrativa de juego que incorpora la experiencia de la vida real?
> ➢ ¿Qué plataformas serían las más adecuadas para la participación de los estudiantes?
> ➢ ¿Cómo los instructores deberían incluir los elementos lúdicos en el diseño del juego?

> ¿Cómo los instructores/desarrolladores podrían garantizar que el diseño del juego refleje un ARG y no sea solo un proyecto de periodismo como cualquier otro?

Como se discutió anteriormente, una narrativa de ARG desarrollada para una clase de periodismo de investigación idealmente se ubicaría en un contexto del mundo real. Esto les permitiría a los estudiantes una experiencia realista mientras investigan y escriben sus noticias, tal vez incluso con la posibilidad de publicarlas en un medio de comunicación. La Figura 17.2 ilustra el diseño *The Seed* ARG, que se utilizó para este proyecto.

La narrativa del juego *The Seed* ARG se basó en trigo genéticamente modificado (GM) en Australia. Los instructores eligieron este tema debido a su identificación e importancia en Australia hoy en día. Antes del inicio del juego, en la primera semana, los instructores informaron a los estudiantes sobre el ARG. Los participantes recibieron información sobre sus derechos como participantes y firmaron formularios de consentimiento. La narrativa del juego se basó en la controversia en torno a las semillas GM y, en particular, en un agricultor preocupado por la contaminación de sus cultivos no modificados genéticamente. El juego comenzó cuando los estudiantes recibieron un mensaje de texto anónimo, un soplo, antes del comienzo de su clase, de un agricultor ficticio preocupado por la polinización cruzada con cultivos transgénicos (ver Figura 17.2). Aunque el agricultor era ficticio, el problema planteado era cercano a la realidad. Dentro de esta historia general, los estudiantes tuvieron la flexibilidad de elegir sus propias perspectivas e investigaron en consecuencia. Además, se les pidió que usaran grupos de Facebook, desarrollados para este experimento, para la interacción en línea.

Además de los mensajes de texto, los instructores proporcionaron a los estudiantes comunicados de prensa gubernamentales reales del Australian Department of Health and Ageing de Australia, que regula la tecnología genética. El primer comunicado de prensa proporcionó información sobre la emisión de licencias para las pruebas controladas de trigo y cebada modificados genéticamente en el Australian Capital Territory (ACT). Esta combinación de recursos reales y falsos tenía la intención de involucrar a los estudiantes con el ARG ocultando el límite entre el juego y la realidad. Los juegos de realidad alternativa brindan la oportunidad de desarrollar personajes en la narrativa del juego adecuados para un propósito particular. Es importante tener personajes con personalidades verosímiles que se adapten a la narrativa del juego para que los estudiantes puedan interactuar con ellos. Los personajes pueden ser anónimos. Esto significa que incluso si no existen, su historia puede ser realista. En *The Seed* ARG, dos personajes fabricados —un agricultor y un empleado de una empresa agrícola— enviaron mensajes de texto a los estudiantes para guiarlos a lo largo de la narrativa del juego.

En la segunda semana, los instructores habían convertido la clase en una sala de prensa. Los tutores animaron a los estudiantes a conocer el problema en detalle. Se les pidió a los estudiantes que idearan un tema para investigar sobre cultivos GM. Los seminarios posteriores incluyeron más comunicados de prensa, más mensajes de texto del agricultor anónimo y debates en la sala de prensa. Los instructores dieron a conocer a una empresa de la vida real, Monsanto, vendiendo semillas GM a través de una noticia real. También proporcionaron a los estudiantes pistas durante las discusiones clase. Estas pistas los dirigieron hacia problemas ambientales, financieros y de salud relacionados con la tecnología de GM. Quienes dieron seguimiento al primer mensaje de texto fueron dirigidos a dos granjeros canadienses de la vida real, Matt Gehl y Peter Eggers, quienes estaban llevando a cabo seminarios contra la tecnología GM y visitando Australia en ese momento. Los estudiantes también asistieron a un seminario sobre tecnología genética y sus efectos sobre el medio ambiente. Los instructores planearon y organizaron esto mientras trabajaban en el diseño del juego. Los estudiantes también tenían que encontrar evidencia científica y localizar científicos que expresaran preocupación por el tema. Con base en los resultados de su investigación, se les permitió a los estudiantes desarrollar su propia conclusión, que fue "presentada" como un reportaje.

Por naturaleza, los ARG se componen de actividades orientadas a tareas. Por lo tanto, los ARG se prestan bien a un enfoque de aprendizaje basado en problemas. Este tipo de aprendizaje defiende que no hay una única respuesta correcta para un problema (Chamberlin & Moon, 2008, p. 7), lo que complementa la enseñanza del periodismo. Después de todo, un problema puede tener varios aspectos y hay varias formas de reportar esos aspectos. Adicionalmente, los investigadores (por ejemplo, Moseley, 2008) han propuesto una serie de características de ARG para contextos educativos, algunas de las cuales se incorporaron a *The Seed* ARG. Estos incluyen elementos de resolución de problemas, el uso de recompensas y dispositivos narrativos (ver Tabla 17.1).

Evaluación de *The Seed* ARG

Los instructores recopilaron comentarios de los estudiantes sobre *The Seed* ARG a través de encuestas y focus groups. También recopilaron comentarios de las entrevistas a los académicos involucrados. A través de *The Seed* ARG, los instructores dieron a los estudiantes pistas y un marco narrativo básico. Con todo, luego los estudiantes investigaron el tema ellos mismos, profundizando en el ángulo elegido para la historia. Al adoptar el papel de un investigador, los estudiantes no solo adquirieron una nueva perspectiva sobre el tema, sino que también se transformaron de aprendices de periodistas de investigación.

De acuerdo con los comentarios recopilados de la encuesta y los *focus groups*, los estudiantes abordaron este proyecto con un enfoque orientado a la evaluación. Su objetivo principal parecía ser obtener una buena calificación. Aunque no necesariamente se "identificaron" como periodistas reales, los instructores aún así consideran el contenido basado en la realidad de este ARG como una de sus principales fortalezas.

344 | EDUCACIÓN GLOBAL DE PERIODISMO

Figura 17.2. The Seed ARG

Es posible que los estudiantes no hayan abordado la investigación exactamente de la misma manera que un periodista, y los académicos continuamente monitorearon y revisaron su progreso. De todos modos, estos estudiantes operaron en el mundo real, reportando sobre un tema real e interactuando con contactos reales. En este sentido, realmente experimentaron elementos del periodismo del mundo real. Además, muchos estudiantes declararon que no parecía que estuvieran jugando un juego. Y el hecho de que no pudieran separar el juego de la clase sugiere que el juego se asimiló estrechamente como parte del plan de estudios del curso.

Una de las principales hipótesis de este capítulo fue que el uso de los juegos en la educación podría mejorar la motivación, el interés y la participación de los estudiantes. Uno de los elementos de ludificación utilizados en *The Seed* ARG —transparente para los usuarios— fue un sistema de puntos de recompensa basado en las acciones que los estudiantes publicaron en Facebook. Curiosamente, el sistema de puntos motivó a muchos estudiantes a pesar de que sus puntajes no estaban ligados a sus calificaciones generales. Solo los miembros de un grupo podían ver los puntajes de los demás miembros del grupo. Aunque los estudiantes parecían estar más atraídos por los elementos que percibían como parte del juego (aunque todo era parte del juego), no se mostraron tan entusiasmados con los soplos anónimos que recibieron. Los desarrolladores usaron Facebook para ayudar con la comunicación grupal, para agregar a la multimodalidad del ARG, y también para "aprovechar las fortalezas" del conocimiento e interés de los estudiantes actuales (M. Bachelard, comunicación personal, 26 de julio de 2011).

Desde una perspectiva académica, Facebook permitió monitorear el esfuerzo individual y el progreso grupal. Un beneficio adicional de esto fue que los estudiantes se sintieron más obligados a participar en Facebook porque sabían que los maestros los estaban monitoreando. Se presentaron algunos problemas con Facebook incluida la confusión causada por las actualizaciones de las conversaciones, la carga de trabajo académica que implicaba el monitoreo y las consideraciones éticas con respecto a que los maestros se hicieran "amigos" de sus alumnos en Facebook. Sin embargo, los estudiantes parecían vincularse bastante con este modo de comunicación, especialmente con la técnica de ludificación agregada a través del sistema de puntos.

Finalmente, los instructores concluyeron que el uso de Facebook como plataforma en línea fue exitoso como un facilitador de la comunicación grupal y como un motivador para la participación estudiantil. Facebook también podría proporcionar una plataforma en línea apropiada para el aprendizaje de los estudiantes en otros contextos y merece una mayor investigación el poder comprender mejor las formas en que podría ser adoptado en la enseñanza.

Las habilidades que los estudiantes necesitaron para entregar un reportaje de investigación incluyen las siguientes:

➢ técnicas de entrevista (W. Bacon, comunicación personal, 10 de diciembre de 2011; K. Moore, comunicación personal, 1 de noviembre de 2011; D. Bossio, comunicación personal, 18 de julio de 2011),
➢ contactar a personas relevantes (R. Moynihan, comunicación personal, 7 de noviembre de 2011), y

> decidir qué información fue más relevante y cuáles pistas se deben seguir (J. Hollings, comunicación personal, 16 de noviembre de 2011).

Tabla 17.1

Las características de Moseley (2008) que se integraron en The Seed ARG

Características ARG generales	Características de *The Seed*
Técnicas narrativas (p. ej., personajes, trama, historia)	Tenía personajes, una narrativa flexible y una historia protagónica de la vida real que los estudiantes desarrollaron.
Influencia el resultado	Los reportajes y los ángulos específicos que los estudiantes cubrieron fueron influídos por *The Seed* ARG.
Tratamiento tradicional de nuevos problemas/eventos	Las actualizaciones sucedían en tiempo real porque era un ARG de la vida real.
Potential para una comunidad grande y activa	*The Seed* ARG también puede ser jugado por un grupo más grande.
Basado en tecnología existente simple y contenido mediático	*The Seed* ARG incluía tecnología simple como los mensajes de texto y la plataforma en línea de Facebook.

Dado que todas las habilidades y atributos técnicos mencionados anteriormente son importantes para el periodismo de investigación, se incluyeron en el diseño del juego. Los comentarios de los alumnos indicaron que el ARG los ayudó a convertirse en oradores más confiados en la clase y en las entrevistas. Y muchos estudiantes buscaron repetidamente a ciertos contactos, en línea y por teléfono, hasta que lograron entrevistarlos. Esto demostró considerable persistencia, un atributo periodístico extremadamente importante (M. Bachelard, comunicación personal, 26 de julio de 2011; R. Baker, comunicación personal, 26 de julio de 2011; J. Tucker, comunicación personal, 1 de diciembre de 2011; J. Tully, comunicación personal, 2 de diciembre de 2011). Además, la calidad de las presentaciones, la historia en sí misma, fue bastante alta. Tales acciones estudiantiles y otros resultados tangibles ayudan a establecer la efectividad de este ARG con respecto a los resultados educativos.

En general, los estudiantes encontraron que *The Seed* ARG fue una experiencia de aprendizaje única e interactiva. Muchos pensaron que Facebook era una buena forma de colaborar y compartir información con otros. Varios pensaron que era una forma creativa de investigar un problema y preparar un reportaje. Esto es bastante útil, ya que el periodismo de investigación se trata principalmente de explorar lo desconocido y descubrir la verdad. En general, los académicos pensaron que *The Seed* ARG era un buen método para dirigir una clase de periodismo de investigación. Este ayudó en el monitoreo regular del trabajo de los estudiantes y permitió la interferencia editorial de los tutores. También ayudó a organizar grupos y fomentar la colaboración, una parte importante del periodismo.

Limitaciones de los ARGs como artefactos

The Seed ARG tenía un alcance limitado ya que era un proyecto externo probado por la autora, que no era la maestra del curso. El comité de investigación de la escuela también planteó inquietudes éticas que el autor tuvo que cumplir al planificar y desarrollar el ARG. También hay una falta de directrices disponibles sobre cómo presentar un ARG como un artefacto de investigación. Y aunque la revisión de la literatura proporcionó análisis en profundidad y estudios sobre algunos ARGs, no cubrió la presentación como un artefacto.

Un ARG es de naturaleza transitoria. Por lo tanto, una vez que se juega, desaparece, no queda prueba física de que existiera. Consalvo (2013) sugirió un problema similar con los juegos en línea, muchos de los cuales ya no existen. Ella anima a archivar juegos en línea a través de instantáneas y de un registro de los foros de discusión relacionados. Sin embargo, es complicado archivar un ARG. Por un lado, el elemento en línea o virtual se puede archivar, como se hizo en este caso, tomando instantáneas de las actividades del grupo de Facebook, desarrollando bocetos de las actividades en el aula y tomando instantáneas de los mensajes de texto que se enviaron a los estudiantes. Por otro lado, las discusiones en el aula y en grupo, y las actividades y tareas reales que los estudiantes realizaron mientras se buscaban/se acercaban personas para entrevistar, no se pudieron archivar debido a restricciones éticas y limitaciones prácticas. Una sugerencia para documentar un ARG para un curso sería recolectar imágenes de todas las actividades llevadas a cabo. Estas incluirían imágenes tomadas en clase y durante el trabajo de campo, pero requerirían una autorización ética amplia y potencialmente difícil de obtener.

Además, hubo limitaciones con respecto a los tipos y cantidades de tecnologías digitales que los instructores podían usar. Había una brecha entre el nivel de conocimiento de la autora sobre las tecnologías digitales y el de los tutores que manejaban la unidad. Y se consideró poco práctico capacitar a los tutores antes de que comenzara la enseñanza. Por lo tanto, los desarrolladores tuvieron que tomar en cuenta la experiencia digital de los tutores al desarrollar el diseño del juego. Ambas limitaciones podrían eliminarse fácilmente si los coordinadores del curso o los tutores mismos diseñaran el ARG o si el desarrollador proporcionara más capacitación.

Conclusión

Este capítulo investigó la posibilidad de usar ARG para enseñar una clase de periodismo de investigación. Un ARG tiene un módulo de diseño flexible, la posibilidad de involucrar a los estudiantes, y puede proporcionarles una experiencia de la vida real, que es lo que los estudiantes de periodismo necesitan. Por lo tanto, se consideró práctico diseñar un ARG. Un ARG tiene el potencial de hacer que una clase de periodismo de investigación sea más práctica, real, interactiva y atractiva, mientras enseña a los estudiantes de periodismo las habilidades que requieren para operar como profesionales mediáticos.

The Seed ARG desarrollado y probado para la clase de periodismo permitió a los estudiantes completar un reportaje de investigación trabajando dentro de una serie de parámetros. La mayoría de los estudiantes no sintieron que estaban participando un juego, tal vez un mérito de la combinación cuidadosa de los elementos del juego con el plan de estudios. La investigación de la vida real permitió a los estudiantes adquirir experiencia y practicar sus habilidades periodísticas, incluidas la realización de entrevistas, investigación y redacción. Los académicos alabaron al ARG por apoyar el diseño del curso de una manera estructurada. Como prototipo, *The Seed* ARG resultó ser una herramienta útil y exitosa para el curso de periodismo de investigación para el que fue diseñado.

El campo del periodismo de investigación está cambiando rápidamente. Los académicos de periodismo intentan responder a estos cambios ajustando sus métodos de enseñanza. Aprovechar el poder de los juegos mediante la fusión de los elementos del juego en el currículo (Annetta, 2008), como lo ha intentado este capítulo, puede ser una forma de abordar dichos cambios. Además de incorporar tecnología digital en la educación periodística para reflejar los cambios en la industria y preparar a los estudiantes para ello, los juegos pueden proporcionar un entorno semirealista en el que los estudiantes se sientan motivados a practicar sus habilidades periodísticas. Los ARG son un desarrollo relativamente nuevo que podría convertirse en parte de la educación convencional en los años venideros. En particular, los ARG podrían ser útiles para enseñar periodismo, ya que les permiten a los estudiantes explorar y desarrollar un reportaje, cada uno diferente del siguiente. Si bien aún hay muchos problemas por resolver, la autora espera que este estudio de caso pueda ofrecer un punto de partida práctico para tales herramientas educativas innovadoras y una contribución positiva al campo de la pedagogía del periodismo de investigación.

Referencias bibliográficas

Adam, F., & Perales, V. (2015). Experimenting with locative media games and storytelling in fine arts. In C. Holden, S. Dikkers, J. Martin, & B. Litts (Eds.), *Mobile media learning* (pp. 123-135). Pittsburgh: ETC Press.

Annetta, L. A. (2008). Video games in education: Why they should be used and how they are being used. *Theory into Practice, 47*(3), 229-239.

Bonsignore, E., Hansen, D., Kraus, K., & Ruppel, M. (2012). Alternate reality games as platforms for practicing 21st century literacies. *International Journal of Learning, 4*(1), 25-54.

Cameron, D. (2004). *Giving games a day job: developing a digital game-based resource for journalism training.* (M.A. Hons. Thesis). University of Wollongong, Wollongong.

Chamberlin, S. A. & Moon, S. M. (2008). How does the problem-based learning approach compare to the model-eliciting activity approach in mathematics instruction? Tomado de http://www.cimt.org.uk/journal/chamberlin.pdf

Chickering, A. W., & Gamson, Z. F. (1987). Seven principles for good practice in undergraduate education. *AAHE Bulletin, 39*(7), 3-7.

Consalvo, M. "Being Social in Online Games—Five Research Elements to Consider." Public lecture, Melbourne, Australia, July 8, 2013.

Foreman, J. (2004). Game-based learning: How to delight and instruct in the 21st century. *Educause Review, 39*(5), 50-66. Tomado de https://er.educause.edu/articles/2004/1/gamebased-learning-how-to-delight-and-instruct-in-the-21st-century

Fujimoto, R., & Solutions, S. L. (2010). Designing an educational Alternate Reality Game. Tomado de http://www.shoyu.com/education/Research_DesigningAnEducationalARG.pdf

Games for Change. (2016). *Half the Sky Movement: The Game.* Tomado de http://www.gamesforchange.org/play/half-the-sky-movement-the-game/

Gossman, P., Stewart, T., Jaspers, M., & Chapman, B. (2007). Integrating web-delivered problem-based learning scenarios to the curriculum. *Active Learning in Higher Education, 8*(2), 139-153.

Jenkins, H. (2006). Convergence culture: *Where old and new media collide.* New York, NY: New York University Press.

Koehler, M. J., & Mishra, P. (2005). What happens when teachers design educational technology? The development of technological pedagogical content knowledge. *Journal of Educational Computing Research, 32*(2), 131-152.

Liu, C. J. (2011). Research on professional development of PE teachers from the view of modern educational technology. *Advanced Materials Research, 187,* 122-126.

Martin, A., Thompson, B., & Chatfield, T. (2006). Alternate Reality Games White Paper, IGDA ARG SIG. Tomado de http://www.christydena.com/wp-content/uploads/2007/11/igda-alternaterealitygames-whitepaper-2006.pdf

McGonigal, J. (2008). Saving the world through game design: Stories from the near future. New Yorker Conference. Tomado de http://www.newyorker.com/online/video/conference/2008/mcgonigal

Moseley, A. "An alternative reality for higher education? Lessons to be learned from online reality games." Presentation at the ALT-C, Leeds, UK, September 9-11 2008. Tomado de https://moerg.files.wordpress.com/2008/10/moseley2008a.pdf

Oliver, R., & Herrington, J. (2003). Exploring technology-mediated learning from a pedagogical perspective. *Interactive Learning Environments, 11*(2), 111–126.

Phillips, A., & Martin, A. (2006). Business models. En A. Martin, B. Thompson, & T. Chat eld. (Eds.), *Alternate Reality Games White Paper, IGDA ARG SIG*. Tomado de http://www.christydena.com/wp-content/uploads/2007/11/igda-alternaterealitygames-whitepaper-2006.pdf

Sereda, A. (2013). *Designing a context-aware campus area gaming environment for mobile platforms,* MSc thesis, Technical University of Denmark, Kongens Lyngby.

Tanner, S. (2005). Investigating the hypothetical: Building journalism skills via online challenges. *Asia Pacific Media Educator, 1*(16), 89-102. Tomado de http://ro.uow.edu.au/cgi/viewcontent.cgi?article=1035&context=apme

Tsvetkova, N., Stoimenova, B., Tsvetanova, S., Connolly, T., Stansfield, M., Hainey, T., Cousins, L., Josephson, J., O'Donovan, A., & Ortiz, C. R. (2009). "Arguing for multilingual motivation in Web 2.0: The teacher training perspective." Presentation at the 3rd European Conference on Games-Based Learning (ECGBL), Graz, Austria, October 12-13, 2009.

Whitton, N. (2008). "Alternate reality games for developing student autonomy and peer learning." Presentation at the Learners in the Co-creation of Knowledge (LICK) Conference, Edinburgh, U.K., October 30, 2008.

Whitton, N. (2009). Alternate Reality Games for Orientation, Socialisation and Induction (ARGOSI). Tomado de https://www.webarchive.org.uk/wayback/archive/20140614073015/http://www.jisc.ac.uk/media/documents/programmes/usersandinnovation/argosifinalreport.pdf

18

Programando el plan de estudios:
Educación periodística para la era digital

Cindy Royal

La programación de computadoras, o lo que comúnmente se conoce como "programación", ha sido una habilidad muy elogiada en los últimos años y rápidamente se ha convertido en una deseada alfabetización del siglo XXI. Desde 2013, celebridades y tecnólogos, como el director ejecutivo de Facebook Mark Zuckerberg, Bill Gates de Microsoft, el actor Ashton Kutcher y la artista popular Shakira, han promovido una Hora del Código (Hour of Code, 2015), una campaña para alentar a las personas a experimentar con técnicas de programación. Desde el comienzo de esa campaña han participado más de 91 millones de personas.

Los políticos y la gente icónica han amplificado la importancia de la programación. Durante la Computer Science Week en 2013, el presidente Barack Obama dijo: "Aprender estas habilidades no es solo importante para vuestro futuro; es importante para el futuro de nuestro país" (The White House, 2013). Y ya en 1995, el visionario de la tecnología Steve Jobs dijo: "Todo el mundo en este país debería aprender a programar una computadora, debería aprender un lenguaje informático, porque le enseña a pensar" (Code.org, 2013).

Pero la programación ya no se limita a los ámbitos de las ciencias de computación y de la información. La tecnología se puede usar para resolver problemas en una variedad de campos, pero solo si tales campos o disciplinas tienen personas que comprenden cómo aplicar y enseñar las habilidades asociadas con ellas. Esto es particularmente relevante en el periodismo y la comunicación de masas, donde el uso, la aplicación y la presentación de datos se reflejan en temas recientes y de alto perfil en las noticias. Durante mucho tiempo las técnicas visuales, adquiridas de los campos del arte y el diseño, han sido muy útiles al periodismo; por ejemplo, el fotoperiodismo es una derivación de la fotografía producida en los programas de arte, y el videoperiodismo es una aplicación específica de las técnicas ofrecidas en las escuelas de cine. Las habilidades de programación deben ser entendidas de la misma forma por los comunicadores: como un importante conjunto de técnicas con aplicaciones únicas. Comprender y dar a conocer los datos se está convirtiendo en una de las proposiciones únicas del periodismo, que debería enseñarse como tal en las escuelas de periodismo.

Este capítulo examina las razones por las cuales periodistas, estudiantes de periodismo y educadores deben aprender a programar. También explora cómo las habilidades de programación pueden integrarse en el currículo.

Revisión de la literatura

La enseñanza de las habilidades tecnológicas en los programas de periodismo se ha convertido en un tema importante a medida que ha evolucionado la entrega de contenido en línea. Los investigadores han evaluado durante mucho tiempo el papel de la comunicación digital en la educación periodística (Thompson, 1995). Los primeros esfuerzos para enseñar a los estudiantes una gama de habilidades tecnológicas recibieron el título de "convergencia", e incluyeron la enseñanza de destrezas multimedia, como edición de video y audio, junto con habilidades más tradicionales de escritura y edición. La convergencia a menudo se pensó como una fusión de los planes de estudio de medios impresos y medios de radiodifusión. Varios estudios describieron los éxitos y fracasos de tales enfoques a fines de la década de 1990 y principios de la de 2000 (Thelen, 2002; Dailey, Demo & Spillman, 2005). Se identificaron dificultades en la enseñanza de las técnicas de medios impresos y de radiodifusión, y los primeros proyectos de convergencia profesional se consideraron infructuosos (Kraeplin & Criado, 2005; Castaneda, Murphy & Hether, 2005; Thornton & Keith, 2009; Sarachan, 2011; Kolodzy, Grant, DeMars & Wilkinson, 2014).

Junto con la enseñanza de procedimientos y recursos de edición multimedia, algunos programas comenzaron a agregar periodismo en línea y conceptos web a sus planes de estudios (Friedland & Webb, 1996; Sutherland & Stewart, 1999; Huesca, 2000; Royal, 2005; Daniels, 2006). Dichos currículos incluyen habilidades en Lenguaje de Marcado de Hipertexto (HTML, por sus siglas en inglés), Hojas de Estilos en Cascada (CSS, por sus siglas en inglés) y el uso de programas como Adobe Dreamweaver y Flash. Los programas posteriores agregaron redes sociales y componentes de red (Bor, 2014; Berkeley, 2009) para incluir blogs y el uso de sitios como Twitter y Facebook. Se hizo evidente que el panorama de los medios digitales era más que la fusión de texto y video, y que los estudiantes necesitaban una apreciación más amplia de Internet, la Web y los conceptos móviles.

A finales de la década de 2000, las técnicas de desarrollo web se volvieron más sofisticadas. Las tecnologías que permitían la interacción del usuario y el acceso a las bases de datos comenzaron a emerger, haciendo que los sitios web fueran dinámicos e interactivos.

Los navegadores web podían admitir el lenguaje JavaScript, mientras el uso de otros lenguajes, como PHP, Ruby y Python, estaba creciendo. Los sistemas de administración de contenido de código abierto, como Wordpress, estaban ampliamente disponibles, y los sitios web obtenían funcionalidades avanzadas a través de bibliotecas de programación, como JQuery e infraestructura basada en un sistema de cuadrillas, como

Bootstrap. El desarrollo para dispositivos móviles, como teléfonos inteligentes y tabletas, introdujo diferentes idiomas únicos para esas plataformas.

Al mismo tiempo, los datos se estaban convirtiendo en un tema frecuentemente discutido. Con las investigaciones periodísticas que involucran filtraciones de información del gobierno y 'big data' ("datos masivos"), comprender el papel de los datos en nuestras vidas se ha vuelto más relevante que nunca. A mediados de la década de 2000, la frase "periodismo de datos" comenzó a utilizarse en lugar de la más tradicional "periodismo asistido por computadora" (Gray, Bounegru & Chambers, 2012). En sus sitios web, las organizaciones de noticias comenzaron a publicar elementos interactivos basados en datos, tales como los siguientes del *The New York Times*: "Is It Better to Rent or Buy?" (Bostock, Carter & Tse, 2014), "New York State Test Scores" (Evans, Gebeloff, & Scheinkman, 2015), "Toxic Waters" (Duhigg, Ericson, Evans, Hamman & Willis, 2012) y otros proyectos relacionados con la cobertura de los Juegos Olímpicos y los Academy Awards. El cuestionario interactivo de dialectos de *The New York Times*, "How Ya'll, Youse and You Guys Talk" (Katz, Andrews, & Buth, 2013) fue la historia más visitada en 2013 en su sitio web (nytimes.com, y fue desarrollado por un pasante). NPR, *Texas Tribune*, WNYC, *ProPublica*, Vox Media y el *Washington Post* publican proyectos similares basados en datos. Royal (2012) y Parisie y Dagiral (2013) han estudiado este rol profesional emergente en *The New York Times* y el *Chicago Tribune*, respectivamente.

Muchas organizaciones que recopilan datos de las redes sociales y datos relacionados con búsquedas están utilizando la visualización de datos como un medio para contar historias. Estos incluyen organizaciones de medios tradicionales, nuevos emprendimientos en línea, como *ProPublica* y *Texas Tribune*, y compañías de tecnología, como Google y Twitter. Además de los proyectos mencionados anteriormente, otros proyectos notables incluyen los siguientes:

- Dollars for Docs de *ProPublica* (Ornstein, Groeger, Tigas & Grochowski Jones, 2015), que permite a los usuarios buscar médicos para ver qué tipos de contribuciones financieras han recibido de compañías farmacéuticas para conferencias, investigación y consultoría;
- Public Schools Explorer del *Texas Tribune* (Murphy, Daniel & Hutson, 2016), que les permite a los residentes de Texas investigar y comparar información sobre los distritos escolares;
- Music Timeline de Google Research (Google, nd.), que muestra el ascenso y la caída de los géneros musicales en el tiempo con enlaces a artistas y álbumes relevantes; y
- The #Oscars Race on Twitter (Twitter, n.d.), la tabla interactiva de Twitter que grafica las conversaciones durante los Academy Awards de 2015.

Si bien estas organizaciones están a la vanguardia de la tendencia de datos, otras buscan reclutar a personas con habilidades tecnológicas para que participen en este tipo de narraciones. Esta es una oportunidad para los estudiantes, ya que la demanda de personas con tales capacidades actualmente excede la oferta.

Wenger y Owens (2012) revisaron descripciones de trabajo para identificar las habilidades que las profesiones mediáticas requieren. Descubrieron que las "habilidades web/multimedia" eran el tercer conjunto de habilidades más popular enumerado en las descripciones de trabajo, después de "experiencia profesional previa" y "redacción sólida". Las descripciones de trabajo para programadores-comunicadores híbridos han comenzado a surgir. En 2014, el sitio de noticias en línea BuzzFeed buscaba reporteros de investigación "competentes en al menos un lenguaje de programación moderno", y Quartz buscaba reporteros "para ayudarnos a cometer actos de periodismo con código". Estos son solo dos ejemplos de los nuevos tipos de habilidades en demanda para comunicadores en las empresas mediáticas. Aunque pocos programas de periodismo están equipados para proporcionar este nivel de educación en programación, algunos están buscando colaborar con programas de ciencias e ingeniería informática (Columbia University, 2015) y reclutan graduados en informática para sus maestrías en periodismo (Northwestern University, 2013) y/o desarrollan nuevas concentraciones y títulos para fusionar estos temas. Algunas escuelas de periodismo también están introduciendo en sus programas el área relacionada con el emprendimiento mediático (Ferrier, 2013). Estos cursos exponen a los estudiantes a conceptos importantes en negocios, diseño y programación para alentarlos a crear sus propios proyectos de medios, aplicaciones y organizaciones.

¿Por qué aprender programación de computadoras?

En su aplicación más general, la programación respalda el pensamiento algorítmico y la resolución de problemas y es la base de la creatividad y la innovación.

Dado que la resolución de problemas y la creatividad siempre han sido características del periodismo, esta base común proporciona un puente entre las disciplinas. El campo del periodismo ahora debe adaptarse a las nuevas herramientas que asisten estas actividades. Debido a que las computadoras son ahora parte de cualquier carrera en los medios de comunicación, y la mayoría de las otras carreras, será importante que más personas comprendan los lenguajes y la cultura de la tecnología. En el nivel más básico, a los periodistas se les puede pedir que personalicen el código en un sistema de gestión de contenidos o que configuren un sitio web para un proyecto especial. Conocer las habilidades de programación permitirá a los estudiantes tener la mayor flexibilidad posible en sus carreras en los medios.

El papel de la plataforma mediática es cada vez más lo que define el negocio de una organización de medios (Royal, 2014). Especifica quién puede publicar, participar y compartir. La plataforma dicta qué tipos de historias pueden contar los profesionales de los medios y proporciona una importante base analítica de datos para la toma de decisiones. Para entender el negocio de los medios, uno tiene que entender las plataformas de esos medios, y esto significa comprender algo sobre cómo se desarrollan. Las plataformas de distribución de las redes sociales ahora a menudo pertenecen a otras compañías. Por lo tanto, el campo necesita graduados que entiendan cómo estas importantes dinámicas se relacionan con las organizaciones de medios.

La narración se ha vuelto interactiva. Muchos proyectos visualizan datos y permiten a los usuarios interactuar con ellos, y cada día se desarrollan más. La programación proporciona maneras de hacer que una historia sea más significativa para un usuario puesto que:

- permite que el usuario interactúe con la historia;
- permite encontrar, usar y presentar datos;
- visualiza la historia;
- crea herramientas para ayudar a los usuarios; y
- educa a los usuarios.

Otro aspecto de la programación relacionada con el periodismo tiene que ver con la extracción de datos. Con un poco de conocimiento de programación, un individuo puede abrir un mundo de datos que puede dar forma al rumbo de una historia o ser utilizada como fuente. Uno puede tomar datos de sitios web y acceder a datos a través de interfaces de programación de aplicaciones (API) proveídas por diversos servicios, incluidos Twitter, Facebook y Spotify. Se pueden compartir historias impactantes y visuales con solo usar un pequeño código para extraer datos e insertarlos en una hoja de cálculo para crear una visualización.

Tal vez la oportunidad más emocionante relacionada con la programación en el periodismo y la comunicación de masas se asocia con el alto porcentaje de mujeres en estos programas académicos. Los departamentos de informática y la industria de la tecnología carecen de mujeres (Henn, 2014). Sin embargo, las mujeres jóvenes pueden aprender técnicas de programación en los programas de periodismo cuando se les enseña en un contexto de comunicación y con un entorno solidario.

Lo que es más importante, existen trabajos en medios y periodismo para aquellos con habilidades de programación. Estos no son trabajos operativos administrando redes de computadoras, sino trabajos periodísticos y de reporteo que requieren habilidades tecnológicas avanzadas. Debido a que estas habilidades son relevantes para la narración de historias y la diseminación de información, son habilidades que deberían integrarse en el currículo de J-School.

Finalmente, es útil comprender la programación para comprender las posibilidades que tiene para la industria de los medios. Los profesionales de los medios tendrán que trabajar colaborando en equipos o supervisando recursos tecnológicos. Se les pedirá que contribuyan a la estrategia y visualicen nuevos productos y servicios. En algunos casos, los estudiantes desearán crear sus propias iniciativas y explorar el mundo de los nuevos emprendimientos de medios.

¿Qué es la programación de computadoras?

Entonces, ¿qué es la programación de computadoras, y qué es lo que los educadores de comunicación deben aprender para transferir estas habilidades a sus alumnos? En pocas palabras, la programación de computadoras es el proceso de desarrollo e implementación de varios conjuntos de instrucciones para permitir que una computadora realice tareas (BusinessDictionary.com, 2015). Existe una variedad de lenguajes de computadora que desempeñan diferentes funciones, algunos más relevantes para las disciplinas de comunicación que otros. (La Tabla 18.1 muestra diferentes tipos de lenguajes de programación y aquellos que son más relevantes para las disciplinas de comunicación). Es importante comprender estos diferentes tipos de lenguajes para determinar qué deben enseñar los educadores y qué deben estudiar los alumnos.

Programación en el plan de estudios

Hay varias formas en que la programación puede concebirse como parte de un plan de estudios de comunicación de masas. Muchos programas de periodismo introducen conceptos de diseño web en un curso o una serie de cursos (Royal, 2005). Esto proporciona una buena base para aprender las técnicas de programación, que se pueden agregar al plan de estos cursos para introducir elementos de interactividad y participación. Sin embargo, un curso de diseño web específico puede convertirse rápidamente en abrumador cuando es demasiado ambicioso. Un curso de seguimiento que introduce conceptos de programación puede ser un electivo valioso para los estudiantes. Algunos programas han comenzado a ofrecer cursos de periodismo de datos que integran datos y habilidades de programación (Rogers, 2015).

Otros programas han alentado a los estudiantes a tomar cursos de informática o han desarrollado cursos que involucran a estudiantes y/o profesores de informática. Y, como se mencionó anteriormente, algunas escuelas han desarrollado especialidades a través de esfuerzos de colaboración entre la informática y la comunicación de masas.

Caso de estudio

En los últimos años, el programa de posgrado de la Universidad Estatal de Texas (TXST) introdujo un curso de programación llamado Advanced Online Media (advanced.cindyroyal.net). Recientemente, TXST ha ofrecido un curso de programación similar, Coding and Data Skills for Communicators (coding.cindyroyal.net) a nivel de pregrado. Este curso se desarrolló gracias a la ayuda de una beca del Fondo Challenge concedida por la Online News Association, la John S. y James L. Knight Foundation, la Excellence and Ethics in Journalism Foundation, la Robert R. McCormick Foundation, el Democracy Fund y la Rita Allen Foundation.

Tabla 18.1	
Descripción de lenguajes de programación y otros lenguajes relacionados.	
Lenguajes de marcado	Hypertext Markup Language (HTML) y Cascading Stylesheets (CSS) proporcionan la base para la Web. Estos son lenguajes que son interpretados por un navegador web que muestra la estructura, el diseño y el contenido de una página web. HTML se utiliza para estructurar el contenido en un sitio web, mientras que CSS brinda la posibilidad de controlar el diseño.
Lenguajes intérprete	Los lenguajes como JavaScript, Python, Ruby y PHP (Hypertext Preprocessor) funcionan bien con los lenguajes de marcado para agregar funciones basadas en lógica, como procesamiento de formularios e interactividad avanzada. La capacidad de almacenar información y aplicar lógica es parte de estos lenguajes que introducen variables, enunciados, bucles y funciones. Estos son elementos comunes de todos los lenguajes de programación, aunque la sintaxis exacta puede ser diferente. También trabajan con lenguajes orientados a datos para proporcionar un backend para sistemas de administración de contenido. Generalmente, JavaScript se considera un lenguaje del lado del cliente, sus operaciones ocurren en el navegador en la computadora del usuario, y se integra bien con HTML y CSS. Node.js, sin embargo, se ha introducido para agregar funcionalidad del lado del servidor a JavaScript. Python, Ruby y PHP son todos los lenguajes del lado del servidor, procesan de las instrucciones que se producen en el servidor en el que se aloja el sitio web.
Lenguajes orrientados a datos	Structured Query Language (SQL) es un ejemplo de un lenguaje orientado a datos. Estos lenguajes proporcionan métodos para insertar, modificar y consultar elementos de una base de datos. MySQL es una popular instalación de código abierto de la base de datos SQL.
Lenguajes visuales	Algunos lenguajes, como Scratch, que es una aplicación de programación visual para niños, pueden proporcionar una introducción a la lógica asociada con la programación de computadoras.
Marcos de desarrollo web	Django y Rails son ejemplos de marcos (frameworks) que proporcionan una "ventaja" en el desarrollo de aplicaciones. Con unas pocas líneas de código, el programador desarrolla un marco básico que proporciona la base para una aplicación que luego se puede personalizar. Wordpress y Bootstrap podrían considerarse marcos de desarrollo web, ya que brindan un acceso rápido a ciertas características que son mucho más difíciles de lograr desde cero. Todos estos marcos funcionan dentro del concepto de desarrollo rápido de aplicaciones, la capacidad de poner en funcionamiento rápidamente un proyecto. Esta categoría también incluye generadores de sitios livianos y estáticos como Flask y Middleman, que proporcionan las capacidades de desarrollo de un marco de trabajo al tiempo para sitios estáticos que se pueden ejecutar sin tecnologías del lado del servidor.
Bibliotecas	Las bibliotecas fomentan la comprensión del desarrollo rápido de aplicaciones. JQuery es un ejemplo de una biblioteca de JavaScript que proporciona código listo para usar para lograr ciertas funciones en menos pasos.
Lenguajes de programación compilados	Los lenguajes como Java, C y C ++ se usan principalmente para el desarrollo de sistemas grandes y no se usan a menudo en un contexto de comunicación. Sin embargo, sus características y conceptos son similares a los de los lenguajes intérprete.

Descripción del curso y las asignaciones

El curso Coding and Data Skills for Communicators se ha enseñado cada semestre desde 2014 y se han inscrito de 10 a 12 estudiantes. Sin embargo, puede incluir hasta 20 estudiantes, según la capacidad del laboratorio de computación. Tanto en el currículo de posgrado como en el de pregrado, los cursos de programación son una continuación de un curso de diseño web más básico que sirve como requisito previo. Este curso básico enseña HTML, CSS, diseño gráfico, edición de video, Bootstrap y Wordpress. Además, un curso obligatorio del programa de pregrado, The Fundamentals of Digital/Online Media (FDOM), ofrece una introducción básica a HTML y CSS. Dado que tener una base en el diseño web es fundamental para la programación, los conceptos de programación se pueden enseñar en un contexto de desarrollo web. Este contexto también permite una aplicación más rápida en las áreas relevantes para los comunicadores, en las cuales el objetivo principal es presentar información para la interacción con el usuario en línea.

El propósito de este caso de estudio es compartir las lecciones aprendidas en la enseñanza de este curso y hacerlo también a través de observaciones de los estudiantes. Al final del semestre, los estudiantes completaron una evaluación especial para valorar sus actitudes con respecto a los temas del curso y su propio rendimiento. Los comentarios de estas evaluaciones se proporcionan más adelante.

El curso se divide en tres módulos principales: programación, análisis de datos y herramientas para elaboración de gráficos. El módulo de programación introduce los aspectos básicos de la programación que se pueden aplicar en cualquier lenguaje, y luego se centra en el uso de JavaScript junto con procedimientos de HTML/CSS para el diseño de experiencias web y dispositivos móviles. Los estudiantes en el curso previo de diseño web ya han sido expuestos a técnicas de diseño adaptativo y a la estructura Bootstrap. En consecuencia, estos contenidos se utilizan articulados con una comprensión de programación más avanzada para introducir lógica e interactividad en los proyectos, como menús desplegables, procesamiento de formularios y extracción de datos. Los proyectos de los estudiantes en esta sección incluyeron cuestionarios interactivos y calculadoras (Larson, 2015b, ver Figura 18.1a; Brown, 2015, ver Figura 18.1b).

En el módulo de datos se presenta a los estudiantes una gama de operaciones con datos. Esto comienza con un análisis básico de hojas de cálculo, el uso de herramientas para Web scraping (extracción de datos contenidos en una página web), como la extensión Chrome Scraper, y herramientas más avanzadas como Scraperwiki. También se muestra a los estudiantes cómo usar el lenguaje Python para crear y modificar scripts (secuencia de comandos) para extraer datos a través de la API de Twitter. La tarea en este módulo es modificar los scripts de la API con sus propios términos de búsqueda, utilizando términos asociados a festivales locales, músicos favoritos o noticias recientes, para comenzar a identificar temas para el proyecto final.

Figura 18.1a. Proyecto interactivo de un estudiante sobre SXSW Interactive 2015. Fuente: Rebecca Larson (http://beckslarson.com/sxtxapp/)

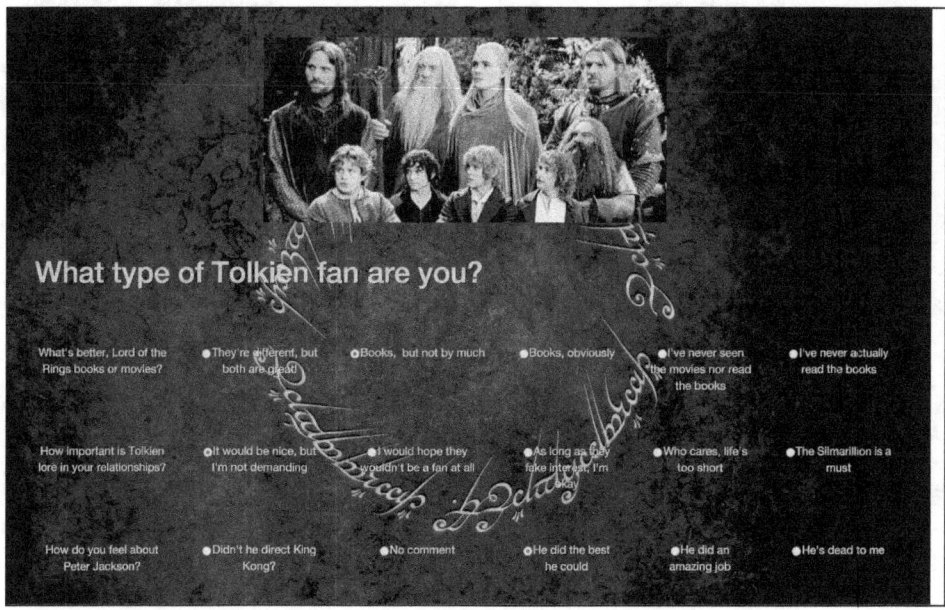

Figura 18.1b. Proyecto interactivo de un estudiante sobre Tolkien Fan Quiz. Fuente: Jordon Brown. (http://jordonmbrown.com/tolkien/quiz.html)

Durante el módulo de creación de gráficos, a los estudiantes se les presentan varias herramientas de visualización que usan diferentes niveles de codificación para crear y personalizar presentaciones de datos, como Chart.js, HighCharts, Google Chart API,

Fusion Tables y Google Maps. En la asignación de este segmento, se anima a los estudiantes a experimentar con sus propios datos, asociados con el tema de su proyecto final, utilizando cada una de las plataformas de gráficos introducidas.

A lo largo del semestre, los estudiantes completan lecturas y se les presentan proyectos profesionales que cuentan historias con datos. Los estudiantes también proporcionan sus perspectivas a través de entradas de blog requeridas que les permiten comprender el entorno profesional del periodismo de datos. El proyecto final del curso es un paquete multimedia completo que utiliza las herramientas de datos y las técnicas de programación cubiertas a lo largo del semestre. La subvención obtenida para este curso fue solicitada para contar historias sobre las comunidades musicales de Texas. Por lo tanto, los estudiantes fueron instruidos para encontrar datos y seleccionar temas que apoyarían este tema general. Los estudiantes cubrieron asuntos que incluían quejas de música alta grabadas en Austin y presencia global en festivales de música (Larson, 2015a, ver Figura 18.2a, Slade, 2015, ver Figura 18.2b). Los proyectos fueron visuales e interactivos, y demostraron nuevas formas de explorar este tipo de problemas.

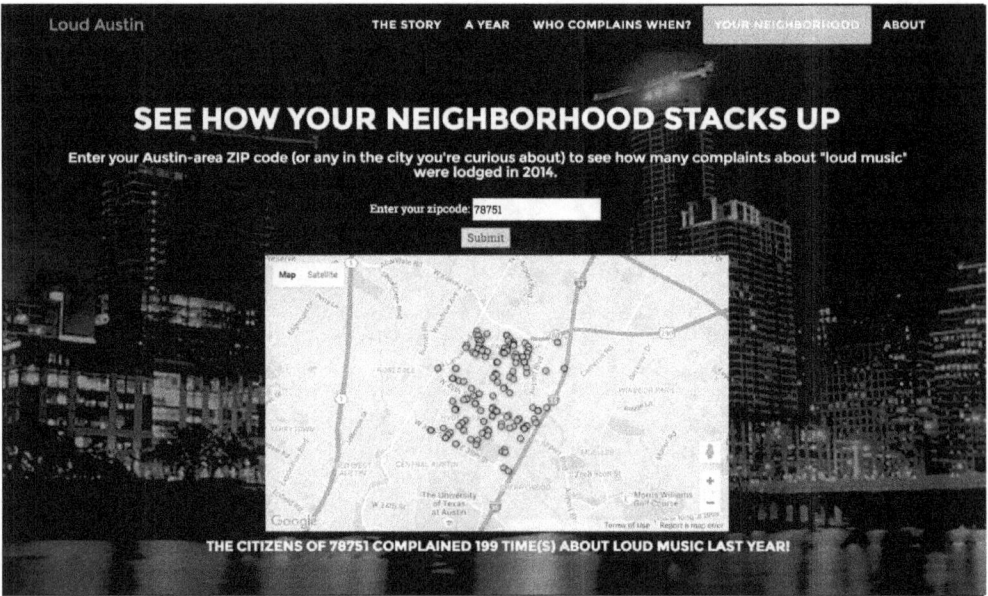

Figura 18.2a. Quejas de música estridente grabadas en Austin. Fuente: Rebecca Larson (http://loudaustin.beckslarson.com)

En una iteración reciente, el curso contó con un coinstructor del departamento de ciencias de la computación. Este brindó asesoramiento específico para el uso de aplicaciones de programación más avanzadas, como *scraping* y las interfaces de programación de aplicaciones. La colaboración funcionó bien, pero requirió de una buena comunicación entre los instructores. El coinstructor fue designado luego de muchos meses de discusiones y correspondencia electrónica con varios miembros del departamento de ciencias de la computación para encontrar al profesional adecuado que tuviera interés en el tema. Durante algunos semestres, el instructor principal también buscó otros profesionales para ayudar con la instrucción, incluidos oradores invitados de compañías mediáticas que expusieron sus métodos para desarrollar aplicaciones de noticias.

El curso utilizó un modelo de "aula invertida", en el que las lecciones se grabaron para que los alumnos las miraran con anticipación, con el tiempo de clase utilizado para la revisión del material y el trabajo de laboratorio. Con las secciones que se reunían dos veces por semana durante 75 minutos era difícil trabajar, debido a la cantidad de tiempo necesaria para dar una conferencia y proporcionar asistencia de laboratorio. Esto se hizo más fácil con las secciones a las que se enseñaba una vez por semana durante períodos de tiempo más largos, pero este formato aún no daba suficiente tiempo para el trabajo y la asistencia. Aunque el curso se impartió en un laboratorio de computación, muchos estudiantes querían trabajar en sus propias computadoras portátiles para poder usar el mismo entorno de codificación todo el tiempo. Un beneficio de este tipo de instrucción es que la mayoría de las herramientas de datos y programación son gratuitas y de código abierto, y no requieren que los estudiantes inviertan en software costoso. Los estudiantes pueden hacer la mayor parte del trabajo con un editor de texto como TextWrangler, usando un navegador como Chrome o Firefox, y trabajando con paquetes de gráficos disponibles gratuitamente.

La clase animó a los estudiantes a buscar sus propias soluciones a los problemas planteados y a esforzarse más allá de lo que la instrucción básica del curso requería. Este enfoque puede ser difícil para muchos estudiantes que están acostumbrados a que se les indique específicamente cómo hacer ciertas tareas o proyectos. En muchos casos, el instructor también estaba aprendiendo y compartiendo nuevas técnicas. En consecuencia, los estudiantes deben estar preparados para un entorno de experimentación y, a veces, de fracaso.

Un enfoque que los instructores presentaron en el curso fue el concepto de desarrollo ágil (Manifiesto Agile, 2015). Este es un método de resolución de problemas en proyectos de software que fomenta incrementos más pequeños hacia la innovación, en lugar del método tradicional de cascada o el método rígido de paso a paso para desarrollar un producto completo. De esta manera, los instructores introdujeron los conceptos ágiles *scrum* (reuniones cortas llevadas a cabo de pie para actualizarse mutuamente sobre avances y desafíos) y *sprints* (tramos del proyecto que se extiende de dos a tres semanas para trabajar en módulos individuales). Encontramos que algunos aspectos de la metodología ágil funcionaron bien en el entorno académico, dado el plazo limitado de un semestre. Pero el tiempo tan constreñido con los alumnos en clase hizo que fuera difícil practicar una metodología ágil que fuera más allá de la familiaridad con los términos y procesos.

Durante algunos semestres, los instructores también instituyeron la programación en pares, alentando a los estudiantes a trabajar en sus proyectos en grupos de dos. Las organizaciones profesionales utilizan este proceso para ayudar en la capacitación y fomentar la innovación entre equipos. Algunos grupos tuvieron más éxito que otros para encontrar el tiempo para trabajar juntos. En la mayoría de los casos, los equipos simplemente se dividían el trabajo y lo completan individualmente debido a sus cargas de trabajo de fin de semestre. Pero los equipos que usaron la programación de pares como su principal método de trabajo funcionaron mejor. Encontrar más oportunidades para desarrollar programación de pares en el semestre será un objetivo para las clases futuras.

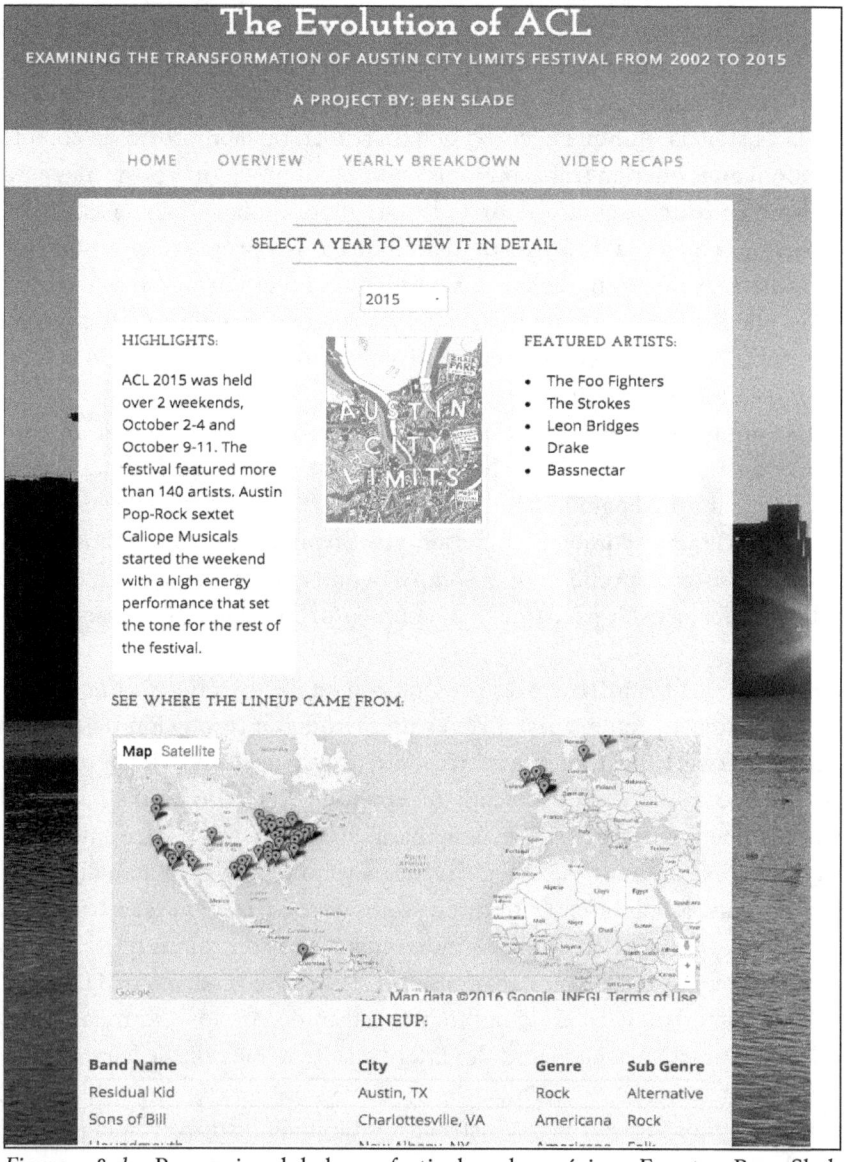

Figura 18.2b. Presencia global en festivales de música. Fuente: Ben Slade (http://bengslade.com/acl/)

Los profesionales invitados a la clase también fueron elementos clave para el ambiente de aprendizaje, demostrando a los estudiantes cómo las habilidades tecnológicas podrían ser beneficiosas para sus carreras. The Challenge Fund Grant permitió que profesionales de Google News, Vox Media y NPR Visuals se unieran en persona a la clase. Una clase realizó un viaje de estudios a la estación de radio de Austin KUT-Austin para conocer sus actividades de desarrollo web. Además, los instructores programaron reuniones virtuales vía Skype con personal de Twitter y *The Guardian*.

Los estudiantes parecían responder bien a este entorno. Estaban entusiasmados con lo que estaban aprendiendo y no parecían tener problemas con la naturaleza ambigua y experimental de sus proyectos. Sin embargo, el tiempo restringido no permitió que hacia el final del semestre muchos estudiantes se desempeñaran tan bien como podrían haberlo hecho con sus proyectos finales. Como resultado, los instructores han decidido que en clases futuras se discutirán más temprano los detalles específicos para los proyectos finales.

Comentarios de los estudiantes

En sus evaluaciones, los estudiantes expresaron su aprecio por el curso y la forma en que podrían usar sus nuevas habilidades en el futuro. Sus comentarios incluyen lo siguiente:

- "Me veo usando mucho estas habilidades, si es que no todos los días. Estas técnicas que aprendí son muy útiles, ahora puedo promoverme de muchas maneras nuevas".
- "Usaré las habilidades que aprendí en este curso para mi profesión; deseo eventualmente convertirme en un periodista de investigación. Como periodista, usaré estas técnicas en mis artículos que incorporan datos. En el futuro lejano, también las usaré para construir el sitio web para mi productora".
- "Podré comunicarme mejor con programadores profesionales sobre cómo quiero que se muestren las cosas o la funcionalidad de un sitio web".
- "Creo que usaré las habilidades en cualquier trabajo que tenga. A medida que el mundo se vuelve cada vez más digital, creo que tener estas habilidades me hará más valioso en el mercado laboral. Además, las usaré para mi propia diversión. Creo que mirar el ejemplo de la API de Twitter es muy interesante, y puedo hacerlo solo para ver qué puedo encontrar sobre los temas que disfruto".

Encontrar el énfasis exacto para un curso de programación puede ser un desafío. Los estudiantes indicaron diversos intereses y frustraciones en el plan de estudios en comentarios como los siguientes:

> "Todo el curso fue interesante y beneficioso, pero si tuviera que elegir un elemento que me llamó más la atención sería haber trabajado con las API, específicamente la API de Twitter. Aprender a usar Python parece ser uno de los aspectos de la clase que será muy beneficioso para el futuro".
> "Yo me hubiera concentrado más en un tema. Creo que por la forma en que se estructuró la clase... todo era muy apresurado. Cada vez que comenzaba a sentirme un poco cómodo con un tema, cambiábamos a algo completamente diferente y eso era algo frustrante porque nunca sentí que había aprendido ninguno de los temas. Para mí fue una verdadera iniciación en estos temas, que creo que era el objetivo del curso".
> "Realmente disfruté el proyecto con el API de Twitter y los ejercicios sobre *web scraping*. Creo que hubiera sido más beneficioso dejar la asignación sobre formularios y procesamiento de formularios y pasar más tiempo en la API, quizá agregar algo relacionado con la API de Spotify".
> "Creo que todo lo que aprendimos sobre JavaScript fue de las herramientas más beneficiosas".

En la mayoría de los casos, los estudiantes, de manera creativa y significativa, ganaron confianza en sus habilidades en el uso de estas herramientas, como lo sugieren los siguientes comentarios:

> "Cada asignación impulsó nuestra creatividad y habilidades de trabajo. Me parece que cada estudiante realmente aprendió algo nuevo de cada tarea".
> "La clase fue una gran experiencia, y espero que continúe creciendo como parte de nuestro programa".
> "Definitivamente podría verme haciendo trabajo en línea desde la perspectiva de las relaciones públicas, y creo que todo lo que he aprendido en esta clase ayudará. También me sentiré muy cómodo presentándome a puestos de trabajo de periodismo digital, cuando antes no lo hubiera hecho".

La lección más importante que los instructores aprendieron de la enseñanza de programación de computadoras es que introducirla como asignatura electiva en uno o dos cursos no es suficiente para proporcionar a los estudiantes la exposición y la experiencia que necesitan para practicarla profesionalmente. Para lograr este objetivo, los educadores de periodismo deberán hacer que la programación forme parte integral del un plan de estudios que se centre en la inmersión en los medios digitales. Esto puede implicar la creación de nuevos módulos en los cursos existentes, la creación de cursos adicionales, o incluso la creación de nuevas especialidades que particularicen estas áreas en todo el plan de estudios. También puede implicar colaboraciones con informática u otros departamentos enfocados en la tecnología o con recursos de la comunidad. Las universidades deberán hacer un inventario de las capacidades tecnológicas y de programación de su profesorado, lo que les permitirá avanzar rápidamente en esta dirección.

Desafíos para incluir la programación en el plan de estudios

Algunos programas de comunicación de masas han buscado la colaboración con los departamentos de informática, pero este enfoque presenta desafíos. Los departamentos de informática no necesariamente consideran que la enseñanza de programación sea su misión principal. Los informáticos orgullosamente proclaman que el objetivo principal de su currículo no es enseñar técnicas ni herramientas. Consideran que su rol es la enseñanza del pensamiento algorítmico y la resolución de problemas sin apelar a una tecnología específica. Esta es una postura teóricamente razonable, aunque en la práctica los problemas exigen que uno entienda y aplique las tecnologías que están a mano para resolverlos. Es cierto que uno debe ejercitar el intelecto para seleccionar y aplicar las tecnologías apropiadas, y para desarrollarse y seguir aprendiendo continuamente. Pero, en última instancia, lo que uno hace con la tecnología es prueba de su capacidad. Y aunque aquel enfoque teórico tiene sus méritos, parece que su aplicación pura no resuelve las necesidades específicas de las disciplinas de comunicación.

La informática también se ocupa principalmente del desarrollo de sistemas grandes, de lenguajes de máquinas y de lenguajes compiladores. El desarrollo web y móvil requiere un conjunto diferente de conocimientos y herramientas, puesto que se puede aplicar a una serie de problemas que requieren enfoques creativos para lograr una participación interactiva y colaborativa.

Otras lecciones aprendidas incluyen trabajar con socios profesionales, trabajar con distintas disciplinas, colaborar, considerar las habilidades de programación dentro de un espectro, acomodar a programadores con diferentes niveles de experiencia, aprender de las escuelas de programación que están llenando las brechas educativas, cambiar los planes de estudio y considerar habilidades de programación en cada disciplina.

Trabajar con socios profesionales ofrece sus propios retos

Tener conferencistas de la localidad como invitados es una forma maravillosa de obtener una visión profesional dentro del aula. Pero los profesionales están ocupados y tienen distintas prioridades. Pueden demostrar un concepto o un proceso durante la clase y luego se marchan. De manera que el instructor debe conocer el material que presentaron para ayudar a los estudiantes a implementarlo. Encontrar socios profesionales que entiendan los matices de la enseñanza y el aprendizaje también puede ser un reto.

Cada disciplina requiere de un contexto especializado y un apoyo para impartir educación de programación

Si bien todos los que programan necesitan comprender los conceptos básicos —tipos de datos, variables, bucles, funciones y algoritmos—, las formas en que se aplican estas propiedades varían según las disciplinas —comunicación, artes, humanidades, ciencias—. Las diferentes profesiones pueden usar la programación para desarrollar una visualización de datos personalizable, diseñar una obra de ficción interactiva o desarrollar una experiencia de museo "inmersiva"[15]. Los instructores también pueden usar la programación para crear entornos de aprendizaje simulados o para explicar conceptos difíciles. La programación puede navegar a la perfección entre lo virtual y lo físico, tomando pistas de los entornos, experiencias pasadas y redes sociales. Para aprovechar estas oportunidades, los educadores de periodismo deberán enseñar la programación en los contextos que respaldan estas aplicaciones y más.

Pero los estudiantes (y los profesores) en estas disciplinas pueden sentir que no tienen la preparación ni la mentalidad para programar. Se necesitará de apoyo especializado —tales como pequeños entornos de laboratorio, instrucción personalizada y comunidades de aprendizaje especializado para cada disciplina— para satisfacer estas necesidades de amplio alcance. (Consulte el apéndice de este capítulo, inmediatamente después de las referencias bibliográficas, para obtener información sobre la capacitación, el lenguaje de programación y los recursos de *web scraping*, así como listas de herramientas para creación de gráficos, organizaciones y eventos, proyectos notables y artículos relevantes).

Las colaboraciones son difíciles

Los esfuerzos interdisciplinarios no son fáciles en el medio universitario. Las diferentes misiones y objetivos evitan la integración natural entre departamentos. Incluso no es racional ni sostenible esperar que una disciplina enseñe a otra su entorno específico de programación. Pero solo porque las colaboraciones son difíciles, no significa que no valgan la pena. Los departamentos necesitarán comunicarse adecuadamente entre ellos para comprender roles y expectativas de otros, y forjar alianzas productivas. Las colaboraciones en la comunidad profesional son vías para buscar apoyo para currículos que incluyan programación. Como fuera, estos planes también requieren de una comunicación adecuada, expectativas claras y la adquisición de los recursos adecuados.

El conocimiento de programación deberá ser percibido dentro de un espectro, no como algo que se puede o no puede hacer

Basado en este enfoque, habrá una gama de programadores: aquellos que entienden lo suficiente para saber lo que es posible, aquellos que son cada vez más capaces de resolver sus propios problemas usando la tecnología, y los súper programadores, aquellos que pueden crear nuevas soluciones a través del uso de la tecnología. Pero es una expectativa razonable considerar que todos los trabajadores de los medios necesitarán participar de alguna manera en equipos colaborativos y orientados a la tecnología.

---

[15] Aunque el término "inmersiva(o)" no figura aún en el diccionario de la RAE, es ampliamente usado en lenguaje informático. Se refiere a un ambiente tridimensional creado por una computadora, uno de los dos tipos utilizados ahora de realidad virtual. *Cf.* https://es.wikipedia.org/wiki/Realidad_virtual.

Las escuelas de programación están llenando los vacíos que la Academia ha dejado abiertos

Entidades comerciales —tales como General Assembly, MakerSquare y The Iron Yard— han aparecido en todo el país en los últimos años, cobrando a los estudiantes más de US$ 10.000 por aprender a programar en unas pocas semanas. Han aprovechado una oportunidad de mercado. Si bien ningún departamento universitario podría o debería adoptar el modelo exacto de estas escuelas de programación, dichos departamentos podrían cerrar la brecha perfilando el conocimiento de programación adecuado para los graduados que ingresan a profesiones específicas.

El currículo necesitará cambiar

En todo el plan de estudios, ya sea que este implique nuevos módulos de aprendizaje, nuevas especialidades o nuevas colaboraciones, la integración de la programación de computadoras exigirá a los educadores a reconsiderar las formas en que se imparte la educación universitaria. El Hasso Plattner Institute of Design de Stanford (conocido como "d.School") ha generado ideas para reinventar la educación superior, lo que ha significado extender la experiencia de pregrado a lo largo de la propia carrera, redefinir las "especialidades" como "misiones" y rediseñar la transcripción académica (Hayward, 2014). La programación es simplemente una parte de una tendencia disruptiva más grande en la educación, y los educadores deben reconocerla y tratarla como tal.

Las universidades necesitarán educadores que puedan enseñar programación en todas las disciplinas

Estas tendencias no implican que las instituciones educativas necesiten renovar sus planteles. Implica que necesitarán docentes y personal que reconozcan las oportunidades que representan las habilidades de programación y tengan curiosidad por aprender nuevos enfoques. Los departamentos necesitan gente que se sienta cómoda con lo que no sabe y que esté dispuesta a adquirir habilidades según sea necesario. Sin embargo, también necesitan personas comprometidas con dar a los estudiantes la mejor iniciación posible a las habilidades de programación, aquellas que sean relevantes y significativas en su área. Implica aprendizaje continuo, no siempre teniendo todas las respuestas, y abriéndonos camino para diseñar soluciones. Implica redefinir lo que significa ser un educador.

Conclusión

En el futuro, los programadores no serán contratados para apoyar el periodismo, la narración de historias, el arte o la ciencia. Ellos serán los periodistas, narradores, artistas y científicos. A medida que los medios y la tecnología se fusionen, la programación será parte de lo que los líderes e innovadores en los campos de comunicación puedan realizar.

Las escuelas de periodismo deben reflexionar sobre lo que están haciendo para iniciar —y, lo que es más importante, sumergir— a los estudiantes que ingresarán en los campos impulsados por la tecnología. Las técnicas de resolución de problemas y los enfoques innovadores, como el análisis de datos y la metodología ágil, tienen una aplicabilidad amplia y son relevantes para el futuro de nuestros estudiantes. Este es un momento emocionante para estudiar comunicación, y los profesores deben transmitir el entusiasmo, la pasión y la oportunidad de todo esto a sus estudiantes. Los estudiantes responderán en consecuencia. Los profesores de medios deben proporcionar a los estudiantes las habilidades y las perspectivas que necesitan no solo para trabajar, sino también para dirigir, desestabilizar e innovar.

Referencias bibliográficas

Agile Manifesto. (2015). Manifesto for Agile software development. Tomado de http://www.agilemanifesto.org/

Berkeley, L. (2009). Media education and new technology: a case study of major curriculum change within a university media degree. *Journal of Media Practice, 10*(2-3), 185-197.

Bor, S. E. (2014). Teaching social media journalism challenges and opportunities for future curriculum design. *Journalism & Mass Communication Educator, 69*(3), 243-255.

Bostock, M., Carter, S., & Tse, A. 2014. "Is it better to rent or buy?" *The New York Times*. Tomado de http://www.nytimes.com/interactive/2014/upshot/buy-rent-calculator.html

Brown, J. (2015). What Type of Tolkien Fan Are You? Tomado de http://jordonmbrown.com/tolkien/quiz.html

BusinessDictionary.com (2015). Computer programming de nition. Tomado de http://www.businessdictionary.com/definition/computer-programming.html

Castaneda, L., Murphy, S., & Hether, H. J. (2005). Teaching print, broadcast, and online journalism concurrently: A case study assessing a convergence curriculum. *Journalism & Mass Communication Educator, 60*(1), 57-70.

Columbia University. (2015). Dual degree: Journalism and computer science. Tomado de https://journalism.columbia.edu/journalism-computer-science

Code.org. (2013, October 22). Steve Jobs on Computer Science [Video le]. Tomado de https://www.youtube.com/watch?v=IY7EsTnUSxY

Dailey, L., Demo, L., & Spillman, M. (2005). The convergence continuum:cA model for studying collaboration between media newsrooms. *Atlantic Journal of Communication*, *13*(3), 150-168.

Daniels, G. L. (2006). Flash journalism: How to create multimedia news packages/convergence journalism: Writing and reporting across the news media. *Journalism & Mass Communication Educator*, *61*(3), 333.

Duhigg, C., Ericson, M., Evans, T., Hamman, B., & Willis, D. (2012, May 16). Toxic waters. *The New York Times*. Tomado de http://projects.nytimes.com/toxic-waters/contaminants

Evans, T., Gebeloff, R., & Scheinkman, A. (2015, July 13). New York school test scores. *The New York Times*. Tomado de http://projects.nytimes.com/new-york-schools-test-scores

Ferrier, M. B. (2013). Media entrepreneurship curriculum development and faculty perceptions of what students should know. *Journalism & Mass Communication Educator*, *68*(3), 222-241.

Friedland, L. A., & Webb, S. (1996). Incorporating online publishing into the curriculum. *Journalism and Mass Communication Educator*, *51*(3), 54-65.

Google. (n.d.) Music timeline. Tomado de https://research.google.com/bigpicture/music/

Gray, J., Bounegru, L., & Chambers, L. (2012). *The data journalism handbook: How journalists can use data to improve the news.* Sebastopol, CA: O'Reilly Media.

Hayward, B. (2014). Exploring provocative ideas for undergraduate education at Stanford. *Stanford Report*, May 5, 2014. Tomado de https://news.stanford.edu/news/2014/may/dschool-undergrad-reimagined-050514.html

Henn, G. (2014). When women stopped coding. Tomado de https://www.npr.org/sections/money/2014/10/21/357629765/when-women-stopped-coding

Hour of Code (2015). Tomado de https://hourofcode.com/us

Huesca, R. (2000). Reinventing journalism curricula for the electronic environment. *Journalism and Mass Communication Educator*, *55*(2), 4-15.

Katz, J., Andrews, W. & Buth, E. (2013, December 21). How y'all, youse and you guys talk. *The New York Times*. Tomado de http://www.nytimes.com/interactive/2013/12/20/sunday-review/dialect-quiz-map.html

Kolodzy, J., Grant, A. E., DeMars, T. R., & Wilkinson, J. S. (2014). The convergence years. *Journalism & Mass Communication Educator*, *69*(2), 197-205.

Kraeplin, C., & Criado, C. A. (2005). Building a case for convergence journalism curriculum. *Journalism & Mass Communication Educator*, *60*(1), 47-56.

Larson, R. (2015a). Loud Austin: The Live Music Capital with a Loud Music Problem. Tomado de http://loudaustin.beckslarson.com

Larson, R. (2015b). SXSW Interactive Panel Advisor. Tomado de http://beckslarson.com/sxtxapp/

Murphy, R, Daniel, A & Hutson, M. (2016) *The Texas Tribune*. (n.d.) Public schools explorer. *The Texas Tribune*. Tomado de https://schools.texastribune.org/

Northwestern University. (2013). Knight Foundation scholarship. Tomado de http://www.medill.northwestern.edu/admissions/financial-aid/knight-foundation-scholarship.html

Ornstein, C., Groeger, L., Tigas, M., & Grochowski Jones, R. (2015, July 1). Dollars for docs. How industry dollars reach your doctors. *ProPublica*. Tomado de https://projects.propublica.org/docdollars/

Parasie, S., & Dagiral, E. (2013). Data-driven journalism and the public good: "Computer-assisted-reporters" and "programmer-journalists" in Chicago. *New Media & Society*, 15(6), 853-871.

Rogers, S. (2015). Data journalism at Berkeley: course syllabus. J298 Advanced data journalism, Berkeley J-school. Tomado de http://simonrogers.github.io/datajournalism/

Royal, C. (2005). Teaching web design in journalism and mass communications programs: Integration, judgment, and perspective. *Journalism and Mass Communication Educator*, 59(4), 400-414.

Royal, C. (2012). The journalist as programmer: A case study of *The New York Times* interactive news technology department, *ISOJ Journal*, 2(1), 5-24.

Royal, C. (2014). Are journalism schools teaching their students the right skills? Tomado de http://www.niemanlab.org/2014/04/cindy-royal-are-journalism-schools-teaching-their-students-the-right-skills

Sarachan, J. (2011). The path already taken: Technological and pedagogical practices in convergence education. *Journalism & Mass Communication Educator*, 66(2), 160-174.

Slade, B. (2015). The Evolution of ACL: Examining the Transformation of Austin City Limits Festival From 2002 to 2015. Tomado de http://bengslade.com/acl/breakdown.html

Sutherland, P. J., & Stewart, R. K. (1999). How accredited programs use the World Wide Web. *Journalism and Mass Communication Educator*, 54(1), 16-22.

Thelen, G. (2002). Convergence is coming. *The Quill*, 90(6), 16.

The White House. (2013, December 8). Computer Science Education Week 2013 [Video le]. Tomado de https://www.youtube.com/watch?v=yE-6IfCrqg3s

Thompson, D. R. (1995). Digital communications: A modular approach to curriculum. *Journalism and Mass Communication Educator*, 50(3), 35-40. Thornton,

L. J., & Keith, S. M. (2009). From convergence to webvergence: Tracking the evolution of broadcast-print partnerships through the lens of change theory. *Journalism & Mass Communication Quarterly*, 86(2), 257-276.

Twitter. (n.d.) The #Oscars race on Twitter. Tomado de https://interactive.twitter.com/oscars2015race/

Wenger, D. H., & Owens, L. C. (2012). Help wanted 2010: An examination of new media skills required by top U.S. news companies. *Journalism & Mass Communication Educator*, 67(1), 9-25.

	Apéndice
	Recursos de programación para educadores
Recursos de capacitación	<ul><li>Codecademy.com</li><li>Lynda.com</li><li>CodeSchool.com</li><li>CodeActually.com</li><li>Para periodismo - github.com/forjournalism</li><li>Data Journalism Handbook - datajournalismhandbook.org</li></ul>
Recursos de lenguajes de programación	<ul><li>JQuery - jquery.com</li><li>Ruby - www.ruby-lang.org</li><li>Ruby on Rails jquery.com</li><li>Python - www.python.org</li><li>Django - www.djangoproject.com</li><li>Wordpress - wordpress.org</li><li>Bootstrap - getbootstrap.com</li><li>PHP - php.net</li><li>MySQL - www.mysql.com</li><li>Flask - flask.pocoo.org</li><li>Middleman - middlemanapp.com</li><li>Static Site Generators - www.staticgen.com</li><li>Stack Overflow - stackoverflow.com</li><li>GitHub - GitHub.com</li></ul>
Recursos para *web scraping*	<ul><li>Scraperwiki.com</li><li>Import.io</li><li>Estensión de Scraper Chrome - chrome.google.com/webstore/detail/scraper/mbigbapnjcgaffohmbkdlecaccepngjd</li><li>OutWitHub - www.outwit.com</li></ul>
Herramientas para hacer gráficos	<ul><li>Chart.js - www.chartjs.org</li><li>HighCharts - www.highcharts.com</li><li>GoogleCharts - developers.google.com/chart</li><li>Google Docs - www.google.com/docs</li><li>Google Fusion Tables - tables. googlelabs.com</li><li>Google MyMaps - www.google.com/mymaps</li><li>Tableau Software - www.tableau.com</li></ul>
Organizaciones y eventos	<ul><li>National Institute for Computer-Assisted Reporting (NICAR) - ire.org/conferences/nicar2015</li><li>Online News Association (ONA) - journalists.org</li><li>Investigative Reporters and Editors (IRE) - www.ire.org</li><li>International Symposium on Online Journalism (ISOJ) - online.journalism.utexas.edu/</li></ul>

	Apéndice
	Recursos de programación para educadores
Proyectos notables de visualización de datos	<ul><li>Is it better to rent or buy?, *The New York Times* - www.nytimes.com/interactive/2014/upshot/buy-rent-calculator.html</li><li>New York state test scores, *The New York Times* - projects.nytimes.com/new-york-schools-test-scores</li><li>Toxic waters, *The New York Times* - http://projects.nytimes.com/toxic-waters/contaminants</li><li>Where were you on September 11, 2001, *The New York Times* - www.nytimes.com/interactive/2011/09/08/us/sept-11-reckoning/where-were-you-september-11-map.html</li><li>How ya'll, youse and you guys talk, *The New York Times* - www.nytimes.com/interactive/2013/12/20/sunday-review/dialect-quiz-map.html</li><li>Dollars for docs, *Propublica* - projects.propublica.org/docdollars</li><li>*Texas Tribune* public schools' explorer - www.texastribune.org/public-ed/explore</li><li>Google music genre timeline - http://research.google.com/bigpicture/music</li><li>Twitter's #Oscar 2015 race - interactive.twitter.com/oscars2015race</li><li>Pinterest board of data visualization projects - www.pinterest.com/cindyroyalatx/data-visualizations</li></ul>
Artículos sobre programación en el plan de estudios	<ul><li>Cook, L. (2015, May 7). Why journalism students don't learn CS. *Source*. source.opennews.org/en-US/learning/journalism-students-and-cs/</li><li>Krueger, K. (2014, October 9) How journalism schools can address the gender gap. *MediaShift*. www.pbs.org/mediashift/2014/10/how-journalism-schools-can-address-the-gender-gap/</li><li>Krueger, K. (2014, July 7). How j-schools are tackling the demand for data journalism skills. *MediaShift*. www.pbs.org/mediashift/2014/07/how-j-schools-are-tackling-the-demand-for-data-journalism-skills/</li><li>Royal, C. (2014, April 28). Are journalism skills teaching their students the right skills? Nieman Journalism Lab. www.niemanlab.org/2014/04/cindy-royal-are-journalism-schools-teaching-their-students-the-right-skills/</li><li>Royal, C. (2012, October 9). Journalism schools need to get better at teaching tech where the girls are. Nieman Journalism Lab. www.niemanlab.org/2012/10/cindy-royal-journalism-schools-need-to-get-better-at-teaching-tech-where-the-girls-are/</li><li>Royal, C. & Blasingame, D. (2015). Data journalism: An explication. *#ISOJ Journal*. isojjournal.wordpress.com/2015/04/15/data-journalism-an-explication/</li><li>Royal, C. (2013, August 26). We need a digital-first curriculum to teach modern journalism. *MediaShift*. www.pbs.org/mediashift/2013/08/we-need-a-digital-first-curriculum-to-teach-modern-journalism/</li></ul>

19

Replanteando la producción de noticias: ¿Cómo la comprensión de la acción conjunta de actores, actantes y audiencias puede mejorar la educación periodística?

Oscar Westlund y Seth C. Lewis

Las noticias han sido durante mucho tiempo una parte importante de cómo las personas le dan sentido al mundo. Sin embargo, las formas en que se producen, distribuyen y consumen se han transformado significativamente en las últimas décadas (Anderson, Bell & Shirky, 2012), aún cuando algunos aspectos del trabajo profesional permanecen obstinadamente consistentes (Reich, 2013). El auge de los medios digitales —incluida la difusión de dispositivos móviles y las posibilidades que ofrecen las redes sociales— es un motor clave de cambio en las organizaciones noticiosas. También lo es el carácter cambiante de la competencia en la industria, ya que las organizaciones noticiosas tradicionales luchan contra un océano de competidores en línea para asegurarse una interacción sostenida con la audiencia y sus consecuentes oportunidades de réditos (Picard, 2014; Westlund, 2011). Se deben hacer preguntas importantes, tales como: ¿Cuál es el futuro de las formas institucionales de producción y circulación de noticias en las sociedades democráticas? (Peters & Broersma, 2013; Ryfe, 2012). Y el destino de las organizaciones noticiosas plantea preguntas clave para la educación y capacitación periodística. Por ejemplo, ¿qué procesos de pensamiento y acción se deberían enseñar cuando el panorama de las noticias aparece tan líquido e incierto? (Mensing, 2010; Robinson, 2013).

En lugar de apresurarse a sacar conclusiones normativas sobre el impacto que un proceso de producción de noticias en constante evolución tiene en la educación periodística en todo el mundo, es importante dar un paso atrás y evaluar el proceso actual de producción de noticias. Este capítulo describe una perspectiva de la producción de noticias que va más allá de nociones presupuestas acerca de los periodistas "humanos" y su importancia en tales *procesos*. De preferencia, se enfoca en la interacción potencial de los *actores* sociales, los *actantes* tecnológicos y la *audiencia*: ¿cómo están interconectados en el trabajo periodístico y cuál es su impacto en la educación periodística?

Westlund y Lewis (2014, p. 13) definen actores, actantes y audiencias de la siguiente manera:

> Los *actores* se refieren a las personas que trabajan en organizaciones de medios (por ejemplo, periodistas, tecnólogos y empresarios), aunque también pueden significar actores sociales que ejercen influencia desde más allá de la organización (por ejemplo, ciudadanos que contribuyen a la producción de noticias).
> Los *actantes* incluyen a todas las tecnologías no humanas, como algoritmos, aplicaciones, redes, interfaces, sistemas de administración de contenido y otros objetos materiales que participan en el trabajo mediático, ya sea que estén programados para trabajar desde dentro, fuera o a lo largo de los límites de la organización.
> Las *audiencias* se refieren a los públicos (de diferentes tipos, representados en diferentes plataformas, reunidos mediante diferentes técnicas) que se encuentran en el extremo receptor de la producción y distribución de contenido mediático, pero que también contribuyen al trabajo de los medios en virtud de los datos creados en base a su interacción con el contenido. La gama completa de dinámicas entre actores, actantes y audiencias está interconectada a través de las *actividades* de las organizaciones de noticias: desde procesos cotidianos hasta estrategias de alto nivel que definen la razón de ser de una organización.

Hasta la fecha, un creciente cuerpo de estudios de periodismo ha examinado el papel de la tecnología (incluidos los actantes) en las actividades periodísticas (Domingo & Paterson, 2011; Mitchelstein & Boczkowski, 2013; Steensen, 2011). Dicha investigación en general ha presentado hallazgos consistentes sobre cómo los periodistas o las organizaciones de medios de comunicación se han apropiado, o a menudo se han resistido, a las tecnologías emergentes. También describe la reconfiguración de las relaciones entre las audiencias y otras partes interesadas que están involucradas en ese proceso (Anderson, 2013; Boczkowski, 2004; Lewis, 2012; Ryfe, 2012; Singer et ál., 2011). Dicha investigación también se ha centrado en los periodistas y sus rutinas, roles, normas, culturas y otros entornos profesionales. Sin embargo, ha prestado poca o ninguna atención a otros actores sociales involucrados en las organizaciones de noticias, especialmente empresarios y tecnólogos (algunas excepciones incluyen Ananny, 2013; Nielsen, 2012; Westlund, 2011, 2012). Pocos estudiosos han reconocido y analizado el peculiar papel de las tecnologías de medios digitales y las tensiones que surgen entre la tecnología y los seres humanos (excepciones incluyen Anderson, 2013; Boczkowski, 2004; Westlund, 2011, 2012). Esto requiere conceptualizaciones que adopten un enfoque más holístico para las personas, las tecnologías digitales y los procesos asociados con las organizaciones de noticias. Los educadores de periodismo y sus estudiantes pueden usar, por igual, tales conceptualizaciones para entender un entorno mediático en constante transformación, del cual el periodismo es parte. También pueden usarlas para determinar la experiencia y los enfoques éticos necesarios para que los profesionales de los medios realicen su trabajo adecuadamente y para priorizar los contenidos en el currículo.

Con respecto a la tensión entre los humanos y la tecnológica mencionada anteriormente, la teoría del actor-red de Latour (2005) ayuda a identificar a los actantes y los roles que estos desempeñan. Esta teoría ha servido recientemente como una guía para una serie de investigaciones etnográficas del periodismo (Anderson, 2013; Micó, Masip, & Domingo, 2013; Plesner, 2009; Schmitz Weiss & Domingo, 2010). Cada vez es más obvio que diferentes tipos de tecnologías, incluidos los algoritmos, los sistemas de gestión de contenido, los robots y los sensores, son capaces de realizar las actividades de los periodistas humanos (Clerwall, 2014; Van Dalen, 2012; Westlund, 2011, 2013). Como argumenta Latour (1988), solo podemos identificar a los actantes no humanos cuando comenzamos a imaginar qué sucedería si no estuvieran presentes. Es importante destacar que los periodistas, tecnólogos y empresarios han negociado e insertado capacidades específicas en los servicios orientados a la publicación de noticias, como las aplicaciones de noticias móviles (Westlund, 2012) y los blogs de noticias (Nielsen, 2012). Por lo tanto, los estudios de periodismo deberían explicar mejor los roles que desempeñan tales tecnologías tanto en la producción como en la distribución de noticias. Al trabajar para abordar esta brecha, como parte de esfuerzos mucho mayores para repensar la teoría del periodismo en la era digital (Steensen & Ahva, 2015), recientemente establecimos conceptualizaciones que reconocen los roles que los diversos actores humanos y actantes tecnológicos desempeñan cuando tratan de comprender el trabajo mediático rutinario o las innovaciones en los medios (Westlund & Lewis, 2014; Lewis & Westlund, 2015) en el caso del periodismo.

Los actores sociales y sus actividades "antiguas" y "nuevas" tienen una interacción compleja y transformadora con las herramientas y sistemas tecnológicos "antiguos" y "nuevos" que se utilizan para producir y distribuir noticias. Los procesos de producción de noticias están cada vez más entrelazados con —y dependen de— las tecnologías y los servicios mediáticos digitales (Lewis & Westlund, 2016). Las prácticas contemporáneas de producción de contenido en el trabajo periodístico bien pueden incluir modos de orientación tanto humanos como tecnológicos, como lo ilustra el *modelo de periodismo* (Westlund, 2013). Este modelo visualiza la atracción gravitacional relativa de los actantes tecnológicos opuestos a los actores humanos en, por ejemplo, el proceso de producción de noticias.

Este capítulo propone adoptar un enfoque más holístico y sociotécnico de cómo entendemos, participamos y enseñamos acerca de los agentes involucrados en los procesos contemporáneos de producción de noticias. Más específicamente, se basa en el *enfoque de las Cuatro A* (4A: actores, actantes, audiencias, actividades) y la *matriz de trabajo de noticias crossmedia* (una matriz que combina las 4A con cinco etapas en el proceso de producción de noticias), ambos descritos por Lewis y Westlund (2015) para explicar mejor a los agentes involucrados en la producción de noticias contemporáneas. En consecuencia, este capítulo enfatiza los actores, actantes y audiencias en el estudio de las actividades contemporáneas de producción de noticias, centrándose en las primeras cuatro etapas específicas del proceso de producción de noticias (de entre las cinco esbozadas por Domingo et ál., 2008). Se delinea el marco teórico, seguido de una discusión sistemática de la interacción de actores, actantes y audiencias en el proceso de producción de noticias. Y concluye con una sección que discute las implicaciones de tales conceptualizaciones para la educación periodística.

El proceso de producción de noticias: Interconexiones entre actores, actantes y audiencias

En el periodismo, y en el trabajo mediático y de la información, las tecnologías digitales de la información están contribuyendo a nuevas configuraciones que involucran actores humanos, actores tecnológicos, distintos grupos de audiencias *y actividades* de la práctica laboral (incluidos los procesos de producción de noticias) a través de los cuales estos agentes están interconectados.

El enfoque 4A conceptualiza un esfuerzo para desarrollar un énfasis sociotécnico no determinístico en los estudios de periodismo. Tiene la ambición de "ayudar a mostrar los matices en las relaciones entre los actores humanos dentro de la organización, las audiencias humanas más allá de ella y los actantes no humanos que median su interacción" (Lewis & Westlund, 2015, p.21). Los investigadores han enfatizado tres grupos de actores sociales dentro de las organizaciones de noticias (periodistas, tecnólogos y empresarios), actantes tecnológicos (dentro y fuera de las organizaciones de noticias) y tres representaciones de la audiencia (receptor, audiencia objetivo y participante activo). En conjunto, Lewis y Westlund (2015) diseñaron el enfoque 4A para facilitar una comprensión más profunda de las relaciones entre los agentes dentro y fuera de las organizaciones de noticias.

Este capítulo emplea el enfoque 4A para una discusión de los agentes potencialmente involucrados en el proceso de producción de noticias que concluirá con las implicaciones para la educación periodística. Para lograr esta primera tarea, se basa en las cinco etapas de producción de noticias descritas por Domingo et ál. (2008):

(1) acceso/observación,
(2) selección/filtrado,
(3) procesamiento/edición,
(4) distribución, e
(5) interpretación.

Más específicamente, el capítulo toma su punto de partida de la matriz de trabajo de noticias crossmedia (ver Tabla 19.1), en la que los autores fusionaron y conceptualizaron estas cinco etapas en relación con actores, actantes y audiencias (Lewis & Westlund, 2015). Como este capítulo se concentra en la educación periodística, se enfoca en las primeras cuatro etapas (excluida la etapa de interpretación, lo que significaría una transición de un enfoque en los actores en este capítulo a un enfoque en las audiencias).

Sin embargo, como lo ilustra la matriz JHo, periodistas, tecnólogos y actantes participan en las cinco etapas. Además, dado que las audiencias están representadas como participantes activos, también pueden participar en todo el proceso de producción de noticias.

La participación, las colaboraciones y las tensiones entre los actores, los actantes y las audiencias en cada una de las etapas del proceso de producción de noticias influyen naturalmente en las formas en que las noticias se personalizan y/o se reutilizan (Westlund, 2013). Teniendo en cuenta cómo estas tres agrupaciones de agentes pueden interrelacionarse, hay siete combinaciones plausibles en cada una de las etapas (Westlund & Lewis, 2014, p. 23). Estas combinaciones son:

- dirigida por los actores,
- dirigida por los actantes,
- dirigida por la audiencia,
- dirigida por actor/actante,
- dirigida por actor/audiencia,
- dirigida por actante/audiencia, y
- dirigida por las Tres A (3A, que combina actores, actantes y audiencias).

Aunque los actores, los actantes y las audiencias a partir de ahora se denominarán como grupos separados y distintos, las discusiones previas demuestran su respectiva heterogeneidad y complejidad.

Tabla 19.1

La matriz de trabajo de noticias crossmedia.

Actores			Actantes		Audiencias		
Periodistas	Tecnólogos	Empresarios	Internos	Externos	Receptoras	Participantes activas	Producto
Sí	Sí	No	Sí	Sí	No	Sí	No
Sí	Sí	No	Sí	Sí	No	Sí	No
Sí	Sí	No	Sí	Sí	No	No	No
Sí	Sí	Sí	Sí	Sí	No	Sí	Sí
Sí	Sí	No	Sí	Sí	Sí	Sí	No

Source: Lewis & Westlund (2015)

Nota. La matriz de trabajo de noticias crossmedia muestra diferentes conjuntos de actores, actantes y audiencias a lo largo del eje horizontal, mientras que el eje vertical muestra las actividades que constituyen las cinco etapas de producción de noticias (Domingo et ál., 2008). "Sí" y "No" indican si se considera probable que actores, actantes y audiencias específicos participen en una etapa específica del proceso de producción de noticias. Se debe tener en cuenta que la matriz de trabajo de noticias crossmedia debe verse solo como un punto de partida conceptual: se necesita más investigación empírica para determinar la respectiva participación de los diferentes actores, actantes y audiencias.

Reconsiderando cuatro etapas de la producción de noticias con fines didácticos

En esta sección se analiza cómo los actores, los actantes y el público participan y dirigen las *actividades* de producción de noticias. Se enmarca la discusión a la luz de las primeras cuatro (y más destacadas) etapas del proceso de producción de noticias (Domingo et ál., 2008). Dentro de cada una de las subsecciones a continuación, se examinan las siete combinaciones plausibles entre actores, actantes y audiencias (Westlund & Lewis, 2014). Con los actores sociales (periodistas) guiando tradicionalmente el proceso de producción de noticias, primero se analiza su papel en cada etapa. A partir de entonces, se exploran las seis combinaciones plausibles restantes de agentes de una manera más integrada. Cada una de estas siete combinaciones plausibles revela posibles formas de acercarse al proceso de producción de noticias. Y es aquí donde yacen las repercusiones para los educadores de periodismo: cada etapa se puede practicar y enseñar de maneras no tradicionales y significativamente diferentes. Como resultado, a los estudiantes de periodismo se les podrían proporcionar perspectivas con más matices sobre cómo acercarse y colaborar con los actores tecnológicos y las audiencias.

Para entender verdaderamente y enseñar mejor las diferentes formas de periodismo digital, se deben entender dos factores importantes. El primero es que los roles que desempeñan cada uno de estos agentes a menudo están profundamente entrelazados. Y el segundo es que, a diferencia del periodismo impreso tradicional, donde los procesos rutinarios siempre dan como resultado un *producto* noticioso específico y material, el auge del periodismo digital ha generado un *proceso* en el cual los agentes pueden tener que moverse entre las diferentes etapas una y otra vez (Robinson, 2011; Picard, 2014). Es decir, la primera iteración de un artículo de noticias digital abre oportunidades para la participación de la audiencia, lo que a su vez puede llevar a los actores y actantes a revisar o reposicionar un artículo noticioso.

Acceso/observación. La primera etapa del proceso de producción de noticias se centra en la etapa de acceso/observación, que incluye diversas formas en que los agentes obtienen información y observan los fenómenos. Al hacerse cargo del enfoque dirigido por los actores, los periodistas tradicionalmente se han vinculado con su comunidad y sus fuentes para observar y obtener acceso a posibles noticias. Los periodistas también han utilizado sus derechos legales (en muchos países) para obtener registros públicos y otros documentos. Las tecnologías de medios digitales han fortalecido estos métodos de observación "manuales". Los periodistas, en muchos casos, disfrutan de un acceso más amplio y rápido a los registros en línea y las narraciones de los testigos a través de las redes sociales, como Twitter (Hermida, Lewis & Zamith, 2014).

Mirando más allá de los periodistas en el enfoque dirigido por los actores, Lewis y Westlund (2015) describen cómo tanto los tecnólogos como los actantes tecnológicos pueden ayudar a los periodistas en la etapa de acceso/observación. Los tecnólogos pueden jugar un papel importante en el enfoque dirigido por los actores, ya sea configurando o incluso creando herramientas tecnológicas (o actantes) que los periodistas pueden usar en su búsqueda de información valiosa y de mejores redes de fuentes (Fink, 2014). Pasando a un enfoque dirigido por actantes, los actantes tecnológicos en forma de códigos y sistemas informáticos (por ejemplo, análisis del sentimiento de la audiencia) ofrecen formas importantes de acceso y observación (Anderson, 2011; Godbole, Srinivasaiah & Skiena, 2007). Los actantes tecnológicos pueden usarse para observaciones cada vez más automatizadas de diversas formas de "noticias". Sin embargo, hay pocos ejemplos de enfoques dirigidos por la audiencia en su totalidad. Este es el caso, aunque el potencial para el periodismo participativo ha crecido (Singer et ál., 2011), particularmente cuando los ciudadanos usan sus dispositivos móviles inteligentes para publicar textos, imágenes y videos sobre eventos actuales (Allan, 2013; Westlund, 2013). Estos ejemplos de periodismo participativo pueden caracterizarse como formas emergentes de colaboración entre actores y audiencias, especialmente a medida que los periodistas comienzan a aprovechar el potencial de formas de intercambio más beneficiosas para ambas partes con el público (Lewis, 2015; Lewis, Holton & Coddington 2014).

Un ejemplo del enfoque dirigido por el actante/audiencia es cuando los algoritmos están programados para observar y detectar patrones reportados consciente o inconscientemente por las audiencias. Las formas conscientes de notificación pueden incluir audiencias que corroboren datos encontrados algorítmicamente sobre un terremoto al reportar las observaciones (Cruz, 2014).

Finalmente, el enfoque combinado de las 3A ocurre en instancias donde el acceso/observación es el resultado de la interacción entre actores, actantes y audiencias en conjunto. En el ejemplo del terremoto, los humanos pueden estar involucrados en el desarrollo de algoritmos con protocolos con mentalidad editorial, en la edición manual de historias escritas por algoritmos y en la evaluación de las contribuciones de los usuarios antes de la publicación (Carlson, 2015). Otro ejemplo es el siguiente: en el tabloide sueco Aftonbladet, los periodistas observan los acontecimientos con la ayuda de un panel de miembros de la audiencia que han aceptado permitir que un actante tecnológico rastree su posición GPS. A través de una aplicación móvil, los periodistas pueden alertar a los usuarios sobre eventos que suceden en su área geográfica y pedirles que informen sobre ellos (Lewis & Westlund, 2015).

En cuanto a las implicaciones para los educadores de periodismo, el punto clave es que los estudiantes de periodismo no solo deben aprender métodos manuales tradicionales de acceso/observación realizados por periodistas —en lugar de métodos automatizados a través de actantes tecnológicos— sino también cómo asociarse efectivamente con tecnólogos, actantes tecnológicos y audiencias en este proceso. Los periodistas deben desarrollar habilidades para administrar y desarrollar una arquitectura más amplia y avanzada de acceso/observación. Aunque esta arquitectura aliviará su carga de trabajo al identificar temas relevantes que cubrir, aún requiere que los periodistas realicen una evaluación crítica de las fuentes de información involucradas.

Selección/filtrado. La segunda etapa, selección/filtrado, aborda cómo ciertos agentes emiten juicios informativos. Los periodistas profesionales tienen rutinas bien establecidas (y dirigidas por los actores) para decidir qué es noticia (Tuchman, 1978) y durante mucho tiempo han mantenido el control de esta etapa en el proceso informativo (Domingo et ál., 2008). Un muro simbólico entre los lados editorial y comercial de las organizaciones noticiosas ha sido fundamental para preservar la santidad de tales juicios informativos (Coddington, 2015; Underwood, 1993). Aunque tradicionalmente no se ha permitido que empresarios y tecnólogos influyan en la selección y el filtrado, esto está cambiando. Los grupos de organizaciones de noticias internas ahora colaboran más plenamente con periodistas en el desarrollo de productos editoriales como aplicaciones de noticias móviles (Westlund, 2011) y plataformas de blogs (Nielsen, 2012) y coordinan dichas actividades a través de asociaciones comerciales mundiales como WAN-IFRA (Raviola, 2012).

Pasando a los procesos dirigidos por actantes, los actantes tecnológicos colocados tanto interna como externamente tienen una importancia creciente para la selección/filtrado de noticias. Las compañías especializadas como Narrative Science, entre otras operaciones de periodismo automatizado, proporcionan noticias generadas por algoritmos (Carlson, 2015). Otros actantes, como las aplicaciones y las tecnologías de CMS, se incorporan en el tejido de los juicios de noticias (Westlund, 2013). Las noticias rutinarias y fácilmente cuantificables, como los resultados deportivos y los informes financieros trimestrales, son relativamente fáciles de manejar a través de procesos dirigidos por actantes. Sin embargo, los profesionales y los expertos han cuestionado el que los actantes tecnológicos sean capaces de seleccionar y filtrar adecuadamente las noticias sin la intervención de periodistas humanos. Al mismo tiempo, las capacidades técnicas de los actantes están mejorando y la investigación de Clerwall (2014) indica que las audiencias podrían no ser capaces de diferenciar entre las noticias producidas por humanos o los actantes tecnológicos. Además, los actantes tecnológicos se pueden utilizar para la selección de material informativo personalizado por el usuario (discutido en la sección de la etapa de distribución).

Los enfoques dirigidos por la audiencia están notablemente ausentes, excepto en casos excepcionales en los que se está cambiando el *'gatekeeping'* (el periodista decide qué es noticia) por el *'gatewatching'* (la audiencia monitorea las redes sociales y sugiere qué es noticia) (Bruns, 2005). Los periodistas son reacios a ceder el control sobre la etapa de selección/filtrado de la producción de noticias (Robinson, 2011). Prefieren que las audiencias proporcionen información en la interfaz (*front-end*) o comentarios en línea en el soporte informático (*back-end*) (Singer et ál., 2011; Lewis, 2012). Sin embargo, algunas organizaciones de medios de noticias tradicionales, en casos contados, están experimentando con roles más activos para las audiencias, lo que les da a estas un cierto poder para seleccionar y distribuir información. En uno de esos casos, en el periódico sueco Göteborgs-Posten, los empresarios promovieron tales ideas con periodistas y tecnólogos mientras impulsaban el desarrollo de una aplicación móvil de noticias. La propuesta de usar una audiencia activa, sin embargo, fue rechazada debido a las dudas de periodistas y tecnólogos (Westlund, 2012).

El enfoque dirigido por actor/actante se produce cuando los actores sociales confían en la información recopilada a través de actantes tecnológicos y deciden manualmente qué noticias publicar. Al mismo tiempo, se sigue el enfoque dirigido por el actor/público, por ejemplo, cuando los editores de noticias permiten a las audiencias ayudar a cubrir, a través de la colaboración abierta y masiva (el *crowdsourcing*), la investigación de los informes de gastos de los políticos. Además, un enfoque dirigido por actante/audiencia puede implicar formas de selección y filtrado por parte del usuario orientadas más tecnológicamente, sin la intervención de los actores sociales de la sala de redacción. Esto puede ocurrir cuando los algoritmos de noticias están programados para detectar y responder a los intereses de la audiencia, ya sea que estos intereses estén registrados conscientemente (a través de las contribuciones manuales de los usuarios) o inconscientemente (a través de las huellas digitales de los usuarios). Finalmente, los enfoques dirigidos por las 3A se organizan cuando los actores sociales confían en las herramientas tecnológicas para filtrar y seleccionar noticias según datos relevantes de la audiencia. La investigación de Tandoc (2014) y otras en el mismo sentido (Petre, 2015) han mostrado cómo las organizaciones de noticias responden a las métricas en línea a medida que evalúan el valor noticioso antes y después de la publicación, influyendo de esta manera en los procesos de selección y filtrado.

Por lo tanto, los educadores de periodismo deben mantenerse actualizados con los desarrollos en el periodismo participativo para comprender cómo los medios de comunicación están protegiendo la información. Hasta la fecha, pocos medios de noticias tradicionales han permitido que la audiencia participe en la selección/filtrado de la información. Sin embargo, esto puede cambiar a medida que el público se vuelva más activo y el número de periodistas continúe disminuyendo. En cualquier caso, los agentes tecnológicos seguramente desempeñarán un papel cada vez más importante para la selección y el filtrado de la información. Por lo tanto, los educadores de periodismo deben comprender y explicar adecuadamente estos conceptos a los futuros profesionales de los medios.

Procesamiento/edición. La tercera etapa trata de la posible participación de distintos agentes en el procesamiento y la edición de noticias e información. Los modos dirigidos por actores en los que los periodistas están encargados de la edición (manual) han dominado durante mucho tiempo las rutinas de los medios noticiosos tradicionales, conduciendo a prácticas institucionalizadas (también denominadas de trayectoria dependiente) (DiMaggio & Powell, 1983). Además, los patrones de procesamiento que los periódicos han desarrollado para la edición manual de las publicaciones impresas han establecido comportamientos que han guiado la forma en que tales organizaciones de noticias corrigen sus prácticas periodísticas para los espacios digitales. Debido a que la edición periodística conlleva la distinción de calidad, las organizaciones de noticias tradicionales contrataron inicialmente editores en línea para hacer frente al auge del periodismo en Internet. Más tarde reclutaron y capacitaron editores específicamente para plataformas móviles y de redes sociales (Westlund, 2011). Sin embargo, tales organizaciones de noticias, especialmente los periódicos, cayeron en problemas financieros. Luego comenzaron a reducir personal, como el personal de edición. En consecuencia, muchos conglomerados de medios de comunicación de todo el mundo, incluidos los suecos Stampen Media y MittMedia, tienen ahora personal centralizado para las áreas de edición. Además, han reducido su necesidad de edición manual mediante el uso de otras interfaces tecnológicas (discutidas a continuación).

Los enfoques dirigidos por los actantes incluyen editores de noticias que procesan/editan de maneras diferentes y que consumen menos tiempo. Se basan en actantes semiautomatizados, como los sistemas de gestión de contenido editorial (CMS) proporcionados por empresas externas como Atex o Escenic. Con el periodismo digital ahora rutinizado, tales actantes tecnológicos se están volviendo comunes. Su capacidad para desarrollar y ejercer el periodismo todavía está evolucionando. Sin embargo, los CMS mejoran continuamente a través de los esfuerzos de los actores sociales tanto dentro como fuera de las organizaciones de noticias que los utilizan. Actualmente, los CMS editoriales están facilitando el procesamiento/edición del periodismo digital a través de plantillas. En esencia, los periodistas alimentan al CMS editorial con contenido noticioso para su publicación y establecen o confirman las configuraciones para su publicación en varios medios. Luego, los actores tecnológicos se encargan de la "edición", asegurando un proceso de publicación dirigido por la tecnología en el que el contenido periodístico se puede personalizar y/o reutilizar sin dificultades (Westlund, 2013). A la larga, hay menos necesidad de edición humana cuando los actantes tecnológicos pueden adaptar titulares, imágenes, videos, etc., para varias plataformas que se ajustan a sus necesidades (por ejemplo, aplicaciones para ecosistemas móviles Android vs. iOS). Además, los métodos independientes de la plataforma, como el diseño web adaptativo (por ejemplo, HTML5), han ganado tracción recientemente, reduciendo aún más la necesidad de que los actores sociales personalicen el contenido y el código para plataformas específicas.

Finalmente, a partir de la publicación, los enfoques dirigidos por la audiencia para el procesamiento/edición son literalmente inexistentes. Ninguna de las tres posibles representaciones de la audiencia probablemente esté incluida en esta etapa del proceso de producción de noticias (Lewis & Westlund, 2015). Del mismo modo, los enfoques dirigidos por actores/audiencias, actantes/audiencias o dirigidos por las 3A son poco probables. Por el contrario, el enfoque dirigido por actor/actante —que combina la edición manual por parte de los periodistas con las actividades de los actantes tecnológicos— debería hacerse más común.

¿Cuáles son las implicancias para los educadores de periodismo en esta etapa? Las formas tradicionales de edición en las grandes organizaciones de noticias, que a menudo involucran múltiples editores y correctores de estilo, simplemente están desapareciendo. Los futuros periodistas deben ser entrenados para publicar contenido a través de CMS editoriales para diversas plataformas, particularmente cuando los ejecutivos y gerentes de periódicos consideran que los correctores de estilo humanos son cada vez menos necesarios (para bien o para mal). Los educadores de periodismo deberían enseñar a los estudiantes cómo desarrollar sus propias ideas para crear CMS editoriales innovadores —y otros actantes tecnológicos—, para la edición y otros fines periodísticos. Y a medida que la edición se convierte en un proceso cada vez más automatizado facilitado por algoritmos, los futuros periodistas deberán comprender cómo ciertas opciones de edición pueden incorporarse en los sistemas de procesamiento y publicación de noticias.

Distribución. La cuarta etapa del proceso de producción de noticias se centra en la distribución. En un entorno crossmedia, los actores sociales deben tomar decisiones editoriales con respecto a varias plataformas y dispositivos digitales (sin mencionar posiblemente la prensa escrita, la radio y/o la televisión). También necesitan incluir actantes tecnológicos para canalizar su contenido periodístico tanto hacia plataformas privativas (entornos controlados como aplicaciones móviles) como a plataformas no privativas (entornos no controlados como espacios de redes sociales). La representación de la audiencia es claramente importante, y en última instancia influye sobre quién accede a qué noticias. La cuestión de la distribución digital y la creciente sensación de que el contenido que no se "propaga" está efectivamente muerto (Jenkins, Ford & Green, 2013) destaca el grado en que los editores tradicionales han perdido el control de las noticias y la información (Lewis, 2012). Un resultado relacionado es que, a medida que la atención de la audiencia se fragmenta y gravita hacia las redes sociales, se pierden ingresos publicitarios debido a competidores como Facebook y Google. El control y los beneficios económicos también cambian con iniciativas como Facebook Instant Articles, Google News y Snapchat's Discover. Por lo tanto, los educadores deben enseñar a los futuros periodistas la naturaleza de la difusión de información en línea: desde la optimización de motores de búsqueda (SEO) a la optimización de medios sociales (SMO) a los ritmos de espacios digitales y comunidades en línea particulares. Si bien es posible que los periodistas no controlen la forma en que los algoritmos sociales redistribuyen su contenido, pueden asumir un rol más activo en la comprensión de cómo publicar de manera efectiva en sus propias plataformas y promocionar su contenido a través de múltiples canales dirigidos a públicos distintos.

Existen preocupaciones acerca de las llamadas cámaras de eco y burbujas de filtrado que pueden desarrollarse en los espacios de redes sociales a medida que los usuarios se exponen a noticias e información cada vez más personalizadas (Pariser, 2012). Los futuros periodistas deberían reconocer las posibles consecuencias democráticas asociadas con la creación y circulación de información fuertemente dirigida (Couldry & Turow,

2014). Por ejemplo, un artículo reciente en *Science* que analizó el comportamiento al acceder y compartir noticias —entre 10 millones de estadounidenses que habían declarado sus preferencias políticas— sugiere que las personas con redes heterogéneas de amigos de Facebook (amigos de la escuela, trabajo, etc.) pueden descubrir una variedad más amplia de temas y perspectivas de noticias (Bakshy, Messing & Adamic, 2015). Sin embargo, al mismo tiempo, las redes sociales como los blogs y Twitter, en las que la participación es impulsada por intereses específicos, pueden favorecer la homogeneidad y una menor diversidad en el contenido y las perspectivas (Conover et ál., 2011).

Los enfoques dirigidos por los actores en la etapa de distribución se llevan a cabo cuando los actores sociales humanos están a cargo de publicar y distribuir las noticias. El proceso de impresión de palabras en tinta —y el transporte físico de periódicos impresos a los lectores— destaca como un enfoque dirigido por los actores. Obviamente, los actores sociales usan varias tecnologías y herramientas en este proceso. Las publicaciones, en general, se ha basado en los editores como los actores responsables de dirigir la distribución de noticias. Sin embargo, considerando los asuntos estratégicos involucrados en la distribución, los gerentes comerciales también están participando en tales decisiones (Lewis & Westlund, 2015). Y, a medida que la distribución de noticias se vuelve cada vez más digitalizada y técnicamente complicada (Braun, 2015), los tecnólogos también se están involucrando en estos temas (Westlund, 2011; Westlund & Krumsvik, 2014).

Una característica cada vez más destacada de la distribución de noticias contemporánea es el aumento de los enfoques dirigidos por actantes. Como se discutió anteriormente, las organizaciones de medios usan actantes tecnológicos situados internamente para el procesamiento/edición, y estos actantes también juegan un papel importante en la distribución de noticias digitales. Fuera de la sala de redacción, una serie de actantes tecnológicos están facilitando la redistribución de noticias a través de agregadores como Flipboard, Google News, Omni, Pulse, Zite y la aplicación News de Apple, lanzada en 2015. Asimismo, enfoques dirigidos por la audiencia para la distribución de noticias/información se ha vuelto vital. Las audiencias representadas como participantes activos participan compartiendo y comentando noticias de manera que las hace cada vez más centrales en la forma en que otros acceden a las noticias (Anderson & Caumont, 2014). Mientras tanto, los enfoques dirigidos por actores/actantes pueden involucrar a tecnólogos para que configuren la distribución de noticias mediante la traducción de los valores periodísticos al código y los algoritmos utilizados para dirigir a los actantes (como los CMS) empleados para la distribución. Básicamente, los actores sociales están instruyendo a sus actantes tecnológicos para que actúen como periodistas humanos, posiblemente añadiendo personalización a través de sus posibilidades tecnológicas (Westlund, 2012). Además, los actores sociales —y los actantes tecnológicos— participan tanto en la optimización de motores de búsqueda (SEO) como en la optimización de los medios sociales (SMO), ajustando titulares y palabras para el impacto social a corto plazo y el éxito de la búsqueda a largo plazo. El patrón del enfoque dirigido por actante/audience se ejemplifica mediante aplicaciones de noticias personalizadas (tales como Omni de Schibsted) a través de las cuales las audiencias registran inicialmente sus preferencias para diferentes temas. A partir de entonces, la organización de medios sincroniza continuamente su selección y filtrado de noticias con los intereses de los miembros de la audiencia y con sus patrones de comportamiento. Finalmente, con un enfoque dirigido por las 3A, los actores, los actantes y la audiencia se fusionan en diversos procesos de distribución y redistribución, borrando los límites de producción, distribución y consumo (Mitchelstein & Boczkowski, 2013).

La distribución de noticias se ha expandido mucho más allá de un medio de noticias, incluso más allá de varias plataformas privativas, para abarcar una gran variedad de plataformas libres. Los educadores de periodismo deben entender y reconocer que los actantes tecnológicos y las audiencias se han vuelto cada vez más importantes para la redistribución de las noticias y, en consecuencia, deben capacitar a sus estudiantes en SEO, SMO y los enfoques relacionados.

Conclusión: Replanteando los replantamientos

Diversas tecnologías y sistemas de medios digitales (es decir, actantes) y distintas representaciones de audiencia de las audiencias se han asociado con grandes transformaciones en el ambiente mediático global, especialmente en el campo del periodismo. Los periodistas y educadores de periodismo deben dar un paso atrás y reflexionar más holísticamente sobre cómo abordar el proceso de producción de noticias, tanto en la práctica como en la enseñanza. Después de aplicar el enfoque de las 4A y la matriz de trabajo de noticias crossmedia (Lewis & Westlund, 2015) para una discusión más específica y sistemática de las siete combinaciones posibles de los actores, los actantes, y la audiencia (Westlund & Lewis, 2014) en el proceso de producción de noticias, los autores han llegado a las siguientes conclusiones: Cada uno de los tres agentes (actores, actantes, audiencias) debe considerarse igualmente importante en el proceso de producción de noticias, aunque la importancia de uno respecto de otro puede variar según las etapas de cada producción específica de noticias. Resulta claro que los actantes tecnológicos son significativos y, sin embargo, se dan por sentados. También está claro que una mayor coordinación entre los agentes, especialmente entre los actores sociales y los actantes tecnológicos, aportaría muchos beneficios a las organizaciones de noticias. En la próxima década esto puede ser particularmente cierto en relación con los periódicos, ya que muchos de ellos se desharán de los costos de impresión tradicionales, pero deberán compensar las pérdidas de ingresos por publicidad impresa a través de nuevas productividades y estrategias. Es probable que impliquen interacciones más cercanas entre humanos y máquinas, cada cual haciendo lo que mejor sabe hacer.

¿Cuáles son las implicaciones generales para la educación periodística? Sobre todo, los educadores de periodismo necesitarán aprender continuamente sobre las audiencias y los actantes tecnológicos. También deben refinar la manera como se enseñan las repercusiones teóricas y prácticas relacionadas. Esto implica un mejor reconocimiento de distintos tipos de audiencias, incluida la forma en que sus preferencias y prácticas se desarrollan con el tiempo dentro de plataformas mediáticas particulares. También significa reconocer mejor los distintos roles internos y externos (pasado, presente y con futuro) que los actantes tecnológicos pueden jugar en el proceso de producción de noticias. Y esto sigue siendo así incluso cuando tales desarrollos tecnológicos amenazan con desplazar a los periodistas humanos. Del análisis anterior se pueden trazar cuatro direcciones para la educación periodística, una para cada una de las etapas del proceso de producción de noticias discutidas. El punto de partida es considerar cómo se puede instruir a los periodistas para que se acerquen y colaboren con otros agentes.

Primero, los educadores pueden enseñar a los periodistas a colaborar mejor con los tecnólogos para que les sea posible incorporar actantes (es decir, tecnologías útiles y de fácil uso) que simplifiquen el acceso/la observación. Esto incluye la comunicación con audiencias y fuentes a través de plataformas que pueden ser privativas (p. ej., CMS y arquitecturas web) o de acceso libre (p. ej., redes sociales). Dicha capacitación se produce idealmente a través de una mayor colaboración con socios de la industria, experimentando y aprendiendo a partir de nuevos enfoques.

En segundo lugar, los educadores pueden necesitar reconsiderar los ideales y normas periodísticos que se enseñan, en particular actitudes como el control profesional, que limitan la capacidad de innovación de la profesión (Lewis, 2012). Por ejemplo, cuestionar la reticencia de la profesión a interactuar con el público y hacer un uso más productivo de los actantes que puede conducir a formas mejoradas de selección/filtrado, lo que en última instancia conduce a una mayor difusión y relevancia pública de las noticias.

En tercer lugar, los educadores deberían cuestionar la necesidad de una edición manual en el caso de los "periódicos" contemporáneos que participan en el trabajo periodístico crossmedia. Si bien el juicio humano y la conciencia contextual siempre serán necesarios, los educadores de periodismo podrían alejarse un poco del enfoque dirigido por actores en la etapa de procesamiento/edición. En otras palabras, deberían considerar cómo sus estudiantes pueden colaborar con actantes tecnológicos con el objetivo de producir contenido personalizado de noticias para una plétora de plataformas y para fines dirigidos por la audiencia.

En cuarto lugar, los educadores de periodismo deben prestar más atención a la distribución, puesto que las instituciones noticiosas están mudando el enfoque de sus plataformas privativas y analógicas hacia una gama más amplia de destinos digitales. Como señala Braun (2015), la distribución se ha descuidado durante mucho tiempo en la investigación académica de los medios. Además de enseñarles a los estudiantes las mejores prácticas y consideraciones específicas para cada plataforma, los educadores pueden tener diálogos más amplios sobre los roles interrelacionados de las audiencias y los actantes al momento del intercambio y recirculación de noticias e información, tanto en entornos cerrados (como aplicaciones móviles) como en plataformas más abiertas (como las redes sociales).

Está claro que las organizaciones de medios de comunicación necesitan una mejor contabilidad y configuración de sus recursos humanos y tecnológicos si desean innovar en un entorno mediático turbulento (Westlund & Lewis, 2014). Si la educación periodística tiene el propósito de ayudar a la próxima generación de periodistas, primero será necesario que les enseñe a apreciar y adquirir el potencial generativo que reside en la intersección entre los actores, los actantes y la audiencia.

Referencias bibliográficas

Anderson, C. W. (2011). Deliberative, agonistic, and algorithmic audiences: Journalism's vision of its public in an age of audience transparency. *International Journal of Communication, 5*. Tomado de http://ijoc.org/index.php/ijoc/article/view/884

Anderson, C. W., Bell, E., & Shirky, C. (2012). *Post-industrial journalism: Adapting to the present.* Tomado de http://towcenter.org/research/post-industrial-journalism/

Anderson, C. W. (2013). *Rebuilding the news: Metropolitan journalism in the digital age.* Philadelphia, PA: Temple University Press.

Anderson, M., & Caumont, A. (2014). How social media is reshaping news. Tomado de http://www.pewresearch.org/fact-tank/2014/09/24/how-social-media-is-reshaping-news/

Ananny, M. (2013). Press-public collaboration as infrastructure: tracing news organizations and programming publics in application programming interfaces. *American Behavioral Scientist, 57*(5), 623-642.

Bakshy, E., Messing, S., & Adamic, L. A. (2015). Exposure to ideologically diverse news and opinion on Facebook. *Science, 348*(6239), 1130-1132.

Boczkowski, P. J. (2004). *Digitizing the news: Innovation in online newspapers.* Cambridge, MA: MIT Press.

Braun, J. (2015). *A fuller spectrum: Distributing television news online.* New Haven, CT: Yale University Press.

Bruns, A. (2005). *Gatewatching: Collaborative online news production.* New York, NY: Peter Lang.

Carlson, M. (2015). The robotic reporter: Automated journalism and the redefinition of labor, compositional forms, and journalistic authority. *Digital Journalism, 3*(3), 416-431.

Clerwall, C. (2014). Enter the robot journalist: Users' perceptions of automated content. *Journalism Practice, 8*(5), 519-531.

Coddington, M. (2015). The wall becomes a curtain: Revisiting journalism's news–business boundary. En M. Carlson & S. C. Lewis (Eds.), *Boundaries of journalism: Professionalism, practices, and participation* (pp. 67-82). New York, NY: Routledge.

Conover, M. D., Ratkiewicz, J., Francisco, M., Goncalves, B., Menczer, F., & Flammini, A. (2011). Political polarization on Twitter. *Fifth International AAAI Conference on Weblogs and Social Media.*

Couldry, N., & Turow, J. (2014). Advertising, big data and the clearance of the public realm: Marketers' new approaches to the content subsidy. *International Journal of Communication, 8,* 1710-1726.

Cruz, D. (2014, March 18). Journalist uses algorithm to gather earthquake data and write reports in minutes. *Knight Center for Journalism in the Americas.* Tomado de https://knightcenter.utexas.edu/blog/00-15305-journalist-uses-algorithm-gather-earthquake-data-and-write-reports-minutes

DiMaggio, P. J., & Powell, W. W. (1983). The iron cage revisited: institutional isomorphism and collective rationality in organizational fields. *American Sociological Review, 48*(2), 147-160.

Domingo, D., Quandt, T., Heinonen, A., Paulussen, S., Singer, J. B., & Vujnovic, M. (2008). Participatory journalism practices in the media and beyond: An international comparative study of initiatives in online news- papers. *Journalism Practice, 2*(3), 326-342.

Domingo, D., & Paterson, C. A. (Eds.), (2011). *Making online news: Newsroom ethnographies in the second decade of Internet journalism.* New York, NY: Peter Lang.

Fink, K. (2014). *Data-Driven sourcing: How journalists use digital search tools to decide what's news.* (Tesis doctoral inédita). Columbia University, New York.

Godbole, N., Srinivasaiah, M., & Skiena, S. (2007). Large-scale sentiment analysis for news and blogs. *ICWSM.* Boulder, CO.

Hermida, A., Lewis, S. C., & Zamith, R. (2014). Sourcing the Arab Spring: A case study of Andy Carvin's sources on Twitter during the Tunisian and Egyptian revolutions. *Journal of Computer-Mediated Communication, 19*(3), 479-499.

Jenkins, H., Ford, S., & Green, J. (2013). *Spreadable media: Creating value and meaning in a networked culture.* New York, NY: NYU Press.

Latour, B. (1988). Mixing humans and nonhumans together: The sociology of a door-closer. *Social Problems, 35*(3), 298-310.

Latour, B. (2005). *Reassembling the social: An introduction to actor-network-theory.* New York, NY: Oxford University Press.

Lewis, S. C. (2012). The tension between professional control and open participation: Journalism and its boundaries. *Information, Communication & Society, 15*(6), 836-866.

Lewis, S. C. (2015). Reciprocity as a key concept for social media and society. *Social Media + Society, 1*(1), 1-2.

Lewis, S. C., Holton, A. E., & Coddington, M. (2014). Reciprocal journalism: A concept of mutual exchange between journalists and audiences. *Journalism Practice, 8*(2), 229-241.

Lewis, S. C., & Westlund, O. (2015). Actors, actants, audiences, and activities in cross-media news work: A matrix and a research agenda. *Digital Journalism, 3*(1), 19-37.

Lewis, S. C., & Westlund, O. (2016). Mapping the Human-Machine Divide in Journalism. En T. Witschge, C. W. Anderson, D. Domingo & A. Hermida (Eds.), *The SAGE Handbook of Digital Journalism* (pp. 341-353). New York, NY: Sage.

Mensing, D. (2010). Rethinking (again) the future of journalism education. *Journalism Studies, 11*(4), 511-523.

Micó, J. L., Masip, P., & Domingo, D. (2013). To wish impossible things: Convergence as a process of diffusion of innovations in an actor-network. *International Communication Gazette, 75*(1), 118-137.

Mitchelstein, E., & Boczkowski, P. J. (2013). Tradition and transformation in online news production and consumption. En W. H. Dutton (Ed.), *Oxford Handbook of Internet Studies* (pp. 378-400). Oxford: Oxford University Press.

Nielsen, R. K. (2012). How newspapers began to blog: Recognizing the role of technologists in old media organizations' development of new media technologies. *Information, Communication & Society, 15*(6), 959-978.

Pariser, E. (2012). *The filter bubble: How the new personalized web is changing what we read and how we think.* New York, NY: Penguin Books/Penguin Press.

Peters, C., & Broersma, M. J. (Eds.), (2013). *Rethinking journalism: Trust and participation in a transformed news landscape.* London: Routledge.

Petre, C. (2015). *The traffic factories: Metrics at Chartbeat, Gawker Media, and The New York Times.* New York, NY: Columbia University. Tomado de http://towcenter.org/research/traffic-factories/

Picard, R. G. (2014). Twilight or new dawn of journalism? Evidence from the changing news ecosystem. *Digital Journalism, 2*(3), 273-283.

Plesner, U. (2009). An actor-network perspective on changing work practices: Communication technologies as actants in newswork. *Journalism, 10*(5), 604-626.

Raviola, E. (2012). Exploring organizational framings: Journalism and business management in news organizations. *Information, Communication & Society, 15*(6), 932-958.

Reich, Z. (2013). The impact of technology on news reporting: A longitudinal perspective. *Journalism & Mass Communication Quarterly, 90*(3), 417-434.

Robinson, S. (2011). "Journalism as process": The organizational implications of participatory content in news organization. *Journalism & Communication Monographs, 13*(3), 138-210.

Robinson, S. (2013). Teaching 'journalism as process': A proposed paradigm for j-school curricula in the digital age. *Teaching Journalism and Mass Communication, 3*(1), 1-12.

Ryfe, D. M. (2012). *Can journalism survive? An inside look at American newsrooms.* Malden, MA: Polity Press.

Schmitz Weiss, A., & Domingo, D. (2010). Innovation processes in online newsrooms as actor-networks and communities of practice. *New Media & Society, 12*(7), 1156-1171.

Singer, J. B., Domingo, D., Heinonen, A., Hermida, A., Paulussen, S., Quandt, T., Reich, Z., & Vujnovic, M. (2011). *Participatory journalism: Guarding open gates at online newspapers*. Malden, MA: Wiley-Blackwell.

Steensen, S. (2011). Online journalism and the promises of new technology: A critical review and look ahead. *Journalism Studies, 12*(3), 311-327.

Steensen, S., & Ahva, L. (2015). Theories of journalism in a digital age: An exploration and an introduction. *Digital Journalism, 3*(1), 1-18.

Tandoc, E. C. (2014). Journalism is twerking? How web analytics is changing the process of gatekeeping. *New Media & Society, 16*(4), 559-575.

Tuchman, G. (1978). *Making news: A study in the construction of reality*. New York, NY: Free Press.

Underwood D. (1993). *When MBAs rule the newsroom: How the marketers and managers are reshaping today's media*. New York, NY: Columbia University Press.

Van Dalen, A. (2012). The algorithms behind the headlines: How machine-written news redefines the core skills of human journalists. *Journalism Practice, 6*(5-6), 648–658.

Westlund, O. (2011). *Cross-media news work: Sensemaking of the mobile media (r) evolution*. (Tesis doctoral). University of Gothenburg, Gothenburg.

Westlund, O. (2012). Producer-centric vs. Participation-centric: On the shaping of mobile media. *Northern Lights, 10*(1), 107-121.

Westlund, O. (2013). Mobile news: A review and model of journalism in an age of mobile media. *Digital Journalism, 1*(1), 6–26.

Westlund, O., & Krumsvik, A. H. (2014). Perceptions of intra-organizational collaboration and media workers' interests in media innovations. *The Journal of Media Innovations, 1*(2), 52-74.

Westlund, O., & Lewis, S. C. (2014). The agents of media innovation: Actors, actants, and audiences. *The Journal of Media Innovations, 1*(2), 10-35.

20

El primer siglo de la educación periodística: Indicadores de progreso

Joe Foote

La educación periodística tiene apenas un siglo de antigüedad como disciplina. Sin embargo, se ha establecido dentro del entorno de la educación superior en prácticamente todos los países del mundo. El mayor crecimiento se ha producido durante los últimos 30 años, a medida que una variedad de experiencias transitorias se han propagado en el mundo.

A mediados del siglo XIX, cuando Estados Unidos asentó a las instituciones universitarias mediante la concesión de tierras en todos los estados, allanó el camino a una variedad de disciplinas profesionales que nunca habían sido aceptadas por las universidades europeas tradicionales. Cada una de estas universidades instituidas en cada estado incluía una facultad de agricultura, la cual, con sus conocimientos de métodos mejorados y tecnología, tenía gran interés en comunicarse con un público amplio. La Iowa State University fue la primera universidad en recibir los beneficios de las leyes Morrill de 1862 y 1890 (Iowa State University, 2007). Otros ejemplos de universidades creadas a través de la concesión de tierras incluyen la University of Wisconsin-Madison, la Michigan State University y la University of Missouri. Se necesitaban áreas de comunicación agrícola para difundir información sobre innovaciones y prácticas mejoradas de cultivos; en estas circunstancias, fue una consecuencia lógica tener aparte un procedimiento para la transmisión de mensajes sobre agricultura a quienes solicitaban consejo. Más adelante, los departamentos de inglés sintieron la necesidad de expandir horizontes en el área aplicada de periodismo. Una vez que las grandes universidades estatales del medio oeste tomaron aquella dirección, otras las siguieron. Hacia el final de la Segunda Guerra Mundial, prácticamente todas las universidades estatales enseñaban periodismo o alguna forma de comunicación de masas.

Durante muchos años, las universidades europeas mantuvieron un fuerte prejuicio contra la educación aplicada en la selecta educación superior. La capacitación de periodistas fue vista como una destreza que se aprendía en el trabajo o se estudiaba en una escuela politécnica. No fue sino hasta la década de 1980 que se produjo una gran expansión de programas a nivel universitario. Cuando el Reino Unido elevó sus politécnicos al estatus de universidad en 1992, una serie de programas de periodismo en ese país florecieron de la noche a la mañana. Tendencias similares aparecieron en la Europa continental.

Luego vino la caída del comunismo en la década de 1990, que creó oportunidades para la reforma de la educación superior y su expansión en la antigua Unión Soviética y en Europa del Este. Las necesidades de capacitación que suscitaron las nuevas publicaciones privadas y estaciones de radiodifusión en una economía de mercado con mayores flujos de información, condujeron a la ascensión del periodismo y la comunicación de masas como un importante campo de estudios. Durante este periodo, abundantes recursos extranjeros llegaron a raudales para construir una infraestructura adecuada para la enseñanza del periodismo. Por ejemplo, la educación periodística en Rusia, que ya no servía como brazo del estado como durante el período soviético (1917-1991), se expandió rápidamente con la ayuda de educadores de periodismo europeos y estadounidenses (Morrison, 1997). Aunque Rusia tenía universidades de élite bien establecidas, la necesidad apremiante de una educación periodística se implantó en la clase dirigente.

Casi al mismo tiempo, las economías de Asia estaban creciendo vertiginosamente, ocasionando una mayor demanda de instituciones mediáticas. Las universidades asiáticas tradicionales ampliaron rápidamente sus ofertas de comunicación de masas y surgió un nuevo sistema de universidades privadas. El periodismo y la comunicación de masas se convirtieron en parte de las principales ofertas universitarias, junto con la ingeniería, los negocios y la informática. La expansión de la alfabetización en varios países en desarrollo, cuyas economías estaban en crecimiento, generó una demanda acelerada de más organizaciones periodísticas y de profesionales para dotarlas de personal.

A pesar de la creciente censura de los medios en muchas regiones del mundo —por ejemplo, en América Latina, Medio Oriente y países comunistas— la educación periodística continúa creciendo (Self, 2015). Por ejemplo, aunque China ocupa un lugar bajo en los rankings mundiales de libertad de prensa, los programas de pregrado en periodismo en China pasaron de siete programas universitarios en 1949 (Hao & Xu, 1997) a más de 1.000 programas de pregrado en 2013 (CHESICC, 2013).

A comienzos del siglo XXI, la demanda de educación periodística era fuerte en todo el mundo. Los programas de periodismo en países grandes con economías en rápida expansión —como China, India y Brasil— experimentaron un enorme desarrollo. En este contexto, en 2001 surgió la idea del World Journalism Education Congress (WJEC); su primer congreso mundial fue en 2007, seguido por congresos cada tres años. El campo estaba madurando a un ritmo acelerado y había una evidente necesidad de colaboración y reconocimiento mutuo. Este libro es la exploración, a nivel nacional y mundial, de ese crecimiento y su madurez.

El capítulo presente analiza tres desafíos importantes en la educación periodística: la lucha por el reconocimiento y el respeto dentro de la universidad, el acercamiento a la academia de las profesiones de periodismo y comunicación de masas, y la actualización en un entorno profesional y tecnológico altamente dinámico.

Un lugar dentro de la universidad

Como todos los campos emergentes, el periodismo y la comunicación de masas han tenido que luchar para ser reconocidos por las universidades establecidas. Ser un campo interdisciplinario con una orientación extremadamente profesional no ha sido necesariamente una ventaja. Aún hoy, muchos colegas universitarios ven a los programas de periodismo como "escuelas-talleres" con poco valor académico. Los administradores de periodismo han recibido críticas desde dos polos extremos. Mientras que las universidades han cuestionado la legitimidad académica del campo, los profesionales han cuestionado la relevancia del currículo en el "mundo real". Por ejemplo, en Gran Bretaña, en la década no tan lejana de los años noventa, el entrenamiento en el el lugar de trabajo y el sistema de aprendiz para periodistas y editores era más respetado que la capacitación académica (Herbert, 2000). Con aquel par de patronos demandando ser atendidos, los programas de periodismo han tenido que luchar simultáneamente en dos frentes belicosos.

La legitimidad de la disciplina

Durante la segunda mitad del siglo XX la educación periodística se benefició de una explosión en su crecimiento. Incluso en las universidades, el tamaño importa. Con el crecimiento de las matrículas en los programas de periodismo y comunicación de masas durante la década de 1990, varios departamentos se convirtieron en facultades con decano. El nivel de facultad garantizaba un asiento en la mesa entre los pesos pesados académicos y transmitía legitimidad. Los administradores de la universidad comenzaron a apreciar los beneficios que producían a la institución las crecientes inscripciones en programas como periodismo, que además tenían un costo relativamente bajo. Cuando los estudiantes que deseaban estudiar periodismo llegaban a la puerta de la universidad, había todos los incentivos para satisfacer su demanda. Durante este período de crecimiento, los programas tuvieron la oportunidad de actualizar sus programas e instalaciones y mejorar su posición dentro de la universidad.

En países donde los profesionales dominaban la educación periodística, el campo solía estar académicamente más aislado. El plantel de profesionales que enseñaba se sentía más unido a la profesión que a la academia y tenía pocos incentivos para establecer relaciones con colegas académicos. Con frecuencia se hallaban incómodos en el ambiente académico. El fortalecimiento de los programas de doctorado y el hecho de que más personas con experiencia profesional obtuvieran títulos avanzados, condujo a la formación de un profesorado que, ahora en el siglo XXI, representa con mayor equilibrio intereses tanto profesionales como académicos.

A pesar de los diversos desafíos asociados con el desarrollo de un nuevo campo, la educación periodística está hoy mucho más consolidada en las jerarquías universitarias que hace 30 años. En Occidente, ha desaparecido la generación de profesores asqueados porque el periodismo fuera enseñado como asignatura dentro de la universidad. El actual profesorado alcanzó la mayoría de edad cuando el periodismo llegó a ser una de las disciplinas más vigorosas dentro de la universidad. Lo que le faltaba al periodismo en prestigio en la investigación académica, lo compensaba a través de la demanda estudiantil, la visibilidad y su relevancia en el mercado de las ideas. Los ex alumnos tendían a ser comunicadores ágiles y de alto perfil, que utilizaban sus habilidades para obtener grandes ventajas profesionales.

En los países en desarrollo existe una dicotomía entre los programas tradicionales que han evitado la capacitación profesional y, por otra parte, aquellos que enfatizan con entusiasmo el aprendizaje experiencial y los lazos con la profesión. Gran parte del impulso profesional proviene de universidades privadas que desean construir su reputación sobre la capacidad de colocar graduados en la industria.

La legitimidad de la investigación académica

La naturaleza interdisciplinaria del campo, que parecía ser un pasivo, ha empezado a convertirse en un activo. Durante muchos años después de la Segunda Guerra Mundial, la mejor investigación sobre comunicación de masas provino de psicólogos sociales, sociólogos, politólogos, psicólogos experimentales, antropólogos, lingüistas y economistas. Mientras que los extraños estaban observando el campo de los medios de comunicación, era difícil para los educadores de periodismo ganar terreno. Una investigación más fuerte desde adentro ahora está trocando eso. El prestigio, la influencia y el impacto de las revistas académicas de comunicación de masas están en aumento, a la par que su número. Los investigadores, tanto en las ciencias sociales y en las ciencias duras, a menudo buscan académicos de comunicación de masas como colaboradores y tienden a valorar sus contribuciones. Los estudiosos de comunicación de masas tienen el lujo de tener una razón para investigar en casi todas las ciencias sociales y algunas de las ciencias duras, especialmente en el campo de la comunicación de la salud.

Mientras que la mayoría de los programas de periodismo dividen a sus docentes entre investigadores y capacitadores profesionales, una nueva generación de educadores de periodismo con títulos avanzados de postgrado aporta ambos —intereses de investigación y experiencia profesional— a las universidades. Tal vez este profesorado con esa doble fortaleza aumentará tanto la cantidad como la calidad de la investigación. Otro signo positivo ha sido el aumento en el reconocimiento de la actividad creativa evaluada por jurados. Los profesores que producen documentales, películas narrativas, videos persuasivos, diseños creativos y varios tipos de periodismo ahora tienen una plataforma de lanzamiento más grande para el reconocimiento de su trabajo. La Broadcast Education Association (BEA) en los Estados Unidos ha sido líder en esta área. Por ejemplo, estableció el Festival of Media Arts en 2004, que se ha convertido en el foco de atención para el mejor trabajo creativo en la nación. Este tipo de esfuerzo sostenido ha reforzado las oportunidades de avance de los docentes participantes.

Con una cantidad creciente de programas de doctorado asociados con la educación periodística, el número de investigadores calificados se está expandiendo rápidamente. En muchas partes del planeta las conferencias ahora están llenas de aspirantes a eruditos listos para dejar su huella en el campo. Por ejemplo, en países asiáticos como Corea, la proliferación de académicos en los últimos 40 años y su producción de investigación ha sido vertiginosa.

En general, hay evidencia de que la calidad de la producción de conocimiento en todo el mundo está mejorando. Entre 2008 y 2013 el número de revistas académicas de comunicaciones incluidas en Web of Science Journal Citation Reports de Thomson Reuter aumentó en un 64%. Más producción viene de fuera de los Estados Unidos y Europa. Cada mes aparecen nuevas revistas académicas, algunas disponibles solo en línea (Antell, Foote & Foote, 2016).

Los índices que transmiten prestigio a las revistas académicas se han tardado en reconocer publicaciones de fuera de los Estados Unidos, pero eso está cambiando. Las nuevas medidas de impacto y prestigio académico —como el índice H-5 (vinculado a Google Scholar), que reconoce la producción reciente de un académico de una amplia gama de fuentes— son mucho más receptivas a las publicaciones internacionales. El número de revistas académicas extranjeras en el índice tradicional de trabajo académico que computa "factores de impacto" también se está expandiendo (Antell et ál., 2016).

Durante la década de 1990, la implementación de esquemas nacionales de evaluación de investigación fue un contratiempo en el camino hacia la legitimidad para los programas de periodismo recientemente actualizados. Cuando las unidades académicas eran juzgadas por el vigor de su récord de publicaciones de investigación, a menudo con exclusión de índices más profesionales, la educación periodística se abandonó. Ha sido particularmente desafiante para los programas creados desde las escuelas politécnicas competir instantáneamente con sus hermanos mayores, que tuvieron siglos para construir su derecho de primogenitura académica.

Las principales organizaciones que enfatizan la investigación están ayudando al flujo y el reconocimiento de la misma. Organizaciones como la Association of Mass Communication Research (IAMCR), la International Communication Association (ICA) y el Asian Media Information Centre (AMIC) han sido los principales impulsores de una mayor exposición y reconocimiento de la calidad de la investigación a una escala global.

Si bien hay muchas organizaciones profesionales dedicadas a la amplia área de estudios de comunicación, hay muchas menos dedicadas exclusivamente a la educación periodística. La Association for Education in Journalism and Mass Communication (AEJMC), que comenzó hace más de 100 años en los Estados Unidos, es la asociación profesional más grande y fuerte en este campo. Las asociaciones específicas de cada país en el Reino Unido, Australia y Nueva Zelanda, y las organizaciones regionales como AMIC en Asia, también son pioneras. La formación de la iniciativa WJEC en 2001 reunió a otras asociaciones afines de todos los continentes. Ya en 2010 había 32 organizaciones específicamente enfocadas, total o parcialmente, en la educación periodística.

Una prueba de la madurez del campo será ver cómo las organizaciones de educación periodística crecen en estatura, ya sea que realicen reuniones anuales, produzcan publicaciones académicas o aplicadas, tengan secretarías y/o agreguen valor a la academia que representan. Actualmente, existe un amplio espectro de tales organizaciones. Algunos son grupos muy informales administrados de forma voluntaria por colegas. Muchas veces, el nivel de desarrollo corresponde a la experiencia que las naciones han tenido en el campo y a la riqueza económica del país. Un factor que ha hecho viable a WJEC es la creciente capacidad de los educadores de periodismo en los países en desarrollo para viajar y apoyar actividades profesionales.

Legitimidad del contenido original

Después una larga dependencia de los libros y materiales de enseñanza de Occidente, los programas en áreas de alto crecimiento están ansiosos por desarrollar su propio material curricular. Debido a que la educación periodística en los Estados Unidos le lleva una gran ventaja a otras naciones, la mayoría de los libros de texto de periodismo han sido escritos por profesores estadounidenses o británicos en inglés y promueven las normas culturales del periodismo occidental. Aunque los libros occidentales no siempre han encajado culturalmente en los países donde se han utilizado, su calidad ha sido generalmente alta. Si bien la dependencia del material de periodismo extranjero ha sido una fuente de frustración y resentimiento durante años, hasta hace poco los educadores de los países no occidentales habían tardado en responder de manera tangible.

Dado que más profesores poseen títulos terminales y más países en desarrollo se están fortaleciendo económicamente, ahora se dispone de más recursos humanos y financieros. Como resultado, se están produciendo más materiales de enseñanza del periodismo en los idiomas locales utilizando ejemplos locales relevantes. Producir contenido es más fácil cuando un país tiene un mercado local grande, como China o Brasil, o donde los idiomas se hablan regionalmente, como el árabe o el español. Pero, aunque India tiene la masa crítica de un gran mercado, los múltiples idiomas que se hablan allí representan un desafío (Eapen, 2000). Y es más difícil económicamente en naciones más pequeñas con pocos programas de educación periodística producir libros en idiomas nativos.

A veces, los materiales producidos localmente consisten simplemente en libros traducidos al inglés. A veces son la repetición de los mismos materiales en un idioma diferente y en un contexto cultural diferente. Será interesante observar cómo los nuevos materiales escritos por los nativos diferirán de los de Occidente en sus orientaciones conceptuales y su contenido normativo. Por ejemplo, ¿veremos diferentes formas de enseñar ética basadas en los principios de Confucio? ¿Veremos nuevos enfoques para la libertad de prensa y la responsabilidad social basados en las experiencias únicas y más restringidas de diferentes países? ¿Veremos el surgimiento de diferentes normas para el reporteo, procesamiento y distribución de noticias basadas en la experiencia local? ¿Los diferentes modelos económicos producirán estándares diferentes para las organizaciones de noticias?

Independientemente de la forma, los materiales de enseñanza sin las ataduras de Occidente cambiarán los contornos de la educación periodística y proporcionarán nuevas opciones valiosas. La próxima década debería traer una plétora de nuevos materiales de enseñanza al mercado desde los rincones más remotos del mundo, diferenciados por conceptos teóricos y contenido lingüístico y cultural significativamente diferente de todo lo que se ha hecho antes.

Legitimidad del control de calidad

Otro indicador universitario importante de calidad es el nivel de sofisticación que un campo emplea para evaluar su propia calidad, ya sea si puede aportar a las normas establecidas por el gobierno o desarrollar las suyas propias, cumplir con los estándares que establece, utilizar los comentarios provenientes de sus procesos de garantía de calidad para mejorar y crear incentivos para la innovación.

Los interesados en la educación periodística (estudiantes, profesores, administradores, gobierno y profesionales) exigirán cada vez más una mayor responsabilidad. Un campo maduro está preparado para autoevaluarse y satisfacer esa demanda. También tiene la capacidad de examinarse de manera objetiva y desapasionada, planificar estratégicamente y lograr una mayor calidad.

La educación periodística tiene un gran interés en desarrollar un método de evaluación por pares. Es mucho mejor ser juzgado por personas en nuestro campo que por aquellos en organismos gubernamentales más distantes. Actualmente, la infraestructura de evaluación por pares es incipiente fuera de los Estados Unidos, aunque varios países en desarrollo están expandiendo los programas de revisión patrocinados por el gobierno para involucrar a pares académicos. Todavía tenemos un conocimiento limitado de la evaluación de resultados del aprendizaje en todo el mundo. Una auditoría global sería útil para determinar el nivel de desarrollo en nuestros sistemas de evaluación de resultados del aprendizaje.

Legitimidad social

El potencial para incrementar la relevancia y el prestigio dentro de la universidad también proviene de la necesidad de un público más alfabetizado en los medios. A medida que los medios impregnan el comportamiento humano, las universidades tienen la oportunidad de desarrollar contenido para ayudar a los estudiantes a navegar de forma responsable e inteligente la avalancha de contenido que se encuentran. Esta es la nueva frontera de la educación periodística. Los cursos sobre alfabetización mediática se han convertido en una importante prioridad secundaria en la educación periodística, lo que ayuda a trascender el nicho profesional relativamente limitado del campo. En los programas donde la matrícula está en declive, las iniciativas de alfabetización mediática pueden proporcionar una plataforma atractiva para generar ingresos y demostrar la relevancia de la institución.

Los estudiantes están gravitando hacia la educación periodística como un área de estudio cada vez más, a pesar de que no tienen interés en seguirla profesionalmente. De alguna manera, se ha convertido en un título de facto de artes liberales. Los conjuntos de habilidades de recopilación de información, análisis de información y distribución de información se han convertido en habilidades altamente buscadas en una economía de la información. El hecho de que el valor de esas habilidades va en aumento transmite valor agregado y legitimidad al campo.

Relevancia de la profesión

La educación periodística, desde su fundación, se ha vinculado estrechamente con el oficio del periodismo. Las publicaciones a menudo tenían, en sus inicios, una enérgica opinión sobre la conveniencia de que una universidad entrara a tallar en el empeño formativo. De manera inesperada, por temor a que los periodistas mejor educados perjudicaran el *status quo* y elevaran innecesariamente el estándar salarial de los trabajadores, algunas publicaciones hicieron una campaña activa en contra de la apertura de programas de periodismo.

Clima de desconfianza

La trayectoria en el desarrollo de relaciones con la profesión ha sido mixta. En la mayoría de los países, establecer credibilidad en el ámbito profesional es un problema importante. Los periodistas y otros profesionales de los medios no creen que las universidades estén produciendo estudiantes del calibre necesario para que puedan ser productivos en el mundo de los medios profesionales. Los editores y los directores de noticias todavía temen contratar empleados mejor educados que ellos mismos y que podrían ser más exigentes e independientes.

En la mayoría de los casos, los profesionales están considerablemente desactualizados en su evaluación del progreso de la educación periodística durante los últimos 30 años. Sin embargo, la percepción de la falta de relevancia profesional es una preocupación genuina en algunos programas académicos. Los líderes actuales en educación periodística tienen la responsabilidad de entablar relaciones sólidas con la industria y borrar cualquier duda persistente sobre la credibilidad del campo. Históricamente, la industria ha preferido sus propios esquemas de capacitación, donde las publicaciones podrían dictar exactamente lo que un periodista capaz debería saber. Si bien la mayoría de estos programas han desaparecido debido al costo y al surgimiento de programas de educación periodística creíbles, algunos siguen vigentes. Por ejemplo, Fairchild Media en Australia y Nueva Zelanda ofrece un programa interno de periodismo para un pequeño grupo de aprendices dentro de la compañía como parte de su plan de desarrollo de gestión. Y aunque la Axel-Springer Journalism Academy en Alemania capacita a su propio personal, también admite estudiantes que pagan por un programa de capacitación de dos años que incluye un período de un año en la Graduate School of Journalism de la Columbia University. Sin embargo, es claro que tales estrategias de capacitación del tipo boutique, que sirven a un pequeño nicho, no pueden hacer una diferencia significativa en el desarrollo profesional de la profesión.

Hay un grupo de élite que cree que una completa educación de artes liberales es la mejor capacitación para el periodismo. En los Estados Unidos, Europa y la India, estos periodistas de alto rango se jactan orgullosamente de no tener educación periodística más allá de la capacitación en el trabajo y no ven la necesidad de escuelas de periodismo. No hay duda de que las personas altamente capaces pueden aprender los rudimentos del periodismo sin una capacitación formal y tener bastante éxito. Sin embargo, estas élites constituyen solo una parte de la industria y nunca poblarán toda una profesión que está hambrienta de nuevos talentos. A medida que la industria exige que los graduados tengan una buena comprensión de las habilidades profesionales antes de conseguir un trabajo, los programas de periodismo universitario son la única forma de satisfacer la demanda actual. El argumento de las artes liberales ignora el valor real de la socialización de los periodistas en el campo. Los programas de educación periodística centran gran parte del currículo en cuestiones de ética y responsabilidad social que es poco probable obtener sin una educación periodística. Ha habido múltiples instancias donde personas sin esta socialización se han encontrado en el periodismo a su propio riesgo. Varios errores de alto perfil, costosos para las reputaciones de las personas y las organizaciones de noticias podrían haberse evitado si los involucrados hubieran tenido una mejor base en la ética y la responsabilidad social inherentes a la profesión.

Aprendizaje experiencial

Durante los últimos 20 años, se ha logrado un progreso significativo en acercar la academia a la profesión. La mayoría de los programas académicos coinciden en que un ingrediente esencial de la educación periodística es un fuerte componente aplicado, que proporciona a los estudiantes una visión realista de la profesión y la oportunidad de obtener experiencia en el mundo real cuando aún se es un estudiante. El razonamiento es: si todos los estudiantes escuchan nuestras conferencias y nunca tienen la oportunidad de practicar lo que aprendieron o nunca están expuestos de primera mano a la profesión, raramente alcanzarán el estándar profesional después de la graduación.

Casi todos los programas en el mundo desarrollado y la mayoría de los países en desarrollo tienen un componente de laboratorio, donde los estudiantes aplican lo que aprenden en el aula. El trabajo de curso con proyectos finales que involucran un entorno en tiempo real ayuda a llenar la brecha entre académicos y profesionales. Algunas universidades de periodismo en Gran Bretaña usan periódicos simulados o redacciones virtuales e incorporan redes sociales y tecnología móvil para que los estudiantes practiquen. Los estudiantes a veces trabajan hasta cuatro semanas en un periódico o estación de transmisión como un requisito para completar un curso en sus escuelas. La mayoría de los programas en el sur de Asia tienen un laboratorio de medios con suficientes computadoras y periféricos para acomodar las clases más intensivas en habilidades.

Cada vez más programas tienen equipos que los estudiantes pueden consultar para producir productos similares a los que se encuentran en el entorno profesional. Con el costo de las computadoras y los equipos de radiodifusión disminuyendo rápidamente en la era digital, incluso los programas en los países más pobres tienen la oportunidad de proporcionar a sus alumnos algunas herramientas digitales de aprendizaje.

Muchos programas tienen medios de comunicación estudiantiles activos que sirven a una comunidad en particular de forma regular. Hay miles de periódicos estudiantiles y estaciones de radio estudiantiles en todo el mundo. Algunos son operados directamente bajo el control de una unidad de periodismo, mientras que otros son controlados por otra área de la universidad o son independientes.

Durante los últimos 40 años, el concepto de "pasantía" ha ganado tracción global. El tiempo que se pasa en una organización de medios de comunicación bajo la doble supervisión de una universidad y de un medio de comunicación proporciona una oportunidad para que los estudiantes pasen de un entorno de estudiante a otro profesional.

Si bien este proceso se ha convertido en natural en Occidente, se ha demostrado que es más difícil de implementar consistentemente en los países en desarrollo. Algunos administradores de medios no tienen confianza en el valor del programa académico patrocinador y no pueden justificar el compromiso de tiempo con el estudiante. Algunos programas académicos no están diseñados para organizar y supervisar iniciativas fuera del campus. Y los estudiantes a veces no tienen los recursos o el tiempo para llegar a un lugar de trabajo profesional fuera del campus.

En algunos países, las mujeres se encuentran en desventaja logística y de seguridad para participar en programas fuera del campus. Usar el transporte público o deambular por la ciudad para cubrir una historia puede ser un estigma. Puede haber acoso sexual dentro de la sala de redacción. Con un rápido aumento en el número de mujeres en los programas de comunicación masiva, estos problemas son importantes. Los educadores de periodismo tienen la oportunidad —a través de pasantías de calidad y bien supervisadas— de establecer nuevas normas de comportamiento.

Una pasantía exitosa tiene un ecosistema que debe organizarse, promoverse, regularse y evaluarse regularmente. Requiere el compromiso del programa académico, la organización profesional y el estudiante. Los programas académicos sólidos en todo el mundo han logrado avances significativos en el establecimiento de estos sistemas. Y las pasantías por sí solas pueden ser de gran ayuda para cerrar la brecha profesional-académica.

La tecnología como nivelador

La difusión de teléfonos "inteligentes" en un amplio espectro ha permitido a los estudiantes de periodismo de todo el mundo convertirse en reporteros y productores de videos. Incluso sin software o hardware adicionales, un estudiante puede practicar periodismo digital. Con algunas aplicaciones de bajo costo, los estudiantes pueden editar videos de alta definición e historias de paquetes.

Las impresionantes capacidades de los teléfonos inteligentes podrían ser el gran nivelador en la educación periodística y un importante puente hacia la profesión. Por ejemplo, ahora los estudiantes en Mozambique pueden usar las mismas herramientas que los estudiantes en Francia. Y los programas universitarios sin recursos para equipar por completo a los laboratorios y talleres de medios ahora pueden dar un salto hacia una sofisticada operación de noticias digitales sin una gran inyección de capital.

La revolución de los teléfonos inteligentes también reduce la brecha entre los estudiantes universitarios y la profesión. Los estudiantes ahora tienen las herramientas para igualar o superar a sus contrapartes profesionales. Y los estudiantes pueden crear su propia marca personal mediática y evitar completamente a los medios tradicionales. Obviamente, es un momento emocionante para los educadores y los estudiantes de periodismo.

El que la barda de acceso a tales herramientas digitales sea más baja debería acelerar el aprendizaje experiencial. Los estudiantes continuarán demandando más experiencia práctica, y las universidades tendrán menos excusas para no ofrecerla. Como resultado, por ejemplo, las universidades privadas recién creadas en los países en desarrollo están inyectando una fuerte competitividad que está presionando a las universidades apoyadas por el gobierno para que adopten un enfoque más práctico y activo.

En los Estados Unidos, los programas que hacen que la educación periodística sea más experiencial a través de los medios estudiantiles y que dan la bienvenida a los profesionales como profesores plenos adoptan el enfoque del "hospital docente". La idea es que el plantel docente de la universidad debe tener una mezcla saludable de profesores investigadores y profesores clínicos de la profesión y que cada estudiante debe tener el beneficio de una rica experiencia en medios estudiantiles. Si bien puede ser un desafío administrar un profesorado con puntos de referencia tan diferentes, la combinación de los dos ha producido una alta satisfacción estudiantil y lazos más estrechos con la profesión.

Existe el peligro, por supuesto, de complacer a la profesión. Ser parte de una universidad exige un sólido componente conceptual y teórico. La mayoría de los programas han desarrollado una buena mezcla conceptual-profesional de cursos que socializan a los estudiantes en áreas como la ética, la libertad de expresión, la responsabilidad social y el comportamiento de la audiencia. Si bien las publicaciones pueden establecer academias que cubren la mayoría de las necesidades de capacitación, están en apuros para igualar la diversidad y amplitud de pensamiento que se encuentran en una universidad multifacética de calidad.

Cuando los miembros de la profesión participan activamente en un programa de educación periodística, las posibilidades de respeto mutuo se aceleran enormemente. Abundan las historias de éxito donde los profesionales se han convertido en profesores adjuntos, oradores invitados, miembros de juntas asesoras y evaluadores externos.

Cualquier actividad de este tipo vincula a académicos y profesionales. Si bien existe una desconfianza en ambos lados de esta división, uno siente que una participación más profunda rendirá dividendos, especialmente en situaciones donde la visión de un profesional sobre la educación periodística está desactualizada o mal dirigida.

Históricamente, casi todas las iniciativas que forjan relaciones académico profesionales más estrechas han venido de la academia. Las universidades se han esforzado por desarrollar credibilidad ante la comunidad periodística. Con la crisis económica emergente en los países desarrollados causada por las perturbaciones en el modelo comercial, ese equilibrio está cambiando. Ahora, a menudo es el profesional quien toma la iniciativa de desarrollar vínculos más estrechos con los programas académicos. Los profesionales consideran que una fuente de talentos es valiosa para su organización en tiempos difíciles. Los gerentes profesionales y los líderes académicos ahora trabajan juntos de forma creativa para fusionar sus intereses. Algunas organizaciones de noticias han insertado parte de sus operaciones de recopilación de noticias en universidades, subcontratando responsabilidades específicas a los estudiantes. Otros han reclutado más activamente en los campus universitarios, han actualizado sus programas de pasantías o han contratado docentes en calidad de consultores. En algunos casos, las organizaciones de medios han criticado a los académicos por demorarse o por no ejercer la energía necesaria para mantenerse al día y establecer alianzas.

En los países en rápido desarrollo, el floreciente aumento en los medios de comunicación, especialmente la radiodifusión, ha dejado a los profesionales buscando desesperadamente personal calificado para cubrir puestos. Este es un problema importante en países como Bangladesh, que creció de cero estaciones de televisión privadas a más de 40 en menos de una década. La caza furtiva de talentos de otras organizaciones de noticias satisfacerá parte de la demanda, pero este comportamiento tiene un lado positivo limitado y un riesgo significativo. Los gerentes informados se están dando cuenta de que la calidad y la productividad de los programas de educación en medios pueden afectar directamente sus perspectivas de contratación. Mientras que las universidades privadas son las que han capitalizado más esta realidad del mercado, las universidades gubernamentales también disfrutan de un buen clima para mejorar sus relaciones con los profesionales de los medios.

Otra área donde la educación periodística puede hacer una contribución significativa a la profesión es en la diversificación de la fuerza de trabajo. Las universidades actualmente tienen un mejor equilibrio de género que la profesión y, en la mayoría de los lugares, son más hospitalarios con las minorías étnicas. A medida que la presión aumenta en las redacciones para parecerse mejor a la población a la que sirven, el mejor enfoque de los profesionales para acelerar tales esfuerzos es a través de la educación periodística.

A medida que ha crecido el respeto por la educación periodística dentro de la comunidad profesional, ha habido voces que demandan más investigación académica centrada en la industria. Incluso los profesionales que son fuertes partidarios de la educación periodística se preguntan si los académicos están haciendo lo suficiente para resolver los problemas reales que afectan el campo. Sin embargo, los académicos investigan una amplia variedad de cuestiones prácticas, incluidas las que involucran modelos comerciales y de distribución, innovación tecnológica y preocupaciones éticas.

La relación académico profesional es tan dinámica hoy como el estado de los medios. Las relaciones interpersonales han mejorado, la interdependencia es mayor y el respeto se está construyendo. Aunque el respeto profesional sigue siendo un gran inhibidor para el avance de la educación periodística, las iniciativas de cooperación concretas deberían eventualmente salvar este abismo de percepción.

El costo de la actulización

Tanto el periodismo como la educación periodística disfrutaron del lujo de un entorno estático durante gran parte del siglo XX. Las estructuras básicas y los modelos de negocios que llevaron a niveles sin precedentes de riqueza y prestigio se mantuvieron constantes. La escasez incitó la insularidad de los "poseedores". El desafío para la educación periodística fue enseñar a profesores y estudiantes cómo descifrar la clave que abría las puertas a este entorno privilegiado. La educación periodística se encontró así misma en un entorno aspiracional con reglas claras. El desafío consistía en preparar a los estudiantes para escalar una escalera de éxito bien definida y altamente competitiva.

Las iniciativas altamente disruptivas de Internet, que socavaron en gran parte los medios tradicionales de Occidente hacia el final del siglo XX, también afectaron la educación periodística. Repentinamente, no era suficiente que los educadores produjeran estudiantes muy especializados y altamente competentes con el ímpetu para tener éxito. La educación periodística debía ser mucho más amplia y mucho más ágil e integrada para seguir siendo relevante. Los estudiantes debían pensar en sí mismos más como creadores y marcas personales independientes que como "hombres de empresa".

Los silos que dominaron la profesión durante años estaban vivos y bien en la academia. Los estudiantes en un curso particular de estudio rara vez interactuaban con sus contrapartes en otros. Los programas que se aferraban a los cursos de estudio separados sin interdependencia de repente parecían extraños e irrelevantes. Del mismo modo, los programas que enfatizaban un modelo de distribución de medios tradicional sin experimentación en otras áreas parecían irremediablemente obsoletos.

Si bien los teléfonos inteligentes y los dispositivos digitales de menor precio están reduciendo las barreras de acceso a la tecnología, la falta de recursos para mantener un entorno de aula multimedia es un desafío importante en la mayor parte de África y en algunas partes de Asia. Muchas escuelas en estos continentes y en otros todavía dependen de patrocinadores extranjeros para llevarlas a la era digital.

La rotación de personal en la academia ha sido mucho menos frecuente que en el mundo profesional durante este difícil período de ajuste. Tradicionalmente, los profesores se han capacitado para una carrera de 30 años en un área particular de los medios de comunicación y han sido recompensados por su fidelidad a esa área profesional. Ahora se les pide que amplíen su perspectiva, añadan medios adicionales a su repertorio y aprendan una tecnología que cambia rápidamente y que ha puesto de cabeza a los medios tradicionales.

Estar actualizado no solo incluye comprender la tecnología y aplicarla, sino también poder navegar en una profesión más compleja con más cabos sueltos. Mientras que las salas de redacción han cambiado para mejorar sus prácticas en la era digital, los periodistas en tiempos de transición mantienen actitudes encontradas hacia las nuevas tecnologías e Internet. Una encuesta en Chile encontró que mientras más del 88% de los periodistas coincidieron en que Internet ayudó a mejorar su capacidad para investigar eventos noticiosos, más de la mitad temían que se publicara información falsa antes de que se pudieran verificar las noticias (Universidad Alberto Hurtado, 2012). Debido a los inconvenientes del periodismo ciudadano, las fotos falsas, las fuentes cuestionables y los campos minados de la ética, los periodistas del mañana deberán ser socializados y entrenados en formas nuevas y más sofisticadas que sus predecesores.

Con el cambio de siglo, se pudo notar que los líderes académicos estaban muy sensibles a la necesidad de un giro rápido. La insistencia en las conferencias, los simposios, las revisiones externas y las redes sociales apuntaban inexorablemente hacia el cambio. Los administradores universitarios seleccionaron líderes departamentales y de facultades que estaban muy motivados por esta necesidad de reforma. Los profesores y administradores que no pudieron adaptarse se convirtieron en anomalías.

Los administradores atacaron el problema con un entusiasmo y un compromiso excepcionales. "Convergencia", "multimedia", "crossmedia" y "transmedia" se convirtieron en gritos unificadores apasionados. "Estar actualizado" se convirtió en un valor a la par que ser ético, justo y libre. Algunos programas reescribieron sus declaraciones de misión para colocar la norma de actualización en un lugar prominente.

Varios capítulos en este volumen reflejan estos valores cambiantes y son un testimonio de cómo el cambio se ha manifestado en los planes de estudios. La agilidad, la innovación, la creatividad, el espíritu empresarial y la interactividad se convirtieron en las principales cualidades por las que luchar. Los profesores con habilidades tecnológicas del siglo XXI se convirtieron en el foco de un alto porcentaje de búsquedas de empleo. Los estudiantes de posgrado, atrapados en medio de esta gran reestructuración, volvieron a actualizar sus currículos para mostrar que son amigables con los medios.

Por lo tanto, la capacidad de cambiar de dirección rápidamente, reflejar el dinamismo de los nuevos medios, trascender los límites de los medios tradicionales y colaborar en un frente mucho más amplio se han convertido en puntos de referencia de calidad para la educación periodística.

Direcciones futuras

Aunque solo los economistas tienen pase libre para predecir el futuro con impunidad, aquí hay 10 predicciones a corto plazo para la educación periodística:

1. Se logrará la aceptación universal y total de la educación periodística como disciplina, impulsada por una mayor interdependencia con otras unidades académicas.
2. La enseñanza de las habilidades de los medios y la alfabetización mediática a estudiantes de otras disciplinas será un importante instrumento de crecimiento y centralidad dentro de las instituciones académicas.
3. Las universidades privadas con presupuestos más grandes, tecnología más actualizada y una mayor sensibilidad a las demandas del mercado erosionarán el predominio de las universidades públicas en países con una rápida movilidad económica ascendente.
4. El número de libros y materiales de enseñanza locales aumentará significativamente en los próximos 20 años a medida que se gradúen más estudiantes de doctorado, pero también aumentará el número de paquetes de cursos multimedia transfronterizos que capitalizan la separación de la creación de contenido y la entrega de contenido.
5. Los educadores de periodismo se someterán a un estándar de investigación más alto dentro de las universidades, ya que el flujo global de estudiantes de doctorado bien entrenados que se gradúan eleva el nivel de la investigación. Los profesionales exigirán que la investigación académica ayude económica, editorial y éticamente a la profesión.
6. La prueba de la calidad de la educación periodística aumentará exponencialmente a medida que los interesados lo demanden y los sistemas de evaluación se vuelvan más sofisticados.
7. Más programas en más países tendrán una oportunidad única de pasar de la "caja de arena" al "escenario principal" a medida que aumente la interdependencia con los medios profesionales.
8. La interacción transfronteriza entre los académicos aumentará considerablemente, junto con las asociaciones profesionales independientes más desarrolladas que representan a los educadores de periodismo.
9. La capacidad de la educación periodística para graduar a estudiantes más diversos acelerará la igualdad de género y una mayor presencia de minorías étnicas en el lugar de trabajo.
10. Se esperará que los educadores de periodismo sean un faro de consciencia a medida que la libertad de prensa y de Internet continúa siendo desafiada.

Después de un siglo de luchar para ganar un lugar respetado en la universidad moderna y reducir la brecha entre la academia y los profesionales, la educación periodística ha alcanzado un alto nivel de credibilidad. Las primeras batallas han sido ganadas. Mientras tanto, la turbulencia en la industria, el increíble ritmo del cambio tecnológico y las amenazas a la libertad de expresión presentan nuevos desafíos. Cuando se escriba el siguiente volumen de esta saga, la fuerza expedicionaria del primer siglo de la educación periodística tendrá el crédito de haber proporcionado una plataforma de lanzamiento auspiciosa para su futuro.

Referencias bibliográficas

Antell, K., Foote, J. B., & Foote, J. S. (2016, February). *Who moved my metrics? New impact measures for journalism and communication research.* Paper presented at the 2016 AEJMC Midwinter Conference, Norman, OK.

CHESICC. (2013). Information database on undergraduate major programs in colleges in China. Tomado de http://gaokao.chsi.com.cn/zyk/zybk/index.jsp?pageId=1050050301&type=xk

Eapen, K. E. (2000, July). *Problems of research in some third world countries.* Paper presented at the 22nd IAMCR Conference, Singapore.

Hao, X., & Xu, X. (1997). Exploring between two worlds: China's journalism education. *Journalism & Mass Communication Educator,* 35-47.

Herbert, J. (2000). The changing face of journalism education in the U.K. *Asia Pacific Media Educator, 1*(8), 113-123.

Iowa State University. (2007). History of Iowa State: Time Line, 1858-1874. Retrieved from http://www.public.iastate.edu/~isu150/history/timeline-1858.html

Morrison, J. (1997). The changing model of Russian media and journalism education. *Journalism & Mass Communication Educator, 52*(3), 26-34.

Self, C. (2015, June). Global journalism education: A missed opportunity for media development? Tomado de http://www.cima.ned.org/wp-content/uploads/2015/06/CIMA-Global-Journalism-Education.pdf

Universidad Alberto Hurtado (UAH). (2012). *Encuesta Estado del Periodismo Nacional 2011, Informe de Resultados* [Survey on the state of national journalism 2011. Report on results]. Tomado de http://periodismo.uahurtado.cl/wp-content/uploads/2010/10/Resultados-Encuesta-Estado-Nacional-del-Periodismo-2011.pdf

Epílogo

La educación global de periodismo avanza: Su estado mental, su búsqueda de la verdad y su asistencia a la vida ciudadana

Robyn S. Goodman

El floreciente crecimiento de la educación periodística en todo el mundo exige actualizaciones periódicas para supervisar su desarrollo y predecir su futuro. A su vez, los investigadores elaboran reportes sobre el progreso del tipo: "el estado de la educación periodística", y ayudan a orientar la construcción futura de teorías y modelos al describir fenómenos aún no comprendidos por completo. La visión actualizada del campo que brinda *Educación global de periodismo* incluye la siguiente observación: la educación periodística en todo el mundo, influida en parte por necesidades ocupacionales comunes y por prejuicios occidentales, tiende a ser cada vez más profesionalizada, formalizada, estandarizada, conectada con la universidad y homogénea. Dicho esto, también se ha encontrado —como Nordenstreng (2009) descubrió anteriormente en su análisis de 33 casos de estudio de educación periodística en Europa— que es difícil caracterizar sistemas de educación periodística aparentemente similares, en gran parte debido a las diferencias culturales. Como él dijo, "la situación de la educación periodística parece ser bastante específica en cada país" (p. 513).

Observaciones finales

Mis observaciones finales para *Educación global de periodismo* se centran en los siguientes tres temas:

> - el estado actual del sesgo hacia la educación periodística occidental, el etnocentrismo y el pensamiento provincial;
> - los esfuerzos para desoccidentalizar la educación global de periodismo y ampliar la comprensión de los periodistas sobre el mundo en el que viven; y
> - si los educadores de periodismo de todo el mundo están demostrando suficiente pasión y capacidad para ayudar a sus estudiantes a convertirse en ciudadanos y/o periodistas globales valiosos.

El sesgo occidental y su impacto en la construcción del conocimiento

Una de esas áreas que requiere más investigación en el mundo de la posverdad es el estado del sesgo occidental en los sistemas de educación periodística en todo el mundo y su influencia en la construcción del conocimiento. En *Educación global de periodismo* uno no puede pasar por alto la persistente presencia occidental, a pesar de vivir en un mundo cada vez más interconectado. Por ejemplo, cada capítulo de caso de estudio, incluidos Australia y el Reino Unido, habla de una influencia significativa de los Estados Unidos y/o angloamericana (en lo sucesivo, "occidental") que aún persiste de alguna forma. La mayor parte de dicha influencia se basa en sistemas de educación periodística creados siguiendo modelos occidentales y en la prevalencia de libros, materiales de enseñanza, revistas académicas y profesionales en inglés y de naturaleza occidental. Además, las interacciones académicas internacionales, tanto cara a cara como virtuales, parecen tener lugar principalmente dentro de los "espacios" occidentales. Y aunque los educadores no occidentales aportan puntos de vista valiosos y diversos a la mezcla académica, ellos también se integran en un sistema que examina sus investigaciones e ideas —a menudo inconscientemente— a través de las perspectivas occidentales.

Richards y Self afirman en su capítulo «Globalizándose: La educación periodística se pone las pilas», que, a pesar de que tales prejuicios aún existen, organizaciones como la UNESCO y el World Journalism Education Council (WJEC), especialmente sus conferencias, están ayudando a erosionar el "etnocentrismo que en el pasado dañó el progreso en el campo". Foote, en la conclusión de este volumen, también reconoce el sesgo occidental sin dejar de ser optimista. Por ejemplo, afirma que debido a que más profesores no occidentales poseen títulos académicos avanzados y "que más profesores poseen títulos académicos avanzados y más países en desarrollo se están fortaleciendo económicamente, ahora se dispone de más recursos humanos y financieros. Como resultado, se están produciendo más materiales de enseñanza del periodismo en los idiomas locales utilizando ejemplos locales relevantes". Producir contenido es más fácil cuando un país tiene un mercado local grande, como China o Brasil, o donde los idiomas se hablan regionalmente, como el árabe o el español. Además, predice que la "interacción transfronteriza entre los académicos aumentará considerablemente, junto con las asociaciones profesionales independientes más desarrolladas que representan a los educadores de periodismo". Independientemente de cómo se desarrolla exactamente este proceso, resulta claro que la desoccidentalización en la educación periodística tiene un camino significativo y asimismo fascinante por recorrer. Como continúa diciendo Foote:

> Independientemente de la forma, los materiales de enseñanza sin las ataduras de Occidente cambiarán los contornos de la educación periodística y proporcionarán nuevas opciones valiosas. La próxima década debería traer una plé-

tora de nuevos materiales de enseñanza al mercado desde los rincones más remotos del mundo, diferenciados por conceptos teóricos y contenido lingüístico y cultural significativamente diferente de todo lo que se ha hecho antes.

Sin embargo, es difícil imaginar cómo esos cambios previstos pueden ganar suficiente tracción sin hacer mayores esfuerzos usando "formas de conocer" e incrementando la aceptación profesional y educativa. En un mundo cada vez más globalizado e interconectado, los periodistas todavía operan en gran medida de acuerdo con flujos de información internacional del pasado, previas a Internet. La información todavía viaja predominantemente de países desarrollados a países en desarrollo, y los estudios de hiperenlaces indican que los periodistas son reacios a hacer clic en enlaces de fácil acceso a noticias creadas por diferentes países, especialmente aquellos con puntos de vista divergentes (Chang, Himelboim & Dong, 2009; Chang, Southwell, Lee & Hong, 2012). Como Chang et ál. (2012) argumentan:

> Los periodistas estadounidenses parecen privilegiar los hiperenlaces de EE. UU. sobre los extranjeros, especialmente los enlaces a sus propios sitios web internos. También están predominantemente en contra de la vinculación a medios noticiosos extranjeros que cubren los mismos eventos o problemas... Un patrón tan consistente parece provenir de un diseño organizacional consciente para mantener a los usuarios de los sitios web de noticias dentro de la empresa y dentro del país [por razones financieras]. [También] sugiere una práctica periodística etnocéntrica que dirige la atención de la audiencia hacia los sitios de EE. UU. presumiblemente más valiosos que otros ubicados en entornos remotos. (p. 696)

Esta tendencia a favorecer y proteger el propio terreno de noticias, denominado "proteccionismo jurisdiccional" (Chang et ál., 2012), hace que sea más difícil para los periodistas superar el conocimiento y las narrativas de noticias culturalmente sesgados.

Esfuerzos para desoccidentalizar la educación global de periodismo y ampliar el conocimiento

El sesgo occidental está tan arraigado en la educación periodística a nivel mundial que es difícil imaginar su eliminación. Dicho esto, los educadores parecen estar de acuerdo, en general, sobre cómo empezar a abordar el problema: mediante un mayor contacto entre ellos y con la participación de más actores interesados en todo el mundo, intercambios internacionales de estudiantes y actividades de educación mediática dirigidas a educadores, periodistas y ciudadanos por igual. El tema común que subyace, al menos, a las dos primeras estrategias es la intensificación de las interacciones interpersonales. Este enfoque parece estar alineado con la tradición de la "universidad invisible", que representa, según Chang y Tai (2005, p. 673), citando a Lievrouw, "un conjunto de relaciones de comunicación informales entre científicos u otros académicos que comparten un interés o meta común específico". Como explican Chang y Tai (2005):

> La universidad invisible es una "comunidad de académicos" que para sus miembros tiene relevancia colectiva y gran potencial. Por consiguiente, está relacionada estrechamente con la premisa central de la perspectiva de la sociología del conocimiento: las relaciones sociales influyen en las formas de concebir y hacer las cosas... A riesgo de sobresimplificación, la esencia de la sociología del conocimiento como marco teórico, según [Karl] Mannheim, se centra en las ideas de "conocimiento colectivo" y "una comunidad de experiencia". Busca descubrir los dispositivos de pensamiento y percepción que los individuos o grupos usan para "acumular, preservar, reformular y diseminar" su herencia intelectual en la sociedad y sus conexiones con las condiciones o estructuras sociales en las que ocurren... (p. 673)

En otras palabras, las interacciones interpersonales entre los miembros de una comunidad mundial —incluidas las conferencias y reuniones y durante los proyectos conjuntos, las sesiones de lluvia de ideas y las conversaciones a la antigua— aprovechan las nuevas perspectivas. En consecuencia, pueden ayudar a romper los sesgos occidentales y otros sesgos y construir una base de conocimiento más universal. Como se discutió a lo largo de este libro, organizaciones como la UNESCO y el WJEC están profundamente involucradas en tales esfuerzos. También lo están otros actores interesados, como universidades, medios de comunicación, grupos de defensa de los medios de comunicación, grupos de expertos y fundaciones, que ayudan a financiar actividades.

Cuando se trata de estudiantes, las interacciones sociales, especialmente las relacionadas con el periodismo y en el ámbito internacional, parecen especialmente efectivas. Un buen ejemplo de las conexiones de estudiantes que se llevan a cabo dentro de una institución mundial de educación mediática que combate el prejuicio occidental se puede encontrar en la Salzburg Academy on Media & Global Change (www.salzburg.umd.edu). La academia reúne a estudiantes y académicos de todo el mundo para investigar la intersección entre los medios, la agencia ciudadana y el cambio global. A medida que comparten conexiones humanas esenciales, lidian con algunos de los problemas mundiales más importantes del día y cómo cubrirlos. En el camino, cuestionan los sesgos culturales que colorean sus percepciones y narrativas, a menudo nacionalistas, sobre la información, las noticias y el mundo en general. Como se mencionó a lo largo de este libro, los educadores de periodismo de todo el mundo continúan promoviendo que los estudiantes tengan experiencias internacionales, a pesar de las limitaciones financieras y de apoyo institucional estructural.

En cuanto al estado actual de la alfabetización mediática, el profesor estadounidense Paul Mihailidis —director de la Salzburg Academy, profesor reconocido mundialmente y experto en alfabetización mediática— se siente alentado por lo que él llama un crecimiento significativo de la alfabetización mediática en los Estados Unidos en los pasados cinco años (P. Mihailidis, comunicación personal, 16 de diciembre de 2016). Mihailidis agrega que la capacitación mundial en alfabetización mediática en todo el mundo es limitada, esencialmente debido a la falta de financiamiento. Dicho esto, los educadores y estudiantes internacionales, incluidos los de la Danish School of Media and Journalism y el Beirut's Media and Digital Literacy Lab (MDLab), están demostrando un interés apasionado en tales esfuerzos de alfabetización mediática. Él dice que está animado por esta inclinación debido a que los narradores del futuro necesitan entender verdaderamente el mundo en el que viven para mejorar, de manera efectiva, la vida cívica y el discurso crítico.

El futuro de la educación global de periodismo: educadores liderando el camino

Este libro, y las investigaciones que le dan forma, me ponen optimista sobre el porvenir de la educación periodística mundial y su capacidad para preparar a los futuros narradores en sus roles sociales increíblemente importantes durante la nueva era de la posverdad. A lo largo de *Educación global de periodismo* podemos ver con claridad los muchos desafíos que enfrentan los educadores y los estudiantes. Sin embargo, también son visibles las numerosas innovaciones y los innovadores relacionados con ellos. Los sistemas educativos y las burocracias profesionales tardan en adaptarse. No obstante, los administradores, educadores y profesionales innovadores —muchos de los cuales aparecen en este libro— están hallando y compartiendo formas creativas de enseñar periodismo de calidad en un ecosistema de noticias en permanente cambio.

En la introducción a este libro planteé la siguiente pregunta: ¿están los educadores de periodismo lo suficientemente dedicados a su campo —y poseen suficiente descaro— para hacer posibles los cambios y las innovaciones necesarios? Mi respuesta: un rotundo "sí". Los mejores académicos y profesionales de este volumen han demostrado, por sí solos, el tipo de pensamiento conceptual, de construcción de teorías, de investigaciones empíricas y habilidades técnicas necesarias para enfrentar los retos de la educación global de periodismo. Y lo han hecho con una pasión palpable por su campo. Los educadores tienen un profundo compromiso para enseñar a sus alumnos cómo buscar, de la manera más efectiva, la verdad y reportarla. Continuarán haciéndolo al inspirar a sus estudiantes a cuestionar el *status quo*, desafiar los prejuicios culturales y exponer noticias inexactas o falsas en las sociedades de todo el mundo. Y esa es una buena noticia, no solo para el futuro vibrante del periodismo sino también para los ciudadanos del mundo que persiguen la libertad y la dignidad para todos. Una historia de portada de la revista *Time* de marzo de 2017 preguntaba: "¿Ha muerto la verdad?" (Scherer, 2017). La respuesta de *Educación global de periodismo*: no, mientras los educadores, estudiantes, periodistas y ciudadanos sigan buscándola apasionadamente.

Referencias bibliográficas

Chang, T. K., Himelboim, I., & Dong, D. (2009). Open global networks, closed international flows: World system and political economy of hyperlinks in cyberspace. *International Communication Gazette, 71*(3), 137-159.

Chang, T. K., Southwell, B. G., Lee, H. M., & Hong, Y. (2012). Jurisdictional protectionism in online news: American journalists and their perceptions of hyperlinks. *New media & Society, 14*(4), 684-700.

Chang, T. K., & Tai, Z. (2005). Mass communication research and the invisible college revisited: The changing landscape and emerging fronts in journalism-related studies. *Journalism and Mass Communication Quarterly, 82*(3), 672-694.

Nordenstreng, K. (2009). Soul-searching at the crossroads of European journalism education. *European Journalism Education,* 511-517.

Scherer, Michael. Can President Trump Handle the Truth?" *Time*, 23 Mar. 2017. Tomado de http://time.com/4710614/donald-trump-fbi-surveillance-house-intelligence-committee/?xid=homepage&pcd=hp-magmod

Colaboradores

Wajeehah Aayeshah es tutor principal (en diseño curricular) en la University of Melbourne, Australia. Ella obtuvo su doctorado de la Swinburne University of Technology, Australia. Su tesis explora el uso de los juegos en la educación periodística. También tiene una maestría en Cine, TV y Estudios de Medios de la University of Auckland, Nueva Zelanda, y un MPhil y una licenciatura en Estudios de Comunicación de la University of Punjab, Pakistán. Wajeehah ha estado enseñando cursos de estudios de medios y comunicación durante ocho años. Sus intereses de investigación actuales son los estudios de medios, estudios de periodismo, tecnología educativa, juegos educativos, educación basada en la práctica y comunicación intercultural. Es editora invitada de *Asia Pacific Media Educator* (APME) y tiene experiencia profesional en medios y la industria del periodismo. Correo electrónico: wajeehah@gmail.com

Rasha Allam es profesora afiliada de periodismo y comunicación de masas en la American University en El Cairo. La Dra. Allam es una especialista en gestión de medios con énfasis en las regulaciones de los medios de difusión. Es miembro de la junta asesora editorial de la *Journal of Social Studies* y la *Journal of Telecommunication and Information Technology*. Sus intereses de investigación incluyen los sistemas de medios egipcios y árabes y las leyes y regulaciones de la prensa y los medios de difusión árabes. Correo electrónico: rallam@aucegypt.edu

Hussein Amin es profesor de periodismo y comunicación de masas en la American University en El Cairo. Obtuvo un doctorado de la Ohio State University. Ha sido conferencista invitado en muchas universidades de todo el mundo y ha presentado discursos de apertura a diferentes organizaciones de medios internacionales y asociaciones de comunicación. El Dr. Amin es un colaborador activo de una extensa lista de publicaciones académicas de comunicación y publicaciones de medios reconocidas internacionalmente. Además de su trabajo académico, ha sido reconocido por sus proyectos mediáticos y su trabajo profesional. El Dr. Amin ha recibido numerosos premios como reconocimiento a sus contribuciones al campo del periodismo y la comunicación de masas. Su investigación se centra principalmente en los sistemas mediáticos globales, con énfasis en las leyes y políticas de medios de Medio Oriente. Correo electrónico: h_amin@aucegypt.edu

Guy Berger es ex director de la School of Journalism and Media Studies en la Rhodes University, Grahamstown, Sudáfrica. Dirigió la escuela anfitriona del segundo World Journalism Education Congress (WJEC) en Sudáfrica en julio de 2010. Bajo su liderazgo, la universidad celebró cinco coloquios sobre educación periodística en Sudáfrica. Entre 2006 y 2010, trabajó con la UNESCO para mapear y establecer redes de escuelas africanas de periodismo, lo que condujo a la identificación de posibles centros de excelencia en el continente. En 2011, se unió a la UNESCO como director de libertad de expresión y desarrollo de medios. Su trabajo incluye la supervisión de una iniciativa para promover conversaciones internacionales sobre la excelencia en la educación periodística, así como la preparación y publicación de planes de estudio globales sobre temas selectos de vanguardia en la educación periodística. Correo electrónico: g.berger@unesco.org

Arnold S. de Beer es profesor extraordinario en el Departamento de Periodismo en la Stellenbosch University, Sudáfrica, y ex jefe de estudios de comunicación en la Free State University y la North-West University. Sus temas de investigación incluyen la educación periodística y el papel de los medios en la sociedad. En 1980 fundó *Ecquid Novi: The South African Research Journal for Journalism*, ahora titulada *African Journalism Studies*, la primera publicación académica africana sobre comunicación que aparece en los listados de ISI. Editó *Global Journalism: Topical Issues and Media Systems* (5ª edición, 2005). Es miembro del comité ejecutivo y coordinador africano del Worlds of Journalism Study. Es ex miembro de la South African Broadcasting Corporation Board (SABC), del South African Press Council y del South African Press Ombudsman Appeal's Committee. Correo electrónico: asdebeer@imasa.org

Mira K. Desai es profesora asociada y jefa del Departamento de Educación Contínua, Shreemati Nathibai Damodar Thackersey (SNDT) Women's University en Mumbai, India. Tiene cualificaciones en comercio, comunicación para el desarrollo, educación a distancia, estudios de la mujer y género y economía doméstica. Ella también tiene experiencia profesional como periodista independiente, presentadora de televisión, cineasta de documentales e investigadora. Tiene 25 años de experiencia en investigación social, comunicación y de medios, documentación y educación en comunicación, que incluye experiencia en el diseño de planes de estudio, enseñanza, administración y evaluación. Ha publicado cinco libros, incluido su trabajo doctoral en coautoría con Binod C. Agrawal (*Cry for cultural crisis: An analysis of transnational television in India*, 2009) y artículos académicos (por ejemplo, *Television in India—Many faces*, 2010). Sus intereses de investigación incluyen la recepción de la audiencia, la televisión india, la metodología de la investigación, los estudios de las mujeres/género y desarrollo, y la sociología de la tecnología. Correo electrónico: drmiradesai@gmail.com

Mark Deuze es profesor de estudios de medios, especializado en periodismo, en la Facultad de Humanidades de la University of Amsterdam (UvA). De 2004 a 2013, trabajó en el Departamento de Telecomunicaciones de la Indiana University en Bloomington, Estados Unidos. Su trabajo incluye más de 50 artículos en revistas académicas y ocho libros, incluidos *Media Work* (Polity Press, 2007) y *Media Life* (Polity Press, 2012). Como periodista, trabajó para periódicos en los Países Bajos y Sudáfrica. Correo electrónico: M.J.P.Deuze@uva.nl

Joe Foote es el ex decano y ex presidente del Gaylord College of Journalism and Mass Communication en la University of Oklahoma, Estados Unidos. Anteriormente, dirigió la Walter Cronkite School of Journalism and Mass Communication en la Arizona State University y el College of Mass Communication and Media Arts en la Southern Illinois University. Antes de ingresar a la enseñanza universitaria, Foote se desempeñó como secretario de prensa del presidente de la Cámara de Representantes, Carl Albert, y como asistente administrativo del representante Dave McCurdy. Fue periodista en Voice of America, KTOK Radio y Oklahoma News Network. Foote es el autor de *Live from the trenches: The changing role of the television news correspondent* (1998) y de *Television access and political power: The networks, the president, and the loyal opposition* (1990). Correo electrónico: jfoote@ou.edu

Chris Frost es profesor emérito de periodismo en la Liverpool John Moores University, Reino Unido. Ha sido periodista de periódicos, editor y educador de periodismo por más de 40 años. Fue presidente de la Association for Journalism Education, que representa a los departamentos universitarios de periodismo en el Reino Unido e Irlanda. También es coeditor de *Journalism Education* y miembro del consejo editorial de varias otras revistas. Es miembro del comité ejecutivo nacional del National Union of Journalists y uno de sus ex presidentes, y preside su consejo de ética. Es autor de varios libros, entre los que se incluyen *Journalism ethics and regulation* (2016) y *Reporting for journalists* (2010), así como muchos capítulos de libros y ensayos. También ha sido consultor o profesor visitante en gran parte de Europa del Este, Malasia, India, el Sudeste Asiático y África. Correo electrónico: C.P.Frost@ljmu.ac.uk

Robyn S. Goodman es profesora y director del Programa de Estudios de Comunicación en la Alfred University, Nueva York, Estados Unidos. Sus intereses de docencia e investigación se centran en mejorar la cobertura periodística, especialmente la relacionada con el ámbito internacional y las minorías ("otros"), la educación periodística global y la construcción social del conocimiento. Ella publica en revistas académicas de primer nivel, se desempeña como miembro de la junta editorial del *International Communication Research Journal* (ICRJ) y fue directora de la International Communication Division (ICD) de AEJMC. También es fundadora del World Journalism Education Congress (WJEC) y miembro del consejo de su comité ejecutivo, profesora de periodismo galardonada y asesora de un periódico universitario. Ella ha reportado para periódicos en todo Estados Unidos y continúa trabajando como reportera independiente. También enseñó periodismo en la Beijing Foreign Studies University y fue conferenciante invitada en la Universidad Estatal M.V. Lomonósov de Moscú. Obtuvo su doctorado en Medios de Comunicación (periodismo) en la Michigan State University, su maestría en News-Editorial en la University of Missouri-Columbia, y su licenciatura en Relaciones Internacionales en la California State University, Chico. Correo electrónico: fgoodman@alfred.edu

Gang (Kevin) Han es profesor asociado en la Greenlee School of Journalism and Communication, Iowa State University, Estados Unidos. Han recibió su doctorado de la Syracuse University y previamente enseñó en la State University of New York y la Fudan University. Sus intereses de investigación incluyen el encuadre (framing), el análisis de redes sociales, la comunicación de riesgos de salud y la comunicación estratégica, principalmente desde una perspectiva comparativa con énfasis en las implicaciones internacionales. Sus artículos han aparecido en revistas académicas líderes, como *Journalism & Mass Communication Quarterly, Health Communication, Mass Communication & Society, Public Relations Review* y *Asian Journal of Communication*. Sus capítulos de libros han sido publicados por Sage (Londres), Gakubunsha (Tokio), Shanghai Jiaotong University Press y Shanghai People's Press (China). Las áreas de enseñanza de Han incluyen las relaciones públicas, los métodos de investigación, la teoría de la comunicación, la comunicación de la salud, las redes sociales y la opinión pública. Correo electrónico: ghan@iastate.edu

Imran Hasnat es un estudiante internacional de doctorado en periodismo en el Gaylord College of Journalism and Mass Communication, University of Oklahoma. Obtuvo una maestría en Relaciones Internacionales en la Jahangirnagar University en Bangladesh. Su investigación se centra en la interrelación entre los medios y la política internacional. Ha presentado ensayos académicos en conferencias sobre este tema y ha publicado sobre política nacional e internacional en la prensa popular de Bangladesh. En 2014 lanzó una revista en línea, *Glocal*, centrada en la política internacional. Antes de matricularse en la University of Oklahoma, trabajó como secretario del Alto Comisionado de Canadá en Bangladesh y fue embajador juvenil de la paz de la UNESCO. Correo electrónico: im@ou.edu

Julie Jones es profesora asociada en el Gaylord College of Journalism and Mass Communication, University of Oklahoma, donde enseña periodismo móvil y multimedia. Su investigación se centra en cómo los periodistas, las comunidades y las personas interactúan con las tecnologías emergentes, como los dispositivos móviles. Su trabajo ha sido publicado en revistas como *Journalism and Mass Communication Educator, New Media & Society,* y *The Journal of Social Media in Society*. Antes de obtener su doctorado en la University of Minnesota, Jones fue una galardonada videoperiodista en Arizona. Ha ganado premios nacionales de enseñanza de la International Communication Association y Kappa Theta Alpha. Además, la National Press Photographers Association reconoció a Jones al honrarla con el premio Joseph Costa, en honor al fundador de la organización de casi 70 años. Correo electrónico: juliejones@ou.edu

Nicola Jones es líder académica de investigación en la School of Arts, College of Humanities en la University of KwaZulu-Natal, Sudáfrica. Ella tiene un Doctor Litterarum de la antigua University of Durban-Westville, Sudáfrica. Su investigación se centra en la ética de los nuevos medios, el periodismo y la responsabilidad social en los medios. Pasó 10 años trabajando como periodista política y editora de noticias y continúa trabajando como independiente. Correo electrónico: jonesn1@ukzn.ac.za

Seth C. Lewis, Ph.D., es profesor de la cátedra Shirley Papé en Medios Electrónicos en la School of Journalism and Communication at the University of Oregon, Estados Unidos. Estudia la transformación digital del periodismo, publicando ampliamente sobre temas como datos a gran escala (big data), redes sociales, código abierto, innovación y análisis de audiencia digital. Editó un número especial de Digital Journalism ("Periodismo en una era de grandes datos") en 2015, coeditó *Boundaries of journalism: Professionalism, practices and participation* (Routledge, 2015), y ganó el "Artículo de revista destacado del año" en *Journalism Studies* en 2013 por su artículo, "The tension between professional control and open participation: Journalism and its boundaries". Correo electrónico: sclewis@uoregon.edu

Yehiel "Hilik" Limor es ex presidente de la Israel Communication Association, decano electo de la School of Communication at Baqa College y profesor adjunto en los departamentos de comunicación de las universidades de Tel-Aviv y Bar-Ilan, Israel. Durante muchos años se desempeñó como corresponsal senior y editor de periódicos y radio israelíes. Obtuvo una maestría en Comunicación de la Hebrew University de Jerusalén y un doctorado en Ciencias Políticas y Comunicación de la Bar-Ilan University. Sus principales campos de interés e investigación son la historia de los medios, la ética de los medios y el periodismo. Entre sus publicaciones se encuentran: *The in/outsiders: Mass media in Israel* (1998); *Lexicon of communication and media studies* (2007); *Pirate radio in Israel* (2007); *Journalism: reporting, writing and editing* (1997); *The mediators: Mass media in Israel 1948-1990* (1992); and *Public Relations—Strategy and tactics* (2014). Correo electrónico: hilik43@013.net.il

Maria Lukina es profesora asociada de periodismo y vicedecana de programas y currículos en la Facultad de Periodismo de la Universidad Estatal M.V. Lomonósov de Moscú, Rusia. Dirige el programa de postgrado de medios en línea, y enseña periodismo básico y reportajes de noticias y cursos de escritura. Su método de enseñanza a través de la producción intensiva de noticias ha sido incluido en los planes de estudio de varias universidades rusas. Ha publicado dos textos, *Interviewing technologies* (2005) y *Internet media: Theory and practice* (2010), y es autora de cerca de 30 ensayos académicos. Su investigación actual se centra en los medios en línea, las nuevas tendencias en el contenido mediático y las tecnologías de la comunicación. Es miembro del consejo de la European

Journalism Training Association (EJTA) y otras asociaciones nacionales e internacionales. Correo electrónico: lukina.maria@smi.msu.ru

Donica Mensing es decana asociada en la Reynolds School of Journalism en la University of Nevada, Reno, Estados Unidos. Obtuvo títulos de la University of California, Berkeley; George Washington University, Washington, D.C.; y la University of Nevada, Reno. Coeditó *Journalism education, training and employment* (2010) con Bob Franklin y ha publicado varios artículos sobre educación periodística. Ella enseña y realiza investigaciones sobre noticias digitales, periodismo participativo y redes de noticias. Correo electrónico: dmensing@unr.edu

Penny O'Donnell es profesora asociada de medios internacionales y periodismo en la University of Sydney, Australia. Líder nacional en educación periodística para estudiantes nacionales e internacionales, es responsable de unidades básicas en los programas de pregrado y postgrado en medios y comunicaciones. Es ex vicepresidenta de investigación de la Journalism Education and Research Association of Australia y miembro de la International Communication Association (División de Estudios de Periodismo) y de la International Association for Media and Communication Research. Es autora del artículo "Journalism Education" en el *Companion to Australian media* (2014) y de numerosos artículos en revistas como *Australian Journalism Review*, *African Communication Research*, *Continuum*, *Ethical Space*, *Journalism*, y *Journalism Practice*. Su investigación actual está centrada en las tendencias de empleo y los recortes en la industria del periodismo en todo el mundo. Correo electrónico: penny.odonnell@sydney.edu.au

Silvia Pellegrini es decana de la Escuela de Comunicaciones de la Pontificia Universidad Católica de Chile. También ha sido directora de la Escuela de Periodismo de la universidad, decana de la Escuela de Letras y vicerrectora. Ha sido consultora para el desarrollo de currículos de varias universidades latinoamericanas, dirige un grupo de investigación sobre la calidad de periodismo llamado Valor Agregado del Periodismo (VAP) y ha publicado 47 artículos revisados por pares. Ha sido miembro de la junta directiva y ex presidenta de Canal 13, miembro del Consejo Nacional de Televisión, fundadora y ex vicepresidenta del Consejo Latinoamericano de Acreditación en Periodismo (CLAEP) y miembro de la Junta Directiva de la Fundación Fulbright. Ha sido galardonada con cuatro premios de periodismo, incluido el Premio Presidencial AEJMC en 2008. Correo electrónico: spellegrini@uc.cl

Sandra Pitcher es instructora en el Departamento de Medios y Estudios Culturales en la University of KwaZulu-Natal (Pietermaritzburg), Sudáfrica. Obtuvo su maestría en la Universidad de KwaZulu-Natal y actualmente está completando su doctorado en la misma institución. Sus intereses de investigación se centran en nuevos medios, el periodismo y la ética de los medios. Ha publicado varios artículos en revistas académicas internacionales revisadas por pares y con frecuencia es invitada a hablar sobre su investigación en conferencias nacionales e internacionales. También trabaja como periodista independiente de tecnología para varias publicaciones y actualmente trabaja con Google SA para diseñar un currículo de periodismo centrado en el desarrollo de habilidades en línea. Correo electrónico: pitcher@ukzn.ac.za

Ian Richards es profesor de periodismo en la University of South Australia en Adelaide, Australia. Desde 2003 es editor de *Australian Journalism Review*, la principal revista arbitrada de Australia en los campos académicos de periodismo y estudios de periodismo. Sus publicaciones incluyen *Quagmires y quandaries: Exploring journalism ethics* (2005). Es miembro ejecutivo de la Journalism Education and Research Association of Australia (JERAA) y ha participado en el comité ejecutivo del World Journalism Education Council (WJEC) desde 2004. Ha participado en los tres congresos de WJEC entre 2007 y 2013, y ayudó a planificar la conferencia de 2016 en Auckland, Nueva Zelanda. Ex periodista de periódicos, trabajó y estudió en Australia y el Reino Unido. Correo electrónico: ian.richards@unisa.edu.au

Cindy Royal es profesora asociada en la School of Journalism and Mass Communication en la Texas State University, Estados Unidos. Ella enseña habilidades y conceptos de medios digitales y basados en datos. Ella completó su doctorado en periodismo y comunicación de masas en la University of Texas en Austin en 2005. Antes de sus estudios de doctorado, trabajó 10 años en la industria de la tecnología. Su investigación se centra en el periodismo de datos, educación en programación y temas de género en tecnología. En 2013, Royal recibió el Premio Presidencial por Excelencia en la Enseñanza de la Texas State University y el Premio Profesora del Año de la AEJMC/Scripps Howard Journalism and Mass Communication. También fue becaria de periodismo Knight 2014 en la Stanford University. Se pueden encontrar más detalles sobre su investigación, educación y experiencia en cindyroyal.com. Correo electrónico: croyal@txstate.edu

Amy Schmitz Weiss es profesora asociada en la School of Journalism and Media Studies en la San Diego State University, Estados Unidos. Ella tiene un doctorado en periodismo de la University of Texas en Austin. Schmitz Weiss fue becaria Dart en 2011 y obtuvo el Fondo del Desafío para la Innovación en la Educación del Periodismo 2014-2015 de la Online News Association. También obtuvo subsidios de la AEJMC Bridge Grant en 2011-2012 con fondos de John S. y James L. Knight Foundation. Trabajó en el *Chicago Tribune Online* y el *Indianapolis Star News Online*. Es profesora de cursos de periodismo en redacción y edición básica, multimedia, diseño web, periodismo de datos y periodismo móvil. Sus intereses de investigación incluyen el periodismo en línea, la sociología de los medios, la producción de noticias, el periodismo multimedia y la comunicación internacional. Correo electrónico: aschmitz@mail.sdsu.edu

Charles C. Self es presidente de 227 International, LLC, una firma consultora del área de Washington enfocada en el periodismo, el discurso civilizado y la educación en medios. Fue decano de la Gaylord College of Journalism and Mass Communication en la University of Oklahoma y director de su Institute for Research and Training. También fue presidente de la Association for Education in Journalism and Mass Communication (AEJMC) y la Association of Schools of Journalism & Mass Communication (ASJMC) y ha formado parte de las juntas directivas de revistas académicas regionales y nacionales y de organizaciones de educación en comunicación. Dirigió el censo mundial de programas de periodismo para el World Journalism Education Council (WJEC) y la Fundación Knight. Ha trabajado con periodistas y educadores de periodismo de muchos países y es coautor de un libro de periodismo y decenas de artículos, capítulos de libros y artículos sobre periodismo y educación periodística. Correo electrónico: cself.self@gmail.com

Elanie Steyn es profesora asociada y directora de periodismo en el Gaylord College of Journalism and Mass Communication, University of Oklahoma. Ella enseña e investiga la gestión de los medios, las mujeres en el liderazgo de los medios y las tendencias comerciales en los medios. Ha sido co-investigadora principal en nueve subvenciones otorgadas por el U.S. Department of State/University of Oklahoma que involucran a estudiantes, empresarios y profesionales de medios del sur de Asia. Ha publicado varios artículos revisados por pares, capítulos de libros académicos y proyectos de investigación internacionales. Steyn recibió una maestría en Comunicación Comercial de la antigua Potchefstroom University (ahora North-West University), Sudáfrica. También recibió una maestría en Estudios de Políticas de Comunicación de la City University, Londres, Reino Unido, y un doctorado en Administración de Empresas en North-West University, Sudáfrica. Correo electrónico: Elanie@ou.edu

Elena Vartanova es profesora, decana y presidenta de teoría y economía de los medios en la Facultad de Periodismo de la Universidad Estatal M.V. Lomonósov de Moscú, Rusia. Su investigación se centra en los sistemas de medios rusos, la economía de los medios, la teoría de los medios y el periodismo en Rusia. La Dra. Vartanova ha publicado más de 10 monografías académicas, incluidas *Post-Soviet transformations of Russian mass media and journalism* (2014). Recientemente también contribuyó con capítulos para el volumen *Comparing media systems beyond the Western world*, editado por Hallin y Mancini (2012), y *Mapping BRICS media*, editado por Nordenstreng y Thussu (2015). Es presidenta de la National Association for Media Researchers (NAMMI) y miembro de diferentes organizaciones internacionales. La Dra. Vartanova es también editora de las revistas académicas *Medi@lmanac*, *MediaScope* y *MediaTrends*. Correo electrónico: eva@smi.msu.ru

Melissa Wall es profesora en el College of Arts, Media and Communication en la California State University en Northridge, Estados Unidos, donde investiga y enseña medios participativos y móviles. Ella es la editora de *Citizen journalism: Valuable, useless or dangerous?* (2012). Fue becaria Fulbright en Líbano y becaria internacional de la Open Society Foundation en Ucrania. También ha enseñado periodismo a profesionales novicios en Etiopía. Su licenciatura es de la University of Virginia, y su maestría y doctorado son de la University of Washington. Correo electrónico: melissawall@gmail.com

Felix Wao es director de evaluación académica de la University of Oklahoma. Él tiene una licenciatura en Matemáticas de la St. Mary's University of Minnesota y una maestría y doctorado en Estudios de Administración y Políticas de la Educación Superior de la Catholic University of America, Washington, D.C. Su investigación se centra en el uso de la evaluación y la analítica para mejorar el aprendizaje de los estudiantes en la educación superior. Ha presentado su investigación en diversas conferencias nacionales y regionales de evaluación, incluidas la American Educational Research Association (AEA), la Association of Institutional Research (AIR), Assessment Institute, y la Higher Learning Commission (HLC). Ha dedicado más de 11 años a supervisar el desarrollo y la implementación de evaluaciones en instituciones de investigación. Es miembro del HLC Peer Review Corps y un mentor en la HLC Assessment Academy. Correo electrónico: wao@ou.edu

Oscar Westlund, Ph.D., se desempeña como líder de investigación para investigación de medios ("Medieutredningen") en las Oficinas Gubernamentales del Ministerio de Cultura de Suecia. También tiene un puesto como profesor asociado en la Göteborgs Universitet, Suecia. Westlund, durante una década, ha investigado la producción, distribución y consumo de noticias a través de varios métodos, centrándose especialmente en los cambios hacia las tecnologías digitales, como los medios móviles. Ha publicado más de 60 capítulos de libros e informes y artículos en aproximadamente 20 revistas internacionales. Es miembro de los consejos editoriales de *Digital Journalism, Journal of Media Business Studies, Journal of Media Innovations,* y *Mobile Media & Communication*. Correo electrónico: oscarwestlund@gmail.com

Este libro se diseñó con Crimson otf y Franklin Gothic,
dos familias tipográficas digitales de uso libre,
en Austin, Texas, en abril de 2018.

www.ingramcontent.com/pod-product-compliance
Lightning Source LLC
Chambersburg PA
CBHW080722230426

43665CB00020B/2585